U0465977

人类文明的圣殿

北京

（修订版）

上

王光镐 ◎ 著

华夏出版社
HUAXIA PUBLISHING HOUSE

图书在版编目（CIP）数据

人类文明的圣殿——北京 / 王光镐著. --北京：华夏出版社有限公司，2023.6
ISBN 978-7-5222-0446-8

Ⅰ.①人… Ⅱ.①王… Ⅲ.①文化史—研究—北京 Ⅳ.①K291

中国国家版本馆CIP数据核字（2023）第003893号

人类文明的圣殿：北京

作　　者	王光镐
责任编辑	刘　伟
责任印制	周　然

出版发行	华夏出版社有限公司
经　　销	新华书店
印　　装	三河市少明印务有限公司
版　　次	2023年6月北京第1版 2023年6月北京第1次印刷
开　　本	710mm×1000mm　1/16
印　　张	47
字　　数	550千字
定　　价	138.00元

华夏出版社有限公司　　地址：北京市东直门外香河园北里4号
邮编：100028　网址：www.hxph.com.cn
电话：（010）64663331（转）

若发现本版图书有印装质量问题，请与我社营销中心联系调换。

目　录

前　言 / 1

第一章　导论 / 1

第二章　悠久性——北京地区的三大创世纪发展 / 15
　　一　人类的起源——"北京人" / 16
　　二　新石器时代与农业的起源——"东胡林人" / 30
　　三　国家文明的起源——中华始祖黄帝 / 48
　　四　结语 / 94

第三章　持续性——永恒的文明之光 / 97
　　一　史前时代 / 98
　　二　五帝时代 / 101
　　三　夏商时期 / 111
　　四　黄帝后人的蓟国 / 122
　　五　姬周召公的燕国 / 137

六　周燕代蓟　/143

　　七　北京的城市文明　/149

　　八　结语　/163

第四章　递进性——逐次提升的历史地位　/165

　　一　原始部落与方国林立　/166

　　二　诸侯国都　/170

　　三　东北首府　/179

　　四　从辽陪都到金中都　/206

　　五　中华大帝都　/228

　　六　结语　/241

第五章　多元性——燕山南北的多元民族及文化　/249

　　一　浑然天成的文化中心　/250

　　二　新石器时代的燕山南北文化　/254

　　三　黄帝集团的南下及黄帝时代　/274

　　四　燕山以北畜牧族的形成　/290

　　五　畜牧族的南渐　/326

　　六　结语　/338

第六章　一统性——从多元一体到多元一统　/341

　　一　历史性的转折　/347

　　二　民族与文化的大融合　/368

　　三　奉行汉制的少数民族政权　/387

四　汉文明的大一统　/ 408

　　五　结语　/ 432

第七章　东方神韵——古都北京的城市风貌　/ 435

　　一　中华民族的传统信仰及其标志性建筑　/ 437

　　　　1　中华民族的传统信仰　/ 437

　　　　2　祭祀典仪　/ 482

　　　　3　京华建筑传承的中华信仰　/ 497

　　　　● 祭天：天坛、日坛、月坛　/ 499

　　　　● 祭地：地坛、社稷坛　/ 506

　　　　● 合祭天地：山川坛（先农坛）　/ 512

　　　　● 崇君：紫禁城　/ 514

　　　　● 祭君：历代帝王庙　/ 518

　　　　● 祭祖：太庙、奉先殿　/ 532

　　　　● 祭师：孔庙、文华殿　/ 537

　　　　4　沿革与发展　/ 544

　　二　多元宗教及其建筑　/ 552

　　　　1　佛教及其寺院　/ 553

　　　　2　道教及其道观　/ 562

　　　　3　伊斯兰教及其清真寺　/ 570

　　　　4　基督教及其教堂　/ 573

　　　　5　萨满教及其堂子　/ 586

　　三　结语　/ 594

第八章　人类奇观——光耀千古的文明圣殿　/603

　　一　引言　/603

　　二　中国八大古都　/610

　　　　1　洛阳　/611

　　　　2　郑州　/620

　　　　3　安阳　/623

　　　　4　西安　/627

　　　　5　开封　/635

　　　　6　杭州　/640

　　　　7　南京　/646

　　　　8　北京　/653

　　三　人类五大早期文明　/658

　　　　1　美索不达米亚文明　/658

　　　　2　古埃及文明　/661

　　　　3　克里特文明　/664

　　　　4　古印度文明　/665

　　　　5　中华文明　/667

　　四　古典时代的文明　/672

　　　　1　雅典　/673

　　　　2　罗马　/677

　　五　消失的古城　/683

　　　　1　特洛伊　/684

　　　　2　庞贝　/685

　　　　3　佩特拉　/686

　　　　4　赫尔布伦　/688

　　　　5　科潘　/689
　　　　6　大津巴布韦　/691
　　　　7　吴哥　/693
　　六　群星璀璨　/695
　　七　结语　/705

后　　记　/711
参考文献　/717
北京城历史沿革简表　/731

前　　言

不经意间，自 2014 年 10 月底出版，到 2015 年 10 月底第二次印刷，拙作《人类文明的圣殿——北京》面世已经八年多了。值此修订版出版之际，谈谈社会各界对它的厚爱，应该是很有意义的。

有几个故事，一直萦绕在心。

一个故事是，拙作出版后，我给一位熟悉的人民大学历史学院女教师送去了一套。未承想，她的夫君——第三世界科学院院士、原中国心理学会理事长、国际心理科学联合会副主席张侃先生，在家中看到此书后便手不释卷地读起来，一口气用十余天把全书读完，成了我这本书的第一个读者。随后他在自己的微博中评论说："此书凡识字者必读！"他的微博拥有粉丝百万，这个评论一时间掀起了不小的波澜。事后我见到他，问他为什么如此评价，他说："一是你这本书全面刷新了人们对北京历史文化的看法；二是你论证谨严，足以服人；三是这本书中的确包含了许多新东西，特别是第七章里谈到的中华民族信仰，是个众所关注的大问题，应该能引起舆论的重视。"他的评价或许过高，但对我确实不乏鼓舞。

第二个故事是，我送了一套书给我过去一起插队的老友，同样让人出乎意料的是，感兴趣的居然是他的女婿——一个在中科院工作的八五后计算机博士。他一字一句地读下来，还热情洋溢地给我写了一篇书评。他说："您的大作为我打开了一扇富丽堂皇之门，逐步将一座人类文明圣殿的全貌展现在我的眼前……实话说，您的大作重塑了我对北京的认识，'惊诧莫名'之余升起的是对这座城市文明奇观的敬仰，不由得想重温北京每一座'宗庙'之美。另一方面，我觉得您提出的'五点'（即北京历史文化的五大属性）既是本质的，也是非常清晰的，一定会深入普通北京市民乃至国民之心。"

特别让人感动的是，年逾七旬的原北京市委副书记、国家体育总局党组书记李志坚同志经人介绍后，很快将拙作通读了一遍，然后不仅给我写了封亲笔信，还特意写信感谢向他推荐了这本书的人，说"谢谢你做的这件很有意义的事"。他在给我的来信中说："粗阅大作，心头'三敬'：对人类文明的圣殿——敬畏！对二十一世纪大环境下，作为因素之一的《人类文明的圣殿——北京》的出版，以及它给北京带来的地位提升、文明繁荣——敬待！对研究者、作者王光镐——敬佩！"以上三点，第一和第三点在其他读者的评价中已不乏表述，但对于第二点，即此书可以给北京"带来的地位提升和文明繁荣"，唯有志坚书记做了特别的强调，体现了一位长期主管北京宣传文化工作的市委老领导的独特眼光。

以上三个故事，一个出自北京市委老领导，一个出自在国内外颇有影响的老专家，一个出自年轻的理工科博士，各有一定的代表性和典型性。这些故事虽然未见诸媒体的报导，但都给了我满满的正能量。

至于在媒体方面，目前已有不下十余家报纸做了详略不一的报导，主要有《人民日报》《中国新闻报》《中国文物报》《北京日报》《北京晚报》《北京晨报》等。报纸上比较一致的评价是："此书首次对北京历史文化的本质属性做了系统、深入、全面的纵向剖析，也首次对北京历史文化的特异性做了大视角的横向比较，从而取得了全新的收获。"坦白地说，这个评价是客观公允的。因为不管怎样有待提高，拙作确实是第一次对北京历史文化的本质属性做了系统的纵向条理，也第一次对北京历史文化的特异性做了大视角的横向比较。视角不同结论自然不同，无论是对北京历史文化"悠久、持续、递进、多元、一统"五大属性的定性，还是对它"中华第一摇篮""天下第一城""东方第一都""人类文明圣殿"四大特征的定位，都是建立在这种全新视角上的。

在媒体报道方面，最值得一提的是《中国教育报》官微上发表的一篇文章。这篇文章的标题是《知名中学的学生，都在看些什么书》，文称："各位爸爸妈妈们，你们是否在苦恼，除了一些世界名著之外，实在不知该给孩子看什么书？而且看过的书籍的类别单一，怎样才能给孩子丰富多元的阅读体验？别担心，小编专门对症下药，今天就为大家推荐人大附中学生们的精品书单。此书单可谓古今中外，各有涉猎，乃良心推荐，各位看官还不快快推荐给孩子？"而文中开列的第一本书，就是《人类文明的圣殿——北京》。此文的由来，正如文中所说，是因为大名鼎鼎的北京人大附中于2015年5月向全校推介了九本精品图书，其中包括儒家经典及胡适、梁漱溟、余秋雨、梁文道等人的著作，都是大家、名家的传世之作。而拙作不但忝列其中，并在不经意间被排在了首位。《中国教育报》这篇文章被不少报刊和网站转载，由此引起了年轻人对北京历史文化的关注。

此外意外得知，远在贵阳的贵州师范学院向全校师生推荐了99本中外名著，《人类文明的圣殿——北京》居然也在其中，真是令我汗颜！不过细想想，这至少传递了一个信息，即关心北京历史文化的绝不仅限于北京人。

当今网络风行，报纸上的有关报导很快被各大网站转载，林林总总已不下百余家。而其中最令我感动的，是一家叫"重庆华亮餐饮管理有限公司"的网站。它不仅把有关《人类文明的圣殿——北京》的介绍堂而皇之地和酸辣粉、麻辣烫、禾堂面的介绍放在一起，并且其内容居然不是从网上东抄西抄得来的，而是自己归纳的。看着它前言不搭后语的叙述，我心里倒是暖暖的，心想搞餐饮的敢情也在意精神食粮啊！

为了扩大宣传，书籍出版后我自己整理了一个内容提要，刊发在网易论坛的"文史天地"上。众所周知，网络的受众主要是年轻人，他们对严肃的学术话题不大关注。可是万万想不到，这篇文章刊出后很快被浏览了16万余次，还有不少年轻人跟了帖，如：

"我绝对支持您，研究北京文化的强帖"；

"又一巨著面世，力挺！"；

"如今这种研究少见了，楼主要坚持下去"；

"现在的人都势利了，静下心来做学问的少了"；

"这是为民族提供正能量的事，应该关注！"；

"弘扬中华文化，传播正能量"；

"学习中国文化离不开研究北京"；

"北京是一座包容的城市，不跟傲慢的××人一样"；

"令人向往又充满敬畏的城市"；

"从古至今北京都是一座大都市，并会将这种繁荣延续下去"；

"北京是多民族聚集的城市，各色人等都可以和谐相处"；

"北京就是中国文明发展的领头羊"；

"北京的国际影响力随着中国的经济增长在不断扩大"；

……如此等等，不下200条。

我之所以不厌其详地摘录这些跟帖，是因为这些帖子最接地气，是来自年轻人的直接心声。它们说明，年轻人对这个话题也是感兴趣的，他们对揭开北京历史文化的谜底同样充满期待。

网络购书是当今图书销售的重要渠道，而它与实体书店的一个最大不同是，购书者阅读后可以返回网站记下自己的读后感。细想想，不光是自己掏钱买书，还要读完书后再回到购书网站发表感言，这得有多大的动力啊！但令人感动的是，读者在购书网站也给拙作留下了不少感言，而且好评如潮。简单举几例来说，亚马逊上一位不具名的读者说："这是一部关于北京历史文化的极为优秀的著作，令我感到震撼。作者考据翔实、论证严密、叙述角度新颖、对比恰当、结论精当，是迄今为止一部全面展现北京历史文化的力作，对于推动'北京学'课题的发展，起到举足轻重的作用"。此外在当当网、京东商城、蔚蓝书屋等可以留言的网站上，诸如"学习了！非常不错的一套书，很多观点很新颖，给人新的启迪，开阔研究"；"百年经典，人文阅读：买的很值得，可以做永久收藏，是本什么年代都可以拿出来当经典看的好书"；"经典图书，值得推荐大家阅读"等评语比比皆是。看到这些陌生人的留言，我的感动无以言表。

迄今为止，由资深专家撰写的书评已经陆续发表了四篇。其中一篇是由学养深厚的中国社科院考古研究所研究员王仁湘撰写的，发表在 2015 年 8 月 4 日的《人民日报》上，其标题是颇具文学意味的《北京何来》。此文从北京的地脉、人脉、城脉、文脉、气脉五个方面，综合归纳了《人类文明的圣殿——北京》的内容，对书中论证的"东方生命带"及北京的枢纽作用、中华始祖黄帝"源出于燕山以北、崛起于燕山以南，再迁都于中原之土"的"大胆阔论"、北方游牧民族起源后导致的"游牧文化圈和农业文化圈二元对立格局的形成"，以及北京作为东方文明之都所具有的深厚底蕴等，都做了全面的肯定和阐发。该文最后说："这是一部慢工细活成就的大作品，须得慢慢地读，方能品尝到字里行间蕴含的醇厚味道。看完之后，您也许会认可王光镐对于北京的'溢美之词'——它的历史、文化、文明长盛不衰，始终持续、递进地发展着，它奇迹般地将主流民族、主流文明和多元民族、多元文化融会起来，创建了一个多元民族与多元文化乃至多元宗教共生共荣的典范。"

湖北省考古研究所研究员朱俊英的书评发表在 2015 年 5 月 29 日的《中国文物报》上，标题是《北京历史文化的又一力作》。此文归纳了《人类文明的圣殿——北京》的几大特点：一是"此书不仅切实采用了考古学与历史学研究相结合的'两重证据法'，成为用考古材料复原历史的一个典范,而且广泛涉及了人类学、民族学、文化学、历史地理学、宗教学、环境学、经济史学等各领域,是多学科综合研究的成果";二是"该书逻辑严密、考证翔实,仅征引的资料就不下 2500 余条,使全书的各个结论都建立在牢固的基础之上";三是"此书虽是学术著作,但行文流畅、深入浅出、一气呵成,甚至令人拿起就放不下,堪称一部大多数读者喜闻乐见的著作";四是"该书彻底突破了传统史学研究的'中原中心论'和'华夏中心论'桎梏,出发于'大中华'的整体视野,不仅把北京地区偏在东北一隅的特殊势场充分揭示出来,还在中国新石器时代的起源、中华始祖黄帝的起源、中华文明的起源、中国游牧经济的起源以及长城内外两大族团的同祖、同源、同根上,做出了种种卓有新意的考证"。

张世松先生是江陵博物馆的老馆长,他虽然把一生都献给了"面朝黄土背朝天"的考古工地,却与生俱来地濡染了江南楚韵的艳逸才藻,风雅不输骚客。他写的书评以《情为景动》为标题,嵌在其中的有景也有情。此文发表在《文化研究》2015 年第 3 期上,读来颇像一首散文诗。他说:"对一地历史文化之观览,我们常常浅尝辄止,欣喜于表面之华美,未遑深层探究。今日通览此书,眼前似乎突现一道灵光,既得见北京的脉搏跳动,又尽窥其肌腱筋络。古都北京由此灵动起来,宛如一条雄壮神奇的祥龙,在历史的风云中行走如飞,神采奕奕";"人们常说,读一本好书,如饮醇酒。醇酒,最易致人沉醉。《人类文明的圣殿——北京》一书,语词典雅,文笔优美,感觉倏忽读毕,我心已酩,不知身之所在焉。"果然,在文章的结尾他激情勃发,赋诗一首曰:"遣飞大笔巡幽州,浑似扶摇兀隼游。慧眼俯瞰云过往,挟雷双翼并谁俦!"

记得有一位作家说过:"说实在的,作为一个作家,没有比有读者喜爱自己的作品更为欣慰的事了。"毫不掩饰地说,这也是我此刻的心情。古人云"十年寒窗苦",我也好歹过了八年离群索居、独自面壁的日子,当然希望这部作品能得到人们的认可。但我也十分清楚,人们喜爱的,并非我这部"北京学"的草创之作，而是北京历史文化自身的超凡绝伦。恰如一个明星，颠倒众生的一定是她的天生丽质，至于是哪个记者采访、报导、宣传了她，实在是无足轻重的。

自出版以来，读者较为一致的评价是："此书虽是学术著作，但行文流畅、深入浅出、一气呵成，甚至令人拿起就放不下。"但在下深知，这终究是一部学术著作，学术考证的枯燥与晦涩在所难免。特别是拙作中不乏推陈出新之说，而任何学术新说都是建立在详实有据的考证上的，因此无论再怎么注意行文的流畅，也难免内容的繁杂。尤其是在人大附中和中国教育报向中学生推荐此书后，有不少热心读者和家长向我建议，能否在保持原体例不变的情况下，适当作一些调整，尽可能删去一些过于"烧脑"的考证性内容。根据这个建议，我勉力删去了一些晦涩难懂的古文献和枯燥乏味的考古资料，也删除了一些繁琐的考证，在原书的基础上压缩了约15万字，改写成如今这个版本。

按说学术研究最应当讲究原始资料的详实和充分了，最讲究证据链的完整和严密。那为什么还要做如此裁减呢？答案无别，自然是为了进一步增强可读性，进一步扩大读者面。当然，对于学术中人来说，要想查验每一个观点的原始依据，自有2014年版的拙作可资参酌，所以这样做不仅是必要的，也是可行的。

这几年来，听得最多的话是，对北京历史文化本质属性和独特地位的全面揭示，一定会大大提升北京的国际知名度、大大提高北京的文化软实力、大大增强中华文化的强大感召力，甚至会因此带来难以估量的经济效益。我也深信这一点，但事实说明，要把一个学术成果转化为社会的文化资源，还有很长很长的路要走。这一梦想的实现，关键在于有更多的人了解北京历史文化、关注北京历史文化，由此群策群力，携手共筑这座人类文明史上独一无二的圣殿！

希望这部著作有助于这个愿望的实现。

第一章 导论

早在元世祖忽必烈时期，来到元大都城的意大利人马可·波罗就对这座城市盛赞不已，推崇它"为世界最美之奇观"[①]。又经过数百年的扩建与更新，当俄国公使尼·斯·米列斯库于康熙年间来到北京城时，更惊叹北京"皇城之瑰丽与雄伟，使欧洲所有皇宫都相形见绌"[②]。美国现代城市规划学家埃德蒙·培根不无感慨地说："在地球表面上，人类最伟大的个体工程大概要算是北京城了。"丹麦著名学者罗斯穆森也由衷地赞叹："北京的整个城市，乃是世界一大奇观。它的布局和谐而明朗，是一个卓越的纪念物，一个伟大文明的顶峰。"[③]中国建筑学泰斗梁思成更是无比自豪地指出："北京对我们证明了我们的民族在适应自然，控制自然，改变自然的实践中有着多么光辉的成就。这样一个城市是一个举世无匹的杰作。"[④]

这就是我们的北京，一座无与伦比的城市！这里有人类最绵长的军事防御工事——万里长城；有世界上跨度最大的运河——京杭大运河；有全球历史最悠久的宏伟宫殿群——紫禁城；有天下最宽阔的城市中心广场——天安门广场；有现存最古老的皇家御苑——北海；有举世最壮观

[①] [法]沙海昂：《马可·波罗行记》，冯承均译，商务印书馆，2012年，第203页。
[②] [罗马尼亚]尼·斯·米列斯库：《中国漫记》，蒋本良、柳凤运译，中华书局，1989年，第70页。
[③] 侯仁之：《评西方学者论述北京城市规划建设四例》，载《奋蹄集》，北京燕山出版社，1995年，第122~123页。
[④] 《梁思成文集》(四)，中国建筑工业出版社，1986年，第51页。

的祭天建筑群——天坛；有史上埋葬帝后最多且保存最完整的大型皇陵区——十三陵……北京的历史文化不知蕴藏了多少光前裕后的伟大成就，怎不叫人为之惊叹！

这是一座地处欧亚大陆东端的城市，坐落在华北平原的北缘，濒临渤海。它的中心位于北纬39度54分20秒，东经116度25分29秒，东西宽约160公里，南北长约176公里，总面积阔达16410.54平方公里。在地形上，它背靠群山，面对大海，连接着一望无垠的坦荡大地。它的西部是太行山余脉，"太行八陉"之一的居庸关就雄踞于此。这是北京西北的门户，也是通往蒙古高原的天然孔道。北京的北部是燕山山脉的军都山，八达岭是其主峰，燕山从这里向东直抵渤海，形成了华北与东北的天然屏障。古北口雄踞燕山中段，扼守着通往承德及东北地区的要冲，是京师的北大门。号称"天下第一关"的山海关屹立在燕山的东端，地近渤海，形势险要，是锁钥华北与东北大平原的交通要道。京西的东灵山是北京的最高峰，山峰峻峭，谷深坡陡，海拔2303米。北京西部和北部的群山在南口关沟处相交，形成了一个向东南方向敞开的半圆形大山弯，貌似海湾，人称"北京湾"。在"北京湾"的怀抱下，北京小平原一马平川，向南联结着平畴万里的华北大平原。

对北京地理形势的奇崛，古人早有鞭辟入里的评述。

北宋史学家范镇《幽州赋》云："虎踞龙盘，形势雄伟。以今考之，是邦之地，左环沧海，右拥太行，北枕居庸，南襟河济，形胜甲于天下，诚天府之国也。"

金世宗文臣梁襄称："燕都地处雄要，北倚山险，南压区夏，若坐堂隍，俯视庭宇……居庸、古北、松亭、榆林等关，东西千里，山峻相连，近在都畿，易于据守，皇天本以限中外，开大金万世之基而设也。"①

元世祖武将霸突鲁说:"幽燕之地,龙蟠虎踞,形势雄伟,南控江淮,北连朔漠。且天子必居中以受四方朝觐。大王果欲经营天下,驻跸之所,非燕不可。"②

明成祖朱棣诏曰:"眷兹北京,实为都会。地势雄伟,山川巩固。四方万国,道里适均。"③

清朝摄政王多尔衮在给顺治帝的奏章中称:"燕京势踞形胜,乃自古兴王之地,有明建都之所。……皇上迁都于此,以定天下,则宅中图治,宇内朝宗,无不通达。"④

清初史志学家孙承泽云:"幽燕自昔称雄,左环沧海,右拥太行,南襟河济,北枕居庸。苏秦所谓天府百二之国,杜牧所谓王不得不可为王之地。"⑤

以上都阐明了北京是颇具帝王之气的形胜之地。

北京以山为屏,因水而生,不仅地处要冲,而且河道纵横。这里共分布着大小河流60余条,重要的有永定河、潮白河、拒马河、温榆河(北运河)和蓟运河,合称北京五大水系。源出于桑干河的永定河水切断西山的重峦叠嶂,流经北京的西部注入渤海;源出于内蒙古高原的潮白河水穿越燕山的高山深谷,流经北京的东部注入海河。它们形成的冲积平原"对北京湾的形成起到至关重要的作用"⑥。

北京属于典型的暖温带半湿润大陆性季风气候,夏季高温多雨,冬季

---

① 《金史·梁襄传》。
② 《元史·木华黎传》。
③ 《明太宗实录》卷118,上海书店,1982年。
④ 《清世祖实录》卷五。
⑤ 孙承泽:《天府广记》上册,北京古籍出版社,1982年,第6页。
⑥ 侯仁之主编、唐晓峰副主编:《北京城市历史地理》,北京燕山出版社,2000年,第2页。

寒冷干燥，春、秋两季短促。平原地区年平均气温11.8℃，最冷的1月份平均气温为零下4.6℃，最热的7月份平均气温为26.1℃。全年无霜期通常在180至200天左右，适于农作物的栽培。这是华北地区降雨最多的地区之一，年均降水量为644毫米，80%降水都集中在夏季。

作为历史悠久的东方古都，北京的历史文化早已享誉中外，它的辉煌成就也早已有目共睹。截至目前，全市已有周口店古人类遗址、八达岭长城、京杭大运河北京段、明清皇家陵寝、明清故宫、天坛、颐和园等七处古迹载入了世界文化遗产名录，数量之多不仅高居全国各大城市之冠，也高居世界历史文化名城榜首。然而于此之外，在它浩瀚历史长河的深处，在它诸多古遗址及古建筑的背后，自古以来究竟烙印着一条怎样的道路，这道路究竟向人们展示了怎样的特点，这特点又标志古都北京在人类文明史上处于怎样的地位呢？对此却很少有人论及。即使偶有方家对其中的某些特点略陈一二[1]，也从未展开过专门的讨论，更未进行过深入的探索。事实上，长期以来，人们对北京历史文化的兴趣，主要集中在对一些历史事件的分析上，停留在对各类古建筑、古遗迹的甄别上，聚焦在对民俗文化和胡同文化的描述上，沉浸在对各种宫廷秘闻的披露上，反倒因此忽略了对它历史文化本质属性的考察。

被誉为"世界史之父"的英国学者奥古斯特·施吕策尔说："人们能够了解一座大城市的各条街道，但如果没有一个总的图景或缺乏宏观的眼光，那么，就不会具有对这座城市的整体感。"[2]以北京历史文化之令人瞩目，历来的研究成果洋洋大观，这是毋庸置疑的。然而，正因为缺少了宏观的考察，古都北京至今"没有一个总的图景"，于是也就无法取得相应的整体感。时至今日，当这座千年古都正以现代化大都市的姿态快步走向

---

[1] 详见本书后记。

[2] 转引自[美]L.S.斯塔夫里阿诺斯：《全球通史——1500年以前的世界》导论，吴象婴、梁赤民译，上海社会科学院出版社，1999年，第33页。

世界的时候，当一系列活动的举办正不断把全球的目光聚集到这里的时候，透过表面的年代和数字，从整体上考察一下北京历史文化的基本特征，无疑是具有特殊意义的。对关心这座城市的过去、现在和未来的人们来说，这都是一个极富启迪性的话题。

既然是考察历史时期的本质特征，就不能只着眼于一时一事，也不能只停留在某一朝代或某一时段，而应纵览它的历史发展全过程。其道理很简单，因为只有贯穿整个古代发展史的特征，才能代表一地历史文化的本质属性，才能反映该地的客观发展规律。因此，在方法论上首先应明确的一点，就是必须对北京的历史文化做全方位的审视，不折不扣地从有人类的历史开始，截止到全部古代史的结束。具体而言，本论题考察的范围始于北京猿人的诞生，终于清王朝的覆灭。

正确识别一地的历史文化特征，单靠纵向的观察是不够的，还要靠横向的比较研究。有比较才有鉴别，这是人文科学研究的基本方法，也是判定北京历史文化特性的基本方法。换言之，只有把北京的历史文化置于宏观背景下，通过历史统一性和多样性的比较研究，才能把它的特征甄别出来。反之，如果单纯就北京论北京，孤立地看北京，反而会"不识庐山真面目，只缘身在此山中"。

那么，在甄别北京历史文化的基本特征上，最关键的横向比较应包括哪几个层面呢？

最贴近也最直接的层面，无非是要跳出北京小平原的拘囿，把北京放在整个燕山大地中，通过燕山南北各主流文化的比较研究，揭示它们在不同时代的交往与互动。北京历史文化的特色和地位，就是在这种跨文化的互动中展现出来的，而且也正是这种交往互动，展现了北京与外部世界的关联性，反映了它的横向发展。此外，通过这种横向比较，还可以深入考察燕山南北各大文化的源流，甄别北京地区民族多样性和文化多元性的主要来源，这都是很有意义的。

第二个层面的比较，应当是同类城市的比较。在中华五千年文明史上，北京和西安、洛阳、开封、杭州、南京、郑州、安阳一样，同属华夏历史名都，合称"中国八大古都"。这些古都各有其自身的特性，但在历史上也具有一定的同质性，是中华大地上自古至今所有城市中最具可比性的。而通过对这些古都发展脉络的比较研究，轻而易举就能把北京历史文化的独特性揭示出来。

此外更高层次的比较，莫过于站在全世界的高度，把北京历史文化的特性与世界各大文明古城做一横向比较了。这种比较亦非可有可无，因为只有着眼于全球，才能最大限度地揭示北京历史文化夐夐独造的特异性，进而判明它在整个人类文明史中所处的地位。同时也只有放眼全球，才能把北京历史文化的研究置于现代史观的全球视野之下，赋予它以全新的含义。

以纵向的考察为经，以横向的比较为纬，由此逐步展开的，无疑是一部北京历史文化的百科全书，而贯穿于其中的红线，就是北京历史文化的本质特征。这种纵向、横向的考察看似简单，但实施起来并非易事，关键的难点大致有四：

一是要打破历史学和考古学的学科界限，努力实践史学研究的"二重证据法"。"二重证据法"是由史学巨擘王国维于1925年提出的，其意是要运用"地下之新材料"与纸上文献相互参证、相互补充，来综合考察和复原历史。其实在王国维那个时代，现代意义的考古工作尚未起步，他所倚重的"地下文物"还只限于传世的甲文、金文材料，很难说是真正意义的"二重证明"。而今天，当田野考古工作早已漫卷全国，当考古发现早已触目皆是，地下文物与文献史料的相互参证和相互补充不仅是可能的，而且是必要的，已成为古史研究方法的不二之选。

二是要打破专业人员按时段研究历史的局限，作出纵观全程的跨时代考察。众所周知，在历史学、考古学、民族学乃至其他相关学科中，一旦跨入研究领域，人们首先要按时代确定自己的专业方向，唯其如此才有可能变身为"专家"。姑不论近代史和现代史，单就古代史而言，约定俗成的分工就有五大段——原始社会、夏商周三代、秦汉、魏晋南北朝隋唐、宋元明清。可叹的是，历史何其浩瀚，人生何其短暂，一旦确定研究方向后，学者便如"一嫁定终生"，深陷于其中而不复他顾，视野也就永远框定在一个有限的范围内。而倘若不打破这种局限，不仅无法对历史做出全方位的观察与思考，更难以在融会贯通中凝练出一个文化的灵魂来，当然也不可能在一气呵成中达成作品内在的完整性。之所以迄今为止尚无一部全面、系统、深入探讨北京历史文化基本特征的综合性著作，缺乏这种大跨度的独立观察与思考，便是关键的原因。

三是对北京历史文化基本特征的考察，实际也就是对北京历史文化发展过程、模式、趋向的系统性考察，不仅需要创造性的思维，更需要系统性的思维。这种系统性思维要求我们把北京历史文化当作一个整体来认识，要从政治、经济、文化、民族、地理、环境乃至历史人物等因素的相互作用和相互联系中，全面理解与把握北京历史的进程。因此，论证中不仅需要切实奉行考古学与历史学相结合的"二重证据法"，还要广泛涉及人类学、民族学、文化学、历史地理学、宗教学、环境学、经济史学等各个领域。综合借鉴这些学科的理论、方法与成果，将多学科的材料与研究一炉共治，也是在考察北京历史文化时必须遵循的。

四是在全面考察北京历史文化的属性时，有一些根深蒂固的观念性问题也要予以澄清。这里特别需要强调的是，一定要尽力摒弃传统史学中无所不在的"中原中心论"影响，客观公允地看待每个区位特有的优势。因为只有这样，才能判明各地区为中华文明所做的特殊贡献，才能汇聚起神州四域的综合势能。

在中国大陆上，北京地处东北一隅，东临大海，北接朔漠。这个地理区位恰好决定了它相辅相成的两大属性：一是远离中原腹心，二是地近蛮

夷。司马迁在《史记·燕召公世家》中说"燕迫蛮貉";《战国策·燕策一》载燕王自谓"寡人蛮夷辟处,虽大男子裁如婴儿";《史记·刺客列传》载燕人荆轲自称"北蕃蛮夷之鄙人",凡此都是对燕地这种性状的经典表述。而由此带来的问题是,中国正统史观一贯强调"中原中心论"和"华夏中心论",若不清除这种观念带来的负面影响,就无法正确理解这个地理区位带给北京的特殊势能,也就无法深入了解北京地区在推动中华文明进程中所起的不可替代作用。

在北京历史文化的研究中,当我们认真面对上述四大问题,不仅全面贯彻史学研究的"二重证据法",还进而融汇多学科的研究成果;不仅突破按时代划分研究范围的拘囿,还努力克服"中原中心论"的影响,以下事实就会一一展现在我们面前:

姑不论"北京猿人"是人类起源的源头之一,单就现代人的起源而言,北京地区还发现了欧亚大陆东端最早的晚期智人实例,表明偏在一隅的北京地区不但是古人类的发源地,也是现代黄种人的故乡,说详第二章第一节。

种种迹象表明,整个中国北方的粟作农业和新石器时代革命实发端于北京及周边地区,而非肇始于中原地区,说详第二章第二节。

从刚刚跨入新石器时代起,燕山南北两侧的文化就建立了密切联系,甚至彼此源出一脉,此后更是密不可分。同时,作为贯通南北的大动脉,北京地区很早就把塞北和中原两地的文化紧紧联在了一起,说详第五章第二节。

东北地区虽然后来成了游猎民族的天堂,但在史前时代,那里却有相当发达的农耕经济,是大中华史前农业文化圈的重要组成部分,说详第五章第二节。

鉴于大江南北各地的龙山文化都不同程度地辉耀出了文明的曙光,中华文明起源的"多中心"论早已为学者所共奉。殊不知华夏文明的起源还有一个"多重心"的特点，即不同阶段各有不同的重心。这些重心交替出现在不同的时间和空间，各在一定阶段独领风骚。而近年来的考古发现揭示，在距今5500年前后，在整个北中国，向着文明终极目标一路领跑的，恰恰是塞外的红山文化。这一事实充分说明，燕山以北并非一直落后于中原地区，反倒是和黄河流域、长江流域并列的中华文明三大源头之一，说详第五章第二节。

中华文明始祖黄帝到底源出于何处？这显然是中国历史上的头等大事，也是中华民族的头等疑案。而于史可稽，黄帝正是从一度领先于中原的塞北红山文化中走出来的，因为这获得了第五章第三节所论的十二大证据的支持。在有关黄帝起源的东南西北诸说中，能得到如此支持的绝无仅有，故以此说最可凭信。

从红山文化中走出来后，黄帝集团早在距今五千年前就在涿鹿及北京西北一带点燃了神州第一束文明火把，而那时的莽莽中原，还处在黎明前的黑暗中，说详第二章第三节。

寻根溯源，从形成雏形的那天起，华夏民族就是由北狄、西羌、东夷、中原集团融汇而成的，具有与生俱来的多元特质，说详第二章第三节。

从新石器时代一直到夏商时期，西辽河流域的文化始终和北京地区保持着相当紧密的联系，说详第五章第四节。而除了文化的交融互动外，塞内外人员的交往更是毋庸置疑，因为任何文化的交流都是以人为媒介的。黄帝集团从红山文化地区的整体南下，就是燕北族群对燕南的一次大规模交流。此外据第三章第二节所考，北方游牧民族的远祖荤粥族是从燕山南麓北徙的，金朝和清朝的祖先肃慎族也是从北京一带迁往燕山以北的，这又是燕山以南族群对燕北的交流。凡此事例无不证明，燕山南北自古本是一家，属于同祖同源的同一族系，他们被长城分开是很久以后才有的事。

相当长时间以来，以中国古代游牧文化源起于西方的说法一直不绝

于耳，至今仍是颇有影响的说法之一。倘如此，则数千年来北方游牧民族与中原农业民族的"二元对立"，就不再是中国内部的"家事"了，而成了所谓的"国际争端"，由此带来的麻烦也不再是一个学术问题所能涵盖。幸好有诸多事实证明，中国北方的畜牧经济和畜牧族是因环境的演变而在夏代自发生成的，燕山以北的西拉木伦河和老哈河流域就是它的一个故乡，说详第五章第四节。

以上所列，都是影响中国历史进程的大事件，而它们桩桩与"中原中心论"的立场相悖，也桩桩与北京的历史作用有关。其中关于中华始祖黄帝源出于燕山以北、崛起于燕山以南的论断，更是对"中原中心论"的极大颠覆。

自从十八世纪中后期开始，西方学术界兴起了一股"欧洲中心论"思潮，强调欧洲具有不同于其他地区的特殊优越性，是世界发展的主轴，也是其他地区迈向现代文明的灯塔。大名鼎鼎的德国哲学家黑格尔、法国哲学家孔德、德国历史学家兰克等都是此论的代表人物，孔德甚至直言不讳地说："我们的历史研究几乎只应该以人类的精华或先锋队（包括白色种族的大部分，即欧洲诸民族）为对象，而为了研究得更精确，特别是近代部分，甚至只应该以西欧各国人民为限。"[①] 这种流弊甚广的狭隘观念，贬低了非欧洲国家的历史地位和成就，使欧洲对西方以外的世界闭目塞听，也使整个世界长久以来以西方意识为主导。直到人类进入全球化时代以后，二十世纪五六十年代出现了"全球史观"，这才打破了"欧洲中心论"的思维定势，使全世界的历史观发生了巨大改变。不言而喻，中国历史文化的研究也只有彻底摆脱"中原中心论"的桎梏，才能全面展现大中华历史的宏伟全景。

更重要的是，只有彻底摆脱这一拘囿，北京地区偏在东北一隅的特

---

① [苏联]康恩：《哲学唯心主义与资产阶级历史思想的危机》，乔工译，三联书店，1961年，第311页。

殊势场才能充分显现出来，它的历史文化特性也才会全面展现出来。到这时，北京历史文化就会掀开自己厚重的面纱，向世人展示它所具有的特殊属性——悠久、持续、递进、多元、一统发展的属性。

一座城市和一个人一样，有它内在的气质和气韵，而这就是由它贯穿始终的历史特性所决定的。北京历史文化悠久、持续、递进、多元、一统的发展，充分揭示这是一座极具创新性、恒久性、进取性、开放性和统一性的城市，这就是北京的气质和气韵。

既然是一座城市的属性，这五大特性就必然会反映到城市发展的"硬件"上来。北京地区最早的拓荒者是北京猿人、东胡林人和崛起于涿鹿及北京西北一带的黄帝集团，而周口店遗址、东胡林遗址、延庆阪泉遗址等，就是他们给这片热土留下的实体遗存，证明了北京地区历史文化的悠久性。至于北京地区历史文化的持续性，则包含在有128处全国重点文物保护单位、357处市级文物保护单位的全市近万项文物古迹中。北京历史文化的递进性，则是由每个阶段的最高规格遗迹及遗物表现出来的，这在各个时代都不乏典型。

那么，古都北京的多元性和一统性又是如何在城市建设中体现出来的呢？换言之，什么样的"硬件"才最能反映北京历史文化的多元性和一统性呢？这个问题直接关乎北京这个文明古都所蕴含的特殊属性，理应重点剖析。于是，在逐章论证了北京历史文化的五大特性后，第七章又专门对古都北京城市建设的多元一统风貌展开了讨论。

质言之，多元性在古都北京的表现是无处不在的。大到民族的多样性及民族语言、文字、建筑、服饰、文化、习俗的多样性，小到一座墓葬或一个遗址内不同谱系器皿的共存，细到同一件器物上兼有的不同文化因素，都是多样性的反映。但这种多样性是一种泛文化现象，在许多地方都可以看到，不足以证明北京地区非同寻常的多样性和兼容性。因此，第七章专门撷取了不同宗教建筑在古都北京的并存与发展，以此来说明各大宗

教在古都北京的共生共荣。众所周知，在人类历史上，宗教是具有一定排他性的，尤以一元主神的宗教为最。而倘若世界上的三大宗教再加上中国土生土长的道教都在北京这块土地上取得了长足的发展，这会给我们带来什么启示呢？这自然说明了北京所具有的特殊兼容性。

至于一统性，它在古都北京的表现不仅可以反映在第六章所说的主流文化与主流意识形态的一以贯之上，更能反映在第七章所论的标志中华民族传统信仰的典型建筑的一脉相承上。当然，这首先要涉及到中华民族到底有没有信仰的大问题，对此也将在第七章一并展开讨论。

在充分论证了北京地区历史文化的基本特性及表现后，第八章对这些属性做了全方位的比较研究。如前所述，这种比较应该是多层面的，不仅要和中国的八大古都做比较，还要和世界各大古都及著名古城做比较。而比较的结果是，在全国乃至世界各大历史文化名城中，同时兼具悠久、持续、递进、多元、一统发展特性的，北京是唯一的一个。这个结论无疑给北京带来了莫大的荣耀，其中最突出的亮点是：

放眼整个北京地区，既存在标志古人类起源的"北京人"，又存在标志现代黄种人起源的"田园洞人"和"山顶洞人"；既有新石器时代先驱的"东胡林人"，又有点燃了神州第一束文明火把的黄帝集团及其后人，表明这里是集人类起源、新石器时代起源、国家文明起源于一身的地区。这在全国各大城市中可谓绝无仅有，在世界上也极为罕见，使得北京当仁不让地成了"中华第一摇篮"。

仅就城市文明的发展而言，在地理位置固定不变、城市文明持续不断、都市地位始终不降的三大前提下，由殷商蓟城以迄于今，北京城整整度过了三千二百多个春秋。其时间之长不仅在中国首屈一指，在世界上也无出其右，这又使北京当之无愧地荣膺了"天下第一城"的桂冠。

从城市建设来说，体现中华民族乃至整个东方民族传统信仰、伦理道德、文明基干的礼制建筑，以及展示泱泱华夏厚德载物宽阔胸襟的宗教建筑，都在古都北京得到了充分展现，昭示这里是东方文明的集大成之所，这又使北京自然而然获得了"东方第一都"的美誉。

若将北京历史文化的五大特性全部归纳起来，如此悠久、持续、递进、多元、一统发展的北京，就更是举世无双了。犹如希腊人将雅典卫城奉为圣城和神灵一样，北京也是这样一座圣城，是世界历史上无出其右的"人类文明圣殿"。

毋庸赘言，对任何一座世界级大都市来说，传统文化的意义永远大过浮光掠影的时兴文化的意义。因此可以毫不夸张地说，北京历史文化的这五大属性，就是历史留给北京的最丰厚资源，一旦被认识便会焕发出不可低估的能量。1997年，在《北京地区博物馆建设的思考》一文中，笔者概要阐述了北京历史文化的悠久性、持续性、递进性、多元性，并强调：

> 这四大特征，不仅是北京这座历史文化名城的内涵与底蕴，更是北京历史文化的特殊优势，是北京建设文化中心的宝贵资源。……只要真正把握了这些优势并充分加以利用，就可以更大程度地提高北京这座历史文化名城的地位；可以使百姓更加热爱首都、热爱家乡，增强首都对全民族应有的向心力；可以使人们考虑从不同侧面充分展示北京的古都风貌，把北京历史文化名城的建设纳入更加科学、系统的轨道……这样，北京历史文化的特有优势，就势必会转化为北京物质文明和精神文明建设的丰厚资源。①

上面这段话已从一定程度上揭示，北京历史文化蕴藏的巨大潜能，就是北京市最丰厚的软实力。我们相信，随着社会的逐步关注，北京历史文

---

① 王光镐：《北京地区博物馆建设的思考》，刊《让历史的辉煌走向未来——1996年首都文化发展战略研讨会论文集》，北京出版社，1997年。

化的资源优势就一定会得到更加充分的发掘和利用，由此激发出巨大的社会效益和经济效益。

以北京历史文化之丰富广博，以其特征之独特和意义非凡，对它的研究足以构成一门博大精深的"北京学"。这将是一门兼具历史性和现实性、典型性和普遍性、世界性和时代性的大课题，相信关注它的不仅仅是当代北京人，也不仅仅是热爱首都、关心首都的全体中国人，还必然包括了关心人类命运和前途的海内外各界人士。这门学科的深入开拓和弘扬，有待于从整体的历史视野出发，广泛开展多学科的综合研究，唯其如此才能取得更大的收获。相对这个学科的前景而言，眼下这部著作只能算是拓荒之作，其之浅陋自不待言，错误疏失也在所难免。但在研究过程中，连绵悠长的北京历史文化给了我们足够的自信，使我们相信无论有多少新的资料尚未来得及补充，无论有多少新的研究成果尚未来得及吸纳，甚至无论有多少观点和论据还有待商榷，但北京历史文化的五大属性是不可撼动的，它在人类历史长河中的无与伦比地位也是毋庸置疑的。正是因为有了这两大信心的支持，才鼓励笔者不揣冒昧，把这部著作欣然奉献到世人的面前。

希望这部著作成为一面靶子，因为我相信，当这面靶子被万矢射穿之时，就是"北京学"蔚为大观之日！

第二章 悠久性
——北京地区的三大创世纪发展

自开天辟地以来,给这个世界带来了翻天覆地变化的,是三大历史性的飞跃,分别为人类起源、农业起源和国家文明的形成。头两次飞跃的意义正如世界史大师、美国历史学家 L.S. 斯塔夫里阿诺斯所说:

> 在史前时代的千万年中,有两大发展为以后的全部历史奠定了坚实的基础。其一是灵长类逐渐转变为人类,即人类的祖先转变为真正的人类;其二是原始人从靠大自然恩施的食物采集者转变为日益摆脱大自然束缚、掌握自己命运的食物生产者。这两件划时代的大事,即人类的形成和农业的产生。[①]

至于第三次飞跃的历史意义,最精辟的论述莫过于恩格斯所说的"国家是文明社会的概括"[②]了。文明的政治表现是国家,正是国家机制的形成,而非人们争论不休的古文字、青铜器、城邑的形成,导源了迄今为止的全部文明史。

总之,以上三大步历史性飞跃分别标志了动物与人、攫取经济与生产经济、野蛮社会与文明社会的分野,是人类有史以来的最根本转变,堪称

[①] [美]L.S. 斯塔夫里阿诺斯:《全球通史——1500年以前的世界》,吴象婴、梁赤民译,上海社会科学院出版社,1999年,第52页。

[②] [德]恩格斯:《家庭、私有制和国家的起源》,人民出版社,1972年,第174页。

人类的三大"创世纪"发展。

这三大发展既构成了人类的全部历史，也构成了人类对自身的全部认识。自从人类有主体意识以来，这每一步飞跃究竟是怎样实现的，又是怎样延续并发展的，是始终困扰着人们的话题。这些话题除了它的普遍性和世界性外，更具有民族性，因为每一个古老民族对自身历史的追溯与记忆，都不能不从这三大阶段的发生与发展开始。

北京是中国封建社会后半期的文明中心，这早已是尽人皆知。但如果说它还是人类起源、农业起源、文明起源的圣地，是东方古老文化与文明的中心，恐怕会让人始料不及。然而这却是千真万确的事，因为索诸史实，在人类文化与文明的一次次历史巨变中，北京地区无不留下了令乾坤扭转、天地动容的辉煌篇章。而一旦当这些事实清晰地呈现出来后，需要重写的不仅有北京的历史，甚至还包括了中国乃至东亚的历史。

一　人类的起源——"北京人"

早在邃古的洪荒时代，当人类祖先刚刚挺直身躯在神州大地上蹒跚学步，就在北京这块土地上留下了深深的足迹。这一不灭的印记，就是举世瞩目的"北京人"遗址。

"北京人"遗址位于北京市房山区周口店龙骨山，东北距北京市区约48公里。这里地处平原与山脉过渡的山前丘陵地带，背靠太行山，面向华北大平原，系山前暖区。其周围分布着多处石灰岩山峦，龙骨山即其中之一。多元地貌造就了龙骨山的独特环境，它的西北有群山环抱，东南有沃野千里，周口河蜿蜒南流，是钟灵毓秀的一块宝地。据说从宋辽以来，这里就发现了丰富的古动物化石，因为中医常用此类化石入药，俗称"龙骨"，故名"龙骨山"。

在水流的作用下，龙骨山及周边山峦形成了大小不等的天然洞穴。1918年，来华担任矿政顾问的瑞典地质学家安特生来龙骨山考察，在洞穴中采集到一些啮齿类动物化石。1921～1923年，安特生与奥地利古生物学家师丹斯基、美国古生物学家格兰阶合作，对龙骨山的洞穴进行了发掘。在发掘出的大量哺乳类动物化石中，先后鉴定出两颗古人类牙齿化石，一颗为石化很深的上臼齿，一颗为尚未露出颌骨的前臼齿。1926年10月22日，在欢迎来华访问的瑞典皇太子的宴会上，安特生郑重宣布了这一消息，立刻引起了中外舆论界的轰动。这一发现当时以无可辩驳的事实向全世界宣告："具有完整而确实的地质资料的古老的人类化石，已经在亚洲大陆的喜马拉雅山以北首次发现。因此，早期人类曾在亚洲东部存在这一点，现在已经不再是一种猜测了。"[1]

龙骨山洞穴的大规模发掘开始于1927年，是由当时的中国地质调查所主持的。发掘伊始就发现了一颗保存完好的人牙，但此后就进入了长达两年多的沉寂期，夜以继日地工作却收效甚微。1929年12月2日下午4时许，正当夕阳向山后缓缓滑落时，在一片准备收工的吆喝声中，古人类学家裴文中不为所动，仍然腰系绳索在龙骨山北坡的一处洞穴内发掘。蓦然间，借助一丝蔼蔼暮色，他在洞底发现了一个半露在外的头盖骨！这是一具相当完整的猿人头盖骨化石，它的发现，标志着"北京人"的正式面世。刹那间，这个消息有如强大的电击波，很快传遍了全世界，使周口店这座寂寂无闻的小镇一夜成名。

1936年，在贾兰坡的主持下，于同一洞穴内又发掘出三具猿人头骨化石，更使周口店成了举世瞩目的考古圣地。这个接连出土了数具猿人头盖骨的猿人洞，是一个天然大洞穴，东西长约140米，南北最宽处约40米，后来被命名为周口店第1地点。此洞穴的堆积相当丰富，总厚度超

---

[1] 贾兰坡、黄慰文：《周口店发掘记》，天津科学技术出版社，1984年，第17页。

过50米，可以划分为13个层次。经考古发掘和科学鉴定，这些堆积大约形成于70万~20万年前，大部分都有人类活动的遗迹。人类学上特指的"北京人"化石最早出现于第11层，最晚出土于第3层，时代断限为距今46万~23万年[①]。

综合古人类学和分子生物学的研究，可知人类的起源经历了类人猿、能人、直立人、早期智人和晚期智人几大发展阶段。类人猿即南方古猿，是类人的灵长类动物，生活在距今500万~140万年间；能人是由南方古猿中的一支衍生出来的，已能制造简单的石器，生活在距今250万~150万年间；直立人是由能人进化来的，处于从猿到人进化过程的重要阶段，生活在距今180万~20万年间；早期智人脱胎于直立人，掌握了人工取火的技能，生活在距今二三十万~5万年间；晚期智人又称"新人"，体质特征已相当接近现代人，生活在距今5万~1万年间。严格意义的现代人应从新石器时代算起，主要指最近一万年来的新人类。

在考古学上，直立人尚处于旧石器时代早期，属原始社会的初级阶段。这时人类的生产能力还相当低下，居住在洞穴或旷野里，过着群居的采集、狩猎生活，以植物的果实和猎取鸟兽果腹。但此时的人类已经学会了制造和使用工具，直立行走的姿势已较完善，脑量有所增加，具备了简单的思维和语言，体质特征也脱离猿类而进入了早期人类阶段。发掘资料证实，周口店的北京猿人在各个方面都具备了"直立人"的特征，故而在被陆续称为"中国猿人""中国猿人北京种""北京猿人"后，最终定名为"直立北京人亚种"，简称"北京人"。

[①] 吴汝康等：《北京猿人遗址综合研究》，科学出版社，1985年。

在漫长的几十万年中，为了维系自己的生存，"北京人"用石头、木棒、兽骨制造了大量原始工具和武器。石器皆采用原始方法打制而成，数量极其丰富，迄今已发现十余万件，种类有砍斫器、尖状器、刮削器、雕刻器、石锥、石锤、石球和石片等。这些石器分别用于砍伐树木、加工木棒、刮削兽皮、切割兽肉、挖掘植物等，也可以当作狩猎和防身的武器[①]。

遗址内发现了大量用火痕迹，表明"北京人"已经开始使用火。早在发现第一具北京猿人头盖骨时，"北京人"的用火痕迹已被裴文中先生辨认出来。当时这一发现把人类用火的历史一下子提早了几十万年，瞬间震惊了世界。此后通过不断发掘，龙骨山洞穴内发现的灰烬层越来越多，最厚处超过6米，内含烧过的石块、土块及形形色色的烧骨，还有碳粒、紫荆树木炭、成形的灰堆等。综观这些用火遗迹，"北京人"对火的控制和使用已达到如下程度：

一、灰烬内的石头有的烧变了形，有的炸裂成纹，有的兽骨被烧得扭曲变形乃至炸裂开来，表明这些火是不间断长期使用的。

二、发掘出的灰烬有几处呈堆状，尤以在巨大石块上发现的成堆灰烬最为明显。这表明，"北京人"既有能力保留火种，又有能力控制火种，可以使其经久不息地燃烧但又不致蔓延。

三、洞穴外也发现了火烧的灰层，足见"北京人"对火的使用已经不仅仅限于洞穴内的照明、御寒和加工食物，还扩大到外部世界，用于烧荒和抵御野兽的侵袭。

火的使用对人类有着极其非凡的意义，事如恩格斯所说：火的使用

---

① 裴文中、张森水：《中国猿人石器研究》，科学出版社，1985年。

"第一次使人支配了一种自然力，从而最终把人同动物界分开"①。在"北京人"度过的几十万年中，气候有暖有寒，食物有丰有欠，正是火的使用，帮助"北京人"战胜了严寒，并把过去不能吃的植物块茎变成熟食，大大丰富了食物的来源。

在学会了直立行走后，尤其是在学会了制造工具和使用火后，"北京人"越来越明显地从古猿中分离出来，成为人类的始祖。出于强烈的寻祖意识，"我从哪里来？我是谁？"是自古以来人们普遍关注的话题，而"神造人"是东西方都曾有的说法，此类神话早已深深植根于世界各民族的古老传说中。而正是"北京人"的发现，正是由于该遗址把空前丰富的人类始祖生活资料呈现到人们的面前，人类才真正开始认识自己，人类起源的探索也才纳入了科学的轨道。

在北京猿人发现后的相当长时期内，"北京人"一直被认为是世界上最早的人类，亚洲也因此被视为人类最初的摇篮。可是恰恰由于这个发现大大激发了中外学者的灵感，由此掀起了探索人类起源的热潮，各地的发现接踵而来。仅就国内而言，据不完全统计，周口店之后新发现的旧石器地点已逾千处，范围北起黑龙江畔，南到云贵及两广，西抵青藏高原，东至黄海之滨②，遍及全国各地。在如此众多的新发现中，既有与"北京人"的年代大体相当的，也有晚于"北京人"的，还有不少早于"北京人"的。例如1963年发现的陕西蓝田公王岭"蓝田人"，是直立人中资料较为确凿的一例，距今已有110万至115万年③，这就比"北京人"早了很多。

新的发现虽然层出不穷，年代的谱系虽然依次前移，但时至今日，"北京人"遗址的独特魅力丝毫未减，它依然是古人类学家最为向往的圣地。其故盖因该遗址不仅发现的时间早，犹如一颗向世人展示了古人类神秘图

---

① [德]恩格斯：《反杜林论》，《马克思恩格斯全集》第20卷，人民出版社，第126页。
② 中国社科院考古研究所编：《新中国的考古发现和研究》，文物出版社，1984年，第1页。
③ 吴汝康：《陕西蓝田发现的猿人头骨化石》，《古脊椎动物与古人类》1966年第1期。

像的"启明星";也不仅因为它揭开了人类起源科学探索的序幕,如同开启了正确航向的"导航员";还在于它所包含的人类个体之多、石器数量之大、用火时间之早、动物化石之丰、文化序列之全,在同阶段遗存中是数一数二的。

在旧石器时代考古中,最重要也最珍稀的资料,莫过于人类骨骼化石了。这是探索人类起源与进化的直接证据,也是判定一个旧石器时代遗址价值高低的首要标准。其中尤以人的头盖骨化石最为难得,因为这是人体中信息含量最为丰富的部位,既能体现人与动物的本质不同,又能反映人种间的细微变化,还能提供脑容量的进化数据,价值非同一般。然而,古人类的骨骼极难保存,许多考古学家在田野中挖掘了一辈子也往往一无所获,即使偶有发现也大多是支离破碎的骨骼残片,不免让人望而兴叹。可是幸蒙老天开眼,周口店遗址的人类骨骼化石却层出不穷,仅完整和比较完整的"北京人"头盖骨就发现了不下6具,此外还出土了头骨碎片(含单独的面骨)12件、下颌骨15件、股骨断片7段、胫骨1段、肱骨3段、锁骨1根、月骨1块、零散的和附连在颌骨上的牙齿157枚,数量之丰及部位之全无不令人惊叹。相信随着今后工作的深入,周口店还会有新的人骨化石发现,但仅就目前已经取得的资料看,它已是举世公认的古人类化石宝库,为人类起源的研究树立了一个永恒的标尺。

石器不但是人类生产劳动的工具,也是人类生产劳动的产品,汇集了古人类生产、生活的诸多信息。如前所述,周口店遗址出土的石器数量颇丰,由此多层面地反映了"北京人"的文化面貌。综合以观,这些石器具有如下特征:

一、在数量上,该遗址出土的石器、石片多达十余万件,在同阶段遗存中名列前茅;

二、在种类上,"北京人"的石器已分化为不同类型,形成

了用途上的明确分工；

三、在材质上，这些石器既有从洞外河滩就近取材的砾石，也有专程从两公里外的花岗岩山坡取回的水晶石，表明"北京人"已能根据不同石材来加工制作不同的工具；

四、在制法上，既采用了直接锤击法，也采用了砸击法和砧击法，既有第一步初加工，也有第二步的深加工；

五、在形制上，同一种石器往往因用途的不同细分为不同类型。例如石器中数量最多的"刮削器"，虽然都由大小不同的石片加工而成，但可以区分为盘状、直刃、凸刃、凹刃、多边刃等，种类之多、区别之细已可与现代人使用的琳琅满目的刀具相媲美；

六、在工艺上，较晚时已经出现了制作精致的"雕刻器"，形状最小的甚至只有一节手指那么大，精细程度在其他同期遗存中几乎无物可比。

总之，周口店遗址堪称原始人类的石器加工场，从不同角度反映了当时石器制作的最大规模和最高水平。此外，作为"北京人"的典型遗存，通过对这些石器的类型学分析，还可以将该文化细分为前后递嬗的早、中、晚三期[①]。这不仅揭示了北京猿人文化贯穿始终的基本特点，还反映了它逐次进化的演进过程，把"北京人"几十万年的连续发展序列清晰地展现出来。

火的使用是人类进化史上一件惊天地、泣鬼神的大事件，以至东、西方都留下了天神赐火的神奇传说。"北京人"遗址中最早的灰烬层距今约有46万年，这或许不是世界上最早的用火痕迹，却是人类早期用火遗迹中证据最为确凿、资料最为丰富的一例。曾有外国学者认为，"北京人"

[①] 裴文中、张森水：《中国猿人石器研究》，科学出版社，1985年。

使用的不是人工控制的火，而是来自自然界的"天火"。但经过反复验证，"北京人"自主用火和控制火的能力得到了诸多证明，从而一再确立了"北京人"作为人类用火先驱者的地位[①]。正是这些先驱者，给人类带来了光明、温暖和熟食，彻底改变了人类的生活。

动物化石是古人类遗址的重要共生物，对判明古人类的生存时代、生态环境、气候条件乃至生活状况都有不可取代的意义。经过几十年的考古发掘，北京猿人遗址出土的古动物化石多达100余种，个体数量更是难以计数。经鉴定，这上百种古动物化石大多属哺乳类动物，其中又以大型哺乳类动物为主，多达54种[②]。在地老天荒的几十万年中，这些大型哺乳类动物中的一部分无疑和"北京人"一样，曾经是洞穴的主人，但其中显然也有一部分是"北京人"的猎物。贾兰坡先生就曾十分肯定地说："北京人有能力猎取大兽是无可怀疑的。"[③] 除了大型动物，北京猿人遗址出土的鸟类化石也相当丰富，且大多经过火烧，显然是人类的食物残骸。既然天上的飞鸟和地上的走兽全都成了"北京人"的食物，由此展现出来的就不单是"北京人"从天到地的生活画面了，更是他们出奇的生存能力。

更重要的是，周口店奉献给人们的，并非一处孤零零的"北京人"洞穴，而是星罗棋布的古人类活动遗址。自1921年安特生等人发现了周口店第1地点以来，迄今为止这里已陆续发现了古人类和古动物化石地点27处，仅龙骨山一地就有8处。而从年代上说，继"北京人"之后，周口店一带又发现了其他不同阶段的古人类遗存，主要有：

1930年，裴文中在龙骨山顶发现了一处旧石器晚期洞穴，此即著名的"山顶洞人"遗址。当时这里出土了三具完整的人头骨化石及其他部位

---

① 新华社讯：《科学家进行元素碳研究予以澄清，北京猿人究竟会不会用火》，《天津日报》1999年10月17日第2版。

② 林圣龙：《周口店第一地点的大型哺乳动物化石和北京猿人的狩猎行为》，《北京猿人遗址综合研究》，科学出版社，1985年。

③ 贾兰坡：《北京人生活中的几个问题》，《史前研究》1983年第2期。

的化石多件，相当8到10个古人类个体，此外还发现了近50种哺乳类动物化石，出土了石器、骨针、装饰品等，内涵相当丰富[1]。关于山顶洞人的年代，过去判定在距今1.8万年前，后经北京大学文博学院、中国科学院古脊椎与古人类研究所、英国牛津大学三家合作，利用牛津大学的加速器质谱碳14重新测定，核定其年代应提前到距今2.7万到3.4万年之间。因此，自2001年起，人教版《中国历史》教科书已把山顶洞人的年代正式更改为"距今约三万年"[2]。

1973年，在龙骨山原第4地点附近又探明了一处洞穴遗址，出土了一枚男性个体的左上第一前臼齿，还收获了40余种哺乳类动物化石以及石器、骨头和火烧的石块等。这个被命名为"新洞人"的发现，年代介于"北京人"和"山顶洞人"之间，约在距今10万年前，相当旧石器时代中期[3]。

2001年，北京田园林场的工作人员在周口店遗址西南约6公里处发现了许多动物化石，后经专业人员发掘清理，共收获了39个属种的哺乳类动物化石和部分人骨化石。经鉴定，其人骨属晚期智人，相当旧石器时代晚期，年代约在4.2万～3.85万年间[4]。这个被称为"田园洞人"的发现，不仅填补了北京地区该时期古人类遗址的空白，还为现代黄种人的起源提供了宝贵的线索。

以上旧石器时代中期的"新洞人"，以及旧石器时代晚期的"田园洞人""山顶洞人"，和旧石器时代早期早、中、晚三大阶段的"北京人"一道，共同组成了一个相对完整的旧石器时代考古序列。当然，周口店的古

---

[1] 贾兰坡：《山顶洞人》，龙门联合书局，1950年。
[2] 《我们为什么要修改山顶洞人的年代》，《中小学教材教学》2006年第7期。
[3] 顾玉珉：《周口店新洞人及其生活环境》，刊中国科学院古脊椎动物与古人类研究所编《古人类论文集》，科学出版社，1978年。
[4] 同号文、尚虹、张双权、陈福友：《周口店田园洞古人类遗址的发现》，《科学通报》第49卷第9期，2004年5月。

人类地点即使再多，区区一地的遗址也不足以链接起环环相因的旧石器文化谱系来，各遗存之间还存在一定的缺环。然而，无论这中间还有多少缺环，也无论这三大阶段的人类是否属于同一属种，这个考古学序列也是弥足珍贵的。因为相对其他单一环节的旧石器时代遗存而言，这个序列对探索同一地点人类起源的累进式发展提供了难得的标尺，也使周口店成了一座天然的古人类遗址博物馆，其意义不言自明。

上述几大收获，决定了"北京人"遗址至今仍是同类遗存中资料最完整也最具科学价值的一个。那么，何以周口店遗址如此非同一般呢？结论无它，盖因当时生活在这里的是一个相对优秀的人群。

考古学上的旧石器时代，与地球史上的更新世大致相当，大约开始于距今300万年前，结束于距今1万年前。此期间地球上的气候发生了巨大变化，出现了由冰山的前进和退缩造成的四次大冰期及三次间冰期，由此酿成了苦寒和温暖的频繁交替，甚至连带海平面也出现了大幅度的升降。生存条件的恶劣和气候环境的巨变，使当时所有生物都经历了"适者生存"的严峻考验，而能否适应的关键，显然不在于物种体量的大小，因为人类始祖在这方面远逊于其他大型动物。决定的因素在于智力的增长，在于能否运用智力较好地适应环境和利用环境，而在这一点上，"北京人"无疑是同类中的佼佼者。

北京猿人不仅慧眼识珠，选择了一处地理条件优越、有百余种动物生息繁衍的风水宝地，还在生产工具的制造上达到了当时的最高水平，并把"支配了一种自然力"的火应用到生活的方方面面，更通过大型动物的狩猎体现了群体组织的高效率，凡此都证明了他们是同类中的优秀人群。正因如此，他们才有可能在同一地点持续生活了数十万年之久，也正因如此，他们才有可能在个体数量上达到了其他遗存所不及的规模。

根据古人类学家的研究，"北京人"遗址中时代较早的第8、9层的4个头骨的平均脑量为1075毫升，而根据采自爪哇、中国以及非洲的直立

人的 14 个颅骨,测出的平均脑容量是 941 毫升,其中最小值仅为 750 毫升。由此可见,"北京人"的脑容量在同组别古人类中是明显偏高的。到了"北京人"时代最晚的第 3 层堆积,出土的 V 号头盖骨的脑容量已达到 1140 毫升,智力又有明显提升[①]。据测定,现代智人脑容量的变异范围在 1000～2000 毫升之间,可见晚期"北京人"脑容量的最高值已进入现代人的变异范围。

贾兰坡先生说:"公王岭的蓝田人生活在暖期里,许家窑人生活在冷期里。北京人的时代延续达 50 万年,其间曾发生多次冷暖期的交替变化。"[②] 这就是说,在地老天荒的岁月长河中,"北京人"曾经经历了数倍于其他早期人类的磨难。然而正是这种磨难,才不断激发了"北京人"智力的增长,而智力的增长又不断提升了他们的生存能力,二者互为因果。明乎此,可知北京猿人遗址五大特征的出现并非偶然,因为这是直立人中较为优秀的一支。而作为优秀的人群,"北京人"的文化广布四方,影响并带动了其他不少地域远古人类的进化与发展。在北京以北和以南的广大地域内,有许多古人类遗存都留下了"北京人"文化的印记,这就是最好的证明[③]。

鉴于时代的久远,鉴于"北京人"以降的旧石器文化谱系还存在一定的缺环,这个来得最早的"北京人",未必走到了最后。也就是说,旧石器时代早期的"北京人",未必就是旧石器时代中期的"新洞人"和旧石器时代晚期的"田园洞人""山顶洞人"的直系祖先,更未必是现代东方人的直系祖先。但无论如何,他们终究是北京历史最早的拓荒者,是人类远祖中一支极富生命力的中坚力量。1987 年 12 月,在"北京人"问世半

[①] 吴汝康、董兴仁:《北京猿人化石研究的回顾与展望》,《北京猿人遗址综合研究》,科学出版社,1985 年。

[②] 贾兰坡:《中国旧石器时代考古》,《中国大百科全书·考古学》,中国大百科全书出版社,1986 年,第 686 页。

[③] 说详第五章第一节。

个多世纪后，联合国教科文组织正式将周口店北京猿人遗址列入了"世界文化遗产"名录。其评价是："周口店遗址不仅是有关远古时期亚洲大陆人类社会的一个罕见的历史证据，而且也阐明了人类进化的进程。"这个结论向世人揭示，"北京人"是人类进化链中一个非凡的实例，具有永恒的价值。时至今日，"北京人"仍是每个中国人的骄傲，在人类起源的恒久话题中，它的名字仍将不断被唱响。

虽然"北京人"未必是现代人类的直系祖先，但周口店奉献的不止一处晚期智人遗存表明，这里仍是现代黄种人的故乡。

周口店"山顶洞人"距今3万年左右，已属晚期智人。晚期智人在解剖学上与现代人基本无异，可称为解剖学意义的现代智人。在晚期智人阶段，世界上的四大人种已经基本形成，其中之一即今天占全球总人数37%左右的蒙古人种。

> 蒙古人种又称"黄色人种"和"亚美人种"，包括现代东亚人、南亚人、东南亚人、西伯利亚的楚克奇人和通古斯人、北极因纽特人（原称爱斯基摩人）、美洲印第安人等。其总体特征是体形肤色中等，头发直而硬，发色黑，体毛和须发较少，脸扁平，颧骨较高，鼻梁较低，眼睑大多有内眦褶且眼角有角度（俗称蒙古眼），高眼眶，眼色深，多铲形门齿，少体味。

经鉴定，山顶洞出土的头骨化石皆属原始蒙古人种[1]，表明他们就是现代黄种人的祖先。学者还进而指出："山顶洞人许多共同的基本特征，明显地代表了原始的黄种人，并与中国人、爱斯基摩人、美洲印第安人特别接近。"于是，"很可能上述黄种人的三个支系，是由山顶洞人或比它更晚

---

[1] 吴新智：《周口店山顶洞人化石的研究》，《古脊椎动物与古人类》1961年第3期。

些而在体质上与之很接近的类型，散布于各地后逐渐演变而成的"[1]。

与"山顶洞人"同时代的遗存在全国已有多处发现，其中相当部分的古人类化石经过鉴定也属原始蒙古人种。这说明，在距今3万年前后，原始蒙古人种已经遍及神州大地。那么，原始蒙古人种更早的源头应该在哪里呢？答案已于前不久揭晓，这就是在周口店发现的"田园洞人"。"田园洞人"距今4万年左右，也进入了晚期智人阶段。这是迄今在欧亚大陆东部测定出的年代最早的晚期智人之一，处在现代人类进化的起点。这一发现向人们昭示，即使在北京猿人和现代人之间尚有缺环，即使因此而不能遽言"北京人"是黄种人的远祖，但北京仍是现代黄种人的故乡，"田园洞人"就是它的一个重要源头。

自从上个世纪二十年代初"北京人"问世以来，接连不断的发现有力抨击了当时正在海内外广泛流行的中国文化西来说，也让世人对北京历史文化的厚重刮目相看。尤其在那个备受列强凌辱的年代，这不仅大大提升了北京的国际知名度，甚至唤醒了不少西方人重新认识这片热土的良知。但让人意想不到的是，继各项重大发现后，北京猿人给世界又带来了一次令人始料不及的冲击，这就是猿人化石在二战期间的神秘失踪。

第二次世界大战爆发前，历年出土的"北京人"和"山顶洞人"化石皆收藏在原北京协和医学院解剖系大楼内，分装在新生代研究室的两个保险柜中。协和医学院的创办者是美英两国的基督教新教和伦敦医学会，1915年由美国洛克菲勒基金会接办，由此成了星条旗高挂的美国专属机构。"卢沟桥事变"后，日军攻占北平，猿人化石的安全受到了严重威胁，后经中美双方反复磋商，决定将它们暂时运到美国纽约自然历史博物馆收藏。1941年秋冬之际的某一天，在这个未被准确记录下来的日子，价值连城的"北京人"头盖骨连同其他百余件珍贵化石一道，装成满满两大箱，

---

[1] 中国社会科学院考古所编：《新中国的考古发现和研究》，第28页。

送至协和医学院总务长博文的办公室等待交运。在这之后，这批化石便下落不明，一切都变得诡异莫辨。

一种较正式的说法是，美国人博文在1941年11月底将化石送出，但太平洋战争于几天后突然爆发，运送化石的美国海军陆战队专用列车在秦皇岛被日军俘获，准备将化石送往美国的"哈里逊总统号"海轮也因日舰的追逐在长江口外触礁沉没，"北京人"化石就此失踪。此外的说法就更是光怪陆离，有的说化石是被一个美国职员盗走的；有的说是被日本人掠走的；有的说仍然留在国内尚未运出；有的说现收藏在美国；还有的说已随1945年被美军击沉的日本巨轮"阿波丸号"永远沉睡在海底[①]。总之，在种种莫衷一是的说法中，唯一可以确认的是，在事隔整整八十余年后，北京猿人化石至今杳无踪影，成了举世公认的世界级疑案。在如今的"北京人"故址内，在驰名中外的"周口店北京猿人遗址博物馆"中，展现在人们面前的，竟然只是"北京人"头盖骨的模型和图片，这种无奈和遗憾怎能用语言来表达！

1948年7月，美国著名人类学家、"北京人"发掘工作的参与者魏敦瑞教授写下了人生最后一封信，敦促美国内政部"出于拯救人类的伟大财富"的道义和责任，帮助中国寻找"北京人"化石。半个世纪后，1998年秋天，"北京人"发现者之一贾兰坡教授又会同十余名院士联合发表公开信，呼吁社会各界共同关注北京猿人头盖骨的寻找。信中写道：

> 随着多数当事人和知情人的辞世或年逾古稀，我们寻找丢失的北京猿人头盖骨化石的希望也愈来愈急切。在世纪中叶日本发动的侵华战争中遗失，而人类将告别这个世纪的时候，它们仍然不能重见天日。即便是它们已经毁于战火，我们也应该努力找到

---

① 贾兰坡：《中国猿人化石的失踪及新生代研究室在抗日期间的损失》，《文物参考资料》1951年第3期。

一个确切的下落。否则，我们又将如何面对后人？[①]

人们在一次次的追问："北京人"，你到底在哪里？

二 新石器时代与农业的起源——"东胡林人"

继人类起源后，在世界上发生的又一次跨时代飞跃，就是新石器时代的到来和原始农业的肇兴。

地质学上的更新世晚期，全球进入了最后一次冰期，年平均气温大幅度下降。大约在距今 1 万年前，末次冰期结束，全新世开始，欧亚大陆普遍转暖，度过了严寒的古人类终于迎来了蓬勃发展的春天。据世界史资料，人类的新石器时代和农业经济就发端于此，最早出现在西亚的底格里斯河和幼发拉底河流域。

在两河流域的今伊拉克、叙利亚、巴勒斯坦一带，早期新石器文化肇起于公元前八千年前后，刚好距今万年上下。典型之例见于约旦河口的耶利哥和伊拉克的耶莫等地，都出土了石斧、石镰、石臼等经过磨制的石器。这些遗址不同程度地萌发了原始农业经济，但没有陶器，属于前陶新石器文化。从无陶向有陶的过渡，是两河流域各新石器早期文化的共同趋势，但这种过渡已经晚到了公元前 7000～前 6000 年左右。地跨欧亚两大洲的土耳其一带也发现了时代较早的新石器遗址，起始于公元前 7500 年左右，同样没有陶器。欧洲最早的新石器文化发源于希腊，始于公元前 7000 年以后，初期也是一种没有陶器的文化。到公元前 7000 年左右，中南美洲的古印第安人也开始栽培植物，原始农业初现端倪，但此后发展缓慢，直到公元前二三千年才出现了制陶业。

[①]《寻找北京猿人化石 58 年追踪记》，《北京晚报》1999 年 10 月 14 日。

第二章 悠久性——北京地区的三大创世纪发展

受世界古代史研究中"单一源头论""单向传播论"的影响,过去长期以来流行的观点是,全球在末次冰期后最早产生并持续发展起来的新石器文化,只有西亚两河流域的文化,其他新石器文化皆由它直接传播或间接影响而来。虽然学术界并不否认人类还有其他一些独立生成的新石器文化,但鉴于它们的年代都远比末次冰期的结束为晚,反倒因此更加支持了西亚新石器文化的单一源头论。但出乎人们意料的是,尤其令西方学者惊诧莫名的是,在遥远的东方,在北京这块神奇的土地上,同样在末次冰期结束以后,便率先跨入了新石器时代。这个从时代远方不失时机地姗姗走来的,就是以北京门头沟区"东胡林人"为代表的新一代"北京人"。

"东胡林人"在北京的出现应属必然,但它的发现却纯属偶然。1966年4月,北大地质地理系学生在门头沟区斋堂镇东胡林村搞"社教",担土造田时在村西侧的"坟坡"上发现了三具尸骨,还伴出了螺壳项链、骨镯和石器等遗物。该系学生郝守刚根据他学到的土层知识,认定这是一具古尸,随即抱了几捆玉米秸把人骨盖上,等待专业人员前来清理。后来经中科院古脊椎与古人类研究所派员调查,确认人骨发现在马兰黄土上,处于全新世黄土的底部,由此断定这是一座新石器时代早期的墓葬,并进行了发掘清理[①]。经清理,墓内出土了三具人类个体,尸骨均已轻微石化,一具较完整的尸骨属于一位16岁左右的少女,另两具属于成年男性。1995年春,北京大学地质系师生再度赴东胡林村调查,又在遗址断面上发现了一具人骨,还采集到螺壳项链和石制品等遗物。2001年7月,这里正式启动了考古发掘,从而揭开了"东胡林人"深藏不露的神秘面纱[②]。

[①] 周国兴、尤玉柱:《北京东胡林村的新石器时代墓葬》,《考古》1972年第6期。
[②] 东胡林考古队:《北京东胡林人遗址的新发现》,《北京文博》2004年第1期;北京市文物研究所:《东胡林人及其遗址》,刊《北京文物与考古》第六辑,民族出版社,2004年;赵朝洪:《东胡林人》,《文史知识》2008年第6期。另见重点报道:《万年东胡林人将揭"北京人"下山之谜》,《北京青年报》2003年10月27日;《北京发现九千年前屈肢葬"东胡林人"》,《人民日报》(海外版)2005年11月3日;《东胡林遗址首次发掘出新石器早期屈肢葬,人类一万年前就能烧制陶罐》,《京华时报》2005年10月29日;《东胡林考古获重大突破》,《北京日报》2005年10月31日等。

东胡林遗址位于燕山南麓的山谷平原地带，地处东胡林村清水河北岸第三级阶地，高出现河床约25米。综合由2001年至2006年的四次发掘，遗址中发现了石器制作场、墓葬、火塘、灰坑等多种遗存。灰堆的位置较为集中，形状相近，底部有垒放的石块，石块的中心残留着大量黑色灰烬，内含灼烧过的砾石块、石核和动物骨骼等，一看便知这是人工设置的火塘。墓葬均为土坑竖穴墓，葬式有仰身直肢和仰身屈肢两种。在2003年的发掘中，意外发现了一座有明确地层关系的墓葬，墓圹清晰，骨架完整，未经扰动，墓主的葬式为仰身直肢，还随葬了一件经过磨制的棍状玉石器。

遗址中的出土物包括石器、骨器、陶器、蚌器以及大量动物遗骸、植物遗存、螺蚌壳等。石器有打制石器、磨制石器与细石器，以打制石器为主，细石器次之，磨制石器最少。打制石器的种类有砍砸器、石锤、刮削器、尖状器、石砧等，制作一般较为简单，仅有个别器身采用了两面加工法。细石器包括石核、石片、石叶等，多用燧石制成，制作大都比较精细。磨制石器仅见于小型斧和锛，一般只作局部磨光，但也有个别小型器通体磨光。发掘中收获了不止一件琢磨而成的石磨盘和石磨棒，磨盘一般近似椭圆形，磨棒分两种，一种剖面呈圆角方形，另一种剖面呈圆形。骨制品有锥、笄、鱼镖、骨梗石刃刀等，皆用动物肢骨制成。陶片均为夹砂陶，基本呈红褐色，多为器腹残片。

北京大学联合美国加州大学对遗址地层中采集的近二十余个标本做了测定，样品包括木炭、人骨、贝壳、蜗牛及陶片等。检测结果表明，东胡林遗址木炭标本的校正年代在公元前8350～前7960年间，人骨标本的校正年代在公元前8160～前7540年间，刚好距今万年上下[1]。

1万年前的遗址、1万年前的墓葬、1万年前的磨制石器、1万年前的

---

[1] 郝守刚等：《北京斋堂东胡林全新世早期遗址的黄土剖面》，《地质学报》第76卷第3期，2002年8月；赵朝洪：《东胡林人》，《文史知识》2008年第6期。

陶器，"东胡林人"由此当之无愧地登上了距今万年上下的人类新石器时代先驱榜。

所谓"新石器"，顾名思义是指人类开始使用新的方法加工制作石器，也就是从打制石器过渡到磨制石器。更科学地说，这是一种以磨制技术为主导，综合运用切、钻、琢、磨、打等方法对石器进行综合性深加工的工艺。用此类方法加工成型后，石器的刃部更加锋利，形制更加多样，器身更加轻巧，使用更加便利，效率与旧石器时代的打制石器大不相同。在当时条件下，这种新工艺标志了生产力水平的一次质的飞跃，从而被英国考古学家柴尔德称作是一场"新石器革命"。

这场革命引导人类进入到全新的"新石器时代"，进入开始使用磨制石器和陶器的时代。同时这是原始农业和家畜饲养业肇起的时代，是居住环境从洞穴走向平川的时代，也是定居聚落文化兴起的时代。随着人口的增殖，人类的社会结构也在此时发生了显著的变化，进入母系氏族公社的繁荣期。

在头两次发掘中，东胡林遗址已经出土了琢打加磨的石磨盘、石磨棒等，还出土了经过磨制的棍状玉石器，标志了磨制工艺的产生。在随后的发掘中，又发现了磨光的小石斧和骨刀，骨刀的沟槽里还镶嵌着石片，制作工艺十分精湛。这些石器都是新石器早期遗址中难得一见的精品，体现了"东胡林人"磨制技术的成熟和加工工艺的提高。当然，东胡林遗址的绝大多数石器仍是打制的，这和新石器早期遗址以打制石器为主的普遍情况完全一致。

陶器是人类自主创造出来的第一种非自然物，是和火的使用、植物栽培、家畜饲养同等重要的划时代发明。学术界一般认为，陶器的产生和定居生活有关，和锄耕农业有关，加之它与磨制石器发生在大致相同的阶

段，因此成了新石器时代肇兴的又一显明标志。除了它的时代性和实用性外，陶器蕴含的文化意义同样不可小觑。因为在这些器皿的身上，细致入微地传递着远古先民的生活习性、文化特点和年代信息，由此成了世界各地史前考古学文化分期与分区的主要依据，成了鉴定新石器文化的核心标本。

如前所述，西亚、中美洲以及受它们影响的早期新石器文化虽有磨制石器，却没有日用陶器，属于"前陶新石器文化"或"无陶新石器文化"。而考古工作揭示，东胡林遗址却是地地道道的有陶新石器文化。

东胡林遗址出土的陶器残片已达百余件，多为器物腹部、口沿或底部的残片，器型则为造型简单的平底直腹盆、罐或碗等。这些陶片均为夹砂陶，内含石英颗粒，质地疏松，火候不均，多呈红褐色。它们主要是用泥片贴塑法制成的，器表斑杂，内壁粗糙，多为素面，个别饰有附加堆纹。以上特征无不反映出，这是刚刚萌芽的陶器文化。

由于质地粗疏，新石器早期的陶器极难保存，发掘所得往往只是一些残片。然而十分幸运的是，东胡林遗址竟从诸多残片中复原出一件完整的陶罐，创造了考古学上的一个奇迹。此罐呈桶状，直壁平底，高约二三十厘米，灰褐色陶，表面没有纹饰，口部经过加工。这件"万岁"的陶罐是个不折不扣的"京华第一罐"，它以无可辩驳的事实证明，中国新石器文化从一开始就进入了有陶系列。

在旧石器时代，人们的生存或靠采撷植物，或靠猎取动物，全赖大自然的恩赐。而到了新石器时代，人类跨越的一个重要分水岭，就是从获取现成的自然物到开始人工栽培农作物，从攫取经济过渡到农业经济。那么，"东胡林人"的经济又是怎样的呢？

东胡林遗址出土了不少细石器，而细石器多与狩猎活动有关，这表明狩猎仍是东胡林人的主要生存手段。与此相应，遗址中出土的动物骸骨数量较多，尤以鹿类为主，很可能鹿科动物就是东胡林人的主要猎取对象。

采集野果也是刚刚走出旧石器时代的东胡林人的生活方式之一，这也从遗址中俯拾即是的果壳及植物残骸得以证明。东胡林人的生活离不开狩猎和采集都是毋庸置疑的，但关键的是，他们是否开始尝试栽培植物了呢？这是最为重要的。

当本书初版于2014年底时，因为东胡林遗址中还有诸多鉴定材料没有公布，尚无法对此作出精准的判断。但根据各方面的分析，当时笔者曾论定"有种种理由使我们相信，'东胡林人'已开始实现从食物采集到食物生产的转变，跨入了经济生活的新纪元。"① 这个结论源自对东胡林遗址出土的石质生产工具的考证，源自对该遗址发现的植物种籽的分析，源自对其陶器文化兴起的探索，也源自对粟作农业在北京平原发展过程的追溯，不为无故。但旁证终究是旁证，代替不了直接证据。幸好前不久专业人士发表权威报告，证明"东胡林遗址浮选结果中最重要的发现是粟和黍两种小米遗存，这是目前在正式的考古发掘中，采用科学浮选方法发现的年代最早的粟和黍两种谷物籽粒的实物证据。"② 虽然正如该报告所说，遗址中浮选出的粟、黍遗存尚不够充分，数量还不够多，但上述结论业已说明，东胡林人已经开始粟类作物的培育。

根据世界范围的考古发现，西亚地区在公元前9000年还没有种植谷物，只是收割野生谷物。直到公元前8000年，叙利亚的穆雷必特遗址才出现了栽培小麦，公元前6750年的伊拉克贾尔摩遗址也才发现大麦和小麦。基于这些农业起源资料，长期以来就连中国学者也不得不承认："亚洲西部是世界最古的农业起源地区"③。然而，姑不论中国南方稻作农业的起源，单就北方而言，这一结论已然被"东胡林人"所一举改写。至于过去长期流行的"北京地区原始农业的起源和发展均略迟于今河北、河南位

---

① 王光镐：《人类文明的圣殿——北京》，中国书籍出版社，2014年，第51页。
② 赵志军等：《北京东胡林遗址植物遗存浮选结果及分析》，《考古》2020年第7期。
③ 林耀华主编：《原始社会史》，中华书局，1984年，第229页。

于太行山东麓的山前平原地区"[1]的观点,更被东胡林人遗址的发现所彻底推翻。

从洞穴移居到靠山近水的台地,是东胡林人生存环境的一大改变,也是他们迈向原始农业的一大步伐。综观世界上农业起源地的生态环境,大致可分为三种类型:一种是"沼地农业",产生于河流两岸的低平地区;一种是"大河农业",产生于河流泛滥平原;还有一种是"山前农业",产生于山脉向平原过渡的山前地带[2]。在这三者中,山前地带既无沼泽又无茂密森林,很宜开垦,是由采集向栽培过渡的最佳环境。而东胡林遗址地处山前河谷台地,恰好属于这种类型。

在群山起伏的燕山南麓,东胡林遗址依山傍水,北依海拔约450米的山峦,南临海拔约350米的清水河畔。清水河是永定河峡区的最大支流,发源于灵山、百花山,全长约46公里。在进入东胡林村后,清水河自西南逶迤东流,两岸层峦叠嶂,形成了一条狭长的河谷。河谷两岸分布着河漫滩和三级阶地,第三级阶地是由疏松的黄土及底部砾石层构成的,东胡林遗址就在这级阶地上。从整体环境看,这里环山聚水,背风朝阳,很适合人类的居住和作物的栽培,尤其适合新石器早期人类的居住和原始农作物的栽培。其优势是:

一、植物的栽培需要充足的水源和土地,为此必须离开多石的山区,进入傍水的平川,而这里的环境完全与此相符;

二、在锄耕农业刚刚萌芽的新石器早期,农作物尚不足以维持人类生存的基本需求,还要依靠采集、狩猎活动来补充,故以此地的近山为宜;

三、只有位在高处才能躲避洪水的浸漫和野兽的侵袭,所以

---

[1] 于德源:《北京地区农业起源初探》,《农业考古》1993年第1期。
[2] 冉光瑜:《谈谈我国原始农业遗存的重要发现和农业起源问题》,刊《历史教学》1985年第7期。

又必须选择高亢平坦的河床阶地;

四、"东胡林人"虽然离开了洞穴,但人工建造居室的能力很差,甚至只会搭建简陋的窝棚以避风寒。而此地既可以靠群山遮挡凛冽的北风,又能朝南沐浴温暖的阳光,可以尽收背风朝阳之效。

上述四条理由足以说明,东胡林人选择了一处新石器早期的宜居之地。综观北京地区的新石器遗址,早期阶段大多如东胡林遗址一样,分布在山区河谷的台地上,中期大多集中在山前丘陵地带或山前平原的河岸台地上,晚期则深入到了冲积平原的河畔之地。这说明,北京地区的新石器人类确实是由山区河谷台地逐步向平陆过渡的,由此一步接一步烙印下了人类走向新生活的历史足迹。

东胡林遗址的文化堆积最厚处达二米以上,包括了从更新世晚期到全新世中期的多个叠压层。考古发掘时对遗址做了逐层揭露,由此区分出从下到上、由早到晚的7层堆积。在中国北方新石器早期遗址中,这是迄今为止唯一一处经过正式发掘的自更新世晚期以来的连续地层,其中既有因风沙、水流造成的自然堆积,也有人类生活遗留下的文化堆积。这个地层的意义是十分突出的,它一方面揭示了华北地区由更新世到全新世的地质、气候变迁,又反映了新石器早期人类与自然环境的人地关系,还展现了中国新石器早期文化的起源过程。除此之外,这个连续地层还有一个不可小视的考古学意义,即它为探寻"东胡林人"的发展脉络提供了一个相当准确的参照系。依照一次次发掘所揭示的层位关系,考古工作者不断在遗址的原地层堆积下发现了时代更早的遗存,同时又发现了地层关系略晚于头几次发掘的遗存,这样就把东胡林人的生存年代不断延展开来。而随着年代谱系的逐渐完整,一个事实也越来越清晰地浮现出来——东胡林人在这里度过了漫长的岁月,这里是他们长期稳定的家园。

东胡林人遗址不仅时代跨度很长，其内涵也相当丰富。在它的文化堆积中，既发现了大量兽骨和烧火痕迹，也发现了专门的石器加工场，还发现了相对集中的生活区和墓葬区，收获的遗物则有石器、陶器、骨器、玉器、蚌器、螺壳、果壳、工艺品、植物种子等。这里以前经常出土人骨，被当地百姓称为"坟坡"，亦足见其墓葬数量之多。总之，截至目前的发现，在中国北方新石器早期遗址中，乃至在全国同阶段遗存中，东胡林是一处既有磨制石器和陶器，又有石器制造场、生活区、墓葬区和火塘灶坑的遗址，还伴出了品类齐全的遗物和种类繁多的动植物残骸，内涵的丰富非同一般。

东胡林遗址虽然沿用的时间很长，内涵也极为丰富，但殊为遗憾的是，迄今尚无居址的发现。究其原因，一是可能工作未到，尚未揭露出来；二是可能经过长时期洪水冲刷或修筑梯田的人为扰动，居址已被破坏。但除了这两种可能之外，另一种可能也是存在的，即或许遗址内根本就没有新石器时代中晚期那种基础明显的成片居址。

就目前国内发现的新石器早期遗址看，人类的居住环境仍以洞穴为主，典型之例见于江西万年仙人洞、湖南道县玉蟾岩等。当时人类已经学会搭建简单的居所，例如湖南临澧竹马村旧石器时代晚期的窝棚式建筑遗迹，面积约24平方米，平面呈椭圆形[1]，这就是人类最早建造的非自然居所。以上是南方之例，至于北方，哈尔滨阎家岗旧石器时代晚期遗址也发现了两处窝棚式遗迹，是用数百块大型动物骨骼垒砌而成的[2]。东胡林遗址既然存在丰富的人类遗存，势必也有相应的居所，这是毋庸置疑的。但参照上述例证，这些居所既可能是天然洞穴，也可能是人工搭建的简陋窝棚，皆难以留下明显的居住痕迹。然而这还不是最重要的，最重要的是，此阶段的原始农业尚不足以供养过于集中的人口，而出于采集、游猎的需

---

[1] 朱乃诚：《中国早期新石器文化研究的新进展》，《光明日报》2000年7月28日。
[2] 同上注。

要，人们的居所不仅分散，并且流动性较大，因此根本不可能出现新石器时代中晚期那种集中在一起的成片居址。

东胡林人的居处虽然分散，但活动却相对集中，于是便有了文化如此丰富且沿用时间如此绵长的遗址。甚至由于以血缘为纽带的原始氏族公社制度的不断加强，生不能同处一室者，死也要同葬一地，于是又有了相对集中的族墓地。这遗址，这墓地，便是人类最初意义的"中心聚落"。这里说的"聚落"，是说平时分散居住在各处的氏族成员有了一个固定的活动中心和埋葬中心，有了一个生死两界的共同家园。这种居住虽然分散，然而活动、埋葬在一起的"聚落"，大约就是人类由狩猎、采集的非定居生活走向集中定居生活的一种过渡形态，反映了新石器时代萌芽时期的族群特点。

随着生活方式的改变和人口的增长，此时的古人类开始步入母系氏族公社的发达期。早在旧石器时代晚期，由于族外婚制的形成，杂交杂居的原始群落已被母系氏族公社所取代。从那时起，氏族内部禁止通婚，不同氏族间相互联姻，一个氏族的男子可以同时成为另一个氏族所有同辈女子的丈夫，子女由母亲抚养，人们只知其母不知其父，氏族的世系只按母系计算，这就是母系氏族社会。到了新石器时代前段，母系氏族公社得到了更加充分的发展，其特点是：

1. 族长一律由女子担任；
2. 土地和财产归氏族公社所有；
3. 生产和消费建立在集体的原则上，氏族成员共同劳动，产品平均分配；
4. 几个姐妹家族结成一个氏族；
5. 氏族内部拥有公共墓地；
6. 有自己的宗教节日。

对照东胡林遗址，母系氏族公社的成熟已从不同方面表现出来：

最典型之例是，最初发现的三具"东胡林人"骸骨，其中的少女为一次葬，另外两具成年男性的骨骼相互叠压，排列混乱，属二次迁葬。这就表明，这是一座以女性为中心的合葬墓，两个成年男性是少女的陪葬。少女的装饰也非同一般，其颈部悬挂着细小光亮的螺壳项链，腕部佩戴着牛肋骨穿成的骨手镯[①]，尽显原始时代的"珠光宝气"。少女的一次葬及装饰品的使用，充分显示了女性地位的崇高，直观再现了"东胡林人"母系氏族公社的繁荣。在此后的几次发掘中，凡推断为女性的骸骨无不伴出装饰品和随葬品，也说明了同样的道理。此外，东胡林人已拥有专门墓地，这也是母系氏族公社取得了充分发展的标志。

墓葬中随葬品的使用，还说明"东胡林人"已经产生了灵魂观念，出现了对灵魂的原始崇拜。在当时的人们看来，死者灵魂不灭，甚至可以死而复生，故而对逝去的祖先顶礼膜拜，以求他们的庇佑。在东胡林墓地中，曾在某些遗骸的周围发现了用赤铁矿粉制成的红色颜料，这便是祭祀先祖时留下的。这种赤铁矿粉殷红如血，而古人认为鲜血有驱邪镇妖的作用，可以使死者平安地生活在另一个世界里，故此特意抛洒之。在旧石器时代晚期的周口店山顶洞中，也发现了在人体骸骨四周抛洒赤铁矿粉和赤铁矿石的现象，可见此俗由来已久，源远流长。

迄今所知中国最早的墓地，即"山顶洞人"墓地。山顶洞遗址由洞口、上室、下室三部分组成，下室即专辟的墓地，出土了老年男性、中年女性和青年女性头骨各一具。与这处最早的墓地相比，东胡林人墓地已有了明显的变化，主要表现在：

一、东胡林墓地是在平地上专门区划的，与山顶洞人自然形成于洞穴的墓葬区迥然有别；

[①] 北京市文物研究所编：《北京考古四十年》，北京燕山出版社，1990年，第14页。

二、东胡林人有一次葬和二次迁葬的区别，首创了因死者身份不同而采取不同葬式的先例，而此俗尚不见于山顶洞人；

三、山顶洞人虽然在老年头骨旁随葬了穿孔介壳和穿孔狐狸犬齿等装饰品，但东胡林人的墓葬在随葬品的有无及多寡上表现得更为充分，并且已根据死者身份的不同而有了明显的差异。

上述三大区别，表明东胡林人墓地虽然不是中国最早的墓葬，却在墓地、葬式、随葬品三大方面奠定了古代丧葬文化的基本模式，由此导源了长达万年的中华丧葬文化。

东胡林人专门墓地的存在，还说明当时远古先民对祖先灵魂的崇拜已有了固定的场所，红色颜料的抛洒又表明这种崇拜已有了特定的形式，而这便是原始宗教的滥觞。

综上所论，磨制石器和陶器的使用，种植业的脱颖而出，居住环境的明显改善，稳定持久的"定居"生活，文化内涵的丰富多彩，母系制度的充分发展，丧葬文化的初具格局，原始宗教的萌芽生成，便是东胡林人的整体生活面貌，也是万年前中国新石器早期遗址展现给我们的生动画卷。

在中国考古界，新石器时代考古历来是一大重点，迄今发现的新石器遗址已逾万处。但在过去相当长时期内，可以确认的时代最早的新石器遗存还仅限于距今7000年左右的黄河流域仰韶文化，后又向前追溯到距今8000年至7500年的陕西渭河流域老官台文化、河北武安磁山文化、河南新郑裴李岗文化以及黄河下游的北辛文化等。但即便如此，这仍然与万年前的西亚早期新石器文化相去甚远，与欧洲、美洲新石器时代的肇始也有一定的距离。关键的还不在于这个距离，而在于中国的新石器文化因此少了一个源头，从而给中国文化的"西来说"制造了一个理由。

然而值得庆幸的是，就在最近几十年来，除了东胡林遗址外，还有不少新石器早期遗址相继问世，不断填补了中国新石器早期文化的空白。它们当中较为重要的有：河北阳原泥河湾盆地于家沟、河北徐水南庄头、北京怀柔转年、江西万年仙人洞与吊桶环、湖南道县玉蟾岩、广西邕宁顶蛳山、广西桂林甑皮岩、柳州鲤鱼嘴、广东阳春独石仔、广东英德青塘、广东封开黄岩洞等[①]。这些遗址分布在南北不同地域，时代均在距今万年上下。它们的接连发现，迅速改写了我国新石器时代起源及农业起源的历史。

上述各新石器时代早期遗址中，位于长江以北的有四处，仅北京地区就占了两处，一处为东胡林遗址，另一处为怀柔转年遗址。转年遗址发现于1992年，地处怀柔北部宝山寺乡转年村西，位于白河的二级阶地上。此遗址共发掘了500余平方米，收获各类遗物18000余件，分别为打制石器、细石器、磨制石器和陶器。其中磨制石器有小型石斧、锛形器、石磨棒、石磨盘和石容器残片等；陶器有附加堆纹盂及罐形平底器等。从出土文物看，转年遗址与东胡林遗址颇有相似之处，而碳14测定其年代为距今9800~9300年，亦属新石器时代早期[②]。此外的长江以北两处新石器早期遗址分别见于河北阳原于家沟和河北徐水南庄头，前者地处河北省西北，位于北京市正西；后者地处河北省中部，位于北京市南偏西，都离北京不远。

并非巧合的是，若将徐水南庄头、阳原于家沟、怀柔转年遗址三点相连，东胡林遗址恰好位于这个三角形的中心地带。除了地理位置的居中，东胡林遗址文化内涵的丰富也独占鳌头。据发掘资料，徐水南庄头、阳原于家沟和怀柔转年遗址都发现了石器、细石器、谷物加工工具和早期陶片，但未见火塘、墓葬等遗存。而在东胡林遗址，既有打制石器、磨制石

[①] 朱乃诚：《中国新石器时代早期文化遗存的新发现和新思考》，《东南文化》1999年第3期。

[②] 郁金城、李超荣等：《北京转年新石器时代早期遗址的发现》，《北京文博》1998年第3期；李超荣：《北京地区旧石器时代考古的新发现》，载《中国考古学研究的世纪回顾》（旧石器时代考古卷），科学出版社，2004年，第77~79页。

器、细石器、谷物加工工具及陶器，又有火塘、墓葬，还出土了丰富的动植物遗存。总之，截至目前所知资料，东胡林遗址虽然未见得是中国北方新石器早期遗址中年代最早的一个，却是其中最为成熟的一个，堪称这些遗址的代表。

综观中国北方这几处新石器早期遗址，一是地理位置相对集中；二是生态环境大体相似；三是发展阶段基本相同；四是东胡林遗址位于中心连锁部位。把这几大特征综合起来，不难想见这是一个相互关联的组群。倘若再进一步深加探究，还可以看出这几个遗址的文化内涵也有一定的共性，由此更加证实了它们的内在联系。而基于这种内在联系，不仅可以确认这是一个特殊的组群，还可进而证实中国北方新石器文化从北京一带起源的必然性。

对于中国南北各地的新石器早期遗存，学者曾把它们划分为三种类型：一种是有陶器而无磨制石器的类型；一种是有陶器和少量磨制石器的类型；一种是有少量磨制石器而无陶器的类型，并由此断言：

> 一个遗址或某一个遗址某一期文化是否进入新石器时期，不能用农业、家畜饲养业、制陶业和磨制石器这四要素一同去衡量，亦即四要素同时具备即新石器时代，否则就为旧石器时代。无陶新石器时代文化或称前陶新石器文化，无磨制石器的新石器时代文化，均属新石器时代早期文化的两种类型。[①]

上述观点否认了磨制石器、制陶业、农业、家畜饲养业是新石器时代早期文化四要素的说法，认为有无陶器、有无磨制石器皆可称为新石器文化，由此引发了对中国早期新石器文化定义的再讨论。在这场讨论中，西亚等"前陶新石器早期文化"的模式被套用，世界各地大相径庭的生态环

---

① 张之恒：《新石器时代早期文化几个问题的探讨》，《考古与文物》1984年第1期。

境、地理地貌、土壤土质、人文传统被忽略，中国新石器时代的开端在失去自身特有的属性后日渐模糊。

对比上述三种类型，东胡林遗址无疑属第二种类型，即陶器和磨制石器并存的类型。无独有偶，与东胡林遗址同属一组的北方新石器早期遗存也个个皆属这种类型。例如在河北阳原于家沟下层文化堆积中，既出土了磨光石器，也出土了陶器。又如在河北徐水南庄头、北京怀柔转年遗址中，也同样出土了磨制石器和陶器。毋庸讳言，中国幅员辽阔，各地的气候环境迥然有别，加之从一开始就出现了"北粟""南稻"两大经济区，各地的发展轨迹并不一致。然而客观事实是，不但北方新石器早期文化组群是磨制石器和陶器并存的文化，甚至在华南的稻作经济区，无论是位处东南的江西万年仙人洞和吊桶环遗址，也无论是位处西南的广西柳州鲤鱼嘴1期遗址，这些新石器早期遗存也都统属磨制石器和陶器并存的类型。因此，就中国南北两大经济作物区的主流情况看，典型意义的新石器早期文化仍是磨制石器和陶器兼有的文化。至于前面列举的有陶器无磨制石器、有磨制石器无陶器这两种类型，更大程度上代表的是不同地区由旧石器时代向新石器时代的过渡，而非其结果。

其实，考古工作揭示，不少旧石器时代晚期遗址已经出土了局部磨光的石器或原始陶器，并且有了栽培植物的迹象，表明早在环境恶劣的末次冰期结束之前，原始人类已经开始学习驯养动物和培育植物，开始寻找提高石质生产工具的方法，而且开始尝试发明某种容器来煮熟难以食用的植物块茎或植物种籽。凡此种种皆为新石器时代的到来打下了基础，但从性质上说，这些新因素仍然只是旧石器时代末期闪现的新时代曙光，而非严格意义的新石器文化。也就是说，如果单纯以某一两种因素作为判定标准的话，旧石器时代与新石器时代的分界仍将变得混沌不清，相关研究也必将陷入迷茫。而"东胡林人"的出现，不啻为中国新石器时代的开端树立了一个标尺，准确而全面地展示了中国特色的新石器时代的到来。即使它

— 44 —

表现出来的新生产工具、新生活器皿、新居住环境、新经济形态、新社会结构、新文化面貌等，很难与各个新石器早期文化一一对应，它的典型性也是毋庸置疑的，因为它是新时代的集大成代表。

正因为它的代表性和典型性，"东胡林人"遗址也就集中体现了中国式新石器时代起源的独立发展道路。放眼寰宇，我们清楚地看到，世界上不仅存在种种前陶或无陶新石器早期文化，还有不少起源很早但进化缓慢的新石器文化，甚至有不少来得快去得也快的新石器文化。由此便不难理解，何以中国的新石器文化会如此发达了。其缘故在于，从刚一诞生起，以"东胡林人"为代表的遗存就有了不同凡响的开局，创造出了最全面协调的新石器早期文化，这样才在后来的神州大地上导源出一个社会、经济、文化均衡发展的新石器时代来。

中国新石器文化的全面、快速、持久发展，早已被大江南北的万余处新石器时代遗址所证实。这些遗址不仅数量众多，而且分布极广，无论其规模之大、遗物之丰、谱系之全、发展之快等，无不秀出班行。人们对此或许早已司空见惯，甚至熟视无睹，然而殊不知，这恰恰就是中国新石器时代最不可忽略的本质特征。这种特征不但印证了人类发展道路的多样性和中华文化起源的独立性，也体现了中华文化从一开始就形成的与众不同特质。

除了上述各历史内涵，以东胡林遗址为中心的组群还在粟作农业的起源上有着非同一般的意义。

二十世纪以来的考古发现已经证实，全球的农业起源是多元多中心的，主要存在四大原始作物区：

大麦、小麦——起源于西亚两河流域以北的新月形地带的山前台地；

稻米——起源于中国华南及长江中下游地区；

粟——起源于中国华北平原与太行山交界的山前台地；

玉米——起源于中美洲地区。

粟是人类培育的四大作物之一，特指谷物，属于旱作农业。有关研究表明，粟类作物起源于中国北方，其祖本是亚洲地区广为分布的野生狗尾草。北京地处华北平原北部，位于中纬度地带，具有暖温带、半湿润大陆性季风气候，正是培育粟作农业的理想温床。加之东胡林人正好处在与太行山交界的山前台地上，处于粟类作物发育的最佳地段，粟作农业起源于"东胡林人"也就十分自然了。

总之，现有资料告诉我们，北京地区和中国南方、西亚及中南美洲一样，是世界四大农业发源地之一。美国著名历史学家斯塔夫里阿诺斯曾十分肯定地说："我们已确凿地知道，中东和中美洲是农业革命的独立中心，新近的研究表明，中国北部也是这样的一个中心。"[1]现在我们又进而知道，中国北部的这个农业革命中心，就在今天的北京。

到了新石器时代中晚期，粟作农业很快在中国大地传播开来，人们的生活因此焕然一新。有学者统计，新石器时代中晚期的粟作农业遗存在全国已发现了40余处，绝大多数集中在中国北方，向南也到达了西藏昌都、云南剑川、台湾台南及台中等极南之地[2]。尤有甚者，还有学者指出，早在新石器时代，中国的粟作农业就向西传播，经过阿拉伯、小亚细亚、俄国、奥地利等地流传到了整个欧洲。有证据表明，瑞士湖滨居地出土的古粟就是在新石器时代由中国传播过去的[3]。朝鲜黄海北道凤山郡智塔里的新石器时代遗址出土了炭化粟粒[4]，日本静冈县登吕的弥生时代文化遗址发现

---

[1] [美]L.S.斯塔夫里阿诺斯：《全球通史——1500年以前的世界》，吴象婴、梁赤民译，上海社会科学院出版社，1999年，第85页。

[2] 卫斯：《试论中国粟的起源、驯化与传播》，《古今农业》1994年第2期。

[3] 杨直民、董恺忱：《我国古代在栽培植物起源方面的贡献》，《中国古代农业科技》，农业出版社，1980年。

[4] 安志敏：《朝鲜新石器时代考古》，《中国大百科全书·考古学》，中国大百科全书出版社，1986年，第67页。

了粟类遗迹①，这也都是中国北方粟作农业东传的结果。这种大范围的传播其实不足为奇，因为出于人类生存繁衍的需要，栽培作物的传播速度是相当快的，远远超出了其他任何一种文化现象的传播。同时这也反映出，早在距今1万年前，北京粟作农业的起源就迅速改写了人类的生活，影响所及远逮寰宇。

"东胡林人"的又一重大意义是，它填补了自山顶洞人以来华北地区人类遗骸的空白，为研究中国新石器早期人类的体质特征提供了重要的依据。在中国北方新石器早期组群中，目前还只有东胡林遗址发现了人体骸骨，而且多达数具。其中有一具保存得相当完整，是我国新石器时代最早的完整人骨架。殊为难得的是，出土这具人骨架的墓葬也保存得相当完整，是迄今所知唯一一座经过正式发掘并有地层关系的新石器早期墓葬。完整的墓葬、完整的人骨架、完整的地层关系，时代又属新石器时代早期，其意义不言自明。

鉴于东胡林遗址处在新、旧石器时代的过渡阶段，鉴于它是这个阶段迄今所知资料最丰富、信息最完整的遗存，鉴于它在北中国农业、家畜饲养及陶器起源上具有的特殊意义，历史赋予"东胡林人"的内涵是多方面的。除了上面论及的中国式新石器时代起源道路、中华文化最初奠定的历史特质、中国粟作农业的起源与传播外，在更新世及全新世的环境演变上，在新旧石器时代的转折与衔接上，在现代人与古人类的过渡演变上，东胡林人遗址提供的启示也无处不在。不妨设想，一旦运用考古学、体质人类学、地质学、环境地理学、遗传学、植物学等学科对东胡林遗址做出全面整理和分析，一旦运用DNA技术等现代科技手段对"东胡林人"尸骨的性别、年龄、人种、谱系等做出逐一甄别，不知会有多少历史之谜将迎刃而解。

我们期待着！

---

① 王仲殊：《弥生时代》，《中国大百科全书·考古学》，中国大百科全书出版社，1986年，第325页。

三 国家文明的起源——中华始祖黄帝

恩格斯在《家庭、私有制和国家的起源》一书中说："国家是文明社会的概括。"恰如此文所言，正是国家机制的形成，把人类社会从漫长的原始时代送入了文明时代，完成了人类发展史上的又一次划时代飞跃。

中华文明究竟源起于何时？长期以来众说不一。上个世纪初，古史辨派的鼻祖胡适曾有"东周以上无史"的偏颇之论[1]，认为中国直到公元前八世纪才有了自己的国家文明。郭沫若在1930年出版的《中国古代社会研究》中提出，商代属于原始社会末期，西周时期始有奴隶制国家[2]，由此把中华文明的肇始框定在了公元前十一世纪。王玉哲1959年在《中国上古史纲》中得出的结论是，夏代和商代前期都处在原始社会末期，直到公元前十三世纪初叶的商代前后期之交，中国才过渡到奴隶社会[3]。范文澜的《中国通史简编》认为商代已进入奴隶社会，翦伯赞、吕振羽、吴泽等人也"均以殷代为古代奴隶社会，殷前的夏代为史前原始公社制社会"[4]，这样就把中华文明的发端向前追溯到了公元前十六世纪初叶。以上都是权威人士的权威看法，在中国史研究领域产生过极为广泛的影响。此外还有其他一些看法，把中华文明的起源界定得更晚。例如前不久还有人以洋洋数十万言的专著论证说，直到战国中晚期"才形成我们通常所说的国家"[5]。

世界上任何一个国家和民族，都不可能不关心本民族是何时、何地并通过何种途径跨进文明门槛的，四大文明古国之一的中国尤其如此。早在两千多年前，伟大诗人屈原就在他的千古名篇《天问》中，发出了"遂古之初，谁传道之"的询问，孜孜追寻中华文明的亘古源头。近几十年来，

---

[1] 胡适：《自述古史观书》，刊《古史辨》第一册，朴社，1931年，第22页。
[2] 郭沫若：《中国古代社会研究·导言》，上海联合书店，1930年。
[3] 王玉哲：《中国上古史纲》，上海人民出版社，1959年。
[4] 吴泽：《中国历史大系·古代史·序》，上海棠棣出版社，1949年。
[5] 高光晶：《国家起源及形成》，湖南人民出版社，1998年，第619页。

随着新研究成果的层出迭现,中国文明的起源再度成为热门话题,引起了海内外的广泛关注。

纵观近一个世纪以来的中国文明起源研究,在其中始终起着主导作用的是考古田野工作。上个世纪二十年代开始的安阳殷墟发掘,揭露了一处规模宏大的商代晚期都城,出土了大量刻字甲骨,证明那时已有了相当成熟的国家文明。这一事实很快被国际社会所接受,以致西方学术界至今仍有不少人固执地认为,中国是在殷商时期跨入国家文明的。美国著名史学家斯塔夫里阿诺斯在他的权威著作《全球通史》中说:"独特的中国新石器时代的文化连续地发展为独特的中国文明,这一文明从商时期一直持续到现在。"[1] 此文便以中华文明最早源起于殷商。

幸好中国考古工作者对文明的探索并未浅尝辄止,反而在一睹殷商文明的成熟与绚烂后,满怀信心地去寻找更早的文明。当年主持安阳殷墟发掘的李济先生预言:

> 殷商以前仰韶以后黄河流域一定尚有一种青铜文化,等于欧洲青铜文化的早中二期,及中国传统历史的夏及商的前期。这个文化埋藏在什么地方,固然尚待考古家的发现,但对于它的存在,我们根据我们考虑各方面事实的结果,却可以抱十分的信心。[2]

果不其然,在上个世纪五十年代初,考古工作者先是在河南郑州发现了一座早于安阳殷墟的商代前期都城,紧接着又于六十年代初在河南偃师二里头发现了一座夏代都城。这些发现一再刷新了有关中国文明起源的传

---

[1] [美] L.S. 斯塔夫里阿诺斯:《全球通史——1500年以前的世界》,吴象婴、梁赤民译,上海社会科学院出版社,1999年,第164页。

[2] 李济:《殷墟铜器五种及其相关之问题》,刊《庆祝蔡元培先生六十五岁论文集》,历史语言研究所,1935年。

统成见，而考古学家夏鼐先生在综合了这些新发现后，把中国文明的起源界定在了夏代。他指出：相当夏代的二里头文化"如果不是中国文明的开始，也是接近于开始点了。比二里头更早的各文化，似乎都是属于中国的史前时期"[1]。此论一出，中华文明源出于夏代遂成大多数中国学者的共识。

综合历年所做的碳14年代测定，河南偃师二里头遗址肇始于公元前2000年前[2]，和夏朝开始于公元前二十一世纪初的说法基本相符。以此为据，中国文明的起源便可追溯到距今4000年前了。但令人不解的是，无论翻开任何一本历史教科书，都言之凿凿地说中华民族有五千年文明史，这又是怎么一回事呢？揆诸史实，原来这出自中华民族的远古记忆。

早在战国时期，也就是在屈原所处的时代，已通过对不同地域、不同部族古史传说的总结，形成了若干与华夏文明的发祥息息相关的"五帝"说。关于五帝，古代文献历来有两种不同的解释：

> 一种是按方位排列的"五天帝"，特指东、南、西、北、中五天神，此即见载于《吕氏春秋·十二纪》《礼记·月令》《淮南子·天文训》等典籍中的"东方青帝灵威仰，南方赤帝赤熛怒，中央黄帝含枢纽，西方白帝白招拒，北方黑帝汁光纪"[3]。

> 另一种则是按时代排列的"五人帝"，特指上古时代早晚相承的五位先圣王。《礼记·乐记》云："五帝殊时，不相袭乐；三王异世，不相袭礼。"这里讲的就是彼此"殊时"的五帝，亦即早晚相承的五人帝。《左传·襄公二十五年》云："今之王，古之帝也。"此文用周代的王比附上古的帝，所言亦为五人帝而非五天帝。

---

[1] 夏鼐：《中国文明的起源》，文物出版社，1985年，第96页。
[2] 郑杰祥：《夏史初探》，中州古籍出版社，1988年，第246页。
[3]《周礼·天官·大宰》唐贾公彦疏。

以上按时代顺序排列的"五人帝",就是关乎华夏文明发轫的"五帝"说。这"五人帝"究竟所指何人,历来说法不一,其中形成时间最早且流传最广的一说,出自《世本·纪篇》:"黄帝、颛顼、帝喾、唐尧、虞舜,为五帝。"《世本》成文于战国时期,辑录了不少周代史料,是先秦的重要典籍。在这之前,春秋史官编纂的《国语》在论及"国之典祀"[①]崇祀的先皇先君时,于夏朝之前开列的君王有黄帝、颛顼、帝喾、唐尧、虞舜五人帝,亦与《世本》的五帝说相合。汉代成书的《大戴礼记》辑有先秦流传下来的《五帝德》一文,文中宰予询问"五帝"之事,孔子答以黄帝、颛顼、帝喾、帝尧、帝舜事迹,也与《世本》之说若合符节。这说明,《世本》的五帝说虽然成文于战国,但在这之前早已流布于世,有着很深的历史渊源。降至西汉初期,司马迁"厥协六经异传,整齐百家杂语"[②],通过系统整理先秦史迹,在《史记·五帝本纪》中采用了《世本》的五帝说。于此之后,汉代经学大家谯周、宋均、应劭等无不遵信此说,遂使"黄帝、颛顼、帝喾、唐尧、虞舜"的五帝说成为世代相沿的主流派说法。

五帝中居首的是黄帝,这就奠定了他在历史上的无出其右地位。黄帝名轩辕,生于姬水,故以"姬"为姓[③]。《大戴礼记·五帝德》云:"黄帝,少典之子也,曰轩辕。生而神灵,弱而能言,幼而慧齐,长而敦敏,成而聪明。"察以上古人心目中的黄帝,有名有姓有家世,还有从小到大的成长经历,显然是世俗之人而非凭空捏造的神祇。先秦两汉文献中的此类记载颇多,都细致入微地记述了黄帝的生平事迹,无不证明黄帝是历史上的真实人物。

既然位居五帝之首,而且是活生生的历史人物,黄帝便理所当然成了中华文明的始祖。魏国史官编撰《竹书纪年》就是从黄帝开始的,《世

---

① 《国语·鲁语上》。
② 《史记·太史公自序》。
③ 《国语·晋语四》:"黄帝以姬水成。"

本》与《五帝德》讲述华夏历史也由黄帝而始。同此之例尚多，正如《史记·孟子荀卿列传》所云："先序今以上至黄帝，学者所共术。"此外特别值得一提的是，司马迁著《史记》也始于黄帝。司马迁是西汉初年人，他以"究天人之际，通古今之变"的卓越史识，创作了中国第一部纪传体通史，被后人奉为"史圣"。当他创作《史记》时，黄帝已成遥远的传说，可是他为了还原黄帝的历史，不仅遍索皇家秘藏的先秦典籍，仔细搜读"孔子所传《宰予问五帝德》及《帝系姓》"等，还亲身"西至空桐，北过涿鹿，东渐于海，南浮江淮"[1]，逐一考察黄帝活动过的地方。司马迁之所以如此栉风沐雨、孜孜以求，无非是在他的历史观里，黄帝是真实的中华始祖，而非虚无缥缈的神祇，所以坚信黄帝的史迹都留在了中华大地上。

中华五千年文明史就是这样来的，因为从黄帝之年算起，刚好距今五千年上下。

钩沉辑佚，有关黄帝年代的说法已有以下记载可资参考[2]：

1.《古本竹书纪年》云："黄帝至禹，为世三十。"[3]《说文·卉部》云：古者"三十年为一世"。据上述，黄帝到禹为世三十，一世三十年，如此算下来，总计约900年。另据今人考证，夏禹王朝开始于公元前2070年前后[4]，两者相加，黄帝的年代应在公元前2970年左右，距今约4992年。

2.《汉书·律历志下》载："丞相属宝、长安单安国、安陵杯育治《终始》，言黄帝以来三千六百二十九岁。"这是截止到西汉昭帝元凤三年的说法，时在公元前78年。由此上溯文中所说

---

[1]《史记·五帝本纪》。
[2] 此节年代的推算皆截止到2022年。
[3] 范祥雍：《古本竹书纪年辑校》（订补本），上海人民出版社，1957年。
[4] 夏商周断代工程专家组：《夏商周断代工程1996～2000年阶段成果报告（简本）》，世界图书出版公司，2000年。

的 3629 年，即为公元前 3707 年，再下承至今，黄帝的年代约在 5729 年前。

3.《水经注·瓡子河》引《述征记》曰："尧即位至永嘉三年，二千七百二十有一载。"晋永嘉三年为公元 309 年，由此上溯 2721 年，是公元前 2412 年，此即帝尧即位之年。另据皇甫谧《帝王世纪》的记载，帝尧上至黄帝共计 341 年，两者相加，黄帝的年代约在公元前 2753 年，距今约 4775 年。

4. 唐人王瓘《广黄帝本行记》云："自黄帝已酉岁，至今大唐广明二年辛丑岁，计三千四百七十二年矣。"唐广明二年为公元 881 年，由此推算，黄帝距今 4613 年。

5. 南宋成文的《轩辕黄帝传》记载，黄帝上距秦灭东周 2731 年。秦灭东周是在公元前 256 年，据此推算，黄帝的年代应在公元前 2987 年，距今约 5009 年。

6. 根据班固以武王克商之年为己卯岁的说法，明代黄宗羲《历代甲子考》引有关记载列出了七十三甲子。第一甲子为黄帝元年，第七十三甲子为明天启四年，一甲子 60 年，依此推算，黄帝到明朝天启四年共计 4380 年。明天启四年为公元 1634 年，距今 386 年，两者相加，黄帝距今约 4768 年。

7. 辛亥革命时期，各地纷纷废止满清年号而采用黄帝纪年。《民报》综合学界的有关考证，公布公元 1905 年为黄帝纪年第 4603 年，之后"民报所用年代为多数革命党所接受，武昌起义后湖北军政府文告即以此为准，各省响应的文告也多采此说"[①]。依照此说，黄帝纪年始于公元前 2698 年，距今约 4720 年。

[①] 方诗铭编著：《中国历史纪年表》（修订本）附二：《辛亥革命期间所用黄帝纪年对照表》，上海人民出版社，2007 年，第 154 页。

此外的有关说法尚多，不一而足。司马迁尝谓："余读谍记，黄帝以来皆有年数，稽其历谱谍终始五德之传，古文咸不同。"①此文表明，黄帝的年代在司马迁之时还是有史可稽的，只是说法不尽相同而已。以上黄帝年代各说，恰好印证了司马迁的说法，印证了黄帝年谱的存在及各说的分歧。黄帝年代的说法虽然不尽相同，但如果从中略去乖异之数而取其常数，不难看出这些说法基本将黄帝的年代框定在了距今 5000 年前后。"夫子之弗论次其年月，岂虚哉！"②——这也是司马迁说的，他告诉我们，古人提供的黄帝年代并非都是虚妄之辞，还是足资借鉴的，而这就是中华五千年文明史的由来。

上述黄帝的年代范围，恰好处在中国的铜石并用时代，约当考古学的仰韶文化晚期和龙山时期。

近几十年来，考古田野工作取得了长足的发展，各地的发现层出不穷。而随着对中国文明起源的持续关注，与此相关的考古发现更是联翩而至，不断刷新了人们的认识。2018 年 5 月 28 日上午，国务院新闻办举行新闻发布会，国家文物局负责人会同教育部、科技部有关领导共同宣布：在考古田野工作的推动下，通过多学科交叉研究，证明中国的铜石并用时代已经具有诸多文明因素，标志距今 5000 年前后我国已进入文明阶段。其中的典型遗存包括西辽河流域的红山文化、浙江余杭的良渚文化、陕西神木的石峁文化、山西襄汾的陶寺遗址、湖北天门的石家河文化等③。这些发现都相当程度地辉耀出了绚丽多彩的文明因素，表明它们已经进入或即将进入初级国家。而所有这一切，不仅和黄帝的年代相符，亦和文献记载的黄帝背景相合。

在上述考古发现面世之前，黄帝的史迹只见于文献记载，人们往往

---

① 《史记·三代世表》。

② 同上注。

③ 《中华文明探源工程成果发布》，《人民日报海外版》2018 年 5 月 29 日。

视其为神话传说,想信而不敢信。特别是当"古史辨派"于上个世纪前半叶提出三皇五帝纯属后人编造的伪史,武断地将"夏启以前的历史一笔勾销"后,"疑古学派几乎笼罩了全中国的历史界"[1],学人再不敢枉言黄帝。然而,当有关文明起源的考古发现一一呈现在人们面前时,当黄帝所处的时代背景也越来越清晰地浮现出来时,一个历史性的思考也随之油然而生:在此情况下,重新审视和考察黄帝其人其事,不就有了全新的意义了吗?

毋庸讳言,在此前的研究中,考古学界普遍认为用考古材料来印证黄帝史迹是根本行不通的,视此为无法涉足的禁区。然而纵观近一个世纪以来的中国考古学史,从晚商至早商,从早商至夏,从夏至龙山时代,一个接一个禁区就是这样在由已知向未知的推导中不断突破的,"东周以上无史"的历史虚无主义也是这样一步接一步不断被粉碎的。夏鼐先生在论述中国文明的起源时,首先从晚商的小屯殷墟讲起,而后论及早商的郑州商城,继而证之以二里头夏代都城遗址[2],恰好归纳了中国上古史在"古史辨派"留下的废墟上逐次还原的过程。因此我们有理由相信,随着今后对中国铜石并用时代考古研究的不断深入,最终也必将还中华民族一个真实而清晰的黄帝。

然而不能不提及的是,作为中华文明的始祖,历代治史者几乎言必称黄帝,由此给今人留下了大量真伪难辨、依违其辞的记述。司马迁称:"百家言黄帝,其文不雅驯,荐绅先生难言之。"[3]在这"难言之"的言人人殊中,既不乏上古时代的神话传说,也不乏后人的凭空想象,而如今的学者又往往各执一词,因此更加重了黄帝史迹的纷纭莫辨。有鉴于此,黄帝史迹研究的重中之重,莫过于从纷繁错杂的历史线索中,首先甄选出几项

---

[1] 徐旭生:《中国古史的传说时代》(增订本),文物出版社,1985年,第26、23页。
[2] 夏鼐:《中国文明的起源》,文物出版社,1985年。
[3] 《史记·五帝本纪》。

最真实可靠的黄帝史迹来，以此为复原黄帝历史奠定一个坚实的基础。

抛开种种不着边际的凭空想象，略去形形色色的神话传说，从最信而有征的先秦两汉经典史籍的记载出发，我们看到，黄帝史迹中最确凿无疑也最至关重要的事件主要有以下一些：

一是黄帝展开了定鼎乾坤的阪泉、涿鹿之战。

在先秦典籍《左传》中，记载的黄帝重要史迹仅一件，此即黄帝集团与炎帝集团的阪泉之战。《左传·僖公二十五年》云："遇黄帝战于阪泉之兆。"杜预注："黄帝与神农之后姜氏战于阪泉之野，胜之。"这就是对黄、炎阪泉之战的记述。此外在先秦典籍《国语·晋语四》中，在成文于先秦的《大戴礼记·五帝德》中，都有对这场战役的原始记载。

至于涿鹿之战，是黄帝集团与蚩尤部落的战争，最早见载于《逸周书·尝麦解》："蚩尤乃逐帝，争于涿鹿之阿，九隅无遗。赤帝大慑，乃说于黄帝，执蚩尤杀之于中冀，以甲兵释怒。"《尝麦解》是保存至今的华夏最古老文献之一，大约成文于西周穆王时期，而上文便是对涿鹿之战的最原始记述。此外如《尚书·周书·吕刑》《山海经·大荒北经》《战国策·魏策》《战国策·秦策》，以及《庄子》《尸子》等先秦典籍，都有对黄帝与蚩尤战于涿鹿的明文载述。

黄帝集团的阪泉之战、涿鹿之战除见载于上述各先秦典籍外，还广泛见载于两汉时期成书的戴德《大戴礼记》、贾谊《新书》、司马迁《史记》、班固《汉书》等，堪称黄帝历史上最无可争议也最值得大书特书的重要事件。在综合了先秦典籍的有关记述后，司马迁在《史记·五帝本纪》中对这两场名震千古的部族大战做了全面总结，其云：

> 轩辕之时，神农氏世衰。诸侯相侵伐，暴虐百姓，而神农氏弗能征。于是轩辕乃习用干戈，以征不享，诸侯咸来宾从。而蚩尤最为暴，莫能伐。炎帝欲侵陵诸侯，诸侯咸归轩辕。轩辕乃

修德振兵，治五气，艺五种，抚万民，度四方，教熊、罴、貔、貅、豹、虎，以与炎帝战于阪泉之野。三战，然后得其志。蚩尤作乱，不用帝命。于是黄帝乃徵师诸侯，与蚩尤战于涿鹿之野，遂禽杀蚩尤。

以上记述强调，当时天下很不太平，不同族团间的冲突已十分激烈，以至"诸侯相侵伐，暴虐百姓"。其中尤以"蚩尤最为暴"，炎帝集团亦"欲侵陵诸侯"，于是最终导致了黄帝集团与炎帝、蚩尤部落的殊死大战。

从古代社会的发展历程看，部族战争带来的社会震荡，恰是原始社会崩溃的时代前兆。《吕氏春秋·荡兵》云：

兵所自来者久矣……未有蚩尤之时，民固剥林木以战矣，胜者为长。长则犹不足治之，故立君。君又不足以治之，故立天子。天子之立也出于君，君之立也出于长，长之立也出于争。争斗之所自来者久矣，不可禁，不可止，故古之贤王有义兵而无有偃兵。

上文以战争为主线，阐述了"胜者为长"的社会分化，也阐述了立君、立天子的逐次演变。这是个始终充斥着剑与火的过程，而黄帝恰处在"君又不足以治之，故立天子"的关键环节，更少不了"不可禁，不可止"的兵戎相见。阪泉之战、涿鹿之战就是在这种背景下展开的，其结果是黄帝三战而胜炎帝，后来又擒杀了蚩尤，成为这场部族大战中唯一的胜者。

二是黄帝集团在取得了决定性的胜利后，于釜山举行了会盟大典。

在阪泉、涿鹿两场大战前，黄帝已在麾下集结起不少部族，取得了"诸侯咸来宾从"的威势。而当取得了辉煌战果后，"诸侯咸尊轩辕为天子，代神农氏"，黄帝更被公推为天子。在此情况下发生的一件大事，就是天下诸侯齐聚釜山，举行了一场盛大的盟会，此即《史记·五帝本纪》所说

的"合符釜山"。唐司马贞《史记索引》解释说："合诸侯符契圭瑞，而朝之于釜山，犹禹会诸侯于涂山然也。"由是可知，这次诸侯盟会的核心内容即"合符"。

《荀子·君道》云："合符节别契券者，所以为信也。"合符是古代的一种信物制度，多用于结盟，后来也广泛用于政治、军事活动。合符的信物最初是由竹木、兽皮、玉骨制成的，合称"符契圭瑞"，东周以后多以铜为之，统称符节或符信。信物制成后一分为二，持有者各凭手中的一半相互印证，称为"合符"。

综观史实，上古时期最高级别的合符活动，便是诸侯的结盟及盟主的即位。班固《白虎通·瑞贽》云："舜始即位，见四方诸侯合符信。"刘向《说苑·贵德》云："陛下初即至尊，与天合符。"以上所说就是盟主初即至尊的"与天合符"。从形式上看，这只是诸侯间相互统一符契，但其核心内容却是诸侯对天盟誓，发誓效忠新的主人。正因此，经过釜山会盟后，黄帝不仅在事实上成了各部族的共主，还取得了正式名分，成了实至名归的"天子"——当然这只是文明初兴时期的"天子"，其实际身份只相当部落联盟的首领。

釜山会盟的最大意义还不在于黄帝成了各部族的首领，而在于各部族有了共同的首领——哪一个人成为首领不过是时运问题，而一群人有了首领则是体制问题。正因为各部族有了共同的首领，有了"置左右大监，监于万国"的管理机制，历史才从釜山会盟起发生了质的转变，由军事联盟阶段迈进了古国阶段。

总之，通过釜山会盟，黄帝"初即至尊"的法统地位得以确立，"所以为信"的统治范围得以建立，《韩非子·主道》所说的"符契之所合，赏罚之所生"的威权也得以树立，而这就是最初的王权。《管子·法法》云："黄帝、唐、虞，帝之隆也，资有天下，制在一人。"唐房玄龄注曰："率土之滨，莫非王臣，故曰制在一人。"以上记述便以中国古代"制在一人"

的王权制度发轫于黄帝。从这个意义上讲，黄帝堪称不折不扣的中华第一帝。

三是黄帝创建了最早的都城。

在天下诸侯"合符釜山"后，《史记·五帝本纪》载："（黄帝）邑于涿鹿之阿。"这是有关黄帝筑城的记载，说他筑城于涿鹿平川上。关于黄帝的筑城造邑，在文献中不乏载述。《淮南子·原道训》云："黄帝始立城邑以居。"《事物纪原》引《黄帝内传》云："帝既杀蚩尤，因之筑城阙。"以上都说黄帝筑造了城邑。值得注意的是，《淮南子》之言强调黄帝"始立城邑"，即以黄帝是历史上最早筑造城邑者，《黄帝内传》则强调黄帝之城筑造在战胜蚩尤之后，而这应该就是《五帝本纪》所说的黄帝在"禽杀蚩尤"之后建造的"涿鹿之邑"。

西周之前，都城称邑不称都。《白虎通·京师》载：古代都城"夏曰邑，殷曰商邑，周曰京师。"这里明言夏商及更早的都城统称邑。《诗经·商颂·殷武》载："商邑翼翼，四方之极。"此处的"邑"便指商人之都。由此可见，黄帝的"邑于涿鹿之阿"说的不是一般城邑，而是特指都邑。在后来的文献中，凡言及黄帝的涿鹿之邑，也都说这是他的都邑。《晋书·地理志》云："黄帝生于寿丘，而都于涿鹿。"《太平御览》卷一五五引《帝王世纪》云："黄帝都涿鹿。"《魏书·神元平文诸帝子孙传》云："黄帝都涿鹿。"《史记正义》引《括地志》云："涿鹿故城……本黄帝所都也。"凡此皆以涿鹿之邑为黄帝之都。

《史记·五帝本纪》正义引《舆地志》云："涿鹿……黄帝初都，迁有熊也。"此文称黄帝在建都涿鹿之后亦曾迁都有熊，涿鹿并非他唯一的都城。按史乘所载，黄帝筑造的城邑甚至有五处之多。《史记·封禅书》云："黄帝时，为五城十二楼。"《汉书·郊祀志》云："黄帝为五城十二楼。"《事物纪原》引《轩辕本纪》云："黄帝筑城造五邑。"以上都说黄帝之城至少有五处。但应当特别强调的是，无论黄帝曾经迁都何处，也无论黄帝筑造

的城邑多达几座，涿鹿之阿显然是其中最与众不同的一处。其故在于，这座城邑筑造于黄帝统一炎帝族和蚩尤族之后，筑造于"诸侯咸尊轩辕为天子"的釜山会盟之后，也就是筑造于中国刚刚跨入古国阶段之时，因此它堪称中国历史上第一座真正意义的"都城"。以它的这个性质，原始社会末期的古城堡显然不能与之相比，黄帝的其他古城邑亦不能与之相比。

四是黄帝不断开创文明大业，全面奠定了社会的新秩序。

黄帝开创文明大业的首要之举，即《史记·五帝本纪》所说的"天下有不顺者，黄帝从而征之，平者去之"的武装征伐。

山东临沂银雀山汉墓出土的竹简本《孙子兵法》称，黄帝曾南伐赤帝、东伐□帝、北伐黑帝、西伐白帝，"已胜四帝，大有天下"[1]。与此相应，史书中也有关于黄帝"五十二战，而天下大服"[2]的记载。凡此记述无不说明，在釜山大典授予黄帝征伐不驯顺部族的大权后，黄帝接二连三展开了一系列军事行动，前后多达五十余战。其结果是，这些战争打破了地区阻隔，促进了部族交融，为中华文明的创建扫清了障碍，从而开辟出《五帝本纪》所说的"东至于海，登丸山，及岱宗。西至于空桐，登鸡头。南至于江，登熊、湘"的文明疆域。

举措之二即黄帝以"师兵为营卫"[3]，正式创建了军队。

接连不断的战争，势必要以拥有一支职业化的军队为前提，这就促成了国家正规军的产生。开始时黄帝的武装力量主要是靠"徵师诸侯"募集来的，也是靠部落联盟内以"熊、罴、貔、貅、豹、虎"为图腾的部族汇聚来的，基本上属于恩格斯所说的"居民的自动的武装组织"[4]。但在这之后，为了征讨不驯顺的部族，为了创建和维护全新体制，黄帝组建了一支

---

[1]《银雀山汉墓竹简·孙子兵法》，文物出版社，1976年，第101页。
[2]《帝王世纪》，《太平御览》引。
[3]《史记·五帝本纪》。
[4] [德]恩格斯：《家庭、私有制和国家的起源》，人民出版社，1972年，第168页。

常规军。《五帝本纪》特别强调黄帝"以师兵为营卫",就是说此时黄帝不仅有了师兵,而且有了一支专门以"营卫"为主职的亲军。恩格斯说:"有一种制度促进了王权的产生,这就是扈从队制度。"① 黄帝的亲军就是扈从队,他们的存在不仅标志了常规部队的创建,而且出于扈从队对首领的效忠意识,还为新兴王权提供了一个牢固的基石。

举措之三即黄帝在被公推为天子后,组建了一整套国家统治机器。

美国历史学家哈斯说:"当一个有限地区里所有的社区逐步从属于单一的政体时,……政治单位比以前的小部落酋长制更为强大,组织机构更为庞大,组织形式更为高级,这样的政治单位就是国家。"② 这告诉我们,当社会组织突破了部落的界线,当不同部族汇聚成更大的共同体,社会制度就一定要被新的管理机制所取代,这就是国家。而在征服了炎帝族和蚩尤族之后,特别是在通过釜山大典组成了更大规模的人们共同体后,黄帝集团肩负的一个使命,就是要建立起这样一个更为高级也更为强大的管理机制来。事实上,文献对此不乏载述,主要有:

《逸周书·尝麦解》云:"(黄帝)执蚩尤杀之于中冀,以甲兵释怒。……乃命少昊清司马鸟师,以正五帝之官,故名曰质。天用大成,至于今不乱。"

《尸子》引孔子之言谓:"黄帝取合己者四人,使治四方。"

《管子·五行》称:"黄帝得六相而天地治。"

《吕氏春秋》云:"黄帝建五官以人立。"③

《文子》引老子之言谓:"黄帝之治天下,……百官正而无私。"

《史记·五帝本纪》曰:"(黄帝)官名皆以云命,为云师。

---

① [德]恩格斯:《家庭、私有制和国家的起源》,人民出版社,1972年,第142页。
② [美]乔纳森·哈斯:《史前国家的演进》,陈加贞等译,求实出版社,1988年,第118页。
③《吕氏春秋》佚文,《玉海》卷122引。

置左右大监，监于万国。……举风后、力牧、常先、大鸿以治民。"

《史记·历书》称：黄帝"有天地神祇物类之官，是谓五官。各司其序，不相乱也。"

以上皆为先秦两汉文献，记述了黄帝建官分职以构建新政权的史实。综合以观，在黄帝创建的政权中，既有蚩尤被杀后接管蚩尤部落的"使治四方"的地方统领，又有在中心机构专门"监于万国"的"左右大监"；既有总领各项事务的"六相"，又有专以"治民"的风后、力牧、常先、大鸿；既有分职"天地神祇物类"的五官，又有各司其职的"百官"，是一个内外兼治、上下有序、分层管理的机构。这个机构无疑比原始时代的社会组织更为高级也更为强大，这就是哈斯所说的初级国家。

举措之四即黄帝创建了刑罚。

前引《韩非子》的"符契之所合，赏罚之所生"一语，已表明釜山会盟后黄帝拥有了赏罚惩治大权。《战国策·赵策二》载赵武灵王谓："宓戏、神农教而不诛，黄帝、尧、舜诛而不怒。"其"诛而不怒"的一个诛字，进而说明黄帝确乎拥有了生杀大权。先秦典籍《商君书·画策》云："神农之世，男耕而食，妇织而衣，刑政不用而治，甲兵不起而亡。神农既殁，以强胜弱，以众暴寡，故黄帝作为君臣上下之义，父子兄弟之礼，夫妇妃匹之合，内行刀锯，外用甲兵。"此文通过对神农、黄帝两个时代的对比，揭示黄帝已经远离了"刑政不用而治，甲兵不起而亡"的时代，因此不仅要频频"外用甲兵"，还要为了维护"君臣上下之义"的社会新秩序，对内采取刀斧并用的严酷刑罚。

《逸周书·尝麦解》云：黄帝"用大正，顺天思序，纪于大帝。"此文所言的"用大正"，便即立大法，透露黄帝之时已经有了类似古巴比伦王国《汉谟拉比法典》一样的原始法典。《大戴礼记·虞戴德》引孔子之言谓：

黄帝"明法于天明，开施教于民。"《史记·太史公自序》："维昔黄帝，法天则地，四圣遵序，各成法度。"凡此记载无不说明，黄帝确实效法天道制定了法典。正是由于黄帝打下了基础，因此在他之后，颛顼、帝喾、唐尧、虞舜"四圣遵序，各成法度"，帝尧时甚至"象以典刑，流宥五刑"[①]，建立起一套完整的刑罚制度。

恩格斯在《家庭、私有制和国家的起源》中指出："国家的本质特征，是和人民大众分离的公共权力"，"构成这种权力的，不仅有武装的人，而且还有物质的附属物，如监狱和各种强制机关，这种东西都是以前的氏族社会所没有的"[②]。通过上面对黄帝史实的条分缕析，可知代表专制统治的王权、军队、国家管理机器及刑罚等，在黄帝时已相继产生，而这"都是以前的氏族社会所没有的"。诚然，当这些机制刚刚形成时，难免带有相当程度的原始性，新的社会秩序也还只是初具雏形，这都是不言而喻的。然而它们的出现，已从本质上构成了和原始社会的区别，标志了国家文明的形成。

五是黄帝时代孕育了华夏民族的雏形。

原始社会末期，较先进地区已经集结出阵容强大的部落集团，黄帝、炎帝、蚩尤便是其中最具代表性的三大支。蒙文通曾将传说时代的先民划分为河洛、江汉和海岱三大集团，其核心就分别是黄帝、炎帝和蚩尤部族[③]。寻根溯源，后来的中华各民族，包括许多绵延至今的少数民族，都是由这三大集团衍生出来的。例如中国人向来自诩为黄帝裔胄、黄炎子孙，便是以黄帝、炎帝为先祖的实例。此外南中国的苗、瑶等族始终奉蚩尤为祖，又是以蚩尤为先祖的实例。

关于黄帝族的发源地，自古以来便有种种抵牾不足信的说法一直流传

---

① 《史记·五帝本纪》。
② [德]恩格斯：《家庭、私有制和国家的起源》，人民出版社，1972年，第116、168页。
③ 蒙文通：《古史甄微》，《史学杂志》第1卷第4期，1930年3月。

至今，由此结成了中华民族最深奥难测的谜团。而综合目前考古学、历史学、民族学提供的各种资料，有诸多迹象表明，黄帝集团最早实发端于北方红山文化，是生活在塞外的部族[①]。至于炎帝的地望，载籍所见也有若干不同说法，蒙文通认为属于南方集团，是江汉地区的苗蛮民族，徐旭生则认为属于中原集团，"发祥地在今陕西境内渭水上游一带"[②]。辗转至今，对炎帝地望的看法基本上不出蒙、徐两大说，且以徐氏的渭水说为著。至于蚩尤族的发源地，自从徐旭生在《中国古史的传说时代》中提出东夷说后[③]，学术界几无异词，皆以其位在山东海岱。

以上黄帝族的发源地在北，古称北狄；炎帝族在西，属于西羌；蚩尤族则为东夷。由是可知，黄帝、炎帝、蚩尤的阪泉之战、涿鹿之战，恰是原始社会末期北狄、西羌、东夷三大势力的较量，牵扯的民族广布四方。一般而言，正如恩格斯所说："（原始社会）战争可能以部落的消灭而告终，但绝不能以它的被奴役而告终"[④]，即原始社会的战争往往以战败方的全部被消灭为结果。但恰恰相反，阪泉之战、涿鹿之战后，胜利一方的黄帝族在用武力征服炎帝族和蚩尤族的同时，又以"文力"收服了这两大集团，形成了新的部族联合体。关于这个历史性的融合，由《逸周书·尝麦解》的记述便可略见一斑：

> 蚩尤乃逐帝，争于涿鹿之阿，九隅无遗。赤帝大慑，乃说于黄帝，执蚩尤杀之于中冀，以甲兵释怒……乃命少昊清司马鸟师，以正五帝之官，故名曰质。天用大成，至于今不乱。

以上即《逸周书·尝麦解》关于黄帝与蚩尤大战的一段记述。前文已

[①] 说详第五章第三节。
[②] 徐旭生：《中国古史的传说时代》（增订本），文物出版社，1985年，第42页。
[③] 徐旭生：《中国古史的传说时代》（增订本），文物出版社，1985年，第48～56页。
[④] [德]恩格斯：《家庭、私有制和国家的起源》，人民出版社，1972年，第156页。

述,《尝麦解》是保留至今的华夏最古老文献之一,成文于西周前期,这段记述便是有关黄、蚩大战的最原始记述。详加剖析,这段记述透露给我们的信息是:

1. 所谓"蚩尤乃逐帝……赤帝大慑,乃说于黄帝,执蚩尤杀之于中冀"云云,是说蚩尤作乱,赤帝大为震慑,于是求助于黄帝。根据司马迁在《史记·五帝本纪》中综合先秦文献整理出来的史实,当时是先有黄、炎的阪泉之战,而后才有黄帝和蚩尤的涿鹿之战的。由是可知,阪泉之战后先是黄帝收服了炎帝族,形成了黄、炎联盟,这才有可能出现炎帝向黄帝求助的事实。此外黄、炎结成联盟的一大佐证是,从西周到东周,姬、姜两姓世代联姻,组成了一个强大的血亲集团,而于史可稽,这个联姻至少可以上溯到黄帝曾孙帝喾之时,说明那时姬姓黄帝与姜姓炎帝已经结成了联盟。

《史记·周本纪》云:"周后稷,名弃。其母有邰氏女,曰姜原。姜原为帝喾元妃。"以上说的是周人先祖后稷,其父为帝喾,其母为邰氏女姜原。帝喾乃黄帝嫡亲曾孙,对此史不乏书,而邰氏女姜原系姜姓炎帝之女,许慎《说文》的"邰,炎帝之后,姜姓,封邰"可证。于是,帝喾与姜原的结合,便是姬姓黄帝族与姜姓炎帝族联姻的实证。黄帝与帝喾间隔三世,上下相距约百年。由此上溯至黄帝,即便当时黄、炎两族尚未联姻,但也应当有了联盟,这样才有可能在帝喾时缔结出两大部族的联姻来,并从此传诸后世。

2. 涿鹿之战后,《尝麦解》记载黄帝"乃命少昊清司马鸟师,以正五帝之官,故名曰质"。这里说黄帝在打败蚩尤族后,灭其国却不绝其祀,不仅保留了蚩尤集团,还在其内部挑选出一位名叫质的英雄人物来做统领,此即少昊清。对于黄帝的这种做法,徐旭生解释说:"黄帝这样的办法是同后来周武王杀了商纣又立武庚或微子同类的。不惟古人不绝他族的祭祀,并且当两个部落还没有同化的时候,不同战败部落的贤能携手,是

没有继续相处的办法的。"①徐氏在这里特别强调，黄帝起用蚩尤旧部的做法是相当明智的，因为非如此则无法与蚩尤部相处。殊不知，黄帝族如何与蚩尤部相处是次要的，重要的是黄帝愿不愿意与蚩尤部相处。在大败蚩尤族后，黄帝并未像野蛮时代的人们通常所做的那样，把对方赶尽杀绝，也未将他们全部贬为奴隶，而是将他们成建制的保留，并且继续任用其内部的贤者为统领，这才是事物的本质。而黄帝之所以这样做，无非是要将东夷集团整体收服，不仅收服他们的部众，而且收服他们的人心。

3.《尝麦解》所谓"天用大成，至于今不乱"，是说在阪泉之战、涿鹿之战后，天下绥靖，河清海晏，中国历史上出现了一个相当长的和平时期，从而为新的多元一体民族的化成创造了条件。

综上所论，在阪泉之战和涿鹿之战后，黄帝相继收服了炎帝族和蚩尤族，实现了金瓯一统、天下一家。除了《尝麦解》外，还有不少文献也谈到了黄帝对异族的怀柔与收服，如《管子·任法》云："黄帝之治天下也，其民不引而来，不推而往，不使而成，不禁而止。"《庄子·在宥》说："昔者黄帝始以仁义撄人之心。"《史记·五帝本纪》载：黄帝"抚万民，度四方"。凡此都揭示了同样的事实。

摩尔根说："在氏族社会中，合并过程的产生晚于联盟，但这是一个必须的、极关紧要的进步阶段，通过这个阶段才能最后形成民族、国家和政治社会。"②细审此言，其中涵盖了两大要义：

> 一是"民族、国家和政治社会"的形成是同步的，即民族和国家是同一个过程的历史结果。恩格斯曾说"从部落发展成了民族和国家"③，这里也把民族和国家的形成归结在了一起。

---

① 徐旭生：《中国古史的传说时代》（增订本），文物出版社，1985年，第51页。
② [美]摩尔根：《古代社会》上册，商务印书馆，1977年，第123页。
③ [德]恩格斯：《劳动在从猿到人转变过程中的作用》，《马克思恩格斯选集》第三卷，人民出版社，1972年，第515页。

二是民族、国家和政治社会形成的最关键环节，就是部族的合并。首先从国家形成的层面上说，"当一个有限地区里所有的社区从属于单一的政体时，国家就出现了"①，而这个"单一政体"的出现，就来自部族的合并与改组。再从民族生成的层面上说，理论界通常认为氏族、胞族、部落、民族是社会组织依次发展的四大阶段，而第四个阶段与前三个阶段的最大不同是，民族是以地域关系为纽带的，而前三者皆以单纯的血缘关系为纽带。但是这种根本的转变，也只有通过部族的合并才能实现。

综合上述两点，可知正是在距今五千年前后的黄帝时代，神州大地实现了民族、国家和政治社会的同步发展，不仅完成了由原始社会向国家文明的转变，而且完成了由部落社会向民族社会的转变。而当实现了狄、羌、夷三大集团的合并后，黄帝又不失时机地南下中原，移鼎河南新郑。这样一来，由北狄、西羌、东夷凝聚成的新黄帝集团迅速融入了中原地区，中原部族也迅速汇入了黄帝集团，由此最终实现了华夏民族的大集结、大融合。这在当时只能说是汇聚出了一个民族雏形，然而这个由北、西、东、南四大方阵聚合成的雏形从此再未解体，极尽沧桑后反而历久弥昌，终于发展成世界第一大民族。

六是黄帝史迹中还有一个妇孺皆知的大事，即黄帝是华夏子孙世代尊奉的不祧之祖。

作为民族胚胎的育成者，作为中华文明第一帝，黄帝理所当然成了华夏子孙的先祖。但除此之外，尊黄帝为民族宗神，还有更为深层的历史原因。

据文献记载，把华夏民族称作黄帝子孙，始于春秋时期。《国语·周语下》载："夫亡者岂繄无宠？皆黄、炎之后也。"这是周灵王二十二年（公

---

① [美]乔纳森·哈斯：《史前国家的演进》，陈加贞等译，求实出版社，1988年，第118页。

元前550年）周太子晋说的一番话，大意是："那些衰亡的部族难道是因为不受宠吗？他们都是黄帝、炎帝的后代啊！"此即古文献中明确把中原部族视作黄炎后代的最早一例，时在春秋中期。自此而后，"黄帝子孙""黄帝世胄""黄帝后裔""黄帝苗裔""黄炎子孙""炎黄裔胄""炎黄子孙"的说法连绵不断，黄帝的华夏始祖地位由此得以确立。

以黄帝为华夏始祖的一个更深层背景是，黄帝不仅开辟了一个《世本·纪篇》所说的"黄帝、颛顼、帝喾、唐尧、虞舜"五帝时代，而且据史家考证，黄帝之后的四圣个个是黄帝的直系后裔，事见《史记·五帝本纪》：

帝颛顼高阳者，黄帝之孙而昌意之子也。

帝喾高辛者，黄帝之曾孙也。

帝喾娶陈锋氏女，生放勋。……放勋立，是为帝尧。

虞舜者，名曰重华。重华父曰瞽叟，瞽叟父曰桥牛，桥牛父曰句望，句望父曰敬康，敬康父曰穷蝉，穷蝉父曰帝颛顼。

由上可知，帝颛顼是黄帝之孙，帝喾是黄帝曾孙，唐尧是黄帝五世孙，虞舜是黄帝八世孙，皆为黄帝最嫡亲的直系后裔。

五帝间的这种血脉关系不仅见载于《史记·五帝本纪》，还见载于《史记·三代世表》，更见载于"孔子所传《宰予问五帝德》及《帝系姓》"[1]，以及《国语·鲁语》《礼记·祭法》等古老文献，当无可疑。尤有甚者，这还得到了先秦铜器铭文的证明。

战国中期的《陈侯因齐敦》是齐威王年间铸造的青铜礼器，器上有铭文，直言黄帝是齐威王的高祖[2]。齐威王在位于公元前356～前320年，据

---

[1]《史记·五帝本纪》。

[2] 丁山：《由陈侯因齐敦铭黄帝论五帝》，《历史语言研究所集刊》第3本第4分册，1934年。

《史记·田敬仲世家》和《陈杞世家》的记载，他是帝舜之后，于是此铭文便直接载明了帝舜与黄帝的关系，因为非如此则无法建立起齐威王与黄帝的血脉联系。

正是由于五帝的这种亲缘关系，夏、商、周三代王室也无一不是黄帝的后裔。

《史记·夏本纪》："禹者，黄帝之玄孙而帝颛顼之孙也。"

《史记·殷本纪》："殷契，母曰简狄，有娀氏之女，为帝喾次妃。"

《史记·周本纪》："周后稷，名弃。其母有邰氏女，曰姜原，姜原为帝喾元妃。"

综合上述记载可知，夏之先君夏禹为黄帝玄孙，商之先祖商契为帝喾之子、黄帝玄孙，周之先祖后稷也是帝喾之子、黄帝玄孙，皆出自黄帝。是故《史记·三代世表》说："舜、禹、契、后稷，皆黄帝子孙也。"先秦典籍《国语·鲁语上》对此也有明文载述，指出夏、商、周三代王室的高祖或者是黄帝，或者是黄帝的后裔颛顼、帝喾、帝舜，无不与黄帝有着一脉相承的亲缘关系。

既然五帝时代的四圣和夏商周三代的王室皆出自黄帝，那么就不难设想，在宗法制度的制约下，先秦列国的相当部分诸侯也是黄帝的后裔，事见《国语·晋语四》：

黄帝之子二十五人，其同姓者二人而已。……其同生而异姓者，四母之子别为十二姓。凡黄帝之子，二十五宗，其得姓者十四人，为十二姓，姬、酉、祁、己、滕、箴、任、荀、僖、姞、儇、依是也。

以上记载说明，黄帝之子繁衍成了不同的支族，分化为十二姓，由此滋生出许多邦国。根据南宋罗泌《路史·国名纪》的统计，黄帝子孙各自立国的累计达七十多个。又据清人顾栋高《春秋大事年表》的统计，即便晚到了春秋时期，黄帝子孙的邦国也还有数十个。春秋列国有姓氏可考者共计67国，其中32国为姬姓，加上黄帝二十五子的其他各姓，黄帝后裔占了67国的绝大部分。于是钱穆先生说：黄帝"这个子孙繁衍、族姓众多的部族，构成了中华民族的主干。"①

既然如此众多的帝王、诸侯、公族皆出自黄帝，既然有如此充分的理由证明黄帝子孙"构成了中华民族的主干"，那么中华儿女世代尊奉黄帝为不祧之祖，显然就有了更加特别的意义了。这个意义就是，中华儿女之所以尊奉黄帝为始祖，恐怕不仅因为他是中华文明的开拓者，是中华民族的缔造者，还因为这里有着更为直接的遗传学因素。不妨设想，假如有一天真的发现了黄帝或其亲族的尸骨，又真的能够藉此做一个广泛的基因对比的话，或许我们会发现，全球华裔中的相当部分人都带有黄帝的基因呢！君不见，泱泱中华大家庭中，"百家姓"的哪一个姓氏不是从先秦的诸侯国或诸侯王传承来的，这说明了什么不是已经不言自明了吗？

既然都是黄帝的后裔，那为什么《国语·周语下》要统称"黄、炎之后"呢？这当然是因为炎帝也是中华远祖中相当重要的一个了，同时如前所述，不迟于帝喾之时，黄、炎两族已经建立起了牢固的联姻关系。黄帝姬姓，炎帝姜姓，这姬、姜两姓的联姻发展到周代更成定制，以至合两姓为一家，缔造出一个强大的血亲集团。明乎此，可知黄帝子嗣其实大多出自姬、姜两姓的联姻，是他们共同的后代，于是便合为"黄、炎之后"了。

时人常谓"炎黄子孙"，以炎帝为首，黄帝居后，久而久之相沿成习。

---

① 钱穆：《黄帝》，三联书店，2004年，第37页。

其实在先秦典籍中,《国语·晋语四》说"生黄帝、炎帝";《国语·周语下》说"皆黄、炎之后也";《左传·昭公十七年》说"昔者黄帝氏以云纪,故为云师而云名。炎帝氏以火纪,故为火师而火名";《吕氏春秋·荡兵》说"兵所自来者久矣,黄、炎故用水火矣";皆以黄帝居首、炎帝在后,概无例外。直到东汉时期,班固著《汉书》,其《魏豹、田儋、韩信传》赞辞曰"周室既坏,至春秋末,诸侯耗尽,而炎、黄、唐、虞之苗裔尚犹颇有存者",才开始有"炎、黄"之谓。东汉与先秦暌隔已久,故而若尊古义,中华民族本应称作"黄炎子孙",因为只有这样才能正确表达黄帝一脉在华夏民族史上的无出其右地位。

正因为黄帝是黄炎子孙的百世不祧之祖,于是成了华夏历史上第一位具有强大感召力的圣人。综观中华五千年文明史,每逢民族危难,总会有人登高一呼,发出"欲保汉族之生存,必以尊黄帝为急"[①]的呐喊。抗日战争时期,"黄帝子孙"曾在战争烽火中被定格为中华民族的代称,成为号召海内外华人共同抗战的一面旗帜。国民政府在《告抗战全体将士书》中就特别强调:"我们大家都是许身革命的黄帝子孙!"

以上所述,即黄帝史迹中最确切可靠又最举足轻重的几件大事。其中第一件事记述了原始社会末期的部族大战,而这恰恰是华夏文明大业的壮丽序曲。通观人类文明史,一切远古文明的诞生几乎都经历了战争的洗礼,华夏文明自不例外。按照部族的合并是育成民族和国家的最关键因素的理论,阪泉之战、涿鹿之战后的部族大融合,既催生了中华文明,也孕育了中华民族。而在这之后,黄帝先是通过南征北战扩大了文明的成果,又通过釜山之盟奠定了新的政体,继而创建了第一座真正意义的都城,紧接着又建立起一套以王权、军队、官吏、刑罚为要素的国家统治机器。就这样,在黄帝集团的一力主导下,华夏文明有如初升的旭日,在东方大地

[①]《辛亥革命前十年间时论选集》第1卷下册,三联书店,1960年,第722页。

上喷薄而出。若论中华文明的起源，黄帝集团功莫大焉！

当从先秦两汉的原始典籍出发，认真甄选了黄帝历史上最确凿无疑也最至关重要的几大史迹后，一个随之而来的问题是，倘若仅就其中有空间关系的事件而言，它们都发生于何处呢？答案是明确的——这些有具体地点的事件，无不发生在今河北涿鹿及北京西北一带。

一如黄帝与炎帝展开决战的"阪泉之野"，就在今北京延庆。

《汉书·刑法志》注引东汉文颖曰："《律历志》云：'与炎帝后战于阪泉'……在上谷，今见有阪泉地、黄帝祠。"同类记载尚见于《史记·五帝本纪》集解及《晋太康地理志》《水经注·湿水》等。这些文献揭示，黄帝与炎帝展开决战的古阪泉位在秦汉魏晋的上谷郡。

上谷地名是由先秦沿袭下来的，战国时赵公子嘉自立为代王，就曾驻军上谷。秦灭代，置上谷郡，治于沮阳①，地在今河北怀来县东南。此郡治至汉代相沿不改，领县十五，范围大致包括了今河北省张家口市的怀来县、宣化区、涿鹿县、赤城县、沽源县，也包括了今北京的延庆区。

于史可稽的是，古阪泉不仅在上谷郡，而且就在今延庆的范围内。《大明一统志》隆庆州载："阪山，在州境内，轩辕与炎帝战于阪泉之野，即此。"《嘉庆隆庆志》载："阪山，城北十五里，轩辕与炎帝战于阪泉之野即此，其下有阪泉。"以上文献皆明确指出，阪泉之战的阪山在明隆庆州州治北面不远处，其下有阪泉。又据清乾隆《延庆州志》载："阪山，在州北十五里，相传轩辕与炎帝战于阪泉之野，即此。"清代史地学家顾祖禹在《读史方舆纪要》延庆州下也说："阪泉山在州西，相传轩辕与炎帝战于阪泉之野，即此山也，亦曰阪山。"案明代的隆庆州就是清代的延庆州，州治均在今北京市延庆区。今延庆区西部有山名阪山，山下有上阪泉村和下阪泉村，有水池遗址名阪泉，恰好印证了文献的记述。

---

① 这里的"治"指官署所在地，如州治、府治、郡治等，是一地的首府，下同。

二如黄帝与蚩尤大战的涿鹿之野，位在汉晋上谷郡涿鹿县，此即今之涿鹿。

《汉书·地理志》"上谷郡涿鹿"条下注引东汉应劭曰："黄帝与蚩尤战于涿鹿之野。"此文明言汉的上谷郡涿鹿就是涿鹿之战的发生地。同此记载于史多见，如《汉书·刑法志》"黄帝有涿鹿之战"文下注引东汉文颖曰："涿鹿在上谷"。秦汉上谷郡涿鹿县从南北朝起陆续改称广宁、下洛、怀戎、永兴、矾山、德州、保安，1916 年恢复旧名，故知古今涿鹿同为一地。

三如黄帝会盟天下诸侯的釜山，就在唐妫州的怀戎，亦即今之涿鹿。

釜山的所在众说纷纭，历来有甘肃天水、陕西华山、河南灵宝、山西高平、河北徐水、河北涿鹿诸说。其实，其中的大多数说法都是近人或今人的臆测，于史无征，而有史可征的仅只一例，此即唐张守杰在《史记正义》中引证的《括地志》之文："釜山在妫州怀戎县北三里，山上有舜庙。"按照这一孤证，黄帝会盟的釜山不可能在别处，只能在唐妫州的怀戎县。案唐妫州怀戎始置于北齐，唐朝因之，故城就在今涿鹿县西南。

四如黄帝建都的涿鹿之阿，也在上谷涿鹿。

《魏土地记》云："州（案即燕州）东南四十里有轩辕城，相传黄帝所筑，今名古城。州西南九十里有涿鹿山，一名独鹿山，涿水出焉。"《帝王世纪》曰："黄帝都涿鹿……在汉为上谷。"以上记载说明，涿鹿故城与黄、蚩大战的涿鹿之野同在上谷涿鹿。详加辨析，这两地尚有一定的区别。《史记正义》云："广平曰阿。涿鹿，山名，已见上。涿鹿故城在山下，即黄帝所都之邑于山下平地。"从这个解释看，涿鹿之阿的地貌重在一个"阿"字，特指涿鹿山下的广平之地，此即黄帝筑城之处。而涿鹿之野的特征重在一个"野"字，泛指山峦起伏的荒山野岭，此即黄帝大战蚩尤之地。

察黄帝史迹中有确切位置可循的重大事件，就是上述阪泉的黄炎大战、涿鹿的黄蚩大战、釜山的诸侯会盟，以及黄帝的邑于涿鹿之阿。而通

过去伪存真的条分缕析，可知阪泉、涿鹿、釜山这三个黄帝政治、军事史上最重要的地点，都集中在今河北涿鹿及北京延庆一带。

在历来的黄帝史迹研究中，黄帝的发祥崛起之地一直是人们探寻的重点，仅从汉代有了较专门的论述算起，这一讨论至今已持续了不下两千余年。然而终归古史茫昧，再加上后人对传说时代的追述颇多虚拟比附之辞，近现代学者在此基础上又每每不乏推演发挥，遂使此问题愈加歧见纷披。辗转至今，学术界既有说黄帝是出自西部陕甘的，也有说源自东方齐鲁的，还有说是来自北方地区的，更有说是出于南方长江流域的，当然也有称其原本就是中原民族的，总之东、南、西、北、中一应俱全，几乎无处不是黄帝的故乡[①]。以上不同主张的纷然杂陈，已使黄帝地望成了中国历史上最扑朔迷离的难解之谜。而要破解这个谜团，一要摒弃前人模棱两可的记述或望风扑影的臆测，二要杜绝今人将结论当前提的循环论证，三要从最信而有征的文献记载出发，逐项条理出黄帝最确凿无疑的重大史迹来。而当这样做了之后，我们清楚地看到，在纷纭驳杂的黄帝地望谜团中，目前最可确信的一点是，今河北涿鹿及北京西北一带才是真正的黄帝集团发祥崛起之地。当然，这未必是黄帝的诞生地，更未必是黄帝的终结地，前面就曾谈到黄帝后来还由涿鹿迁都于有熊，后面还将谈到黄帝的诞生地理应在燕山以北的老哈河和大凌河流域。但毋庸讳言，涿鹿东南及北京西北一带显然是黄帝历史上最重要的地域，因为黄帝时代各项惊天地泣鬼神的历史大事件都发生在这里，光耀千古的华夏文明也诞生在这里。

> 这是一片易守难攻之地，隐匿在燕山山脉和太行山脉的重峦叠嶂之中。它北有燕山屏蔽于塞外，东有军都山俯视北京小平原，南有居庸关锁钥之险，西有小五台与代郡相连，是浑然天成

[①] 考详拙作《黄帝地望诸说考》，《首都博物馆丛刊》第十七期，北京燕山出版社，2003年。

的军事要塞。由于地形的固若金汤，早在先秦时期这里就成了燕国的战略要地。《史记·匈奴列传》云："燕亦筑长城，自造阳至襄平，置上谷、渔阳、右北平、辽西、辽东郡以拒胡。"据此可知，上谷是燕国北疆西部的第一郡，燕长城就是从这里起筑的。实际上，该地之所以古称上谷，就是因为它位在层层叠叠的山谷之上的缘故，这个地名已经表明了它的独特性。但是，这样一个天造地设的军事要塞，却宛若世外桃源，放眼望去一片平畴沃野。在群山怀抱中，桑干盆地、怀来盆地东西毗连，联结出广阔平原；桑干河、洋河、妫河蜿蜒其间，冲积出万顷良田。在整个桑干盆地和怀来盆地中，自然条件最优越的尤属涿鹿，素有"千里桑干，唯富涿鹿"之说。直到今天，涿鹿仍是国家级商品粮基地和全国水果百强县，自然条件的优越不言而喻。

早自汉代以来，人们就世代不辍地记录下了在今涿鹿至延庆一带，特别是在今涿鹿县东南的矾山镇一带，遗留有黄帝城、轩辕台、蚩尤城、黄帝陵、轩辕庙等重要遗迹。东汉文颖在《汉书·刑法志》涿鹿之战文下注引《律历志》云："涿鹿在上谷，今见有阪泉地、黄帝祠。"西晋皇甫谧《帝王世纪》云："涿鹿，黄帝所都，有蚩尤城、阪泉地、黄帝祠。"北魏郦道元《水经注·漯水》引《魏土地记》云："下洛城东南六十里，有涿鹿城，城东一里有阪泉，泉上有黄帝祠。……涿鹿城东南六里有蚩尤城。"《水经注》又引《晋太康地理志》云："阪泉，亦地名也。泉水东北流，与蚩尤泉会，水出蚩尤城。"以上所言皆为涿鹿一带的黄帝遗留，这些遗址有的至今犹在，其中最著名的便是黄帝城。

黄帝城位于涿鹿县矾山镇西，北宽南窄，呈不规则方形，占地约360多亩。此城的东城墙南段已经浸没在轩辕湖中，其他三面则城垣犹在，残高1米左右，皆用夯土垒筑。过去在城址地面上散落着不少陶片，有陶鼎

足、鬲足和口沿残片等，还曾采集到完整的石杵、石斧、石纺轮、石簇、石刀等[①]。其中有相当部分遗物的年代在距今五千年上下，恰与黄帝的年代相符。

除了上述遗址和遗物，涿鹿东南及北京西北一带还遗留有大量以黄帝活动遗迹命名的地点，如釜山、桥山、阪泉山（阪山）、涿鹿山、阪泉、黄帝泉、蚩尤泉等。大凡一件喧腾众口并相沿不替的传说，凭空捏造是不大可能的，它们都真实再现了黄帝在这里的历史。

而且，正是由于黄帝在这里留下的历史，一个自诩为黄帝后人的王朝才会屡屡前来这里祭拜高祖黄帝。

《魏书·序记》云："黄帝以土德王，北俗谓土为托，谓后为跋，故以为氏。（黄帝）其裔始均，……积六十七世至成皇帝讳毛立。"这里记述的是北魏王朝，其皇族自称是黄帝后裔始均的子孙。始均乃黄帝之孙，事见《山海经·大荒西经》："有北狄之国，黄帝之孙曰始均，始均生北狄。"又《路史》卷十四：黄帝次妃嫫母"生苍林、禺阳……苍林姬姓，生始均，是居北狄。"北魏皇室既然以始均为第六十七世祖，黄帝便是他们的第六十九世祖。另据《魏书·礼志四》记载，北魏天兴元年（398年），太祖道武帝拓跋珪即皇帝位，立坛祭告天地，事毕后诏有司定五行位次，"群臣奏以国家继黄帝之后，宜为土德"，这也表明了北魏拓跋氏自视为黄帝之后。于是，北魏时期便有了如下记载：

> 《魏书·太宗纪》："壬申，幸涿鹿，登桥山，观温泉，使使者以太牢祠黄帝庙。"这是发生在魏太宗明元皇帝神瑞二年的事，时在公元415年，太宗亲往涿鹿，遣专使到黄帝庙前致祭。
>
> 《魏书·太宗纪》："辛酉，幸桥山，遣使者祠黄帝、唐尧庙。"这是发生在魏泰常六年的事，时在公元421年，太宗再次前往涿

[①] 王北辰：《黄帝史迹涿鹿、阪泉、釜山考》，《北京大学学报》1994年第1期。

鹿桥山，遣使祭奠黄帝。

《魏书·世祖纪上》："八月，东幸广宁，临观温泉。以太牢祭黄帝、尧、舜庙。"这是发生在魏世祖太武皇帝年间的事，时在公元428年，北魏广宁郡广宁县即古涿鹿，世祖来这里亲祭黄帝。

《魏书·礼志十》："和平元年正月，帝东巡。历桥山，祀黄帝。"这是发生在北魏文成帝年间的事，时在公元460年，文成皇帝到涿鹿桥山亲祀黄帝。

以上文献记载了北魏皇帝屡屡前来涿鹿祭拜黄帝的史实，自能说明涿鹿与黄帝的非同一般联系。北魏距今已有一千五六百年历史，该时期的文献已成稽考先秦历史的重要依据，何况这些皇帝的亲力亲为呢？因此毫无疑问地，这些活动再清楚不过地说明了涿鹿是黄帝的龙兴之地。

魏帝祭拜黄帝时屡番提到涿鹿的一座山峦，此即桥山。《史记·五帝本纪》载："黄帝崩，葬桥山。"原来这个如同圣山一般的山岭，便是中华始祖黄帝的葬地。然而遗憾的是，当年太史公司马迁虽然指出了黄帝葬桥山，却未能说明此桥山的所在。而见诸史乘，最早给这个桥山定位的，是东汉的班固。班固在《汉书·地理志》中说："阳周，桥山在南，有黄帝冢。"在这里，班固把"有黄帝冢"的桥山定在了汉代的上郡阳周县，此即今之陕西子长县。

班固《汉书》中还有两处提到了桥山，其一见《汉书·武帝纪》："元封元年冬十月……（武帝）祠黄帝于桥山。"唐颜师古注引东汉应劭曰："桥山，在上郡，阳周县有黄帝冢。"其二见《汉书·王莽传》："（王莽）遣骑都尉嚣等，分治黄帝园于上都桥畤。"颜师古注："桥山之上，故曰桥畤也。"以上汉武帝祠黄帝以及王莽治黄帝园这两件大事，也发生在阳周县的桥山，于是自此而后，人们凡言黄帝陵必以陕西的桥山称之，此外无

复它论。

黄帝葬陕西桥山之说既然如此言之凿凿，宁容见疑？然而细审史乘的记载，却让人不能不疑。

疑点之一是，在最早记述"黄帝崩，葬桥山"的《史记》里，司马迁给后人留下了一个千古之谜，事见《史记·封禅书》：

> （武帝）北巡朔方，勒兵十余万，还祭黄帝冢桥山，释兵须如。上曰："吾闻黄帝不死，今有冢，何也？"或对曰："黄帝已迁上天，群臣葬其衣冠。"

上文说汉武帝发兵十万北伐匈奴，旗开得胜后专门到陕西桥山拜祭黄帝陵。祭奠之时，武帝突然发问说："吾闻黄帝不死，今有冢，何也？"皇帝如此祭祀大典，竟然搞不清楚所祭陵墓的真假，此等欺君之罪怎生了得！无奈之下臣子只好据实禀告，说这只是黄帝群臣"葬其衣冠"的衣冠冢。明乎此，可知陕西黄帝陵只是一座空冢，并非真实的黄帝坟茔。

今人对这一事实多有不以为然者，强为之辩解说："谓葬衣冠于此者，乃臣子不忍直言葬黄帝，故曰葬衣冠，犹称君薨曰晏驾也。"[①] 即仍然一口咬定这是真实的黄帝陵，唯其因黄帝臣子讳言葬黄帝，所以托言葬衣冠。然而，事实就是事实，这在历代文献中早有定论。

《史记·五帝本纪》正义引《列仙传》云："轩辕自择亡日与群臣辞。还葬桥山，山崩，棺空，唯有剑舄在棺焉。"

《元和郡县志》曰："子午山亦曰桥山，……黄帝陵在山上，即群臣葬衣冠处。"

《大明一统志》称："真宁县子午山在合水县东五十里，一名

[①] 邵元冲：《桥山黄帝陵考》，《建国月刊》第9卷第4期，1933年10月。

桥山,……黄帝葬衣冠处。"

《陕西省通志》载:"桥山在中部县东北二里,……即黄帝葬衣冠之处。"

通观以上文献,都直言不讳地载明陕西桥山的黄帝陵是一座空冢,只是"黄帝葬衣冠处"。

疑点之二是,《汉书·地理志》明言黄帝陵在上郡阳周县,地在今陕西北部的子长县,汉武帝祭黄帝和王莽治黄帝园均发生于此,然而如今的黄帝陵却远在其南的原中部县(今黄陵县),两者相距多达数百里,岂非咄咄怪事?不仅如此,在一头一尾的两个黄帝陵中,这个"黄帝陵"还一度翻山越岭搬到了海拔近2000米的子午岭以西,落脚到今甘肃省正宁县。事如唐李泰《括地志》云:"黄帝陵在宁州罗川县东八十里子午山",这里说的就是甘肃正宁县的黄帝陵。总之,正如学者所言,陕西的这个黄帝陵"从汉阳周一迁至子午岭西侧,属罗川县,再迁至东侧,属中部县,后者即今黄陵县之地"[①],可谓始终飘忽不定。这究竟是由怎样的以讹传讹造成的,个中原因已经不重要了,重要的是,它说明了这原本就不是一座真实的墓葬,于是也就可以凭想象搬来搬去了。

疑点之三是,北魏年间,不仅涿鹿桥山在北魏的版图内,陕西桥山也在其版图内。同在一国之内而魏帝只到涿鹿桥山祭拜黄帝,反而对陕西的桥山不闻不问,这不也是一件很蹊跷的事吗?假如确像班固所说,真正的黄帝陵在陕西桥山,自称黄帝后人的魏帝起码也会派几个使臣前去祭拜的。可事实上,一方面魏帝自己不辞辛苦地一趟接一趟往涿鹿桥山跑,一方面却连派个使臣到陕西桥山装模作样地祭奠一下也没有。两相比照,足见两座桥山的真伪在魏帝那里是泾渭分明的。

那么,按照群臣"黄帝已迁上天"的说法,陕西桥山会不会是传说中

[①] 罗琨:《"炎黄""黄炎"与黄帝陵》,《炎黄文化研究》增刊1,1994年。

的黄帝仙逝之地呢？事实也并非如此。《史记·孝武本纪》载："黄帝采首山铜，铸鼎荆山下。鼎既成，有龙垂胡䫇，下迎黄帝。黄帝上骑……故后世因名其处曰鼎湖。"这是有关黄帝宾天传说的较详细记载，明言其地在鼎湖。《水经注·河水四》云："湖水又北迳湖县东，而北流入于河。《魏土地记》曰：弘农湖县有轩辕黄帝登仙处。"此言所指即黄帝仙逝的鼎湖，位在古弘农湖县，即今河南灵宝市。于是，阳周也罢，罗川、中部也罢，皆与黄帝龙驭宾天之处了不相涉。

尽管班固的桥山之说两千年来流为丹青，但对陕西黄帝陵抱持怀疑态度的仍时有人在，史学家吕思勉就是其中之一，他在《先秦史》一书中说：

> 《史记》又云："黄帝崩，葬桥山。"陕西亦非黄帝所能至。……《汉书·地理志》："上郡阳周，桥山在南，有黄帝冢。"王莽自谓黄帝后，使治园于桥山，谓之桥畤。悠悠此说，遂成故史矣，史事之不实，可胜慨乎？

于是，吕思勉先生直斥陕西黄帝陵的说法"明明极不经之语，偏能引地理以实之，真俗所谓信口开河者也"。他甚至进而怀疑，黄帝陵在桥山的"《史记》之文不知果为《史记》原文与否"[1]。

相信"黄帝崩，葬桥山"仍是《史记》的原文，而关键在于司马迁所说的桥山应当另有所指。《尔雅》释云："山锐而高曰桥也。"究其义，"桥山"无非是指有水从下面穿过的若桥形的山，而这在神州大地上并不鲜见。就各地的桥山而言，除陕西的桥山外，较著名的还有山西襄汾的桥山、云南玉溪的桥山、河北涿鹿的桥山等，不一而足。而鉴于本节所论，一来黄帝的各项历史大事都发生在涿鹿，二来有信史可考的黄帝城、轩辕庙等也都

---

[1] 吕思勉：《先秦史》，上海古籍出版社，1982年，第61页。

分布在涿鹿，三来以黄帝活动遗迹命名的诸多地点更是集中在涿鹿，四来魏帝曾屡番前来涿鹿祭拜黄帝，而且祭拜的重点就是涿鹿的桥山，那么"黄帝崩，葬桥山"的桥山难道就不会在涿鹿吗？恐怕舍此别无它解。

郦道元《水经注·㶟水》引《魏土地记》云："（涿鹿）东南四十里有桥山，山下有温泉，泉上有祭堂，雕檐华宇，被于浦上。"郦道元是北魏后期人，他说涿鹿的桥山下有"雕檐华宇"的祭堂，可见当时那里确实有相当高规格的祭祀场所，而这想必就是魏帝祭拜黄帝陵的地方，亦即黄帝下葬之处。

此外还有一个问题，即黄帝既然卒于河南灵宝，那为什么会葬于涿鹿桥山呢？首先要说明的是，黄帝在开创了文明大业后便从涿鹿移鼎河南新郑，其后期已以中原为活动中心，于是卒于河南灵宝顺理成章。至于其陵寝之所以在涿鹿，不过是因为上古时期有一个习俗，即人死后要移葬于部族的发祥地。而涿鹿不仅是黄帝集团的发祥地，更是黄帝本人的龙兴之地，故应归葬于此。《史记·五帝本纪》正义引《列仙传》云："轩辕自择亡日与群臣辞，还葬桥山。"其中的一个"还"字，已经透露出黄帝卒后归葬到原来的龙兴之地的事实。

黄帝集团在涿鹿至北京西北一带的发祥史，无疑是以古涿鹿为重心的，但耐人寻味的是，古人却很早就把黄帝的历史与今北京联在了一起，突出之例即周武王的封黄帝后人于蓟。

商末周初之际，发生了一件与黄帝有关的事，此即周武王的"命封黄帝之后"。这件事广泛见载于《吕氏春秋·慎大》《礼记·乐记》《史记·周本纪》《史记·乐书》《新论·谴非》《韩诗外传》及《说文》等先秦两汉典籍，当无可疑。此事虽然与黄帝本人没有直接的联系，但它在甄别黄帝的历史真实性上，在判定三千多年前黄帝在古人心目中的地位上，在审视黄帝与北京的历史关系上，都具有相当特殊的意义，仍然不可小觑。

这件事的代表性说法见于《礼记·乐记》：

> 武王克殷反商，未及下车，而封黄帝之后于蓟，封帝尧之后于祝，封帝舜之后于陈。下车而封夏后氏之后于杞，投殷之后于宋。

《乐记》在这里记述的，是周武王取得天下后采取的各项大政方针，其中除了褒封先圣王后裔外，还列举了犒赏三军、弃武修文、振兴礼乐、奖励耕藉等施政纲领。从这些记载可以看出，追封先圣王后裔是武王夺取政权后采取的首要举措，而文中特别强调，根据分封的先后次序，褒封的先圣王后裔又可以区分为两大类：一类是周武王战胜殷纣王后未及走下战车就立即加封的，包括黄帝、尧、舜的后裔；再一类是周武王走下战车后再从容加封的，包括夏、商两朝的后人。通过对此事的条分缕析，可以给我们带来诸多启示，主要是：

其一，武王之所以把追封先圣王后裔当作头等大事，无非意在表明，姬周是历史上正统王朝的承嗣者，周的立国是上承天祚。以此推之，周武王褒封的先圣王，便是商周之际人们心目中王道霸业的最突出代表。也就是说，迄至周朝，在国家文明缔造史上最具突出地位的，莫过于黄帝、尧、舜、禹、汤。

其二，按武王下车前后区分的两类受封者，缓急之中体现的自然是高下之分。"未及下车"就立即褒封的黄帝、尧、舜位高一等，而在这一等中又以黄帝居首，这就突出了黄帝的至隆至尊地位。由此说明，早在商末周初之际，黄帝已是人们公认的帝王之祖。

其三，对这两大类加以区分的更深层涵义在于，它揭示了中国早期文明的两大发展阶段。第一是初始阶段，也就是源起阶段，包括了从黄帝以迄尧、舜的整个五帝时代。当此之时，中国古代的国家文明初显雏形，各方面都还带有相当浓郁的原始社会孑遗，国家机器的运作在一定程度上还要靠儒家所说的原始社会的"大道"来维持①。第二阶段是夏商时期，此时中国式的早期文明已经取得了长足的发展，进入了早期国家文明的成熟期。

对于上述两大阶段的划分，古人早有明判。《史记·赵世家》云："宓戏、神农教而不诛，黄帝、尧、舜诛而不怒。及至三王，随时制法，因事制乱。"以上列举了三大社会阶段，"教而不诛"的显然是没有专政机器的原始社会，"诛而不怒"的则是出现了诛杀等制裁手段，但仍靠"不怒"的原始法理来维持的国家文明初始阶段。至于到了"随时制法，因事制乱"的夏商周三王时期，专制制度已颇具威权，仅从其"随时制法"的字面意义上看，已经颇有了几分"王即国家，王即法"的意味。而从周武王分封的前后次序不难看出，早在商末周初，古人已将中国早期国家的两大阶段准确区分出来。

其四，武王封黄帝后人的事实还告诉我们，黄帝的史迹，黄帝的地位和作用，在西周以前便广为天下所知，并且声名赫赫，这才使武王褒封黄帝后人有了如此刻不容缓的意义。在过去一个世纪中，"古史辩派"及不少史家认为，黄帝史迹是汉以后人凭空杜撰的，完全不足为训。可是，姑不论黄帝自身的种种史迹，姑不论先秦青铜器《陈侯因齐敦》上早已明明白白地镌刻了黄帝的大名，单就商末周初武王褒封黄帝后人的事实而言，这种说法不是已经不攻自破了吗？

在明确了武王封蓟的历史意义后，随之而来的问题是，被封的这个"蓟"究竟在哪里呢？答曰：就在今北京城区。

《史记·周本纪》南朝宋人裴骃《集解》注云："蓟，地理志（案即《汉

---

① 《礼记·礼运》："大道之行也，天下为公，选贤与能，讲信修睦。故人不独亲其亲，不独子其子，使老有所终，壮有所用，幼有所长，矜寡孤独废疾者，皆有所养……是谓大同。"

书·地理志》）燕国有蓟县。"这里明白无误地道明武王所封的蓟邑就在汉代广阳国的蓟县，此即今北京。稍后不久，北魏郦道元《水经注·湿水》云："水又东北迳蓟县故城南……昔周武王封尧后于蓟，今城内西北隅有蓟丘，因丘以名邑也。"这里又将武王所封的蓟与汉魏蓟县的某个地标（蓟丘）对应起来，定位更加准确。在此基础上，著名地理学家侯仁之教授通过反复考核和实地踏勘，最终确定汉代广阳国蓟县就在今北京城内，具体方位即"今北京外城之西北部，现在白云观所在，差不多正处于蓟城的西北隅附近"[1]。白云观既然在古蓟城的西北隅，那么以此为原点，古蓟城自当在白云观的东南方向，于是这就落脚到了原北京宣武区的范围内，此即今西城区的南半部。

考古发掘中曾出土过一把"宝尺"，不仅证明了侯教授所言不虚，还确切指明了蓟城的所在。这把"宝尺"出土于1965年，发现在北京西郊八宝山西晋永嘉元年（307年）幽州刺史王浚之妻华芳墓中。墓里的《华芳墓志铭》明言该墓"假葬于燕国蓟城西廿里"[2]，提供了该墓葬和蓟城的相对位置。尤为难得的是，墓中出土了一把晋尺，每尺约合24.2厘米，藉此可以换算出晋的20里约当今天的8712米。而由墓地向东8.7公里许，恰好直抵白云观西的会城门一带，与侯教授对蓟城位置的推断若合符节。

当然，该墓墓志铭中所指的燕国，是晋武帝泰始元年（265年）封其弟司马机为燕王的燕国，而非先秦燕国。但亦如《晋书·地理志上》所言："武王定殷，封召公于燕，其后与六国俱称王。及秦灭燕，以为渔阳、上谷、右北平、辽西、辽东五郡。汉高祖分上谷置涿郡。武帝置十三州，幽州依旧名不改。……元凤元年，改燕曰广阳郡。幽州所部凡九郡，至晋不改。"即从先秦燕国所都的蓟邑，直到魏晋燕国所都的蓟

---

[1] 侯仁之：《关于古代北京的几个问题》，《文物》1959年第9期。
[2] 郭仁：《北京西郊西晋王浚妻华芳墓清理简报》，《文物》1965年第12期。

城，是前后一以贯之的，所以这把宝尺指示的"燕国蓟城"，也就是先秦蓟城的所在。

对于古蓟邑的位置，历来治史者鲜有异词，但对武王褒封的对象，从古至今却存在两种不同说法：一说认为受封的是黄帝之后，一说认为受封的是帝尧之后。

《史记·周本纪》云："武王追思先圣王，乃褒封……帝尧之后于蓟。"此文便以封于蓟的是帝尧之后。郦道元的《水经注》亦以封于蓟的是帝尧之后，引文已见前。两相比照，以武王封帝尧之后于蓟的说法影响较大，时下通行的权威工具书如《辞海》《辞源》《中国古今地名大辞典》等莫不以此为说。影响所及，今之学人每言及此也都不假思索地认定武王"封帝尧的后裔于蓟"[1]。前文已述，五帝时代的颛顼、帝喾、唐尧、虞舜皆为黄帝后裔，于是从宽泛的血缘关系上说，帝尧之后亦可称为黄帝之后。但中国古代的宗法制度十分严格，所称的某某之后必指一脉嫡传的直系后人，因此黄帝之后和帝尧之后仍是两个不同的概念。

那么，封在蓟邑的到底是帝尧之后还是黄帝之后呢？综合各方面的情况看，显然应以后者为是，理由如次：

一、虽然《史记·周本纪》称武王褒封"帝尧之后于蓟"，但在同一书中，《史记·乐书》引孔子之言谓："武王克殷反商，未及下车，而封黄帝之后于蓟"，又以封于蓟的是黄帝之后。以上《史记》两说，后说语出孔子，材料的来源更早，出处也更为可靠，自当以后说为是。

二、在先秦两汉文献中，明言封黄帝之后于蓟的不乏其见，如《礼记·乐记》《韩诗外传》《史记·乐书》、许慎《说文》等皆如是。其中《韩诗外传·三》云："《诗》曰：'（武王）既反商，未及下车，封黄帝之后于蓟，封帝尧之后于祝，封帝舜之后于陈。'"此文便以封于蓟的是黄帝之后，并

---

[1] 鲁琪、葛英会：《北京市出土文物展览巡礼》，《文物》1987年第4期。

且申明此语出自《诗经》，来源甚古。但与上述情况截然不同的是，先秦两汉典籍中明言封帝尧之后于蓟的仅有《史记·周本纪》一个孤例。可见若就最古老的原始文献言之，显然以封黄帝之后于蓟者为著。

三、从历史的逻辑上讲，既然黄帝集团的大多数重要活动皆发生在与蓟地紧相比邻的涿鹿和北京西北一带，固当以封黄帝后人于蓟才更为合理。

四、见于史学大师王国维亲自校订的郦道元《水经注》，其《湿水》云："黄帝与蚩尤战于涿鹿之野，留其民于涿鹿之河，即于是处也。"这就是说，当黄帝集团离开涿鹿南下后，仍在涿鹿及北京西北一带留下了部分黄帝族裔。前面在谈到武王封黄帝之后时，我们已一再强调了这是"褒封"。何谓"褒封"？《公羊传·隐公元年》何休注云："有土嘉之曰褒，无土建国曰封。"由此可见，接受褒封的先圣王后裔大多为传承已久的邦国，皆有自己的土地和臣民。蓟国既为褒封，自然说明蓟地一带早有黄帝的后人，而这应该就是《水经注》里黄帝"留其民于涿鹿之河"的黄帝族裔。事既如此，受封于蓟的就只能是黄帝后人。

总之，溯其源而循其流，周武王封黄帝后人于蓟实属不易之论，世所盛称的武王封帝尧之后于蓟的说法可以休矣。

前文曾论，黄帝子孙建立的方国甚多，到春秋时仍不下数十个。那么，在诸多黄帝子孙邦国中，为何独选蓟地的蓟人予以褒封呢？这显然不是抓阄得来的结果，而必有其内在的原因。而关键的原因是，一则蓟人理应是黄帝一脉中最嫡亲的裔胄，故而在所有黄帝后人邦国中是最有资格代表黄帝的；二则蓟人始终坚守在黄帝的大本营一带，因此也最有资本代表黄帝；三则很可能蓟人就是黄帝南下时特意留守在那里的，于是也最有资质代表黄帝。这样一来，受封者就非必蓟而莫属了。

饶有兴味的是，不仅三千多年前的周武王把黄帝后人封在了北京，即使晚到了清朝中叶，乾隆皇帝敕撰的《日下旧闻考》中径言"燕蓟为轩黄建都之地",也把黄帝的建都之地对号入座到了燕蓟。总之,上自三代下迄清,人们都把黄帝历史当作了今北京的历史,这又是何故呢?

一个最显而易见的原因是,黄帝集团与炎帝集团生死攸关的决胜之役就发生在北京延庆一带,即北京西北部原本就是黄帝的发祥崛起之地。

二是从自然地貌上看,北京延庆状如簸箕,北、东、南三面环山,唯有西临怀来盆地的一面是开阔地,自古便和古涿鹿同属一个地理单元。这就是说,尽管延庆和涿鹿今天已分属两个不同省市,但自古却统属"延庆—怀来盆地",各方面都密不可分。

三是从历史的范畴看,涿鹿自古就在今北京的统辖范围内,是以北京为中心的行政区划的一部分。

先秦时期的涿鹿属上谷,而上谷属姬周燕国。《史记·匈奴列传》云:"燕……置上谷、渔阳、右北平、辽西、辽东郡以拒胡。"《汉书·地理志》云:"武王定殷,封召公于燕……西有上谷、代郡、雁门。"凡此记载都说明,自西周以迄战国,上谷一直是燕国的领地。而燕的都城初在今北京房山琉璃河,后在今北京古蓟邑,皆未出北京,涿鹿便一直在它的管辖中。到了西汉时期,"武帝置十三州,幽州依旧名不改"[①],上谷成为幽州的一部分,而幽州的治所仍在今北京。到了辽金以降,北京先是辽之陪都,后是金、元、明、清的京师,涿鹿作为这些王朝的畿辅之地和西北屏障,更是大京都不可分割的一部分。

四是东汉光武帝建武十三年(37年),蓟邑并入了上谷郡,直到汉和帝永元八年(96年)才复置广阳郡。这就是说,在长达半个多世纪中,蓟邑所在的今北京和逐鹿不仅同属一州,而且

---

① 《晋书·地理志》。

同属一郡。另外唐玄宗天宝年间曾一度析怀戎县置妫川县，县治就在今延庆，原属涿鹿的黄帝大本营更成了延庆的属地。

五是在地理位置上，涿鹿与北京衡宇相望，涿鹿黄帝城距北京市的直线距离甚至不足 20 公里，几乎可以忽略不计。

除了以上几大原因外，自古就把黄帝历史与北京联在一起的应该还有一个原因，那就是大约早在黄帝时代，北京平原已成黄帝大本营的一部分。

从地形地貌上看，涿鹿至延庆这片土地介于群山之间，四周皆为深山大谷。当初若为建立一方基地，这里无疑是黄帝集团的上佳之选。但在站稳脚跟后，特别是在几次大的战役中取得了决定性的胜利后，深居此处的黄帝集团若要取得进一步发展，最佳出路莫过于通过八达岭、居庸关、南口或关沟（军都陉）等天然孔道，穿越崇山峻岭进入一马平川的北京小平原。史称黄帝"披山通道，未尝宁居。东至于海，登丸山，及岱宗。西至于空桐，登鸡头。南至于江，登熊、湘。北逐荤粥"[1]，开拓的文明疆域十分辽阔。由此可见，黄帝集团进入北京小平原不仅是可能的，而且是必要的，因为非如此则不足以冲出上谷的重峦叠嶂，更不足以挺进中原和走向神州。

于史可稽，黄帝在开创了文明大业和"诸侯咸尊轩辕为天子"后，为了扩大文明战果，很快便由涿鹿移鼎中原。关于黄帝的迁都，以《魏书》的记载最详，事见《魏书·神元平文诸帝子孙传》：

> （北魏孝文帝）欲迁都，临太极殿，引见留守之官大议。乃诏丕等，如有所怀，各陈其志。燕州刺史穆熙进曰："移都事大，如臣愚见，谓为未可。"……熙曰："臣闻黄帝都涿鹿。以此言之，

---

[1]《史记·五帝本纪》。

古昔圣王不必悉居中原。"高祖曰:"黄帝以天下未定,居于涿鹿,既定之后,亦迁于河南。"

此文明确指出黄帝曾由涿鹿迁都河南,但没有指明迁到了河南的何处。《水经注·洧水》载:"洧水又东迳新郑故城中,……皇甫士安《帝王世纪》云:'或言县故有熊氏之墟,黄帝之所都也。'"《续汉书·郡国志》云:"河南尹新郑县,古有熊国,黄帝之所都。"以上记载说明,黄帝所迁的新都名"有熊",地在今河南新郑。

在确定了黄帝集团由涿鹿迁都新郑后,另一个事实也随之确定——从涿鹿迁都新郑,当年的最佳路线无非是沿太行山东侧山麓南行,而这首先要以进入北京小平原为前提。侯仁之先生说:

> 卜辞中有晏国的记载,说明殷商和晏已有交涉。根据古代自然地理的情况来推测,只有沿着今太行山东麓一带,这种交涉才有可能。因为山麓地带以西,尽是深山大谷,南北来往和文化交流,在那时来说几乎是不可能的。[1]

此文强调,古代南北交通的唯一通衢,就是太行山东麓大道。显然这也是黄帝集团南迁新郑的唯一通道,而当黄帝集团穿越层峦叠嶂由涿鹿进入太行山东麓时,已经双脚踏在北京的土地上。

总之,无论是出于扩大文明基地的需要,还是出于向中原挺进的目的,黄帝集团都要以进入北京小平原为前提。这样一来,不仅今北京延庆一带很早就成了黄帝的大本营,北京地区也势必很早就成了黄帝文明基地的一部分。大约正缘于此,古人才会如此不加区别地将黄帝史迹与今北京联在一起,大约也正缘于此,才能解释为什么在北京的土地上,会留下如此之多有关黄帝的史迹和传说。

---

[1] 侯仁之:《关于古代北京的几个问题》,《文物》1959年第9期。

明代蒋一葵《长安客话》载："世传黄帝陵在渔子山，今平谷县东北十五里，岗阜隆然，形如大冢，即渔子山也。其下旧有轩辕庙云。"此文居然一反黄帝陵在陕西桥山的传统说法，直言黄帝陵在北京平谷，还说那里有一座轩辕庙，着实让人耳目一新。案《长安客话》是一部记述北京历史和地理的重要著作，汇集了许多有关北京历史文化的典故，一向为史家所重。它说黄帝陵在北京，显然不是信口开河的向壁虚构，而定有其特别的道理。

唐代诗人陈子昂《蓟丘览古》诗云：

> 北登蓟丘望，求古轩辕台。
> 应龙已不见，牧马空黄埃。
> 尚想广成子，遗迹白云隈。

以上是诗人站在蓟丘台上对黄帝史迹的怀想。诗中所说的应龙是传说中黄帝讨伐蚩尤的主帅，广成子是黄帝询道之人，"轩辕台"是黄帝的重要遗迹，总之事事皆与黄帝有关。而诗人登临的"蓟丘"，就在今北京市区，亦即"现在白云观以西的高丘"[1]。又元人熊梦祥《析津志》云："轩辕台在京西，世传黄帝筑此台。"这里也提到了轩辕台，而且明言其在京西。唐李白《北风行》中有"燕山雪花大如席，片片吹落轩辕台"的诗句，也为京西的黄帝轩辕台留下了斑斑史迹。

以上记载无不透露出，黄帝集团确与北京平原有着千丝万缕的联系，表明这里很早就成了黄帝集团的大本营。

北京地区相当黄帝时代的考古学文化，即雪山一期文化。此文化以昌平城西的雪山遗址一期为代表，同类遗存还见于平谷上宅第三期、房山镇

---

[1] 侯仁之：《关于古代北京的几个问题》，《文物》1959年第9期。

江营第三期、昌平林场、昌平马坊和海淀燕园等[①]。雪山一期文化的陶器大多为平底，少数带圈足，不见三足器，种类主要有素面侈口罐、素面高领罐、高领壶、筒形罐、弧腹盆、敛口钵和豆等。陶器中夹砂陶明显多于泥质陶，以褐色为主，灰、黑陶较少。陶器以素面为多，有一定数量的彩陶，图案有垂带纹等。从石斧、石锛、石凿、石磨盘、石磨棒等生产工具以及细石箭镞的出土来看，其经济形态以农业为主，但兼有一定的北方狩猎经济。

综观雪山一期文化，与黄帝集团的关联比比皆是：

> 从年代上看，前文已述黄帝的年代在距今5000年前后，而根据对雪山一期遗存和海淀燕园遗址木炭标本的测定，其年代数据一组为公元前3640～前3374年，一组为公元前2858±100年[②]，均在距今5600～4900年间，恰与黄帝的年代相符。

> 从地域上看，雪山一期文化的典型遗存发现于昌平西北部，正好与黄帝文明大本营的涿鹿、延庆紧相比邻。尤其绝非巧合的是，雪山遗址位于南口的下首，而南口正是从涿鹿穿越军都山进入太行山东麓的要冲，即该遗址刚好处在北京平原的大门口。这不仅印证了黄帝集团当年的东进，还把涿鹿和北京小平原紧紧联在了一起。

> 从文化的关联上看，在距涿鹿不远的河北蔚县四十里铺和三关等地，发现了一种同于雪山一期文化的遗存[③]，这就从考古学文化上把黄帝文明大本营的涿鹿与北京雪山一期文化联系起来。

> 从文化的构成上看，有学者指出："雪山一期文化在发展的

[①] 韩建业：《论雪山一期文化》，《华夏考古》2003年第4期。
[②] 同上注。
[③] 北京市文物研究所：《北京市考古五十年》，《新中国考古五十年》，文物出版社，1999年。

过程中吸收了山东大汶口文化、晋中义井类型、内蒙古中南部海生不浪类型的因素，极大地丰富了其文化内容，表现出多元文化的特点。"[1] 以上各种外来因素，恰与阪泉之战、涿鹿之战时东部蚩尤族、中西部炎帝族以及相关族群聚集到涿鹿及北京一带的史实相符，更和这两场大战结束后黄帝集团、炎帝集团、东夷集团融合成新的部族共同体相应，折射出黄帝集团的特殊文化属性。

从分布的范围上看，雪山一期文化的重心虽然在昌平，但已深入到北京小平原的今海淀和北京最南端的房山区，向东甚至到了天津蓟县张家园[2]，覆盖面积相当的广。这一特性反映出，此文化来势凶猛，很快就取得了强劲发展，而这恰和席卷北京小平原的黄帝文明风暴相契。

总之，通过种种迹象观察，似有足够的理由推测，雪山一期文化就是黄帝集团的文化。它的存在一则说明今北京平原很早就成了黄帝文明大本营的一部分，同时也揭露出，正是从黄帝时代开始，北京地区跨入了国家文明的新纪元。换言之，黄帝不仅是华夏文明的开拓者，也是北京地区文明时代的开拓者，雪山一期文化便是北京地区国家文明的最初源头。

北京地区还有一个值得关注的考古学现象，即"大约公元前2900年以后，北京地区农业文化基本中断。实际上，此时从内蒙古中南部的岱海地区到整个西辽河流域，都出现文化中衰现象。"[3] 对于这一特异现象，学者做出的解释是："应当有以狩猎采集为生计的人群长时期占据这片广大地区。"即认为这是狩猎部族强力入侵的结果。但目前并无迹象表明当时的北京已为狩猎部族所侵占，加之黄帝集团就是在此时由涿鹿南迁新郑

---

[1] 韩建业：《试论北京地区的新石器时代文化》，《文物春秋》2007年第5期。
[2] 天津市历史博物馆考古部：《天津张家园遗址第三次发掘》，《考古》1993年第4期。
[3] 韩建业：《试论北京地区的新石器时代文化》，《文物春秋》2007年第5期。

的，那为什么不能说公元前 2900 年以后北京地区文化的一度中衰，恰恰是由黄帝集团的整体南下造成的呢？遥想当年，孤军深入中原的黄帝集团势必携众而去，除了留守以蓟为代表的一小支黄帝后人镇守在"涿鹿之河"外，其他部属则统统拔寨而起，甚至连所属的内蒙古中南部、西辽河流域以及北京小平原的部族也都倾巢而出，大约这才是造成北京地区、岱海地区和西辽河流域"文化中衰现象"的缘故。而正是北京地区这场间歇式的停滞，进而印证了此前的雪山一期文化理应是黄帝集团的文化。当然，中衰只是一时之事，因为没过多久，北京地区就出现了相当龙山时代的雪山二期文化。

回首以往，我们把黄帝当作梦呓般神话的时间实在是太久了，以至大大禁锢了我们对中华始祖黄帝的认知，也大大束缚了我们对中国文明起源的探索。而现在，当多如繁星的铜石并用时代考古发现已经破除了关于那个时代的神话，当这些发现已经越来越清晰地勾勒出了黄帝的时代背景，难道不应该尽快从沉沉的长梦中苏醒，把目光聚焦到涿鹿至北京这块留有诸多历史线索的神奇土地上吗？对中国历史而言，无论是标志原始社会结束的阪泉之战、涿鹿之战，抑或标志文明时代开始的釜山大典、建都涿鹿，都发生在这个不大的范围内。而作为华夏民族的诞生地和中华文明的发祥崛起之地，这个地点无异于黄炎子孙的祖地，无异于华夏儿女数千年来梦魂牵绕的故乡。我们相信，随着考古工作的不断深入，当有朝一日用考古镢头叩响燕山这条神奇的龙脉时，一定会在涿鹿及北京这块遍布黄帝城、轩辕台、蚩尤城、黄帝陵、轩辕庙等遗迹的土地上，为中华民族的始祖黄帝矗立起一座历史的丰碑来。到那时，我们不仅可以向世人展示中华民族源远流长的五千年文明史，还可以使北京焕发出更加绚丽的东方文明之光。

四 结语

综上所论，70万年前以"北京人"为代表的人类起源——1万年前以"东胡林人"为代表的新石器时代起源——五千年前以黄帝为代表的国家文明起源，即北京地区在远古时代矗立起的三座历史丰碑。这三大丰碑同时也是东方文明起源的"三部曲"，而北京地区在这三大方面环环相扣的勇夺先声，对东方人类、东方文化、东方文明的起源与发展皆立下了不世之功。

时至今日，周口店遗址旧石器时代上下成序的古人类遗存，仍是全世界探索人类起源的一个重要标尺，更是复原亚洲地区人类起源的重要参照系。即使某一天有足够的理由说，亚洲的晚期智人并非"北京人"的一脉嫡传，北京作为人类发源地的地位也是不可动摇的，因为"田园洞人"和"山顶洞人"的发现已经证实，这里还是现代黄种人的故乡，是当代亚洲人的摇篮。

以"东胡林人"为代表的遗存，不但是中国最具典型性的新石器早期文化，还是整个东方最早最完整的新石器文化，堪与西亚两河流域的早期新石器文化相媲美。单就同时出现了磨制石器和陶器两大标准器而言，这支东方早期新石器文化甚至比西亚的"前陶新石器文化"更胜一筹。何况有种种证据表明，"东胡林人"还是世界四大原生态农作物中粟作农业的发明者，这就更彰显了它所作出的卓越贡献。

黄帝开创的文明大业，不仅使神州大地一举跨入了国家文明的新纪元，还培育了华夏民族的雏形，并在国家形态、社会结构、民族关系和文化意识等方面奠定了中华民族的文明基因。从形成之日起，这基因就在历史的深度上穿越千古，在地域的广度上覆盖四方，一举铸就了绵延至今的东方文明。

放眼中国乃至世界，像北京这样，集三大创世纪发展于一身的地区确乎微乎其微，像这样的城市就更是寥若晨星了。创造了这一奇迹的，无疑是北京的远古先民。因为正是有了"北京人""东胡林人"乃至黄帝集团的茹毛饮血、刀耕火种、筚路蓝缕，才在这片土地上写就了如此辉煌的开篇。现在，当北京地区这辉煌的开篇得以昭示，当它在人类起源、农业起源、文明起源上所做的卓越贡献得以展现，足以为之自豪的，又岂止是当代北京人呢？

第三章　持续性
——永恒的文明之光

　　北京历史文化的又一特异之处是，它不仅在人类的三大创世纪发展中彰显了无可比拟的悠久性，更在后来的成长上展示了与众不同的连续性。纵观古今中外，一座城市的发展往往经历了跌宕起伏、时断时续的过程，甚至在繁盛一时之后便倏然而逝。但在北京这片土地上，从人类起源、农业起源、国家文明起源开始，它的历史、文化和文明就持续不断的沿袭下来，成为世所罕见的从未间断的文明。

　　秦以后北京地区的历史早已镌刻在浩如烟海的文献史料中，也展现在比比皆是的地下、地上文物里，而最为渺茫难稽的，无疑是北京地区先秦时期的历史。迄今为止，秦以前的北京历史仍存在不少空白，其中某些关键性环节甚至连只鳞片爪的线索也没有，只留下了一串疑团。而由此所决定，本章的重点就是综合考古学、历史学的双重证据，在钩沉辑佚的条分缕析中，着重解析北京地区的早期历史。因为唯有如此，才能完整勾勒出北京历史文化的持续发展过程。事实上，从上章对黄帝史迹的探索已不难看出，中华文明的始祖早在五千年前就给古燕大地书写了一个辉煌的开篇，这之后怎么可能是一片空白呢？

　　下面就让我们看看，在兴亡续绝、千折百回的历史大潮中，北京地区是怎样一步一步从远古走来的。

一 史前时代

在旧石器时代，人类的生存能力十分脆弱，稍遇环境的恶化便会从居地消失，故而世界上相当多数的旧石器时代遗址皆零星单薄，内涵贫乏。然而异乎寻常的是，在北京的古人类遗存中，不仅旧石器时代早期的"北京人"持续生活了数十万年，留下了厚达40余米的堆积，此后还相继出现了旧石器时代中期的"新洞人"和旧石器时代晚期的"田园洞人"及"山顶洞人"。上个世纪末，中国科学院古脊椎动物与古人类研究所会同北京市文物研究所在北京做了全面调查，结果在周口店之外又发现了30余处旧石器时代遗址，年代遍及旧石器时代早、中、晚三期，范围遍布平谷、密云、怀柔、延庆、门头沟、东城、西城等地[1]。由此可见，北京地区的古人类不仅保持了长期稳定的发展，而且活动的范围十分广泛。1996年底，在地处闹市中心的王府井东方广场工地，又发现了一处旧石器时代晚期遗址，年代距今约2万余年[2]。这是一处旷野遗址，它的发现一举改写了远古人类多居住于山陵洞穴的历史，揭示北京的古人类已经深入到平原地区。

旧石器时代遗址及古人类化石的相继问世，不断填充了北京地区从直立人直到东亚黄种人之间的人类进化链，使它们的衔接日趋紧密。仅就周口店一地而言，"北京人"生活在距今70万~20万年前，"新洞人"生活在距今10万年前，"田园洞人"生活在距今4万年前后，"山顶洞人"生活在距今3万年前后，各大环节皆已有典型遗存。这几大阶段间虽然还有一定的空白，但一地之中的旧石器文化如此完整，在各地的旧石器遗存中已属罕见。倘若再下承距今万年前的东胡林人，直立人——早期智人——

---

[1] 李超荣等：《北京地区旧石器考古新进展》，《人类学学报》1998年第2期。
[2] 郁金城等：《北京王府井发现旧石器晚期遗址》，《北京文博》1997年第1期。

晚期智人——现代人的人类进化链在北京地区已经建立起来。

关于古人类起源的时间、地点及进化模式，学术界目前尚无一致的看法，针锋相对的观点主要有两种：一是单一非洲起源论，二是多地区进化论。前说认为现代人的祖先统统出自20万年前的一个非洲女性，是她的子孙在距今13万年前走出东非大峡谷，向世界各地迁移，这才有了如今各大洲的现代人。这个非洲女性因此被称作"夏娃"，这种说法因此被称作"夏娃说"。按照这种观点，"夏娃"后裔中的一支在亚洲取代了原来生活在这里的古人，成了现代黄种人的祖先。另一支则侵入欧洲，消灭当地的土著人演变为现代欧洲人。至于其他各洲的原始人，此说认为他们或者被酷寒无比的冰川所吞噬，或者完全被"夏娃"的后裔所征服，总之无一幸免。第二种说法则持完全相反的观点，认为各大洲的直立人虽然有可能是在100万年前由非洲迁徙来的，但现代人类却是由东亚直立人、欧洲海德堡人及尼安德特人、非洲直立人进化来的，而后又在各大洲迥然有别的地理条件下独立发展成不同体质的亚洲人、欧洲人、非洲人和大洋洲人[1]。

就中国而言，目前发现的古人类化石从200万年前直到1万年前赓续不绝，而且环环相扣，表明中国人显然是独立起源的[2]。这些事实是如此的确凿，以至中国及东亚的相当多数学者都持后一种观点。仅就北京一地来看，目前不但已经连缀起由直立人直到现代人的人类进化谱系，还通过这一谱系的前后衔接，揭示出从最早的"北京人"开始，北京古人类的人体特征就在上门齿的铲形结构、颧骨位置、阔鼻、下颌圆枕等方面，表现出了一以贯之的连续进化性。吴汝康先生对此辨之甚详，他指出，自从北京猿人开始，中国的古人类化石无论早晚都是铲形门齿，表现出了人种体质的一脉相承性。为此他强调：

---

[1] 吴新智：《古人类学研究进展》，《世界科技与发展》2000年第5期。
[2] 吴新智：《中国古人类进化连续性新辨》，《人类学学报》2006年第1期。

上述这些在现代蒙古人种中出现率特高的性状，在中国发现的直立人直到晚期智人中都经常出现。显示它们与黄种人和现代中国人之间存在着连续性，有着亲缘上的继承关系。[1]

此外，现代亚洲人的重要体征之一是扁鼻梁，而北京的古人类恰好也是扁鼻梁。总之，在不排除外来基因相互渗透的前提下，上述事实告诉我们，中国的古人类是独立起源的，证实了人类起源的多元进化论。

到了新石器时代早期，继东胡林遗址及怀柔转年遗址之后，在房山拒马河一带又发现了时代紧承其后的镇江营一期文化，年代或可早到距今9000年前[2]。此文化的陶器种类和数量都远较东胡林和转年遗址为多，不但出现了圜形底的釜、盆、钵、盂、小口壶等，还出现了少量支脚形器和鼎，并且有了原始彩陶。其生产工具仍以打制石器为主，也有石磨盘和石磨棒，骨器大多通体磨光。镇江营一期文化不仅从年代上把距今万年前后的东胡林、转年遗址与新石器时代中晚期的北京遗存衔接起来，而且种种迹象表明，它也继承了东胡林人的定居生活方式，属于新兴的农业经济部落。

到了新石器时代中晚期，北京地区的相关遗址明显增多，截至目前已发现了五六十处，范围遍及燕山南麓直抵拒马河畔的广大地域。其中经过正式发掘的重要遗址有：北京东部的平谷区上宅、北垫头，北部的密云区燕落寨，西北部的昌平区雪山，西南部的房山区镇江营等。此外经过考古调查或部分试掘的有：海淀清河镇、白家疃、田村；门头沟松树峪；怀柔水库、大榛峪、宝山寺、喇叭沟门、北干沟、汤河口；密云南石城、董各庄、龟脖子、山安口、坑子地、老爷庙；平谷前吉山；顺义大北坞、魏家

---

[1] 吴汝康：《古人类学》，文物出版社，1989年，第206页。

[2] 北京市文物研究所：《镇江营与塔照——拒马河流域先秦考古文化的类型与谱系》，中国大百科出版社，1999年。

店等，不胜枚举①。

就年代而言，北京地区的新石器时代中晚期遗址可上达8000年前，下至5000年前，上下纵贯了三千余年。就环境而言，此时的北京先民已沿河流走出了山涧或山前谷地，来到了水草肥美的平原高岗。就经济形态而言，原始农业在此时已取得了长足的发展，农业生产工具大量涌现，打磨精细的石斧、石铲、锄形器及石磨盘、石磨棒等层出不穷。就陶器文化而言，这时的制陶业在生产规模及陶器的质地、火候、种类、纹饰和加工技术等方面都登上了一个新台阶。就文化的丰富多彩而言，不少遗址出土了陶塑及石质工艺品，仅上宅遗址就发现了陶质的猪头、羊头、熊头、海马、蛇等动物塑像，还发现了石雕的小石猴、小石龟、小石鱼②。其中石雕小龟造型逼真，工艺精湛，可供佩戴，堪称史前艺术的瑰宝。

总之，自"东胡林人"以降，北京地区的新石器文化前后相继，构成了上下有序的完整谱系。此期间北京地区的部族有来有往，不限一族一群，但始终传承着"东胡林人"全面、均衡发展的古老传统，在原始农业、部族结构、文化面貌等方面都取得了显著的进步，为跨入文明时代奠定了坚实的基础。

二 五帝时代

黄帝史迹是北京地区有文献可考的最早历史，而如上章所述，在那个文明初萌的时代，黄帝、炎帝、蚩尤等核心集团都曾聚集到涿鹿及北京一带，给中华民族留下了惊天地泣鬼神的华彩乐章。这三大部族展开的阪泉之战和涿鹿之战，不仅催生了华夏文明，而且通过他们后来的融合，还开

---

① 北京市文物研究所编：《北京考古四十年》，燕山出版社，1990年，第13~28页。
② 北京市文物研究所等：《北京平谷上宅新石器时代遗址发掘简报》，《文物》1989年第8期。

创了中华一统的最初局面，缔造了中华民族的最早雏形。因此，若论国家文明的肇兴，若论多元一体中华民族的形成，都不能不从北京及涿鹿一带说起。

五帝时代肇始于黄帝，历经颛顼、帝喾、唐尧、虞舜四帝，前后绵延了近千年。正是这千年历程，伴随刚刚诞生的中华文明和中华民族走上了发育成长之路，为后来夏商周王朝的兴起奠定了基础。上章已论，有种种迹象表明，早在黄帝时代，北京小平原已经纳入了黄帝的文明大本营，有了一个辉煌的开篇。但在这之后，由于文献的阙失，北京地区的历史却长期淹晦不明，给北京编年史留下了一段很大的空白。然而，透过眩乱迷离的历史云雾，依然可见或明或暗的斑斑史迹：

《史记·五帝本纪》载："帝颛顼高阳……北至于幽陵，南至于交阯。"

《尚书·尧典》云："（帝尧）申命和叔，宅朔方，曰幽都。"

《史记·五帝本纪》亦云："帝尧……申命和叔，居北方，曰幽都。"

以上是有关帝颛顼、帝尧和幽陵、幽都联系的记载，而幽陵、幽都就是古之北京。

《辽史·地理志四·南京道》载："南京析津府，本古冀州之地。高阳氏谓之幽陵，陶唐曰幽都。"辽南京即今北京，由上可知，北京不仅古称幽州，而且在高阳氏（颛顼）和陶唐氏（帝尧）时称幽陵和幽都。综合有关记载，可知帝颛顼曾来这一带活动，帝尧亦曾派和叔到此镇守朔方。总之，黄帝之后的四帝虽然不断扩大了历史舞台，虽然他们的中心居地也随时代的变迁而不断转移，但凭藉他们与黄帝龙兴之地的血脉联系，仍会在涿鹿及北京一带留下自己的足迹。

共工是五帝时代的一个重要成员，也与北京的历史息息相关。见于史乘，共工氏的史迹前后纵贯颛顼、帝喾、唐尧、虞舜、夏禹五帝，可知其并非一人之专名，而是一族之专名。史载这个部族相当桀骜不驯，其首领曾与颛顼、帝喾强争帝，失败后被尧、舜流放。《淮南子·天文训》云：

  昔者共工与颛顼争帝，怒而触不周之山，天柱折，地维绝。
  故天倾西北，日月星辰移焉；地不满东南，故水潦尘埃归焉。

这里说共工与颛顼争帝位，战败后怒触不周山，导致天倾西北，地陷东南。被颛顼打败后，共工氏仍不死心，继续与帝喾争帝，事见《淮南子·兵略训》："（共工）与高辛（帝喾）争为帝。"经过长时间反复较量，共工族终于败北，在帝尧、帝舜时被逐出了中原。而其流放之地，便是古之幽陵、幽都。

《尚书·舜典》载："（舜）流共工于幽州。"《史记·五帝本纪》云："于是舜归而言于（尧）帝，请流共工于幽陵，以变北狄。"以上即尧、舜流放共工于幽陵、幽都的记载。

共工氏的流放之地至今仍有迹可循，大致在今北京密云一带。《史记·五帝本纪》正义引唐人李泰《括地志》云："故龚城在檀州燕乐县界。故老传云舜流共工幽州，居此城。"明末清初顾祖禹《读史方舆纪要》卷十一密云县又进一步说：

  共城，《括地志》云"在檀州燕乐县界"，即舜流共工之地，
  一作龚城，志云："在今县东北五十里。"

案古檀州为隋开皇十八年（598年）所置，故城在今北京密云区云峰山脚燕落村。根据明末清初顾炎武《昌平山水记》的记载，清朝初年时此龚城尚在，称"共城"，在密云县东北五十里，这就是传说中的共工氏流放之地。夏商之后，共工族隐入了黑暗，茫茫然无所踪，恰好说明这支彪

— 103 —

悍的部族已经融入了古燕地，成为北京原住民中的一支。

还有一个历史线索，也应与五帝时代的北京有关，此即黄帝后人的蓟。上章曾论，周武王克商后，未及下车便褒封黄帝后人于蓟，而这个蓟就在今北京。武王封蓟是周王室对先圣王后裔原有邦族的嘉封，受封之前黄帝后人的蓟理应已在北京。那么，蓟的始建国年代究竟可以早到何时呢？揆诸史实，这甚至有可能早到黄帝之时。王国维校订本《水经注·湿水》云："黄帝与蚩尤战于涿鹿之野，留其民于涿鹿之河，即于是处也。"据此文可知，在黄帝集团迁出涿鹿后，仍在大本营涿鹿一带留下了部分族裔，而这应该就是古蓟国的由来，于是蓟的始建国年代就很可能早到黄帝南下之时。

综上所论，可知五帝时代的北京地区并非不毛之地，反而留下了许多或与颛顼、帝尧有关，或与共工部族有关，或与黄帝后裔有关的史迹。正因此，考古工作也才揭示出，五帝时代的北京有着丰厚的文化遗存。

五帝时代北京地区的考古学文化主要是雪山二期文化，最早发现于昌平雪山遗址中层，此后陆续发现于房山镇江营第四期、平谷刘家河、昌平燕丹[1]、唐山大城山等地[2]。此文化的年代大约在距今4300年至4000年间，与中原的龙山文化大体相当。这些遗存的石器十分精良，一般通体磨光，器类以石斧为多，此外有凿、锛、刀等，还有一定数量的细石器；陶器制作采用了轮制法，器表大多有纹饰，出现了极具龙山时代特征的鼎、甗、盉等器；已发现的房屋大多为半地穴式，有门道、柱洞、烧灶等。虽然考古工作者尚未对雪山二期文化做出更为深入的解剖和揭露，以至目前尚难全面复原当时北京地区的历史面貌，但它们的存在已足以说明，五帝时代的北京依然生机盎然，部族林立。

最令人瞩目的是，此前北京的考古文化都具有显著的土著因素，而

---

[1] 北京市文物研究所编：《北京考古四十年》，第22~25页。
[2] 河北省文物管理委员会：《河北唐山市大城山遗址发掘报告》，《考古学报》1959年第3期。

到了雪山二期文化，北京地区的文化却一改其传统风貌，表现出了与中原龙山文化的极大相似性。仅就雪山遗址而言，根据考古工作者的分析研究，其夹砂绳纹侈口深腹罐、泥质灰陶篮纹双耳罐、大口平底盆、束腰式鬶足、盆形甗等，皆与河南龙山文化后岗类型的同类器相似；其鸟首形鼎足、泥质薄胎黑陶及白陶等，则蕴含着山东龙山文化的因素；其红胎或灰胎黑陶双耳罐、小口高领罐、曲腹碗等，又与唐山大城山等河北龙山文化如出一范；其带鋬耳的褐陶鬲以及数量众多的细石器等，更与河北蔚县壶流河流域的龙山文化基本相同[①]。这种共性是如此的明显，以至邹衡先生在论定雪山二期文化时，直接把它归在了河北龙山文化中，称其为河北龙山文化雪山型[②]。众所周知，中原龙山文化即五帝时代的文化，而雪山二期文化与它的共同性，恰好反映了五帝时代北京地区与中原的联系，揭示该时期的北京地区已成五帝或其分支（如共工氏）的重要营地，和文献提供的线索桴鼓相应。

除了有关五帝集团及其分支的活动脉络外，北京地区还留下了其他一些五帝时代的历史线索，无非因岁月的掩盖而更加隐晦不明。

《史记·匈奴列传》载："唐、虞以上有山戎、猃狁、荤粥，居于北蛮。"《大戴礼记·五帝德》载：帝舜时北方有"山戎，发，息慎。"以上两文说五帝时代的北方民族有山戎、猃狁、荤粥、息慎等，而揆诸史实，其中不乏与北京地区有关联者。

《史记·五帝本纪》称黄帝在"合符釜山"前曾"北逐荤粥"，这是有案可稽的关于荤粥族的最早记载。《史记索隐》云："荤粥，匈奴别名也。唐虞已上曰山戎，亦曰熏粥，夏曰淳维，殷曰鬼方，周曰猃狁，汉曰匈奴。"此外《史记·匈奴列传》索隐引东汉服虔曰："尧时曰荤粥，周曰猃狁，秦曰匈奴。"又引汉末应劭《风俗通》云："殷时曰獯粥，改曰匈奴。"

[①] 北京市文物研究所：《北京考古四十年》，第24页。
[②] 邹衡：《夏商周考古学论文集》，文物出版社，1980年，第262～263页。

综合此类记载可知，荤粥（獯粥）是北方游牧族的祖先，时代在唐虞（尧舜）以上。准此，历代史家无不以其为久居塞外的游牧族。然而寻本溯源，事实似乎并非如此。

一是见于史乘，黄帝的"北逐荤粥"发生在阪泉、涿鹿之战以后，也就是发生在黄帝集团进入燕山南麓以后。这就是说，黄帝"北逐"荤粥的出发地是在燕山以南；

二是察"逐"字之本义，当训为放逐或驱赶，是向北驱赶之义。这说明，当时荤粥族离涿鹿的黄帝集团不远，甚至有可能是黄帝集团来到涿鹿前居住在这一带的原住民；

三是"北逐荤粥"时黄帝集团大战甫定，正忙于挺进中原[①]，不可能为了一个荤粥而远征塞外极北之地。

因此，合乎逻辑的解释是，在黄帝北逐荤粥前，荤粥应居住在燕南，而且不是游牧民。只是在被驱赶到燕山以北后，荤粥才因环境的改变逐步转化为游牧族，并且成了后世北方游牧民的祖先。

《大戴礼记·五帝德》所说的息慎，即金朝和满清的远祖肃慎，他们的历史也应与北京地区有关。

《史记·五帝本纪》集解引郑玄曰："息慎，或谓之肃慎。"此文明言息慎即肃慎。《大戴礼记·少闲篇》云："昔虞舜以天德嗣尧，……海外肃慎、北发、渠搜、氐羌来服。"《淮南子·原道训》云：虞舜"纳肃慎。"综此可知，早在帝舜之时，肃慎族就与中原来往密切，甚至直接纳入了帝舜的势力范围。商末周初之际，肃慎甚至被称为周之北土，事见《左传·昭公九年》："及武王克商，……肃慎、燕亳，吾北土也。"到周成王时，肃慎更成了周王室正式册封的诸侯。《竹书纪年》载：周成王时"肃慎氏来朝，

[①] 说详第二章第三节。

王使荣伯锡肃慎氏命。"这里的"命"字,特指周天子颁赐给臣下爵位的诏书,这里说肃慎到周王廷朝贺,周成王令荣伯"锡肃慎氏命",肃慎由此接受了周天子的册命,实至名归地成了周的藩属。

既然是帝舜的部属,又是商周之际中原的"北土",还在成王时被正式册封为周之诸侯,当时的肃慎会在哪里呢?按照历来的说法,肃慎族似乎从一开始就居住在靠近鞑靼海峡的东北边陲,生活在《后汉书·东夷列传》所说的"不知其北所及"之地。倘如此,则肃慎与中原无异于天悬地隔,要说那时的肃慎族会成为帝舜的部属,成为周朝的北土并接受成王的册命,无疑是天方夜谭。更何况,西周都城沣镐与鞑靼海峡之间不仅间隔着千山万水,还间隔着山戎、荤粥、鬼方、孤竹以及许许多多叫不上名的北蛮之族,即便当时肃慎有"远交近攻"的战略眼光,恐怕也没有能力跨越这些蛮族去结交中原王室,更不要说频繁往来于中原腹地了。

要想解开这个千古之谜,关键还在于如何判定周武王时"肃慎、燕亳,吾北土也"的"北土"上。案此文之核心,在于"吾北土"的一个"吾"字,这显然是指周人自己势力的北部,而非泛指的极北之地。杜预《春秋释例》云:"北土,燕代之属。"这里说的就是周人的北土,特指燕代一带。燕的中心在今北京,代国在今河北中部蔚县,而这就是周之"北土"。商末周初时,古肃慎族就应生活在这一带,否则就不可能被周人称为"吾北土"了。但较为不同的是,肃慎应该生活在燕代周边的山林一带,是那里的狩猎族,因为史料中的肃慎族一向以善长弓矢和射猎著称,与农耕族的风格迥然有别。

与肃慎并列为周武王"吾北土"的,还有一个古燕亳。而于史可稽,这个古燕亳就在今北京[①],这也证明古肃慎族的故地就在这一带。又《金史·梁襄传》云:"本朝与辽室异,辽之基业根本,在山北之临潢……我

---

① 说详下。

本朝皇业，根本在山南之燕。"这是女真族金人的自叙，声称自己的历史根基在"山南之燕"。女真之祖即肃慎，这不等于是直截了当地告诉我们，肃慎族原居燕山以南吗？

正因为相距不远且关系密切，故而先秦肃慎族与中原王朝常来常往，史不乏书。《竹书纪年》说帝舜时"息慎氏来朝贡弓矢"；《国语·鲁语下》说武王克商时"肃慎氏贡楛矢、石砮"；《逸周书·王会篇》说周成王大会诸侯时稷慎（肃慎）来献"大麈"；《尚书·周书序》说"成王既伐东夷，息慎来贺，王俾荣伯作《贿息慎之命》"；《后汉书·东夷列传》说周康王时"肃慎复至"；《三国志·魏志·东夷传》说从虞舜以迄周代累世"有肃慎之贡"。凡此都是先秦肃慎族与中原频繁往来的实证，而这绝非一个远在乌苏里江的原始部族想做和能做的。

降至东周，肃慎从史书中渐渐销声匿迹，直到三国以后才在文献中重新出现，而这时的肃慎族确实已经远到了"不知其北所及"之地了。当肃慎族即将从先秦历史中消失时，在成文于战国时期的《山海经·海外西经》中，最后记载了一个有关先秦肃慎族的故事。其云："肃慎之国在白民北。有树名曰雄常，先入代帝，于此取之。"东晋郭璞注："其俗无衣服，中国有圣君代立者，则此木生皮可衣也。"将这些文字翻译成白话就是，那时的肃慎国已经位在白民国以北，生活在有雄常树的地方。每当中原地区有圣明天子继位，肃慎人就取雄常树的树皮来做衣服，以示庆祝。这里写的显然是已经北徙后的肃慎族了，因为那时他们已然僻处荒山，过着穴居野处的日子。但这个故事隐喻的三层含义却颇耐人寻味：

> 一是当时肃慎人虽然告别了"男耕女织"的华夏文明，没有了穿衣的条件，但每逢重大节庆，仍然要以树皮做衣以示郑重，表明他们并非与生俱来的茹毛饮血之族；
>
> 二是庆祝盛典的方式形形色色，肃慎族却与众不同地选择

以穿衣来庆祝，这不仅迥然有别于"蛮夷"之俗，而且恰与"黄帝、尧、舜垂衣裳而天下治"①的华夏传统相契合，说明他们有着古老的文明基因；

三是僻处北地的肃慎族的最大庆典，竟然是欢庆中原地区有圣明天子继位，说明他们依然心系中原。而这种刻骨铭心的感情，只有割不断的故土情或血族亲才能与之相称。

综上所考，显然只能说战国以前的肃慎族位在燕山以南，是北京地区的原住民。对于肃慎族的这个重新定位，其意义还不仅仅是为了复原北京的上古史，也不仅仅是为了给日益热络的肃慎史研究提供一个全新的思路，其更突出的意义在于，这可以给肃慎族后裔创建的金朝和清朝正名，证明他们的入主中原并非"外敌入侵"。同时，这也可以为肃慎族长期生活居住的乌苏里江、黑龙江流域和长白山定性，证明它们自古以来就是中国的领土。

《大戴礼记·五帝德》及《史记·匈奴列传》里还提到了尧舜时期的山戎，这也是一个古老的民族，同样和燕地有关。《史记·匈奴列传》云："燕北有东胡、山戎，各分散居溪谷，自有君长，往往而聚者百有余戎，然莫能相一。"这里的"燕北"，应泛指古燕地的北半部，包括燕山南北的溪谷山林，而这就是山戎族的所在。

燕山以北的山戎见载于《国语·齐语》："（齐桓公）遂北伐山戎，刜令支、斩孤竹而南归，海滨诸侯莫敢不来服。"韦昭注："（令支、孤竹）二国，山戎之与也。……令支，今为县，属辽西，孤竹之城存焉。"此即活动在燕北辽西一带的山戎族。据学者考证，其范围"西南起自今河北迁安、卢龙；沿渤海北岸东抵辽宁兴城；北达辽宁北票和内蒙敖汉旗南

---

① 《易经·系辞下》。

部"①。

燕山以南的山戎族最重要的是无终国。韦昭注《国语·鲁语》云:"无终,山戎之国。"唐李泰《括地志》云:"幽州渔阳县,本北戎无终子国。"②综合此类记载可知,无终在隋唐的幽州渔阳县,具体位置就在天津蓟县(今蓟州区)和北京平谷一带。无终国的历史最早可溯至夏禹之时,当时称"终北"。《列子·汤问》云:"禹之治水也,迷而失涂,谬之一国,滨北海之北……其国名曰终北。"此"终北"即夏代的无终,而其所在的"滨北海之北",按照古北海即今渤海的定位,恰和渤海以北的蓟县及平谷的位置相合。

总之,五帝时代的北京地区居住着不少土著居民,他们可能是荤粥、肃慎,可能是山戎,可能还包括了同样被称为北蛮的其他部族,很难一概而论。秦汉以降,这些部族或湮没无闻,或北上塞外成为草原民族,但在五帝时代,他们主要活动在靠近燕山的山林地带,集中在北京小平原的周边地区。

早自1965年以来,在北京延庆军都山南麓的溪谷山林地带,就陆续发现了十余处极具特色的少数民族遗存,学者认定此即考古学上的山戎文化③。其中经过发掘清理的主要有:1975年在延庆西拨子村清理了50余件窖藏青铜器,时代属西周晚期至春秋早期④;1985年至1990年在延庆的葫芦沟、西梁垙、玉皇庙三处墓地共发掘了500余座墓葬,年代从西周、东周之交直至战国早期⑤;1994年在延庆西梁垙发掘出土了12座墓葬,时代

---

① 陈平:《燕史纪事编年会按》(上册),北京大学出版社,1995年,第54页。
② 《史记·匈奴列传》正义引。
③ 靳枫毅:《军都山山戎文化墓地葬制与主要器物特征》,《辽海文物学刊》1991年第1期。
④ 《北京市延庆县西拨子村窖藏铜器》,《考古》1979年第3期。
⑤ 北京市文物研究所山戎考古队:《北京延庆军都山东周山戎部落墓地发掘纪略》,《文物》1989年第8期。

属春秋时期[①]。以上墓葬和窖穴出土了不少青铜器、兵器、马具，还随葬了大量金、玉、陶、石、骨、蚌器，尤以造型独特的直刃匕首式青铜短剑最具特点。通过考古工作，可知这支山戎文化主要分布在今河北省北部和北京西北部的丘陵山地，并且一直到东周时期仍不乏固守在燕山以南者。

上章第三节曾论，黄帝南下中原后，北京地区的文化一度中衰，但同时也指出，这个短暂的间歇很快便会过去。果不其然，正如本节所论，五帝时代的北京地区不仅未成历史的荒漠，反倒呈现出更加丰富的多元色彩。就此而言，黄帝集团在北京一带的活动至关重要，因为恰是这一辉煌的开篇，使这里成了黄帝后裔的历史根基，成了颛顼、唐尧、虞舜的活动地域。正是他们，和黄帝部族的直系遗民、帝尧派来的和叔、帝舜流放的共工，还有荤粥、肃慎、山戎等土著居民一道，共同谱写了五帝时代北京地区的历史。

三 夏商时期

《史记·夏本纪》云：

> 当帝尧之时，鸿水滔天，浩浩怀山襄陵，下民其忧。尧求能治水者，……于是舜举鲧子禹，而使续鲧之业。

以上记述的，即古老的大禹治水故事，它在华夏历史上尽人皆知。这个故事说，帝尧时黄河经常发大水，为害甚烈，于是帝尧委派鲧负责水患的治理。鲧采取了"水来土挡"的治水方略，长达九年不得成功，最后被

[①] 北京市文物研究所：《龙庆峡别墅工程中发现的春秋时期墓葬》，《北京文物与考古》第4辑，1994年。

舜放逐于羽山而死。舜帝主政后，任用鲧的儿子大禹继续治水，大禹总结了父亲的教训，改"围堵障"为"疏顺导滞"，利用水势和地形把洪水引入疏通的河道、湖泊，然后合通四海，平息了水患，使百姓得以从高地重返平川耕耘稼穑。大禹因此深得民心，被人们称为"神禹"而歌颂至今。

见诸史乘，夏禹治水是"自冀州始"[1]的，而古冀州包括"今山西全省，河北的西、北境及河南的北部，辽宁的西部"[2]，北京也在其中。若以今黄河水道言之，夏禹治水显然与北京风马牛不相及，但学术界早有定评，古黄河水道是"从新乡、汲县境东北去，过浚、滑二县境，近濮阳，就往北转，变成一南北线，略由今日的滏阳河道、子牙河道，自天津附近入渤海"[3]，即古黄河水是循大清河从今天的天津入海的。所以大禹治水的由冀州始，就是由燕赵平原始。而且由于京津正当古黄河的入海处，其"水势散漫，所以支流很多，略如今日的淮水，无法指定由何处入海"[4]，这里还是大禹治水的重点。前引《列子·汤问》云："禹之治水也，迷而失涂，谬之一国，滨北海之北……其国名曰终北"。这也指明了夏禹治水曾到达渤海一带，甚至到达了无终国所在的京津一带，以至盘桓良久，"迷而失涂"。综合上述，可知夏代北京史的开篇第一章，就是世所盛称的大禹治水。

《荀子·议兵篇》云："禹攻共工。"《山海经·大荒西经》云："有禹攻共工国山。"郭璞注："言攻其国，杀其臣相柳于此山。"共工氏在帝舜时已被流放到今北京密云，说已见前。夏禹攻共工，是华夏集团与共工集团长期斗争的继续，也是夏代北京的又一重要史迹。

北京地区夏代的又一历史线索是，商族先公王亥曾到北京以南的易水

---

[1]《史记·夏本纪》。
[2] 顾颉刚：《禹贡注释》，《中国古代地理名著选读》第一辑，科学出版社，1959年，第7页。
[3] 徐旭生：《中国古史的传说时代》（增订本），文物出版社，1985年，第150页。
[4] 同上注。

第三章　持续性——永恒的文明之光

一带贩牛,被当地的有易部落杀害,掳走了牛群。《山海经·大荒东经》云:"王亥托于有易、河伯仆牛,有易杀王亥,取仆牛。"又郭璞《山海经》注引《竹书纪年》云:

> 殷王子亥,宾于有易而淫焉。有易之君绵臣杀而放之,是故殷主甲微假师于河伯以伐有易,灭之,遂杀其君绵臣也。

综合此类记载可知,王亥被有易部落杀害后,王亥之子上甲微为了替父报仇,会同河伯发兵讨伐有易氏,歼灭了有易部落,从此将商族的势力扩大到了易水流域。王亥是商朝开国君主商汤的第七世祖,上甲微为商汤第六世祖,时代皆属夏代。据王国维考证,有易"其国当在大河之北,或在易水左右"[①],地在今河北保定易水一带。由此可见,夏代的北京南部先是居住着有易部落,后又迎来了先商部落,是燕地与中原交往的枢纽。近些年来,在北京南面不远处发现了先商遗址,恰为此说提供了确凿的证据[②]。

此外,上文已述,位在北京的蓟国很可能创建于黄帝之时,于是它也是夏商时期北京地区的重要邦国之一,否则就不可能在商末周初之际被周武王褒封于此了。何况于史可稽,殷商时的蓟人已是显赫之族[③],而由此上溯,其在夏代的地位显然也不容小视。

五帝时代活动于燕山地带的荤粥、息慎、山戎等土著居民,除被黄帝北逐到塞外的荤粥,其他大部分显然也都延续到了夏商时期。文献与考古资料证明山戎族在燕山地带一直盘桓到了东周时期,便是历史的明证。

《山海经·海内经》云:"有监长之国,有人焉,鸟首,名曰鸟氏。"

---

① 王国维:《观堂集林》卷九《殷卜辞中所见先公先王考》,中华书局,1959年版。
② 保定考古队:《河北省容城县白龙遗址试掘简报》,《文物春秋》1989年第3期;《河北省安新县考古调查报告》,《文物春秋》1990年第1期。
③ 说详下。

— 113 —

监长是夏商时期的一个古国，邹衡先生认为"监长约当今之延庆一带，其地正近燕山"[1]，这也为夏商之际的北京地区历史增添了一个线索。

除了上述种种历史线索外，考古学的"夏家店下层文化"为夏商时期的北京地区提供了更为确凿也更为丰富的史料。

夏家店下层文化是一种北方区域文化，时代约当中原的夏商时期，因最早发现于赤峰市夏家店遗址下层而得名。它主要分布在内蒙古东南部、辽宁西部、河北东北部及北京、天津地区，向北跨越了内蒙古西拉木伦河，向南直抵河北中部的拒马河及天津海河流域，向西可达桑干河上游，向东则深入到了辽河一带，范围大大超越了中原夏时期的二里头文化。在这个广大地域内，燕山山脉横亘其间，由此区分出该文化的燕北、燕南两大类型。

夏家店下层文化"燕南类型"主要分布在燕山以南的京津唐地区，最早发现于昌平雪山遗址，属雪山三期，后在北京的昌平下苑、张营；房山刘李店、塔照、镇江营、西营；密云燕洛寨、凤凰山；平谷刘家河；丰台榆树庄等地屡有发现。根据碳14年代测定，北京的此类遗存较燕山以北略晚，大体处在夏代后期至商代晚期前段。其中房山塔照一期的四个碳14树轮校正年代在公元前1881～前1429年间[2]，这就在"燕南类型"的年代范围内。

北京地区夏家店下层文化遗存中最引人瞩目者，当属平谷刘家河村发现的一座贵族墓。此墓发掘于1977年，发掘前已遭破坏，仅残留部分墓室。墓内有台阶，台阶与墓底随葬了铜、金、玉、陶等器物40余件。青铜器有礼器16件，包括弦纹鼎1、小方鼎2、兽面纹鼎2、盘2、盉2以及鬲、甗、爵、卣、罍、斝、瓿各1；金器有臂钏2、耳环1、笄1；玉器

---

[1] 邹衡：《夏商周考古学论文集》，文物出版社，1980年，第271页。
[2] 北京市文物研究所编：《北京考古四十年》第二编第一章；陈光：《北京市考古五十年》，文物出版社编：《新中国考古五十年》，文物出版社，1999年。

有斧、柄、璜；此外还出土了铁刃铜钺、铜当卢、人面形饰等[1]。根据青铜礼器的年代特征，学者断定这是一座商代晚期前段的墓葬，相当安阳殷墟的早期[2]。

在中国历史上，商代不仅进入了青铜文化的成熟期，也进入了礼制文化的成熟期。而中国早期礼制制度的一大特点是，作为食器的青铜容器自从问世的那天起，就担负了标志持有者社会地位的使命，被赋予了明贵贱、辨等级的政治意义。《礼记·礼运》云："夫礼之初，始诸饮食。"此文再清楚不过地揭示，中国早期礼制制度就是从饮食器皿的规范化使用开始的。察刘家河墓葬，一座墓中居然随葬了16件青铜礼器，规格之高不但在夏家店下层文化中绝无仅有，在全国同期方国遗存中也不多见，充分证明墓主人是一个位高权重的贵族。此墓随葬的铁刃铜钺也非比寻常，它一则使用了铁刃，是人类最早认识并利用铁的一例[3]；二则这是一件实用兵器，因为铁刃的使用而更加锋利；三则它还是权势与身份的象征，是"王"的专用兵器。

近人吴其昌很早就指出："王字之本义，斧也。"[4] 即以甲文、金文的"王"字为斧钺的象形。《字林》云："钺，王斧也。"此文亦明言钺为王的专用武器。林沄在《说王》一文中进一步阐发说，斧钺在古代既是兵器，也是治军的刑具，最后成了军事统帅权的象征[5]。《史记·殷本纪》云："汤乃兴师率诸侯，伊尹从汤，汤自把钺以伐昆吾，遂伐桀。"此文称商汤在讨伐夏桀时高举斧钺以号令三军，就再形象不过地展示了钺的特殊功用。

---

[1] 北京市文物管理处：《北京市平谷县发现商代墓葬》，《文物》1977年第11期。
[2] 邹衡：《夏商周考古学论文集》，文物出版社，1980年，第264页。
[3] 目前公认最早使用铁器的民族是公元前1400年左右居住在小亚细亚的赫梯人，北京刘家河的这件铁刃铜钺属商代中期前后，与赫梯人发明铁器的时代相当。即便刘家河墓葬的铁刃有可能出自陨铁，但也体现了中国先人对铁的认识和使用。
[4] 吴其昌：《金文名家疏证》（一），《武大文史哲季刊》五卷三期，1936年。
[5] 林沄：《说王》，《考古》1965年第6期。

斧钺既然是王权的象征，那就表明刘家河墓主不但是上层贵族，还是夏家店下层文化的最高统领。

刘家河墓葬的一大特点是，其青铜礼器无论在种类、形制还是在花纹装饰上，都与中原青铜器十分相近，因此学术界有不少人认为："从文化面貌上说，平谷刘家河墓葬和夏家店下层文化是完全不同的。"[①] 此说否认了该墓的夏家店下层文化属性，甚至判定其为典型商墓，但透过现象看本质，事实并非如此。

其一，此墓出土的金臂钏与扁喇叭口金耳环是草原民族的特有饰物，仅见于夏家店下层文化和其他北方文化。因此，无论刘家河墓葬出土了多少与中原相似的青铜礼器，商人贵族也是绝不可能佩戴此类少数民族饰品的。此外，该墓出土的铜当卢、人面形饰等也不见于同期商文化，更说明其墓主不可能是商贵族。

其二，从类型学角度看，刘家河墓的青铜礼器其实与典型商器存在着明显的差异。邹衡先生对此审之甚详，他指出：

> 从形制来说，（刘家河）三足卣与殷墟 YM331 出土的盉有某些共同点，但其基本形制却完全不同，前者为壶形，与敖汉旗大甸子的黑陶壶近似。又如铜甗之甑部作浅腹，与北票丰下遗址出的陶甗形似。从花纹来说，盘内之鱼纹形状与作风均不同于商器。这些特点，说明夏家店下层文化摹仿商器也不是完全照抄。[②]

既然如邹衡先生所说，刘家河墓的青铜器只是模仿而非照搬，自能说明它们并非典型商器。而且亦如邹衡先生所说，尽管器型模仿得惟妙惟

---

① 中国社会科学院考古研究所编：《新中国的考古发现和研究》，文物出版社，1984年，第241页。
② 邹衡：《夏商周考古学论文集》，文物出版社，1980年，第265页。

肖，但仍然难以从这些青铜器身上抹去燕北地区陶器文化的踪影，这就更说明它们只能是夏家店下层文化的产品。

其三，刘家河一带还发现了与该墓大体同时的夏家店下层文化墓葬和遗址①，这也为刘家河墓的夏家店下层文化属性提供了佐证。

其四，除了上述各项，更重要的是，刘家河墓的青铜礼器虽然在器类上基本同于中原商文化，甚至在造型上也不乏相似之处，但它们的组合却迥然有别。

在中国青铜时代，青铜礼器的组合是青铜文化的最基本属性，也是判定各大青铜文化的最核心标准。例如商代，由于商人的崇酒之风，形成了以青铜酒器觚与爵为主的组合，以至举凡宴飨、敬神、祭祖等，商人贵族莫不以此类组合的多寡来标示自己身份的高低。影响所致，这不仅成为商人的传统，甚至固化为商朝的礼制制度，致使所有商贵族都采用了青铜酒器觚与爵的组合。尤有甚者，就连远在长江流域的商代墓葬也奉行了这种制度，足见其影响之广。

湖北黄陂盘龙城李家咀 2 号墓位于长江中游，年代与刘家河墓葬较为接近，地域也同样远离商王室。此墓出土了青铜容器 23 件，种类不下十种②。在组合方面，它一方面有鼎与簋的搭配，体现了一定的地域性，另一方面又采用了商人觚与爵的组合，体现了商文化的影响。而与此大相径庭的是，刘家河墓葬虽然也伴出了某些酒器，但一来无觚，构不成觚与爵的组合，二来它以鼎和鬲、甗的组合为主，重在食器文化的配置。两相比照，刘家河墓葬的青铜文化显然比黄陂盘龙城更具浓郁的地域性。

综合以上四点，可知刘家河墓葬不但不是确切意义的商墓，甚至也不能纳入广义的商文化系统，而只能属于颇具地方特色的夏家店下层文化。

---

① 张先德等：《北京平谷刘家河遗址调查》，《北京文物与考古》第 3 辑，1992 年。
②《盘龙城商代二里冈期的青铜器》，《文物》1976 年第 2 期。

总起来看,夏家店下层文化"燕南类型"和刘家河墓给我们带来的启示是:

1. 此类型确实"具有浓郁的商文化色彩"[①],说明夏家店下层文化燕南类型与中原商文化有着十分紧密的联系。

2. 夏家店下层文化墓葬迄今已发现了上千座,但类似刘家河规格的墓葬却仅此一座,其他绝大多数只伴出了部分陶器,有的甚至徒有四壁。这说明,夏家店下层文化已经出现了明显的阶级分化,而刘家河墓主则是迄今所知的最高统治者。最高统治者的葬地,理应是部族中心的所在,由此进而可知,平谷刘家河显然是夏家店下层文化燕南类型商时期的中心。该地点位于北京、天津交界处,恰处在夏家店下层文化燕南类型的腹心地带,这也与它的中心地位相符。

3. 在当时的历史阶段,血亲集团的族长就是部落首长,同时兼有军事和宗教的大权,是集族权、政权、军权、神权于一身的人物。这种集权制度,与古代雅典"在政府上呈现出三种不同的、而在某种意义上互相调协的三部门或三权"的"三权政府"[②]迥然有别,体现了中国古代社会的基本特点。刘家河墓葬出土的斧钺,恰好印证了这个集权制,表明墓主人不但是方国的统领和部落首长,还是它的军事统领。正确理解这一点是十分必要的,因为这使我们知道,其墓主并不像此前的某些研究所说的那样,只是个单纯的军事将领。

那么,以刘家河贵族墓为代表的夏家店下层文化燕南类型究竟属于历

---

① 韩嘉谷:《京津地区商周时期古文化发展的一点线索》,《中国考古学会第三次年会论文集》,文物出版社,1984年。

② [美]摩尔根:《古代社会》,三联书店,1957年,第273、130页。

史上的哪个部族呢？在此前的研究中，有以其为商代燕亳的，有以其为有易氏部落的，有以其为商人势力的，有认为这是东夷的，有推测其为卜辞中的土方或鬼方的，还有说这是孤竹、肃慎、山戎、北狄的，众说纷纭，莫衷一是[①]。现在看来，此事尚难遽定，未可断言。但重要的是，由已知推未知，首先要明确判定此事的几项标准，唯此才可能不陷入望风扑影的向壁虚构。归纳起来，判定此事的标准是：

  1. 刘家河贵族墓的存在，表明夏商时期的北京地区存在着一个强大的方国，而这绝非某些弹丸小国所能对应；
  2. 这个方国必属燕山大地的土著民族，也就是属于夏家店下层文化；
  3. 今平谷一带是它在商时期的中心；
  4. 它和中原商王朝有着密切的交往；
  5. 其时代属夏商时期，与文献记载的西周方国风马牛不相及。

一旦明确了上述几大标准，此前的某些不当之说庶几不难冰释。例如，根据这些标准，一则可以排除这是来自中原或东夷的部族；二则可以否定这是某些历史短暂或势力弱小的民族；三则可以剔除其为时代较晚的西周部族。而根据下面第五章的论证，可知这个部族既有久远的历史渊源，又有完整的发展序列，是自夏代初年以来在燕山大地土生土长的土著民族。

在夏家店下层文化燕南类型终结后，北京地区进入了商代晚期。此阶

[①] 杜金鹏：《北京平谷刘家河商代墓葬与商代燕国》，刊《北京建城3040年暨燕文明国际学术研讨会论文集》，北京燕山出版社，1997年；张展：《夏家店下层文化与北京地区商代"燕"文化遗存》，刊《首都博物馆文集》，北京燕山出版社，1990年；王采枚：《燕国历史渊源与夏家店下层文化》，刊《燕都春秋》，北京燕山出版社，1988年。

段的考古材料过去相当匮乏，仅有零星小墓和个别灰坑的发现，整体面貌几为空白。但自从1986年在房山拒马河流域开展田野考古工作以来[1]，北京地区商代晚期的历史面貌终于越来越清晰地浮现出来。

此阶段的文化遗存首先发现于房山区塔照遗址二期，被称为塔照二期文化，之后又陆续发现于房山镇江营、皇后遗址以及平谷刘家河、龙坡等地。根据碳14树轮校正年代，塔照二期文化的年代范围在公元前1266~前1070年间，恰属商代晚期。经过综合比较，可知此文化在制陶方式、陶器形制等主流方面都继承了夏家店下层文化的传统，此外还接受了一种来自长城沿线地区文化的影响，仍属北方土著文化[2]。

塔照二期文化之后，覆盖整个燕山南麓京津唐地区的，是一支商代末年至西周时期的文化。这支文化仍以夏家店下层文化以来的土著因素为主，最早发现于天津蓟县张家园遗址第三层，被称为张家园上层文化[3]。其遗址包括北京房山镇江营和琉璃河、平谷韩庄、顺义牛栏山，以及天津市区和河北的保定、廊坊、唐山等地。此文化可分为早中晚三期，上限年代不早于殷墟文化一期，下限年代则随周燕文化的扩张而结束于不同时期，最晚一期甚至一直延续到了西周中期前段。特别值得关注的是，大约在相当西周早期的时候，张家园上层文化涌现出了大量商文化因素[4]，暗示此时的北京地区发生了一些意想不到的变化。

塔照二期及张家园上层文化的发现，把商与周之间的北京历史紧紧衔接起来，说明了北京地区历史文化的持续性。至于此类文化的族属，有关讨论基本上是由夏家店下层文化的族属问题延伸下来的，不外乎前述夏家店下层文化族属所涉及的范围。但总体上看，在商代晚期北京地区的历

---

[1] 北京市文物研究所：《北京市拒马河流域考古调查》，《考古》1989年第3期。
[2] 北京市文物研究所：《镇江营与塔照》，中国大百科全书出版社，1999年。
[3] 天津市文物管理处：《天津蓟县张家园遗址试掘简报》，《文物资料丛刊》（1），文物出版社，1977年。
[4] 陈光：《北京市考古五十年》，刊《新中国考古五十年》，文物出版社，1999年。

史舞台上,线索较为清晰的除塔照二期文化所代表的部族外,另有"燕亳""肃慎""邶伯""蓟"等邦国。

《左传·昭公九年》云:"及武王克商,……肃慎、燕亳,吾北土也。"这里说的恰好就是商代晚期的情况,明确指出周之北土有一个"燕亳"。对于商时期的北京地区有一个古燕国的事实,学术界早有定评。邹衡先生说:"燕之称燕,早在召公奭子受封之前,至少在商代后期就已有了燕族的存在。"[①] 侯仁之先生也说:"卜辞所见有叫做匽的一个国家,是殷商北方的属国。……如果认为燕是始于周初所封,那是错误的。"[②] 凡此都明言商代有一个与西周燕国判然不同的古燕国。案"燕亳"之"亳",是商代都邑的通称。《尚书序》云:"自契至于成汤八迁,汤始居亳,从先王居。"今人杨伯峻注:"当时以'亳'为地名者甚多,盖殷商都亳,而都城屡徙,亳名不变。"[③] 由此可见,"亳"是商代都邑的通称,不仅见诸中央王朝,也见诸方国之都,而燕亳之称恰好证明这是一个殷商时期的方国。

在《左传·昭公九年》中,与燕亳并列为周人"吾北土"的,还有一个"肃慎"。事如前述,肃慎在帝舜时已成中原部属,此后更与中原频繁往来,凡此皆说明殷商的肃慎应在燕地,并且与燕亳相邻。

各种资料表明,还有一个古"邶伯"之国,也与商代的北京有关。《说文·邑部》云:"邶,故商邑,自河内朝歌以北是也。"商的朝歌在豫北淇县,与河北接壤。邶国既在"朝歌以北",显然已深入到京冀一带。果不其然,光绪十六年(1890年),在与北京紧相毗连的河北涞水县出土了十余件"北伯"青铜器,器类有鼎、鬲、尊、卣等。王国维《北伯鼎跋》考云:

[①] 邹衡:《夏商周考古学论文集》,第271页。
[②] 侯仁之:《关于古代北京的几个问题》,《文物》1959年第9期。
[③] 杨伯峻:《春秋左传注》昭公九年,中华书局,1995年。

直隶涞水县张家洼又出北伯器数种，余所见拓本有鼎一、卣一。……邶之为燕，可以北伯诸器出土之地证之。[①]

虽然邶国并非如王国维所说的那样是古燕国，但又确如王氏所言，这个邶国已经进入了燕地，与北京休戚相关。据邹衡先生考证，邶国系共工氏的后裔[②]。倘如此，则由尧舜直至商周，共工氏及其族裔一直活动在今北京一带。

总之，仅限目前所知的资料，殷商时期的北京一带已有燕亳、肃慎、邶伯等方国。除此之外，此阶段的北京地区还有一个历史更为悠久的重要方国，此即黄帝后人的蓟。

四　黄帝后人的蓟国

公元前十一世纪中叶，周武王灭商，建立了周王朝。周有天下后，采取的首要举措就是"封建亲戚，以藩屏周"[③]，全面推行了诸侯分封制。从性质上说，周初的分封可以区分为两种不同情况：一种是对周天子兄弟、宗亲、姻亲、功臣的分封，此即《左传·昭公二十八年》所说的"昔武王克商，光有天下，其兄弟之国者十有五人，姬姓之国者四十人。"另一类是对先圣王后裔的"褒封"，见载于《史记·周本纪》：

武王追思先圣王，乃褒封神农之后于焦，黄帝之后于祝，帝尧之后于蓟，帝舜之后于陈，大禹之后于杞。

[①] 王国维：《观堂集林》卷十八，中华书局，1959年版。
[②] 邹衡：《夏商周考古学论文集》，文物出版社，1980年，第289页。
[③] 《左传·僖公二十四年》。

《汉书·地理志》载：周武王分封时"太昊、黄帝之后，唐、虞侯伯犹存，帝王图籍相踵而可知。"由此可见，武王时伏羲、黄帝、帝尧、帝舜、夏禹的后裔尚在，故此予以褒封之。所谓"褒封"，其意是对"有土"者在名义上的嘉封，受封者实际上有土有国也有民，说已详第二章第三节。虽然这是名义上的嘉封，但对周室而言，这意味着从法统上承认了受封者的地位，并由此承担起庇护和扶持的责任；而对受封者来说，这表明从此成了宗主国的藩属，要听从周天子的号令，服事贡纳于周。在周室褒封的这一类国族中，最重要的即黄帝后人的蓟，事关幽燕者也就是这个蓟。

《礼记·乐记》云："武王克殷反商，未及下车，而封黄帝之后于蓟。"此即周武王对黄帝后人的褒封。上引《史记·周本纪》及某些文献误以为封于蓟者是帝尧之后，实则与史实不符，上章已对此做了详细考证。事实上，正因为这个蓟是黄帝后人的邦国，代表着自黄帝以来绵延了近两千年的黄帝族势力，这才使武王不敢有丝毫的怠慢，在伐纣灭商后"未及下车"便忙不迭地予以嘉封。

关于蓟的始建国年代，前文已述其最早可溯至黄帝之时。至于蓟人始建国的下限年代，则再晚也晚不过殷商时期，理由是：

一、商末周初武王"封黄帝之后于蓟"时蓟国已经存在；

二、殷商甲文、金文中有以"丌"为国族称谓者，而学者指出"'丌'就是'其'字，也就是后来的'蓟'字"[①]。这就是说，甲文、金文已经证实了殷商蓟国的存在；

三、殷墟卜辞一期有"亚其"之谓，而卜辞一期的年代相当商王盘庚至武丁，属于殷商初年。殷墟妇好墓出土的也有"亚其"铭文，这也是有关其国的一个原始资料，其年代同属商王武丁；

---

① 鲁琪、葛英会：《北京市出土文物巡展》，《文物》1984年第4期。

四、《殷墟书契前编》收录的帝乙、帝辛时期甲骨卜辞有"其侯"之称,辽宁喀左发现的商代晚期铜器铭文有"其侯"之谓[1],凡此皆表明蓟国位列侯爵,地位显赫,是殷商强族;

五、综合各类资料可知,殷商"其"国就在今北京地区[2],而这个"其"只能是蓟。

综合上述五项,可知蓟邑的下限年代再晚也晚不过殷商时期,甚至晚不过殷商初期的盘庚至武丁之时。

今案:商朝从商汤建国起共历五六百年,前后可分两大期。前期共有十八王,总计二三百年,此期间曾屡屡迁都,先后都于亳、隞(嚻)、相、邢[3];后期共有十二王,始于商王盘庚迁殷(今河南安阳市),此后再未迁都,因此迁殷之后的商朝又称殷朝、殷商或商殷,总之都离不开一个"殷"字。据《竹书纪年》等文献的记载,自盘庚迁殷到武王克商共历273年,而学术界一般认为武王克商是在公元前1045年[4],于是由此前溯273年,盘庚迁殷的年代应在公元前1300年左右。

一般认为,商王武丁的年代大约在公元前1250~前1192年[5],于是殷墟卜辞一期所在的盘庚至武丁时期,大致为公元前1300~前1200年,前后近百年。蓟的甲文资料既然见载于这个时期,蓟的始建国年代也就只能早于或等于此时,而绝不会晚于此时。严格地说,蓟人始建国的下限年代再晚也晚不过殷墟卜辞第一期截止的武丁时期,也就是公元前的1200年,迄今已有3200余载。

至于蓟的位置,上章第三节已论其在北京市区的西南部,这已为近几

---

[1] 韩嘉谷:《论北京地区为"其"国(族)故地》,《北京文博》1995年第1期。

[2] 同上注。

[3] 《史记·殷本纪》。

[4] 赵光贤:《武王克商与周初年代的再探讨》,《人文杂志》1987年第2期。

[5] 方诗铭编著:《中国历史纪年表》(修订本),上海人民出版社,2007年,第153页。

十年来的考古调查与发掘所证实。

早在1957年的一次考古调查中,就在广安门南发现了一处古遗址,出土了先秦时期的陶器及饕餮纹半瓦当。此遗址地处广安门桥南约700米,位于辽南京城和金中都城的中心区域,叠压在附近居民取土时挖出的一个深约2米的土坑之下。通过现场清理,可知这个埋在深处的文化堆积厚达1米以上,而且仍未见底。这个堆积包含了丰富的先秦遗物,有粗绳纹陶片、碎绳纹砖、陶鬲腿、陶豆和饕餮纹半瓦当等。经过考古学家苏秉琦先生鉴定,其陶器残片的年代接近西周,饕餮纹半瓦当则为东周燕国的宫廷建筑构件[1]。1972年,在和平门外又发现了饕餮纹半瓦当,还出土了战国时期的燕明刀货币和细绳纹陶片[2]。这些遗物有相当部分来自地面采集,没有明确的地层关系,但它们的一再发现绝非偶然,自能说明这里是燕国都城的所在,亦即蓟邑的所在。

又从上个世纪五十年代开始,考古工作者陆续在宣武门、和平门、白云观、琉璃厂、新华街、象来街、北线阁、广内大街、校场口、牛街、陶然亭、姚家井、白纸坊乃至西单大木仓等地,发现了诸多古代陶井,数量多达数百口,时代统属战国至西汉时期[3]。其中尤以白云观至宣武门豁口最为集中,仅一次探查就发现了130口,最密处在6平方米的范围内就分布着4口。这些陶井的制作相当考究,是用陶井圈一节一节迭砌而成的,井底还残留着汲水用的水罐。按照《水经注》的记载,蓟城一带水路纵横,并不缺乏灌溉用水,如此密集的人工水井只能说明这里是人口稠密的城区。至于水井的用途,或者是为了满足居民就近饮用清洁水的需要,或者是为了解决手工业作坊区的供水需求,或者是为了方便大型建筑工程的取

---

[1] 赵正之、舒文思:《北京广安门外发现战国和战国以前的遗迹》,《文物参考数据》1957年第7期。
[2] 北京市文物管理处:《北京又发现燕饕餮纹半瓦当》,《考古》1980年第2期。
[3] 苏天钧:《北京西郊白云观遗址》,《考古》1963年3期;北京市文物管理处:《北京外城东周晚期陶井群》,《文物》1972年第1期;北京市文物管理处:《北京地区的古瓦井》,《文物》1972年第2期。

水用水，总之都表明了这是城区的所在。

在上述陶水井密集区以南，在今天的永定门火车站、陶然亭、天坛、蒲黄榆、宝华里一带，考古工作者还发现了数量众多的战国至汉代墓葬。特别是 1973 年在法源寺附近，以及 1974 年在白纸坊以北的地图出版社院内，接连发现了两处战国墓群，这也为先秦蓟城的定位提供了可靠证据。此外 1977 年在西单白庙胡同路南商业部后院发现了一个西汉墓群，同样为蓟城的所在提供了线索[1]。

综合上述考古发现，考古工作者于是得出结论："看来蓟城的位置当在发现瓦井最密集的宣武门至和平门一带。从法源寺发现有战国墓群来看，可能蓟城南墙在法源寺以北，而北城墙在西长安街以南。"[2] 此文说水井区的所在即城市中心的所在，这是毫无疑问的，但为什么说"从法源寺发现有战国墓群来看，可能蓟城南墙在法源寺以北"呢？考古工作者对此未加解释，但意在不言中的是，似乎同时期的墓葬不可能在城址内，于是城墙就必须把墓葬区隔在城外了。这个观点从来没有人认真论证过，但影响却大，以至在所有考证蓟城地望的论文中，只要提起墓葬区，就立即否定这是蓟城区的所在。然而这种看法真的那么毋庸置疑吗？恐怕未必。

中国古人一向以死者为大，以先祖为大，故而很早以来就有了视生死两界为一体的传统。早在相当龙山时代的山西襄汾陶寺遗址中，墓葬区就集中在中期小城的西北部，未出城邑的范围[3]。下至相当夏代的河南偃师二里头城址，大多数墓葬与城市生活区混在一起，其中最大的一座墓甚至紧

---

[1] 北京市文物局考古队：《建国以来北京市考古和文物保护工作》，《文物考古工作三十年》，文物出版社，1979 年。

[2] 同上注。

[3] 中国社会科学院考古研究所山西队等：《陶寺城址发现陶寺文化中期墓葬》，《考古》2003 年第 9 期。

傍大型宫殿基址①。再就列国都城而言，河南新郑的郑韩故城的墓葬既有在城垣外的，也有在城垣内的，其中的贵族墓就多在城垣内②。燕下都的墓葬区甚至位在东西并列的两座城址的中心，其中的虚粮冢墓地就是贵族墓葬区③。更如大名鼎鼎的周公旦所封的曲阜鲁故城，从西周到东周，八百多年的墓葬基本都在城址内④。当然，我们无意说先秦时期的墓葬一概在城址内，因为琉璃河古燕都的墓葬就在城址外。但如果想当然地认为所有古墓葬都必须在城邑外，那就大错特错了。客观事实是，同属燕国都城，琉璃河古燕都的墓葬在城址外，燕下都的墓葬在城址内，就代表了截然不同的两种情况。总之，同期的墓葬和城址究竟是何种关系，需要具体情况具体分析，而不能盲目断定墓葬必在城址之外。

根据北魏郦道元的考订，"蓟邑"之称源于"城内西北隅有蓟丘"，是"因丘以名邑也"⑤。而据侯仁之实地考察，"现在白云观以西的高丘，有可能即是古代蓟丘的遗址"⑥。那么，这个"蓟丘"又能给我们带来什么样的考古线索呢？

根据1956年的考古勘查，今白云观以西确实有一处大遗址，也有一座大土丘。经过初步试掘，可知这里分布着相当密集的陶井，已发现的有战国陶井36座、汉代陶井115座。在大土丘的地面上，当时散布着很多先秦陶片，几乎俯拾即是⑦。而更重要的是，该遗址的一口陶井内还出土了一只战国陶罐，肩部上写着"蓟"字陶文⑧，更为此处是古蓟邑提供了直接

---

① 中国科学院考古研究所二里头工作队：《河南偃师二里头早商宫殿遗址发掘简报》，《考古》1974年第4期。

② 《春秋战国时期郑韩故城位置初步查明》，《人民日报》1962年5月10日。

③ 河北省文物工作队：《河北易县燕下都故城勘查和试掘》，《考古学报》1965年第1期。

④ 山东省文物考古研究所等：《曲阜鲁国故城》，齐鲁书社，1982年。

⑤ 《水经注·湿水》。

⑥ 侯仁之：《关于古代北京的几个问题》，《文物》1959年第9期。

⑦ 北京市文物工作队：《北京西郊白云观遗址》，《考古》1963年第3期。

⑧ 陈平：《释"釗"——从陶文"釗"论定燕上都蓟城的位置》，《中国历史文物》2007年第4期。

证据。

1972年，考古工作者对"蓟丘"进行了局部发掘，果然发现了一道古城墙。但令人遗憾的是，这道城墙的墙基下压着三座东汉时期的墓葬，而根据考古地层学的基本原理，这说明该城墙的筑造年代不会早于东汉[1]。于是考古工作者得出结论，判定此处"不可能是蓟城的所在"[2]。此后人们不断扩大了考察范围，或以蓟城在今宣武门至和平门一带，或以其在今广安门以西至莲花池以东一带，或以其在今广安门以南一带，或以其在今宣武门外教子胡同法源寺以北至长安街以南一带，歧见纷出[3]。迄今为止，以上各说皆未取得进一步的证据，殊难遽定。然而这里需要特别强调的是，即使白云观以西的古城墙下压着东汉墓葬，但在进行较大范围的揭露之前，特别是在按照考古规程全部揭露到地下生土层之前，仍然不能说此处的东汉墓下一定没有叠压着更早的城垣或文化堆积，因此断然不能说白云观以西就一定不是蓟城的所在。好在上述各种说法大同小异，皆以蓟城在今北京市西城区的南半部。

除了古蓟城城址，北京地区还发现了其他一些与蓟国有关的考古遗存，无非因隐晦难辨而向不为人所关注。

1982年在顺义牛栏山金牛村发现了一座贵族墓葬，出土了8件青铜礼器，计有鼎、卣、尊、觯各一，觚、爵各二，时代属西周早期。铜器上镌有铭文，其中皆有一个可释读为"其"的国族称谓[4]，此即蓟国之"蓟"。准此，牛栏山此墓当属西周早期的蓟国，它在顺义的出土，说明当时蓟国除了今北京城区外，还向东北延伸到了顺义一带。

饶有兴味的是，当商王朝已成明日黄花，商的原属国纷纷众叛亲离

---

[1] 赵其昌：《蓟城的探索》，《北京史研究（一）》，北京燕山出版社，1986年。

[2] 北京市文物局考古队：《建国以来北京市考古和文物保护工作》，《文物考古工作三十年》，文物出版社，1979年。

[3] 同上注。

[4] 程长新：《北京顺义县牛栏山出土一组周初带铭铜器》，《文物》1983年第11期。

的时候，此墓却依然承袭了觚、爵组合的商人礼制。前文已述，夏家店下层文化的刘家河贵族墓适逢商朝鼎盛期，却不采用觚与爵的组合，两相比照，真可谓大相径庭！在北京琉璃河一带，也出土了大量西周早期的贵族墓，墓中随葬的青铜礼器极为丰富，却一概没有觚，当然也就没有觚与爵的组合[①]。因此，牛栏山墓出土的觚器引起了考古工作者的特别关注，强调这"2件铜觚属北京地区新出现的器类"[②]。殊不知，觚也罢，觚、爵组合也罢，并非什么"新的器类"，而仅仅是北京地区前所未见的商人遗风。

这遗风带给我们的启示是多方面的，主要有：

一、它进一步表明，蓟国早已存在于殷商时期，以至到西周早期仍保留着原来的商文化传统不变；

二、这说明殷商蓟国虽然偏在燕山南麓，但与商王朝关系密切，因此纳入了觚、爵组合的商文化系统。前述"亚其""其侯"卜辞及妇好墓"亚其"铭文皆出自殷商都邑，这也见证了蓟与商的非同一般联系；

三、尤有甚者，即便江山易主，在进入周的天下后，蓟人居然依旧可以毫无顾忌地在周人眼皮底下继续奉行殷商的礼制，继续保持殷商的传统；

四、这还透露出，西周初年的蓟国贵族依然传承着殷人的崇酒遗风。

上述前两点恰恰印证了蓟国的根基久远，印证了它的黄帝族裔地位，合乎历史的逻辑。至于第三点，恐怕正是因为蓟国的"先圣王"背景和周

---

① 北京市文物研究所：《琉璃河西周燕国墓地》，文物出版社，1995年。
② 北京市文物研究所：《北京考古四十年》，第50页。

武王褒封的殊荣，才使蓟国贵族享有了如此特权。至于第四点，上节已述，商人的觚、爵组合是以酒器为主的礼制制度，源于商人的崇酒之风，它在牛栏山墓的出现，显示蓟人还一味固守着这种"酒文化"。

观诸史实，商朝灭亡后，"殷鉴不远"的周人总结经验，认为商人在相当程度上是因酒而亡的，故而颁布了极为严苛的戒酒令。《尚书·酒诰》记载了周公命令康叔在卫国禁酒的诰词，文中就一再痛斥商人的"庶群自酒，腥闻在上，故天降丧于殷"。周康王时期的《大盂鼎》铭文也说："我闻殷堕命，殷边侯、甸与殷正百辟，率肆于酒，故丧师。"[1]因此，周朝甫一创建，便立即革除了殷礼的觚、爵酒器组合，改为鼎、簋相配的食器组合。可是蓟人似乎对此并不甘心，不仅在顺义牛栏山墓中保留了觚、爵相配的酒器组合，还规规整整的出了两套，就连随葬的卣、尊、觯也一概是酒器。这恐怕不是在为商的亡灵扬幡招魂，而一定程度上反映了蓟人自己的嗜酒习俗。可叹这个蓟国确实不失为《大盂鼎》所说的"殷边侯甸"之一，到西周时仍不改"率肆于酒"的旧习。但大约正因为如此，今顺义牛栏山也才有了闻名遐迩的"牛栏山二锅头"。

无独有偶，1975年在昌平白浮发现了三座西周中期的木椁墓，出土了带字卜甲和带铭铜器，其中也有"其"字徽号[2]。这是一组自北向南排列的墓葬，均为长方形竖穴木椁墓。1号墓的棺椁较小，只随葬了一件小玉璧，墓主为一老年男性。2号墓和3号墓棺椁较大，底部设有腰坑并殉葬了狗，其中2号墓主为一中年女性，3号墓主为一中年男性。第2、3号墓出土的随葬品种类繁多，有铜器、陶器、石器、玉器和卜甲、卜骨等。铜器主要包括礼器、兵器、工具和车马器，尤以铜兵器为大宗，总数多达60余件。这组墓的青铜礼器已经形成很规整的鼎、簋组合，2号墓1鼎配1簋，

---

[1] 刘桓：《大盂鼎铭文释读及其他》，《北方论丛》2005年第4期。
[2] 北京市文管处：《北京地区的又一重要考古收获——昌平白浮西周木椁墓的新启示》，《考古》1976年第4期。

第三章 持续性——永恒的文明之光

3号墓3鼎配2簋。

从文化面貌上看,这组墓无论在墓室结构及葬式上,抑或在鼎、簋相配的礼制制度上,都与同期的周文化无异。其中随葬的青铜礼器如鼎、簋、壶和部分青铜马具、车具、工具、兵器等,也都属于中原文化系统,有的甚至如出一范。但与此大不相同的是,它们也出土了大量北方草原民族的异形器,具有浓郁的草原风格。例如两座墓出土的青铜短剑皆为典型的"北方系青铜器",普遍见于内蒙古、辽宁、河北北部一带;2号墓出土的钉满铜泡的靴子风格迥异,曾发现于沈阳郑家洼子的少数民族墓葬;两墓随葬的铃形器也是草原民族特有的器具,多流行于内蒙古一带。如此者甚多,不一而足。

关于这组墓的族属或国属,此前展开过不少讨论,主要看法是基于墓中随葬的北方草原系物品,想当然地认定"其族是土著氏族"[①]。这组墓中以2号墓保存得最为完好,随葬品数量最多,因此成为考订此组墓葬族属的主要依据。而见于这座墓葬,随葬的青铜短剑、兽首刀、异形头盔和镶满铜扣的皮铠甲等,无一不是风格迥异的草原文化青铜器。特别是此墓出土的异形头盔和皮铠甲等,皆为墓主的贴身之物,更从服饰上直观再现了墓主的异族装束。有鉴于此,人们认定这组墓葬必属戎狄族无疑。

但是,作为草原民族的墓葬,怎么会采用如此规范的中原礼制和葬制呢?更何况,不仅它们的青铜礼器属于不折不扣的周文化系统,就连陶器文化也与周燕文化十分相似,这就更与它们是草原民族墓葬的结论相去甚远了。而要揭开这一谜底,关键在于如何辩证地看待这组墓葬的国族属性。

此前的讨论往往不加区别地将2、3两座墓的族属混为一谈,并以2号墓作为判定这组墓葬族属的重点。但实际上,按照青铜礼器的等秩,3

---

① 韩嘉谷:《论北京地区为"其"国(族)故地》,《北京文博》1995年第1期。

鼎配2簋的3号墓规格最高，加之该墓墓主为男性，无疑它才是这组墓葬的中心。而综合以观，3号墓虽然也出土了一些异形兵器，如带铃匕首、鹰首及马首短剑等，但这只是次要因素，而在其主流方面，包括葬制、礼器组合、铜器形态、陶器种类、陶器形制等等，都明白无误地属于周文化系统。至于2号墓，墓主为女性，显然是3号墓主的配偶。虽然其异形头盔和皮铠甲等贴身之物已经表明了她的异族身份，但这并没有什么可奇怪，因为按照族外婚的原则，2号墓主完全可以来自与3号墓不同的民族。因此，综合起来看，昌平白浮墓应当是以属于中原文化系统的3号墓为主导、以戎狄族的异性配偶为附属的夫妇合葬墓。

昌平白浮2、3号墓都发现了有字卜甲，这是北京地区迄今所见有字卜甲的唯一一例，也是全国西周时期带字卜甲的罕见一例。这些卜甲分龟背和腹甲两种，背面经过修整，凿孔排列整齐。不同于殷商时期的是，这些西周中期卜甲的凿孔皆为方凿，而非殷商卜甲的圆凿，表现了时代与文化的差异。

2号墓的卜甲出于尸骨上方，有残碎卜甲数十片，带契刻文字的有"贞"和"不止"两片。3号墓的卜甲残片出于椁室右侧，数量远较2号墓为多，多达百片以上。其中有的刻有"其祀"，有的刻有"其尚上下韦驭"，皆有一个"其"字族称。这些卜甲的字体小巧纤细，表现出了契刻者高超的技艺，非一般人所能为。此外2号墓还出土了带"兀"字徽号的青铜兵器戟与戈，学者认为这也是"其"的异形字[1]。事实上，无论2号墓的"兀"字是否通"其"，按照这组墓的国族属性必当以男性主人的3号墓为基准的原则，即可凭此墓出土的卜甲文字判定，这组墓葬统属"其"，是蓟国贵族的墓葬。

昌平白浮和顺义牛栏山同在北京城以北，一个偏西，一个偏东，恰

---

[1] 韩嘉谷：《论北京地区为"其"国（族）故地》。

与古蓟城合成了一个"金三角"地区。早在一个半世纪前的清同治六年（1867年），卢沟桥一带也发现了带"其"字铭文的青铜器[①]，这恰好就在"金三角"的范围内。从这些考古遗存的分布看，以北京小平原为重心，加上向西北和东北的延伸，就是当时西周蓟国的所在。至于由此往南，因为有姬周燕国雄踞于今永定河西南，于是很难再越雷池一步。而由昌平白浮或顺义牛栏山向北，便是连绵不绝、山高谷深的军都山和燕山，蓟国显然既无必要也无可能再去翻越它们了。所以，合乎逻辑的结论是，西周蓟国的基本版图就是由这个"金三角"地区组成的。

虽然统属蓟国贵族，但由于时代的变迁，从西周早期的牛栏山墓到西周中期的白浮墓，已由觚、爵组合的殷商文化转变为鼎、簋组合的姬周文化。这固然体现了在时代背景下商文化与周文化的此消彼长，但不容忽视的是，昌平白浮墓虽然晚到了西周中期，却仍然保留了相当明显的殷商遗风。突出之例是，它的墓底设置了腰坑并殉葬了狗，而这就是典型的商人习俗。此外商人"率民以事神，先鬼而后礼"[②]，占卜之风盛行，几乎无日不占、无事不占，白浮墓的卜筮之风也与之十分契合。特别是白浮卜辞非同寻常的凿刻技术，宛如出自殷商巫师之手，更显示了它们与殷商文化的渊源关系。凡此实例无不说明，西周中期的昌平白浮墓仍然保留着大量商文化孑遗，而这恰好与西周早期牛栏山墓的典型商风一脉相承，印证了它们族属的前后一致。

除了礼器组合的转变外，这两座墓还有一个明显的差异，即顺义牛栏山墓的铜礼器以酒器为主，昌平白浮墓的随葬品却以兵器为多。这似乎反映了蓟人从崇酒之风向尚武之风的转变，反映了蓟国的中兴，但事情显然没有这么简单。

随葬了大量兵器的昌平白浮墓位处北京平原的北缘，其西北和北面不

[①]《攀古楼彝器款识目录》。

[②]《礼记·表记》。

远处就是蜿蜒起伏的军都山脉，而这正是草原民族出没的地方。前面提到的张家园上层文化就是一支以畜牧族为主体的文化[1]，西周早期他们主要活动在北京西部、北部和东北部山陵地带，恰与昌平白浮紧相毗邻。此外彰明较著的是，军都山一带还是山戎族的营地。

前文已述，近半个世纪以来，在延庆陆续发现了十余处极具民族特色的直刃匕首式青铜短剑遗存，时代从西周晚期直到战国早期，此即山戎族的文化。这支山戎部落集中在延庆盆地北部边缘及军都山南麓，已经进入了青铜时代，实力日渐强盛。草原民族向来孔勇好武，极富进攻性，在势力坐大后，免不了要觊觎北京平原的丰饶富庶，以至频频犯境。而与之毗邻的蓟国，正好首当其冲。

《左传·桓公六年》载："北戎伐齐，齐侯使乞师于郑，郑太子忽帅师救齐。六月，大败戎师。"又《史记·匈奴列传》载："山戎越燕而伐齐，齐釐公与战于齐郊。"以上两文所述一事，即在刚进入春秋时代后不久，公元前706年，山戎族竟然跨越燕国去奔袭千里之外的齐国。此外《史记·齐太公世家》载：

（齐桓公）二十三年，山戎伐燕，燕告急于齐。齐桓公救燕，遂伐山戎，至于孤竹而还。

上文说的则是发生在公元前664年至前663年的事，当时山戎族大举犯燕，形势危急到了"燕告急于齐"的地步，以至齐桓公要亲率大军千里驰援，方得救燕国于水火。

除了上述有明文记载的山戎族来犯外，燕国历史上还有一桩悬案也很可能与此有关，这就是《世本》所说的"桓侯徙临易"[2]。此桓侯一般认为

---

[1] 说详第五章第五节。
[2] 《史记·燕世家》集解引《世本》。

是春秋初年的燕桓侯，时在公元前 697～前 691 年。迁都是何等大事，而燕桓侯之所以要迁都临易（今河北雄县），盖因《左传·庄公三十年》所说的"山戎病燕"之故，也正是为了躲避北方山戎族的侵扰。

军都山脉位于昌平北部，紧连昌平白浮。由是可知，无论是出于张家园上层文化畜牧族的侵扰，还是出于山戎族的进犯，昌平白浮都处在狼烟滚滚的战争第一线。而2、3号墓主的全身戎装，盖因墓主人是衔命在身、枕戈达旦的军事将领。2号墓主为一介女子，居然也身着铠甲，并且随葬了剑、戈、戟、刀、矛、盾、盔等一整套兵器，仅各式各样的戈就有18件，更是再真切不过地反映了她"不爱红装爱武装"的生前形象。这种随葬大量兵器的女性墓葬在历史上极为罕见，另一个突出实例即大名鼎鼎的殷墟"妇好"墓。

根据殷商卜辞的记载，妇好是商王武丁的法定配偶之一，生前曾多次带兵征讨四方，是个极具传奇色彩的巾帼英雄。她的墓里就随葬了不少兵器，仅青铜兵器就出土了 130 余件，其中包括青铜钺 4 件、青铜戈 90 余件[①]。白浮2号墓主的身份虽然远不及妇好，但其性质无疑是相同的，同样是一位叱咤疆场的女中豪杰。与妇好所在的殷商时期截然不同的是，白浮2号墓属西周中期，正处在周人通过周礼大力强化夫权制的时代，女性早已沦为家庭的附庸。此时此刻女子要想披挂上阵激战沙场，无异于天方夜谭。而白浮2号墓主之所以如此这般惊艳出世，一则和昌平地处战争一线有关，更重要的则应和她的异族身份有关。据《辽史·后妃列传》的记载，直到公元十一世纪初叶，辽国攻打宋朝时辽圣宗之母萧太后还御驾亲征，一身戎装地站在战车上"指麾三军，赏罚信明，将士用命"，其展现的就是马背民族巾帼不让须眉的特殊风采。

通过上面的分析，可知昌平白浮墓主并非戎狄首领，而是浴血疆场的

[①] 中国社会科学院考古研究所：《殷墟妇好墓》，文物出版社，1980 年。

蓟国将领。他们的崇武重兵似乎不足以证明当时的蓟国贵族已经摒弃了崇酒恶习，却足以证明西周中期的蓟国正面临着越来越重的战争威胁，熊熊烈火已经燃烧到昌平白浮一带。

　　在自古至今的史学著作中，蓟的历史几为一片空白，就像它根本不存在一样。即使晚到了前不久，当考古资料已经相当丰富的时候，在由多位专家合著的洋洋330余万字的《北京通史》里，对北京的古蓟邑也不遑多论，只以"（蓟）也是同时由西周王朝分封的国家"[①]一语带过。然而，通过本节的条分缕析，可知至少从商王武丁开始，北京地区就世代生活着环环相因的黄帝后裔，"蓟"就是他们的国都，也是他们的国名。在甲骨卜辞及殷商金文中，有关"其"国的记载不乏其见，且以侯爵称之，可见这个蓟国在商代已经相当显赫，是北京地区的重要方国。同时，镌有"其"字铭文的西周铜器曾屡屡发现于琉璃河燕国贵族墓地以及辽宁喀左等地[②]，表明蓟国与这些地区交往密切，还是一个相当活跃的方国。古谚云："生于忧患，死于安乐"，有迹象表明，当这些黄帝后人远离涿鹿的群山峻岭，来到富庶肥沃的北京平原后，尤其是在定居蓟邑后，贵族集团开始尽享丰饶之地带给他们的富足与欢乐，生活渐趋糜烂，以至到西周时仍不改"率肆于酒"的恶习。

　　顺义牛栏山及昌平白浮西周墓的发现，为复原蓟国的历史提供了极为宝贵的资料。它们揭示，由蓟城与这两个墓葬出土地点构成的"金三角"，就是西周早中期蓟国的主要领土，而这恰恰是北京平原物阜民丰的膏腴之地。此外，这两处墓葬都包含了或明或暗的商文化风格，体现了蓟国与中原商王朝的渊源关系，也印证了蓟国与生俱来的"华夏"根基。到了西周中期，蓟的文化由典型商文化转变为典型周文化，表明蓟国已经臣服于燕，甚至成了燕国的附庸。但这时它也日益受到来自山戎或其他畜牧族的

[①] 北京市社会科学院编著：《北京通史》，中国书店，1994年，第52页。
[②] 辽宁省博物馆等：《辽宁喀左县北洞村出土的殷周青铜器》，《考古》1974年第6期。

战争威胁，战火已经烧到家门口。这预示着，蓟国的命运很快就要发生意想不到的变化了。

五 姬周召公的燕国

当历史被姬姓周人揭开新的一页后，北京地区的殷商古燕国终于被另一个燕国所取代，这就是召公奭所封的燕。

《史记·燕召公世家》云："周武王之灭纣，封召公于北燕。"《史记·周本纪》亦云："封召公奭于燕。"此即封召公于燕的历史记载。这是周天子对兄弟、亲戚及功臣的分封，和对先圣王后裔的褒封明显不同，区别要之有三：

一是"（周公）兼制天下，立七十一国，姬姓独居五十三人"[1]，受封者主要是姬姓周天子的兄弟及宗室、姻亲成员，由此编织成了一个以血缘为纽带的庞大政治体系；

二是受封者皆"受民受疆土"[2]，诸侯得到的是一处实实在在的被征服土地和臣民，而非一个虚衔；

三是所封之国的国号不乏沿用当地原有国名或地名者，但这是一个全新的政体，与此前的方国毫不相干。

比较之下，对先圣王后裔的褒封一来受封者多为先朝后人，二来基本是名义上的嘉封，三来多为故国的延续，两者的差异一望可知。在周天子新封的诸侯国中，最具代表性的几个即《史记·周本纪》所说的"封尚

---

[1]《荀子·儒效》。

[2]《大盂鼎》金文，见刘桓《大盂鼎铭文释读及其他》，《北方论丛》，2005年4期。

父于营丘，曰齐。封弟周公旦于曲阜，曰鲁。封召公奭于燕，封弟叔鲜于管，封叔度于蔡"，而其中与幽燕地区直接相关的，就是召公奭所封的燕。

关于召公奭，《史记·燕召公世家》云："召公奭与周同姓，姓姬氏。"《史记集解》引谯周曰："周之支族，食邑于召，谓之召公。"由上可知，召公是周王室的同姓宗亲，姓姬名奭，因食采地于召而称召公。

史书记载，召公奭在周朝的开基创业中建立了盖世功勋，故以几朝元老的身份位列三公，高居群臣之首。《诗·大雅》云："昔先王受命，有如召公，日辟国百里。"召公竟每日为周朝开疆扩土百里以上，其功绩当然无人可比。于是《尚书·君奭》云："召公为保，周公为师，相成王为左右。"即在周朝创建后，召公奭位居太保，与周公旦、姜太公并列为周天子的三公之一。此外《尚书·召诰》《尚书·顾命》及《史记·周本纪》记载，周成王临死前"惧太子钊之不任，乃命召公、毕公率诸侯以相太子而立之"[①]，遗命召公率诸侯辅佐康王。综合此类记载不难看出，召公奭虽为周天子的旁支，但因功勋卓著，地位之高几乎不逊武王胞弟周公旦。

召公奭不仅爵列三公，还是周朝权贵中素具贤名者。《史记·燕召公世家》云：

> 召公之治西方，甚得兆民和。召公巡行乡邑，有棠树，决狱政事其下，自侯伯至庶人各得其所，无失职者。召公卒，而民人思召公之政，怀棠树不敢伐，歌咏之，作甘棠之诗。

这里说，召公为政贤德方正，深得封地的民心，故民众做"甘棠之诗"歌咏之。此诗已载入《诗经》，名曰《甘棠》。其诗句寓情于景，意味隽永，借对甘棠的咏怀表达了对召公的歌颂与怀念。

武王克商后，为了安抚殷商遗民，命商纣王之子武庚禄父继续留居殷

[①]《史记·周本纪》。

都朝歌，以接续商人先祀并管理殷商遗民。但为了防止武庚禄父叛乱，武王在原商王畿内又加封了邶、墉、卫三个侯国，分别交给自己的兄弟管叔、蔡叔、霍叔治理，以便监管武庚。此后不久，武王逝去，幼子成王继位，周公旦辅政。管叔、蔡叔对此十分不满，散布周公想篡位的谣言，并串通武庚起兵反叛。此事的结果如《逸周书·作雒解》所载：

  （成王）二年，又作师旅，临卫政殷，殷人大震溃。降辟三叔，王子禄父北奔。

即为了保住江山社稷，周公和召公奉成王之命率师东征，一举荡平了朝歌叛军。最后周王师诛杀了管叔、放逐了蔡叔、贬黜了霍叔（降辟三叔），并迫使"王子禄父（武庚）北奔"。

前文已述，在张家园上层文化相当西周早期的时候，商文化因素突然在北京地区大量涌现，这不能不说是件十分蹊跷的事。其蹊跷之处在于，此时商已亡国，其文化怎么会大量出现在燕地呢？现在，当我们了解了战败亡命的武庚禄父曾一股脑向北逃窜的事实后，方知这是武庚禄父带来的。但更为奇怪的是，武庚禄父为何不就近奔向周边的商人故地或商人与国，而不惜千里迢迢奔往幽燕呢？这又说明，当时商人在幽燕一带尚有牢固的基础，这里因此成了商人最后的避难地。

第三节曾述，商人势力早在夏代就已进入易水流域，在北地扎下了深深的根基。武王伐纣时，燕山一带的孤竹国君之子"伯夷、叔齐叩马而谏"[1]，试图阻止武王大军东行，这也说明了商朝势力在燕地的根深蒂固。到了西周初年，顺义牛栏山蓟国贵族墓仍奉行商人礼制，进而透露了蓟人和商朝关系的非同一般，揭示了燕地的商文化影响。因此，当时不仅武庚禄父把幽燕之地当作了逃生的首选之地，而且向北逃窜的势必还有许多商

---

[1]《史记·伯夷列传》。

朝遗老遗少，而这就是西周初年突然在北京一带涌现出大量商文化因素的缘故。那么，在平定了殷人叛乱后，如何镇抚商人势力盘根错节的东北重地呢？这便成了草创伊始的周王室迫在眉睫的任务。而以召公的地位、威望、才干、功德，坐镇幽燕者非他莫属，于是这一使命便历史性地落在召公身上。

关于召公奭的受封，《史记·燕召公世家》及诸多文献多将其归在武王名下。但从整个事态的发展看，召公封燕理应晚到了周成王平定殷人叛乱之后。

根据之一是，《左传·僖公二十四年》疏云："封建兄弟，归功于武王耳，亦非武王之时已建五十五国，其后不复封人矣。"此文明确指出，武王之后受封的诸侯国不在少数，但因周之分封皆出自武王灭商，于是"归功于武王"。《史记·汉兴以来诸侯王年表》云："武王、成、康所封数百，而同姓五十五。"此文更直截了当地道明，周之封国分别来自武王、成王、康王三世，并非仅限武王一世。

根据之二是，成王初年的殷人叛乱是被周公、召公联合击溃的，如果早在武王之时就封了一个召公的燕，王子禄父及商朝遗民无论再怎么糊涂也不会昏头昏脑地逃往燕地的，因为那无异于自投罗网。

根据之三是，《太平寰宇记》卷六十七载："周公封召公。"此文便以召公受封于周公摄政之时，此即成王年间。

根据之四是，1996 年在清理琉璃河古城一处层位最深、年代最早的灰坑时，发现了刻有"成周"两字的甲骨[1]。今案：成周是周王朝的东都，建成于周成王五年。这一证据说明，琉璃河燕

---

[1] 曹定云：《北京琉璃河出土的西周卜甲与召公卜"成周"》，《考古》2008 年第 6 期。

都无论如何早不到周武王之时，因为那时还没有成周。

根据之五是，房山琉璃河1193号大墓的墓主人"克"被认为是燕国的第一代诸侯，而根据铜器铭文的记载及器物类型学的分析，可知其受封的时间恰在成王之世[①]。

由上可知，召公的受封只能在武王之后的成王之世，而且是在周成王五年之后。据推算，周成王在位于公元前1042～前1021年[②]，成王五年相当公元前1037年，这就是召公奭都燕的上限年代。

在召公封燕的诸多史实中，上述受封背景、受封时间以及沿袭殷商古燕亳或故燕地的国族称谓而名"燕"等，都是比较容易判明的。而除此之外，历来最纷纭莫辨的，则是召公的受封之地和所居之邑。鲁公、康叔、唐叔受封后分别就国于少皞之虚、殷墟、夏墟，于此史有明证。可是对于召公奭的封地，史乘的记载却前后抵牾，终于酿成了一桩千古疑案。

早自汉代以来，对召公的封地就形成了四种不同说法：

一说封于今北京市区的古蓟邑。《汉书·地理志》广阳国下原注云："蓟，故燕国，召公所封。"古蓟城位于今北京市区，说已见前，此文即以召公始封于此。

一说封于天津蓟县。《史记正义》引《括地志》云："燕山在（唐）幽州渔阳县东南六十里。徐才宗《国都城记》云周武王封召公奭于燕，地在燕山之野，故国取名焉。"唐渔阳县即天津蓟县，此说认为召公始封于此。

一说封于今河北涞水县。北宋乐史《太平寰宇记》卷六十七"易州"云："废涞水县在州北十二里，……按县地即周公封召公

[①] 北京市文物研究所：《北京琉璃河1193号大墓发掘简报》，《考古》1990年第1期；陈平：《再论克罍、克盉铭文及其有关问题》，《考古与文物》1995年第1期。
[②] 据夏商周断代工程推算，见《中国历史纪年表》（修订本）第153页。

于此也。"

此外还有一说，以黄帝后人初封于蓟，未久蓟国绝灭，成王改封召公燕国于蓟。南宋王应麟即主此说，其《通鉴地理通释·历代都邑考》云："《诗补传》曰……黄帝之后封于蓟者已绝，成王更封召公奭于蓟为燕。"

以上古来诸说，今人各执一词，长期争讼不已。更有甚者，还有在此基础上推演发挥，另以召公之燕封在河南郾城或河北易县的。也有试图调和历来各说，以燕国初封河南，后迁山西，再迁河北的。其中河南郾城说因为得到了傅斯年和顾颉刚等大家的赞同，一度极为盛行，以至"其说出后，世无异论"[①]。以上各说中，汉唐间流行的说法还大多集中在秦汉的故蓟城上，总算未出今北京的范围。但此后衍生出的种种说法，如河南中部的郾城说及河北的易县说等，已经远离了北京地区。渐渐地，燕的初封之地不仅与北京无关，甚至与燕地无涉，燕都的探索由此堕入雾里云中。

1964年，房山琉璃河镇黄土坡村农民在挖菜窖时发现了两件西周青铜器，皆有铭文，引起了有关方面的注意。从1973年春季开始，中国社科院考古研究所会同北京市文物管理处组成考古队，对该地进行了长达数十年的大规模发掘，终于揭开了燕国封地之谜。

这是一处规模宏大的西周遗址，东西长约3.5公里，南北宽约1.5公里，总面积阔达5.25平方公里。整个遗址分城址、居住址和墓地三大部分，城址主要建在大石河东北面的一处高台地上，城墙由夯土版筑，至今仍有高出地面的城垣。

经勘探与发掘，古城呈长方形，东西长约829米，城址南部因被河水冲毁，南北长度仅余300米。城墙外侧有护城河环绕，河的上口宽约15

[①] 傅斯年：《大东小东说》，《中央研究院历史语言研究所集刊》第2本第1部分；顾颉刚：《燕国曾迁汾水流域考》，《责善半月刊》第1卷第5期，1940年5月。

米，深2米许。城内偏北部发现了大型夯土台基6处，出土了板瓦等建筑构件，应是宫殿区的所在。城内还有祭祀区，集中在宫殿区的西南部，祭祀坑内埋有整头牛、马骸骨及许多经过钻凿的卜甲、卜骨。发掘结果证明，此城始建于西周初年[①]。

古城的墓葬区集中在城外黄土坡村北，已探明有500余座墓葬和50余座车马坑，均已发掘过半。这些墓葬总体可分四期：第一期属商代晚期，第二至四期分属西周早、中、晚期。墓中随葬了大量青铜礼器、兵器、车马器、原始青瓷器、漆器及陶器等。

青铜礼器皆出自大、中型墓，不少器皿还镌有铭文，内容多与燕国和燕侯有关。特别是第1193号墓，经考证是第一代燕侯的陵墓，所出铜盉、铜罍镌有长篇铭文[②]。经释读，铭文"记录的是周王对太保（召公）的明德、贤良多有赞扬，册命他领有燕侯的爵位，并把九个族（或国）一起归他管辖的事"[③]。综合这些铭文的记述，可知分封于此的就是召公奭，他曾亲自到燕国就封，然后返回宗周继续辅佐周天子，燕侯之职由其元子接替。所有这些，都与文献有关召公封燕的记载相符，证明召公的封地的确在今北京地区，房山琉璃河古城就是他的都邑。

六　周燕代蓟

叙论至此，可知周初的两类分封中事关幽燕者各居其一，一是黄帝后

[①] 北京市文物研究所：《琉璃河西周燕国墓地（1973～1977年）》，文物出版社，1995年；中国社会科学院考古研究所、北京市文物工作队琉璃河考古队：《1981～1983年琉璃河西周燕国墓地发掘简报》，《考古》1984年第5期；北京大学考古学系、北京市文物研究所：《1995年琉璃河周代居址发掘简报》《1995年琉璃河遗址墓葬区发掘简报》，《文物》1996年第6期。

[②] 琉璃河考古队：《北京琉璃河1193号大墓发掘简报》，《考古》1990年第1期。

[③] 殷玮璋：《新出土的太保铜器及其相关问题》，《考古》1990年第1期。

人的蓟，二是姬周召公的燕。它们一个固守在今永定河东北，一个崛起于今永定河西南，由此形成了以今永定河河道"划江而治"的局面。

当时北京周边显然还有其他一些部族，例如北部和西部山林地带的肃慎与山戎，以及南部的邶伯等。但在周朝建立后，特别是在召公封燕后，这些方国及部族的命运恐怕就要发生重大改变了。历史上有一个孤竹国君之子伯夷、叔齐"不食周粟"的故事，恰好透露出这些部族进入西周以后的命运。

伯夷、叔齐是商周之际的著名人物，司马迁的《史记》还专门为他们立了传。传云：

> 伯夷、叔齐，孤竹君之二子也。……武王已平殷乱，天下宗周，而伯夷、叔齐耻之，义不食周粟，隐于首阳山，采薇而食之。……遂饿死于首阳山。

前文曾述，伯夷、叔齐在武王发兵伐纣时曾冒死"叩马而谏"，结果当然是螳臂当车，无济于事。于是在商朝灭亡后，伯夷、叔齐双双逃往首阳山，矢志"不食周粟"，最后生生饿死在山里。这个故事意在褒扬伯夷、叔齐对旧朝的忠贞不二，但它更加暗示出，当西周王朝以军事实力作后盾强制推行了分封制之后，当姬周燕国以锐不可当之势闯进幽燕大地之后，其他部族的淡出幽燕已是大势所趋。遥想当年，"天高皇帝远"的幽燕邦国及土著部族过惯了"山中无老虎"的日子，与夏、商王朝只存在松散的联盟关系，而如今好景不再，怎能不另寻出路？但面对强大的姬周封国，这些部族或拼死顽抗直至灭亡，或主动降服甘为臣子，或退出平畴另觅生路，或像伯夷、叔齐一样宁愿饿死也不屈从，舍此岂有它哉？更何况，随着周人势力的日渐强盛，燕、蓟二元并峙的局面也难以维持，姬周燕国在幽燕地区的一统天下未久便至。

考古资料证实，在琉璃河燕都遗址，能够反映都城地位的大中型贵族墓、宫殿基址、城垣建筑等，都集中在西周早、中期。而到了西周晚期，该遗址的护城河已经淤塞，失去了防卫功能，城址内也没有了宫殿基址和高等级遗物，墓地更只剩了小型墓葬。凡此事实无不说明，琉璃河遗址的城市功能在西周晚期发生了改变，不再是燕国都邑，而成了一个普通居住区[1]。由此带来的问题是，召公燕国在经历了近二百年的风雨历程后，到西周晚期正值蓄势待发，怎么突然连都城也弃之不顾了呢？索诸史实，原来此时的燕国为了取得更大的发展，已经跨越今永定河的"楚河汉界"，进入了黄帝后人的蓟，开始以蓟为都。

早从上个世纪五十年代起，在辽宁凌源、喀左一带就陆续发现了不少西周初年的燕国青铜器，有的还镌有"燕侯"铭文[2]，表明当时燕国已和辽西地区有了相当频繁的接触。这种接触完全可能出自两种截然不同的情况：一种是相互的友好往来，一种是彼此的兵戎相见。也就是说，这些燕国青铜器既有可能来自燕国的馈赠和双方的交换，也有可能出自战争的掠夺。然而，在这或文或武的交往中，燕国与辽西之间恰好间隔了一个蓟，燕国势力的北进无异于隔山打炮，种种不便可想而知。

侯仁之先生很早就指出：

> 最初始封的燕蓟两国，都处于古代南北唯一的交通大道上。燕国南接中原，腹地广阔，物产富饶。蓟国地处南北大道的北端，再向北去，古道分歧，因此它正是南北交通的枢纽，地位十分重要。[3]

由此可见，燕国要想向北发展，蓟国显然是个绕不过去的坎。此外前文已述，西周中期的蓟国正面临着日益强悍的山戎族的战争威胁，熊熊烈

---

[1] 琉璃河考古队：《琉璃河遗址1996年度发掘简报》，《文物》1997年第6期。
[2] 晏琬：《北京、辽宁出土铜器与周初的燕》，《考古》1975年第5期。
[3] 侯仁之：《北京考古四十年·序》，刊《北京考古四十年》，北京燕山出版社，1990年。

火已经燃烧到了家门口。于是,在种种因素的综合作用下,神不知鬼不觉中,蓟国销声匿迹了,变得无影无踪。而与此同时,见诸各类文献,燕国已经占有黄帝后人的蓟,开始以蓟为都。又于是,从《汉书·地理志》起,径以蓟城为"故燕国,召公所封",似乎召公燕国从一开始就封在了蓟。久而久之,众口铄金之下,人们竟不复言蓟、燕二事,似乎当时的北京只有一个燕。

历史上唯一对燕、蓟的不同做出了一些分辨的,是唐人张守节。他在所著《史记正义》中说:

> 封帝尧之后于蓟,封召公奭于燕,观其文稍似重也。……案:周封以五等之爵,蓟、燕二国俱武王立,因燕山、蓟丘为名,其地足自立国。蓟微燕盛,乃并蓟居之,蓟名遂绝焉。[①]

此文以封于蓟者为"帝尧之后"纯属误见,说已详上章第三节。然而,仅凭他坚信蓟、燕本为并存的两国这一点,已属力排众议的金石之论。而之所以后来"蓟名遂绝焉",张守节认为是因"蓟微燕盛"之故,以至燕国"并蓟居之",这就是如今我们看到的古人对燕都代蓟所做的唯一解释。

是否确如张守节所说,黄帝后人的蓟是被燕国吞并的呢?对此史籍阙载,难以稽考。然而可以确知的是,东周时期的燕国显然已以蓟为都。

文献所见燕国以蓟为都的记载,最早始见于燕襄公,事出《韩非子·有度》:"燕襄王以河为境,以蓟为国。"今案:燕侯谱系中没有襄王,只有襄公,《韩非子》所说的燕襄王应是燕襄公。而所谓燕襄王"以蓟为国",便是以蓟为都。燕襄公在位于公元前657~前617年,属春秋中期,

---

[①]《史记·周本纪》正义。

故此人们认为燕国以蓟为都最早始于春秋中期[①]。然而，这里还有两大因素需要考虑：一是幽燕地区所见的蓟（其）国遗存及金文资料的下限年代基本截止在西周中期，说明此后的蓟国已经离开了北京平原；二是由考古工作提供的资料看，琉璃河燕都废弃于西周中晚期之际，即此后的燕国都城已经迁往他处。两相参酌，应该说最大的可能是，西周中晚期之交的燕国已然北上，实现了由琉璃河燕都向蓟邑的转移。

事实上，文献史料并非没有对燕国在襄公以前已经迁都蓟邑提供必要的线索，无非因其隐晦难辨而向不为人所识罢了。《左传·桓公六年》云："北戎伐齐，齐侯使乞师于郑，郑太子忽帅师救齐。"同此之事尚见《史记·匈奴列传》的记载："（周平王东迁）六十有五年，山戎越燕而伐齐，齐釐公与战于齐郊。"以上所说的山戎伐齐，发生在周平王东迁后65年，也就是公元前706年，属春秋初期。其中的"越燕而伐齐"一句，已明确指出在山戎南下伐齐时只越过了一个燕。这样问题就来了，如果当时燕国还僻在北京西南边缘的房山琉璃河的话，伐齐的山戎根本无须"越燕"，因为那完全不在一条交通线上。再者如果当时的蓟国还在蓟邑的话，山戎伐齐时真正绕不开的反倒是这个蓟。于是，仅从此例即可看出，燕襄公之前的燕国已经迁都于蓟，这样山戎伐齐时才需"越燕"。

再如前述"桓侯徙临易"，事情发生在公元前697～前691年，亦属春秋早期。而桓侯之所以迁都临易，盖因《左传·庄公三十年》所说的"山戎病燕"之故，即为了躲避北方山戎族的侵扰。那么，迁都之前的燕国都城究竟应该在今北京城区的蓟城，还是在房山区琉璃河古城呢？答案显然是前者。因为山戎族位在军都山麓，十分迫近蓟城，一旦杀出山谷，马不解鞍就能直下蓟城，所以燕国才不得不在其刀锋之下被迫迁都。但如果当时的燕都依旧僻在房山琉璃河的话，可以说与山戎族隔山隔水，那就

[①] 徐自强：《关于北京先秦史的几个问题》，《北京史论文集》第2辑，1982年。

完全没有必要劳师动众的迁什么都了。

按考古学分期，一般以周穆王以前为西周早期，穆王到夷王为中期，厉王以后为晚期。据考证，夷王在位于公元前885～前878年，厉王在位于公元前877～前841年[1]，这就是西周中晚期之交的大体年代。于是，按照琉璃河古城的都城史截止在西周中晚期之交的事实推之，燕国迁都蓟城的年代应在公元前九世纪中叶或略早。

在推定了燕国迁蓟的大致时间后，还有一个疑点也很令人困惑，即周燕代蓟的原因果真如唐人张守节所说，是"蓟微燕盛，乃并蓟居之"吗？按照正史的说法，周人姬姓，与黄帝同姓，"舜、禹、契、后稷皆黄帝子孙"[2]，即周人的先公后稷也是黄帝的后裔，蓟与燕无异于宗亲之国。事既如此，怎么好端端的说兼并就兼并了呢？何况蓟国是周武王堂而皇之褒封的黄帝后裔，更不能随随便便的一灭了之。古人说"春秋无义战"[3]，但那是后来的事，而西周王朝采取的是"内弭父兄，外抚诸侯"[4]的政策，对异族皆以柔化为本，似不该绝情如此。官居太保的召公，无疑是周室怀柔政策的制定者之一，更是执行者之一，他的封国尤其不会置祖训于罔顾而轻易灭掉黄帝后裔的蓟的。此外再加上凡事皆有两面性，蓟的存在虽然妨碍了燕国占有富庶的北京小平原，妨碍了燕国向辽河流域扩张，但它好歹在山戎及北方游牧族的刀锋之下为燕国设置了一道铁血屏障，燕国也正好躲在这道屏障之后维持一方平安，又何乐而不为呢？所以，无论从哪方面来说，事情似乎并不像张守节说的那样，是"蓟微燕盛，乃并蓟居之"。

自古至今，燕与蓟的关系始终是争执不下的一个问题。早自汉唐以来，人们就"或言燕都蓟，或言燕并蓟，或言召公更封于蓟，或言蓟改为

---

[1] 夏商周断代工程专家组：《夏商周断代工程1996～2000年阶段成果》，世界图书出版公司，2000年。

[2]《史记·三代世表》。

[3]《孟子·尽心下》。

[4]《逸周书·作雒解》。

燕，或言蓟就是燕"①，总之无论如何也要把燕、蓟合二为一，以至化蓟为无，从而掩盖了北京地区一段极为重要的历史。而综合上面的分析，可知蓟就是蓟，燕就是燕，它们的来源不同、历史不同、地域不同、世系不同，绝非一国一事。早自黄帝以来，由涿鹿而入北京的是黄帝后裔的蓟，长期坚守在北京小平原上的也是这个蓟。而召公奭的燕则始创于西周初年，建都于北京西南隅的琉璃河古城。召公燕国虽然是一支外来势力，但它挟时代的潮流而来，有封土，有封爵，有部众，有武装，更有周朝的强大背景和召公之大旗，其势锐不可当。于是，这股势力很快就成了幽燕历史的主角。到了西周中期，蓟的文化由典型商文化转为典型周文化，就标志它已臣服于燕。而恰逢此时，蓟国日益受到来自山戎的战争威胁，因此很可能为了聊以自保，蓟国乘势而退，离开了刀锋渐锐的北京平原。至于这个蓟到底去了哪里，或许春秋早期冷不丁在中原地区冒出来的南燕国能够提供一定的线索。因为这个南燕国不仅带有"燕"的印记，还继承了蓟人的"黄帝后人"的桂冠②。

其实，蓟去了哪里是并不重要的，重要的是它在北京地区留下的历史，以及周燕代蓟后北京地区发生的变化。可以说，正是始于燕的突兀登场，终于蓟的黯然消失，北京地区的历史在各方面都发生了根本的变化，燕国终于成了整个燕地独一无二的霸主。

七 北京的城市文明

燕以后，大量正史、方志、通志、野史和地下埋藏、地上建筑材料林林总总，已把北京历史的持续发展过程十分清晰地勾勒出来。这个历史过

---

① 葛英会：《燕国的部族及部族联合》，《北京文物与考古》（第一辑），1983年。
② 王光镐：《人类文明的圣殿——北京》，中国书籍出版社，2014年，第186~188页。

程是如此的彰明较著，而其中贯穿始终的一条红线，就是城市文明的生生不息和历久弥昌。

北京城究竟始建于何时？这是一个广为人们关注的话题。1987年5月4日，侯仁之教授致信北京市领导，"建议应尽早考虑北京建城之始，始于何年"[1]。此信掀起了一个探讨北京城始建年代的热潮，最后大多数学者认为周武王伐纣灭商后在北京分封了姬周燕国，这个燕国建都于房山琉璃河古城，这便是北京建城之始。根据文献记载并结合天象、历法的推算，武王伐纣灭商是在公元前1045年左右[2]，于是到了1995年，北京市隆重举行了纪念北京建城3040周年的大型活动，正式确认了公元前1045年为北京建城之始，其源头便是琉璃河的燕都古城。辗转至今，此说已成不易之论，以该年、该地为基点的北京建城活动也一再举办下来。前不久首都博物馆举办了一场以琉璃河燕都为主题的展览，展览名为"鼎天鬲地——北京从这里开始"，这便明白无误地向人们昭示，北京城起源于房山琉璃河的古燕都。但综合有关历史线索，北京建城的年代似乎还有别的可能，而且理应比这为早。

揭开历史的面纱，拂去时代的风尘，我们看到，北京地区城市文明的起源存在着如下几种可能：

一是黄帝创建的"涿鹿之邑"。

上章第三节已论，在天下诸侯"合符釜山"后，黄帝"邑于涿鹿之阿"，在涿鹿平川建造了都邑。考虑到历史上的涿鹿是燕国治下或幽州治下的一部分，今北京市所在的古蓟邑还一度与涿鹿同属一郡，甚至"涿鹿之邑"也曾直接纳入今延庆的管辖，因

---

[1] 侯仁之：《关于京东考古和北京建城的年代问题——致北京市领导的一封信》，刊《北京史研究通讯》1987年9月8日第2期。

[2] 赵光贤：《武王克商与周初年代的再探讨》，《人文杂志》1987年第2期。还有一说认为周武王伐纣是在公元前1046年，相差一年。

第三章 持续性——永恒的文明之光

此不妨把黄帝的"涿鹿之邑"视为北京建城之始。

二是黄帝集团在今北京市创建了城邑。

亦如上章第三节所论，黄帝集团在距今五千年前后已进入北京平原，点燃了这里的文明之光。于是另一种可能性也是存在的，即当时黄帝集团已经在今北京一带建造了初级城邑。

三是五帝时代的"幽都"。

《尚书·尧典》云："(帝尧)申命和叔，宅朔方，曰幽都。"以上所言"幽都"，是中国历史上最早称"都"之处，其地就在北京。《释名》曰："都者，国君所居，人所都会也。"按照这种解释，人们往往将这个"都"字简单地释为"都邑"，认为幽都"显然是一种人们聚集的场所，也许是城邑"[1]，于是这也提供了北京地区城市起源的一种可能，即其可以早到帝尧之时。

四是黄帝后人的蓟。

黄帝后人的蓟位于今北京城区，而如前文所述，武王封蓟是"褒封"不是"始封"，即蓟国在武王之前已经存在。加之蓟国在殷商甲文、金文中多见，是和商王室交往密切的殷商强侯，更说明这个蓟邑早已存在于殷商时期乃至更早。

五是西周燕都。

西周燕都即召公奭始封的都邑，位于今房山区琉璃河镇。考古资料证明，该城始建于西周成王时期。

以上五说的年代各不相同，早的约当黄帝时代，距今五千年左右，晚的到了西周成王时期，距今约三千余年，早晚相差了不下两千年。

综合上章所考，第一说的黄帝建都涿鹿持之有故、言之成理，是可以成立的，唯待考古工作做进一步的发掘与探索。第二说的可能性也是不

---

[1] 侯仁之主编、唐晓峰副主编：《北京城市历史地理》，北京燕山出版社，2000年，第15页。

能排除的，但尚未取得必要的实证，目前只能聊备一说。第三说也只能存疑，因为"幽都"虽然是华夏历史上最早称都之处，但其"都"的本义并非指"都邑"。《左传·庄公二十八年》云："凡邑，有宗庙先君之主曰都，无曰邑。"许慎《说文解字》亦云："都，有先君之旧宗庙曰都。"综合上述记载，可知"都"的初义是指祖先宗庙的所在。《楚辞·招魂》云："魂兮归来，君无下此幽都些。"此文就以"幽都"为人死后魂魄的归依之地。之所以"都"字后来有了"都城"之义，盖因华夏先民对祖先的崇拜无以复加，因此以祖先宗庙的所在为本族宗神的所在，而本族宗神的所在即部族的中心，这样才使"都"字后来衍生出一国之都的含义来。明乎此，可知不能简单地以"幽都"之谓作为北京建都的依据，尤其不能作为五帝时代建都的依据。至于第四说，是目前北京有古城邑的最确切说法，其下限年代至少已可上溯到殷商时期。第五说是目前人们公认的北京建城之始，但它的年代已晚到了西周成王之时。

由是可知，综合目前的全部历史线索，北京的始建城年代自当以黄帝后人的蓟城为说。而如前所述，蓟的下限年代不晚于盘庚至武丁之时，迄今已有三千二百余载。

那么，这个殷商蓟邑到底会是什么样子呢？对此却很少有人论及，因为它早已层层叠叠地掩埋在历朝历代的北京城下。即使偶尔有人谈起，也只是轻描淡写地说："像蓟这样的小邦国，城的规模，宫室市坊的品质必定都很狭隘简陋，估计也难得有几件青铜礼器，多数还是陶器。"[1]但事实上恐怕未必如此。其故在于，一则在殷商卜辞及金文中，蓟国位列侯爵，表明这个殷商蓟国相当显赫；二则蓟国位于北京平原的腹心，拥有良田万顷，国之殷实可想而知；三则西周蓟国的顺义牛栏山墓及昌平白浮墓都有成批青铜器的发现，并非"难得有几件青铜礼器"。因此，殷商蓟城显然

---

[1] 王世仁：《雪泥鸿爪话宣南》，《宣南鸿雪图志》，中国建筑工业出版社，1997年。

不会如想象中的那样不堪。

在北京地区城市文明的历史长河中，还有一个不可忽略的因素，那就是从很早的时候开始，北京小平原上就出现了不止一座城邑，此后更是累有增加，城邑的密度相当之大。姑不论西周时期南北并存的蓟城与燕都，单就东周时期而言，燕国不但在北京平原上兴建了上都和中都，还在周围建造了不少卫星城。例如通过考古勘探与调查，仅在房山一地就发现了先秦时期的蔡家庄古城[1]、广阳古城、长沟古城[2]等，可谓鳞次栉比。

到了秦汉时期，随着铁器和犁耕农业的普及推广，社会生产力明显提高，一方面刺激了手工业和商业的发展，一方面也刺激了城市的发展。而随着郡县制的推行，郡治、县治等各种规格的城市有如雨后春笋，层出不穷。北京地区也不例外，仅就西汉时期而言，见于《汉书·地理志》的记载，北京地区大小不等的城邑已达十六座，分别是燕国（广阳国）的国都、广阳郡的郡府以及各县的县治。为了配合基建工程，考古工作者前不久在通州区潞城镇发现并解剖了西汉时期的路县县城。该城平面呈方形，四面城墙长555～606米不等，用夯土筑成，城的总面积达35万平方米[3]。这是西汉的一个县级城邑，在当年北京地区各类城邑中是层级最低的，但它的规模并不小，质量也不低。

而在北京地区这个星罗棋布的城市群中，蓟邑不仅是最早出现的一个，更是最得天独厚的一个。特别是和琉璃河燕都相比，它有着十分明显的天然优势。

首先在地理方位上，蓟城位于今北京城区，恰好位处北京平原的腹心之地。这不仅使它占尽了最优质的自然地理资源，在人文地理上也尽收北京平原的中心优势，对北京地区有着最强的控制力、内敛力和辐射力。

---

[1] 王汉彦：《周口店蔡家庄古城遗址》，《文物》1959年第5期。
[2] 北京市文物工作队：《北京房山县考古调查简报》，《考古》1963年第3期。
[3] 靳宝：《通州汉代路城遗址》，《文史知识》2017年第8期。

其次在水利资源上，蓟城的条件更是无出其右。古人很早就知道，水利是古代城市兴废的最重要因素，水源枯竭或水患恣肆都能使一座城市顷刻间消失得无影无踪。《管子·乘马篇》云：

> 凡立国都，非于大山之下，必于广川之上。高毋近旱而水用足，下毋近水而沟防省。

以上即古人对都城选址既要靠近水源又要防止水患的辩证思维。而观诸蓟城，一如《水经注》所述，城址四周水路纵横，特别是北京平原的最大河流永定河当年恰从其身旁流过，水源极为丰沛。但与此同时，它又处在永定河冲积扇的脊背上，地势较为高亢，可以很好地防止洪涝灾害。以上相辅相成的两大因素，恰好应和了城址选择的两大前提。

相比之下，西周早中期燕国都城的水利条件就远不如蓟邑了。琉璃河燕都的水源主要来自大石河，即古之圣水。此水发源于太行山脉的大房山谷，在今房山镇东南与众水汇流而下，直泻琉璃河古城，造成了明显的落差。因此，每逢雨季到来，琉璃河古都一带的水患都难以避免，明显不符"下毋近水而沟防省"的原则。今琉璃河燕都古城址的南部被大石河冲毁，就是历史的明证。当初燕人之所以要放弃琉璃河古城而迁都蓟城，恐怕最重要的原因之一，就是为了避开涨落无常且水量较小的圣水，去依傍水量充沛但相对平稳的永定河水系。

另外在交通状况上，蓟城的优势更是非同一般。英国著名历史学家阿诺德·汤因比说：

> 交通系统之所以名列榜首，是因为它们是大一统国家赖以生存的主要制度。[1]

---

[1] [英]阿诺德·汤因比：《历史研究》（修订本），刘北成、郭小凌译，上海人民出版社，2000年，第258页。

由此可见，交通状况是古代都城选址的又一核心因素。察蓟城的所在，南面是开阔的华北平原，其他三面环山，自古就是南联华北平原、北接松辽平原、西去黄土高原、西北入内蒙古高原的交通枢纽。正如侯仁之先生所说："蓟城所在既是南北大道的北方终点，又是继续向北进入北方山后地区几条道路的起点，实质上它就是南北交通的枢纽。"相比之下，琉璃河燕国都城虽然也在古代的南北要道上，但它仅仅是中原北上的必经之地，而非通达各方的交通要冲。因此又如侯先生所说：蓟的交通优势"应该是燕国势力强盛之后就驱兵北上占领蓟城并且迁都到蓟的主要原因。"[1]

总之，仅就北京地区两座最早、最重要的城邑而言，在时间上，蓟的下限年代为殷商时期，琉璃河燕都的上限年代为西周成王之时，二者间隔了至少150年。在空间上，蓟城占有北京湾的腹心之地，西周燕都却偏在西南一隅，两者无论在战略位置、水利条件还是交通状况上都不可同日而语。在发展脉络上，琉璃河燕都突兀而起，骤然而逝，很快沦为废墟，而蓟的历史却贯通古今，一步步孕育出今天的北京城。由此豁然可见，足以代表北京城市起源的是蓟，和今北京城有着最直接空间关系的是蓟，最能体现北京城发展轨迹的也是蓟。因此，无论从哪方面来说，有资格代表北京城市文明的，必非黄帝后人的蓟邑莫属。倘若今后再举办北京建城的纪念性活动，恐怕就不能单以房山琉璃河古城为说了，因为只有古蓟邑才是北京城的代表。

尤为难得的是，自从诞生之日起，这座北京的中心城邑就如奔腾不息的长河，流淌出一部史诗般的城市发展史来。可以说，在人类城市之林中，蓟城最可贵的就是它的连续性，而这恰是北京历史生生不息的最有力见证。

---

[1] 侯仁之：《迎接北京建城3035周年》，《地理知识》1990年第2期。

从黄帝后人源远流长的蓟邑，到姬周燕国的都城，就合成了一部完整的先秦蓟城发展史。开始时在蓟城上演的是蓟国的历史，而自西周中晚期之交起，这里转而成为燕国的都城，并由此一直延续到了战国晚期。据《战国策·燕策二》记载，公元前284年燕国大将乐毅攻取齐国都城后，将缴获的"珠玉财宝，车甲珍器"悉数运回了蓟城。又据《史记·秦始皇本纪》记载，秦始皇二十一年（前226年）"遂破燕太子军，取燕蓟城，得太子丹之首"。凡此记载都说明，蓟城作为燕国的都邑一直延续到了战国末年。此期间蓟城的命运也曾发生过一些变故，例如前述"桓侯徙临易"，就说春秋初年的燕桓侯曾一度把都城从蓟邑迁到临易。但这一来不等于蓟邑就不复存在，二来临易只是个临时性都城，不久后燕国便回迁蓟都①，所以这并未动摇蓟城的都市地位。

秦统一后，为了防止列国旧势力死灰复燃，于秦始皇三十二年（前215年）下令"毁坏关东诸侯旧城郭"②，列国城池被毁坏殆尽。值此浩劫，燕的蓟城亦在所难免，但此前秦始皇"分天下以为三十六郡"③，其中的广阳郡郡治就在蓟邑。由此可见，蓟的城垣或许在秦始皇的毁城令后被毁坏，但作为秦的郡治，其城市面貌却得以保留。恰在毁城令下达之时，秦始皇东巡燕地"之碣石"。蓟邑作为秦的广阳郡治及秦皇家驰道东北端的中心，显然是秦皇东巡的驻跸之地，这也说明当时蓟城仍保留着相当规模的宫殿及官邸。

秦始皇毁城令下达后不久，秦末农民战争风起云涌，燕国旧贵族乘势于公元前209年拥立上谷人韩广为燕王，其都邑便是蓟城。此时的蓟城显然已无法和当年的燕都相比，但既然以此地为都，建筑群落总是少不了

---

① 说详第四章第二节。
②《史记·秦始皇本纪》正义。
③《史记·秦始皇本纪》。

的。此后项羽"立（臧）荼为燕王，都蓟"①，臧荼仍以蓟城为都。总之，诸般事实表明，直到秦朝末年，蓟城依然是燕地的中心城邑，始终挺立在秦末的腥风血雨中。

西汉王朝建立后，自汉高祖五年（前202年）封卢绾为燕王，此后的封国屡兴屡废，但蓟城一直是封国之都。中间时或废国为郡，蓟城便是郡治，仍然稳居中国东北方首府的地位。王莽时改广阳国为广有郡，亦以蓟城为治所。东汉时期，从开国皇帝刘秀拜大将军朱浮为幽州牧起，到东汉末年刘虞任幽州牧止，蓟城迄为幽州及广阳郡的中心。

三国曹魏时期，蓟城作为封国国都或燕郡郡治的地位仍相沿不改。此后，正如《旧唐书·地理志二》所云："蓟，州所治……自晋至隋，幽州刺史皆以蓟为治所"，由晋至隋的蓟城一直是幽州治所，废州为郡时便是郡治。此期间时有封国，十六国的前燕慕容儁甚至在此称帝，这时的蓟邑便升级为都城。隋朝曾废幽州为涿郡，蓟城亦为涿郡郡治。到了唐朝，蓟城改称幽州城，仍为州、郡治所，先后设有幽州总管府、幽州大总管府，是幽州节度使、范阳节度使的驻节之地。

五代时期，幽州城是后梁、后唐的政治、军事重镇，后梁的幽州卢龙军节度使刘守光还一度在此自立大燕国，以幽州城为都。后唐末年，河东节度使石敬瑭把燕云十六州割让给契丹，今北京城遂于公元938年成为辽的陪都，称南京。公元1122～1125年，北宋政权用重金从金人手里赎取了南京，改作燕山府的府治。公元1125年，金人再度占领燕山府，置燕京析津府。金贞元元年（1153年），金海陵王正式下诏迁都燕京，称金中都，北京遂成金朝的首都。

1215年蒙古军占领金中都城，城内的金朝宫殿被付之一炬。稍后不久，1217年成吉思汗率大军西征时把汉地的统治大权交给了亲信重臣木华

---

①《史记·项羽本纪》。

黎，木华黎遂以燕京为"都行省"，这里又成蒙古帝国进一步向中原扩张的大本营。此后忽必烈下令在燕京建新城，于公元1272年正式迁都于此。再以后，这里成为明、清两朝的首都，直至清朝灭亡。

从称谓上看，今北京城最早称蓟，燕国都蓟后既称蓟又称燕都。《战国策·燕策一》云："赵兴兵而攻燕，再围燕都。"这里的"燕都"便指蓟城。此后历经秦、汉、魏、晋、北朝、隋及唐前期，今北京城一概名蓟。据《旧唐书·地理志二》，唐玄宗开元十八年（730年）割幽州东部的渔阳、玉田、三河另置蓟州，以渔阳为治所，地在今天津蓟县。自此而始，北京城改称幽州城，"蓟"成了天津蓟县的专名。但即便如此，唐幽州城内仍保留着一个叫"蓟"的旧县。

唐安史之乱时史思明篡位称帝，于唐肃宗乾元二年（759年）建都今北京，称燕京，燕京之名由此而始。辽会同元年（938年），今北京城改称南京，也称燕京。辽圣宗年间，改南京城内的故蓟县为析津县，从此"蓟"名再与今北京无关。金迁都燕京后，认为"燕乃列国之名，不当为京师号，遂改为中都"[①]，从此有"中都城"之谓。元朝建都燕京后，蒙古语称此城为"汗城"或"汗八里"，意为大汗之城，汉语称大都。朱元璋灭元后，为了彰显"北方安宁平定"之意，将元大都改称北平，从此有北平之谓。明成祖拟迁都北平时改"北平"为"北京"，此乃今北京称谓的最早面世。明成祖正式迁都后北京亦称京师，至清朝相沿不改。

以上蓟城——燕都——幽州城——燕京——南京——中都——大都——北平——北京——京师，就是历史上北京城的正统专名。它们的前后递嬗，既体现了这座城市的历史沿革，也展现了它的持续发展。除了这些正式称谓外，北京城在历史上还有一些代称，最常见的就是以地名、郡名或州名代之，如称燕山、幽都、幽州、广阳、渔阳、燕郡、涿郡、范

[①]《金史·地理志上》。

阳、析津、大兴、顺天府等。此外古人多以"日下"称国都，故北京又有"日下"之谓。清乾隆年间成书的《日下旧闻考》，就是以"日下"代指北京。唐朝首都长安的正门（东门）为春明门，古人遂以"春明"作为首都的别称，于是北京又得了一个"春明"的雅号。当然，建都之后人们对北京的最习惯称呼便是"京城"，这也是时下对北京的最惯常称呼。

相对名称的变化，北京城地理位置的变化就小得多了。事如侯仁之先生所言：

> 最早的北京城，从春秋战国时代的蓟城，一直到金朝的中都城，前后两千年间，都是在今莲花池以东同一原始聚落的基础上逐渐发展起来的。城市的范围虽然不断扩大，但是原来的城址始终没有改变。[1]

上述事实是确凿无疑的，但有两点需要略做补正：

一是如前所述，蓟城的起始年代实际远较春秋战国为早，应当早到殷商时期，至少可以上溯到商王盘庚至武丁之时。因此，即便截止到金朝，这座"城址始终没有改变"的古城也经历了近2500年，而非上文所说的两千年。

二是有学者根据东汉《水经》、曹魏《魏土地记》、北魏《水经注》的有关记载，论定"东汉及其以前，今永定河过蓟城北，而曹魏以降则改径其南。这种变化，除因河水改道外，还有城址迁徙的原因在内"[2]。依照此说，前期蓟城在今宣武门、和平门一线以南，后因永定河改道，在三国曹魏时略向西偏移了一点，迁至今广安门一带。这种说法虽然与侯仁之教授的结论有一定出入，但彼此区别不大，都没有超出同一个范围，

---

[1] 侯仁之：《北京旧城平面设计的改造》，《文物》1973年第5期。
[2] 于德源：《北京古代城址变迁》，《京华旧事存真》（第二辑），北京古籍出版社，1992年。

故仍可视为"在今莲花池以东同一原始聚落的基础上逐渐发展起来的"城址。

在北京城长达3200余年的历史上，城址位置一个最大的变化，发生在元世祖忽必烈迁都之时。元朝是幅员辽阔的大一统帝国，其之都城是泱泱中华的帝都，城市规模显然不能因袭仅仅统御了半壁河山的金中都。加之中都城在金朝末年遭受了严重破坏，金朝皇宫已被付之一炬，蒙古人又有不在废弃的营地上设立新营的传统，因此另建新都势在必行。

当时在金中都东北郊不远处，有一座位于今北海琼华岛一带的金朝离宫，是金帝每年夏季避暑的地方，称万宁宫。早在中统五年（1264年）初，忽必烈就下令修复万宁宫的广寒殿，作为他每次来燕京的驻跸之所。这一带有大片天然湖泊，水中遍植莲花，内有瑶光台、琼华岛、广寒殿等亭台楼榭，水源充沛，风光绮丽。于是经过反复踏勘，元都城的新址就选定在以万宁宫为中心的位置上。

正如侯仁之先生所强调的："从中都旧城迁移到大都新城，实际上也就是把城址从莲花池水系迁移到高粱河水系上来。"[1]这就是说，元大都城之所以向东北方向位移，包含的因素虽多，但关键的原因在于水源及河道的选择。在此之前，燕京城的水源主要靠城市西部的西湖水系，即今之广安门外莲花池水系。到了金朝末年，西湖水量逐渐萎缩，污染日益严重，已无法满足一个更大规模都市用水的需求。而当新城向东北方向稍作移动后，一来接近了水量更为丰沛的高粱河水系，二来玉泉山、西山诸水也可以引入城内，三来还靠近了昌平白浮神山泉、北沙河、东沙河等诸多水源，可以有效保障超级大都市的生活用水。

元世祖至元二十九年（1292年），水监郭守敬主持开凿了通惠河，截

---

[1] 侯仁之：《历史地理学的理论与实践》，上海人民出版社，1984年，第164页。

温榆河源头泉水，循西山山麓注入瓮山泊（昆明湖），向东南流入大都城，穿越城南后东流至今通州，最后汇入白河。这道河渠全长160余里，分置坝闸20座，漕运船只沿此可直达大都城内的积水潭。这条水路的开通，不仅使大都城成为世界史上最有效解决了城市供水的大都市之一，也使其成为最有效解决了城市水运的大都市之一，为它后来的发展奠定了坚实的基础。

元大都城虽然变换了位置，但与金中都城上下毗连，彼此还有门道相通，无异于一座城市的新旧两城。事实上，中都城在元代也确实沿用不废，称旧南城，是元朝大量涌入元大都的阿拉伯商人的聚集地。特别是旧南城的今牛街一带，阿拉伯商人不仅在此居住，而且在此交易开市，十分繁荣兴盛。更重要的是，旧中都城内有不少历经唐、辽、金发展下来的寺庙和道观，它们早已名闻遐迩，在元朝依然香火鼎盛，游人如织。所以完全可以说，旧中都城当时仍然行使着城市职能，和元大都共同组成了这座超级大都市。

明、清两朝的北京城是在元大都城的基础上发展起来的，不仅城址的方位不变，城市格局也几乎未变，唯有紫禁城是明成祖在元皇宫的废墟上重新起建的。为了加强对北方的防卫，明朝初年缩减了北城，把原来在今健德桥至安贞桥一线的元大都北城墙后撤五里，缩回到今德胜门、安定门一线。明成祖永乐十七年（1419年），又将今长安街沿线的元大都南城垣向南推进二里，延伸到今宣武门、正阳门、崇文门一线，并将太庙和社稷坛南移到天安门城楼的左右两侧。明中叶以后，正阳门外人口增多，为了防止外敌入侵，明世宗于蒙古人侵扰的庚戌之变（嘉靖二十九年，公元1550年）后颁旨修筑北京外城。后因财力不足，仅完成了南部外城的扩建，使城市南缘扩展到今右安门、永定门、左安门一线。至此古代北京城终成定局，整体形状略呈凸字形，总面积达62平方公里，范围就是今北京二环内的老城区。

在明嘉靖扩展了南部外城后，原蓟城、辽南京城、金中都城已基本上囊括其中，甚至连明外城的东西干道也是在金中都城东西大道的基础上修建的。于是，到了明中叶，自先秦蓟城以来的不同城址终于合而为一，共同组成了这座老北京。

毋庸讳言，每逢朝代兴亡续绝，北京城都难免战火的荼毒，甚至由于它异乎寻常的战略地位，每临战乱还往往首当其冲。姑不论秦始皇的毁城令，仅在金朝末年，金中都城就在蒙古铁蹄的践踏下几被夷为平地。此外像十六国时期羯族首领石勒攻陷蓟城后"焚烧城邑，害万余人"[①]的事件，在北京历史上更是不知凡几。然而，恰恰由于它既是战时必攻必守的军事重镇，又是和平时期统御东北各族的中心，所以每当新王朝江山初奠，统治者都会很快将这一战略要地收入囊中，并不失时机地大兴土木，使北京城一次接一次地从战火硝烟中挺立起来。

在一座城市的历史上，要经受的不仅有人祸，还有天灾。康熙十八年七月二十八日（公元1679年9月2日）上午，北京城发生了一场罕见的自然灾害——8级大地震！这场地震甚至殃及了辽宁的沈阳和河南的安阳，为害之烈前所未有，而地震的中心就在平谷一带。从《中国地震目录》所辑史料看，这场地震共有45500人罹难，令朝野上下一片震惊。像这样严重的地震，如果放在世界其他地方，很可能整座城市早就毁于一旦了，甚至因此终结了城市的历史，后面第八章就列举了不少这样的事实。但令人叹为观止的是，北京城却巍然屹立，各主体建筑基本完好。尤其让人难以置信的是，那座早就建成于明代初年的紫禁城在大震过后仍然宫阙峩峩，雄伟依然。如此看来，中国的土木建筑也有西方石构建筑所没有的好处。

总之，从元大都开始，无论是天灾还是人祸，这座城市都没有遭受毁

[①]《晋书·孝愍帝纪》。

灭性的打击，一直完好无损的保留下来。从元朝至元九年（1272年）春二月忽必烈正式诏告"改中都为大都"起，截至目前这已经走过了七个半世纪。一般而言，由于事关新王朝的气数，改朝换代后往往要将前朝的宫殿焚毁或拆除，这在历史上已成惯例。洪武元年（1368年）明朝大军围攻元大都时，元顺帝仓皇北遁，元朝宫殿悉数落入明军之手。但即便如此，朱元璋仍于1369年下令将元的宫殿全部拆毁。然而一反常态的是，清军入关后，却把明皇城、明紫禁城乃至整个明北京城统统接收下来，全面加以保护、修葺和利用，使得从明成祖永乐十八年（1420年）建成的整座紫禁城和北京城皆完整如初地保留下来。这是一座城市的"保全史"，迄今已有整整六百年，给世界城市发展史又增添了一个极为珍稀的"吉尼斯"记录。

八　结语

综上所论，从人类起源开始，直到成长为全中国的都城，北京始终上演着波澜壮阔的动人故事，不断传承着古老璀璨的历史文明。无论是在文献典籍还是在考古资料中，也无论是在丰富多彩的现实生活里，这种前后递嬗之迹历历可见，真切而详实地勾勒出了北京地区环环相因的历史轨迹。

仅就城市文明的发展而言，姑不论蓟邑的上限年代，单从它的下限年代算起，这座城市迄今已经连绵不断地发展了悠悠三千二百余载。此期间无论朝代如何更迭，无论区划如何调整，无论功能如何演变，也无论名称如何改动，蓟城的一脉相承发展却始终不变，它的中心城市地位也始终不变。像这样一座城市，在地理位置固定不变、城市文明经久不衰、都市地位始终不降的前提下，竟绵延不绝地发展了三千二百余年，这不仅在中国是独一无二的，在全世界也是绝无仅有的，充分彰显了它异乎寻常的生命力。

正是由于这种连续性，人类长河的各大阶段北京无不经历，自成一部独立的人类史、文化史、文明史、城市史和都城发展史。这不仅给世界文明史的研究提供了一个难得的标本，也为中国乃至世界各地的历史发展提供了一个可资比较的路径。直到今天，这座城市仍健步走在时代的最前列，一如既往地活力四射，不断开创着更加辉煌的未来。

第四章 递进性
——逐次提升的历史地位

在北京从古至今的持续发展中，另一个值得关注的轨迹已经显现出来，那就是它的地位和作用是由低到高不断攀升的，呈现出有规律的逐次提升。这是北京历史文化的又一特性，可称为发展过程的递进性。

或许有人会说，世界上的所有事物都是由低到高、从小到大发展起来的，北京的这种特性不足为奇。当然，如果仅就某一座城市某一个阶段的发展来看，这无疑是对的，然而我们所说的北京历史文化的递进式发展，是就其全部历史过程而言，包括了从旧石器时代以迄于今的几十万年。而综观中国乃至世界，且不说浩渺无际的原始时代，单就有文字记载的时期而言，哪个地方能在数千年中始终如一地保持递进式发展呢？又有哪座城市的历史能够摆脱时断时续、盛极则衰的宿命呢？显而易见，北京的这种属性在人类文明史上是极其罕见的，具有无可争议的独特性。

上章在论证北京历史文化的持续性发展时，不能不侧重幽微难明的先秦时期，而本章在论证北京历史文化的递进性发展时，则将以秦以后为重点。其故在于，秦以后的历史脉络看似清晰，却深藏着由量变到质变的曲折过程，更富历史的启迪。但也正是由于脉络清晰，人们反倒容易在观察中浅尝辄止，或忽略了中间的量变，或混淆了前后的质变，以至于把生动复杂的演进过程简单化。而只有将这些过程充分展开，才能深入了解秦以

后北京历史文化从量变到质变的前因后果。这样一来，上章的内容前重后轻，本章的内容前轻后重，正好互为补充。

一　原始部落与方国林立

史前时期的北京，是从原始部落一步步发展起来的，既经历了从原始群落进化为母系氏族公社的过程，也经历了由母系氏族公社进化为父系氏族公社的过程，还完成了由人类起源到农业起源的两大跨世纪发展，递进的链条清晰而连贯。

在地老天荒的旧石器时代，仅周口店一地就发现了不断进化的"北京人""新洞人""田园洞人"和"山顶洞人"，由此在几十万年中组成了一个由早到晚逐次提升的旧石器文化谱系。此期间的递升有两大关键节点，一个是"新洞人"出土了磨制骨质品[1]，时代属旧石器时代中期。这是迄今所知时代最早的磨制品之一，而正是这种新工艺的产生，引领人类进入到以磨制技术为主导的新石器时代。另一个见于"山顶洞人"，此阶段的古人类已不仅仅是在某一两个方面取得发展了，而是在各方面都有了相当大的提升。

第二章第一节已述，"山顶洞人"发现于1930年，因位于周口店龙骨山顶而得名。其地质年代为更新世晚期，属考古学上的旧石器时代晚期，距今约3万年。经过1933～1934年的发掘，在洞窟内发现了三具完整的人头骨化石及其他解剖部位的化石多件，总计包括了不下8个古人类个体。出土的兽类化石有虎、洞熊、果子狸、野马、赤鹿、斑鹿、野猪、羚羊、獾、狐狸等，还有鸵鸟、青鱼等禽类及鱼类化石。收获的石器有数十

---

[1] 顾玉珉：《周口店新洞人及其生活环境》，刊《古人类论文集》（纪念恩格斯《劳动在从猿到人转变过程中的作用》写作一百周年报告会论文汇编），科学出版社，1978年。

第四章 递进性——逐次提升的历史地位

件，属于砍砸器、刮削器，系用砂砾石或燧石、脉石英石打制而成。骨器有赤鹿角、骨针等[①]。

就体质形态而言，山顶洞人已经取得了明显的进步，基本上已与现代人无异。经测定，出土的人类化石中有 1 具是超过 60 岁的老人，有 3 具是成年女性，有 1 具是成年男性，还有 1 具为少年，2 具为儿童，男女老幼一应俱全。通过对这些不同类别人体化石的分析，可知他们的脑容量都达到了 1300～1500 毫升，全部进入了现代人脑量的变异范围。山顶洞人之所以取得了如此进步，一方面固然与他们生活方式的改进有关，但更应当与他们的熟食习惯有关。熟食是人类生活方式的一场革命，不仅有利于人类体质的进化，还能促进大脑的发育。而山顶洞遗址出土的成堆灰烬表明，当时"山顶洞人"不仅与火朝夕相伴，甚至已经掌握了人工取火的技能。

山顶洞内还发现了原始人类的公共墓地，其中随葬了不少装饰品，总计不下 140 余件，主要是石器、骨器和角制品。因为制作时广泛采用了磨光技术、钻孔技术和染色技术，这些装饰品极尽小巧精美之能事。其中最具代表性的是一枚带孔的骨针，针眼上缘残缺，针尖保存完好，长 82 毫米，最大直径 3.3 毫米。此针出土时针身浑圆，针尖如芒，反映当时的钻孔和磨制技术已相当纯熟。它的发现还进一步揭示，当时已掌握了缝纫技术，开始用兽皮制衣御寒。更重要的是，这些随葬品的出现还反映出，这时已萌生了对死者灵魂的崇拜，产生了最早的宗教意识。墓地四周发现了人为抛洒的赤铁矿粉，这便是原始宗教活动遗留下的痕迹。

以上事实无不说明，山顶洞人的生存状况有了明显的改善，各方面都跃上了一个新的台阶。

当新石器时代的曙光辉耀到世界上空时，北京是首先被照亮的地区之

[①] 贾兰坡：《山顶洞人》，龙门联合书局，1950 年。

一，这已由第二章第二节所述的"东胡林人"得以揭示。而人类的成长史反映出，凡是经历了早期新石器革命和农业起源的地方，势必会率先走向更高级的社会形态，北京便是突出一例。大量考古资料证明，自一万年前以"东胡林人"为先驱的新石器时代肇兴后，到了新石器时代中晚期，北京地区的原始部落在各方面都取得了令人瞩目的发展，突出反映在：

一、此阶段北京地区的原始部落遗址陡然增多，迄今已发现了不下五六十处，范围遍及燕山南麓直抵拒马河畔的整个北京地区。当时北京北部主要分布的是上宅文化，南部主要分布的是镇江营一二期文化，皆为定居的村落遗址；

二、平谷上宅等遗址出土了直接表明种植业存在的禾本科农作物花粉[1]，磨制精细的农业生产工具更是俯拾即是。凡此皆说明，"农业是整个古代世界的决定性的生产部门"[2]的意义在此时已得到了充分的体现；

三、当时人们不仅以农耕生产为主，还辅以捕鱼打猎、饲养禽畜、采摘果木等，并且用陶、石纺轮制作简单的毛麻品，合成了多元经济形态；

四、平谷北埝头遗址发现了排列紧密且各自成组的半地穴式房屋[3]，反映了集中定居生活的稳定和农业村落的繁荣，也体现了氏族结构的日趋严整；

五、上宅遗址和北埝头遗址同时出土了一种鸟首镂孔器，顶部作鸟头状，腹部有长方形镂孔。这种从具象实用器变身而来的抽象艺术品，无疑是某种精神文化的产物，甚至有可能是宗教祭

---

[1] 于德源：《北京古代农业的考古发现》，《农业考古》1991年第1期。
[2] [德]恩格斯：《家庭、私有制和国家的起源》，人民出版社，1972年，第146页。
[3] 北京市文物研究所等：《北京平谷北埝头新石器时代遗址调查与发掘》，《文物》1989年第8期。

祀神器或图腾崇拜物。它们的发现，不仅印证了当时精神生活的丰富，还通过这些物品在不同遗址的同时存在，透露新石器时代中晚期的北京地区已经形成了较大规模的人们共同体。

以上事实充分揭示，当时北京平原已经走到了新时代的大门口，文明的萌发只待历史的契机。于是顺理成章地，约在公元前3000年左右，当高擎文明火炬的黄帝集团来到这里后，就立即带领北京地区率先跨入了国家文明的新时代。

按照历史提供的线索，黄帝不仅在涿鹿和北京一带开创了文明大业，还在"涿鹿之阿"建立了一座"都城"。这是有史可稽的华夏第一都，它的问世，标志中国正式跨入了国家文明的门槛。但必须指出的是，黄帝时代是《尚书·尧典》所说的"协和万邦"的时代，是《战国策·赵策二》所称的"古者四海之内，分为万国"的时代。当时黄帝虽然贵为天下"共主"，但并无一统江山，其部族充其量不过是"万国"中较为强大的一个而已。所以，倘如哪一天揭开了黄帝"涿鹿之邑"的面纱，大可不必奢望它有多么宏伟，而只能是早期雏形城市中较为特殊的一座。

从五帝时代以迄夏商，是北京地区的国家文明由起源阶段逐步走向成熟的时期。在这近两千年中，据上章所论，在北京一带生活过的部族林林总总，其中既有黄帝集团及颛顼、帝尧、帝舜部落，又有从中原流放过来的共工族；既有黄帝后人的蓟国，又有荤粥、肃慎、山戎等土著民族；既有商族先公王亥等先商势力，又有以平谷刘家河贵族墓为代表的夏家店下层文化居民；既有塔照二期文化及张家园上层文化，又有燕亳、肃慎及邶伯等。这些邦国表现出的总体特征是：一是它们中的相当部分已经陆续跨入了国家文明的门槛，和原始部落有了本质的区别；二是它们都属于相对独立的方国或部族，表明当时北京尚处在不同邦族多元并存的时代。综合这两大属性，可知此阶段的北京地区是各邦族自由生长的王国，无论华夏

还是"蛮夷",各种势力在这里济济一堂,虽然不乏竞争但却独立自主,充分获得了自由发展的空间。

二 诸侯国都

到西周初年召公封燕,北京成了中原王朝的诸侯国都,历史终于发生了根本的变化。此时的幽燕地区不仅有了第一个由中原王朝派驻的政权,还纳入了华夏文明圈,从此成为"华夏"主流社会的一部分。

在此前的北京史研究中,通常把西周燕国与燕地的夏商方国混为一谈,笼统地归为"方国、封国"阶段。但事实上,西周燕国与中原王朝的直接隶属关系已经清楚地表明,它与夏商时期各自为政的方国不啻有天壤之别,分属两个不同的阶段。但事情的另一面是,姬周燕国与秦汉以后郡县制的区别也是不言而喻的,关键在于它作为独立的诸侯国,充分享有政治、军事自治权,可以自主决定官吏的设置、军队的招募和赋役的征派等。而且,根据西周分封制,诸侯的爵位子孙相继,世袭罔替,一封定终生,这更是君主集权下的州郡制度所不能比拟的。正是由于姬周封国这种与生俱来的独立性和自主性,开始时他们尚能处在周王室的控制下,但一旦羽翼丰满,这些诸侯国便越来越独立,直至僭制称王,纷纷与周天子分庭抗礼。总之,放眼整个中国古代政治制度发展史,姬周燕国恰好处在独立方国与郡县制的中间形态,与前后两者都有明显的区别。这种区别使其毫无疑问地构成了一个独立的阶段,而姬周燕国前后传世四十四君,"社稷血食者八九百岁",时间之长也足以构成一个阶段。

虽然仍是一方诸侯,但燕国地位之高已和此前的燕地邦国不可同日而语,这由周王室封肱股之臣召公于燕即可略见一斑。

第三章第五节已述,召公奭是姬周的同姓宗亲,在周朝开国时建立了盖世功勋，从而位极人臣，长期担任周王室三公之一的太保。周天子的封建诸侯，是按同姓宗亲血缘关系的远近以及异姓臣子功劳业绩的大小来区分的，共分公、侯、伯、子、男五大等。《汉书·地理志》云："周爵五等，而土三等：公、侯百里，伯七十里，子、男五十里。不满为附庸，盖千八百国。"以上所言即周爵五等，其中头等封国称公，唯见于齐和鲁，如齐国国君称太公、丁公、乙公[①]，鲁国国君称鲁公伯禽、考公、炀公等[②]。召公奭既然与齐太公、周公旦同堂为公，按说其封国的等秩应与齐、鲁相同，也是公爵诸侯。但鉴于召公奭只是"周之支族"，故而其封国稍逊一筹，仅位列"侯"爵。《史记·燕召公世家》载："自召公已下九世至惠侯"，"惠侯卒，子釐侯立"，此即对燕国是侯爵封国的明文载述。燕国的铜礼器中不乏"燕侯"的自铭，这也说明了同样的道理。然而与众不同的是，这个侯国却着实非同一般。

首先，《公羊传·隐公五年》云："天子三公称公，王者之后称公，其余大国称侯，小国称伯子男。"即封国中有资格称"公"者终归少之又少，一般而言，"侯"已是头等封国。一个突出实例是，许多周文王嫡子、周武王胞弟也只受封为"伯"，比燕国的爵秩还要更低一等。例如"曹叔振铎者，周武王弟也"，这就是武王胞弟受封为"伯"者，其国君称太伯、宫伯、孝伯[③]。

其次，据《左传·定公四年》载，诸侯受封的一个重要内容就是接受周天子配给的部众和奴隶，如鲁公分得殷民六族，康叔分得殷民七族，唐叔分得怀姓九宗等。召公受封时配给的部众史载阙如，但根据琉璃河1193号大墓所出铜器铭文的载述，可知其分封时受领的不仅有殷商遗族，还有西方和北方的方国臣民，包括羌国、马方、盂方、御方、微国等，总计多

[①]《史记·齐太公世家》。
[②]《史记·鲁周公世家》。
[③]《史记·管蔡世家》。

达九个①。相比之下，召公得到的部众甚至比鲁公的"殷民六族"还多，其他赏赐自然更不在话下。

再次，召公受封时还享受了一个唯有周公旦可与之媲美的超常待遇，即本人可以不就封，另以元子（诸侯嫡长子）代封。《史记·鲁世家》云："封周公旦于少昊之虚曲阜，是为鲁公。周公不就封，留佐武王……而使其子伯禽代就封于鲁。"伯禽是周公元子，上文载明真正去鲁国就封的不是周公旦本人，而是其元子。其他诸侯就难得有此待遇了，例如垂垂老矣的姜太公，被封于齐国后不敢有丝毫的怠慢，忙不迭地赶往封地，甚至"夜衣而行，黎明至国"②，一路日夜兼程。而完全不逊于周公旦的是，召公奭受封后也享受了这个特殊待遇。《史记·燕召公世家》索隐云："（召公）亦以元子就封。"这说明，燕的受封者虽然名义上是召公，但他本人一直留治王室，甚至在成王驾崩时还成了临终托孤的首辅大臣，而代他就封的也是其元子。

基于上述史实，似有足够的理由说明，燕国受封的规格显然高于一般侯国，甚至可以和封为公爵的周公旦、姜太公一比高低。《史记·周本纪》云：周武王"于是封功臣谋士，而师尚父为首封。封尚父于营丘，曰齐。封弟周公旦于曲阜，曰鲁。封召公奭于燕，封弟叔鲜于管，封叔度于蔡。"以上所列，即西周封国中的等而上之者，位列前三的就是姜太公的齐国、周公旦的鲁国和召公奭的燕国。司马迁《史记》撰著诸侯世家，除以周太王嫡裔的吴国居首外，紧承其后的是齐太公世家、鲁周公世家和燕召公世家，召公燕国同样名列三甲。

正是在这种背景下，姬周燕国以一个特殊封国的身份踏上了它的历史征程。此等强侯在燕地前所未有，即使黄帝后人的蓟国同样称侯③，也难与

---

① 殷玮璋：《新出土太保铜器及其相关问题》，《考古》1990年第1期。
② 《史记·齐太公世家》。
③ 说详第三章第四节。

召公燕国一决高下。而在有了如此不平凡的开局后，姬周燕国更是不断崛起于群雄之中，终于在战国中期步入了它的鼎盛期。

《史记·苏秦列传》载苏秦游说燕文侯云：

> 燕东有朝鲜、辽东，北有林胡、楼烦，西有云中、九原，南有呼陀、易水。地方二千余里，带甲数十万，车六百乘，骑六千匹，粟支数年。南有碣石、雁门之饶，北有枣粟之利，民虽不佃作而足于枣粟矣。此所谓天府者也。

此燕文侯即《史记·燕召公世家》中的燕文公，在位于公元前361～前333年，属战国中期。依苏秦所言，当时燕国在疆域方面东有朝鲜、辽东，西有云中、九原，北筑长城与东胡为界，南与齐国为邻，方圆二千余里；在武备方面，燕国坐拥甲兵数十万、战车六百乘、战骑六千匹，是东北方首屈一指的军事强国；在物力方面，燕国粮贮充盈，"粟支数年"，土产丰富，民不耕作而可藉枣粟足食。正因此，苏秦赞其为"所谓天府者也"。燕文公卒后，燕易王立，时在公元前332年。易王首开了燕国称王的记录，也首开了姬姓诸侯僭制称王的记录。这是一个标志，表明这时的燕国已经位居列国豪强榜，开始和之前称王的楚、齐、秦等异性强国争王争霸。

易王立十二年卒，王子哙立。这时燕国发生了一件大事，即燕王哙异想天开，竟然为了博取尧舜禅让之名，主动把王位让给了国相子之。为了表示自己的决绝，燕王哙不仅心甘情愿俯首称臣，还把燕国三百石以上官吏的印玺统统收回，一概交予子之处理。结果事与愿违，子之的统治太不得人心，"子之三年，燕国大乱，百姓恫怨"[①]，燕国上下乱象丛生。同时，这个惊世骇俗的"禅让"之举颠覆了三代以来的宗法制度，冒犯了整个上

---

① 《战国策·燕策一》。

层贵族，理所当然遭到了其他诸侯国君的一致反对。且不论文献里留下了多少对燕王哙的非议，居然在青铜铭文中也镌刻下了这出闹剧，给历史留下了抹不去的印记。

这件青铜器出自河北平山中山王墓，年代属公元前四世纪末，其铭文曰："燕君子哙，不辨大义……则上逆于天，下不顺于人也。"[1] 这段铭文明确表述了各诸侯国对燕王哙禅让的强烈不满，认为这是"上逆于天，下不顺于人"的癫狂之举。舆情鼎沸中，有那趁火打劫者，便借列国的普遍不满和燕国内乱，发兵征讨燕国，这就是齐国。当时燕国早已上下离心，斗志丧尽，"士卒不战，城门不闭"[2]，结果齐国旗开得胜，出兵50天便占领了燕国都城。燕国南部有一个小小的中山国，此时竟然也发兵伐燕，同样大获全胜，一举掠地数百里。齐与中山的扫荡，使内忧外患的燕国雪上加霜，陷入了更加深重的灾难。燕君哙与子之在此役中相继身亡，齐国却仍然不依不饶，试图赶尽杀绝，"杀其父兄，系累其子弟。毁其宗庙，迁其重器"[3]，眼看燕国就要倾巢覆灭。

齐国的趁火打劫很快引起了其他诸侯国的不满，于是列国联合出兵，迫使齐国退兵，拯救了危如累卵的燕国。公元前312年，赵武灵王把在韩国做人质的燕王哙之子姬职护送回燕国，立为燕王，此即燕昭王[4]。从这代燕王起，燕国一飞冲天，终于谱写出一曲历史上最为壮丽的凯歌。

燕昭王即位之初，燕国"构难数月，死者数万，众人恫恐，百姓离志"，局势岌岌可危。面对国难家仇，燕昭王奋发图强，"吊死问孤，与百姓同甘苦"，并且高筑黄金台，"卑身厚币以招贤者"。为时未久，"乐毅自魏往，邹衍自齐往，剧辛自赵往，士争趋燕"，天下才俊齐聚燕国。燕昭

---

[1] 河北省文管处：《河北省平山县战国时期中山国墓葬发掘简报》，《文物》1979年第1期。
[2]《史记·燕召公世家》。
[3]《孟子·梁惠王下》。
[4] 此说出自《史记·赵世家》，另有一说见《史记·燕召公世家》，称燕昭王是燕太子平。

王二十八年（前284年），"燕国殷富，士卒乐轶轻战"①，燕昭王遂下决心报仇雪恨，乃命乐毅为统帅，联合韩、赵、魏、秦四国大军合纵攻齐。在联军的合力围剿下，齐军大败，乐毅乘胜追击，独率燕军攻破了齐都临淄，烧其宫室宗庙，齐湣王仓皇出逃。

经过这场大战，燕国不仅一雪前耻，还收获了齐国七十余座城池，国力大增。乐毅攻下齐都临淄后，"尽取齐宝财物祭器输之燕"②，将齐国珍宝悉数运回燕国。与此同时，燕昭王起用贤将秦开，向北袭破东胡，"东胡却千余里"③，之后修筑长城，把燕山以北的老哈河上游及大小凌河流域也统统纳入了燕的版图。考古资料证实，到了战国中晚期，燕人墓葬开始出现在河北张家口、辽宁朝阳、内蒙古赤峰等地，最北到了沈阳④，恰好印证了燕国势力的北上。

燕昭王在位于公元前311～前279年，相当战国中晚期之际。正如大将乐毅所言："自五伯已来，功未有及先王（燕昭王）者。"⑤作为燕的中兴之主，燕昭王不仅使燕国重振雄风，还开创了一代霸业，使燕国从此跻身"战国七雄"。

燕国的强盛，理所当然带来了燕都蓟邑的兴盛。自从西周中晚期之交燕国都城由琉璃河北迁蓟城后，到燕昭王时已达五六百年之久。经过漫长的发展及山戎南侵、齐国北伐等战争的洗礼，这座燕国都城终于步入了它的鼎盛期。史称当时燕都蓟城不仅是北方头号强国的政治、文化中心，经济上也"富冠海内"，成为"勃碣之间一都会也"⑥。

为了巩固南部疆土和南下伐齐，燕昭王在蓟都之外又于今河北易县武

---

① 《史记·燕召公世家》。
② 《史记·乐毅列传》。
③ 《史记·匈奴列传》。
④ 郑君雷：《战国时期燕墓陶器的初步研究》，《考古学报》2001年第3期。
⑤ 《史记·乐毅列传》。
⑥ 《史记·货殖列传》。

阳台建造了一座陪都，称"下都"。这座燕下都西依太行，地势险要，居高临下，控扼齐赵。早在上个世纪三十年代，燕下都城址已被发现，经过多次考古勘察与发掘，初步探明它分为东西二城，时代略有早晚，但主要遗存皆属战国时期[①]，与文献的记载若合符节。

此外燕国还建有中都。《太平寰宇记》卷六十九载："良乡县，在燕为中都，汉为良乡县。"此类记载多见于北宋以后，时代偏晚，但考古工作却证明它们所言不虚。早在1957年，考古工作者就在汉良乡县治的今房山区窦店发现了一座古城，经过数次考古调查与试掘，可知这座城邑近方形，周长约4500米，有内外两道城墙，始建于战国早期，战国晚期曾全面整修[②]。综观此城的年代、规模、地理位置及文化属性等，当属燕中都无疑。

相对燕的下都和中都，燕的蓟城自然是上都。虽然蓟城在文献中从未被冠以"上都"之名，但古人一向以"北"为上，以"上"为尊。而蓟城不仅是正都，而且恰在燕中都和燕下都的北面，其为"上都"不言自明。在这三都中，以燕国都蓟的时代最早，中都次之，下都最晚。

在燕国历史上，还有一座不能不提的都城，此即第三章第四节述及的临易。《史记·燕召公世家》"桓侯七年卒"文下《史记集解》引《世本》云："桓侯徙临易。"据此可知，燕桓侯曾一度徙都临易。此事未见载于《史记》正文，但《史记集解》所引《世本》是先秦时期的重要著作，当无疑义。

据《史记》年表及世家，燕国八百余年历史中有过一个桓侯、两个桓公。而从《史记·燕召公世家》"桓侯七年卒"及"子庄公立"的上下文来看，"桓侯徙临易"的桓侯应该是春秋初年的燕桓侯，在位于公元

[①] 中国历史博物馆考古组：《燕下都城址调查报告》，《考古》1962年1期；河北省文化局文物工作队：《河北易县燕下都故城勘察和试掘》，《考古学报》1965年第1期。

[②] 北京市文研所拒马河考古队：《北京市窦店古城调查与试掘报告》，《考古》1992年第8期。

前697～前691年。其所迁之"临易",东汉经学家宋衷注曰:"今河间易县是也。"清初地理名著《读史方舆纪要》卷十二载:"废易县,在今县(指雄县)北三十五里,本燕故邑也,即此。"综合此类记载可知,燕桓侯所都的临易在今河北中部的雄县一带。1976至1981年,考古工作者在与雄县相邻的容城县晾马台乡南阳村发现了一处东周遗址,出土了铜鼎、铜壶、铜壶盖等遗物,遗物上刻有"左征""右征伊""西宫"等铭文,还出土了一件"燕王职戈",证明这个地方就是"桓侯徙临易"的"临易"[1]。

桓侯徙临易的缘故,史称是由于"山戎病燕"[2]之故,即燕国受到了来自北方山戎族的侵扰。那么,燕都是不是就这样一直迁下去了呢?显然不是。关于桓侯徙临易的时间,明嘉靖年间的河北雄县第一部县志《嘉靖雄乘》载:"(周)庄王三年燕桓侯徙都易。"此文提供了桓侯徙临易的一个确切年代,时在公元前694年。但为时未久,《韩非子·有度》载:"燕襄公以河为界,以蓟(都)为国。"即燕襄公已以蓟为都。燕襄公是在公元前657年即位的,可见再晚也晚不过此时,燕国都城已经回迁蓟城。

根据出土遗物,可知即使在燕国都城迁回蓟城后,燕国的临易城仍未废弃,一直延用到了战国时期。然而,燕襄公之后的燕国都城在蓟城,这是不争的事实,可见这座未被废弃的临易城,仍是燕国的一座陪都。

如果说,春秋时期的燕国在蓟都之外还要另建一座陪都,是为了在戎狄的刀锋下聊以自保的话,那么到了战国时期,燕国建造中都和下都,就是为了扩大自身的发展了。总之,不迟于燕昭王的战国中晚期之际,上中下三都之外再加一座临易,燕国全面推行了多都制。其中除了作为陪都的临易和燕下都外,包括最早的琉璃河古燕都在内,其他各都都在今北京地区,由此铸定了北京在燕国八百余年历史中始终如一的中心地位。

---

[1] 孙继安:《河北容城县南阳遗址调查》,《考古》1993年第3期。
[2]《左传·庄公三十年》。

司马迁在总结燕国历史时说：

> 召公奭可谓仁矣！甘棠且思之，况其人乎？燕迫蛮貉，内措齐、晋，崎岖强国之间，最为弱小，几灭者数矣。然社稷血食者八九百岁，于姬姓独后亡，岂非召公之烈邪！[①]

司马迁在这里强调，自召公封燕，姬周燕国崛起于古幽州，以列国诸侯中位置最为偏远的一个，面对戎狄的滚滚狼烟及中原诸侯的杀伐争霸，于腥风血雨中"几灭者数矣"却始终傲然挺立于东方。史载燕国世系自召公以下传世凡四十四君，其国君始而称侯，到春秋初年燕庄公时改称公，到战国中期燕易王时僭称王，最终发展成"战国七雄"之一，呈现出了逐次递进的轨迹。在长达八九百岁的风雨历程中，燕国不仅成为姬姓封国中历史最长的一个，也成为北京断代史中时间跨度最大的一个。此期间燕国一直以今北京为中心，在这里留下了无数壮丽凄婉的故事，也留下了许多绚烂凝重的文化遗存，更留下了由音乐家高渐离传递的燕文化神韵。《汉书·地理志》载："武王定殷，封召公于燕，其后三十六世与六国俱称王。东有渔阳、右北平、辽西、辽东，西有上谷、代郡、雁门，南得涿郡之易、容城、范阳、北新城、故安、涿县、良乡、新昌，及勃海之安次，皆燕分也。乐浪、玄菟，亦宜属焉。"以上列举的燕国疆域，包括了今河北北部、北京、天津、山西东北部以及辽宁大部，向东甚至到了辽东半岛及朝鲜，漫及整个燕山大地。在这片土地上，燕国在艰难跋涉中不断由弱到强，终于成长为整个东北方的头号强国。战国末年，当秦人大军横扫华夏时，燕国仍一柱擎天，成了姬姓诸侯国中坚持到最后的一个。在终于无力回天而行将谢幕之际，燕太子丹仍出人意料地奋力一搏，导演了"风萧萧兮易水寒，壮士一去兮不复还"的荆轲刺秦王故事，留下了摄人魂魄的

[①]《史记·燕召公世家》。

千古绝唱,也留下了"燕赵多慷慨悲歌之士"的豪放风情。秦始皇二十一年,公元前226年,"秦攻拔我蓟,燕王亡,徙居辽东"[①],燕国至此才退出了今北京地区,自保于辽东。四年后,公元前222年,燕国亡于秦,终于结束了它可歌可泣的悲壮历程。

三 东北首府

公元前230年至前221年,秦王嬴政远交近攻,用整整十年时间逐个剪灭了东方六国,建立起中国历史上第一个大一统王朝——秦朝。秦朝的建立,表明中国进入了中央集权的帝国时代,而郡县制的推行则是这个时代的重要标志。

在兼并六国的战争中,为了便于垂直管理,秦国已在一些新的占领区设置郡县。秦统一后,经过朝堂上的两次激烈廷辩,秦始皇最终决定结束诸侯割据局面,以郡县制代替分封制。这个变革顺应了时代的潮流,对巩固国家统一、加强中央集权大有裨益,有效促进了社会的发展。开始时秦在全国设立了三十六个郡,郡下设县,在征服了百越等地后又增设了四个郡,合为四十郡。

郡县制的实行,把横跨长城南北的原燕地一分为六,分属广阳、上谷、渔阳、右北平、辽西、辽东六郡。此六郡的中心仍是蓟城,但随着政体的改变,这个蓟城已由过去的诸侯之都,转变为中原王朝在东北地区的政治、经济、军事、文化中心。

汉武帝文治武功,缔造了当时世界上的头号强国,版图大大超过了秦王朝。为了加强管理,武帝把全国划分为十三个州部,分设刺史督查监

---

① 《史记·燕召公世家》。

管。汉成帝绥和元年（前8年）改刺史为州牧，升州牧为地方军事行政长官，"州"遂成为一级政府。有了州的建制后，原燕地仍称幽州，但辖地已远远超过了当年的燕国。据《汉书·地理志》记载，幽州刺史部初时刺燕地诸郡国，后来武帝元封三年（前108年）剿灭了燕人卫满在朝鲜半岛建立的卫氏朝鲜，"遂定朝鲜为真番、临屯、乐浪、玄菟四郡"[1]，此四郡也划归幽州刺史部。总括起来，西汉幽州共隶十郡一国，国即燕国，后称广阳国，郡为上谷郡、渔阳郡、右北平郡、涿郡、代郡、勃海郡、辽西郡、辽东郡、玄菟郡、乐浪郡[2]。其辖境向东延伸到了朝鲜半岛汉城（今首尔）以北，向西和南则到达了山东德州以北，中心仍是州治所在的蓟城。

东汉幽州的辖区基本上与西汉相同，包括了"广阳、代郡、上谷、渔阳、右北平、辽西、辽东、玄菟、乐浪、辽东属国"，计"郡、国十一，县、邑、侯国九十"[3]，属地相当今北京、天津、河北北部、辽宁南部及朝鲜西北部。曹魏的幽州辖燕、范阳、渔阳、上谷四郡国，东达辽东和今朝鲜半岛，地域仍十分广阔。此后幽州的辖境由盈转缩，但"幽州所部凡九郡，至晋不改"[4]，一直到西晋仍保持着一定规模。北魏以后，幽州属地急剧萎缩，仅领燕、范阳、渔阳三郡。隋唐改制，实行州、县两级或郡、县两级制，幽州的范围更大大缩水，小至仅"领蓟、良乡、潞、涿、固安、雍奴、安次、昌平等八县"[5]，较以往大不相同。

表面上看，在从汉到唐末五代的时期内，幽州的辖地不断缩小，州治所在地的控制力和影响力也在缩小。但实际上，此期间无论国情如何变化，蓟城的实力却始终处在逐次提升中，影响也不断扩大。这个过程较为隐晦，很容易被治史者所忽略。然而，若没有这个渐变，就不会有后来北

---

[1]《汉书·朝鲜列传》。
[2] 汉昭帝始元五年（前82年）废真番、临屯两郡，其辖境大部并入乐浪郡。
[3]《后汉书·郡国五》。
[4]《晋书·地理志》。
[5]《旧唐书·地理志二》。

京历史的巨变,而通过这个渐变,反倒更能映衬出北京实力地位提升的必然性。

幽燕实力在此时期的逐次增强,主要表现在互为因果的两大方面:一方面是各王朝对该地经营力度的不断加大,另一方面是它政治、经济、军事地位的交替上升。

秦始皇统一中国后,采取了不少措施来加强对原关东六国的统治,首要之举是收缴天下兵器,随后在全国统一法令、货币和度量衡,规定"车同轨,书同文字"。秦始皇二十六年(前221年),也就是统一的当年,秦始皇又"徙天下豪富于咸阳十二万户"[①],把六国贵族强宗集体迁徙到咸阳及南阳等地,以便严加控制。于此之外,直接关乎蓟城的做法还有两个:

> 一是为了巩固北部疆土,秦始皇派大将蒙恬率三十万大军北逐匈奴,并将燕长城与赵、秦长城连接起来,"因地形,用险制塞,起临洮,至辽东,延袤万余里"[②],修筑了历史上第一条万里长城。有了这条长城后,蓟城成为长城以内的第一重镇,理所当然成了中原王朝在东北方的统治中心和军事指挥中心。

> 二是为了加强对各地的控制,秦始皇下令"为驰道于天下,东穷燕、齐,南极吴、楚,江湖之上,濒海之观毕至"[③]。这条皇家驰道一端通咸阳,一端通蓟城,蓟城因此成了连接内地和大东北的地理重心。

在短命的秦帝国后,中国迎来了历史上第一个长期稳定的大一统王朝——刘邦创建的汉朝。通过汉文帝、景帝的轻徭薄赋、与民休养,社会经济迅速恢复,很快步入了以"文景之治"美名载入史册的太平盛世。此

---

① 《史记·秦始皇本纪》。
② 《史记·蒙恬列传》。
③ 《汉书·窦田灌韩传》。

后经过汉武帝力挫匈奴的武力攻势，再加上汉元帝昭君出塞的和亲之举，在文武两道的同时作用下，"北边自宣帝以来，数世不见烟火之警，人民炽盛，牛马布野"①，关内关外歌舞升平。然而在这个太平年代，蓟城的岁月却不甚太平，主要表现在诸侯国的屡兴屡废上。

终西汉一世，先后封在北京地区的共有六个诸侯国，分别是：

高祖五年（前202年）：封卢绾为燕王。

卢绾，汉高祖刘邦的同乡，与刘邦同年同月同日生，从小即为亲密无间的伙伴。高祖起兵后，卢绾紧随其后，屡建战功，官至太尉，于高祖五年封为燕王。受封之初，"诸侯得幸莫如燕王者"②，卢绾备受恩宠，位极人臣。高祖十一年（前196年），卢绾涉嫌谋反，被刘邦发兵剿灭，国除。

高祖十二年（前195年）：封刘建为燕王。

卢绾事发后，"高帝刑白马盟曰：'非刘氏而王，天下共击之'"③，遂改封其子刘建为燕王，是为燕灵王。十五年后（吕后七年，前181年），刘建病卒。

吕后八年（前180年）：封吕通为燕王。

史称"燕灵王建薨，有美人子，太后使人杀之，无后，国除"④。刘建卒后，独掌权柄的吕后杀害了刘建庶子，改封其侄子吕通为燕王。不久后吕后病死，刘邦旧臣陈平和周勃联手剿灭了吕氏集团，吕通被诛。

文帝元年（前179年）：封刘泽为燕王。

刘泽为文帝宗室，原为琅琊王，因反对吕氏有功升迁燕王。刘泽就燕后两年病故，刘泽之子刘嘉于汉文帝三年（前177年）承袭王位。刘嘉死，其子刘定国于汉景帝六年（前151年）承袭王位。刘定国与父姬通奸，夺

---

① 《汉书·匈奴传》。
② 《汉书·荆燕吴传》。
③ 《史记·吕太后本纪》。
④ 同上注。

弟妻，淫乱王室，于武帝元朔元年（前128年）事发，被逼自杀，国除，改燕国为燕郡。

武帝元狩六年（前117年）：立刘旦为燕王。

立燕郡十年后，武帝复置燕国，封皇子刘旦为燕王。刘旦封燕王后一直觊觎皇位，企图废昭帝而自立。昭帝元凤元年（前80年），刘旦东窗事发，以谋反罪赐死，国除，改燕国为广阳郡。

宣帝本始元年（前73年）：立刘建为广阳王。

刘旦自杀后，其太子刘建被贬为庶民。宣帝时改广阳郡为广阳国，立刘建为广阳王。刘建在位29年卒，之后其子孙世代相继，绍封不绝，至西汉末年王莽时始而国除，前后历四世。

总之，终西汉一世，蓟地六度封王，几乎贯穿了西汉王朝的全部历史。

需要说明的是，汉的封国已不同于先秦时期的方国和诸侯国，最大的区别在于它已丧失了独立的治民权，诸侯王除了能享用封地的租税收入外，其他方面则几乎都要受中央的控制。据《汉书·百官公卿表》的记载，早自西汉初年汉景帝起，便规定诸侯王国的重要官员一概由中央任命，甚至连官员的职数也要报中央审定，这就说明了西汉封国与先秦诸侯国的不同。由此便不难理解，何以西汉时的燕王、广阳王会走马灯似的换来换去了，这都是由汉皇廷的时立时废造成的。

1974年，在丰台大葆台出土了刘旦之子广阳顷王刘建夫妇的并穴合葬墓。这两座墓坐北朝南，平面呈"凸"字形，由墓道、甬道、外回廊、"黄肠题凑"、前后室组成。墓道随葬有彩漆朱轮华毂车3辆、马11匹。墓室早年被盗，且遭到火焚，但仍剩余了部分铜、陶、铁、玉、漆器和丝织品。

此墓的所谓"黄肠题凑"，是用约15000根黄色的柏木心堆砌而成的，整齐码放在棺椁之外。"黄肠题凑"一词始见于《汉书·霍光传》，称霍光死后汉宣帝赐其"梓宫、便房、黄肠题凑各一具"。这是周代和汉代天子

及诸侯王的专用葬制，经皇上特赐亦可用于个别勋臣，霍光便是一例。

若看墓制和棺椁葬制，广阳顷王刘建夫妇墓不可谓不气派，也不可谓不奢华。但若联想到躺在里面的是一个父王被逼自杀、自身被贬庶民、至死都毫无实权的诸侯王，也着实让人唏嘘。

综观西汉时期北京地区的封国情况，有不少现象颇耐人寻味：

1. 若不算王莽新朝和更始政权，西汉王朝前后凡215年。而在此期间，蓟城立为诸侯王都的时间前后长达198年，废国为郡的时间仅有短短十余年。由此可见，西汉时的蓟城基本上都是诸侯王国的封邑。

2. 所封诸侯王中唯有卢绾是刘邦的功臣，此外皆为皇室宗亲。这说明，蓟地是汉王朝用来安置皇室成员的重地，虽屡生变故却始终不改，地位十分独特。

3. 蓟地诸侯王国兴废交替的频率极高，尤以西汉早中期为最。可以说，除了没落的西汉晚期外，此前各帝除了景帝，无一不插手蓟城的封国事宜。高祖的两立一废姑且不论，就连吕后也不甘寂寞，竟然违迕高祖"非刘氏而王，天下共击之"的遗训，把吕氏子侄封在燕地。由此可见，燕地虽然偏远，却无时不在帝王的心中，一旦大权在握就要把它交到自己人手里。

4. 在汉宣帝封广阳王之前，北京地区共经历了7任燕王，其中1人被剿（卢绾）、1人被诛（吕通）、2人被迫自杀（刘定国、刘旦），未得善终者竟达4人，占了燕王总数的一半以上。其之起因或源于宫廷权力的更迭，或源于燕王与朝廷的分庭抗礼，都从不同侧面反映了蓟邑地位的非同一般。

与西汉时期迥然不同的是，在东汉的近二百年中，幽燕地区皆以地方州郡为主，封国交替兴废的历史已成过往。开始时光武帝刘秀曾封叔父刘良为广阳王，但刘良未就国，不久国除。这之后，东汉虽然继续推行西汉以来的诸侯分封制，但蓟城却不再是诸侯的封地，而成了中央王朝直接控制的区域。

当年刘秀从群雄中崛起时，是藉幽燕地区的力量打开局面的。刘秀乃南阳蔡阳人氏，起兵于家乡一带，但开始时兵少将寡，举步维艰。后来他北上燕地，很快得到上谷、渔阳两郡的支持，"北发幽州十郡兵"[①]，迫降了数十万铜马军，这才得以雄起。东汉建国后，作为刘秀的龙兴之地，幽州得到了皇庭的格外眷顾，而君王所能给予一个地区的最大恩典，则莫过于对地方官的选贤与能了。东汉年间在幽州担任过地方主官的郭伋、张堪、刘虞等，便是难得的国器。

郭伋，官至太中大夫，"郭伋守信"就是他留给历史的一段佳话。这个故事说，他在东汉初年任职并州时，一次路过美稷县（今内蒙古准格尔旗北），当地儿童听说后骑着自己的小竹马欢腾雀跃地来迎接他。郭伋不知情，便问："儿曹何自远来？"孩子们争相回答："闻使君到，喜，故来奉迎！"郭伋闻言急忙下马，躬身一一答谢。在美稷县办完事后，孩子们又闻讯赶来送郭伋，问他什么时候返回，郭伋立即让随从计算返程的日期，告诉了他们。由于事情办得顺利，郭伋返回美稷县的日子比预期早了一天，但为了不失信于孩子们，他下令在县城外的野亭露宿了一晚，直到第二天方才入城。正是这个郭伋，在东汉草创伊始的建武四年（28年）被刘秀派到渔阳任太守。当时渔阳"既离王莽之乱，重以彭宠之败，民多猾恶，寇贼充斥"，出现了"人相食"的惨状。郭伋到任后赏罚分明，"纠戮渠帅，盗贼销散"，一举开创了安定局面，以至"在职五岁，户口增倍"[②]。

张堪也是在刘秀时期被任命为渔阳太守的，前后任职八年。史称此公"仁以惠下，威能讨奸"，素有德名。在任期间他对内"捕击奸猾，赏罚必

[①]《后汉书·耿弇列传》。
[②]《后汉书·郭伋列传》。

信，吏民皆乐为用"，对外则在匈奴大规模入侵时毫不畏惧，独自"率数千骑奔击，大破之，郡界以静"。此外他还在狐奴县（今顺义）开垦稻田8000多顷，鼓励百姓耕种。百姓称颂他说："桑无附枝，麦穗两岐。张君为政，乐不可支。"①

另一个难得的幽州主官出现在东汉末年，此即汉室宗亲刘虞。刘虞是东海恭王之后，东汉末年长期镇守幽州。他官拜幽州牧、太傅，贵为上公，却仍"天性节约，敝衣绳履，食无兼肉"。主政幽州期间，刘虞宽仁施政，安抚百姓，对少数民族多行仁爱，以至"自鲜卑、乌桓、夫余、秽貊之辈，皆随时朝贡，无敢扰边者，百姓歌悦之"。在发展经济方面，他"劝督农植，开上谷胡市之利，通渔阳盐铁之饶，民悦年登，谷石三十"，使燕地物阜民丰，百姓安乐。中平六年（189年）董卓之乱起，青州、徐州的官民纷纷避乱幽州，归顺刘虞，一时间竟多达百万余人。刘虞"皆收视温恤，为安立生业，流民皆忘其迁徙"②，幽燕遂成腥风血雨年代四方归心的一片乐土。

对于北方强敌匈奴，西汉初年采取了和亲政策，"终景帝世，时时小入盗边，无大寇"③。武帝即位后，头几年还算太平，武帝元光二年（前133年）匈奴绝和亲，"攻当路塞，往往入盗于边，不可胜数"，边塞烽火又起。数年后，战争的规模不断扩大，而且严重威胁到上谷、渔阳一带。依仗雄厚的国力，汉武帝以长城西线为主战场，数次发动了对匈奴的强大攻势，取得了决定性胜利。此后在一个相当长的时期内，幽燕地区"边城晏闭，牛马布野，三世无犬吠之警，黎庶亡干戈之役"④，各族黎民安居乐业。到了东汉初年，光武帝力挫匈奴，致北匈奴远遁，南匈奴归附，"自

---

① 《后汉书·张堪列传》。
② 《后汉书·刘虞列传》。
③ 《汉书·匈奴传上》。
④ 《汉书·匈奴传下》。

是匈奴衰弱，边无寇警"①。总之，终两汉之世，虽然北京地区因地处边陲，狼烟时起，但总体上看，各民族"往来长城下"的承平岁月长，兵戎相见的战争年代短，且战时的主战场偏在长城西线，这里基本上是各民族和睦相处、贸易往来的重镇。在此背景下，蓟城的经济功能不断加强，迅速向工商业城市转变。

汉武帝时采纳大农丞桑弘羊的建议，颁行均输法、平准法，"大农之诸官尽笼天下之货物，贵即卖之，贱则买之"②，由此建立起以各大城市为中心的商业网络。这个举措有效促进了全国商品的流通，也大大刺激了蓟城的经济发展。《史记·货殖列传》云：

> 夫燕亦勃、碣之间一都会也。南通齐、赵，东北边胡。……有鱼盐枣栗之饶。北邻乌桓、夫余，东绾秽貉、朝鲜、真番之利。

据此可知，随着均输法、平准法的推行，内地的粮食、盐鱼、果蔬、手工业品连同生产技术、人力资源等通过蓟城源源不断输往北方，而北方乌桓、夫余、秽貉、朝鲜、真番等少数民族的良马、牛羊、皮革、乳制品等又通过蓟城成批进入中原腹地，这里成了东北部最大的农牧交易市场。随着两汉时期铁农具和牛耕技术的普及，幽燕地区农业生产力水平显著提高，由此更加强了塞外游牧族对这个天然大粮仓的依赖。于是，正如西汉桓宽《盐铁论》所云："燕之涿、蓟，……富冠海内，为天下名都"，蓟城迎来了前所未有的繁荣。

如果说，两汉四百余年的蓟地是以经济和商贸的发展为主线的话，那么到了三国和西晋时期，随着北部边患的不断加剧，军事防卫功能又成了

---

① 《资治通鉴》卷四十四"汉纪三十六·光武帝建武二十六年"。
② 《史记·平准书》。

蓟城的主职。

三国曹魏时，随着匈奴族的销声匿迹，北方鲜卑、乌桓族的势力乘势而起，长城一带狼烟再兴。魏文帝曹丕初年，"北狄强盛，侵扰边塞"[1]，曹魏为此设立了护乌丸校尉和护鲜卑校尉两大军事实体，以控御鲜卑、乌丸各部。这两大军事实体的总部就设在幽燕，蓟邑由此成了曹魏抵御北方民族侵扰的军事重镇。此外，公元237年魏明帝派大将毋丘俭征讨割据辽东的公孙渊，公元244年魏齐王又派毋丘俭征伐高句丽，蓟城皆是曹魏东征的大本营。

在加强军事防卫的同时，招抚流民、发展生产也是幽蓟的当务之急。曹魏时期，刘靖都督河北诸军事，他利用社会环境相对稳定的机遇，"开拓边守，屯据险要"[2]，在今北京西郊修筑了著名的戾陵渠大堰。堰渠修浚后，永定河水可直接灌溉蓟城，大大促进了农耕经济的发展。为了振兴农业，曹魏还广泛推行了屯田制，其中既有佃兵耕作的军屯，也有屯田客耕种的民屯。而经过屯田制的推行，幽州一带的耕地明显增加，人口也有明显增长。

西晋前期，广武将军唐彬主政幽州，他一则"训卒利兵"，强化军务；二则"广农重稼"，发展生产；三则"兼修学校"，德政广被；四则"复秦长城"，增强防卫。经过这几项措施的一一落实，唐彬"开拓旧境，却地千里。……由是边境获安，无犬吠之警，自汉魏征镇莫之比焉"，开创了一世太平，以至"百姓追慕彬（唐彬）功德，生为立碑作颂"[3]。

晋武帝司马炎称帝后大封同姓子弟为王，并赋予军政大权，助长了豪门势力的疯狂崛起。晋惠帝年间，皇族内部的争权夺势愈演愈烈，终于爆发了"八王之乱"。同姓八王间的血腥残杀，不仅给中原大地带来了无尽

---

[1]《三国志·魏书·满田牵郭传》。
[2]《三国志·魏书·刘馥传》附子刘靖传。
[3]《晋书·唐彬传》。

灾难，也从内部摧垮了西晋帝国。更为不幸的是，西晋末年镇守幽州的王浚凶残无道，他"爵列上公，据幽都骁悍之国，跨全燕突骑之乡，手握强兵，坐观京师倾覆，不救天子，而欲自尊。又专任奸暴，杀害忠良，肆情恣欲"①，落了个"毒遍燕壤"的恶名，最后被羯族首领石勒诛杀。

晋室的落败，导致中国北方进入了大分裂、大混乱的十六国时期。此期间北中国大地群雄逐鹿，生灵涂炭，幽州四域屡遭重创。但幽燕终归是各方倚重的战略要地，又是军需供给的天然粮仓，故而每个政权一旦据有，便会竭力稳定民心，努力恢复生产。

鲜卑族慕容皝于公元337年称王，建立燕国，史称前燕。公元349年慕容皝之子慕容儁继位，他"砺甲严兵，将为进取之计"，一举攻克了蓟城。占有幽州后慕容儁信心大增，遂于公元352年从龙城（辽宁朝阳）迁都蓟城，"僭称皇帝，置百官，号年元玺，国称大燕"②。迁都蓟城后不久，慕容儁于357年又迁都邺城（今河北邯郸临漳县），都蓟的时间仅有五年。这五年的时间虽短，但影响却大，在不少方面改变了蓟城的面貌，如：

> 首先，建都之初慕容儁"徙军中文武兵民家属于蓟"，又于次年（353年）"立其妃可足浑化为皇后，世子晔为皇太子，皆自龙城迁于蓟宫"③，将大批鲜卑贵族、兵民迁入蓟城。这一方面大大充盈了蓟城的人口，一方面又改变了蓟城的民族结构，加速了少数民族与汉族的融合。
>
> 其次，慕容儁在蓟城修建了不少宫室，其中除了皇室成员居住的"蓟宫""碣石宫"外，还修筑了慕容皝的太庙。

---

① 《晋书·石勒载记上》。
② 《魏书·慕容儁传》。
③ 《资治通鉴》卷九十九《晋纪》晋穆帝永和八年、永和九年。

再次，慕容儁下令在蓟城东掖门为他的坐骑铸铜像，由此给蓟城平添了一道独特的草原风情。据《晋书·慕容儁载记》记载，慕容廆有骏马曰"赭白"，曾伴随慕容廆、慕容皝、慕容儁祖孙三代征战南北，屡建奇功，于是慕容儁"命铸铜以图其象，亲为铭赞，镌勒其旁，置之蓟城东掖门"。铜像铸成后宝驹猝然离世，只把自己的雄姿留给了人间。一千六百余年过去后，此铜像早已不知所踪，但后世往往称蓟城的东掖门为铜马门，称附近的居民区为铜马坊[①]，这便是草原文化给蓟城打下的烙印。

氐族前秦时期，国主苻坚在邺城、蓟城分设军镇，重兵驻守，蓟城成为前秦仅次于邺城的军事重镇。当时主政冀州的是汉族的一介书生，名叫王猛。他是苻坚的亲信重臣，史称其文韬武略，大智大勇，"功盖诸葛第一人"。在他主持下，幽州一带"军禁严明，师无私犯……燕人安之"[②]。

十六国时期最后一个据有幽州的是鲜卑族慕容垂的后燕，前后仅十年。当后燕攻打蓟城时，前秦幽州刺史王永仓皇逃窜，弃城前"焚烧和龙、蓟城宫室"[③]，蓟城惨遭荼毒。在后燕统治的十年间，蓟城兵连祸结，几无宁日，史载"幽、冀大饥，人相食，邑落萧条，燕之军士多饿死"[④]，惨状莫此为甚。

经过十六国时期的战争摧残，幽蓟百姓或死于兵革，或毙于饥馑，幸存者仅十之三四。公元399年，后燕燕郡太守高湖降于北魏，蓟城落入鲜卑拓跋氏的北魏之手。开始时北魏政权也对燕地进行了野蛮的掠夺，加之幽燕内乱不息，幽燕大地更如雪上加霜，满目疮痍。但在局势稍稍稳定

---

① 《太平寰宇纪·河北道十八·幽州》。
② 《晋书·苻坚载记下》。
③ 《晋书·苻丕载记》。
④ 《资治通鉴·晋纪二十八》。

后，北魏王朝即开始着手对燕地的经营。

首先是魏帝开始关注幽燕，屡番前来巡视：

> 《魏书·太宗本纪》载，泰常七年，公元422年，明元帝拓跋嗣"东幸幽州，见耆年，问其所苦，赐爵号"，并"分遣使者循行州郡，观察风俗"。
>
> 《魏书·世祖本纪》载，始光四年，公元427年，太武帝拓跋焘"行幸幽州"。
>
> 《魏书·世祖本纪》载，太延三年，公元437年，太武帝"行幸幽州，存恤孤老，问民疾苦；还幸上谷，遂至代。所过复田租之半"。

据上述，可知北魏王朝不仅在太延三年将幽州的田租免除了一半，而且早在这之前的延和元年（432年）便"徙营丘、成周、辽东、乐浪、带方、玄菟六郡民三万家于幽州，开仓以赈之"[①]。通过如此这般的开仓赈粮、降低租税、劝课农桑、充盈人口，幽燕的经济很快恢复起来。

北魏皇廷对幽燕地区的重视，同样也表现在对幽州主官的选贤与能上。

北魏开国皇帝拓跋珪灭掉后燕后，即拜幽燕本地人张衮为幽州刺史。张衮世居上谷沮阳，"纯厚笃实，好学，有文才"。他在任上颇得好评，《魏书·张衮传》赞其"清俭寡欲，劝课农桑，百姓安之"。

魏明元帝初年，官拜尉诺为幽州刺史。《魏书·尉诺传》载："诺之在州，有惠政，民吏追思之。……燕土乱久，民户凋散，诺在州前后十数年，还业者万余家。"在他任内有万余户流民接踵还乡，这就是对尉诺的最大褒奖。

[①]《魏书·世祖本纪上》。

魏太武帝年间，官拜张昭为幽州刺史。张昭时运不济，甫一到任就赶上幽州大灾。《魏书·张蒲传附子张昭》云："时幽州年谷不登，州廪虚罄，民多菜色。昭谓民吏曰：'何我之不德而遇其时乎？'乃使富人通济贫乏，车马之家籴运外境，贫弱者劝以农桑。岁乃大熟。士女称颂之。"[①] 正如此文所言，张昭面对大灾指挥若定，一则以富济贫，二则及时求购外援，三则劝民农桑。正因为他倾注全力救灾民于水火，故而"士女称颂之"。

魏文成帝年间，官拜孔伯昭为"镇东将军、幽州刺史"。《魏书·孔伯恭传附父昭传》云："昭性柔旷，有才用，……善察狱讼，明于政刑。"孔伯昭善察狱讼、明辨政刑，有效促进了幽燕的社会安定。

魏宣武帝年间，官拜崔休为幽州刺史。《魏书·崔休传》云："休聪明强济，雅善断决……加之公平清洁，甚得时谈"，"在幽青州五六年，皆清白爱民，甚著声绩，二州怀其德泽，百姓追思之"。由上述评价看，崔休既聪明强济、雅善断决，又公平清廉、清白爱民，是难得的国之重器。

魏孝明帝年间，官拜裴延儁为平北将军、幽州刺史。《魏书·裴延儁传》称裴延儁到任后"溉田百万余亩，为利十倍，百姓至今赖之。又命主簿郦恽修起学校，礼教大行，民歌谣之。在州五年，考绩为天下最"。由上可见，裴延儁在幽州任上不仅大兴水利，还广建学校、推行礼教，颇有善政，故而赢得了"考绩为天下最"的嘉评。

以上良吏贤臣多集中在北魏前期，是北魏前期倡导"留心黄老，欲以纯风化俗"[②]的结果，也是北魏王朝上升时期的表现。正是由于这些主官的政治清明，燕地成了当时北魏较为安定的区域，流离失所之民大量涌入，实现了由"百姓安之"到"礼教大行"的转变。尤其值得称道的是，以上良臣个个是汉人，且大多为汉儒，体现了鲜卑族北魏王朝唯才是举的用人之策。

---

① 《魏书·张蒲传附子张昭》。
② 《魏书·曲阳侯素延传》。

第四章 递进性——逐次提升的历史地位

北魏灭亡后，在不到半个世纪的时间里，幽州先后经历了东魏、北齐、北周三个小朝廷。政权的更迭和连年战乱给幽州带来了极大的破坏，但即便如此，也未能阻止幽州战略地位的进一步提升。

北齐是这三个小朝廷中统治幽州时间最长的一个，从公元550年到577年，前后凡27年。《北齐书·斛律金传附子羡传》载：河清三年（564年）斛律羡出任幽州刺史，次年"诏加行台仆射"，两年后又"迁行台尚书令"。这里所说的"行台"，是指直接代表中央尚书省的机构，地位在一般州郡之上。官拜幽州刺史斛律羡为行台仆射、行台尚书令的事实，表明北齐已在幽州设立行台。此时幽州的辖区虽然缩小，但在设立行台后，其统辖的范围一下子广及"幽、安、平、南、北营、东燕"六州。北齐武平三年（572年），斛律羡被无罪诛杀，当时他仍在幽州行台任上。此后独孤永业继任，亦为"行台仆射、幽州刺史"①。北齐将亡之际，以潘子晃"为幽州道行台右仆射、幽州刺史"②，可见幽州的行台建制一直保留下来，并未因人废事。北周统治幽州的时间很短，但也在幽州设立了总管府，"总驭燕、赵，南邻群寇，北捍旄头"③，地位仍在一般州郡以上。

隋朝开国后，隋文帝深知"燕、代精兵之处，今若动众，天下不足图也"④，遂派亲信重臣张威为幽州总管，"寻拜河北道行台仆射"⑤。开皇初年，"突厥寇边，燕、蓟多被其患"，隋文帝又以周摇为"幽州总管六州五十镇诸军事"。周摇到任六载，"修鄣塞，谨斥候，边民以安"⑥，燕地渐趋安宁。由上可知，隋的幽州仍设行台、总管府，控制范围达"六州五十镇"。

隋炀帝弑父自立后，为防止各地反叛，一再削弱地方势力，先于大业

---

① 《北齐书·独孤永业传》。
② 《北齐书·潘乐传附子子晃传》。
③ 《隋书·于仲文传》。
④ 《隋书·庞晃传》。
⑤ 《隋书·张威传》。
⑥ 《隋书·周摇传》。

元年（605年）"废诸州总管府"[①]，又于大业三年（607年）废州为郡。从此地方郡守高不过从三品，领地不过数县，全部大大缩水。通过州改郡，今北京被分割成涿、渔阳、安乐三郡，蓟城也由幽州府治改为涿郡郡治。但时隔不久，隋炀帝便仿照京都、洛阳、太原设立留守的特制，于大业八年（612年）"以（樊）子盖为涿郡留守"[②]。早自汉代以来，皇帝巡幸、出征时形成了一个定规，即由亲王或重臣镇守京师，可代皇帝便宜行事，此即"留守"。此后"留守"渐成一种制度，专设于行都、陪都等重要城市，地位之高远超一般州郡。隋炀帝以樊子盖为涿郡留守后，蓟城便擢升到与京都、洛阳、太原并列的位置，相当今天的直辖市。

大业三年（607年），篡位登基的隋炀帝终于坐稳了龙椅，于是"慨然慕秦皇、汉武之事"[③]，试图成就不世之功。当时最大的边患来自北方，隋炀帝便把战略目标锁定在了北方。据《隋书·炀帝纪》的记载，在此后短短十年中，隋炀帝的许多活动都集中在以蓟城为中心的范围内。

一、北巡狩

大业三年（607年）夏四月，隋炀帝颁旨车驾北巡。隋炀帝北巡的直接目的，是为了安抚当时已经归顺的突厥部众，而突厥启民可汗为表忠心，决定率全体部民为隋炀帝广修御道。此御道始自榆林（今内蒙古托克托县），先通到可汗牙帐，再通向蓟城，前后逶迤达三千里。隋炀帝启程后，启民可汗率各部酋长至榆林行宫觐见炀帝，不仅稽首称臣，奉炀帝为"圣人可汗"，还"上表请变服，袭冠带"，意欲改服华夏衣冠。炀帝"宴启民及其部落三千五百人，奏百戏之乐"，赏赐甚丰。此后炀帝继续前行，直抵启民可汗牙帐，正式接受了北方诸部的朝拜。此番炀帝北巡，虽然没

[①]《隋书·炀帝纪上》。
[②]《隋书·樊子盖传》。
[③]《隋书·炀帝纪下》。

有像计划中的那样到达蓟城，但启民可汗修建了直抵蓟城的御道，开启了一条自幽州至北方民族的通衢，其意义远在隋炀帝亲巡之上。

此后隋炀帝屡屡北上巡狩，前后多达四次，其中有两次是以巡视长城为目的的，另两次则进入了涿郡，而当时的涿郡郡治就在蓟城。

二、通驰道

隋炀帝首次北巡时就开始修建直通塞外的驰道，为此还横向开凿了太行山。后来隋炀帝为扬威塞外，未走太行山一线，改从都城长安出雁门关（今山西代县），由此直上榆林。驰道的修建虽然未按计划抵达蓟城，但也由于太行山的开凿，进一步拓宽了由关中至燕地的主干道。为了征讨辽东，隋炀帝还铺设了两条以蓟城为交汇点的陆路干道，一条自南向北，一条由东向西，蓟城因此更加四通八达。

三、修长城

万里长城历来是和秦始皇的名字联在一起的，岂不知隋朝也修筑过长城，而且工程之浩大不亚当年。大业四年（608年）秋七月，经过文帝、炀帝长年不断的逐次修筑，隋炀帝再次"发丁男二十余万筑长城，自榆谷而东"，终于使东起山海关、西至甘青的长城连成一线，构筑了扼守北方游牧族的万里屏障。

四、开运河

隋朝开展的又一项浩大工程，即南北运河的开凿。经过隋朝近二十年的接连开凿，大业四年春正月，隋炀帝"诏发河北诸郡男女百余万开永济渠，引沁水，南达于（黄）河，北通涿郡"，打通了运河北段的永济渠。永济渠是在东汉末年曹操开凿的平虏渠、泉州渠基础上疏浚的，蓟城即它的北端。

至此，万里长城与大运河两条巨龙聚首在北京，形成了古都北京极其壮伟的人文景观。修竣的大运河由蓟城出发后循永济渠及广通渠、通济渠、山阳渎、江南河一路南下，贯通了由北至南的海河、黄河、淮河、长

江、钱塘江五大水系,开通了自蓟城直达内地及江南的水运大动脉。这是世界上最长的人造运河,总长1797公里,是苏伊士运河的十余倍,是巴拿马运河的三十余倍。它流经今北京、天津、河北、山东、江苏、浙江六个省市,极大促进了南北之间经济、文化的交流。大业七年(611年)二月,大运河全线通航后,隋炀帝"自江都御龙舟入通济渠,遂幸于涿郡",由水路北上蓟城。此行的阵容十分壮观,"帝御龙舟,文武官五品已上给楼船,九品已上给黄篾舫,舳舻相接,二百余里"[①],真可谓千帆竞渡,百舸争流。如此庞大的船队竟然能从江浙直航涿郡(蓟城),运河的畅通可想而知。蓟城本是东北方陆路交通的枢纽,现在又成水路交通的中心,战略地位的提升不言而喻。

五、建行宫

史称大业七年(611年)夏四月,隋炀帝"至涿郡之临朔宫"[②]。临朔宫是隋炀帝在蓟城的行宫,建造于永济渠开凿的第二年,即大业五年。所谓"临朔宫",顾名思义是临朔而建的天子之宫,目的在于扬威朔方(北方)。这是当年蓟城的地标式建筑,于凛凛朔风中昭示着大隋王朝的天威。

六、伐辽东

高句丽原本是中华藩属,北朝时开始频频作乱。隋朝初年,高句丽王高元不仅强占了辽河以东,还"率靺鞨之众万余骑寇辽西"[③],妄图进一步强占辽河以西。开皇十八年(598年),隋文帝发水陆三十万大军征讨高句丽,后因粮草不济、疫病流行,未及开战便无功而返。大业七年(611年),隋炀帝再度发动了征伐高句丽之役,并亲至临朔宫督战。诏令一下,"于时辽东战士及馈运者填咽于道,昼夜不绝",隋朝很快在蓟城集结起

---

① 《隋书·食货志》。
② 《隋书·炀帝本纪上》。
③ 《隋书·高丽传》。

百万大军。

从大业八年至大业十年，隋炀帝连续三次对高句丽用兵，都以蓟邑为兵马、军械、粮草基地。在第一次战役中，刚愎自用的隋炀帝指挥无当，隋军惨遭败绩。第二次战役因礼部尚书杨玄感发动兵变，隋炀帝不得不草草收兵。大业十年（614年）二月，一意孤行的隋炀帝再次"诏百僚议伐高丽"，朝堂上竟一连数日无敢应对者。随后炀帝不顾群臣反对，又兀自发动了第三次征辽之役。如同前两次一样，隋炀帝仍御驾亲征，"行幸涿郡。癸亥，次临渝宫，亲御戎服，祃祭黄帝，斩叛军者以衅鼓"。兵发辽西后，"高丽遣使请降"，还遣还了前次叛降的兵部侍郎斛斯政。在取得了表面上的胜利后，隋炀帝志得意满，班师回朝。

隋是短命王朝，仅仅存活了37年。但作为一个大一统王朝，隋朝不仅终结了魏晋南北朝时期的军事割据，还结束了幽燕作为北方民族南侵中原桥头堡的作用，使其重归中原王朝北方重镇的地位。同时，通过上述种种举措，蓟城的军事、政治、经济实力大大提高，交通状况大大改善，实至名归地成为与长安、洛阳两京及太原并列的全国四大重镇之一。

《隋书·炀帝纪下》云：隋炀帝"骄怒之兵屡动，土木之功不息。频出朔方，三驾辽左，旌旗万里，征税百端，猾吏侵渔，人不堪命"。正是由于无休止地开驰道、修长城、通运河、建行宫以及征辽之役等，隋朝国力消耗殆尽，神州大地民不聊生，各地民众纷纷揭竿而起。事情到了这一步，就连萧皇后都看出"天下事一朝至此，无可救者"[1]，隋炀帝很快死于乱兵之手，隋朝灭亡。

隋大业十三年（617年）五月，隋炀帝表亲、太原留守李渊起兵晋阳，于十一月入主长安，后于次年称帝，国号唐。李渊起兵之际，驻守幽州的虎贲郎将罗艺乘机发动兵变，据有幽州。经过数次征辽之役，此时幽州尚

---

[1]《资治通鉴·唐纪一》。

有数万兵马和大量军械，再加上它非同一般的战略地位，幽州的归属已成隋末各派势力角逐天下的决定因素。在各大势力纷纷遣使招抚罗艺的情况下，罗艺审时度势，最后决定投靠李渊，并给李渊提供了一系列军事和物质支持。唐朝建立后，高祖李渊称"革运之始，立功燕代"①，充分肯定了幽州在唐朝创建中所起的不可替代作用。

正是由于幽州的特殊作用，其地位在唐朝进一步提升。据《旧唐书·地理志》载，李渊称帝伊始便改隋朝涿郡为幽州，设立幽州总管府，"管幽、易、平、檀、燕、北燕、营、辽等八州"。未久，武德六年（623年）唐高祖又"改（幽州）总管为大总管，管三十九州"，次年又"改为大都督府"。唐高祖在位不到十年，但在如此短的时间内就接连提升幽州为总管府、大总管府、大都督府，其之显要足见一斑。

贞观十九年（645年），反复无常的高句丽再次频频犯境，恣意挑衅，唐太宗不得不又一次发动了征辽之役。此役始于"夏四月癸卯"②，唐太宗在幽州城南举行了誓师大会，随后御驾亲征，一路势如破竹，连下高句丽十城。但天气入冬后唐军的后勤补给跟不上，加之在攻城战役中唐军损失惨重，唐太宗遂下令班师。为了提振士气，班师后唐太宗下诏在幽州城东南建造一座悯忠寺，以祭奠阵亡将士。到了高宗年间，唐朝更加紧了对高句丽的征伐。高宗乾封二年（667年），经过一年多苦战，李勣、薛仁贵率唐军"破高丽，拔平壤城，擒其王高藏及其大臣男建等以归"③，高句丽终于覆灭。以上伐高句丽之役皆以幽州为大后方，这又大大扩充了幽州的实力。

高句丽灭亡后，唐高宗"以其地为安东都护府，分置四十二州"④，

---

① 《唐大诏令集》卷六十四。
② 《旧唐书·太宗纪下》。
③ 《旧唐书·高宗纪下》。
④ 同上注。

高句丽正式成为中华版图的一部分，统属安东都护府。武则天长安四年（704年），诏命夏官尚书唐休璟"兼检校幽、营等州都督，兼安东都护"①。这个任命是个历史性事件，它表明幽州、营州和安东都护府终于三位一体地合到了一起，标志幽州实际控制区的进一步扩大。

唐朝地方建制的一个最大变化是，它开创了"外任之重无比焉"的节度使制度。"使持节"之说由来已久，《汉书·周勃列传》称文帝"于是使使持节赦（周）勃"，便是史上较早的一例。这个所谓"使持节"，无非是说皇帝授臣子以节杖，表示其是皇帝的专使。此后，也有对权臣加以"使持节"称号者，以示其享有的特殊权力。但这都不是总揽地方军政、司法、人事大权的节度使制度，而于史可稽，真正的节度使制度恰好出自幽州。

《资治通鉴·唐纪二十六》载：唐睿宗景云元年（710年）冬十月，"以幽州镇守经略节度大使薛讷为左武卫大将军兼幽州都督"，此即总揽一切地方大权的节度使制度的真正问世。薛讷乃将门之后，系"三箭定天山""神勇收辽东"的名将薛仁贵之子。《旧唐书·薛讷传》云："突厥入寇河北，则天以讷将门，使摄左武威卫将军、安东道经略。"据此可知，正是由于幽州的安危关乎朝政大局，武则天才亲授薛讷以特权，开创了这个节度使制度。正因此，史称"节度使之名自（薛）讷始"②，强调他才是实授节度使大权的第一人。

据《旧唐书·职官志三》记载，赐以旌节的节度使除总领辖区的一切军事外，还总领一切行政大权，甚至可以恣意任免或诛杀所属州郡的刺史、郡守，"外任之重"确乎前所未有。节度使还兼有中央官衔，最高可以"同平章事"，即秩同宰相，名为"使相"。史上有"出将入相"之说，就是指一些重要的节度使一旦回到中央政府后，即可直接出任宰相。正是

---

① 《旧唐书·唐休璟传》。
② 《资治通鉴·唐纪二十六》。

这个制度的推行，使各地节度使拥兵自重，不奉朝命，传位子孙或部将，成了世袭藩镇，最后终于导致了唐朝的灭亡。

从"节度使之名自（薛）讷始"，唐玄宗天宝年中已"置八节度使"[①]。再到唐玄宗开元年间，又增加至十大节度使，分别驻节岭南、安西、北庭、河西、朔方、河东、范阳（幽州）、平卢、陇右、剑南。这些节度使个个权倾一方，其中尤以镇守蓟城的范阳（幽州）节度使最为权重。《旧唐书·地理志一》载：

> 范阳节度使，临制奚、契丹，统经略、威武、清夷、静塞、恒阳、北平、高阳、唐兴、横海等九军。范阳节度使，理幽州，管兵九万一千四百人，马六千五百匹，衣赐八十万匹段，军粮五十万石。

由上可知，一个范阳节度使竟独掌九军，军力多达9万余人。据记载，当时全国十大方镇的总兵力也才49万人，仅范阳一个节镇就占了五分之一，可见其权力之大。

到了唐开元年间，幽州的辖区进一步扩大。据《新唐书·方镇三》记载，开元二十年（732年）的幽州除原有属地外，又"增领卫、相、洺、贝、冀、魏、深、赵、恒、定、邢、德、博、棣、营、郑十六州，及安东都护府"，其地域不仅囊括了东北边地，还向中原方向渗透，进入了今山西、河南、山东等地。

综观北京历年出土的唐墓，一大特点是其在文化面貌上表现出了较为明显的两重性。一方面它们在诸多方面与中原唐墓的面貌极为相似，体现了二者的一致性，但另一方面它们也具有较明显的个性。仅就一望可知的墓室形状而言，北京唐墓的墓室平面普遍呈抹角弧形或圆形，而中原唐墓

---

① 《旧唐书·职官志三》。

的墓室一般呈方形或长方形，彼此间就泾渭分明①。在各地出土的唐墓中，墓室平面呈圆形或椭圆形的现象还广泛见于辽宁、内蒙古和河北北部等地，恰好合成了一个风格迥异的大文化圈。在这个大文化圈中，幽州是无可争议的中心城市，虽然这并不等于说这种墓室文化就是由幽州起源的，但足以说明幽州是这个大文化圈的重心。正是这个大文化圈的存在，体现了唐幽州城政治覆盖面的扩大，并从考古学上折射出来。

总之，发展到唐中期时，幽州在军事实力、政治地位、统辖范围等方面都达到了前所未有的高度。这不仅表明幽州地位的逐次提升是历史的必然，同时也进一步促成了"天子弱，方镇强"②的外重内轻局面。这预示着，幽州的形势很快就要发生意想不到的变化了。

唐玄宗年间，范阳节度使安禄山、史思明起兵反叛，终于酿成了著名的"安史之乱"。安禄山，"营州柳城杂种胡人也，本无姓氏"③，出身卑微且为人狡黠，善于巧言令色。为了取得李唐皇室的宠信，他不仅百般取悦唐玄宗，还厚颜无耻的拜杨贵妃为母。唐玄宗天宝元年（742年），刚满四十岁的安禄山一举攫取了东北藩镇的最高职务——平卢军节度使，两年后又兼任了范阳节度使、河北采访使，控制了华北军政大权。权倾一方的安禄山犹不满足，"又求为河东节度"，居然也得到了唐玄宗的恩准，进而掌管了三晋大权。由一方节帅而身兼三镇，唐的三大集团军竟集于安禄山一身，唐玄宗的愚不可及可想而知。尤有甚者，唐玄宗仍嫌赏赐给安禄山的恩崇不够，又于天宝九年（750年）加封安禄山为东平郡王。史称"节度使封王，自此始也"④，安禄山的权力和地位终于位极人臣。以一个奸佞小人而独掌整个黄河以北的军政大权，焉有不反之理？于是，天宝十四年

---

① 北京市文物研究所编：《北京考古四十年》，北京燕山出版社，1990年，第135~138页。
② 《新唐书·兵志》。
③ 《旧唐书·安禄山传》。
④ 《旧唐书·玄宗本纪下》。

（755年）十一月，安禄山矫诏密旨，以清君侧为由发动叛乱，率领十五万大军向唐京师发起了总攻。

从幽州出发，叛军一路浩浩荡荡，"所过州县，望风瓦解，守令或开门出迎，或弃城窜匿，或为所擒戮，无敢拒之者"[1]，不日便攻克了东都洛阳。拿下洛阳后，安禄山急不可耐，于天宝十五年（756年）正月初一在洛阳登基，自称雄武皇帝，国号大燕，建都洛阳，另以范阳（今北京）为东都。此后他发兵直逼长安，这时的唐玄宗早已吓得惶惶然如丧家之犬，忙不迭地携杨贵妃逃往蜀中。

正当安禄山志得意满之时，其内部的明争暗斗却愈演愈烈，一发不可收拾。唐至德二年（757年），先是其子安庆绪纠结亲信诛杀了乃父，僭位称帝。而后到唐肃宗乾元二年（759年），驻守范阳老巢的叛军大将史思明背叛安庆绪，自称大燕皇帝，"号范阳为燕京"[2]。史思明乃"营州宁夷州突厥杂种胡人"[3]，他篡位后以杀父之罪将安庆绪"并其四弟及高尚、孙孝哲、崔乾祐，皆缢杀之"[4]，意在斩尽杀绝。未承想，史思明的好景也不长，刚刚过了两年不到，其子史朝义便纵容部下将其诛杀，接着史朝义又诱杀了胞弟史朝清，妄自称帝。从此以后，叛军内部杀红了眼，为争权夺利打成一团。唐广德元年（763年），史朝义在唐军围剿下逃归范阳，竟被部下拒之门外，终被自己的亲信爱将李怀仙所诛杀。

从天宝十四年（755年）安禄山起事，到唐代宗广德元年（763年）叛乱被平息，历时近八年。俗称"秀才造反，三年不成"，不承想鄙夫造反也八年难成，安史之乱的头目最终个个都落了个葬身自己人的下场。"安史之乱"虽然以失败告终，但它拦腰斩断了大唐的黄金时代，直接导致了

---

[1]《资治通鉴·唐纪三十三》。
[2]《新唐书·逆臣传》。
[3]《旧唐书·史思明传》。
[4]《旧唐书·安庆绪传》。

唐朝的由盛转衰。更重要的是，以"安史之乱"为标志，表明北方少数民族势力已成长为一支足以翻云覆雨的力量，开始改写中华的历史。

众所周知，在中华五千年文明史上，唐以前的王朝绝大多数都是由中原民族创建的，如夏、商、周、秦、西汉、东汉、三国、晋、隋、唐等莫不如是。而唐以后，首先从统御北半个中国的契丹开始，这个历史常规被打破了，北方民族成了中国政治舞台上的主角。若从公元938年契丹入主燕云十六州算起，辽、金统治北半个中国各在百年以上，元和清统治中国也各有一百多年和两百多年，四者相加共计七百余年，竟占了公元十世纪以后中国古代史的70%还多。这种以少数民族为主角的历史，是中国古代社会后半期的一大特征，再清楚不过地揭示了北方少数民族势力的崛起。而历史的拐点，恰好发生在公元907年。因为就在这一年，契丹首领耶律阿保机"燔柴告天，即皇帝位"①，建立了契丹国。也就在这一年，大唐帝国倏然陨落，结束了一个黄金时代。一个是大唐的灭亡，一个是契丹的创建，这无异于从两个不同角度把历史的改写同时锁定在这个时间点上。

北方民族势力的增长不仅改写了历史，还带来了种种影响深远的重大变化。

一是古之蛮夷今为中国，中国社会结构更向多民族国家的方向转化。

二是随着少数民族势力的增长，整个中国由比较单一的农业社会，转向以农业文明、草原文明、森林文明、海洋文明为四大支柱的全新格局。

三是唐以前，文化的流向以汉文化向四方的传播为主。唐以后，百川归海成了历史的主流，各族文化相继融入了汉文明，汉

---

① 《辽史·太祖本纪》。

文明也因此而更加博大恢弘。

四是北方少数民族势力的增长，结束了周秦汉唐王朝以关中为政治中心的局面，也打破了以长安、洛阳为政治横轴的华夏体系，使中华文明的重心向东北方向倾斜，特别是向今北京地区倾斜。

五是幽州的战略地位随着少数民族势力的增强而不断提高。

安史之乱后，唐王朝被迫采取了以方镇制方镇的办法，却因此而更加丧失了对方镇的有效控制，造成了大范围的藩镇割据。唐德宗建中三年（782年），安史之乱后长期不奉朝命的河北四大藩镇相继称王，"居室皆曰殿，妻曰妃，子为国公，下皆称臣，谓殿下"[1]，俨然成了国中国，而幽州便是其中之一。

唐文宗太和五年（831年），幽州副兵马使杨志诚谋反，唐文宗闻之大骇，急召群臣商议。老臣牛僧孺满不在乎地说："陛下以范阳得失系国家休戚耶？且自安史之后，范阳非国家所有。……臣固曰不足烦圣虑。"[2] 以上所言"自安史之后，范阳非国家所有"一语，道破了自安史之乱后，幽州实际上已经脱离了唐王廷的控制，成了方外之地。牛僧孺还进而陈述说："范阳得失，不系国家休戚，自安史已来，翻覆如此。前时刘总以土地归国，朝廷耗费百万，终不得范阳尺帛斗粟入于天府，寻复为梗……但因而抚之，俾扞奚、契丹不令入寇，朝廷所赖也。"[3] 归纳牛氏所言，一则说幽州在安史之乱后始终处在藩镇内部争权夺利的动荡中，以致藩帅频繁更迭；二则牛氏举幽州节度使"刘总归唐"的例证说明，晚唐幽州藩帅中虽然偶有归顺中央政权者，唐廷为了"土地归国"的目的也不惜向其输送

---

[1]《新唐书·朱滔传》。
[2]《旧唐书·杨志诚传》。
[3]《旧唐书·牛僧孺传》。

第四章 递进性——逐次提升的历史地位

大量钱财，但却"终不得范阳尺帛斗粟入于天府"，并且"寻复为梗"。也就是说，这样做的结果既无经济效益，也无政治效益，反而竹篮打水一场空。更重要的是，牛僧孺指出，政治、经济的两笔账可以不算，只要幽州藩镇"俾捍奚、契丹不令入寇"即可。换言之，到了晚唐时期，把幽州当作阻挡北方少数民族的一道屏障，已成唐王朝对幽州残存的最后一点希望，其他都只好听之任之了。

进入末世的唐王朝，外有强藩自立，时服时叛；内有宦官专权，党争纷起，最后终于被强藩所灭。唐天佑四年（907年），唐宣武军节度使朱温废唐哀宗，唐朝灭亡，历史从此进入天下分离的五代十国时期。

五代十国时期的幽州先后归后梁和后唐，但地方割据的势头不减反增。后梁创建之初，驻镇幽州的是卢龙军节度使刘仁恭。是时中原多故，刘仁恭啸傲蓟门，志得意满，在幽州城西的大安山"盛饰馆宇，潜拟宫掖，聚室女艳妇，穷极侈丽"，极尽骄奢淫逸之事。谁承想，有其父必有其子，刘仁恭之子刘守光更是有过之无不及。他先是和父亲的嬖妾乱伦，后又囚父杀兄，"自为幽州节度"。公元911年，刘守光自恃"我大燕地方二千里，带甲三十万，东有鱼盐之饶，北有塞马之利，我南面称帝，谁如我何！"[①]，遂"僭称大燕皇帝，年号应天"[②]，建都幽州城。刘守光称帝后，很快成为众矢之的，不到三年便被后唐所灭。后唐时期，镇守幽州的是节度使赵德钧，后加封为北平王。为了加强防卫，赵德钧分别在良乡、潞县、三河修筑了几座城堡工事，但面对契丹人的强大攻势仍无济于事。

综合本节所论，从秦王朝一直到唐王朝，幽州及蓟城的政治、经济、军事地位一直处于交替上升的状态中，最后终于发展成与汉唐两京及太原比肩的全国四大重镇。若单就幽州的辖区而言，自西晋以来确实累有递

---

① 《旧五代史·刘守光传》。
② 《旧五代史·唐书·庄宗纪一》。

减,但通过北齐时期幽州大行台的设置,以及北周时期幽州总管府、隋朝涿郡留守的设置,灼然可见蓟城的地位始终处在不断攀升中。辗转至唐,随着幽州总管府、大总管府、大都督府及范阳节度使的设立,幽州的控制范围更加扩大,以至成为北控燕山、南压中夏的雄胜之地。不难想象,事情发展到这一步,即便不是安禄山、史思明、刘守光据"我大燕地方二千里"称帝自立,幽州地位及性质的改变也是不可逆转的了。

四　从辽陪都到金中都

　　唐朝末年,风雨飘摇的唐王朝寄希望幽州成为它的东北屏障,然而客观事实是,安史之乱后的幽州军事实力大大削弱,剩余的军事力量在藩镇割据的自相残杀中又消耗殆尽,幽州自己面对北方强族已是泥菩萨过河,难以自保。《旧唐书·张仲武传》载晚唐宰相李德裕云:"雁门之北,羌戎杂处,……纵其枭骑,惊我牧圉,暴若豺狼,疾如风雨。"此中一句"暴若豺狼",形象描述了当时北方少数民族的强悍和对边地的劫掠。这些民族中的回鹘与奚在以幽州军队为主力的唐军反击下遭受重创,势力锐减,可这反倒为另一个北方强族的兴起扫清了障碍,这就是契丹。

　　《辽史·地理志一》云:"辽国其先曰契丹,本鲜卑之地。"契丹是鲜卑的一支,源出春秋战国时期北方民族中十分强大的东胡族。西汉初年,东胡被匈奴冒顿单于击溃,部众土崩瓦解,一部分退居乌桓山,一部分自保于鲜卑山,此后便有了以居地分别命名的乌桓族和鲜卑族。

　　契丹的本意是"镔铁",意在坚不可摧。《魏书·世祖本纪上》称北魏太武帝时"高丽、契丹国并遣使朝献",此即契丹族名在典籍中的首次出现。综合有关记载可知,契丹人世居内蒙古东部的潢水(今西拉木仑河)及土河(今老哈河)流域,开始时以渔猎为生,后来转营畜牧业。唐代后期，契丹首领耶律阿保机统一契丹各部，于唐朝灭亡之际（公元907年）建立了契丹国。五代前期，幽燕主帅刘仁恭、刘守光父子暴戾恣睢，幽、涿士人多流亡于契丹。而在"尽得燕中人士，教之文法"[①]后，契丹如虎添翼，东灭渤海，西服回纥，北臣室韦，南入长城，"侵灭诸国，称雄北方"[②]。公元916年，耶律阿保机自立为帝，建元神册，建都上京（今内蒙古巴林左旗林东镇）。

早在五代时期，契丹就不断南下叩打中原的门户，首当其冲的就是幽州城。后梁末年，史称"契丹乘胜寇幽州。是时言契丹者，或云五十万，或云百万，渔阳以北，山谷之间，毡车毳幕，羊马弥漫"[③]，契丹铁蹄已踏遍了燕山南北。此前契丹人南侵多以掠夺为目的，劫掠人畜财宝后便呼啸而去。但从五代开始，契丹人一改游击习性，在加紧征讨幽州的同时，又以降将卢文进"为幽州节度使，又以为卢龙节度使"[④]，设置了契丹的幽州政权。这一政权的建立，标志契丹人的战略发生了重大改变，开始从掠夺性战争转变到以占领幽州为目的上来。

契丹幽州节度使设立后，幽州一度出现了契丹和后唐两个政权。这表明，唐以后的幽州已成中原王朝与北方民族两大势力争夺的焦点，而且双方的力量势均力敌，这才导致了两个政权的并峙。在后唐幽州节度使周德威的殊死抵抗下，契丹数十万大军对幽州城的围剿一再受挫。但不幸的是，当周德威战死疆场后，后唐河东节度使石敬瑭举兵反叛，上表请契丹帮助自己僭位称帝。这个梦想做皇帝的宵小竟然答应契丹，事成之后认契丹皇帝为父，并"割幽州等十六州以献"[⑤]。辽太宗耶律德光闻讯大喜，当即率五万精兵前往助战，四个月后大功告成。

① 《旧五代史·契丹传》。
② 《新五代史·四夷附录第一》。
③ 《旧五代史·唐书·庄宗本纪二》。
④ 《旧五代史·晋书·卢文进传》。
⑤ 《辽史·地理志·南京道》。

后唐灭亡后，石敬瑭被耶律德光册立为大晋皇帝，史称"后晋"。公元936年，辽太宗在册封石敬瑭的文书中说，"余视尔若子，尔待予犹父也"①，与石敬瑭约为"父子之邦"。就这样，四十五岁的儿皇帝石敬瑭在"登基"大典上穿着契丹朝服拜见了三十四岁的父皇耶律德光，上演了一出人间丑剧。公元938年，石敬瑭如约把燕云十六州奉送给辽，并"每岁许输帛三十万"②。

石敬瑭割让给契丹的燕云十六州包括：

> 幽（今北京）、蓟（今天津蓟州区）、瀛（今河北河间）、莫（今河北任丘）、涿（今河北涿州）、檀（今北京密云）、顺（今北京顺义）、妫（今河北怀来）、儒（今北京延庆）、新（今河北涿鹿）、武（今河北宣化）、云（今山西大同）、应（今山西应县）、朔（今山西朔县）、寰（今山西朔县东北）、蔚（今河北蔚县），恰好相当长城沿线以南的今北京地区、天津地区、河北北部及山西北部。

"燕云十六州"的割让，不仅使中原王朝丧失了一大片土地和百姓，还使中原失去了长城关隘。自此以后，燕山山脉的崇山峻岭不再是契丹铁骑南下的阻碍，中原地区再也无险可依。而契丹重兵居高临下驻屯幽州，进可以长驱直入华北大平原，退可以据城固守以逸待劳，取得了战略上的主动。

辽代初年，辽的南部边界曾到达今河北保定、高阳一带，辽灭后晋时还一度占领了开封。但在继续向中原扩张的军事行动受阻后，特别是在后周及北宋数次北伐后，由于双方军事实力的抗衡，辽朝的南境最后稳定在

---

① 《旧五代史·晋高祖本纪》。
② 《旧五代史·契丹传》。

今山西雁门关到拒马河中部一线。这就是说，终辽朝一世，燕云十六州基本是它的南部疆土。

极盛之时的辽朝占地甚广，几乎是赵宋王朝的两倍。其范围"东至于海，西至金山，暨于流沙，北至胪朐河，南至白沟，幅员万里"[①]，即东濒太平洋，西至俄罗斯境内的额尔齐斯河和鄂毕河，北至外兴安岭和贝加尔湖，南接河北白沟及甘肃北部。辽的国土虽大，但大部分疆域分布在长城以外，多为贫瘠的草原、山林、荒漠，唯有燕云十六州的土地最为肥沃，物产最为丰富。而在燕云十六州中，若论文化最发达、人口最稠密、商贸最兴盛、城市最繁荣，又非幽州城莫属。因此，辽在公元938年得到幽州后，太宗耶律德光便立即升幽州城为陪都，称南京，又称燕京，并正式改契丹国号为辽。

辽太宗耶律德光即位之初未曾改元，一直沿用辽太祖的天显年号，且一用就是十余年。但就在将幽州定为南京的当月，辽太宗下诏改元，年号"会同"。遥想当年，辽太宗显然不可能站在历史的高度，高瞻远瞩地看到幽州的拥有及南京的设立是多么的意义深远，不可能理解这一来意味着辽国开始由草原王国向农牧国家迈进，二来表明契丹社会大大加快了由奴隶制向封建制的转变，三来代表中国进入了新一轮突破长城封锁线的民族大融合，四来标志燕京从此迈开了走向全国性都城的步伐。凡此种种，都是靠后来的历史学家总结的，远非辽太宗当初所能洞见。但作为一代明主，辽太宗耶律德光确实看到，他的国家从此拥有了一片中原领土，开始"兼制中国"，而这意味着契丹历史有了一个全新的开始。于是他下诏改元，并以"会同"二字表示兼容并蓄。

辽朝建国后实行了多都制，合为五京，分别是"太宗以皇都为上京，升幽州为南京，改南京为东京，圣宗城中京，兴宗升云州为西京，于是五

[①]《辽史·地理志》。

京备焉"①。其中最先设立的是上京临潢府，这是辽太祖耶律阿保机称帝之处，于神册三年（918年）立为皇都，地在今内蒙古巴林左旗林东镇。之后设立的是东京辽阳府，这是原渤海国的故地，于辽太宗天显三年（928年）升为陪都，称南京，地在今辽宁省辽阳市。幽州是辽五京中的第三个京城，立于辽太宗会同元年（938年），因位于辽的南部而称南京，又称燕京。与此同时，辽太宗改辽阳府的南京为东京，改临潢府的皇都为上京，由此合为三京。第四个设立的是中京大定府，这是前奚王牙帐所在地，于辽圣宗统和二十五年（1007年）升为陪都，地在今内蒙古宁城县老哈河北岸。最后一个是西京大同府，这是辽兴宗重熙十三年（1044年）为控制西南边地设立的，地在今山西大同。

对于辽的多京制，以往的研究多认为这是契丹人"捺钵文化"的产物。所谓"捺钵文化"，即按照游牧民族的传统，其君主要随季节的变化四处巡幸游猎，称为四时捺钵。而为了方便君王巡游，便要在不同地点建立若干都城，于是就有了多都制。揆诸史实，这虽然是事情的一个方面，但恐怕还有更深层的原因。

更深层的原因是，正如本章第二节所述，早在辽以前，姬周燕国已经创建了多都制，而姬燕是华夏封国，说明这种体制并非游牧民族所专有。察燕国之所以早在春秋时期就有了一座正都和一座陪都，到战国时更同时并存了四个都城，其原因固然和防御戎狄侵扰有关，但更和统御多民族的需要有关，和燕国境内地理环境的多元性有关。换言之，正是因为地处多民族的交汇地，一则为了取得灵活多变的回旋余地，二则为了妥善治理域内的各不同民族，燕国才因地制宜地实行了多都制。大约也正是因为采用了多都制，姬周燕国才在燕山南北的广袤土地上站稳了脚跟，以至"几灭者数矣"却始终坚如磐石。

---

① 《辽史·地理志》。

作为多民族政权，辽国采用多都制的核心目的显然也和燕国一样，首先是为了有效地分治各方及在政治、军事上取得回旋自如的余地。更何况，辽国境内各民族、各地域的发展水平、社会状况、民俗民风大相径庭，比起燕国来有过之无不及，若非采用带有一定地方自治性质的多都制，要想维持这种统治绝非易事。辽的五京分别设在辽的龙兴之地以及原渤海、奚、汉故地，便可见这五京的建立确实是为了有效统治域内的各大民族。辽以后，金朝和元朝也采用了多都制，其目的显然别无二致。

在取得燕云十六州后，鉴于当时塞外的契丹社会尚处在以游牧经济为主体的奴隶制阶段，而幽云地区的汉人早已进入以农耕文明为主体的封建社会，于是辽朝因地制宜，实行了"以国制治契丹，以汉制待汉人"[①]的番汉分治制。辽的这个"一国两制"显然不是一时的权宜之计，甚至还为此设立了两套中央机构。

据《辽史·百官志》记载，在"既得燕、代十有六州"后，辽廷随即成立了北、南两个枢密院。北院专管军机、武铨、群牧以及契丹内部事务，一律任用契丹贵族，官制也沿用契丹旧俗；南院则专管文铨、丁赋及汉地州县，官吏一般由汉人担任，也有部分契丹贵族，官制则基本仿照唐代。为了区别这种番、汉并存的双轨制，辽太宗还特别规定："太后、北面臣僚国服；皇帝、南面臣僚汉服"[②]。即无论汉人或契丹人，凡是担任南面官的一律着汉服，皇帝也着汉服，太后及北面官则着契丹服。这种二元政治的推行，显然是因燕云十六州而起的，体现了辽廷对幽燕地区的高度重视。

由辽五京创建的前后次序不难看出，在间隔70年设立西京前，南京是辽南部唯一一座中心城市，也是辽朝面向中原的唯一窗口。缘于此，辽朝便成了北京发展史上一个极为重要的阶段。因为正是从这时开始，燕京

[①]《辽史·百官志一》。
[②]《辽史·仪志二·国服》。

一改中原王朝北方门户和军事前哨的传统地位，向北中国的政治、经济、文化中心转变。

自从立为陪都起，辽廷就在南京设置了一系列中央机构，特别是设立了直接代表朝廷的宰相府。此外还设立了掌管文化的南京太学、负责粮帛转输及财政事务的南京转运使司、负责皇帝治安警卫的虞侯司，以及掌管军事的南京统军使、南京都元帅府和南京兵马都总管府等，基本形成了一个京城应有的政治、经济、军事、文化架构。

在割让燕云十六州的同时，石敬瑭还许以每岁向契丹贡帛三十万匹。寡廉鲜耻的石敬瑭兑现起卖国条约来毫不含糊，史载会同二年（939年）八月"晋遣使贡岁币，奏输戌、亥二岁金币于燕京"，石敬瑭一次就奉送了"二岁金币于燕京"。以往契丹人靠战争才能掠夺来的财富，如今稳坐南京城便唾手可得，再加上幽燕本地的赋税收入，南京成了辽国取之不竭的财富中心。

《辽史·太宗本纪》载，会同元年（938年）夏四月戊寅朔，辽太宗"如南京"。当时石敬瑭向契丹进献燕云十六州的仪式尚未举行，可是辽太宗已经等不及了，忙不迭地前来燕京巡视。会同三年（940年），辽太宗又亲赴南京，先是以中原礼仪接见、款待了幽州官吏，极尽对汉臣的拉拢，继而又亲自"幸留守赵延寿别墅"。赵延寿系汉族降臣，在燕云十六州入辽后担任了辽国枢密使兼南京留守，是幽州的最高行政长官。辽太宗临幸他的宅邸显然是一个姿态，想藉此表示对汉臣的信任。驻跸南京期间，辽太宗连日大摆宫宴，接受回鹘、西域、后晋等国使臣的朝贺，俨然以南京为国都。

辽太宗此行在南京接连滞留了好几个月，亲身感受了汉族的文明程度，回銮上京后遂"诏有司教民播种纺绩，除姊亡妹续之法"，还"诏契丹人授汉官者从汉仪，听与汉人婚姻"，大力推行契丹人的汉化。会同五年（942年）春，辽太宗再次临幸南京，此后又于次年"如南京，议伐晋"，开始了征伐后晋之役。直到公元947年辞世，辽太宗的最后几年几乎全都是在南京度过的。总之，仅在辽太宗之世，南京作为辽朝的汉地统治中心、对外交往中心及军事中心的地位已经完全奠定。

辽太宗后，辽与后周、北宋战争频仍，互有攻伐，每临战事辽帝都亲临南京指挥，由此更加强了南京的军事指挥中心地位。辽圣宗统和二十二年（1004年），辽国以20万大军再次南侵，辽圣宗之母萧太后亲御戎车，"指麾三军，赏罚信明，将士用命"①，其势锐不可当。当辽国大军南下攻打到宋澶渊郡（又名澶州，在今河南濮阳）时，遇到了宋军的顽强抵抗，战事陷入僵局。出于双方军事、政治力量的抗衡，也由于辽廷心怀畏惧，不敢正视中原大位，遂使辽、宋双方签订了有名的"澶渊之盟"。盟约规定，双方约为兄弟之国，互不侵犯和招降纳叛，宋朝则许以每年向辽朝"输银十万两，绢二十万匹"②。这个盟约的签订，使北方少数民族政权首次获得了和中原王朝平起平坐的对等地位，甚至彼此约为"兄弟"，堪称民族关系史上的一件大事。

正如金人在评述"澶渊之盟"时所说："亡辽虽小，止以得燕故能控制南北，坐致宋币。"③这里强调，正是因为辽人据有了燕地，才和宋朝达成了"控制南北"的澶渊之盟，以至坐收渔利。盟约签订后，双方信守诺言，结束了敌对状态，开创了长达一百余年的和平局面。这个和平局面的最大受益者，当然首推位处两国边界的幽燕地区，而这进一步促进了南京城的繁荣与发展。

《宋史·食货志》引宋臣余靖曰：

> 臣尝痛燕蓟之地，陷入契丹几百年，而民忘南顾心者，大率契丹之法简易，盐曲俱贱，科役不烦故也。

---

① 《辽史·后妃列传》。
② 《辽史·圣宗本纪五》。
③ 《金史·梁襄传》。

余靖乃宋仁宗的言官，澶渊之盟后曾三度出使契丹。他站在宋臣的立场上说，辽廷统治下的燕蓟法度不苛、劳役不烦、物价低廉，以至"民忘南顾心者"，而这就是澶渊之盟的和平局面带来的。又《辽史·道宗本纪》载：道宗清宁二年（1056年）"南京狱空。"南京的监狱竟至空无一人，这也说明了澶渊之盟后南京的太平祥和。

幽燕之地本是辽的农业经济发达区，一旦进入和平年代，其农业经济的发展更是大见成效。早在澶渊之盟前，辽朝就以优厚条件鼓励幽燕农民开垦荒地。据《辽史·圣宗本纪》记载，辽圣宗统和七年（989年），辽廷颁旨准许燕乐、密云二县荒地供民耕种，且一概免除赋役十年。统和十三年（995年），又降诏准许昌平、怀柔等县无地农民开垦荒地。于此之外，辽廷还多次减免南京地区的租赋，减轻农民负担。史称澶渊之盟后南京"蔬蓏、果实、稻粱之类，靡不毕出。而桑柘、麻麦、羊豕、雉兔，不问可知"[1]，其之富饶足见一斑。

作为游牧经济和农业经济的贸易重镇，辽南京的商业也十分发达。据《宋史·商税市易志》记载，辽保宁九年（977年），辽廷全面开放了榷场（交易市场），"令镇、易、雄、霸、沧州各置榷务，辇香药、犀象及茶与交易"。澶渊之盟后，宋、辽双方更是主动开放边界，"终仁宗、英宗之世，契丹固守盟好，互市不绝"[2]。边关贸易的发展，使南京的经济更具活力，成为集四方财物于一地的经济重镇。《辽史·食货志》载："太宗得燕，置南京，城北有市。"这里指出，当时南京城北有一座大市场，史称"陆海百货，聚于其中"[3]，是北中国第一大商贸集市。南京不仅通过榷场与南中国发展互市关系，还通过榆关路、松亭关路、古北口路和石门关路等驿道与塞外相联，和高丽、西夏乃至西域都保持着经常性的商贸往来。

---

[1]《契丹国志》卷二二。

[2]《宋史·商税市易志》。

[3]《契丹国志·四京本末》。

澶渊之盟后，南京武夫渐少，文士渐多，涌现出一大批文人雅士和富有文化修养的文官，带动了南京地区文化的发展。早在太宗之世，辽朝便在南京设立了太学，圣宗时又下令修建孔子庙，使南京的儒学传统得以恢复。辽中期后开始推行科举制，南京遂成这一制度的策源地。《辽史·景宗本纪上》载：保宁八年（976年）"诏南京复礼部贡院。"贡院是开科取士的考场，它在南京的开设，不仅意味着辽朝将推行科举制，也意味着南京将成为辽的科考中心。果不其然，圣宗统和六年（988年）"诏开贡举"[①]，辽的开科取士终于在南京拉开了序幕。

由于开始时辽廷对汉族士人还心存戒备，圣宗初年的科举考试及第者寥寥，但澶渊之盟后情况很快发生了变化。史载太平五年（1025年）辽圣宗"驻跸南京"，一次就"求进士得七十二人"[②]。《辽史·兴宗本纪一》载，重熙五年（1036年）冬十月兴宗幸南京，还亲自主持了殿试。"殿试"是皇帝在朝堂主持的最高级别考试，肇始于唐高宗和武则天。辽朝将此法照搬过来，足见其在科举制度上也是步步紧跟中原的步伐，须臾不离汉制。

中国的科举制度既是官吏的选拔制度，也是将一种文化覆盖全社会的有效方式，可以兼得政治与文化的双重功效。因此，一个王朝的科举中心，显然就是它的文化中心，而南京便是辽的这个中心。

早在辽太宗年间，南京就担负起了辽朝对外交往中心的职责。至澶渊之盟后，南京更由辽朝南下伐宋的军事中心，转变为辽朝处理多边关系的中心，尤其成为辽和宋朝交往的中心。当时宋、辽两国的使者往来如梭，多交集于南京，辽廷还为此专门在南京悯忠寺设立了辽、宋官员会晤的场所。双方的使者多为朝廷重臣，仅宋朝先后派出的就有大名鼎鼎的王安石、包拯、沈括、苏辙、苏颂等。宋、辽两国使者的一个重要任务，就是悉心考察对方的风俗民情、社会状况、政治制度、上层动态等，整理后

[①]《辽史·圣宗本纪三》。
[②]《辽史·圣宗本纪八》。

呈报朝廷。其目的固然是为了深入了解对方，以此为朝廷制定政策提供参考，但在客观上，这也成为南北交流的一种"政府行为"，较之民间的自发交流更具特殊意义。如今史学界对辽国社会民情的了解，多来自宋朝使者的考察笔记，就体现了这些笔记的独特价值。此外，由于交通的便利和城市的繁荣，南京还是辽和西方的西夏、东方的高丽的交往中心，辽帝常常在此接见西夏、高丽等国的使者。

辽圣宗以后，辽帝到南京处理国事的记载更是连绵不绝。金人回顾往事时说，辽皇"冬犹处于燕京"[①]，即每到冬季辽帝必来南京，这里成了辽的冬都。据《辽史·皇子表》记载，自辽圣宗起，南京的地方长官已大多由亲王兼任，如圣宗弟耶律隆庆、圣宗四子耶律吴哥、兴宗弟耶律重元、道宗弟耶律和鲁斡、兴宗孙耶律淳等，都曾先后出任南京留守。辽道宗和天祚帝即位前曾封燕王，更是直接由南京起家的。由此可见，在辽中期以后，南京已成辽皇直接控制的地域，不再假手他人。辽代末年，天祚帝在上京失守后逃到南京，一度以南京为统治中心。为时未久，天祚帝在中京失守后又从南京向西逃窜，时任南京留守的耶律淳被将士拥戴为帝，正式以燕京为都，这又给燕京增添了一段短暂的都城史。

总之，澶渊之盟后，从经济上说，南京是辽五京中实力最强的一个；从文化上说，南京不但是五京中最先进的一个，也是地位最突出的一个；从政治上说，南京是和上京临潢府相映生辉的一个；从外交上说，南京是辽廷最倚重的一个，南京城已从各方面成为北中国的政治、经济、文化、外交中心。除此之外，若论城市的繁华，南京亦堪称辽五京之首。

《辽史·地理志》载：南京"城方三十六里，崇三丈，衡广一丈五尺，敌楼、战橹具。"而根据该志的记载，堂堂辽上京临潢府仅"城高二丈，不设敌楼，幅员二十七里"，规模远比南京城小，城垣也不及南京城

[①]《金史·梁襄传》。

高。辽朝其他各京的规模分别是：东京"高三丈，有楼橹，幅员三十里"，西京"敌楼、棚橹具，广袤二十里"，皆比南京城小。至于中京，"统和二十四年，五帐院进故奚王牙帐地。二十五年，城之，实以汉户，号曰中京"，开始时是辽五京中规模最小的一座，在"圣宗城中京"后才有所扩大，但也无法和辽南京相比。由此可见，单就城市的规模而言，南京城就是辽五京之首。

与此前的蓟城、幽州城相比，辽南京最大的不同是，它作为都城有了一个不可或缺的部分，这就是"大内壮丽"的皇城。综观《辽史·地理志四·南京道》的记载，辽南京的皇城有两大特点：一是"大内在西南隅"，即南京的皇城位于全城的西南部；二是"(宫)门有楼阁，毬场在其南"，即有个马球场建在皇城内。观诸中原皇城，一般多位于都城的中心偏北，辽南京的皇城却建在了全城的西南部，显然于制不合。察此中缘故，盖因唐、五代幽州藩镇的衙署就在南京城的西南部，史思明称帝时还曾把这里改建成临时小皇宫，而辽南京的皇城就是在它们的基础上修建的，此乃因地制宜。由此观之，辽朝毕竟是少数民族政权，在皇城的构建上遵循的是不尚奢糜的原则，因此并不拘泥于汉人的传统模式。至于为什么要在皇城内建一个马球场，不言而喻的是，马球是马背民族热爱的体育运动，所以就要建这样一座马球场了，而这刚好也给南京城打下了一个鲜活的骑射文化烙印。此外鲜为人知的是，大唐王朝的唐中宗、玄宗、宣宗、僖宗等无不痴迷"击鞠"（马球）运动[①]，恐怕这个马球场的兴建还多少有点直追大唐遗风的意思。

辽南京皇城内的重要宫殿有元和殿、洪武殿、昭庆殿等，其中有的甚至一直沿用到了金朝。《金史·世宗纪下》载金世宗谓宰臣曰："宫殿制度，苟务华饰，必不坚固。今仁政殿辽时所建，全无华饰，但见它处岁岁

---

① 张新清：《唐代的马球场》，《文史知识》1994年第8期。

修完，惟此殿如旧，以此见虚华无实者，不能经久也。"此语非常形象地指出，辽南京的宫殿虽然"全无华饰"，但却坚固耐用，直到金朝仍完好如初。

元和殿是辽南京皇宫的内正殿，辽皇的许多国事活动都是在这里举行的。仅就《辽史》的记载，其中主要有：

会同三年（940年）夏四月，辽太宗在这里举行了盛大的"入阁礼"；

会同八年（945年）夏四月，辽太宗征讨后晋返回南京，"宴将士于元和殿"；

统和四年（986年）夏五月，辽圣宗击溃了北伐的宋军后，于元和殿"大宴从军将校……诸有功将校爵赏有差"；

重熙五年（1036年）冬十月，辽兴宗"御元和殿……赐冯立、赵徽四十九人进士第"；

又《辽史·礼志五·嘉仪上》载："册皇太后仪：前期陈设于元和殿如皇帝受册之仪。"

由上可知，历代辽皇不仅在元和殿临朝听政、宴赏功臣、策试进士，还在这里举行辽皇及皇太后的册封盛典。凡此实例足以说明，辽南京确实在很多方面都承担了国都的职能，是辽上京之外的又一政治中心。

辽南京城的总人口已达15万，是当时中国北方人口最稠密的城市，也是当时中国北方最繁华的都市。对于南京城的繁华，《契丹国志》描述说："大内壮丽，城北有市，陆海百货，聚于其中。僧居佛寺，冠于北方，锦绣组绮，精绝天下……水甘土厚，人多技艺。"[1] 据此言，可知无论其商贸繁荣、物产丰富、锦绣绮美，抑或其宫室壮丽、佛寺兴盛、人才荟萃，五

---

[1]《契丹国志》卷二十二《四京本末》。

京之中皆以南京城为最。

辽朝称霸东亚凡二百余年，是公元十到十二世纪的世界强国之一。慑于辽的威力，北宋、西夏、高丽或向辽朝缴纳"岁币"以自保，或者俯首称臣甘为附庸，没有敢与辽朝一决高下者。由于契丹声名远播，以至外部世界误以为当时整个中国都在契丹的统治下，并以契丹代指中国。马可·波罗在他的游记里第一次向西方介绍中国时，就把整个中国称作了契丹。直到今天，国外不少民族仍称中国为"契丹"，俄罗斯语的 Китай 便是典型一例。而随着契丹的声名远播，辽南京的影响也不断扩大，成为闻名中外的大都市。

公元1122年，女真族金人战胜了辽国，燕京成为金的城邑。女真族的历史也相当悠久，可溯之上古。《金史·世纪》云："金之先，出靺鞨氏。靺鞨本号勿吉。勿吉，古肃慎地也。"寻本溯源，女真族起源于古肃慎，此后称勿吉、靺鞨、女真。到了辽代，接近辽朝的女真部落较为先进，称熟女真，距辽朝较远的女真部落保留了许多原始习俗，称生女真。"生女直（女真）地有混同江、长白山，混同江亦号黑龙江，所谓'白山黑水'是也。"①创立金国的女真人，就是居住在"白山黑水"间的生女真。

辽天庆四年（1114年），强大起来的女真部落在完颜阿骨打（完颜旻）的统领下发起了对辽的进攻，首先攻下了宁江州（今吉林扶余市东），接着又出兵河店（今黑龙江肇源西南），一路所向披靡。1115年夏历正月初一，阿骨打正式建国，国号大金，建都会宁，地在今黑龙江省哈尔滨市阿城区南。当时辽天祚帝政治腐败，荒淫无道，宫廷内部你争我斗，败亡之象已经笼罩了辽国上下。乘此时机，阿骨打挥师南下，于1116年一举攻占了辽东京。

一直梦想收复燕云十六州的宋朝认为这是天赐良机，遂以"远交近

---

① 《金史·世纪》。

攻"之策，联合金兵南北夹击辽朝。经过谈判，宋、金于1120年签订了"海上盟约"，约定金兵向南攻打辽中京，宋兵向北攻打辽南京（燕京）和西京，各以不越过长城为界。但当时北宋政权早已病入膏肓，军无斗志，每次北伐均无功而返，始终未能攻取燕京。公元1122年冬，金太祖阿骨打攻占了燕京，经过讨价还价，金人同意将燕京及所属诸州交割给宋，条件是宋朝每年向金廷贡纳一百五十万贯钱。于是，从公元938年石敬瑭将燕云十六州割让给契丹起，经过184年后，北宋终于以巨额资财赎回了燕京，改称燕山府。其实，当时"燕之职官、富民、金帛、子女先为金人尽掠而去"①，宋廷得到的只是一座空城。但即便如此仍好景不长，金天会三年、宋宣和七年（1125年），金军卷土重来，再度夺回了燕山府。

1125年，辽天祚帝被俘，辽朝灭亡。在占有燕山府后，金朝大军继续挥戈南下，渡过黄河，直逼北宋京城汴梁。当时北宋君臣不相信金朝会立即南下，甚至撤除了原来驻守在辽国边界的防线，下令"敢妄言边事者流三千里"。当金朝大军兵临城下时，宋徽宗惶惶然如惊弓之鸟，忙不迭地禅位于太子赵桓。在百般无奈中，赵桓哭哭啼啼地登上了皇位。谁承想，北宋王朝气数已尽，刚上台的赵桓也是个昏君，居然听信奸臣谗言，罢免了抗金英雄李纲。靖康元年（1126年），北宋都城汴梁被金军攻破，宋徽宗赵佶、宋钦宗赵恒以及后妃、皇子、宗室、国戚、朝臣三千余人统统做了金人的阶下囚，宋廷的礼器、法物、书籍、舆服、工艺匠人等也被金人悉数掠去，北宋灭亡。

公元1127年，宋徽宗之子赵构在南京应天府（今河南商丘南）继帝位，史称南宋。绍兴十一年（1141年），急于求和的南宋朝廷全面接受了金国的苛刻条件，称臣、赔款、割地，签订了丧权辱国的"绍兴和议"。协议规定，宋奉表称臣于金，金册封宋主为皇帝，两国以淮河中流至大散

---

① 《宋史·徽宗本纪四》。

关（今陕西省宝鸡市西南）为界。自此而始，北半个中国全部沦为金的领土，南宋还需每年向金廷输银25万两、绢25万匹。

阿骨打称帝之初，都城会宁一无城郭，二无宫殿，所谓宫墙只不过是用柳树和榆树栽成的篱笆。天会三年（1125年）金太宗"建乾元殿"①，金人这才开始在会宁府建造宫室。《金史·熙宗本纪》载：熙宗天眷元年（1138年），决定"以京师为上京，府曰会宁，旧上京为北京"，金廷从此确立了两京制。这里的"旧上京"是指原辽国的上京临潢府，改称"北京"，另外则以金的大本营会宁府为上京。金于1125年攻占燕山府后，随即把它改称燕京，此后金廷不仅将燕京作为南下攻宋的军事中心，还在这里采取了一系列特殊措施，使其不是陪都却胜似陪都。

据《金史·韩企先传》等文献的记载，占领燕京后，金廷便把原设在平州（今河北卢龙）的中书省、枢密院两大权力机关移驻此地。金的中书省、枢密院是掌管汉地事务的最高机构，负责汉地的武备和管理，包括选吏、任用、征发、租税等。自从这两个机构迁至燕京后，燕京便成了金廷统治汉地的中心。

金的枢密院偏重"掌凡武备机密之事"②，具有军事职能，更适合战争年代。于是进入承平年代后，金熙宗天眷元年（1138年）"遂改燕京枢密为行台尚书省"③。前文已述，行台尚书省直属中央尚书省，是代表朝廷的权力机关，它在燕京的设立，表明燕京已直属中央皇庭。此外金廷还在燕京派驻了中央的行政、军事、经济官员，如行政官"内省使"、军事官"马军都指挥使"、经济官"曲院都监"等，政权结构与燕京作为辽陪都时别无二致。金初燕京的最高行政长官为燕京留守，这也与辽南京的地方长官为南京留守相同。

---

① 《金史·太宗本纪》。
② 《金史·百官志一》。
③ 同上注。

《金史·刘彦宗传》云："太祖入燕，始用辽南、北面官僚制度。"金在占领燕京后，也沿袭了辽代以汉治汉的"汉官制"，起用了一批富有经验的辽、宋旧臣。其中较突出的有刘彦宗、时立爱、韩企先等，他们先后担任了"同中书门下平章事，知枢密院事"，成为主掌燕京事务的最高官员。这些重臣大权在握，凡下属的一品以下官员皆可按制任免。由于熟知汉人汉情，在他们的治理下，燕京"治官政，庀民事，务农积谷，内供京师，外给转饷"①，很快恢复了社会秩序。为了振兴燕京经济，金廷还采取了减免赋税、"敦劝农功"等举措，又在局势稳定后开放了榷场，恢复了燕京南北贸易中心的地位。

从金朝初年起，金廷就推行了科举制度，录用的人数也远比辽朝为多。事如《金史·选举志一》所云：

金承辽后，凡事欲轶辽世，故进士科目兼采唐、宋之法而增损之。……终金之代，科目得人为盛。

揆诸史实，金朝有相当多官员都是由科举入仕的，大名鼎鼎的耶律楚材就是其中之一。耶律楚材出身契丹贵族，在契丹辽朝败北后，于金章宗年间以进士科起家。他不仅在金朝得以入仕，而且在此后深得成吉思汗父子的赏识，成了蒙元开国时的股肱重臣②。

最值得注意的是，据《金史·选举制》记载，"凡省选之制，自熙宗皇统八年以上京僻远，始命诣燕京拟注，岁以为常"。这里说的"省选"，是由金廷尚书省主持的中央级别科举考试。此文载明，从皇统八年（1148年）开始，金熙宗便"以上京僻远"为由，命天下举子"诣燕京拟注"且"岁以为常"，把会试地点定在了燕京。熙宗说上京交通不便其实只是个借

---

① 《金史·列传第十六》。
② 《元史·耶律楚材传》。

口，因为早在皇统八年以前，金廷的不少科考会试便已集中在燕京，熙宗无非是因俗定制罢了。这足以说明，早在金廷迁都前，燕京已成事实上的金朝文化中心。

至于燕京在金朝帝王心目中的地位，更是非比寻常。金太祖完颜阿骨打驾崩后，金太宗诏"立《开天启祚睿德神功之碑》于燕京城南尝所驻跸之地"[①]，在燕京为太祖立了一块神碑。这是当年单独为金太祖立的第一块神碑，相当金太祖陵寝之外的又一神主，意义非同一般。史称天眷三年（1140年）金熙宗至燕京，下车伊始便"亲飨太祖庙"[②]，可见当时在燕京除了太祖神碑外，还建了一座太祖神庙。前面第三章第七节已述，"都"之本义是祖先宗庙的所在，而祖先宗庙的所在便是部族的中心，于是"都"才引申出一国之都的含义来。金人既然在燕京建造"太祖庙"，足见金人早已把燕京当作了都城。《大金国志·宣宗皇帝上》云："初，忠献王粘罕欲赞太宗都燕。"可见金太宗时也确实有过迁都燕京的动议。

金太宗之所以没有正式迁都燕京，是因为当时燕京尚处在金人南下伐宋的最前沿，承担的主要是军事职能。当时金人南下伐宋是分东、西两路展开的，西路军"自西京入太原"，东路军"自南京入燕山"[③]，燕京和云中（大同）就是这两大集团军的指挥中心。金人为此还在这两地设立了东、西两个枢密院，号称"东朝廷"和"西朝廷"，可直接代金帝发号施令，而燕京就是"东朝廷"的所在。

北宋绍兴十一年、金熙宗皇统元年（1141年），金与南宋签订了"绍兴和议"，结束了战争状态。金熙宗是金初第三位皇帝，对汉文化推崇备至，对燕京这个金朝境内汉文明积淀最深之地更是向往已久。在达成和平局面后，熙宗便时常驾幸燕京，甚至长居于此。驻跸燕京期间，熙宗勤勉

---

① 《金史·太祖本纪》。
② 《金史·熙宗本纪》。
③ 《金史·太宗本纪》。

朝政，做了不少影响深远的事情。根据《金史·熙宗本纪》的记载，熙宗不仅在燕京推行汉制改革、创建"天眷新制"，还在这里举行皇家祭祖大典和祭孔大典、接受群臣上尊号、宣布改元和大赦、接见高丽和夏国使臣、赐封辽和北宋降君等，几乎所有重大国事活动皆决于燕京。

上述事实表明，熙宗朝的燕京称得上是金上京之外的又一政治中心。除了对燕京的倚重外，熙宗时的金朝已占有大半个中国，一味固守在上京会有诸多不便，这也是熙宗把许多国事活动转移到燕京的一个原因。

总之，从行政建制、经济发展、文化地位、政治影响等各方面看，金初的燕京虽无陪都之名，却有陪都之实，完全具备了作为金朝陪都的政治、军事、文化职能。若从熙宗年间燕京的地位和影响看，燕京已与都城无异，即便升格为都城也是水到渠成。然而不幸的是，熙宗晚年"酗酒妄杀，人怀危惧。所谓前有谗而不见，后有贼而不知"[①]，不仅曾有的抱负烟消云散，最后甚至未得善终。

熙宗皇统九年十二月（1149年），庶长出身的完颜亮弑杀熙宗，篡夺了帝位，史称海陵王。在谋弑篡位后，海陵王一方面担心上京的宗室、贵族不服从他的统治，另一方面又虑及上京的位置过于偏远，不利于对全国的掌控，于是决定迁都。天德三年（1151年）四月，海陵王发布《议迁都燕京诏》，派遣张浩、苏保衡等人以宋都汴京为蓝本在燕京营造新都。这之后，金廷发动民伕80万、兵役40万，历时三年建造了一座全新的都城。公元1153年，海陵王完颜亮来到燕京，"以迁都诏中外，改元贞元，改燕京为中都，府曰大兴"[②]。至此，金的都城终于从远在松花江边的会宁府搬到了燕京。在金熙宗确立的上京和北京的基础上，海陵王还完善了金的六京制度，分别为上京会宁府（黑龙江省哈尔滨）、东京辽阳府（辽宁省辽阳）、北京大定府（辽宁省宁城）、西京大同府（山西省大同）、南京开封

[①]《金史·熙宗本纪》。
[②]《金史·海陵王本纪》。

府（河南省开封）、中都大兴府（北京）。因燕京位在五京之中且是首都，故名"中都"。

金朝定都燕京时北宋已亡，此时金与南宋的边界已南移到秦岭大散关至淮河一线。金朝最盛时，其领土东北至日本海、库页岛，北抵外兴安岭，西北到蒙古高原东部，西及陕西横山，南迄秦岭、淮河。而从金贞元元年（1153年）起，燕京就是这一地域的统治中心。

时隔不久，野心勃勃的海陵王意欲南下攻打南宋，遂于正隆六年（1161年）将都城迁到了汴京（今开封）。但迁都当年金廷便发生了动乱，东京留守完颜雍称帝于辽阳，海陵王也被哗变的前线将士所诛杀。完颜雍是金太祖之孙，他即位后"群臣多劝世宗幸上京者"，纷纷吁请复都上京会宁府。但经过反复权衡，金世宗完颜雍采纳了大臣李石、张玄素的建议，率师回迁中都，完成了金朝对燕京的第二次定都。李石等大臣当时强调的理由是：

> 正隆（海陵王）远在江淮，寇盗蜂起，万姓引领东向，宜因此时直赴中都，据腹心以号令天下，万世之业也。[①]

由此可见，在金朝初次定都燕京后，燕京已成事实上的金朝"腹心"，成了"万姓引领东向"之地，其都城地位已不容更改。

金朝新建的中都城仍然位在辽南京的旧址上，只是在辽南京的基础上向东、西、南三面各扩展了三里。据上个世纪五十年代所做的考古实测，其城垣周回37里许，近似正方形[②]。此城是仿照北宋都城汴梁的形制修建的，分大城、皇城和宫城三重结构，城内还建有太庙和社稷坛，城外建有分列四方的天、地、日、月四坛，尽显皇都气派。

---

① 《金史·李石传》。
② 阎文儒：《金中都》，《文物》1959年第9期。

1991年，在右安门外西侧发现了一处金中都水关遗址，经发掘可知这是当年莲花河水流出南城墙的涵洞。整个涵洞呈南北向，全长43.4米，城内入水处呈喇叭状，宽度达40余米。水关为木石结构，水面平铺石板，石板之间用银锭铁固定，石板下面衬以粗大的方形横木，横木下还有成排的地钉和横方木，结构异常坚固[1]。在中国古代，一向有引水贯穿都城以象"天汉"之说，秦始皇即曾"引渭水贯都，以象天汉"[2]。水关遗址的发现，证明中都城的建设在解决城市用水的同时，也采纳了华夏帝都的天汉之说，突出了皇都的神权色彩。

相比辽南京而言，金中都的建设就显得规范得多了。突出之处就是金中都的宫殿区都集中在城市的中轴线上，宫阙制度也完全仿照了汴京皇宫。《大金国志·燕京制度》载：

（金中都皇宫）内殿凡九重，殿凡三十有六，楼阁倍之。正中位曰皇帝正位，后曰皇后正位。位之东曰内省，西曰十六位，乃妃嫔居之。

从以上布局看，金中都的宫廷几乎无异于一座缩小版的明清紫禁城。

金中都的皇宫不仅布局规整，而且极为富丽堂皇，甚至比起北宋汴梁的皇宫来都有过之无不及。当初右丞相张浩受命主持新都营建，曾经专门南下汴京，把汴京的城市布局和宫殿建筑全部临摹下来，还不惜工本把汴京宫殿的梁架大木、精美饰件、奇珍异石拆卸后全部运到金中都，作为新都的建筑材料。《金史·海陵本纪》载，建成后的中都皇城"遍傅黄金而后间以五采，金屑飞空如落雪。一殿之费以亿万计，成而复毁，务极华丽"，其之奢华令人称奇。

---

[1] 祁庆国：《金中都南城垣水关遗址》，《中国考古学年鉴》，1991年，文物出版社。
[2]《三辅黄图》卷一《咸阳故城》。

依托燕京的山山水水，金廷还在中都城修建了许多景色绮丽的御花园，大名鼎鼎的琼林苑便是其中之一。琼林苑是皇家的中心御苑，位于宫城的西侧，又称西苑。《金史·地理志》载："琼林苑有横翠殿，宁德宫西园有瑶光台，又有琼华岛，又有瑶光楼。"由这些描述可知，琼林苑内湖波荡漾，岛屿耸立，湖光山色中楼台隐映，宛如蓬莱仙境。中都城此外的皇家御苑也个个美不胜收，保留至今的有北海、香山、钓鱼台、玉泉山、陶然亭、玉渊潭等。闻名遐迩的"燕京八景"也是由金章宗钦定的，其中的太液秋风、琼岛春荫、西山晴雪、卢沟晓月、玉泉垂虹等，如今仍是令人神往的京城美景。

金宣宗贞祐二年（1214年），金人为躲避蒙古的进攻迁都汴京（汴梁），第二年金中都即为蒙古大军所陷。从公元1153年金朝定鼎燕京起，直到金宣宗迁都止，燕京作为金朝都城的时间前后共有62年。62年的时间不算长，但这却是金朝的鼎盛期，统治的疆域阔达330万平方公里，远远超过了南宋。

元朝主持编修的《金史·世宗本纪》说：

> （金世宗时）群臣守职，上下相安，家给人足，仓廪有余，刑部岁断死罪，或十七人，或二十人，号称"小尧舜"。

中国历朝历代的帝王不计其数，总计不下四五百个。但像金世宗这样，被后人称为"小尧舜"的，几千年来寥若晨星，只有开创了"文景之治"的汉文帝曾获此殊荣，此外便是这个女真族的金世宗。金世宗之后，金章宗依然广施仁政，并效法北魏孝文帝鼎新革故，不断完善了政治、经济制度。金世宗、章宗在位于公元1161年至1208年，而这就是定鼎中都的时期，由此带来的都市繁荣可想而知。

正如侯仁之教授所言："最早的北京城，从春秋战国时代的蓟城，一直到金朝的中都城，前后两千年间，都是在今莲花池以东同一原始聚落的

基础上逐渐发展起来的。城市的范围虽然不断扩大，但是原来的城址始终没有改变。"[1]金中都这座繁花似锦的城市，就是在绵延了不下两千五百余年的先秦蓟城故址上发展起来的。八百余年过去后，这座城市早已被黄沙掩埋，但在继往开来的关键时期，它架设了一座金桥，为北京通向元明清大一统王朝之都铺平了道路。

五　中华大帝都

金以后，北京相继成为元、明、清三大王朝的全国性都城，这早已是尽人皆知的事实。然而意味深长的是，元明清王朝虽然民族不同、发祥地不同、发展的路径不同、民族心理及文化传统也不同，而且此前各有其都，但在他们统一中国后，都不约而同地重新选择了北京。从这三个王朝方方面面的差别看，按说他们的都城不会简单地固定在同一个地点上。更何况，观诸中国各大古都，哪里有三个大一统王朝接连固定在同一座城市上的呢？然而北京却独树一帜，开创了都城史上的一个奇迹，这恰恰说明，北京作为中国历史后半期的都城必有其内在的原因。

创建元朝的是蒙古人，其祖先为室韦人。室韦的本义是"林中人"，指他们居住在大小兴安岭的山林中。"蒙古"一词最早出现在唐代，称"蒙兀室韦"[2]，是唐代室韦部落中的一支。八世纪时，蒙古人由额尔古纳河南岸向西发展到今蒙古国东部，在斡难河（今鄂嫩河）和怯绿连河（今克鲁伦河）之间游牧。开始时各部落尚处在分散状态中，彼此不相统属。到了公元十二世纪，蒙古各部落间的兼并战争此起彼伏，孛儿只斤部的首领铁木真东征西讨，不断壮大，最后统一了漠北各部。公元1206年，全蒙古

---

[1] 侯仁之：《北京旧城平面设计的改造》，《文物》1973 年第 5 期。
[2]《旧唐书·室韦传》。

贵族在斡难河畔举行议事大会，推举铁木真为"成吉思汗"，意为海洋般的大汗，蒙古汗国从此登上了历史舞台。

公元1211年，成吉思汗挥师南下，进军中原，金宣宗闻风丧胆，于贞祐二年（1214年）放弃金中都南逃汴京。1215年5月，金中都落入蒙古大军之手。

蒙古人占领金中都后，恢复了燕京的旧称，改中都路为燕京路。1217年8月，成吉思汗率大军西征，临行前下诏"以木华黎为太师，封国王"[1]，将整个太行山以南的统治大权交给了亲信重臣木华黎。为此成吉思汗特颁赐木华黎"大驾所建九斿大旗，仍谕诸将曰：'木华黎建此旗以出号令，如朕亲临也'"[2]，木华黎俨然成了整个汉地的主宰。当时被木华黎定为"都行省"的，就是金人刚刚放弃的燕京城。

公元1234年，蒙古军南下伐金，金军节节败退。金哀宗完颜守绪以汴京残破为由，向南逃到城池坚固的蔡州，征集了万余精兵试图负隅一战。但当蒙古大军兵临城下时，金哀宗仓皇出逃，传位于完颜承麟。谁承想，正当金朝百官朝贺新帝登基时，蒙古大军一举攻破了蔡州城门，未能一圆皇帝梦的完颜承麟死于乱军之中，金哀宗也在逃跑途中被迫自缢，金朝灭亡。

公元1275年，改国号为元的忽必烈大军直捣南宋都城临安（今杭州），翌年二月宋恭帝奉表请降，恭帝及太后全部沦为元的俘虏。1276年，南宋遗臣张世杰、陆秀夫等奉南宋小皇帝继续抗元。1279年，宋军残部在海上与元军展开决战，张世杰率领的船队遭遇飓风，他本人溺海而死，大臣陆秀夫万般无奈下背负小皇帝跳海，宋朝灭亡。

至此，经过"起朔漠，并西域，平西夏，灭女真，臣高丽，定南诏，

---

[1]《元史·太祖本纪》。
[2]《元史·木华黎传》。

遂下江南，而天下为一"①的东征西讨，蒙古人建立起中国历史上第一个由少数民族创建的全国性统一王朝。

成吉思汗称帝之初，仍然保留着游牧民族四海为家的习俗，未曾建造都城。成吉思汗十五年（1220年），蒙古人"定河北诸郡，建都于此（和林）"，蒙古国这才有了一个统治中心。这个中心位于今蒙古国鄂尔浑河上游东岸，远在朔漠，不过是个立有蒙古汗廷金顶大帐的定居点而已。太宗窝阔台汗时，积三年之力在和林修筑了城垣和宫殿群，和林这才初具都城的雏形。蒙哥汗即位后，命同母弟忽必烈总领漠南汉地，忽必烈遂于1256年在今锡林郭勒盟南部的正蓝旗修筑了一座新的城邑，名曰开平。此后数年，开平府成为忽必烈统御汉地的中心，起到了连接中原与和林汗廷的枢纽作用。

中统元年，公元1260年，忽必烈即帝位。在荡平了漠北的叛乱后，他怀着"大有为于天下"②的政治抱负，开始实现其走向中原帝国宝座的梦想。为此他采取的一个重要举措，即对都城做了重大调整。至元元年（1264年），他首先废除了远在漠北的和林都城，将其降为岭北行省；继而以"开平府阙庭所在，加号上都"③，将开平新城晋升为上都；再后"诏改燕京为中都"④，定燕京为中都。虽然忽必烈实行的是"上都""中都"两京制，而且燕京也刚刚晋升为中都，但绝非偶然的是，早在此前的中统四年（1263年），他就"诏建太庙于燕京"⑤。按照历来的古制，"惟在京师者则曰太庙"⑥，由此一事即可看出，立燕京为都在忽必烈来说显然是早已成竹在胸，或许当他总领汉地时便萌生了此意。

---

① 《元史·地理志一》。
② 《元史·世祖本纪一》。
③ 《元史·地理志一》。
④ 《元史·世祖本纪二》。
⑤ 《元史·祭祀志三》。
⑥ 《金史·礼志三》。

第四章　递进性——逐次提升的历史地位

至元四年（1267年）春，忽必烈敕令"城大都"[①]，在燕京展开了大规模的城市建设。这座新城的规划"始于中都之东北"[②]，此后经过数年建设，一座新都城在金中都的东北方拔地而起。至元八年（1271年）十一月，忽必烈"盖取《易经》'乾元'之义"，改蒙古国号为大元[③]。至元九年（1272年）春二月，新都城的建设尚未告竣，忽必烈就迫不及待地"改中都为大都"，正式立燕京为都，称大都城。至元十一年（1274年）春正月，元大都主体宫殿落成，忽必烈"始御正殿，受皇太子、诸王、百官朝贺"[④]，燕京正式成为元朝的统治中心。

从木华黎设为汉地的统治中心，到忽必烈初年成为蒙古帝国的陪都，再到忽必烈至元十一年成为元的首都，在短短几十年中，燕京便实现了三大步历史跨越，完成了它城市地位的最后一跃。不能不说的是，这个变化虽然与元朝推行南下统一全国的战略方针有关，与元廷实施对全国的有效控制有关，但也与燕京地区综合实力的明显增长有关。据《元史·地理志》记载，元朝初年大都路的人口已达40余万，远远超过了元的上都、宋的汴京及金的南京汴梁，成为当时人口及规模仅次于南宋都城临安的超级大都市。人口是封建社会发展程度的一个重要指数，仅此一项即足以说明，燕京的城市发展在元代初年已居全国之首。

元朝攻陷南宋都城临安（杭州）是在公元1276年，正式以元大都为都是在公元1272年。这就是说，元朝建都北京的时间虽晚，但仍早于元的统一。于是，无论此前蒙元曾以何地为都，其全国性的都城只有一个，这就是今之北京。此后，直到1368年明军攻占大都城，元顺帝北遁大漠，元王朝的历史也终结于北京。

[①]《元史·世祖本纪三》。
[②]《元史·地理志一》。
[③]《元史·世祖本纪四》。
[④]《元史·世祖本纪五》。

在历代封建王朝中，元是幅员最为辽阔的一个，事如《元史·地理志一》所言："自封建变为郡县，有天下者，汉、隋、唐、宋为盛，然幅员之广，咸不逮元。"经过几十年征战，蒙古铁骑狂飙般的东奔西突，先后"起朔漠，并西域，平西夏，灭女真，臣高丽，定南诏，遂下江南，而天下为一"。其版图最大时"北逾阴山，西极流沙，东尽辽左，南越海表"，四至所及北到西伯利亚，东北到外兴安岭、鄂霍次克海，南到南海，西南到西藏、云南，西北到中亚，总面积阔达1600万平方公里。此外，蒙古人先后在中亚、东欧等地建立了钦察汗国、窝阔台汗国、伊利汗国和察合台汗国，统治地域直抵地中海。这些汗国皆奉元帝国为宗主，奉元皇帝为"大汗"，因此元大都不仅是幅员辽阔的大中华的中心，还是这些汗国的中心，堪称当时最具国际影响力的大都市。

元朝末年，社会败象丛生，各地义军蜂起，称王称霸者多如过江之鲫。在乱世群雄中，朱元璋由江苏、安徽一带起兵，发展神速，到至正二十七年（1367年）已基本控制了中国南部。洪武元年（1368年），朱元璋在南京即皇帝位，国号明。登基伊始，朱元璋就派大将徐达、常遇春率师北伐，攻占了大都城。元大都收复后，朱元璋"亲策问群臣：'北平建都可以控制胡虏，比南京如何？'"[1]，萌生了在北京建都的念头。但由于当时北方连遭战争重创，经济凋敝，且运河淤塞，江南的粮食和物质无法北运，再加上应天府（南京）是朱元璋的龙兴之地，遂决定建都南京。

明军征讨元大都时，朱元璋颁布了六大戒令，严敕三军"勿妄杀人，勿夺民财，勿毁民居，勿废农具，勿杀耕牛，勿掠人子女"[2]。此外朱元璋还特别针对北方少数民族下诏曰："蒙古、色目，虽非华夏族类，然同先天地之间，有如知礼义，愿为臣民者，与中夏之人抚养无异"，并允诺

---

[1]《长安客话》卷一"皇都杂记·北平"。

[2]《明史纪事本末》卷八。

"归我者永安于中华"①。徐达率领的明军进入大都城后果然军纪严明，对元朝的文武大臣除拒不投降者外"其余不戮一人"，更不妄杀无辜。徐达还下令保护了元大都的皇宫御苑、文物典籍、嫔妃宫人。在这些举措下，明朝得到了一座完好无损的大都城，全城"吏民安居，市不易肆"②。

北伐之前徐达曾特意向朱元璋请旨说："元都克，而其主北走，将穷追之乎？"朱元璋敕曰："不烦穷兵。"此后的发展果如徐达所料，朱明大军兵临城下时元顺帝仓皇北遁，出居庸关后直奔漠北。身负皇命的徐达未敢穷追，却不想这竟给明朝留下了一大隐患，使流窜漠北的元朝残部经久不灭。在这种情况下，明初的北京又担负起剿灭蒙古残部的重任。仅朱元璋洪武一朝，就先后五次对蒙古大规模用兵，而明军的总集结地、总指挥部和总后勤基地，就是燕山脚下的燕京。

明朝占领元大都后，先于洪武元年（1368年）八月将其改为北平府治，又于洪武二年三月升其为北平承宣布政使司治所。为了推行家天下统治，朱元璋称帝后重新祭起了分封的大旗，遍封其二十余子为王，北平府也于洪武三年（1370年）封给了燕王朱棣。总体上说，明的分封是既让亲王成为帝国的藩篱，又不至于让他们专擅一方，所以藩王并无多大实权。事如《明史·食货志六》所云："初，太祖大封宗藩，令世世皆食岁禄，不授职任事，亲亲之谊甚厚。"即藩王们地位虽高，"亲亲之谊甚厚"，但却没有封地，亦不得"授职任事"。可是，在他们当中却有一个例外，这就是雄才大略的燕王朱棣。

朱棣是明太祖朱元璋第四子，史称其"貌奇伟，美髭髯，智勇有大略，能推诚任人"③，是朱元璋二十六子中最著才智者。朱元璋之所以封他为燕王，是因为燕京的亲王不仅要坐镇辽、金、元三朝故都，还要掌控御

---

① 《明太祖实录》卷二十一。
② 《明史·徐达、常遇春列传》。
③ 《明史·成祖本纪一》。

北重兵，非一般亲王所能为。朱棣封燕王后，朱元璋特令在元皇城的隆福宫建造燕王府。洪武十二年（1379年）燕王府竣工，朱棣遂于次年就国，时年21岁。赴藩伊始，朱棣便大展宏图，在御北战役中屡建奇功。洪武二十三年（1390年），燕王朱棣又大胜蒙古军，太祖闻之大喜，对朱棣更加宠信，特委以"总率诸王"的重任。自此而后，燕王"屡帅诸将出征，并令王节制沿边士马，王威名大振"①。

朱元璋临死前特意告诫朱棣说：

> 朕之诸子，汝独才智。秦（王）、晋（王）已薨，汝实为长，攘外安内，非汝其谁？尔其总率诸王，相机度势，用防边患，奠安黎民，以答上天之心，以付吾托付之意。②

在如此言之谆谆的遗训中，朱元璋既有以江山相托之意，又有忧燕王不安心御边之虑，恐怕当时他已隐约感到，明朝的历史将由燕地和燕王一举改写了。

洪武三十一年（1398年）朱元璋崩，传位于皇太孙朱允炆，是为明惠帝。史称朱允炆"性至孝"③，斯文有余而韬略不足。他即位后最大的忧虑，就是诸王叔对帝位的觊觎，而首当其冲的便是拥兵自重的燕王朱棣。惠帝采纳大臣齐泰、黄子澄的计谋，先从清除燕王周边的诸王入手，以此削弱他的势力。于是惠帝登基后短短半年不到，便把周王、湘王、代王、齐王、岷王或废为庶人，或寻机诛杀，逐个予以剪除。在刀锋紧逼之下，燕王朱棣"佯狂称疾"④，装疯卖傻，不理政事，却暗中抓紧了起事的准备。建文元年（1399年）秋七月，朱棣打着明太祖《祖训》中"朝无正臣，内

---

① 《明史·成祖本纪一》。
② 《明史纪事本末》卷十。
③ 《明史·恭闵帝本纪》。
④ 《明史·成祖本纪一》。

有奸恶"时亲王可统兵讨伐的旗号,以"清君侧"为由挥师南下,发动了著名的"靖难之役"。

经过四年征战,朱棣终于在建文四年(1402年)六月攻陷南京,登上了皇帝宝座,年号永乐。朱棣即位后,以切身经历深知明朝的政治中心和北京的军事重心是不可分离的,否则便会造成两大重心的背离乃至对峙。加之北京是自己经营多年的老巢,于是他决定迁都北京。永乐元年(1403年)正月,明成祖朱棣先升北平为北京,而后又采取种种措施,为正式迁都做准备。

为迁都所做的最主要准备,莫过于新都的建设了。当初在藩王任上,燕王府借用的是元故宫,如今龙腾燕山,江山易主,自然要另建一座气象万千的新北京。这座新城是从永乐四年(1406年)开始兴建的,前后历时十五载,动用民伕逾百万。永乐十八年(1420年)十二月"北京郊庙宫殿成",急不可耐的明成祖提前于九月丁亥正式下诏:"自明年改京师为南京,北京为京师",后又于十一月戊辰"以迁都北京诏天下"。永乐十九年春正月初一日(公元1421年2月2日),明成祖于北京"御奉天殿受朝贺,大宴。甲戌,大祀天地于南郊。戊寅,大赦天下"[1],举行了定都北京的盛大庆典。

当初为了表示迁都的决心,明成祖还把自己的陵墓提前建在了北京西北郊的昌平天寿山,此即长陵。《明史·成祖仁孝徐皇后列传》云:"七年营寿陵于昌平之天寿山,又四年而陵成,以后葬焉,即长陵也。"可见此陵是永乐七年(1409年)开工兴建的,比新北京城的落成早了将近十二年。永乐十一年(1413年)长陵建成,朱棣当即把薨于永乐五年(1407年)的徐皇后迁葬于此,以示迁都的决绝。永乐二十二年(1424年)七月,朱棣驾崩于北伐鞑靼的军旅,嗣后便落葬于长陵。这之后,历代明皇皆瘗葬

---

[1]《明史·成祖本纪三》。

于此，遂使今北京昌平有了一处葬有13位皇帝、23位皇后的规模宏大的"明十三陵"。

为了征讨蒙古鞑靼部和瓦剌部，朱棣曾五出阴山，后三次都发生在迁都北京之后。经过屡次北伐，"漠北尘清……威德遐被"[①]，四方宾服。此期间朱棣还南下出击安南，武功赫赫，威震殊域。当时域外受朝命"而入贡者殆三十国"，开创了四方来仪的天朝景象。

早在明太祖朱元璋年间，就曾采取种种措施减轻农民负担，大力惩治贪官污吏。到了明成祖朱棣年间，确立了"家给人足""斯民小康"的治国方略，鼓励各地开垦荒田，大大促进了农业生产。史称明成祖永乐朝"宇内富庶，赋入盈羡，米粟自输京师数百万石外，府县仓廪蓄积甚丰，至红腐不可食"[②]，可谓物阜民丰。朱棣之后，明仁宗、宣宗两朝君仁臣直，政治清明，开创了以"仁宣之治"的美名载入史册的明朝盛世。经过明朝前期这几代皇帝的励精图治，明王朝国泰民安，河清海晏，疆域最大时东至海，北抵阴山，西包西藏，东北达外兴安岭，西北及哈密，南逮南海诸岛，广袤数千里。明朝的综合国力更是跃居世界之巅，成为当时世界强国中的执牛耳者。而北京，就是这个泱泱帝国的中心。

明仁宗继位后一度"将还都南京"，打算把北京改为行都。孰料仁宗回迁南京的诏令刚下，"南京地屡震"[③]，此议遂至搁浅。仁宗在位仅一年，不久后撒手归西，迁都之议随即作罢。宣宗继位后，虽然口头上多次重申仁宗的迁都之议，却一直稳坐在北京紫禁城的龙椅上，没有任何实际举动。明英宗正统六年（1441年），有人上书谏以北京"行在"名不副实，请予正名。英宗批准了这个奏请，由此再次确认北京为首都。崇祯十七年（1644年），李自成农民军围攻北京，明崇祯帝拒绝迁都，最后自缢殉国。

[①]《明史·成祖本纪三》。
[②]《明史·食货志二》。
[③]《明史·仁宗本纪》。

至此，北京的明朝都城史方告结束，前后凡224年。

李自成攻克北京后不久，吴三桂引领清军入关，一举占领了北京，揭开了北京历史新的一页。清皇室爱新觉罗氏是女真族的后裔，也是先秦肃慎族的后裔，与前金国同祖同源。女真族世居东北，在明代分为建州、海西、野人三大部，内部争王争霸，杀伐不已。经过数十年的浴血奋战，建州部努尔哈赤统一了长白山各部，又吞并了强大的海西部，征服了"东自海，西至明辽东界，北自蒙古科尔沁之嫩乌喇江，南暨朝鲜境"[①]的大片土地。明万历四十四年（1616年），努尔哈赤自立为汗，仍以"金"为国号，史称后金。

后金国建立两年后，努尔哈赤发布了著名的"七大恨"檄文，开始南下攻打明朝。所谓"七大恨"，无非是努尔哈赤的家族仇和民族恨，关键是明朝末年明廷对女真族的压榨不断加剧，又关闭了东北边陲与内地的正常贸易，激起了女真人的强烈不满。当努尔哈赤向大明朝公开发起挑战时，手下的兵力尚不足十万，而他面对的却是大明朝的百万大军，几乎等于以卵击石。但终归明朝气数已尽，每逢交兵总是败于金人。明天启元年（1621年），努尔哈赤攻占了东北重镇辽阳和沈阳，翌年定都辽阳，三年后又迁都沈阳，时称盛京。

1626年，清太祖努尔哈赤战死在与明军交战的宁远战役，第八子皇太极继位，是为清太宗。太宗即位后，将主攻方向对准了北京，先后于1629、1636、1638、1642年四次对北京城及周边发动了大规模进攻。此期间皇太极于1635年改族名为满洲，翌年改大金国为大清国，在沈阳称帝，表明了问鼎中原的决心。1643年8月，皇太极"无疾崩，年五十有二"[②]，传位于幼子福临，年号顺治。

明崇祯十七年（1644年）三月，李自成农民军攻克北京，推翻了明

---

① 《清太祖实录》卷六。
② 《清史稿·太宗本纪二》。

王朝。但由于内部的腐败，李自成的大顺政权在北京仅存活了四十余天。四月十九日，李自成率二十万大顺军在山海关附近与吴三桂展开激战，清摄政王多尔衮趁机率十二万八旗劲旅疾驰山海关，与吴三桂里应外合夹击大顺军。李自成惨遭败绩，仓皇退出北京，多尔衮在吴三桂接应下长驱直入北京城。

顺治元年五月二日，公元1644年6月6日，"（清）大军抵燕京，故明文武诸臣士庶郊迎五里外，睿亲王多尔衮入居武英殿"①。占领北京后，英亲王阿济格等满清权贵主张退回沈阳，但多尔衮不为所动，决定立即迁都北京。他在给顺治帝的奏章中称：

> 燕京势踞形胜，乃自古兴王之地，有明建都之所。……皇上迁都于此，以定天下，则宅中图治，宇内朝宗，无不通达。②

在获得顺治帝的首肯后，多尔衮便紧锣密鼓地运作起来。见于《清史稿·世祖本纪一》的记载，顺治元年为迁都之事采取的措施是：

五月，清军攻占北京；

六月，多尔衮遣辅国公屯齐喀、和讬等前往盛京奉迎顺治车驾；

七月，顺治帝"以迁都祭告上帝、陵庙"；

同月，多尔衮将紫禁城乾清宫修缮一新，作为清帝的内廷朝堂；

八月，顺治"以何洛会为盛京总管，尼堪、硕詹统左右翼，镇守盛京"，对盛京的留守事宜做了部署；

同月，顺治帝"车驾发盛京"；

---

① 《清史稿·世祖本纪》。以下本节引文凡出自此章者，不另注。
② 《清世祖实录》卷五。

第四章 递进性——逐次提升的历史地位

  九月,"甲午,车驾入山海关","癸卯,车驾至通州,睿亲王多尔衮率诸王、贝勒、贝子、文武群臣朝上于行殿";

  同月,"甲辰,上自正阳门入宫";

  十月,顺治帝于甲子日亲御皇极门,以迁都诏告天下:"乃以今年十月乙卯朔,祗告天地宗庙社稷,定鼎燕京,仍建有天下之号曰大清,纪元顺治"。

  从五月到十月,短短五个月时间,清廷就一鼓作气完成了从占领北京、议定迁都、修缮宫室、部署后方、告天祭地、帝驾南移、颁诏全国以及迁都礼成的全过程,可谓迅雷不及掩耳。个中原因固然和北京"乃自古兴王之地"有关,和清人对北京早就志在必得有关,和清廷意欲巩固对汉地的统治有关,但也和清人先祖的金朝曾定鼎北京有关。甚至可以说,清的大本营虽然远在关外,但从其发布与明朝决裂的"七大恨"檄文起,就确定了问鼎北京的终极目标,故而其主流派在迁都北京一事上没有表现出丝毫的犹豫。

  从努尔哈赤建立后金(1616年)起,到顺治帝迁都北京(1644年)止,前后相隔仅28年。在这短短二十余年中,清人曾屡番迁都,最初先是建都赫图阿拉(今辽宁省新宾县西南),此后移宫界藩(今辽宁新宾县北)、萨尔浒(今辽宁抚顺市东),而后建都辽阳,再后迁都沈阳,一个个的时间都不长。但在定鼎北京后,清廷便一劳永逸地稳定下来,一住就是二百六十多年,这也足见他们对北京的情有独钟。

  因为已经确定了定都北京的大政方针,故而在进入北京时,清人对北京进行了整体保护,对前明的宫殿、坛庙丝毫未加破坏。为了稳定局势,进城前清军总帅多尔衮就昭告全军将士说:"此行除暴救民,灭贼以安天下。勿杀无辜、掠财物、焚庐舍。不如约者,罪之"[①],再三申明了军纪。

[①]《清史稿·多尔衮列传》。以下本节引文凡出自此章者,不另注。

入城后，多尔衮"下令将士皆乘城，毋入民舍，民安堵如故"，禁止骚扰民宅。但是，鉴于前世少数民族政权屠城的教训，京城上下人心浮动，仍不断传言"八月屠民……将纵东兵肆掠，尽杀老壮，止存孩赤"。为此多尔衮颁发了一道道安民告示，竭力稳住了民心。

顺治之后，康熙、雍正、乾隆帝相继执政一百三十余年。此期间清廷奖励垦荒，厉行迁民宽乡、蠲免赈济，社会经济迅速发展。当时中国的经济总量已居世界第一，白银总量更占到了世界的一半，开创了国富民康的"康雍乾盛世"。到了十八世纪后半期，清朝人口比明朝末年增加了数倍，总数达三亿左右，成为世界强国。康熙在位期间，撤三藩，收台湾，三次亲征噶尔丹，征服喀尔喀漠北蒙古，反击沙俄对黑龙江流域的侵略，签订中俄尼布楚条约，大大扩展了中国的版图。乾隆年间，平定准噶尔部和回部，统一天山南北，颁行《钦定藏内善后章程二十九条》，进一步巩固了多民族国家的统一。清朝版图最大时西起巴尔喀什湖和葱岭，东北至鄂霍次克海和库页岛，东至东海，南控曾母暗沙，西南到广西、云南、西藏，北至漠北和外兴安岭，总面积阔达1300多万平方公里，而其统治的中心就是今北京。

综上所论，当分别了解了元明清三朝定都北京的经过后，灼然可见他们虽然皆以北京为都，但情况却各不相同，并非简单因循沿袭的结果。元朝是随着由北向南的统一，通过和林都城、开平都城而逐渐南移到元大都的；明朝是在已有江南都城的情况下，经过对都城政治、军事、地理因素的综合权衡后迁都北京的；清朝则从一开始就瞄准了北京，在短短五个月内便完成了从甫定北京到迁都京师的全过程。如果说，元、明、清三朝有什么共同之处的话，那就是他们的龙兴之地虽然南北各不相同，但在基本统一全国后，都不约而同地重新选择了北京，并且在这里创建了长期稳定的天朝大国。同时，通过蒙元的自西北而东南、朱明的自南而北、满清的自东北而西南，大中华的南北势能一再集聚于此，各个民族、各种文化也一再融注于此，不断激发了北京的活力。

　　元军攻占金中都时曾久攻不下，战争十分惨烈，燕京周边几乎被夷为平地。攻入中都后，金朝宫殿的一部分被拆毁做防御工事，一部分被乱军焚烧，巍巍皇宫霎间损毁殆尽。但在忽必烈建都北京后，新北京城经过明的增补和清的维护却有幸保存下来，成为人类文明史上无比珍稀的文化遗产。若从至元九年（1272年）春二月忽必烈诏告"改中都为大都"算起，截至目前这已经度过了七个半世纪。此期间除了八国联军侵占北京时造成的破坏外，北京城如得天佑，历经战争烽火而始终巍然挺立。经过这七百多年的稳步发展，古都北京终于成长为一座风华绝代的通都大邑。它那雄浑大气的城郭、巍峨高大的城门、平衡对称的中轴线、经纬通达的街道、金碧辉煌的紫禁城、鳞次栉比的宫苑、星罗棋布的四合院，无不凝聚着中华文化的深厚底蕴，表现出了令人震撼的伟大创造力。这固然是北京的奇迹，但也是中华民族的奇迹，更是全人类的奇迹。

六　结语

　　通过本章对各时期的条分缕析，北京的历史演进过程已经十分清晰地呈现出来，它们可以划分为逐次递进的七大阶段：

一、原始时代

　　从北京猿人开始，直到距今五千年前国家文明的形成，在这漫长的几十万年中，北京地区不仅完成了从血缘家族公社、母系氏族公社到父系氏族公社的递嬗，还相继树立起了人类起源、新石器时代革命、国家文明肇兴三大里程碑，在中华民族的开创史上留下了辉煌的一页。

二、方国阶段

自从黄帝在涿鹿及北京西北一带点燃了文明的火把，这里成为国家文明的发源地，也成为城市文明的发源地。从那时起，神州大地有了一个统一的部族联合体，同时也进入了古国并峙的"万邦林立"时代。此时北京地区的不同部族和邦国你来我往，赓续不绝，而且从五帝时代一直贯穿到了夏商时期，前后绵延了两千余年。

三、诸侯国时期

"社稷血食者八九百岁"的召公燕国，是历史上第一个由中原王朝派驻燕地的地方政权，也是北京地区有史以来的第一个一元政体。它既是周王朝的诸侯国，又拥有独立的政体，由此构成了与夏商时期的方国及秦汉时期的郡县的本质区别。当经历了从西周到春秋的不断奋进后，姬周燕国终于在战国时期达到了鼎盛，跻身于战国"七雄"，成为威震一方的华夏强国。

四、东北首府时期

从秦始皇统一中国起，直到契丹占领幽燕止，北京始终是历朝历代在东北地区的首府。这个过程前后延续了不下1100年，此期间北京的政治、军事、经济、文化始终处在交替上升的状态。到了唐和五代，这里已发展成制约全国局势的重要地区，并且几度成为地方割据势力的都城。

五、辽金陪都时期

此前论及北京的陪都史，都唯以辽的南京为说。但如本章所论，从城市的机构设置、政治地位、文化影响、经济实力等各方面看，金朝前期的燕京虽无陪都之名，却有陪都之实，已完全具备了金朝陪都的政治、军事、文化功能。因此，北京的陪都史理应包括金朝前期在内，而从辽南京算起，这一阶段前后经历了不下215年。在这二百余年中，北京的城市地位、城市功能、城市建设都踏上了一个新的台阶，成为北中国最发达也最具影响力的城市。

六、金中都时期

自金海陵王下诏迁都，燕京成为北半个中国的首都，统御的疆域阔达 300 多万平方公里。过去人们往往把金中都的历史与元明清的都城史划归在同一阶段，然而事实上金朝只有半壁江山，很难与拥有整个中国的元明清三朝相比。因此，尽管金中都的历史从 1153 年到 1215 年只有 63 年，也应划作一个独立的阶段。何况从发展的逻辑上说，从辽和金前期北中国的陪都，首先晋升为北中国的首都，然后晋升为全中国的首都，金中都也恰好处在承前启后的阶段。

七、中华帝都时期

自元朝初年开始，北京成了大一统王朝之都，由此进入全新的历史阶段。在这个阶段中，即使不算元朝初年木华黎在燕京设立的汉地统治中心，不算忽必烈于 1264 年"诏改燕京为中都"，不算明成祖朱棣早在公元 1403 年就晋升北平为北京，也不算李自成大顺政权的建都北京，单就元明清三朝名副其实的全国性都城而言，元大都起讫于公元 1272～1368 年，明北京起讫于公元 1421～1644 年，清京师起讫于公元 1644～1911 年，三者相加也有 588 年。

中间大的间隔出自明朝前期，盖因当时北京地区经过元末战乱后经济凋敝，加上朱明王朝兴起于江南，所以一度定都南京。除此之外，北京的都城史基本上一以贯之，而且各王朝在这里建都的时间一朝比一朝长。

1911 年辛亥革命后，中华民国先于 1912 年 1 月 1 日定都南京，稍后不久便于 4 月迁都北京，直至民国十七年（1928 年）北伐军攻占北京，民国政府再次移都南京。1949 年 1 月 31 日，北平和平解放，同年 9 月中国人民政治协商会议第一届会议通过决议，新中国定都北京。至此，从元朝

累计算下来，北京作为大中华首都的历史迄今已超过六个半世纪。

以上七大阶段，即七大级台阶，每一级都深深镌刻着北京不断走向辉煌的时代步履。顺着这七大级台阶，我们清晰地看到，北京历史由部落而方国、由方国而封国、由封国而东北首府、由东北首府而辽金陪都、由辽金陪都而金中都、由金中都而元明清都城，整个发展轨迹始终处在逐次提升的过程中。伴随这个阶梯式的上升，北京的城市规模不断扩大，文明程度不断提高，城市职能不断完善，各方面都在不断攀升。而与此相应，北京对外的影响力也不断扩大，先是由北京小平原扩大到燕山南北，再由燕山南北扩大到大东北行政区，再进而扩大到北半个中国，最后直至覆盖全国。

在这各个阶段中，北京的始建都年代究竟该如何界定？这是一个迄今仍歧见纷披的问题。综合历来的观点，有以召公奭的燕都为说的，有以西汉的封国之都为说的，有以十六国时期的前燕国慕容儁迁都蓟城为说的，有以金海陵王的迁都中都为说的，有以元大都为说的[1]，还有以距今5600年的所谓"禹京人"的创建蓟都为说的[2]，可谓言人人殊。这里的关键，在于对"都城"的标准应如何界定。界定的标准不同，其结论自然不同。总体上看，以上涉及的"都城"包括了性质不同的几大类，主要有：

> 一是西周时期的诸侯领地中心或西汉以来的封国、藩国中心。这些中心虽然也可称之为"都"，但这些诸侯国、封国、藩国基本上都不是独立的国体，汉以后尤然，因此这些"都"只能算是地域性的行政中心。
>
> 二是分裂时期的地方政权之都，包括东周时期摆脱了周天子

---

[1] 贺树德：《北京建城年代与建都年代问题》，刊《北京建城3040年暨燕文明国际研讨会会议专辑》，北京燕山出版社，1997年。

[2] 李江浙：《北京始都年代考》，刊《北京建城3040年暨燕文明国际研讨会会议专辑》。

束缚的燕国都城，也包括十六国时期前燕国的都城。它们虽然一概算得上是"国都"，但只是地方割据势力的都邑，而这样的都邑在中国总计不下数百座，完全不能和重要的王朝之都相比。夏商时期乃至更早的方国之都在北京也不乏其见，从本质上说，它们也只是地方政权的中心。

三是在一部"廿五史"中纳入了中华正统谱系的王朝之都，这里既包括了大一统王朝的全国性都城，也包括了分治时期的三国、两晋、南北朝、五代、宋、辽、金都城。

以上三类中，真正有资格被称为"中华古都"的，显然只能以第三类为说。按此标准，黄帝后人的蓟邑、召公奭的燕都、西汉的封国之都、慕容儁的蓟都、安禄山和史思明的燕京、刘守光的幽州城等，都不足以代表北京都城史的开始。而综合以观，北京的建都史理应从辽的南京算起，其故在于：

首先，辽朝是与北宋南北分治的重要王朝，在官修的"廿五史"中以一部专史纳入了中华正统谱系。其疆域比同期的北宋更为辽阔，也比后继的金朝为大，对中国历史的发展及版图的奠定都起到了不可低估的作用。

其次，如本章第四节所论，南京虽然在名义上是辽之陪都，但其经济、文化的繁荣堪称辽五京之冠，政治地位之高也非辽朝其他陪都可比，可以说是北中国唯一能与北宋都城开封媲美的大都市。总体而言，历史上的辽南京是以陪都之名承担了各类首都职能的城邑，唯因辽人要保留故国临潢府的"上京"名分，才不得不让南京成了一座实际地位重于表面称谓的城市。

所以，客观事实十分明确地揭示，北京的建都史理应从辽太宗会同元

年（938年）升燕京为南京时算起，辗转至今已有一千余载。

北京历史的递进式发展还有一个更为具象的指数，那就是城市人口的递增。据《北京城市历史地理》一书的统计，早自先秦燕国以来，北京的城市人口就一直处在阶梯式的增长中[①]：

> 先秦燕国是在战国中期进入鼎盛期的，而作为大国之都，当时蓟邑的城市人口已经突破了10万之数；
>
> 汉唐时期，包括常驻军在内，蓟城（幽州城）人口最多时达到了15万人；
>
> 辽天庆三年（1113年），南京城内的居民总数约计15万8千人，较汉唐的峰值略有提高；
>
> 到了金章宗泰和七年（1207年），金中都的城市人口一跃而至40万人；
>
> 元大都的鼎盛时期是在元代中期，据统计，泰定四年（1327年）的大都城人口为95万人，接近百万之众；
>
> 明英宗正统十三年（1448年），北京城人口为96万人，与元朝的鼎盛期大体持平；
>
> 北京城市居民总数正式突破百万大关，是在清王朝的后期。据清宣统二年（1910年）的统计，当时北京的城市人口总计达1128808人。

城市人口是衡量城市规模的首要指标，在古代社会尤其如此。但毋庸讳言，城市人口也是个变异性极大的因素，会随着王朝的荣枯、世道的兴衰、战争的有无、瘟疫的出没、收成的盈亏而升降，具有相当的敏感性。上面所举数字，皆来自古代北京各阶段的鼎盛期，是承平年间的最高峰

[①] 侯仁之主编、韩光辉执笔：《北京城市历史地理》第八章，北京燕山出版社，2000年。

值。因为综合起来看,唯有这个数字才能代表城市所达到的最高容量,也才能反映城市规模的逐步扩展。

至于整个地区的人口,据各朝正史记载,辽南京地区有10万户、58.3万人;金中都地区有25万户、161万人;元大都地区有43.7万户、208.2万人;明北京地区有55.3万户、219万人;清北京地区有51.6万户、272万人,也在逐次递增中。

总之,各种事实无不证明,不管历史的潮流如何跌宕起伏,北京的发展始终贯串着一条红线,即它总是走在逐次提升的轨道上。这一点看似简单,但在中国城市发展史上是绝无仅有的,在人类发展史上也极其罕见。而更突出的是,当逐次展开北京历史由量变到质变的递进式发展过程后,客观事实充分显示出,北京地位的不断提升绝非一时一事的偶发因素所决定的,而是历史的必然。

于此之前,人们对北京史的研究往往习惯于从某一微观事态出发,单纯就事论事地把北京历史的变化归结在某些偶发的人为因素上。例如,把安史之乱的爆发归咎于唐明皇的昏聩,把刘守光的拥幽州自立归咎于他的不自量力,把燕京成为辽南京归罪于石敬瑭的卖国求荣,把金海陵王的迁都燕京归结为是为南下征讨做准备,把明成祖的移都北京归结为他曾经封藩燕京,如此等等。如果仅就某一个事件的诱发性因素而言,这些分析无疑是有一定道理的,然而对这些因素过分强调的结果,往往将北京地位的每一次提升都视为偶然,视为机缘巧合。但是,当本章从整个北京的历史发展脉络入手,清晰地条理出北京的发展线索后,灼然可见北京的递进式发展完全是大势所趋,具有无可置疑的必然性。本章的主旨,就在于揭示这种必然性,因为只有这种必然性,才能代表北京历史文化的基本属性,才能给人类文明的发展提供宝贵的启迪。

第五章　多元性
——燕山南北的多元民族及文化

悠久、持续、递进的发展，还只是北京历史文化的纵向轨迹，倘若从中截取任意一点展开它的横向画卷，呈现在人们面前的，则是色彩斑斓的多元民族与多元文化。可以说，自从有人类活动以来，北京地区就充满了多元色彩，汇聚了来自四面八方的人群与文化，此即北京历史文化的又一总体特征。

因为地处东北大平原、华北大平原、蒙古高原和黄土高原的交接点，北京自古以来便是链接这四大地理单元的枢纽。其交通也是得天独厚——西南方向有沿太行山东麓直通中原各地的太行山东麓大道，西北方向有通向太行山以西及蒙古高原的居庸关大道，东北方向有通向燕山腹地的古北口大道，向东还有紧傍燕山南麓通向松辽平原的喜峰口大道和山海关大道。

地理区位的独特和交通的畅达，给北京和外部世界带来了全方位的交往。然而综观史实，其中最具主导地位的，还是南北之间的交通与交流。这是因为，北京地貌的总体形势是东临浩瀚大海，西傍巍巍太行，东西皆有天然屏障，唯有南北方向是联接北中国的大通道。事如著名地理学家侯仁之先生所言：

　　殷商和晏已有交涉，根据古代自然地理的情况来推测，只有沿着今太行山东麓一带，这种交涉才有可能。因为山麓地带以

西，尽是深山大谷，南北来往和文化交流，在那时来说几乎是不可能的。[1]

侯仁之先生还进而强调，太行山东麓的这条大道"在那时候也是华北大平原上南北之间唯一可以通行无阻的大道"[2]。这就是说，在现代化交通工具出现以前，从中原各地到东北平原或蒙古高原，必须先经太行山东麓来到北京，然后再出居庸关、古北口、喜峰口或山海关，才能各自进入目的地。反之，如果从塞外南下中原，也只有通过各关口先到北京，然后再沿太行山东麓大道南行，方可抵达华北大平原。明乎此，可知燕山南北的交流才是北京地区多元民族与多元文化的主要来源，于是也就是本章论证的重点。

秦汉以降，南北各民族、各文化在北京地区的纵横交织早已是有目共睹，前面几章在论证北京历史文化的演进过程时也多有涉及。然而从根蒂上说，中国东北方的这些民族与文化究竟是怎样生成的，开始时他们处于何种状况，后来发生了哪些变化，北京地区在这里又承担了什么使命？这些问题无疑是更为重要的。从时间上说，这个答案显然隐藏在悠远难稽的原始时代和夏商时期，而从空间上说，这只有放眼整个燕山南北乃至整个东北地区才能判明。

一 浑然天成的文化中心

如果说，当进入历史时期以后，一个区域的文化往往是由该地的政治、经济、民族及自然环境等多种因素决定的，起主导作用的是它的社会

---

[1] 侯仁之：《关于古代北京的几个问题》，《文物》1959年第9期。
[2] 侯仁之：《论北京建城之始》，《北京社会科学》1990年第3期。

属性，那么在史前时期，这基本上是由地理环境所决定的，重在它的自然属性。特别是在蛮荒的旧石器时代，地理环境对人类的制约作用尤为突出，各种文化无不带有显著的自然性。而根据大量考古资料，在距今几十万年前，当人类刚刚从猿群中产生，北京地区就成了原始文化传播的中心，成了链接各地文化的枢纽。

正如第二章第一节所述，距今 70 万～20 万年的"北京人"属直立人种，可以直立行走，能够制造工具，还有了简单的思维和语言。而综观全球范围的人类发展史，正因为直立人取得了这些进步，所以他们已不再像以前的人科成员那样长期固守在一个地方了，而是顽强地走出了故乡，散布到更为广大的地域。事实上，种种迹象表明，"北京人"也早在旧石器时代早期就和不少地区发生了接触和交往，把自己的文化传播到了四面八方。

根据目前已知的资料，"北京人"的影响向西北已经远逮内蒙古大青山一带，向东北更远播于辽宁营口与本溪地区[1]。"北京人"的这种影响还不仅限于旧石器时代早期，甚至一直波及旧石器时代中晚期。例如在旧石器时代中期的辽宁喀左鸽子洞遗址中，发现了数百件石器和石质材料，它们在种类、样式、尺寸乃至制作方法上都相当接近"北京人"，被认为是北京猿人文化向东北发展的重要一支[2]。至于向中原方向，旧石器时代中期的山西阳高"许家窑人"在体质特征、石器类型、生产技术等方面都深受"北京人"的影响，贾兰坡甚至因此认为"许家窑人"很可能就是北京猿人的直系后代[3]。此外见于旧石器时代中期的山西襄汾"丁村人"，其出土的打制石器也带有北京猿人文化的烙印[4]，同样体现了"北京人"文化向中

---

[1] 文物编辑委员会:《文物考古工作三十年》内蒙古、辽宁部分，文物出版社，1979年。
[2] 张森水:《中国旧石器文化》，天津科学技术出版社，1987年。
[3] 贾兰坡、卫奇:《阳高许家窑旧石器时代文化遗址》，《考古学报》1976年第2期。
[4] 李壮伟:《山西旧石器的发现与研究》，《山西大学学报》1982年第3期。

原的传播。到了旧石器时代晚期,"北京人"文化的余韵仍绵绵不绝,进一步向南深入到中原腹心之地。河南安阳小南海北楼顶山发现的旧石器时代晚期洞穴出土了大量遗物,通过对它们的分析,可知"整个小南海文化显示了遥承北京人文化传统发展而来的特点"[①]。

从"北京人"文化传播的地域看,总体上是向南北两大方向延展的。具体来说,影响所及的内蒙古大青山在北京北部偏西,辽宁营口在北京北部偏东,二者与北京的连线恰好形成了对应的夹角,合成了一个以北京为轴心的北部地区扇形带。前面所述的北京猿人文化向北传播的其他地点,例如辽宁本溪、喀左鸽子洞等,都在这个扇形地带中。在北京猿人文化向南的传播上,从各有关地点的分布看,主要是傍着蜿蜒的太行山东麓直接向南,绕过太行山南端再散布到各地。"北京人"向西的传播也是存在的,但其路径是自北京向西绕过太行山北麓,然后再经桑干河谷进入晋北阳高一带。

上述以北京地区为中心的文化传播,就是由北京天生的地理环境、交通状况所决定的。这就从纯自然的层面上揭示,自从有人类以来,北京就是文化传播的中心地带,就是联结南北文化的天然枢纽。

任何具有持久生命力的文化,都是以善于汲取其他文化的优良元素为特征的,北京的远古文化自不例外。应当说,北京地区的古人类不仅将自己的文化传播到了南北各方,同时也从各个方面汲取了丰富的营养,不断增强了自身的生存能力。这一点在旧石器时代早期的"北京人"遗址中已有反映,而到了旧石器时代晚期,这在"山顶洞人"遗存中就有了更为突出的体现。

事如第四章第一节所述,周口店"山顶洞人"已经掌握了磨光技术、钻孔技术和染色技术,工艺水平大幅度提高。他们还发明了骨针,表明当

---

① 中国社会科学院考古研究所编:《新中国的考古发现和研究》,文物出版社,1984年,第23页。

时已学会了缝纫技术，开始用兽皮制衣御寒。至于"山顶洞人"遗址内发现的旧石器时代墓地，更表明当时已经有了对死者灵魂的崇拜，萌生了最早的宗教意识。以上事实无不说明，山顶洞人的生存状况有了很大的改观，文化面貌也更加丰富多彩。然而有迹可循的是，"山顶洞人"之所以能集旧石器时代晚期的各先进技术于一穴，就是其广泛汲取各异域文化的结果。其中一个突出实例是，"山顶洞人"装饰品的质地非常丰富，来源也非常广泛，其中有些蚌壳类物品甚至有可能来自遥远的黄淮地区[①]，这就说明了"山顶洞人"与这些地区的交往。此外更独特的一点是，通过对"山顶洞人"骨骼体质的分析，还可知这里聚集着不同地域的人群，是不同人群及文化融于一穴的典型实例。

在"山顶洞人"遗址中，出土了8到10个古人类个体化石，而通过对人体头骨的精密测量，发现这一穴之内的人类个体居然存在着一些体质上的差异。德国解剖学家和体质人类学家魏敦瑞是"北京人"的研究者之一，他认为这些差异是不同种族的反映，分别代表了蒙古人种、美拉尼西亚人种和爱斯基摩人种。按照他的说法，山顶洞人是由彼此相隔万里的原始人类汇聚拢来的，甚至囊括了全人类的共同祖先。相比之下，中国学者的研究似乎更合乎情理，例如根据吴新智的缜密分析，认为这些头骨的特征均未超出原始黄种人的范畴，彼此的细部差异只代表了黄种人中的中国人、爱斯基摩人、美洲印第安人三大支系[②]。

人类学的研究表明，人体特征是由不同的自然环境造成的，大致可分为树木茂密和水源丰盛的山岳型、土壤贫瘠的缺水型、草场沼地型、开阔且排水良好的低地型等几大类[③]。山顶洞人体质特征的细部差异，恰好表明

---

① 贾兰坡：《山顶洞人》，龙门联合书局，1950年。
② 吴新智：《周口店山顶洞人化石的研究》，《古脊椎动物与古人类》1961年第3期。
③ [英]阿诺德·汤因比：《历史研究》（修订本），刘北成、郭小凌译，上海人民出版社，2000年，第69页。

他们来自孕育了黄种人的不同环境，集中了各类黄种人的最初雏形。如果借用现代民族学的概念来说，在北京周口店的山顶洞中，聚集了黄种人的若干不同"种族"，是"多元民族"的集合体。正缘于此，"山顶洞人"才表现出了远较其他同类遗存更加丰富的文化面貌。也正缘于此，才反映出北京地区是联结各地远古人类的一大中心。

二　新石器时代的燕山南北文化

当"东胡林人"把新石器时代的曙光挥洒到中国北方大地上时，北京一枝独秀地引领着时代的潮流。但为时未久，当新的经济生活方式迅速传播于中华大地，南北各地很快进入了新石器时代的成长期，北京地区随即成为燕山南北各大新石器文化生成、交融与碰撞的中心。

在北京以北和东北方向，是内蒙古东部和东北地区，包括今天的东三省和内蒙古自治区的赤峰市、通辽市（原哲里木盟）、兴安盟、呼伦贝尔市。在近代史上，这片地区被统称为"东北地区"，以下即以此泛指该区域。由于这个区域位于燕山以北，故从方位上又可将它们统称为燕山以北地区。在这片广袤土地上，古文化的重心一向集中在靠近燕山北麓的内蒙古东南部和辽西一带，即集中在西拉木伦河、老哈河及西辽河流域。著名考古学家苏秉琦先生早在上个世纪八十年代就指出，对这片地区的古文化应当特别予以关注，因为这里是"联结我国中原与欧亚大陆北部广大草原地区的中间环节"，"我国统一的多民族国家形成的一连串问题似乎最集中地反映在这里"[1]。是故，在整个燕山以北的东北地区，着眼于内蒙古东南部和辽西一带的古文化，考察它们的发生、发展及与之比邻的北京地区文

---

[1] 苏秉琦：《燕山南北地区考古》，《文物》1983年第12期。

化的关系，就是本章论证的重点。

迄今为止，在燕山北麓的内蒙古东南部和辽西一带，已发现诸多新石器时代遗存，其数量之多、密度之大甚至不亚于中原地区。随着材料的积累和研究的深入，这一带不断有新的新石器文化类型被提出，但综合以观，这里从早到晚主要分布的是小河西文化、兴隆洼文化和红山文化[①]。

迄今所知东北地区最早的新石器文化，即1987年在内蒙古敖汉旗小河西发现的"小河西文化"。根据碳14年代测定，此文化最早可以早到距今8400年前，经树轮校正的年代为公元前6400～前5200年[②]。其主要分布在内蒙古东南部的西拉木伦河流域，先后发现于赤峰市的林西县、巴林左旗、敖汉旗、翁牛特旗等地[③]。总体上说，小河西文化的村落遗址普遍偏小，房舍是半地穴式棚屋；出土的石器是东北地区新石器文化中最原始的，制作粗糙且形制简陋，但已开始采用磨制工艺；其陶器的胎部和底部都很厚，器表多为素面。总之，无论从村落遗址还是石器、陶器等各方面看，小河西文化都还处在新石器文化刚刚滥觞的阶段。

继小河西文化之后，在东北地区兴起的是兴隆洼文化。兴隆洼文化肇始于距今8000年前，分布在东起医巫闾山、西逾大兴安岭、北过乌尔吉木伦河、东北到吉林省通榆的广大地域内，向南甚至一直延伸到了天津附近的冀东南一带。此文化的分布范围虽大，但就其中心区域而言，仍集中在西拉木伦河流域。其聚落遗址已具有相当规模，有的聚落外围还有壕沟环绕。聚落内的房屋排列有序，大型房址一般位于聚落中央，面积最大的可达140平方米。其陶器的种类不多，主要有大小不同的陶罐、碗钵以及杯形器、盅形器等。夹砂筒形罐已经出现，"之"字形陶纹开始流行，这

---

① 近三十年来东北地区史前文化的研究十分活跃，不断有新的文化类型被提出，本章对东北地区史前文化的归纳，主要采用苏秉琦主编的《中国通史·第二卷》的说法，详见该书第四章，上海人民出版社，1994年。

② 杨虎：《辽西地区新石器——铜石并用时代考古文化序列与分期》，《文物》1994年第4期。

③ 索秀芬、李少兵：《小河西文化聚落形态》，《内蒙古文物考古》2008年第1期。

两大特征在这之后绵延不绝，成为贯串该地区整个史前文化的基本要素。由出土的石锄、石斧、石锛、石凿、石刀、石磨盘、石磨棒等生产工具看，当时已经有了种植业，但仍以狩猎、渔业、采集为主。房屋遗址周围遍布着鹿、狍骨骼及胡桃楸果实硬壳，这就是狩猎、采集经济的遗留。通过对兴隆洼文化村落遗址的考察，可知这里已形成家庭、家族、氏族等多层社会结构，标志此文化已经走出原始社会的初级阶段，进入到母系氏族公社的繁荣期[①]。

东北地区继兴隆洼文化而起的，就是大名鼎鼎的红山文化。此文化于1935年发现于内蒙古赤峰市东北郊红山后，故此得名。整个红山文化可分为前后两大期，前期大致在距今6500～5600年间，后期大致在距今5600～5000年间，上下绵延了近1500年[②]。每期当中还包括了不同的经济类型和文化类型，根据苏秉琦等人的分析，前期主要包括了赵宝沟文化、富河文化、新乐文化、左家山二期文化、小珠山一期文化等类型，后期则主要包括了小珠山中层文化、偏堡子文化、小河沿文化等类型[③]。

红山文化前期以西拉木伦河和老哈河流域为中心，同时覆盖了滦河流域、大凌河流域以及辽西的大部分地区。其陶器的火候及制造技术比兴隆洼文化明显提高，种类也明显增多。在各不同文化类型间，共同流行着一种口大底小、腹壁斜直的筒形罐，也共同流行着一种"之"字形压印纹陶器装饰。其中的直线或弧线"之"字形压印纹是由兴隆洼文化发展而来

---

① 中国社科院考古所内蒙古工作队：《内蒙古敖汉旗兴隆洼遗址发掘简报》，《考古》1985年第10期；杨虎：《试论兴隆洼文化及相关问题》，《中国考古学研究——夏鼐先生考古五十年纪念论文集》，文物出版社，1986年；崔璇：《内蒙古新石器时代考古的重要突破——兴隆洼文化的发现与研究及其所提出的问题》，《内蒙古社会科学》1987年第1期。

② 一般认为红山文化开始于公元前4000年左右，本文对红山文化的分期与年代采用了赵宾福《红山文化研究历程及相关问题再认识》中的观点，见《内蒙古大学学报》（人文社会科学版）2005年第4期。

③ 白寿彝总主编、苏秉琦主编：《中国通史·第二卷》，第358～420页。

的，表明了两者的上下承袭关系。这种之字形纹往往与筒形罐结合在一起，成为红山文化前期的显明标志。

前期红山文化除狩猎、捕鱼等经济形态外，还出土了成堆的炭化谷物，发现了大量农业生产工具，表明原始农业在此时已经取得了长足的发展。农业生产工具中既有用于挖掘树根的石斧和开荒刨土的石锄，也有用于收割的石刀，还有用于谷物脱壳加工的石磨盘和石磨棒，种类十分齐全。此阶段的房屋规格也出现了明显分化，大的阔达一百平方米，小的仅有二三十平方米，彼此间相差悬殊。大型房屋基址内发现了一些造型独特的异形器，例如刻画人面的斧杖、鸟兽图尊形陶器、鸟形木雕等。它们既可能是祭祀时的神器，也可能是标榜房主人身份的典型器，都揭示当时已出现了高居一般氏族成员之上的氏族首领或祭司类人物[1]。

燕山以北各部族的一次大踏步历史跨越，发生在红山文化后期。红山文化后期开始于距今 5600 年前，截止于距今 5000 年前后。经过测定的东山咀遗址和牛河梁遗址的年代分别为距今 4975±85 年和 4895±70 年[2]，这就代表了此文化的下限年代。在这上下五六百年中，红山文化取得了空前发展，分布的范围也不断扩大，向南直抵燕山及渤海湾，向东远逮辽河下游的辽宁本溪，向东南进入了辽东半岛，向西延伸到了桑干河上游，中心区域则在老哈河与大凌河间。

在各地的后期红山文化遗存中，石斧、石锄、石铲、蚌刀、蚌镰等农业生产工具已俯拾皆是，还出现了形制先进的石耜和石刀（铚），表明

---

[1] 辽宁省博物馆等：《辽宁敖汉旗小河沿三种原始文化的发现》，《文物》1977 年第 12 期；中国社会科学院考古研究所内蒙古工作队：《赤峰蜘蛛山遗址的发掘》，《考古学报》1979 年第 2 期；中国社会科学院考古研究所内蒙古工作队：《赤峰西水泉红山文化遗址》，《考古学报》1982 年第 2 期；辽宁省博物馆等：《大连市郭家村新石器时代遗址》，《考古学报》1984 年第 3 期；辽宁省文物考古研究所：《辽宁牛河梁红山文化"女神庙"与积石冢群发掘简报》，《文物》1986 年第 8 期。

[2] 杨虎：《关于红山文化的几个问题》，刊《庆祝苏秉琦考古五十五年论文集》，文物出版社，1989 年。

农业已成为最主要的经济部门。尤为突出的是，在它的中心分布区，收割类工具明显增多，形式多样，说明此时的农作物产量也有了较大幅度的增长。家庭纺织业也取得了显著进步，例如仅在大连旅顺口郭家村一地的下层遗址中，就出土了142件纺轮，显示了纺织手工业的普及。陶器文化的发展更为突出，不仅其器类大大增加，且造型日益繁缛，彩陶也开始流行，还出现了祭祀类陶器。当然，渔猎经济仍是不可或缺的辅助性产业，这在各个遗存中都不乏体现。

后期红山文化的墓葬资料显示，这时已进入父系社会，形成了一夫一妻制家庭。不但如此，通过对墓地的剖析，还可知此时已组成了一夫一妻制家庭墓、独立成组的家族墓、联系紧密的族墓地三级结构，分别代表了父权制公社的三级社会组织。相当特异的是，其墓葬大多是用石板搭建的，墓室、墓盖、墓底、墓界均为石板，考古界称其为积石冢墓。这些墓葬的材质虽然相似，随葬品的多寡却高下悬殊，多者琳琅满目，少则空无一物，表明该时期已出现了明显的贫富分化。

最引人瞩目的是，到了红山文化后期，出现了多处祭祀遗址，显示该部族已具有相当成熟的宗教生活。这些祭祀遗址都有类似祭坛的建筑，坛内或坛旁埋人，随葬了祭祀用的陶器和玉器，还出土了献祭的猪、鹿骸骨。较典型的一例见于辽宁凌源、喀左、建平三市县交界处的牛河梁，遗址规模宏大，总面积阔达5平方公里。这是一处"庙、坛、冢"相结合的建筑遗址，出土了距今5500年至5000年的大型祭坛和女神庙，还出土了积石冢群和"金字塔"式建筑[①]。

"女神庙"是牛河梁遗址的中心建筑，位于牛河梁主梁的顶部，是一座南北向的半地穴式神殿基址。此庙宇总长18.4米，平面略呈"亚"字形，由多室组成。其主室为圆形，左右各有一圆形侧室，主室的北部还有

---

① 辽宁省文物考古研究所：《辽宁牛河梁红山文化"女神庙"与积石冢群发掘简报》，《文物》1986年第8期。

一近方形室，南部则有三室相连。庙室的结构虽然看似复杂，但却布局谨严、左右对称、主次分明，规范而富于变化。庙址墙壁残高0.5～0.9米，壁上还绘有彩画。室内出土的陶器造型奇特，有镂孔塔形器等，此外还有种类不一的泥塑动物。这些物品显然不是日常生活用品，而是祭祀用的器具。至于其祭祀的主体，则是室内供奉的彩绘泥塑人像。

庙里出土的彩绘泥塑人像多为残件，包括头部、耳鼻、躯干、四肢等，分属大小不一的若干个体。其中小的塑像与真人相似，大的则近乎真人的三倍。发掘者据此分析说："根据群像之间大小和体态的差别判断，似已形成有中心、有层次的'神统'。"这些塑像造型逼真、胎质细腻、体态优美，线条极富动感，是难得的史前艺术品。通过出土的乳房残块等，可以判定这些塑像一概为女性，故称"女神"。

辽宁喀左县东山嘴也发现了这样一处红山文化祭坛，同样出土了多尊泥塑裸体女像。它们既有立式的，也有盘膝端坐在石筑圆形祭坛上的[1]，依旧保持着当年的姿态。综观这些"女神"像，一概颧骨高耸，圆额头、扁鼻梁、尖下巴，属于典型的蒙古利亚人种，与现代华北人极为相似。它们的出土，既揭示了红山人的族性，也再现了黄帝子孙5000年前的形象。

牛河梁女神庙的四周环绕着不少山头，每座山头上大多建有积石冢群和分祭坛。每一处积石冢群的中心皆有一座大墓，四周环以小墓，外有垒砌的石墙。大墓的墓主均为男性，墓穴上面有积石封土，形成了高耸的墓冢，随葬品也明显多于周边小墓。在每处积石冢群的中间，都建有方形或圆形的坛状积石建筑，形成了一个个分祭坛。这些积石冢群和分祭坛如众星拱月般簇拥着女神庙，不仅突出了女神庙的中心地位，也突出了整个祭祀遗址的一元化格局。

从牛河梁祭祀遗址规模之大看，从它远离居民生活区的单独存在看，

---

[1] 郭大顺、张克举：《辽宁省喀左县东山嘴红山文化建筑群址发掘简报》，《文物》1984年第11期。

不难想见这是一处地域相当广阔的原始部民的祭祀中心。这个中心对揭示红山文化后期的社会组织结构不无裨益，它告诉我们：

    1. 整个祭祀遗址的一元化格局表明，当时红山文化居民已经形成了范围相当广泛且相对统一的部族联合体。在这个联合体内，人们共同尊奉一个女神体系，定期举行统一的祭祀活动，由此形成了一个以祭祀中心为纽带的地缘组织。

    2. 这个部族联合体是由一个个相对独立的氏族或部族组成的，围绕女神庙的分祭坛就是他们各自的祭祀场所。

    3. 女神造像的大小有别、主次分明，表明这些氏族已经形成了一定的高下之分和亲疏之分。

以上特点说明，在红山文化后期的中心地段，已经出现了结构较为复杂的部族共同体，"产生了植基于公社，又凌驾于公社之上的高一级的社会组织形式"[1]。这种组织形式是原始社会末期的产物，是氏族制度所能达到的最高极限，倘若再向前发展，就要突破部落联盟的界限，向国家文明的机制转变了。

对于牛河梁祭祀遗址的建筑水平，参与发掘的考古工作者赞叹不已，特别描述说："就现有的了解，'女神庙'的建筑设计和技术水平达到了相当高的程度：顶盖、墙体采用木架草筋、内外敷泥、表面压光后或施彩绘，具有承重合理、稳定性强的特点；主体建筑既有中心主室，又向外分出多室，以中轴线左右对称，另配置附属建筑，形成一个有中心、多单元对称而富于变化的殿堂雏形。"[2] 这种规模宏大、结构复杂的建筑，显然不是一般原始氏族所能为，而必定是整个红山联盟的结晶。它们的存在，不

---

[1] 苏秉琦：《辽西古文化、古城、古国》，《文物》1986年第8期。
[2] 辽宁省文物考古研究所：《辽宁牛河梁红山文化"女神庙"与积石冢群发掘简报》，《文物》1986年第8期。

单体现了红山部族所达到的生产力水平,更展现了该集团所达到的社会组织程度。

红山文化的又一颗耀眼明珠,是它的各类玉器。早在兴隆洼文化时期,辽宁阜新县查海、内蒙古敖汉旗兴隆洼、林西县白音长汗等遗址就出土了当地制作的玉器,年代最早的可溯至七八千年前。经过科学鉴定,查海遗址发现的玉斧、玉匕、玉玦、管状器等全为真玉,是中国最早的真玉制品之一,并且已经采用了琢磨成形、抛光、钻孔等加工技术,显示了玉文化的兴起。根据碳14年代测定,查海遗址距今6925±95年,树轮校正为距今7600年,此即这些玉器的年代[①]。

到了红山文化后期,玉器的数量明显增多,陆续发现于辽宁凌源市牛河梁与三官甸子,以及喀左县东山嘴、阜新县胡头沟、内蒙古翁牛特旗三星他拉、敖汉旗大洼等地。牛河梁遗址的玉器大多出自墓葬,体现了红山文化部族"唯玉为葬"的特点。这些玉器既是实用的装饰品和艺术品,又具有礼器性质,是用来标示墓主人身份的。其质地有白色透明、乳白、淡绿、深绿等,形式有玉璧、玉佩、玉箍、玉环和兽形玉等,花纹图案则有玉鸟、玉龟、玉鱼及猫头鹰等[②]。

在红山文化的动物形玉器中,最引人瞩目的就是被人们称作最早的龙图案的"玉猪龙"了。这些"玉猪龙"作猪首龙身状,头部刻有猪的五官,龙身蜷曲如璧,长度一般在5～10厘米左右,最长的可达30厘米。在中国古代,猪是最早被驯化的动物之一,也是定居农业部落最早饲养的家畜之一。在红山文化晚期遗址中,家猪饲养业已相当发达,仅大连郭家村遗址一地所见,家猪骸骨的数量已远超其他狩猎对象的总和[③]。由此可见,"玉猪龙"的出现,不仅从现实生活的角度折射出红山文化居民与家猪的密切

[①] 辽宁省文物考古研究所:《阜新查海新石器时代遗址试掘简报》,《辽海文物学刊》1988年第1期。
[②] 张星德:《牛河梁玉器墓的文化属性再考察》,《边疆考古研究》四,科学出版社,2006年。
[③] 辽宁省博物馆等:《大连市郭家村新石器时代遗址》,《考古学报》1984年第3期。

关系，还从精神层面上把它升华为神祇，升华为人们崇拜的偶像。尤为重要的是，"玉猪龙"是迄今所知"中华龙"的最早形态之一，它的成为崇拜偶像，把"龙的传人"对龙的崇拜上溯到了原始时代，并且追溯到了塞外的西辽河流域。

璧环也是红山文化晚期的典型器之一，主要分玉环和玉璧两种，皆为人的佩饰。对玉的钟爱是东方文明的传统，流传至今且历久弥新。《说文解字》云："玉，石之美有五德者。"这里把玉的美感与人的美德相联系，赋予了"以玉载德"的含义。《礼记·玉藻》云："古之君子必佩玉。"《礼记·聘义》云："君子比德于玉焉……垂之如坠，礼也。"这里又把玉的佩戴与"君子"相联，赋予了"以玉载礼"的含义。玉环、玉璧在红山后期遗存的层出叠见，无疑揭示这里已经出现了一个以佩戴玉饰为标志的"君子"阶层。总之，"没有社会分工，生产不出玉器，没有社会分化，也不需要礼制性的玉器"，所有这一切都揭示出，"辽西一带的社会分化早于中原"[1]。

以上东北地区新石器时代的考古发现是极具历史意义的，它们以无可辩驳的事实揭示，早在史前时代，这里就有了相当发达的新石器文化和农耕经济。如果说，处于起步阶段的兴隆洼文化还相对原始，各方面都还无法与同期中原文化相媲美的话，那么从红山文化开始，一切都发生了根本的变化。特别是在西拉木伦河以南，红山文化在保留传统渔猎经济的同时，农耕经济及家畜饲养业、手工业、纺织业都取得了长足的发展，成为中华农业文明中毫不逊色的一支。正因如此，不少学者甚至把红山文化当作了中原仰韶文化的一个分支[2]。而到了红山文化后期，尤其是到了红山文化后期偏晚，其部落联盟的扩大、社会组织的提升、阶级分化的加剧、原始礼制的滥觞、宗教活动的兴起等，更是走在了同期中原文化的前面。这些事实充分说明，燕山以北并非与生俱来的"蛮夷"之地，并非一直落后

---

[1] 苏秉琦：《中国文明起源新探》，三联书店（北京），1999年，第134页、图116注。
[2] 安志敏：《略论三十年来我国的新石器时代考古》，《考古》1979年第5期。

第五章　多元性——燕山南北的多元民族及文化

于中原地区，更非一开始就是游牧民族信马由缰的茫茫大草原。恰恰相反，红山文化中心所在的西辽河流域，是和黄河流域、长江流域并列的中华文明三大源头之一，它和黄河、长江流域一道，共同扣响了中华文明的大门。

总体上看，兴隆洼文化和红山文化都兴起于西拉木伦河流域，且同时向流域的南北两面扩展，以至西拉木伦河流域始终处在这两大文化的中心区域。但若论它们的文化重心，却有一个逐步南移的过程。当兴隆洼文化之时，典型遗存集中在西拉木伦河流域，特别是集中在它的北半部。而到了红山文化前期，西拉木伦河以北的富河文化成了同期文化中最不发达的部分，反倒是西拉木伦河以南的类型相对较先进。到了红山文化后期，其最南端的老哈河上游及努鲁儿虎山南北两侧成了最发达的地区。由此可见，从兴隆洼文化开始，整个东北地区史前文化的重心是逐次南移的，先由西拉木伦河流域北部转向了南部，再由西拉木伦河流域的南部转向赤峰市东南，直至南移到燕山脚下。

从地理方位上看，老哈河源出于今河北省平泉市，努鲁儿虎山的东南端也已接近河北，皆与北京毗连。这就是说，东北地区经济、文化重心的每一次南移，都是向着华北平原和北京地区的。这种趋势表明，东北地区史前文化深受北京地区的吸引和影响，而这吸引和影响，首先来自北京的新石器文化。

北京的气候温暖湿润，水利资源丰富，早在新石器时代就成为中国北方的主要农业区之一。正如第二章第二节所述，最早的新石器文化就产生在这里，此即新石器早期的"东胡林人"文化。这之后，北京地区又出现了以房山区镇江营一期文化为代表的新石器文化，时代可以早到9000年前[①]，同样领先于东北地区的各新石器文化。到了新石器时代中期，在北京

---

① 详见第三章第一节。

东北部及天津、唐山一带勃然兴起的,则是发现于平谷韩庄乡上宅村的上宅文化。

上宅遗址南临洵河,高出洵河河床10~13米。遗址内出土的石质生产工具多达2000余件,种类有石斧、石铲、锄形器、凿、镞、盘状磨石、磨盘、磨棒、砧石、石球、柳叶形石刀等,采用的制法有打制、琢制、磨制及压剥。陶器大多为生活器皿,可复原的达800余件,种类有罐、钵、碗、杯、勺等,此外还有陶弹丸和陶网坠。丰富多彩的石制及陶制艺术品是上宅文化的一大特征,尤以憨态可掬的陶猪头、石羊头、陶羊头、小石猴、小石龟最引人瞩目[①]。上宅遗址还出土了一条残长80多米、宽9米的大灰沟,其内遍布陶器、石器、陶塑和石刻工艺品,且发现了陶窑,应是陶器和石器制作场。根据考古地层学与类型学的分析,上宅遗址可分为前后三大期,上限年代"若有树轮年代校止,有望达到距今8000年前后"[②],下限年代则在距今6300年左右,前后延续了一千六七百年。

经过正式发掘的上宅文化遗址还有北京平谷北埝头、河北三河孟各庄等。平谷北埝头遗址在不大的范围内密集排列着10座半地穴式房屋基址,且房屋的面积较大[③],反映了上宅文化人口的增加及定居村落的繁荣。

在东北地区,与上宅文化大体同时的,是兴隆洼文化和前期红山文化。单就兴隆洼文化而言,不难看出它比上宅文化的水平稍逊一筹,各方面都还有一定差距。这就是说,从"东胡林人"直至上宅文化,在长达三千多年的时间中,北京地区的文化始终处在比东北地区既时代领先也水平领先的地步。在没有过多社会因素干扰的史前时代,先进文化吸引、带动落后文化,是四海之内的普遍规律。因此可以说,正是由于受了北京地

[①] 北京市文物研究所上宅考古队:《北京平谷上宅新石器时代遗址发掘简报》,《文物》1989年第8期。

[②] 陈光:《北京市考古五十年》,载《新中国考古五十年》,文物出版社,1999年。

[③] 北京市文物研究所上宅考古队:《北京平谷北埝头新石器时代遗址调查与发掘》,《文物》1989年第8期。

区新石器文化的吸引，东北地区的史前文化才出现了重心不断南移的趋势。同时也可以说，正是在北京地区新石器文化的影响和带动下，东北地区的史前文化才迅速发展起来。

北京地区史前文化对东北地区的直接影响，甚至可以一直追溯到新石器时代的最初源头。第二章第二节曾述，在中国北方新石器早期文化中，有一处位于怀柔北部白河北岸的宝山寺乡转年遗址。该遗址的整体面貌与门头沟区东胡林遗址十分相似，存在一定的渊源关系。更重要的是，除了时代早晚有别外，转年遗址与东北地区最早跨入新石器时代的"小河西文化"也不乏联系。

纵观东胡林、转年、小河西三处遗址，在年代上以东胡林为早，大约距今12000~9000年，转年次之，大约距今9800~9200年，小河西最晚，大约距今8400年；在地理位置上，小河西文化地处整个东北地区的最南端，很接近北京平原，更接近怀柔转年遗址，而且恰好处在东胡林、转年遗址向东北方向的延长线上；再从文化面貌上看，这几大类型皆属素面陶体系，有着相同的文化基因。总之，这三大遗址在时间上是依次递嬗的，在空间上是逐次延展的，在文化上是一脉相承的，呈现出一个由西南向东北的文化传播链。从交通上说，由东胡林到怀柔转年，再由转年所在的潮白河谷北上，便可直接进入小河西文化所在的西拉木伦河流域，来往也十分方便。

在新石器时代早期，生产力水平还相当低下，人们终年劳作也只能勉强度日，没有过多的剩余产品。因此当时存在的一个普遍问题是，一方面新的定居生活大大刺激了人口的繁殖，另一方面刚刚萌芽的农耕经济尚无法集中供养过多的人口。而解决的办法只有一个，即当部落人口达到一定密度以至产生人口压力时，一部分人就要剥离出去，以此来缓解人口与资源的矛盾。东胡林——转年——小河西文化的传播链，就是在这种背景下出现的，它表明早在距今八九千年前，为了生存与发展的需要，远古人类

就从北京地区出发，穿越燕山来到了东北地区。

北京地区新石器文化影响东北的又一实例，见于上宅文化一期与兴隆洼文化的联系。上宅一期遗存是上宅文化早中晚三期中最原始的，其特征是夹砂厚胎陶多见，陶胎富含滑石粉末，器类以大口深腹筒形罐和钵为主，纹饰主要为压印弦纹、网格纹和麻点附加堆纹。根据考古类型学的分析，可知以上特征皆与兴隆洼文化不乏共同之处[1]，有的甚至如出一范，以至过去通常将上宅一期文化直接归在兴隆洼文化中。但正如学者所指出的："（上宅文化）抹刮条纹的大量存在，则表明该文化主体内容并非由兴隆洼文化发展而来。"[2] 即从总体上看，上宅一期文化仍不乏自身的个性，不能简单地归为兴隆洼文化。至于二者间的明显共性，则应是它们相互影响的结果。

那么，到底是兴隆洼文化影响了上宅一期文化，还是上宅一期文化影响了兴隆洼文化呢？以往的研究往往偏重于前者，而基本忽略了后者。其实不难判明的是，既然这两个文化的共性已经大到了一望可知的地步，那么就一定同时存在两个文化的相互影响。更何况东胡林——转年——小河西诸文化的逐次北进，已显示出北京地区新石器文化对东北地区的影响，这影响到上宅文化时期当然依旧存在。

京津唐地区的考古工作曾揭露出一个很耐人寻味的现象，即"在非兴隆洼文化分布重心的燕山一带京、津、唐地区，晚于兴隆洼文化第三期的另外一种文化遗存中，仍能见到个别属于兴隆洼文化延续的标志物"[3]。这就是说，当兴隆洼文化在东北地区全部退出历史舞台后，它的某些因素仍在京津唐地区流行，并没有因东北地区兴隆洼文化的终止而终止。对此虽然能作出各种不同的解释，但不能忽略的一种可能是，或许这些因素原本

---

[1] 北京市文物研究所编：《北京考古四十年》，北京燕山出版社，1990年，第27页。

[2] 白寿彝总主编、苏秉琦主编：《中国通史·第二卷》，上海人民出版社，1994年，第364页。

[3] 白寿彝总主编、苏秉琦主编：《中国通史·第二卷》，上海人民出版社，1994年，第350页。

就是京津唐地区固有的文化成分，是由这里传入兴隆洼文化的，因此在兴隆洼文化退出燕北地区后，仍在燕南一带流行。

以上说的是上宅文化一期，至于上宅文化二三期，常见压印"之"字纹和刮抹条纹，典型器为深腹筒形罐、圈足钵以及"红顶碗"等，而这同样见于红山文化前期。关于红山文化的来源，学术界一直存在不同的说法，或认为它属于中原仰韶文化系统，是仰韶文化的地方变体；或认为它是继承河北磁山文化而来；或认为它是细石器文化和仰韶文化共同孕育的新文化；或认为它是本地土生土长的文化[1]。而通过对考古学文化谱系的精准分析，可知红山文化的基本元素多由兴隆洼文化传承而来，同时也汲取了其他一些文化因素[2]，因此在上述各说中，以后一种说法最为接近事实。既然上宅文化二三期与红山文化前期都是在本地文化的基础上发展起来的，那么它们的共同点也只能是相互影响的结果。

需要说明的是，在红山文化阶段，燕北地区的气候较现在温暖，更适合农作物的生长。然而不利的是，那里终归丘陵连绵、山岗起伏、干旱少雨，缺乏灌溉河流，而且森林密布。所以，红山文化前期原始农业的肇兴，一方面固然是该地自然发展的结果，但另一方面也一定受到了相邻地区先进农业文化的影响。这种影响无疑来自身旁的上宅文化，而且影响的途径也有两个：一个是上宅文化先进技术与文化的北向传播，这是间接的；一个是北京地区农业人口向东北方向的迁徙，这是直接的。在相互比邻的两大区域间，这两种交流形式都是不能排除的。而大约正是出于这两种交流途径，东北地区的经济文化才出现了显著的发展，并实现了重心的不断南移。

北京地区文化之所以对东北地区产生了如此影响，除了北京自身的因

---

[1] 中国社会科学院考古研究所编：《新中国的考古发现和研究》，文物出版社，1984年，第175页。
[2] 杨虎：《关于红山文化的几个问题》，刊《庆祝苏秉琦考古五十五年论文集》，文物出版社，1989年。

素外，还有一个不可忽略的外部条件。那就是在北京的身后，有着广袤而雄浑的中原文化，而北京地区就是联结中原与东北两大文化的枢纽。

考古资料证实，和东北地区一样，中原黄河流域新石器文化的兴起也比北京为晚，甚至晚了不下一千年。截至目前，中原一带最早的新石器文化发现于河南舞阳贾湖，肇始于距今 9000～8600 年前[1]。此外年代较早的有：黄河中游河北武安磁山遗址，距今约 8000 年；黄河中游河南新郑裴李岗遗址，距今约 8000 年；黄河中游陕西西乡李家村遗址，距今约 7900～6950 年；黄河上游甘肃秦安大地湾一期文化遗址，距今约 7800～7300 年；黄河下游山东滕县北辛遗址，距今约 7000 多年[2]。以上文化不仅皆晚于万年前的"东胡林人"文化，而且差距相当明显。但在这之后，仰韶文化在中原大地上迅速崛起，很快席卷了神州各地，成了泱泱中华的第一大文化。

仰韶文化最早发现于河南渑池县仰韶村，故此名之。它是在中原老官台、磁山、裴李岗等文化的基础上发展起来的，以渭水、汾水、洛河等黄河支流流域为中心，范围所及北至长城沿线，南抵江汉平原，东达河南东部，西临青海高原，覆盖的省份有陕西、河南、山西、甘肃、河北、内蒙古、湖北、青海、宁夏等。自 1921 年发现以来，至今全国有统计的仰韶文化遗址已多达六千余处，年代集中在距今 7000～5000 年间，典型遗址有西安半坡、临潼姜寨、宝鸡北首岭、三门峡庙底沟、安阳后岗、郑州大何村等[3]。

综合各地的有关发现，可知仰韶文化的总体特征是：农业生产水平有了很大提高，农作物以粟和黍为主；生产工具多见磨制石器，常见的有刀、斧、锛、凿、箭头等；饲养业取得了显著发展，猪和狗是主要的家畜

---

[1] 张居中编著：《舞阳贾湖》，科学出版社，1999 年。
[2] 白寿彝总主编、苏秉琦主编：《中国通史·第二卷》第二章，上海人民出版社，1994 年。
[3] 石兴邦：《仰韶文化》，《中国大百科全书·考古卷》，中国大百科全书出版社，1986 年，第 595 页。

种类，牛、羊、鸡等也已驯化成功；除了农业和饲养业外，渔猎、采集仍是不可缺少的辅助经济，此外还出现了原始纺织和编织等手工业；村落遗址大多分布在靠近河边的台地上，面积一般较大，堆积往往较厚，反映了定居生活的稳定；其最具代表性的器类是双耳尖底瓶，通体造型舒展流畅，线条简捷匀称，极富艺术美感。而最突出的是，仰韶文化的彩陶十分发达，早期以单彩为主，后期出现了双彩，图案更加绚丽。

总之，大量考古资料揭示，"仰韶文化以其分布之广泛，延续之久长，内涵之丰富，影响之深远，而成为中国诸新石器文化中的一支主干，它展现了中国母系氏族制繁荣至衰落时期的社会结构和文化成就"[1]。可以说，在距今7000年后的相当长时期内，仰韶文化在中原独领风骚，成了中国新石器文化的核心。

仰韶文化的繁荣，固然和它善于继承此前中原各文化的营养成分有关，但也和它善于汲取周围各不同文化的先进因素有关。同时，作为中国第一大文化，它又以强大的渗透力辐射四方，把雄浑博大的中原文化输往神州各地。正是由于外向辐射和内向聚敛的双重作用，在仰韶时期形成了一波接一波前所未有的文化碰撞，极大推动了中华文化的一体化进程。而仰韶文化与红山文化的接触与碰撞，就是这场文化大潮中的一个主题。

仰韶文化的时代恰与红山文化大致相当，属于同时期分布在南北两地的两大文化。对于它们之间的关系，苏秉琦先生审之甚详，他说：

> 在距今五六千年前，源于关中盆地的仰韶文化的一个支系，……与源于辽西走廊遍及燕山以北西辽河和大凌河流域的红山文化的一个支系，……一南一北各自向外延伸到更广、更远的扩散面，它们终于在河北省的西北部相遇。[2]

---

[1] 石兴邦：《仰韶文化》，《中国大百科全书·考古卷》，中国大百科全书出版社，1986年，第595页。
[2] 苏秉琦：《中国文明起源新探》，三联书店（北京），1999年，第122～124页。

他还特别指出：

  在蔚县三关遗址不仅发现末期小口尖底瓶与尖腹底罂共存，还发现有仰韶文化庙底沟类型玫瑰花图案彩陶与红山文化龙鳞纹彩陶共存，说明张家口地区是中原与北方古文化接触的"三岔口"，又是北方与中原文化交流的双向通道。[①]

以上论述不仅揭示了仰韶文化与红山文化的接触和碰撞，而且根据确切的考古资料，把两大文化的交汇、碰撞地点锁定在了毗邻北京的河北张家口地区。

其实，不仅张家口地区如此，北京地区亦如此。一个突出实例是，上宅文化二期遗存以压印"之"字纹和抹压条纹为显著特征，而这不仅在仰韶文化源头的中原磁山文化中有明显反映，在东北红山文化中也不乏表现[②]。东北红山文化、北京上宅文化、中原磁山文化的分布地域广及河南、河北、北京、内蒙古、辽宁五大省市，上下纵横三千里。它们之间的共同因素无论是由位在中心的上宅文化向南北两大方向辐射造成的，还是由位处中原的磁山文化不断向北传播带来的，都是一种极大范围的交流，而且这中间必然以北京为纽带。下至上宅文化三期，北京密云燕乐寨等遗址又出现了豫北冀南后岗一期文化的强烈影响[③]，并从这里把后岗一期的影响北上传播到了红山文化。单就一种口沿下部烧制成一道桔红色宽带的"红顶碗"或"红顶钵"而言，就同时见于后岗一期文化、上宅文化和红山文化，这也体现了北京地区新石器文化的南北纽带作用。

总之，北京地区是中原文化和红山文化的交汇融合之地，是博大厚重的中原文化输往东北地区的文化通衢。当然，正如前面已经强调过的那

[①] 苏秉琦：《中国文明起源新探》，三联书店（北京），1999年，第47页。
[②] 北京市文物研究所编：《北京考古四十年》，第27页。
[③] 张忠培等：《后岗一期文化研究》，《考古学报》1992年第3期。

样，这种作用一定是相互的，不仅有中原文化、上宅文化对红山文化的影响，也势必有红山文化对上宅文化、中原文化的影响。但总体上看，北京文化的影响以及通过北京地区传播的中原文化影响，应当是东北地区史前文化成长过程中最不可忽略的外部因素。

综上所述，燕山南北的文化早在史前时期就是血脉相通的，甚至从一开始就源出于"东胡林"文化。此后，燕山南北的部族更加密不可分，始终处在相互促进的交融互动中。同时，北京还是贯通南北文化的大动脉，至少不迟于新石器时代中期，它就把西辽河流域的文化和中原黄河流域的文化紧紧联在了一起。

综观整个新石器文化的发展过程，北京、中原、东北这三大板块的地位不是一成不变的，而始终处在交替上升的状态，并由此造成了中国新石器文化的三大浪潮。当新石器早期之时，北京及周边地区的文化一枝独秀，掀起了新时代的第一波浪潮。第二波浪潮出现在中原地区，代表性的文化即仰韶文化。当仰韶文化如日中天之时，黄河上游有马家浜文化，黄河下游有后岗一期文化和大汶口中晚期文化，长江中游有大溪——屈家岭文化，长江下游有崧泽文化和良渚文化，华南珠江流域有石峡文化，各地的文化也都在蓬勃发展中。但在所有这些文化中，唯有仰韶文化上下纵横数千里，前后绵延二千年，分布地域之广、延续时间之长、文化内涵之丰都独占鳌头。但出人意料的是，到了第三阶段，塞北的红山文化异军突起，在很多方面都反超仰韶文化，由此掀起了新石器文化的第三波浪潮。

第一波浪潮的中心在北京，时间从距今万年前的"东胡林人"一直到镇江营一期文化，前后绵延了将近两千年。此后出现了一个各主流文化并驾齐驱的阶段，主要表现为北京的上宅文化与中原磁山、裴李岗文化的同步发展。相比之下，当时东北地区的兴隆洼文化刚刚在小河西文化的基础上形成，各方面都还比较薄弱。此后，从距今七千年起，中原仰韶文化一路领先，也在长达两千余年的历史中缔造出盖世无双的第一大史前文化。

红山文化的后来居上，严格说来不是从红山文化后期开始的，而是从后期偏晚开始的，肇始于大型祭祀遗址"庙、坛、冢"的出现，大致在距今5500年到5000年间。

以上先是北京地区，后是中原地区，再后是东北地区的风水轮流转，揭示了华夏文明起源的另一个特点——多重心的特点。相对中华文明起源的"多中心论"，"多重心论"的观点似乎更难为人们所接受。因为"多重心"强调的是一个阶段只有一个或少数几个重心，同时又强调不同阶段各有不同的重心，这样一来，中原地区势必在某些阶段不是重心。而"多中心论"则不然，它至少可以将中原和其他地区同时并列为中心，依然不违背"中原中心论"的立场。可是，人类的全部历史进程告诉我们，"各领风骚数百年"的风水轮流转，才是历史的辩证法，即便在史前时期也是如此。中华史前文化这三大波浪潮的存在，不仅生动诠释了历史的辩证法，而且有力抨击了中原文化的单一中心论和单向传播论，揭示早在悠远的史前时代，中华文化的发展就表现出了如下特征：

一、在整个中华大地上，文化与文明是在南北不同土壤上共同孕育的，表现出了多元发展态势，由此给中华文明的生成和发育提供了宏大的舞台。

二、各个文化的能量积聚，以及不同文化的相互碰撞，势必会导致不平衡的产生，导致不同文化重心的形成。而文明重心的此起彼伏、此消彼长，揭示中国远古文化不是在中原一地单线条生长起来的，而是各地文化相互作用的共同结果。

三、中国的西部是海拔4000米以上的世界屋脊，中部是海拔1000～2000米的内蒙古高原、黄土高原和云贵高原，东部是海拔千米以下的丘陵地带和海拔200米以下的平原，整个地势西高东低。在这三大地理板块中，最适合农耕经济和人类居住繁衍的，无疑是海拔千米以下的东部地区。而从温度和湿度条件来说，东部濒临大海，属海洋性气候，也远比西部高寒地区温暖湿润。于是十分自然地，史前文化的三大重心就分布在地理条件最优越的东部地带上，并由此链接出一条由东北平原到华北平原的东方生命带。

四、东北平原是中国第一大平原，华北平原是中国第二大平原，在它们链接成的东方生命带上，史前各大文化的发展轨迹相同、演进模式相同、总体目标相同，由此汇聚成一股强大的合力而非相互抵消的分力，从而共同孕育了中华文明。

五、类型学的分析表明，在这个生命带上，各大史前文化都带有自身的个性，但又不乏彼此间的联系。突出表现是，任何一个文化在成长过程中都汲取了其他文化的先进成分，又反过来辐射四方，形成了"你中有我，我中有你"的态势。

六、北京地理形势的最大特点，就在于它位处东方生命带的中心，扼守着燕山关隘，是锁钥东北平原和华北平原的门户。燕山山脉自军都山逶迤东来，绵延数百里后直抵东海，其山势高千仞，陡绝不可攀。然而，只要位于燕山脚下的北京敞开大门，便可直穿燕山，贯通南北，实现中国第一、二大平原的联手。北京地区在历史上的独特地位和作用，就是由这种特殊的地理格局所决定的。

在此前的中华文明研究中，一向把观察的重点放在了东西向的黄河中下游横轴线上，反倒因此忽略了中国东部这个南北向的纵轴线。现在通过上述分析，可知从史前时代起，这个优越的东部地带就形成了物竞天择的环境，培育出了不同的文化重心。而正是这些重心的相互激荡与碰撞，缔造了辉耀千古的中华文明。

三 黄帝集团的南下及黄帝时代

耐人寻味的是，当红山文化在距今5000年前趋于极盛，当后来居上的它不仅领先于北京地区文化，而且领先于中原诸文化，却在东北大地上突然销声匿迹，瞬间不知所踪。考古工作者在总结红山文化之后的东北地区考古发现时说："东北地区迄今发现确属此时的考古学文化只有分布在辽东半岛的小珠山上层文化一种。"①这就是说，当红山文化结束后，东北大地只剩下了一些偏在一隅的小文化，而它们无论如何也不能代表红山文化的后续发展。

在红山文化诸类型中，时代最晚的是小河沿文化，发现于敖汉旗小河沿乡②。有人认为此文化晚于红山文化，称其为"后红山文化"③，也有人认为它仍属红山文化，是红山文化中最晚的类型④。根据碳14年代测定，小河沿文化的年代在公元前3640~前2667年间⑤，确与年代在公元前3600~前3000年的红山文化晚期相当而略晚，故此上面两说中当以后者为是。至于小河沿文化的性状，则如学者所言，遗存明显比红山文化稀少⑥，亦与红山文化的繁盛不相匹配。这就是说，在前述小珠山上层文化之外，即便再加上小河沿文化，也不足以体现红山文化的进一步发展。

基于上述事实，学者不无理由地强调：

> 需要指出的是，在东北其他地区尚缺乏确属晚于红山文化后

---

① 白寿彝总主编、苏秉琦主编：《中国通史·第二卷》，上海人民出版社，1994年，第421页。
② 辽宁省博物馆：《辽宁敖汉旗小河沿三种原始文化的发现》，《文物》1977年第2期。
③ 辽宁省文物考古研究所、赤峰市博物馆：《大南沟——后红山文化墓地发掘报告》，科学出版社，1998年。
④ 索秀芬、李少兵：《小河沿文化年代和源流》，《边疆考古研究》第7辑，科学出版社2008年。
⑤ 同上注。
⑥ 郭大顺：《大南沟的一种后红山文化类型》，《考古学文化论集》二，文物出版社，1989年。

段的原始时期遗存的发现，这主要是有待工作的问题。不过，东北地区西南部在红山文化显示出文明的起源之后，确实存在一个较大的"空白"阶段。当然，在这阶段内该地区决非无人活动，但不拘怎样，红山文化后段一经结束，昔日繁荣、动荡的社会局面骤然消失，则是可以确认的。[①]

上述现象确实十分蹊跷，恐怕不能简单地由考古工作的缺失也就是"有待工作的问题"来解释。而根据历史的常识，除了天灾人祸等"非可抗力"造成的毁灭性灾难外，文化与族群突然消失的一种最大可能，就是他们出现了整体性的转移。而证之以种种发现，既然目前尚无任何迹象表明公元前三千纪的燕山以北发生了毁灭性天灾，如日中天的红山集团也不至于为周边哪个不知名的小部族所灭绝，那么唯一可能的解释是，红山集团在东北大地的突然消失，就是由他们的群体性转移造成的。至于转移的原因，则很可能是他们的进一步成长在当地受到了限制，故而要寻找更加适合他们发展的空间。甚至可以推测，他们迁徙的路线也和后世东北地区的不少民族一样，是由关外迁到了关内，进入了更加适宜大部族生存发展的平原地区。

而从老哈河上游及大凌河中上游出发，向温暖繁盛的平原地区挺进，北京是必经之地。

前面第二章在论证远古时期北京地区的三大创世纪发展时，曾经谈到在公元前三千纪初叶，也就是刚好在红山文化结束之时，黄帝集团从北京西北的涿鹿及延庆一带崛起，接连奏响了战炎帝、诛蚩尤、盟诸侯、建都邑等华彩乐章，还创建了一整套以王权、军队、官吏、刑罚为标志的国家机器，开启了煌煌五千年的中华文明史。那么，这个在涿鹿及北京西北一带突然出现的黄帝集团，会不会和骤然消失的红山文化集团有关呢？

[①] 白寿彝总主编、苏秉琦主编：《中国通史·第二卷》，上海人民出版社，1994年，第424页。

对黄帝集团的前后居地，历来的文献记载往往一言蔽之以"无常处"。

《吕氏春秋·季春纪·圜道》云："黄帝曰：帝无常处也，有处者乃无处也。"

《史记·五帝本纪》云：黄帝"迁徙往来无常处。"

《晋书·载记第三十》云："昔轩辕氏亦迁居无常二十余年。"

《辽史·兵卫志上》云："轩辕氏合符东海，邑于涿鹿之阿，迁徙往来无常处。"

以上记述都强调了中华始祖黄帝的居无常处。细审这个"无常处"，一则是说黄帝集团喜好迁徙，"迁居无常二十余年"；二则说明了黄帝集团并非涿鹿的原住民，应当有另外的来源；三则涿鹿之前的黄帝地望已无从查考，故而一言蔽之以"无常处"。但在探明了红山文化的性状后，我们似有足够的理由推测，公元前三千年前后在涿鹿及北京西北一带如狂飙般崛起的黄帝集团，正是由位在燕山以北的红山文化集团迁徙来的。综合历史学、考古学、古文字学、民族学、地理学、民俗学等各方面的资料，此说的依据是：

依据之一，黄帝族与炎帝族在今北京西北一带展开的"阪泉之战"，史称是黄帝族的"南伐"，即黄帝集团原居于阪泉以北。

1972年在山东临沂银雀山出土了两座西汉前期的墓葬，发现了先秦时期的竹简本《孙子兵法》。这是确凿无疑的上古史料，其中载有《黄帝伐赤帝》一文，上书：

孙子曰：黄帝南伐赤帝，至于□□，战于反山之原。[1]

此文所言的赤帝即炎帝，"反山之原"即阪泉，而"黄帝南伐赤帝"一语则说明，黄、炎大战前的黄帝族原居于阪泉以北。古阪泉在今北京延

---

[1] 银雀山汉墓竹简整理小组编：《孙子兵法》，文物出版社，1976年。

庆区，说已详第二章第三节。而由北京延庆向北寻之，在距今五千年前，唯一的强势集团必非红山文化集团莫属。见于《史记·五帝本纪》对先秦典籍的整理，黄帝的第一项重大史迹就是"以与炎帝战于阪泉之野"，可见黄帝与炎帝的阪泉之战，正是原居塞外的黄帝集团的出山之役。

依据之二，上节已论，东北地区史前文化的重心不断南移，到红山文化晚期已南移到今内蒙古东南端，直逼燕山北麓。照这个趋势发展下去，红山集团的翻越燕山进入燕南不仅是势所必然的，而且是无可避免的。

依据之三，按照文明演进的递嬗关系，红山文化集团的性状恰与黄帝集团上下链接。

前文已述，在红山文化后期，以老哈河上游及大凌河中上游为中心的红山集团已大步迈向国家文明的门槛。不难设想，当他们一旦脱离狭促崎岖的山林地带，进入更为广阔的活动舞台后，积蓄的能量就一定会在刹那间迸发出来，迅速点燃绚丽的文明之光。而恰恰在与之毗邻的河北涿鹿一带，在时代紧承其后的公元前三千纪初叶，黄帝集团一举开创了文明大业，二者在发展关系上恰好薪火相传。

依据之四，东北地区有不少黄帝族的后裔，表明那里确实和黄帝集团有着与生俱来的天然联系。

《山海经·大荒西经》云："有北狄之国，黄帝之孙曰始均，始均生北狄。"

《路史》卷十四载：黄帝次妃嫫母"生苍林……苍林姬姓，生始均，是居北狄"。

以上所谓"北狄"，是古人对北方各部族的统称，《礼记·王制》"北方曰狄"之语可证。上两文说北狄之国出自黄帝之孙始均，就是对东北地区有黄帝后人的明文载述。

荤粥是有史可稽的北方游牧族的始祖，文献每每将鬼方、猃狁、匈

奴等游牧族归结为他的后人①。而《史记集解》引乐产《括地谱》云："夏桀无道，汤放之鸣条，三年而死，其子獯粥妻桀之众妾，避居北野，随畜移徙。"依此言，可知荤粥（獯粥）乃夏朝末代君主夏桀之子，在夏朝灭亡后挟其父之众妾"避居北野"，过起了"随畜移徙"的日子。作为夏的后裔，荤粥当然也是黄帝的苗裔，因为于史可征，"（夏）禹者，黄帝之玄孙"②。

又《山海经·大荒北经》云："有人名曰犬戎。黄帝生苗龙，苗龙生融吾，融吾生弄明，弄明生白犬，白犬有牝牡，是为犬戎。"犬戎是中国北方最古老的畜牧族之一，又称猃狁。史载"西夷犬戎攻幽王，幽王举烽火征兵，兵莫至，遂杀幽王骊山下"③，诛杀周幽王并迫使周王室东迁的就是这个犬戎。而据《山海经》之文，可知犬戎也是黄帝之子苗龙的后裔。

东胡是春秋战国和秦汉时期的北方强族，世居西辽河一带，史载他们也是黄帝的子孙。《晋书·慕容庞载记》云："慕容庞……昌黎棘城鲜卑人也。其先有熊氏之苗裔，世居北夷，邑于紫蒙之野，号曰东胡。"有熊氏即黄帝，上文明言东胡是黄帝的苗裔。又《十六国春秋·前燕录》云："昔高辛氏游于海滨，留少子厌越以君北夷，邑于紫蒙之野，世居辽左，号曰东胡。"这里说东胡是高辛氏少子之后，而高辛氏帝喾乃"黄帝之曾孙也"④，这也说明了东胡是黄帝的后裔。

按照某些文献的载述，匈奴也是黄帝的苗裔。《史记·匈奴列传》云："匈奴，其先祖夏后氏之苗裔也，曰淳维。"又《史记集解》引乐产《括地谱》云："（夏桀）子獯粥妻桀之众妾，避居北野，随畜移徙，中国谓之匈奴。"以上两说，或以夏禹的后裔淳维为匈奴之祖，或以夏桀之子荤粥为匈奴之祖，总之皆以匈奴为夏朝君主的子孙。郭沫若亦主此说，他认为夏

---

① 《史记·五帝本纪》索隐。
② 《史记·夏本纪》。
③ 《史记·周本纪》。
④ 《史记·五帝本纪》。

人原为河套一带的戎族，后来有一支向北迁徙，逐渐流变为匈奴①。而如前所述，夏禹是黄帝的玄孙，于是匈奴亦为黄帝的后裔。

史载鲜卑族同样是黄帝的苗裔。鲜卑是东胡的余脉，既然东胡是黄帝的苗裔，鲜卑族当然也就是黄帝的族裔。于是《晋书·慕容廆载记》在载述十六国的慕容廆时，便明言他是"有熊氏之苗裔"。慕容廆是十六国时期前燕国的开创者，此阶段鲜卑人创建的小朝廷还有代、后燕、西燕、西秦、南凉、南燕等，足见黄帝余绪在北国分布之广。

继十六国而起的北魏拓跋氏也属鲜卑族，同样尊黄帝为始祖。《魏书·序记》云："黄帝以土德王，北俗谓土为托，谓后为跋，故以为氏。（黄帝）其裔始均，……积六十七世至成皇帝讳毛立。"据此文，北魏皇族不仅说自己是黄帝的后人，还说其"拓跋"姓氏便来自"以土德王"的黄帝。尤其妙不可言的是，北魏拓跋氏说从黄帝之孙始均起，发展到拓跋氏之祖止，居然有"六十七世"的谱牒可循。此言的确凿与否现已无从稽考，但由此足以说明鲜卑人确实深信自己是黄帝的后裔，并且证明自始均以降一直有黄帝后裔世居于东北地区。

创建了辽朝的契丹人也是鲜卑族的一支，他们依然坚称自己是黄帝的后裔。最明显的例证是，辽宁阜新平安地乡出土了一座辽墓，墓中随葬了一方《永清公主墓志》，志文在记述辽永清公主的身世时便直言不讳地说："原其姓耶律氏，景宗孝章皇帝之嗣女也……盖国家系轩辕黄帝之后。"②无独有偶，在辽上京遗址以北约50公里处出土的一座辽墓中，随葬有一方《大契丹国萧氏夫人墓志》，志文在谈到萧氏之夫耶律污斡里时也说："公讳污斡里，其先出自虞舜。"③虞舜是黄帝的第八世孙，可见契丹皇室的墓

---

① 郭沫若主编：《中国史稿》第一册，人民出版社，1976年，第120页。
② 袁海波、李宇峰：《辽代汉文〈永清公主墓志〉考释》，《中国历史文物》2004年第5期。
③ 金永田：《大契丹国夫人萧氏墓志及画像石初探》，刊《中国北方古代文化国际学术研讨会论文集》，中国文史出版社，1995年。

志皆不讳言自己是黄帝的苗裔。以上是考古学的证据,至于文献方面的证据,则见于辽大臣耶律俨编撰的《皇朝实录》,其中自称"辽为轩辕后"[①],亦与墓志的记载相符。

关于东北地区形形色色黄帝后裔的由来,《魏书·序记》给出的解释是:

> 昔黄帝有子二十五人,或内列诸华,或外分荒服。昌意少子,受封北土,国有大鲜卑山,因以为号。其后世为君长,统幽都之北,广漠之野。

此文以这些黄帝后裔皆因黄帝子孙"受封北土"而来,同样的解释还见于《辽史·世表一》,其云:

> 庖牺氏降,炎帝氏、黄帝氏子孙儌多,王畿之封建有限,王政之布濩无穷,故君四方者,多二帝子孙。

这里也说炎黄子孙是因"君四方"而来到北土的。然而殊不知,在文明初兴的黄帝时代,这种殖民式的异地分封既与当时的国情不符,也与黄帝族的实力不合,是根本行不通的。纵观整个中华文明史,由五帝时代围绕一个中心古国的"万邦林立",到商周时期的诸侯分封,再到秦汉以后郡县制的推行,是国家政体不断演进的三大阶段。而黄帝所处属第一阶段,并且处在第一阶段的起点,根本不可能在方外之地随意裂土分封。事如著名古文字学家胡厚宣所言:"封建制度起源于何时,以真实文献之不足,难得而征之。然由卜辞观之,至少在殷高宗武丁之世。"[②] 即胡氏认为,分封制最早只能溯源到商高宗武丁之时。于是,黄帝后裔在东北地区的绵延不绝,只能说是因为那里是黄帝祖地之故。

---

① 《辽史·世表一》。
② 胡厚宣:《殷代封建制度考》,《甲骨学商史论丛》初集第 1 册,成都齐鲁大学国学研究所专刊之一,1944 年。

第五章 多元性——燕山南北的多元民族及文化

依据之五，史称黄帝南征的主力部队是由"熊、罴、貔、豹、虎"组成的，而这恰是北方部族的标记。

《大戴礼记·五帝德》引孔子曰："黄帝……教熊、罴、貔、豹、虎，以与赤帝战于阪泉之野。"

《史记·五帝本纪》云："轩辕乃修德振兵，……教熊、罴、貔、貅、䝙、虎，以与炎帝战于阪泉之野。"

由上可知，阪泉大战中黄帝一方的主力部队即"熊、罴、貔、貅、䝙、虎"。单从字面上看，这都是北方山林常见的猛兽，而且是一个比一个凶猛的野兽。唐柳宗元《柳先生集》十六就很明确地说："鹿畏䝙，䝙畏虎，虎畏罴。"今案：在黄帝时代和五帝时代，燕山以北远比眼下温暖湿润，山林间草木繁盛，郁郁葱葱，是百兽的乐园。《汉书·匈奴传下》载："北边塞至辽东，……草木茂盛，多禽兽。"以上便是对古代辽东一带草木茂盛和"多禽兽"的描述。《诗经·大雅·韩奕》郑玄注云："貔，似虎或曰似熊，辽东人谓之白罴。"[1] 这里也说貔、罴经常出没在辽东一带。

至于黄帝的"教熊、罴、貔、貅、䝙、虎"，可能的解释有三：一是指"此六者猛兽，可以教战"[2]，即黄帝训练这六种猛兽以供驱使；第二是说"教士卒习战，以猛兽之名名之，用威敌"[3]，即用猛兽的称谓为猛士冠名，用以壮声威。用今天的话说，就是以"熊、罴、貔、貅、䝙、虎"为部队的番号；第三则是按照当时的习俗，"熊、罴、貔、貅、䝙、虎"是黄帝麾下各部族的图腾徽号。揆诸史实，这三种可能中显然以后两种的可能性为大，尤以第三种可能最接近事实。但无论属于哪种可能，这都反映了黄帝集团与猛兽群居的北方山林的天然联系。

---

[1]《诗经·大雅·韩奕》郑玄注。

[2]《史记·五帝本纪》索隐。

[3]《史记·五帝本纪》正义。

依据之六，史称黄帝"号有熊"，这也透露出黄帝集团与北方山林的联系，甚至透露出黄帝集团与红山文化的联系。

《世本·帝系》宋衷注云：黄帝"号有熊者，以其本是有熊国君之子故也"。

《史记集解》引徐广曰："黄帝号有熊。"

《史记集解》又引谯周曰："黄帝，有熊国君。"

《帝王世纪》云：黄帝"受国于有熊"。

综合此类记载可知，黄帝之国称有熊，黄帝亦号"有熊"。对于这一国号的由来，历来的解释莫衷一是，最权威的解释来自《续汉书·郡国志》，其云："河南尹新郑县，古有熊国，黄帝之所都。"按照这个解释，学者多认为黄帝号有熊是因新郑而起的，即因为新郑古称有熊，而黄帝居新郑，因此黄帝号有熊。然而早在这种说法见载于晋司马彪撰著《续汉书》之前，汉人宋衷注《世本》时就特别强调，黄帝号有熊是因为"其本是有熊国君之子故也"，即明言有熊国早在黄帝之前便已存在，这又该作何解释呢？事实上，如果抛开各种主观臆测，"黄帝号有熊"的谜底已经蕴含在黄、炎大战的史实中。

在叙述黄帝集团大战炎帝的六个部族时，《大戴礼记·五帝德》及《史记·五帝本纪》皆以"熊"为首，可见"熊"是黄帝战阵的首要部分。这为首的部分势必是黄帝自己的部族，由此说明熊是黄帝族的图腾，而这应该就是"黄帝号有熊"的由来。既然以熊为图腾和国号，当然也就透漏出了黄帝族和燕山以北山地的联系，因为那里是群熊出没的地方。

将黄帝"号有熊"的有关因素串联起来，其中的逻辑关系是：

1.应该是先有一个位在北部山林的方国，因为那里群熊出没，特以"熊"为图腾，故称"有熊"；

2. 黄帝"本是有熊国君之子",即黄帝降生于有熊国并承嗣了君位,故号"有熊";

3. 黄帝率部南下涿鹿,再南下新郑,并以新郑为都;

4. 按照中国古代的习俗,地名往往随人一同搬迁,因此迁到河南新郑之后的黄帝都邑亦称"有熊"。

总之,综合事情的逻辑过程,应该是先有黄帝的有熊国,后有新郑的号有熊,过去恰恰把这个因果关系搞颠倒了。

特别值得注意的是,在红山文化中还发现了一个很奇特的现象,即在朝阳牛河梁等中心遗址,出土了不少人工制作的"熊"形残片,其中既有泥塑的熊下颚,也有泥塑的熊掌残体,还有双熊头的三孔玉器等[1]。这些人工制品显然与纯粹的动物骸骨不同,它们的一再出现必非偶然,当能说明红山文化就是以熊为图腾的。这与黄帝族的熊图腾崇拜桴鼓相应,昭示塞北的红山文化集团很可能就是古之"有熊国",而黄帝就是出生在这里的"有熊国君之子"。此外前面曾谈到红山文化的"玉猪龙",其实这个"玉猪龙"也颇似"玉熊龙",即其现实生活中的原型与其说是猪,似乎也像熊。倘如此,则更证明了熊就是红山文化部族的图腾。

依据之七,有种种迹象表明,红山文化不但有熊图腾,而且盛行龙崇拜,这也和黄帝有着某种必然的联系。

在红山文化各遗存中,另一个令人瞩目的发现是,这里不仅出土了造型独特的"玉猪龙""玉熊龙",还出土了最早的玉雕龙,而且数量之多、造型之丰皆居全国同类遗存之冠[2]。除了玉质的龙图形,红山文化还出土了彩陶龙纹和泥塑龙,由此组成了一个五彩斑斓的龙文化体系[3]。凡此现象无

---

[1] 雷广臻:《牛河梁红山文化遗址巨型礼仪建筑群综合研究》,科学出版社,2015年。
[2] 长江下游良渚文化等诸多遗址也有玉龙的发现。
[3] 李书敏:《红山文化与龙》,《辽宁行政学院学报》2008年第6期。

不表明，红山文化部族很早就形成了独特的"龙崇拜"，并且已经发展到了相当兴盛的地步。

众所周知，中华民族是龙的传人，同时也是黄帝的传人。那么，在黄帝与龙之间，是否会有一些必然的联系呢？果不其然，《史记·天官书》云："轩辕，黄龙体。"《史记集解》引孟康曰："（轩辕）形如腾龙。"《史记正义》曰：轩辕"黄龙之体，主雷雨之神，后宫之象也。阴阳交感，激为雷电，和为雨，怒为风，乱为雾，凝为霜，散为露，聚为云气……二十四变，皆轩辕主之"。由上可知，在古人看来，轩辕黄帝不仅形似神龙，而且像龙一样主宰着天象二十四变。此外，典籍中还有不少地方谈到了黄帝和祥云的关系，这也十分形象地表明，古人认为黄帝是腾云驾雾的天龙。

《史记·五帝本纪》云：黄帝"官名皆以云命，为云师"。《史记集解》引应劭曰："黄帝受命，有云瑞，故以云纪事也。"又引张晏曰："黄帝有景云之应，因以名师与官。"以上都说黄帝受命时有云瑞，故而举凡黄帝记事、命官、名师等，无不突出一个"云"字。事既如此，黄帝不就是腾云驾雾的神龙吗？另外见诸史乘，黄帝仙逝时也是由天龙下凡接回天庭的，事见《史记·封禅书》：

> 黄帝采首山铜，铸鼎于荆山下。鼎既成，有龙垂胡髯，下迎黄帝，黄帝上骑，群臣后宫从上者七十余人。

以上说的就是天龙下凡接黄帝宾天的故事，甚至有七十余人藉此而"鸡犬升天"。

由形象上的"黄龙体"，到主宰天象二十四变，再到行事皆以"云"命，最后到仙逝时由腾龙恭迎上天，这都揭示了一个事实——黄帝就是古人心目中的神龙。于是，由着龙的关联，由着红山文化对龙的崇拜，又多了一个黄帝源出于红山文化的旁证。

依据之八，细审黄帝称谓的由来及某些黄帝故事，无不和红山文化有

第五章　多元性——燕山南北的多元民族及文化

着若明若暗的联系。

关于"黄帝"称谓，自司马迁以来多解释为"有土德之瑞，故号黄帝"①。即以"黄"寓意土色，而轩辕有土德之瑞，故此名之。东汉许慎《说文·黄部》云："黄，地之色也，从田。"这里亦以"黄"的语义为土色。但查甲骨文原形，黄"像人佩有玉璜之形"②，台湾学人李孝定综合甲文各家的解释后也肯定地说："黄实古玉佩之象也"③。由此可见，"黄"的初义是佩玉，"地之色"反是后起义。《诗经·齐风》云："充耳以黄乎而，尚之以琼英乎耳。"毛传："黄，黄玉。"此处的"黄"即指玉。黄帝的年代早于殷商甲文，故此"黄帝"之黄理应训之为"玉"，而非后起的"土色"。无独有偶，红山文化的玉文化非常繁荣，佩玉之风极其盛行，而这刚好和标榜崇玉、佩玉的"黄帝"称谓相符，这也说明了黄帝和红山集团的联系。

黄帝大战蚩尤时留下了一段传说，说是由于蚩尤的顽强抵抗，黄帝族久战不胜，几乎功败垂成，最后因为女神的庇佑和襄助才取得了胜利。

《山海经·大荒北经》云：

蚩尤作兵伐黄帝，黄帝乃令应龙攻之冀州之野。应龙畜水，蚩尤请风伯雨师，纵大风雨。黄帝乃下天女曰魃，雨止，遂杀蚩尤。

《太平御览》卷七八引《龙鱼河图》云：

黄帝仁义，不能禁止蚩尤，遂不敌。乃仰天而叹，天遣玄女下授黄帝兵信神符，制伏蚩尤，以制八方。

以上皆说黄帝战蚩尤时得到了女魃或玄女的帮助，终于化险为夷。这

---

① 《史记·五帝本纪》。
② 刘兴隆：《新编甲骨文字典》，国际文化出版公司，1993年，第911页。
③ 李孝定：《甲骨文字集释》卷十三，"中研院"历史语言研究所专刊之五十，第4045页。

虽然是神话，但恰与红山集团的女神崇拜如出一辙。或许传说中从天而降来助阵黄帝的，就是红山集团供奉的女神。

依据之九，在中国古代的神话传说中，往往把黄帝神化为"北斗神"和"天鼋"，这也无异于把黄帝对号入座到了塞北之地。

明辑录本《竹书纪年》卷一云："黄帝轩辕氏，母曰附宝，见大电绕北斗枢星，光照郊野，感而孕二十五月。"《纬书集成·河图始开图》云："黄帝名轩辕，北斗神也。"以上或以黄帝母感孕而生于"大电绕北斗枢星"，或以黄帝为"北斗神"，都把黄帝的降生地与"北斗"联到了一起。

《路史·前纪七·轩辕氏》云："轩辕氏作，于空桑之北，绍物开智。"《路史》系南宋罗泌所撰，内容远涉上古，引据浩繁。其称轩辕氏出于"空桑之北"，也和黄帝的"北斗神"之说不谋而合。

又《国语·周语下》云："我姬氏出自天鼋。"此姬氏是指开创了周朝的姬姓周人，是说周之先祖出自天鼋。于史可稽，姬周的先祖为后稷，而后稷乃帝喾之子、黄帝玄孙，即周之先祖出自黄帝。两相对应，可知这是说黄帝即天鼋。案天鼋为龟属大鳖，古人视为神物，传说为北方太阴之神。于是，这等于又把黄帝归位到了北方。

既然《竹书纪年》《纬书集成》说黄帝出生在北斗高悬之地，既然《路史》称黄帝出于"空桑之北"，既然《国语》用北方太阴之神譬喻黄帝，那么在自古至今有关黄帝起源的说法中，不是只有把黄帝对号入座到北方才最为合理吗？而这位在北方的，只有红山文化集团才能与之相契。

依据之十，在黄帝的斑斑史迹中，不难窥见北方民族的踪影。

《周易·系辞下》云："黄帝、尧、舜服牛乘马，引重致远，以利天下。"《世本·作篇》云："相土作乘马。"宋衷注："相土，黄帝臣。"《云笈七签·轩辕本纪》云："（黄）帝始教人乘马。"以上文献无不把马的驯化与黄帝集团联系起来。察在中国古代，最早驯化马的地区之一就是燕山大地。《左传·昭公四年》云："冀之北土，马之所生。"这里冀指冀州，是古九州之一，主要范围包括"今山西全省，河北的西、北境及河南的北部，辽宁的西部"①。而"冀之北土"，指的就是冀州的北部，主要是河北北部及辽宁西部，此即燕山南北。由此可见，燕山地带即"马之所生"，而传说中黄帝的"服牛乘马"，恰好透露出黄帝是原居燕山的北方民族。

此外如前所述，黄帝"迁徙往来无常处"，这也深深烙下了北方民族居无定所的印记。

依据之十一，考古工作已为红山文化南下涿鹿提供了直接的证据。

最重要的证据即前引苏秉琦先生关于南北两大文化在涿鹿一带会合的论述。这段论述明确指出，在距今五六千年前，仰韶文化与红山文化一南一北向外扩张，最终在河北省西北部相遇。最明显的例证是，在距离涿鹿不远的蔚县四十里铺和三关等地，都发现了红山文化遗存，还出土了特征明显的红山文化彩陶罐②，表明红山文化确实来到了这里。这些资料的年代或许略早于黄帝时代，但这对后来黄帝集团的南下涿鹿仍不失为重要的佐证。因为这一则表明红山文化确曾南下至涿鹿，二则透露出很可能正是由于红山集团与中原集团在涿鹿一带的接触与碰撞，才刺激了红山集团文明因素的生长，并最终导致了黄帝族的南征。

依据之十二，恰与黄帝集团南下涿鹿同时，在与涿鹿一衣带水的北京地区，发现了和黄帝族性十分相契的雪山一期文化，而雪山一期文化又和燕山以北的小河沿文化属于同一类型。

第二章第三节已述，北京雪山一期文化距今约5600～4900年，恰与黄帝的年代相符。不仅如此，亦如该节所论，雪山一期文化还在诸多方面与黄帝集团的性质相合，表明这就是黄帝集团的文化。而在这里需要特别强调的是，雪山一期文化还与燕山以北的小河沿文化具有鲜明的共性。例证之一即它们各自的典型器都是夹砂筒形罐和双耳小口高领罐，器类和器

---

① 顾颉刚：《禹贡注释》，《中国古代地理名著选读》第一辑，科学出版社，1959年，第7页。
② 苏秉琦：《中国文明起源新探》，三联书店（北京），1999年，插图第51：红山文化彩陶罐。

型的相似如出一范，以至有的学者认为小河沿文化就是"雪山一期文化的发源地和终结地"[1]，或者干脆认为小河沿文化就是雪山一期文化[2]。如前所述，小河沿文化位于燕北红山文化的中心地带，是红山文化中时代最晚的一支，也是最接近黄帝年代的一支。既然雪山一期文化是黄帝集团的文化，那么和它同属一个类型的小河沿文化当然也就和黄帝集团有关了，这就为黄帝集团源出于燕山以北又提供了一个考古学证据。

以上十二大理由齐备，不啻为黄帝源起于燕北红山文化构建了一个完整的体系。关于黄帝的历史发源地，历来言人人殊，莫衷一是，由此积聚成了中华民族有史以来的最大疑团。辗转至今，有称黄帝出自西部陕甘的，有称源自东方齐鲁的，有称来自南方长江流域的，有称原本就是中原民族的，有称出自北方地区的，可谓东、西、南、北、中，到处都是黄帝的故乡[3]。而综观古今诸说，能像"红山说"这样获得了十二大证据支持的绝无仅有，能够通过科学论证形成相互支撑的系统学说的更是世不二出。因此可以毫不夸张地说，黄帝集团源出于红山文化说，才是黄帝族源诸说中最为详实也最为可靠的一说。

早在上个世纪末，著名考古学家苏秉琦先生就将红山文化与黄帝史迹联系起来。他在首发于1993年的《论西辽河古文化》一文中说："《史记·五帝本纪》中所记黄帝时代的活动中心，只有红山文化的时空框架可以与之相应。"[4] 此后在1999年出版的《中国文明起源新探》中，苏先生又进一步强调说："五帝时代以五千年为界可以分为前后两大阶段，以黄帝为代表的前半段主要活动中心在燕山南北，红山文化的时空框架，可以与之对应。"[5] 上述见解有如空谷传声，无异于给黄帝史迹的研究开辟了一

---

[1] 王策、王清林：《雪山一期文化研究》，《北京文博》2004年第2期。
[2] 韩建业：《论雪山一期文化》，《华夏考古》2003年第4期。
[3] 详拙作《黄帝地望诸说考》，刊《首都博物馆丛刊》第17期，北京燕山出版社，2003年。
[4] 载《北方民族文化》1993年增刊。
[5] 苏秉琦：《中国文明起源新探》，三联书店（北京），1999年，第161页。

第五章　多元性——燕山南北的多元民族及文化

个全新的思路。但需略加说明的是，种种迹象表明，红山文化开启的只是文明的源头，并未真正跨入文明的门槛，因此并未"把中华文明史提前了一千年"[①]。同时，这个红山文化即便是黄帝集团的发源地，也未必就代表了黄帝时代。因为事如第二章第三节所论，真正意义的黄帝时代应当起源于黄帝的阪泉、涿鹿之战，肇始于釜山之盟和黄帝创建的都邑及国家机器，而这只能界定在红山文化终结之后，并非红山文化开始之时。

综合上节及本节所论，可知先是北京地区的文化促进了东北兴隆洼文化和红山文化的发展，后是鼎盛期的红山文化经由黄帝集团的南下撞击了中原北上的文化，最后终于通过两大文化的碰撞迸发出绚丽夺目的中华文明之光。这就是说，普照神州的华夏文明，是在燕山南北各大文化的综合作用下产生的，甚至是在被后人斥为"蛮夷"之地的燕山以北文化的直接作用下形成的。这就是中华文明起源的千古之谜，也是多年来人们苦苦追寻的华夏文明之根。它的揭示，不仅丝毫无损中原文化的光辉，还突显了神州大地自古以来的多元一体，彰显了燕山南北两大地域自古有之的唇齿相依。

中华文明起源的谜底，也就是中华始祖黄帝的谜底。现在我们知道，中华始祖黄帝是从塞北的红山文化中走出来的，从那里南下到了燕山南麓。毋庸讳言，这个结论对于几千年来形成的传统史观无疑是个很大的冲击，对自古以来"华夷之辨"的民族史观更是个极大的颠覆。揆诸史实，自从西周王朝倾覆于西夷犬戎，"夷夏之防"便成了历代中原王朝的第一要务，"夷夏之辨"更成了中华正统史观的第一要旨。而倘如把中华始祖黄帝的源起定位在燕山以北，无异于把华夏民族的始祖视同于"蛮夷"，对传统史观的打击可想而知。但客观事实就是如此，既不会因古人的民族偏见而改变，也不会因今人的主观意愿而移易。恰恰相反，一旦当黄帝的

---

① 苏秉琦：《中国文明起源新探》，三联书店（北京），1999年，第110页。

这个出身得以判明，反而从根基上为塞内外各大民族的同祖同源确立了一个绝对的前提。不难设想，假如有朝一日考古工作者用镢头唤醒了燕山这条神奇的龙脉，不仅将从源头上再现中华文明的崛起，还将从根蒂上再现"华""夷"两大民族自古以来的血脉相连。

黄帝点燃文明火炬的地点在今涿鹿至延庆一带，首先照亮的却是其东方的北京平原，说已详第二章第三节。而在站稳了北京平原的跳板后，黄帝集团又趁势南下，迁都于河南新郑的有熊。河南新郑地处黄河中游膏腴之地，位于古神州的中心，于是如《淮南子·天文训》所云："中央，土也，其帝黄帝，其佐后土，执绳而制四方"，黄帝又成了传说中的"中央"神。

总之，从燕山以北到燕山以南，再到中原腹地，中华始祖黄帝在一场前所未有的历史征程中，不仅打通了由东北平原、华北平原联成的东方生命带，还一举开创了光耀千古的中华文明。在这场历史性征程中，北京的枢纽作用是不可替代的，因为正是它，先是承担了推进东北地区文化发展的使命，之后又完成了点燃文明火种的重任，再后成为黄帝集团南下的跳板，由此在中华文明的开创史上谱写了不朽的篇章。

四 燕山以北畜牧族的形成

在黄帝点燃国家文明的火炬之后，最影响中国历史进程的大事件，莫过于游牧经济在北方的兴起了。正是它的兴起，导致了畜牧与农业两大族团的分化，导源了两大族团长达几千年的对抗与交融，也导引了分割二者的燕长城、赵长城、秦长城的兴建。而在整个长城沿线以北，又以燕山以北畜牧经济的形成最为关键。因为无论远到大小兴安岭，抑或近到西拉木伦河、老哈河、大小凌河、辽河流域，自从先秦时期势力最强的东胡族于西辽河流域崛起,在这片"统幽都之北"①的游牧民族天堂,相继培育出了后来的北魏鲜卑族、辽朝契丹族、金朝女真族、元朝蒙古族和清朝满族,他们对中国历史的影响尽人皆知。因此,认真探讨畜牧经济和畜牧族在中国北方特别是在燕山以北的兴起,无疑是中国历史上的一件大事,也是考察北京历史文化的关键所在。

中国北方的畜牧经济和畜牧族究竟源起于何时?对此历来有两种截然不同的说法。一种说法认为它自古有之,亘古未变。《史记·匈奴列传》云:

> 唐虞以上有山戎、猃狁、荤粥,居于北蛮,随畜牧而转移。其畜之所多则马、牛、羊……逐水草迁徙,毋城郭常处耕田之业,然亦各有分地。

以上所言唐、虞,即五帝时代的唐尧和虞舜,而所谓"唐虞以上",更是缥缈无际遥不可及。至于其描述的"随畜牧而转移""畜之所多则马、牛、羊""逐水草迁徙"等等,显然是一派活生生的"风吹草低见牛羊"的游牧生活景象。同类记载尚见于《汉书·匈奴列传》,也说"唐、虞以上有山戎、猃允、熏粥,居于北边,随草畜牧而转移"。按照此类古老说法,中国北方的游牧族似乎早已有之,时间在"唐虞以上",地域"居于北蛮",族属则有"山戎、猃狁、荤粥"等。

以上说法的影响甚大,辗转至今几成不易之论。白寿彝主编的权威版本《中国通史》在论及古代游牧民族时说:

> 尧舜时代的熏育、商代的鬼方,西周时代的鬼戎、昆夷、混夷、畎戎、串夷、犬戎、猃狁,春秋战国时代的戎、狄,秦汉时代的胡与匈奴,实际上都是指的同一族类,只是由于时间、地

---

① 《魏书·帝纪一》。

点、音译、讹称以及个别支派之不同，而异其称而已。①

上文便把中国北方游牧族的源头一直追溯到了尧舜时代。这是从时段上说的，至于从地域上说，更有学者不假思索地认为："在我国北方，东从大兴安岭，西至新疆，自古迄今，一直是茫茫的草原。这个草原是欧亚北大陆草原的一部分，古往今来是猎牧民族活动的苑囿。"② 即以中国北方"自古迄今"都是茫茫大草原，"古往今来"皆为猎牧民族的天地。

但事情的另一面是，也有不少人认为，中国北方的游牧经济产生得很晚，甚至晚到了战国时期。持此论者以外国学者为著，例如美国的欧文·拉铁摩尔、法国的格鲁塞以及日本的江上波夫等。照他们的看法，公元前307年赵武灵王推行胡服骑射，才真正体现了中国北方游牧民族的兴起③。影响所致，也有不少中国学者作如是观，认为"胡服骑射虽是中原民族对抗草原骑兵的应对措施，但这一应对措施却标志着骑马民族的成熟、强大"，并由此断言"公元前四世纪完成了农耕民族与游牧民族的空间分离"④。

以上前后两说，一说上起尧舜乃至上古，一说下至公元前四世纪末，上下相差了不啻两千年。那么，在中国北方，特别是在孕育了诸多草原强族的燕山以北，畜牧经济和畜牧民族到底源起于何时呢？看来要想回答这个问题，还要索诸考古学提供的确凿证据。

前述东北地区的考古发现已经证实，史前时期的燕山以北曾经有过相当发达的农业经济。即便从红山文化算起，这个农业经济也前后延续了

---

① 白寿彝主编：《中国通史》第三卷，上海人民出版社，1994年，第341页。
② 盖山林：《丝绸之路草原民族文化》，新疆人民出版社，1996年，第379页。
③ [美]欧文·拉铁摩尔：《中国的边疆》，赵敏求译，正中书局，1936年，第41页；[法]勒内·格鲁塞：《草原帝国》，蓝琪译，商务印书馆，1999年，第44～48页；[日]江上波夫：《骑马民族国家》，张承志译，光明日报出版社，1988年，第12～13页。
④ 韩茂莉：《中国北方农牧交错带的形成与气候变迁》，《考古》2005年第10期。

不下一千五百年，若从兴隆洼文化算起，更是连绵了数千年。红山文化结束后，东北地区的代表性遗存是小珠山上层文化，这同样是稳定的农业部落，不仅出土了丰富的农业生产工具，还发现了炭化粟和密集的窖藏①。其之饲养业也相当发达，主要家畜种类是猪，而这同样是定居农业部落最常见的家畜。小珠山上层文化的年代相当中原的龙山时代，而这正是历史上的五帝时代，因此小珠山上层文化告诉我们，尧、舜时期的燕山以北并未形成游牧经济，"随畜牧而转移"的民族还杳无踪影。上节曾述，史前时期东北地区的农业部落主要集中在西拉木伦河以南，迤北较为落后。但综合种种资料可知，当时西拉木伦河以北主要是狩猎、捕鱼、采集经济区，同样不是畜牧族的园地。

英国著名历史学家阿诺德·汤因比曾经指出，从整个人类历史的发展进程看，游牧经济并非自古有之，而是由某些地区的干旱化过程造成的。也就是说，环境的蜕变才是游牧经济产生的最直接原因②。揆诸史实，这同样是中国北方畜牧经济及游牧生活产生的最直接原因。

在环境地理上，中国长城沿线是半湿润与半干旱、暖温带与温带的邻界带，同时也是400毫米等降水量线的邻界带。这条邻界带以北是生态敏感区，每逢气候环境发生波动，气温、降水等要素首先会在这些生态敏感区发生改变，从而导致土壤、植被等出现相应变化，使这些地区由一种自然属性转向另一种自然属性。而环境考古的研究表明，从夏代初年开始，受全球气候变化的影响，我国长城沿线以北便出现了由暖湿向干冷的转变，逐渐蜕变为干旱区。

植被类型是环境特征的明显标志物，蒿科、藜科草本植物则是半干旱

---

① 辽宁省博物馆等：《长海县广鹿岛大长山岛贝丘遗址》，《考古学报》1981年第1期；旅顺博物馆：《大连新金县乔东遗址发掘简报》，《考古》1983年第2期；辽宁省博物馆等：《大连郭家村新石器时代遗址》，《考古学报》1984年第3期。

② [英]阿诺德·汤因比：《历史研究》节录本（上），上海人民出版社，1966年版，第209页。

及干旱条件下的主要物种。根据内蒙古伊金霍洛旗纳林塔乡朱开沟龙山至夏商遗址的考古资料，在相当龙山时代的阶段，蒿科、藜科草本植物花粉仅占该地全部植物花粉的50%，植被状况尚属森林草原景观[①]，环境指标还处在适宜农业生产的变异范围中。之所以小珠山上层等塞外龙山时代遗存尚为农业部落，就是和这种自然环境分不开的。但到了相当夏代早期的阶段，蒿科、藜科植物花粉占了当地全部花粉的90%以上，植被类型已属灌木草原景观。再下至相当夏代晚期的阶段，木本植物花粉中出现了耐寒的云杉、桦、榆等树种，表明植被状况已有了根本的改变。更晚到相当商代早期的阶段，气候愈加干冷，此地的整体环境已接近典型的草原生态景观[②]。由此可见，在从夏代初年到商代的时间内，我国长城以北地区不断由暖湿转向干冷，最后终于蜕变成宜牧不宜农的干旱区。正是在这种背景下，北方地区曾有的农业经济明显萎缩，畜牧经济与畜牧民族应运而生。

燕山以北地处整个欧亚北大陆的东端，本来就因纬度偏高而气候变化敏感，再加上整个长城沿线以北出现的上述变化，该地自夏代初年以来不仅发生了明显的干冷化，而且连带渤海湾都形成了一个罕见的低海面[③]。正是这种环境变化，使燕山以北终于蜕变成"天苍苍，野茫茫，风吹草低见牛羊"的大草原。但这是个相当漫长的过程，最早始于夏家店下层文化。

夏家店下层文化最早发现于内蒙古赤峰市夏家店村，因此而得名。它的分布范围很广，北起西拉木伦河流域，南逾拒马河流域，东至辽河以西，西抵河北张家口地区，恰以燕山南北的广大地域为中心。在此范围内，燕山以北是该文化的主体，可称为夏家店下层文化的"燕北类型"，燕山以南则为"燕南类型"。燕北类型的年代在公元前2000～前1400年

[①] 森林草原景观特指温带落叶阔叶林与草原之间的过渡带，也就是这两个地带间的群落交错区，或称生态过渡带。

[②] 内蒙古文物考古研究所等：《朱开沟》，文物出版社，2000年，第五章第二节。

[③] 张景文等：《C14年代测定与中国海陆变迁研究的进展》，《第一次全国C14学术会议论文集》，科学出版社，1984年。

间，相当中原的夏代初年至商代前期，恰好处在该地向灌木草原蜕变的关键时期。

在东北地区各大考古学文化中，夏家店下层文化燕北类型（以下简称"燕北类型"）是最早进入青铜时代的，常见的青铜器多以小件为主，有刻刀、耳环、指环、铜杖首等。经过长年发掘，此文化已发现了不少村落及墓葬遗存，主要有赤峰夏家店、赤峰药王庙[①]、宁城南山根[②]、宁城小榆树林子[③]、赤峰蜘蛛山[④]、敖汉大甸子[⑤]、北票丰下[⑥]等。在出土的石器中，以农业生产工具居多，打磨得相当精细，器类有石锄、石镐、石镰、石斧、石锛、石铲、石刀、石磨盘、石磨棒等。其中尤以适合中耕除草的有肩石铲最为常见，表明该地的原始农业已进入精耕细作的阶段。不少遗址还出土了人工种植的谷物，经鉴定主要品种是稷和粟。其他经济种类的生产工具也不乏其见，其中属于捕捞业的有陶网坠，属于狩猎业的有石、骨箭镞，属于手工业的有各式石刀，属于纺织业的有陶纺轮等。综合以上资料，可知燕北类型是以农业为主兼营其他经济的部落群体。

虽然以农耕经济为主体，但从夏代初年开始的环境蜕变，不可能不对燕北类型产生影响，而最突出的影响便体现在畜牧经济和畜牧文化的不断增长上。鉴于当时这种增长还处于起步阶段，在燕北类型中表现得相当隐晦，故而往往被农业文化所掩盖，以至不为人们所关注。但只要透过现象看本质，这种增长并非无迹可寻，反倒有着十分清晰的线索。它们主

[①] 中国社会科学院考古研究所内蒙古工作队：《赤峰药王庙、夏家店遗址试掘报告》，《考古学报》1974年第1期。

[②] 中国科学院考古研究所内蒙工作队：《宁城南山根遗址发掘报告》，《考古学报》1975年第1期。

[③] 内蒙古文物工作队：《内蒙宁城县小榆树林子试掘简报》，《考古》1965年第12期。

[④] 中国社会科学院考古研究所内蒙工作队：《赤峰蜘蛛山遗址的发掘》，《考古学报》1979年第2期。

[⑤] 中国社会科学院考古研究所：《大甸子——夏家店下层文化遗址与墓地发掘报告》，科学出版社，1996年。

[⑥] 辽宁省文物干部培训班：《辽宁北票县丰下遗址1972年春发掘简报》，《考古》1976年第3期。

要是：

其一，见于燕北类型，出土了大量猪、狗、羊、牛、鹿、兔、狐及鸟类骸骨。其中鹿、兔、狐、鸟类当属猎物，是渔猎经济的反映，而猪、狗、牛、羊则是驯养的家畜，反映了夏家店下层文化畜牧经济的兴起。

从世界各地的情况看，家畜的驯化是一个极其漫长的过程，驯化的种类也有多有少、有先有后。就中国而言，最重要的家畜为马、牛、羊、鸡、犬、猪，合称"六畜"。其中以狗和猪的驯化最早，牛、羊次之，马最晚。在夏家店下层文化之前，燕北地区家畜饲养业的发展相对缓慢，曾长期停滞在以家猪饲养为主的阶段上。但到了夏家店下层文化之时，不仅猪、狗、牛、羊骸骨在各遗存中层出不穷，在辽宁建平水泉等遗址还发现了马骨[1]，说明燕北地区此时已全部完成了六畜的驯化，实现了家畜饲养业从单一品种向多品种的过渡。这种过渡无异于一次影响深远的历史跨越，因为这不仅标志燕北类型的畜牧经济进入到全新的阶段，还为畜牧族的产生创造了条件。

对畜牧经济史的研究表明，牛、羊、马的成为家畜，其意义绝不仅仅在于家畜种类的扩大，更重要的是它引发了人类的第一次社会大分工。

牛、羊、马是食草类动物，它们啃噬的是人类不能当粮食的草、叶、嫩枝、荆棘、苔藓等，从而把人类无法利用的植物资源转换成人类生活的必需品，包括肉类、乳食、皮革、绒毛等。于是，这些动物的驯养大大拓宽了人类对自然资源的利用，实现了人类经济生活史上的一场革命。但由此带来的问题是，牛、羊、马不像家猪那样适于圈养，而一要放牧于田野；二要有足够的草场以供四季喂养；三要远离农田青苗，特别是要远离定居农业部落密集耕作的土地，以保证庄稼不被啃噬；四要保护它们免受野兽的侵害和风暴的袭击。因此，解决的办法只有一个，那就是有一部

---

[1]《中国大百科全书·考古学》，中国大百科全书出版社，1986年，第117页。

分人从农业生产中分离出来，专门从事牲畜的远距离放养。于是渐渐地，随着牛、羊、马放养规模的不断扩大，畜牧业从农业中分离出来，形成了第一次社会大分工。恩格斯说："游牧部落从其余的野蛮人群中分离出来——这是第一次社会大分工。"[1] 此言说的就是畜牧族与农业族的分离。

作为人类的第一次社会大分工，这种分离在历史上产生了极为深刻的影响，以致这个新生的游牧族给整个古代世界带来了无休止的激烈震荡。然而这是后话，要说当年，这种分工不仅给牧人带来了直接利益，还减轻了农业部落的人口压力，更给双方带来了丰富的畜产品，显然是分离双方都拍手称快的大好事。

其二，燕北类型各遗存中有一种与中原文化大异其趣的现象，即它时常出土一些造型特异的小型装饰品，尤以金属质地的耳部装饰为多。其中常见的有首部作喇叭形的 U 字形铜耳环，以及盘丝环形铜耳环，还时或可见金耳环。典型之例见敖汉旗大甸子燕北类型墓葬群，随葬的青铜器有铜耳环、铜指环、铜斧帽饰、铜镞、铜杖首等，仅铜耳环的数量就多达 26 枚[2]。

耳饰的使用是古代畜牧族共有的文化现象，且流行的时间很长，传播的范围很广，一向为山戎、北狄、东胡、匈奴、鲜卑等民族所喜爱[3]。不但如此，这种习俗还广泛见于欧亚北大陆草原地带，是世界上相当多数游牧民族的共同爱好。在欧亚北大陆草原上，至今仍可见一种古老的文化遗物——鹿石。这是上古时期猎牧人立于墓地的石雕，很可能是祭祀用的纪念柱。其造型初为鹿形，后为人形。人形的"鹿石"仅粗具轮廓，五官的刻画并不清晰，但异乎寻常的是，它们的耳环与项链装饰却异常突出[4]。由

---

[1] [德]恩格斯:《家庭、私有制和国家的起源》，人民出版社，1972年，第157页。

[2] 中国社会科学院考古研究所:《大甸子——夏家店下层文化遗址与墓地发掘报告》，科学出版社，1996年。

[3] 盖山林:《丝绸之路草原民族文化》，新疆人民出版社，1996年，第405页。

[4] 盖山林:《丝绸之路草原民族文化》，第146~150页、410~411页。

此可见，耳饰、项饰这些物件虽小，却是草原文化的鲜明标志，十分清楚地印证了畜牧族和畜牧文化的存在。

燕北类型的此类草原文化饰品尚多，不一而足。例如男性成员佩戴的串珠项链，以及赤峰市宁城县南山根出土的金臂钏、敖汉旗大甸子出土的铜指环等，都是古代畜牧文化的标志性遗物。这些饰品无不展现了草原民族的特有装束和文化，无不表明那里已经有了专事畜牧的人群。

其三，通过对燕北类型的分期研究，考古工作者把该文化区分为早中晚三大期，由此揭示了它们从早到晚的演变规律。而其中一个十分值得注意的现象是，见于各不同遗址，燕北类型的陶器"由黑灰多到红褐多，制作由精到粗"[1]，即其陶器文化不断向着衰退的方向发展。以实例言之，辽宁北票丰下遗址是燕北类型中材料较为丰富的一处，发现了从早到晚的地层叠压关系。其早期遗存相当夏代早期，陶器以磨光泥质黑陶为多，火候较高，质地坚硬，器壁均匀，外表漆亮，有通体轮制的痕迹。其晚期遗存相当商代早期，这时的陶器多为夹砂红褐陶，火候普遍偏低，质地疏松，制作水平整体下降，充分反映了陶器制作的由精到粗[2]。

随着时代的推移，陶器制作技术本该日益精进才对，怎么会在燕北类型中出现了相反的趋势呢？原来这和陶器文化的特殊属性有关。

陶器是远古先民的生活必需品，不仅农业部落需要，其他经济群体也须臾不可离。但就总而言，陶器文化是定居的农业生活的伴生物，不仅随定居农业的出现而出现，而且随定居农业的兴衰而兴衰。在公元前2500年到公元前600年间，西部甘青地区曾由锄耕经济为主的齐家文化蜕变为以畜牧经济为主的卡约文化，其陶器就步入了由精到粗的轨道。俞伟超先生对此总结道："卡约陶器远比齐家乃至更早的陶器为粗陋的情况，只能

---

[1] 郭大顺：《西辽河流域青铜文化研究的新进展》，刊《中国考古学会第四次年会论文集》，文物出版社，1985年。

[2] 郭大顺：《丰下遗址陶器分期再认识》，《文物与考古论集》，文物出版社，1986年。

从由农业部落转化为畜牧部落的情况中得到解释。"[1]这一实例十分清楚地揭示，陶器文化确实是定居农业生活的指示器，农业兴则陶器兴，农业衰则陶器衰。事同此理，燕北类型陶器制作的由精到粗，同样反映了该文化定居农业生活的不断式微，而与之相应的，则是畜牧经济的崛起。

其四，燕北类型有一个颇为奇特的现象，即在以定居农业为主的村寨遗址上，出现了超乎一般常理的多重防御设施。主要表现是，这些定居村落大多筑有石块垒砌或夯土筑成的围墙，有的围墙外还挖有壕沟。不但如此，村寨内的房屋还多建造成宜于防守的半地穴式，地面上再加筑两道墙壁，外墙用坚硬的石块砌成，内墙则用土坯或夯土砌筑。这种由内而外构筑数道防御性设施的"碉堡"式建筑，是燕北类型定居村落的一大特点，它向人们揭示，这些部落似乎生活在一种非正常的状态中。

这些定居村落的异乎寻常，在于它的层层设防已大大超越了防御野兽的需要，说明他们正受到来自外部敌人的严重威胁。恩格斯说：

> 用石墙、城楼、雉堞围绕着石造或砖造房屋的城市，已经成为部落或部落联盟的中心；这是建筑艺术上的巨大进步，同时也是危险增加和防卫需要增加的标志。[2]

恩格斯上面这段话是就整座城市的防卫而言的，但燕北类型定居农业部落的防卫甚至已经落实到每一座房屋，足见他们受到的威胁已到了何等程度。就赤峰附近的英金河、阴河流域所见，燕北类型的村落还有一个显著特征，即它们大多坐落在河流两岸的山岗上，而且"这些山岗形势险峻，常是一面或两面、甚至三面临深沟大壑或是峭壁陡坡，其背后常有更

---

[1] 俞伟超：《先秦两汉考古学论集》，文物出版社，1985年，第209页。
[2] [德] 恩格斯：《家庭、私有制和国家的起源》，人民出版社，1972年，第160页。

高的山岭"①。由这种地势的高亢险峻,由这种城堡式的建筑构造,与其说这是定居村落,更毋宁说像极了军事防卫工事。这种现象表明,在受到严重威胁的情况下,定居的农业部落已被牢牢钉死在地堡式的村落中。

燕北类型村落遗址还有一个耐人寻味的现象,即"这种文化居民点的分布是相当稠密的,如在赤峰以西的西路嘎河沿河两岸的分布,几乎超过现代居民点的密度"②。要知道这是在地广人稀的夏商时期,是在沟壑连绵的内蒙古高原,其居民点的稠密程度居然超过了现代社会,岂非咄咄怪事? 无独有偶,这些部族不仅居址稠密,就连墓地也相当密集。仅以敖汉旗大甸子墓地例之,在南北长约150米、东西最宽处仅70米的范围内,竟密密麻麻挤满了八百余座墓葬,实在令人惊诧! 此类现象更加形象地反映出,这些定居部落已经失去了自由活动的空间,在强大外敌的挤压下渐渐困守一隅。

燕北类型村落遗址的第三大特点是,它们不仅密度大,而且堆积丰厚,房址依次叠压,后期房屋不断建在前期房址上,有的甚至上下绵延了数百年。这固然像人们通常所说的那样,体现了夏家店下层文化农业定居生活的稳定,但同时它也反映出,这些农业部落已经失去了开垦新耕地和开辟新家园的机会,失去了四处迁徙的机会,从而只能世代厮守在这块仅有的土地上。

在生产力相当低下的古代社会,土地是人类最宝贵的财富,也是各种经济群体争夺的最主要资源。为了生存和发展,农业族要开垦尽可能多的土地,畜牧族要占有尽可能大的牧场,狩猎族要控制尽可能广的山林,土地的争夺永远在所难免。而上述特异之象恰好反映出,燕北类型的定居农业部落正在这种土地争夺战中退居劣势,日益陷入强大对手的包围。而

---

① 徐光冀:《赤峰英金河、阴河流域的石城遗址》,《中国考古学研究——夏鼐先生考古五十年纪念论文集》,文物出版社,1986年。

② 中国社会科学院考古研究所编:《新中国的考古发现和研究》,文物出版社,1984年,第342页。

第五章 多元性——燕山南北的多元民族及文化

这对手究竟是什么人呢？毫无疑问，这就是因环境蜕变而迅速生成的畜牧族。

司马迁说，从诞生之日起，畜牧族的一大天性就是"宽则随畜，因射猎禽兽为生业，急则人习战攻以侵伐，其天性也"[1]。众所周知，畜牧生产极具个体性和流动性，这就决定了牧人既要以四方为家，又要独自面对暴风雪等自然灾害，还要随时应付各种野兽和强盗，挑战和危险无处不在。久而久之，他们养成了司马迁所说的"急则人习战攻以侵伐"的天性，骁勇彪悍、无所畏惧、勇猛尚武。严酷的生存环境和"日弋猎禽兽，食肉饮酪，以毛毳为衣"[2]的生活习俗，又给了他们一个比农业族更为强壮的体魄，加之男子个个善于骑射，其战斗力远非安土重迁的农业族可比。特别是在争夺地盘的战斗中，所有男性牧民都会在顷刻间变身为勇士，而一旦遭遇黑白灾，畜牧族又势必会刀锋向外，劫掠和就食于农业族。因此，自从有了独立的畜牧族，农业族就有了一个无法躲避的天敌。见于燕北类型的考古遗存，定居农业村落除了尽可能占据有利地形并设置重重壁垒外，有的甚至还在周围的山顶上布置了瞭望哨[3]。英国历史学家汤因比曾经十分形象地指出："游牧民族的来临像骑兵冲锋似的从天而降。"[4] 由此便不难理解，何以农业部落要如此草木皆兵地布置观察哨了，因为机动灵活的畜牧族随时都有可能出现，犹如神兵天降一般。

综上所论，经过夏家店下层文化早期以来的发展，除鸡的骸骨过于零星细琐尚未发现外，牛、羊、犬、猪、马在燕北类型中已相继出现，给畜牧业的兴起提供了广泛的基础。而环境的演变，则更为燕北类型畜牧业的

---

[1]《史记·匈奴列传》。
[2]《三国志·魏书·乌丸鲜卑东夷列传》。
[3] 辽宁省博物馆文物工作队：《概述辽宁省考古新收获》，见《文物考古工作三十年》，文物出版社，1979年，第88页。
[4] [英]阿诺德·汤因比：《在希腊和土耳其的西方问题》，转引自《历史研究》节录本（上），第212~213页。

大踏步前进提供了必要的外部条件。总之，尽管燕北类型的农业经济仍占相当比重，但种种事实无不说明，畜牧经济正在这里蓬勃兴起，专事畜牧业的部族也正在这里迅速集结。由此便不难想见，燕北类型定居农业部落遭遇的重重包围，就来自这如日方升的畜牧族。

在燕北地区时代较晚的夏家店上层文化中，有一个现象很值得注意，即经过鉴定的奴隶骸骨，竟和贵族的体质特征完全一样，属于同一族体[①]。在当时情况下，奴隶的来源大多是战俘，由此揭示出，夏家店上层文化的敌对双方是由同一个血亲集团分裂出来的，交战的双方本为同根兄弟。夏家店上层文化始于两周之际，比夏家店下层文化晚了不下四个世纪。但事同此理，夏家店下层文化的敌对双方也完全可能出自同一族系，而且是人类"第一次社会大分工"直接导致的结果。正是由于生产资源的争夺，由于土地资源的争夺，同根兄弟由分裂而至对峙，以至"同室操戈，相煎何急"。

《圣经》中有一个故事，说亚当和夏娃生了两个孩子，该隐是长子，从事农业，亚伯是次子，从事畜牧。有一天，他们分别用自己最好的劳动成果奉献上帝，结果上帝选择了亚伯奉献的乳羊。该隐因此怀恨在心，设计把亚伯引诱到野外，动手杀死了亚伯[②]。这是西方著名的"双子情节"故事，特指兄弟间的对峙和杀戮，而且指的恰恰就是分别从事畜牧和农业的两兄弟。这里隐喻着一个道理，即种田和放牧的本是兄弟，但由于他们从事的行业不同，收获的物产不同，占有的资源也不同，最后终于酿成了血亲相残。

那么，作为"第一次社会大分工"的终极结果，燕北类型的畜牧族究竟是何时从农业部落中分离出来的呢？或者说，他们究竟是何时完成了自身的集结，成了一个独立集团呢？鉴于燕北类型不少考古遗存的分期工作

[①] 中国社会科学院考古研究所编：《新中国的考古发现和研究》，文物出版社，1984年，第348页。
[②] 《创世记》第四章。

尚未展开，目前还很难对此作出十分精准的判断。但前面的论证已经给我们提供了两把甄别的标尺，藉此可以作出不无价值的推断。

一把标尺是燕北类型高墙壁垒防卫工事的出现。这把标尺的意义在于，倘若由内而外构筑数道防御设施的"碉堡"式村落已经出现，则表明农业部落已经深陷强大对手的包围，而这对手显然来自分离出来的畜牧族。重要例证之一来自辽宁建平的燕北类型遗址，该遗址共发现了由早到晚的8座房址，其中早期的几座房址皆不见石外墙，而只有时代最晚的两座房址设置了弧形石墙[①]。这个实例十分清楚地说明，定居部落的防卫设施是在燕北类型的晚期兴起的。另外一个例证见于赤峰市敖汉旗大甸子，这是一处燕北类型晚期的遗址，总面积阔达6万平方米。它的西、北两面皆为深沟大壑，东、南两侧修筑了夯土围墙，由此占据了有利地形。在墙垣的通道处设有门道，门址一旁发现了有可能是哨所的石砌建筑，墙外还有宽10米、深2.9米的壕沟。这一实例更加鲜明地揭示，燕北类型晚期的定居部落确实已经壁垒高筑，困守一隅。凡此事实无不透露出，到了燕北类型晚期，畜牧族不仅脱离了农业族，而且已经成为足以威慑农业部落的强劲对手。

另一把标尺是陶器文化的由精到粗。这把标尺的意义同样十分清晰，即正如前面所述，陶器文化是原始农业发达程度的指示器，同时也是农业经济和畜牧经济此消彼长的指示器。当燕北类型早期时，陶器手工业还相当发达，说明那时的农业经济还比较稳固。虽然那时的家畜饲养业已经取得了长足的发展，但它们显然还未达到脱离农业的程度，只是农业的附属经济。然而从燕北类型中期开始，陶器文化急遽衰退，说明此时的畜牧经济已迅速上升到足以和农业经济分庭抗礼的地步，畜牧族也开始集结成群。

[①] 辽宁省博物馆文物工作队等：《辽宁建平县喀喇沁河东遗址试掘简报》，《考古》1983年第11期。

综合上面两把标尺的考量，可以推测燕北类型畜牧族与农业族的分离一则晚于夏家店下层文化早期，二则早于夏家店下层文化晚期，大体应在夏家店下层文化中期之时。

前文已述，燕北类型的年代在公元前 2000～前 1400 年间，相当中原的夏代初年至商代前期。故此以早中晚三期推之，燕北类型的早期约当夏代前期，中期约当夏代晚期，晚期约当商代前期。

再从绝对年代上看，通过碳 14 年代测定，燕北类型相关遗存的几组数据是：

赤峰蜘蛛山遗址 H42 的树轮校正年代（下同）距今 4360±140 年；

建平水泉遗址 T15H⑤的年代距今 4130±110 年；

北票丰下遗址南区 T9、T10③的年代距今 3840±130 年；

敖汉大甸子第 759 号墓的年代距今 3685±135 年；

敖汉大甸子第 454 号墓的年代距今 3645±135 年[①]。

以上五组数据，除了第一组数据的年代偏早，似有明显误差外，其他数据都在夏家店下层文化的正常范围内。其中最后两组数字属于燕北类型晚期，而按照燕北类型畜牧族的形成应当发生在中期的推断，其绝对年代应早于晚期的敖汉旗大甸子遗存，即在距今 3600 年前，恰属夏代晚期。

当畜牧族刚刚独立的时候，尚与农业部落生活在同一区域内，由此形成了农牧交错带。所谓农牧交错带，是指二者各有各的族群、各有各的营盘、各有各的生产方式和生活方式，纵横交错在同一块土地上。这与此前以定居生活为主的半农半牧经济显然已不是一回事，而最大的区别是，自

[①] 中国社会科学院考古研究所：《中国考古学中碳 14 年代数据集》，文物出版社，1983 年，第 24、25、27 页。

从畜牧业脱离农业后,两者间的相辅相生关系已一去不返,曾经的农牧交错带势必演变成农牧对抗带。最大的矛盾无疑集中在土地资源的争夺上,公允地说,首先发难的应该是农业族,因为为了保护庄稼不被牲畜啃噬,他们本能地排斥从事畜牧的人们,巴不得把他们驱赶出境。但没有牧场哪来畜群?于是为了生存,畜牧族不得不千方百计地开辟牧场。遥想当年,为了开拓生存空间,刚刚独立的畜牧族不得不穿行于星罗棋布的农业营盘间,在燕北的山地丘陵中寻找栖身之所。而这种寻觅,不仅会时常造成两大集团的摩擦,更会时时酿成两大族群的对抗。

在这场历史性的资源争夺战中,一方是机动灵活又具有天生武装化倾向的群体,另一方是安土重迁、固步自封的部族,力量的对比从一开始就是不均衡的。因此可以说,自从有了畜牧族,农业族的退缩已是大势所趋,以至只能无奈地困守在最后的领地上。然而事情并未就此止步,因为当夏家店下层文化结束时,燕北地区的自然环境进一步恶化,更加促进了畜牧经济的兴盛与农耕经济的衰落。

于史可稽,夏代初年开始的气候变化,到了夏代晚期愈发加剧,到商代前期更是酿成了严重的干旱,以至危及中原大地。

《国语·周语上》曰:"昔伊洛竭而夏亡。"此文的"竭"乃竭尽之意,是说滋养中原的伊水、洛水在夏代灭亡前已因干旱而全部枯竭。这种旱情到了商代前期更是愈演愈烈,《荀子·富国》云:"禹十年水,汤七年旱。"《说苑·君道》云:"汤之时,大旱七年,雒(洛)圻(伊)川竭,煎沙烂石。"以上所谓"汤七年旱",是说商汤初年曾经连续遭遇七年大旱,导致伊水、洛水长年干涸,田土都变成了"煎沙烂石"。

在如此严酷的旱情下,商汤仍要发兵讨夏,因此引起了国人的强烈不满。《尚书·汤誓》载商汤云:"今尔有众汝曰:'我后不恤我众,舍我穑事,而割正夏'。"这里说,当时商人部众认为不误稼穑才是最大的要务,而商汤却一心要"割正夏",这不仅被认为是舍本求末之举,也被认为是"不

恤我众"之举，于是理所当然引起了商众的反对。但商汤不为所动，仍然倾注全力投入了伐夏之役，并取得了最终胜利。谁承想，灭夏之后商的旱情依然不退，逼得商汤走投无路，只好自己"以身为牲"去祈雨。此事见载于《吕氏春秋·顺民》，其曰：

> 汤克夏而正天下，天大旱，五年不收。汤乃以身祷于桑林，曰："余一人有罪，无及万夫；万夫有罪，在余一人。无以一人之不敏，使上帝鬼神伤民之命。"于是……以身为牺牲，用祈福于上帝。民乃甚悦，雨乃大至。

由上可知，倘若不是老天开眼降下甘霖，刚刚创建了不世之功的商汤王也只好像个祭神的牲口一样引颈待死了。

文献中没有留下夏代晚期以来北方生态敏感区旱象的记录，但上述夏末商初中原大地的旱情，无疑为此提供了一个极好的旁证。其实直接的证据也是有的，此即前述朱开沟遗址植被状况的演变，那已经再清楚不过地说明了长城沿线以北夏代晚期的进一步旱化。正是在这种背景下，燕山以北的畜牧经济更加崛起，到商代后期竟一跃而成燕北地区的支柱产业。

继夏家店下层文化之后，燕北地区出现的是"魏营子文化"[1]，时代约当商代后期到西周时期。此文化发现的固定居址很少，田野考古中收获的往往是分散在各地的青铜器。早在1941年，就有两件商周之际的窖藏铜鼎发现于辽宁喀左县小城子乡咕噜沟村[2]，此后又陆续发现了不少商代晚期到西周时期的青铜器，出土地点遍及内蒙古的赤峰地区、哲里木盟及辽宁

---

[1] 郭大顺：《试论魏营子类型》，见《考古学文化论集（一）》，文物出版社，1987年。
[2] 陈梦家：《西周青铜器断代（二）》，《考古学报》1955年。

的大小凌河流域[①]。这些青铜器大多出自窖藏，鲜有地层叠压关系及与陶器的共存关系，而且不属于同一个考古文化。例如在辽宁喀左县山湾子发现了一处窖穴，出土了殷周时期的青铜器22件，但从造型、纹饰、铭文乃至徽记等各方面看，它们并非规整的组合，而是资料整理者所说的不同文化的"汇合体"[②]。综合以观，这些窖藏青铜器主要有三大来源：一类是中原式礼器和兵器，一类是典型的北方式青铜器，一类是二者风格兼具的器物。

从魏营子文化青铜器的出土状况看，更从其"汇合体"的特异性来看，灼然可见它们出自一个经常来往于燕山南北的人群。这些人流徙不定，居无定所，经常往来于燕山南北，因此有机会获得了各种不同来源的青铜器，并且用窖藏方式将它们深埋于季节性往来的领地中。这些没有留下住址的人们，理应是夏家店下层文化之后的畜牧族，而且是比以前更具流动性的畜牧族。

魏营子文化也发现了一些商代后期到西周时期的遗址与墓葬，辽宁朝阳魏营子就是其中一处。综合这些遗址和墓葬，魏营子文化大致具有四大特性：

1. 定居生活大大萎缩

综合各相关发现可知，魏营子文化"遗址点分布密度已远不如前，堆积也较薄，不见前一时期那种层层相叠的房址群"[③]。这一事实十分清楚地揭示，魏营子文化的定居生活已急遽萎缩。

[①] 李恭笃、高美璇：《试论燕文化与辽河流域青铜文化的关系》，见《北京建城3040年暨燕文明国际学术研讨会会议专辑》，北京燕山出版社，1997年；辽宁省博物馆文物工作队：《概述辽宁省考古新收获》，见《文物考古工作三十年》第88～90页；苏赫：《从昭盟发现的大型青铜器试论北方的早期青铜文明》，《内蒙古文物考古》第2期。

[②] 喀左县文化馆等：《辽宁省喀左县山湾子出土殷周青铜器》，《文物》1977年第12期。

[③] 郭大顺：《西辽河流域青铜文化研究的新进展》，《中国考古学会第四次年会论文集》，文物出版社，1985年。

2. 陶器文化继续衰落

魏营子文化的陶器几乎全部为夹砂红陶和红褐陶系，火候低，器壁较厚，器形不规整，外壁粗糙，处处延续了夏家店下层文化在晚期出现的陶器文化颓势。这就是说，作为农业经济的指示器，陶器文化仍一如既往地见证了魏营子文化定居农业生活的衰落。

3. "北方系青铜器群"成组出现

魏营子墓地共发掘清理了9座墓葬，出土了一些青铜器和其他随葬品。其中除了当卢、銮铃、车軎等青铜车马器与同期姬周燕文化较为接近外，其他如铜盔、铜甲、铜泡、绿松石珠、金臂钏以及用途不明的羊头饰物等，都具有鲜明的地域性[1]，属于草原地区特有的"北方系青铜器"。这些器类的大量涌现，准确无误地昭示了这些遗存的畜牧族属性，而从敖汉旗一带出土的同期北方系青铜器石范看[2]，又证明这些北方系青铜器大多是本地铸造的。

4. 青铜兵器显著增加

克什克腾旗龙头山出土了一座商末周初的墓葬，随葬品以青铜兵器为主，种类有剑、刀、斧、镞等，另外随葬的有铜泡、铜锥及铜饰物[3]。此墓在魏营子文化中颇具代表性，突出反映了该文化出现的尚武倾向。

鉴于魏营子文化中还保留着部分农业经济成分，还不能说商代晚期至西周时期的燕北地区已完全成为游牧经济区。但综合上述四大属性，可见

---

[1] 辽宁省博物馆文物工作队：《辽宁朝阳魏营子西周墓和古遗址》，《考古》1977年第5期。
[2] 邵国田：《内蒙古昭乌达盟敖汉旗李家营子出土的石范》，《考古》1983年第11期。
[3] 内蒙古自治区文物考古研究所、克什克腾旗博物馆：《内蒙古克什克腾旗龙头山第一、第二次发掘简报》，《考古》1991年第8期。

第五章　多元性——燕山南北的多元民族及文化

畜牧经济在当地已上升为支柱产业。

正是因为主要经济部门发生了变化，魏营子文化与夏家店下层文化之间便有了很大的不同。最大的不同是，夏家店下层文化晚期的农业部落还靠层层叠叠的防御设施勉强支撑着，而到了魏营子文化，不仅防御设施土崩瓦解，就连农业部落也愈见寥落。因此，考古工作者深切感受到，西辽河流域青铜文化"以（夏家店）下层文化和商周之际遗存的衔接处为最明显的变化点"。学者并因此而发问："这一考古变化的背景又是什么呢？"[1]现在可以回答的是，这一变化的最根本背景是，该地的经济主体在此时已由农业为主蜕变为以畜牧业为主。主要经济部门变了，其他方面都会随之改变，古今中外概莫能外。

到了公元前1000年左右，全球进入了小冰期，长城地带的生态环境进一步恶化。正如气象学家竺可桢所说，中国北方正是在此时正式进入干旱期的[2]。根据古生态地质环境的研究，当时干旱草原、森林草原地质环境已东移到内蒙古高原以东[3]，也就是东移到了燕山以北。具体实证是，对辽宁建平县水泉遗址动物遗骸的研究表明，燕山以北在此时确实变成了干燥草原或疏林草原区[4]。正是在这种背景下，燕北地区的历史又揭开了新的一页。

自公元前1000年开始，在燕山以北应声而起的，是夏家店上层文化。此文化的上限年代约当西周时期，下限年代则一直延续到了东周时期，甚至晚到了战国中期前后[5]。它发源于西拉木伦河以北，之后向东进入努鲁

---

[1] 郭大顺：《西辽河流域青铜文化研究的新进展》，刊《中国考古学会第四次年会论文集》，文物出版社，1985年。

[2] 竺可桢：《中国近五千年来气候变迁的初步研究》，《考古学报》1972年第1期。

[3] 邵时雄、刘海坤：《中国晚更新世晚期以来古生态地质环境分区特征》，《中国北方晚更新世以来地质环境演化与未来生存环境变化趋势预测》，地质出版社，1999年。

[4] 张镇洪：《建平县水泉夏家店文化遗址兽骨研究》，《考古与文物》1989年第1期。

[5] 靳枫毅：《夏家店上层文化及其族属问题》，《考古学报》1987年第2期。

儿虎山东麓，再向西南延伸到燕山以南，广泛覆盖了内蒙古东南部的赤峰地区、哲里木盟、辽宁西部的朝阳地区以及河北北部的承德地区，中心区域仍在西拉木伦河和老哈河流域。其中代表性的遗存有赤峰夏家店遗址上层[1]、宁城南山根石椁墓葬[2]、宁城小黑石沟墓葬[3]、朝阳十二台营子青铜短剑墓[4]、建平水泉遗址中层[5]、翁牛特旗大泡子墓葬[6]、敖汉旗周家地墓葬[7]、林西井沟子西区墓葬[8]等。

正如直到辽金元时期的燕北地区仍保留着少量农业成分一样，夏家店上层文化也有一定的农业经济，同时也还有个别的定居半定居村落。典型之例见于内蒙古赤峰市夏家店遗址上层，这是一处不大的遗址，位于临河的小山岗上，有居址5处、灰坑20个、墓葬11座。此遗址的陶器制作相当粗糙，石器有石斧、石锤、半圆形双孔石刀、杵、臼及石坠等。发掘时出土了许多动物骨骼，有狗、猪、羊、牛、马等，以狗和猪的骸骨为多。墓葬中的随葬品常见小件饰物，包括铜扣、联珠形及双尾型铜饰、骨珠，还有铜锥、铜刀、铜镞、骨针、纺轮等工具[9]。这处居址同样建造在陡峭的山岗上，筑有石砌台阶，承袭了夏家店下层文化定居村落注重防御的特点。总体上看，这是一处农牧经济相结合的定居遗址。

虽然有部分定居半定居农业成分，但由于环境的蜕变，此时的农业经

---

[1] 中国科学院考古研究所内蒙古工作队：《赤峰药王庙、夏家店遗址试掘报告》。

[2] 昭乌达盟文物工作站等：《宁城县南山根的石椁墓》，《考古学报》1973年第2期。

[3] 赤峰市博物馆等：《宁城小黑石沟石椁墓调查清理简报》，《文物》1995年第5期。

[4] 朱贵：《辽宁朝阳十二台营子青铜短剑墓》，《考古学报》1960年第1期。

[5] 辽宁省博物馆文物工作队：《概述辽宁省考古新收获》。

[6] 贾鸿恩：《翁牛特旗大泡子青铜短剑墓》，《文物》1984年第2期。

[7] 中国社会科学院考古研究所内蒙古工作队：《内蒙古敖汉旗周家地墓地发掘简报》，《考古》1985年第5期。

[8] 吉林大学边疆考古研究中心等：《2002年内蒙古林西县井沟子遗址西区墓葬发掘纪要》，《考古与文物》2004年第1期。

[9] 中国社会科学院考古研究所内蒙古工作队：《赤峰药王庙、夏家店遗址试掘报告》。

济更加凋敝，各方面均呈没落之象：

> 首先，夏家店上层文化的遗址大多零星单薄，分布的密度及堆积的厚度皆大不如前，反映了定居生活的进一步萎缩。这还是夏家店上层文化前期的景象，至于到了后期，索性连半定居的村落遗址也难以找寻。
>
> 其次，生产工具中用来开荒、掘土、松土的石锄、石铲等农耕工具已成稀有之物，唯独多见收割用的双孔半月形石刀。没有耕耘哪来收获？因此可以推测，这些数量众多的半月形石刀或者是用来刈割牧草的，或者是用来劫掠农业部落的粮食作物的，或者是用来加工皮革的，总之不是自耕农的生产工具。
>
> 再次，此阶段的陶器文化愈见衰退，比以往更加逊色。具体说，它们都是火候不高的夹砂陶，陶土未经淘洗，质地相当疏松；陶色多呈不均匀的红褐色或灰褐色，也有少量红色陶和黑色陶；制法皆为手制，多用泥条盘筑，大型陶器分段制作，然后套接成器；器壁厚薄不均，制作粗糙；一般为素面，有的表面施有陶衣，极少装饰，只有少数器物的口沿或颈部加有附加泥条制成的迭唇。

以上种种现象无不揭示出，燕北地区曾经繁盛一时的原始农业，到夏家店上层文化时更是一落千丈，凋敝已极。但与上述情况形成鲜明对照的是，夏家店上层文化的畜牧业却蒸蒸日上，很快步入了游牧或半游牧的轨道，主要表现在：

第一，夏家店上层文化的牲畜数量明显增加，遗址中随处可见马、牛、羊、猪、狗的骸骨，墓葬中也常以牲畜殉葬。

第二，与夏家店下层文化最为不同的是，夏家店上层文化的马骸骨多见，有的墓葬还随葬了马头和马蹄，见证了马匹与人结成的生死与共

关系。

在中国畜牧经济发展史上,乃至在整个北方民族发展史上,马的驯化无疑是一件值得大书特书的事。因为这不仅给人们带来了新的肉食和乳食,带来了极佳的代步和运输动力,还一举改写了畜牧族的生活。

马的短距离时速可达60~100里,由此瞬间改变了人们对距离与速度的感觉,大大拓展了人类的活动空间。特别是在畜牧地区,马的乘骑不仅成倍扩大了畜牧业的活动范围,还使少数几个人就能控制很大的畜群,大大提高了畜牧生产力。又因为联系的便捷,资源与讯息可以借助马蹄迅速传播,使得像"草原帝国"那样的大型社会也有可能在后来出现。此外,马匹不仅以它的灵活与快捷成了牧人的伙伴,更以它的忠诚与无畏成了武士的朋友,大大提高了武士的战斗力。古往今来的战争,胜负的关键就在于军旅的机动性,而在冷兵器时代,骑士的机动性无与伦比,完全可以媲美今天的机械化部队。正如《史记·匈奴列传》所说:"儿能骑羊,引弓射鸟鼠,少长则射狐兔,用为食,士力能毌弓,尽为甲骑。"草原民族擅长骑射,几乎人人"尽为甲骑",因此才获得了远超农业族的战斗力。总之,马匹给草原带来的变革是划时代的,几乎彻底改写了草原民族的生产、生活乃至性格,使他们在纵横驰骋的马背上成了"天之骄子"。

夏家店上层文化部族就是这样一批"天之骄子"。首先我们看到,夏家店上层文化出土的马衔、马镳等相当普遍,且形式多样、制作精良,证实了骑马术的广泛普及。宁城县南山根夏家店上层文化3号石椁墓出土了一件骑士猎兔铜扣环,"环外铸有两个骑马人像,其一马前铸一奔兔"[①],这便逼真再现了当时燕北民族的马背生活。这批宁城南山根墓葬不仅出土了成套马衔、马镳、銮铃、节约、铜泡等车马具,还出土了一种锚状有倒刺的马衔。这件马衔的外端有能够转动的环,只要马头偏离方向,倒刺便刺

---

① 中国社会科学院考古研究所内蒙古工作队:《宁城南山根遗址发掘报告》,《考古学报》1975年第1期。

第五章　多元性——燕山南北的多元民族及文化

入嘴中,可以有效驯服烈马。通过这些考古遗物,足见夏家店上层文化族群的骑马术已经尽善尽美,炉火纯青。

此外,种种事实表明,夏家店上层文化的马不仅用于乘骑,也用于役使。宁城小黑石沟8501号石椁墓出土了一件青铜轭[①],这就是马拉畜力车的用具。宁城南山根102号石椁墓出土了一件刻纹骨牌饰,其上刻有人物狩猎和车马图形[②],更直观再现了畜力车的使用。

上述事实无不揭示,夏家店上层文化居民已成为名副其实的马背民族。中外学者一向认为,马的乘骑与役使,就是游牧经济兴起的最重要标志。事如美国学者欧文·拉铁摩尔所说,正是马的乘骑和役使,给游牧生活的大范围流动提供了充分便利,才使生活在草原与农耕交错带的民族走上了游牧道路[③]。同理,马的乘骑与役使,也使夏家店上层文化部族成了真正的游牧人。

第三,到了夏家店上层文化之时,游牧文化已触目皆是,令人目不暇给。

首先,青铜器、金器及骨器上出现了大量动物纹样,而这就是游牧文化的鲜明标志。这些纹样十分丰富,表现手法有浮雕、透雕、圆雕;表现物种有畜类、兽类、鸟禽类;表现形态有蹲踞式、伫立式、奔跑式、卷曲式。图像中的伏卧状虎和卷曲成环的猛兽形象,以及骑马追兔、张弓射鹿、动物格斗等场面,都是欧亚大陆早期游牧艺术宝库中不可多得的珍品。鸟禽类的代表性纹饰有草原民族喜爱的天鹅及鹰鹫等,其天鹅呈飞翔状,鹰鹫圆眼利爪,个个线条简练,形象生动[④]。

此外,浓郁的游牧文化还集中体现在由各式各样的耳环及耳坠组成的

---

① 赤峰市博物馆等:《宁城小黑石沟石椁墓调查清理简报》,《文物》1995年第5期。
② 中国社会科学院考古研究所东北工作队:《内蒙古宁城县南山根102号石椁墓》,《考古》1981年第4期,图六、图版柒。
③ [美]欧文·拉铁摩尔:《中国的边疆》,赵敏求译,正中书局,1936年,第41页。
④ 刘冰:《夏家店上层文化动物纹饰的研究》,《北方民族文化》1991年增刊。

耳饰上,反映在各种串珠组成的项饰上,映射在由纽扣及腰牌组成的身饰上[1],表现在造型独特、纹样别致的各式兵器上[2],由此合成了一组绚丽多彩的草原风情画。

第四,在制陶工艺不断衰退的同时,夏家店上层文化的铜器铸造技术却明显提高,不仅青铜器的数量大幅度增加,还出现了大型采矿、冶炼遗址,表明夏家店上层文化也和同期中原列国一样,进入了青铜文化的鼎盛期。

在夏家店上层文化中,发现了像宁城南山根101号墓、宁城小黑石沟8501号墓、9601号石椁墓[3]这样的大型贵族墓,一墓之中出土的青铜器竟多达四五百件乃至上千件,充分体现了青铜文化的繁荣。其器类包括了炊器、容器、工具、兵器、车马具、装饰品等,可谓无所不包,器型更是五彩斑斓,多至百余种[4]。

如同魏营子文化一样,夏家店上层文化的青铜器也分中原式、北方草原式及二者风格兼融式三大类。例如南山根101号墓、小黑石沟8501号墓等大型石椁贵族墓,出土的鼎、簋、罍、壶、尊、匜等青铜礼器就是中原风格的,反映了夏家店上层文化与中原列国的联系。当然,在夏家店上层文化青铜器中,占主导地位的仍是极具本地特色的"北方系青铜器",其中较特异的有各式兵器和双联罐、四联罐、豆形器及鹿首镳、坚齿状衔等[5]。

1976年,在内蒙古林西县大井村发现了一处夏家店上层文化的大型矿冶遗址,位于西拉木伦河以北的大兴安岭余脉。经过全面清理和发掘,

---

[1] 盖山林:《丝绸之路草原民族文化》第六章第二节,新疆人民出版社,1996年。
[2] 靳枫毅:《论中国东北地区含青铜短剑的文化遗存》,《考古学报》1982年第4期、1983年第1期。
[3] 王大方:《宁城打击盗掘古墓犯罪获重大成果》,《中国文物报》1996年12月15日。
[4] 翟德芳:《试论夏家店上层文化的青铜器》,刊《内蒙古文物考古文集》,中国大百科全书出版社,1994年。
[5] 刘国祥:《夏家店上层文化青铜器研究》,《考古学报》2000年第4期。

第五章　多元性——燕山南北的多元民族及文化

可知这是一处集露天采矿、选矿、冶炼、铸造为一体的古铜矿遗址，占地面积不下 2.5 平方公里。在此范围内，仅露天开采的矿坑就多达 40 余个，此外还有房址和炼炉遗迹等，遗物则有大量的石镐、石锤等生产工具，以及陶器、铜器、陶范、炼渣等。根据碳 14 年代测定，该遗址距今 2900 至 2700 年，大致相当西周晚期至春秋早期[1]。这处矿冶遗址的存在，说明当时燕北地区已经完全能够自行铸造铜器，尤其是铸造极具本地特色的"北方系青铜器"。

第五，在夏家店上层文化的"北方系青铜器"中，以兵器的铸造最为显著，数量之多前所未有。其种类主要有短剑、戈、矛、盾、刀、斧、盔及铜镞、剑鞘等，其中刀的形式多种多样，以柄部带齿及装饰鸟纹、兽纹或柄端装饰牛马等形象的铜刀最具特色。短剑的形式也有多种，包括銎柄曲刃或直刃剑、短茎或丁字形柄曲刃剑、直刃匕首式剑等，有的短剑还装饰了人形或虎、鹿、鸟、蛇动物纹样。至于斧，是一种銎管纳柄的锤斧，它们除了可以当作工具，也是近身格斗的锐利武器。镞有三翼有铤式和柳叶式两种，此外较特异的还有弧形带钮盔等。

青铜兵器的激增，反映了当地部族武装化倾向的急剧膨胀，体现了夏家店上层文化部族孔勇好武的性格。这时还出现了一个专门的武士集团，他们视生死为一界，下葬时仍头戴铜盔，随葬青铜戈、矛、短剑等武器，贴身放置标示自己身份的动物纹牌或几何纹牌[2]。从埋葬规格看，他们的地位低于大中贵族却高于一般氏族成员，相当于下层贵族。这个群体的出现，给我们提供了如下信息：

　　一、武士阶层的存在，表明该族团的军事行动已经相当经常化和正规化；

---

[1] 靳枫毅：《夏家店上层文化及其族属问题》。
[2] 《中国大百科全书·考古卷》，第 570 页。

二、这些专门的武装人员绝非零星的小氏族所能供养，说明夏家店上层文化已经结成较为庞大的部落联盟；

三、夏家店上层文化的阶级分化不断加剧，统治集团与被统治集团之间的距离越拉越大，因此才出现了像武士集团这样的中间阶层；

四、这些武士不仅是部族对外掠夺和征战的先锋，更是平日里维系内部专制统治的工具，揭示夏家店上层文化的"国家机器"已具有相当程度的专制性。

综合上述五大方面，夏家店上层文化已经表现出相当成熟的游牧或半游牧特征。一般来说，游牧文明的基本内涵是：经济形态以畜牧业为主，经营方式为游牧或半游牧，马匹成为经济生活的重要角色，马具和兵器大量增加，动物形纹饰普遍流行，常见耳环、耳坠、串珠、金臂钏等装饰品。综合以观，夏家店上层文化已完全具备了这些要素，已属不折不扣的游牧文明。

国外考古界对早期游牧文化的判定，来自一个叫"斯基泰"的南俄印欧语系东伊朗语族游牧民族。该游牧文化形成于公元前七世纪，包括兵器、马具和"动物纹"装饰三大内涵，合称"斯基泰三要素"[1]。这三大要素分别代表了畜牧化特征（"动物纹"装饰）、移动化特征（马匹与马具）和武装化特征（兵器），而这就是游牧文化的核心标志。毋庸赘言，即使按这三大要素来衡量，夏家店上层文化也已跨入了游牧文明的行列。而且，夏家店上层文化开始于公元前1000年，比斯基泰文化形成的时间要早，其游牧经济的成分也丝毫不比斯基泰文化差，可以说它才是早期游牧文明的最典型代表。

---

[1] 乌恩：《论夏家店上层文化在欧亚大陆草原古代文化中的重要地位》，刊《草原文化研究资料选编》（第二辑），内蒙古社会科学院。

纵观人类发展史，游牧经济的形成是一个极为漫长的过程，大致经历了四大阶段：一是动物的驯化，二是家畜饲养，三是畜牧业的形成，四是游牧和半游牧经济的诞生。从中国的实际情况看，动物驯化肇始于旧石器时代晚期，代表性的物种是狗。家畜饲养业滥觞于新石器时代早期，首先驯化的是适于圈养的猪和鸡，此后在距今六千年前完成了食草类动物羊和牛的驯养。马的驯化在六畜中年代最晚，但晚不过龙山时代，各地龙山文化遗址出土的马骸骨就是明证[①]。如前所述，当食草类家畜的豢养达到一定规模时，便一定要从农业经济中剥离出来，成为独立的产业，这就是畜牧业。畜牧业是通向游牧经济的必由之路，但它的独立阶段性却一向为史家所忽略。而揆诸史实，正是在这个阶段，畜牧业成了游离于农耕经济之外的独立体，畜牧族也成了脱离农业族的独立体，但尚未成长为成熟的游牧经济和游牧族。也就是说，一方面有别于混合在一起的半农半牧经济，一方面有别于具备了三大要素的游牧经济，便是畜牧阶段的独立性。

就燕北地区而言，这个阶段大约开始于夏家店下层文化中期，相当于公元前十七世纪初叶，适逢中原的夏代晚期。再以后，到夏家店下层文化晚期，定居村落防御设施的出现以及陶器文化的急遽衰退等，无不表明这时的畜牧经济已上升到和农业经济平起平坐的地步，由此形成了农牧交错带。魏营子文化的进一步发展，把农牧交错带变成了农牧对抗带，农业经济及农业部落更加凋零。自此而后，伴随公元前 1000 年左右中国北方干旱期的到来，燕北地区终于在夏家店上层文化之时进入到古代畜牧经济的最高阶段——游牧阶段。鉴于夏家店上层文化还保留着部分农业和狩猎经济，它的游牧经济也可称为半游牧经济，或者称为以游牧经济为主体的混合经济。但这些都不重要了，重要的是，它已完全具备了"斯基泰三要素"所规定的条件，游牧经济已经占据了主导地位。

[①] 陈文华：《农业考古》，文物出版社，2002 年，第 71～72 页。

经历了种种变化，最终发展成游牧或半游牧经济区的，不限于燕山以北。《史记·货殖列传》云："龙门、碣石北多马、牛、羊、旃裘、筋角。"此文便以龙门、碣石以北统为游牧区。《史记正义》释云："龙门山在绛州龙门县，碣石山在平州卢龙县。"由此可见，司马迁划定的这条农牧分界线始于绛州龙门（今山西河津东南），终于卢龙碣石（今辽宁绥中东南），从晋南一直贯穿到了辽东。在此基础上，今人史念海做了更为精细的划分，指出春秋时期的农牧分界线是从今陕西泾阳出发，经白水、韩城到达黄河之滨，再由山西河津县龙门东越黄河，经山西屈县南，循吕梁山东麓东北行，穿过今山西阳曲县北，东南经盂县连接太行山，再循太行山东麓过燕国蓟城北，东南达于渤海之滨[1]。

有史可稽的是，这条农牧分界线以北的西部地区与东部地区一样，也经历了一场环境蜕变，出现了一场经济形态的交错和更替。通过对陇西南葫芦河流域的综合考察，可知在距今4200～4000年间，该地出现了一个气温和降水量快速下降的阶段，此后进入匀速递降时期，一直持续到了距今2100年前[2]。与此相应，西部地区的经济形态随之发生了大的衰变，事如俞伟超先生所言：

> 甘青地区的新石器至青铜时代诸文化，自大地湾至齐家……都是以锄耕农业为其经济主体的。而卡约、寺洼、辛店等遗存，虽然仍有相当的农业经济成分，则显然以畜牧经济为主体。[3]

此文概括了甘青地区从齐家文化的锄耕经济向较晚的卡约、寺洼、辛店文化的畜牧经济的转变，表明西部地区经济形态的变化丝毫不亚于东部。

---

[1] 史念海：《黄土高原历史地理研究》，黄河水利出版社，2001年，第512～547页。
[2] 李非、李水城、水涛：《葫芦河流域的古文化与古环境》，《考古》1993年第9期。
[3] 俞伟超：《关于"卡约文化"与"唐汪文化"的新认识》，《先秦两汉考古学论集》，第207页。

饶有兴味的是，西部的齐家文化与东部的夏家店下层文化虽然相隔遥远，其发展却不乏异曲同工之妙。一是这两个文化都开始于公元前2000年左右；二是它们都是当地较早进入了青铜时代的文化；三是这两个文化都有相当比重的锄耕农业；四是它们也都出现了日益增长的畜牧经济；五是在它们之后，无论是西部的卡约、辛店、寺洼文化，抑或东部的魏营子文化和夏家店上层文化，都以畜牧经济为主体。因此，结论只有一个——在整个长城沿线以北，自公元前2000年开始，都出现了从农耕经济向畜牧经济的转化。

变化是普遍的，趋势是一致的，但变化的过程却不尽相同。林沄曾就长城沿线西部的发展状况指出：

> 齐家文化之后，甘肃中部和青海东部有几百年的考古上的空白。……在甘肃东部和陕西，齐家文化和客省庄二期文化结束后，也存在一段时间的考古上的空白。[1]

台湾学者王明珂亦就长城沿线中部的演变过程指出：

> 在公元前2000年以后，除陕北外，这地区所有的人类活动遗迹都逐渐消退或完全消失。……这个考古上的缺环，大约是在公元前1500～前600年之间，相当中国史上的商代到春秋中期。[2]

以上研究共同揭示出，在由农耕经济向畜牧经济转化的过程中，不少地区在承前启后的关键环节出现了历史的断层。相比之下，在整个北中国畜牧经济的温床上，唯有燕山以北的畜牧经济由夏家店下层文化、魏营子文化到夏家店上层文化，表现出了最完整的发展序列。这一事实充分证

---

[1] 林沄：《夏至战国中国北方长城地带游牧文化带的形成过程》，刊《燕京学报》第14期，2003年。

[2] 王明珂：《华夏边缘——历史记忆与族群认同》，社会科学文献出版社，2006年，第80页。

明，燕山以北才是中国古代畜牧经济发育成长的主干。

长城沿线东西部的这种差异，显然是由环境与气候的不同造成的。从地理条件上看，整个长城以北的地势西高东低，西部多为高原和高山河谷，草原植被远不如东部。因为地势高亢，西部地区的气候也远较东部寒冷，温差也大。而与地势的西高东低相反，降雨量却东高西低，东部充沛而西部稀少。于是，当公元前2000年左右气候转向干冷时，西部地区不啻雪上加霜，变得愈发干冷。此外，西部地区在气候上处于北方季风区，是东南季风、西南季风和西风环流交互影响的地区，气候变化极为敏感。而东部地区连接太平洋西岸，属于太平洋季风区，且水系纵横，暖湿程度远较西部为佳。总之，综合地理、气候、干湿程度等各方面条件，东部的生态环境明显优于中西部。

正是由于这种自然差异，早在原始农业阶段，东部地区的红山文化就远比中西部发达。到了向畜牧经济过渡时，同样由于这种差异，中西部便无可避免地出现了文化的断层。相比之下，唯有环境最优越的燕山以北地区，两大经济的转变强劲而且持续，由此缔造出一处草原经济得天独厚的天堂。在这片天堂里，不仅孕育了最具雄厚实力的畜牧经济，而且培育了最具旺盛生命力的畜牧民族。甚至可以说，无论是先秦还是秦以后，历朝历代的草原民族你来我往，多如牛毛，但基本上都以燕山以北的为盛。前面提到的先秦东胡族、北魏鲜卑族、辽朝契丹族、金朝女真族、元朝蒙古族和清朝满族等，都是从这片草原天堂兴旺崛起的，最后连带全国的政治重心也不得不转向了这里。

自二十世纪以来，中外学术界长期流行着一种很有影响的看法，即认为中国北方的青铜文化及其游牧经济、游牧民族是从境外传来的，或者来自北亚，或者来自更为遥远的西方。草原文化学者乌恩援引俄罗斯学者的看法说：

（南西伯利亚和哈萨克斯坦的）卡拉苏克文化的祖先由此一方面渗入蒙古、图瓦和米奴辛斯克盆地，同当地居民融合，形成了卡拉苏克文化和鲁加夫卡文化；另一方面渗入内蒙古、鄂尔多斯和东北南部，同当地居民融合而形成石棺墓文化或夏家店文化及其他文化。[①]

按照这种观点，不仅中国北方的草原文化是从域外传来的，就连当地的游牧民族也是由域外迁来的。时至今日，仍有不少中外学者作如是观，其最重要的理由是，在中国北方的草原文化中，总是不难看到外来文化的踪影。

毋庸讳言，中国北方的草原文明显然具有它的多元性，其中也不乏外来文化的踪影。特别是在气候条件相对较好的燕山以北一带，东、南、西、北人群及文化皆交汇于此，多元性的表现尤为突出。其实这本不足为奇，因为任何一个有生命力的文化，都会在成长过程中不断汲取其他文化的营养的，古今中外概莫能外。但问题恰恰在于，要从中寻找来自任何一方的文化虽然不是难事，但这是否就说明燕北的游牧文化是外来的呢？这里的关键是，当甄别一个文化究竟是外来的或者仅仅是汲取了某些外部元素时，应当如何看待和把握它的本质方面。

首先应该看到，正如前文所述，由于气候的变化，整个长城沿线以北都陆续变成了游牧或半游牧经济区，而燕山以北刚好位于这个游牧带环境最优越的东部。因此一个不可阻断的历史潮流是，西部较为困厄的游牧民，一定会想方设法向环境较好的东北地区迁徙，这样就构成了燕北地区多元文化的一大来源。恰如学者所揭示，正是从气候蜕变的夏代开始，长城中部的居民就不断东移，这已由长城中段夏时期的"蛇纹鬲"的逐次东

[①] 乌恩：《中国北方青铜文化与卡拉苏克文化的关系》，刊《中国考古学研究——夏鼐先生考古五十周年纪念论文集》(二)，科学出版社，1986年。

传得以证明①。

此外尤其值得关注的是，燕山以北不仅地处长城生态线的东端，还地处欧亚大草原的东端。而同样由于环境的变化，自从公元前二千年起，东起西伯利亚和中国东北，向西一直到蒙古、中亚、高加索、南俄罗斯和欧洲中部多瑙河一带，整个欧亚大陆北部都相继变成了游牧世界，此即人们通常所说的欧亚大草原。这个草原带的长度几乎占了欧亚大陆的三分之二，空间十分广袤，但中间的交通却相当畅达，借助马蹄轻而易举便能直达东西两端。于是，由于生态环境和经济形态的相近，由于同样的经济生活方式决定了大致相同的饮食结构、服饰装束、居住环境、文化习俗乃至心理素质，更由于游牧生活带来的极大流动性及欧亚草原的通行无阻，欧亚大陆的游牧世界就形成了许多共性。任举简单一例来说，草原文化中的动物纹装饰就普遍见于整个欧亚草原，其中不仅包括了中国北方，还包括了蒙古、南西伯利亚、阿尔泰、哈萨克斯坦、黑海沿岸等地区。

上面这些共性特征是毋庸置疑的，但问题的本质是，从纵向的发展上看，东北地区的畜牧经济是在夏家店下层文化燕北类型中一步步孕育生成的，夏家店下层文化才是它的母本文化。而夏家店下层文化又是在燕北的后红山文化的基础上生成的②，同样是西辽河流域的土著文化，而所有这些皆与域外的文化了不相涉。

再从横向的联系上看，夏家店下层文化的陶器与陕西、河南、河北等地的文化有许多相似之处，以至有不少学者认为夏家店下层文化就是从中原传过来的③。此结论虽然过于简单，但也确凿无疑地证明了夏家店下层文化就是大中华文化的一部分。尤有甚者，就连燕北类型的"北方系青铜

---

① 田广金、郭素新：《鄂尔多斯式青铜器的渊源》，《考古学报》1988年3期；李水城：《中国北方地带的蛇纹器研究》，《文物》1992年第1期。

② 辽宁省博物馆：《辽宁敖汉旗小河沿三种原始文化类型的发现》，《文物》1977年第12期。

③ 李经汉：《试论夏家店下层文化区系和类型》，《中国考古学会第一次年会论文集》，文物出版社，1979年。

器"也不乏中原文化的烙印[1]，这就更说明了夏家店下层文化的畜牧族典型器也是中国本土的产品，至少其中的绝大部分是如此。事既如此，那么由夏家店下层文化孕育出的畜牧经济，也就只能是中国的原生态经济了。这个新经济是中国长城沿线以北环境蜕变的产物，相对这个内在的主因，其他任何外因都是次要的。

更从自身的发展脉络上看，中国本土的畜牧经济在夏家店下层文化中孕育生成后，又在燕北的魏营子文化和夏家店上层文化中不断生长，一步步跨入了畜牧经济的最高阶段。其发展的序列是如此完整，其成长的线索是如此清晰，从中根本看不出外部世界的强力干扰来。当然，谁也不能说夏家店下层文化燕北类型、魏营子文化、夏家店上层文化属于同一个部族，因为没有哪一个部族会在长达一千六七百年中始终坚守在同一个地域上。何况这是自然环境不断蜕变的一千多年，是各个部族不断重组的一千多年，社会的震荡前所未有。但即便如此，作为地方性的土著文化，夏家店下层文化、魏营子文化和夏家店上层文化的一脉相承仍然是一目了然的。

对于燕北地区这些考古文化的承继性，学者很早就指出：

> 商周之际遗存同上层文化的连续性要大于同下层文化的连续性。但上层文化的某些因素，如袋足器仍保持了肥大袋足、高实足跟，鬲作筒形、外表磨光，以及浅盘、细高柄的豆等，显然还具下层文化遗风。[2]

以上"商周之际遗存"指的是魏营子文化，"上层文化"指的是夏家店上层文化，"下层文化"指的是夏家店下层文化。综合这段文字的含

---

[1] 齐亚珍、刘素华：《锦县水手营子早期青铜时代墓葬及铜柄戈》，《辽海文物学刊》1991年第1期。
[2] 郭大顺：《西辽河流域青铜文化研究的新进展》，《中国考古学会第四次年会论文集》，文物出版社，1985年。

义，主要强调了夏家店上层文化与魏营子文化的一脉相承性，但也明确指出，魏营子文化与夏家店上层文化的很多因素都是由夏家店下层文化发展来的。这种文化的承继性，其意义丝毫不亚于这几大文化是否出于同一血族，因为这已经揭示了中国畜牧经济和畜牧文化的一脉相承性，这就足够了。

综合起来看，在燕北地区畜牧经济的来源上，事情的本质是：

1. 燕北地区的畜牧经济是在本地孕育生成的，夏家店下层文化燕北类型即其母体；

2. 夏家店下层文化燕北类型是本地土生土长的文化，也是大中华文化的一部分；

3. 继孕育生成后，在长达一千六七百年的时间里，畜牧经济在夏家店下层文化燕北类型、魏营子文化、夏家店上层文化中前后相继，表现出了一以贯之的本地特点和递嬗关系，充分证明这是生于斯也长于斯的原生态经济；

4. 如果略去畜牧生活方式所决定的跨地域共性不计，可知燕北地区文化所受的最主要影响并非来自遥远的北亚，而是来自近在咫尺的华夏中原。这不仅在夏家店下层文化中得以体现，在魏营子文化和夏家店上层文化中也历历可见。

以上种种事实，就是关于燕北地区乃至整个中国北方畜牧经济来源的最本质方面。如果忽略了这些主导方面，仅凭在中国北方草原文化中能够找到几件欧亚草原文化器具或相关元素，就简单地把中国畜牧经济归结为是从域外传来的，无异于以叶障目、舍本求末。

分布在南西伯利亚、鄂毕河上游和哈萨克斯坦的卡拉苏克文化，即历来被认定的中国牧业文化的主要来源。这是一种半游牧文化，年代从公元前十三世纪一直延续到公元前八世纪①，相当中国的商代后期到西周时期。两相比照，中国的畜牧经济生成于夏家店下层文化中期，约当公元前十七世纪初叶，比卡拉苏克文化早了整整三四百年。仅凭这一点，就足以证明中国的畜牧经济不可能是从卡拉苏克文化发展来的。当然，我们也无意说卡拉苏克文化是由夏家店下层文化的新生畜牧族迁徙过去的，因为这也缺乏足够的证据。事实上，客观公允地说，西方的卡拉苏克文化也罢，中国北方的畜牧文化也罢，都是受全球气候变化的影响生成的，都是本地环境蜕变的产物。

在年代上，卡拉苏克文化与魏营子文化接近，而且都以畜牧经济为主体，因此这两者最具可比性。但比较的结果是，卡拉苏克文化与魏营子文化存在明显的高下之分。仅就最具草原风格的"北方系青铜器群"而言，开始于公元前十一世纪的魏营子文化已有成套"北方系青铜器"，而卡拉苏克文化草原风格铜器的成组出现，却晚到了公元前九世纪以后，两者相差了至少两个世纪。

到了公元前十世纪初叶，夏家店上层文化蓬勃兴起，中国本土的游牧文化登上了历史舞台。见于夏家店上层文化，不仅出现了成套的"北方系青铜器"，还出土了规模宏大的采矿铸造遗址，青铜兵器和车马具的铸造也十分发达，而这都是卡拉苏克文化无法望其项背的。不仅卡拉苏克文化远不能逮，正如乌恩先生所说，当夏家店上层文化已十分繁荣时，除俄罗斯图瓦共和国的阿尔赞王陵外，欧亚各地的草原文化尚处在不成熟的酝酿期②，都无法与夏家店上层文化相比。

总之，种种事实证明，中国北方的畜牧经济及游牧民族并非来自遥远的西方，而是孕育生成于本地，并且是欧亚大陆草原文化中较早形成的一

---

① 乌恩:《中国北方青铜文化与卡拉苏克文化的关系》。
② 乌恩:《殷至周初的北方青铜器》,《考古学报》1985年第2期;《论夏家店上层文化在欧亚草原古代文化中的重要地位》,《边疆考古研究》第1辑。

支。尤其是燕山以北的东北大平原，西侧为大兴安岭，东侧为长白山地，北部为小兴安岭，南部濒临辽东湾，是一处被巍巍群山、莽莽森林和茫茫大海所环抱的绝世独立之地，正好成为原生态畜牧经济独立生长的温床。其中与北京平原紧相毗邻的辽河平原地势平坦，山环水绕，水草丰美，再加上前面谈到的气候的适宜，此处自然环境的优越更是略胜一筹。因此，当自然环境发生蜕变时，这里的畜牧族便乘势而起，迅速成长为整个欧亚草原畜牧文化中十分强劲的一支。

中国北方畜牧经济的原生态性质当然是从源头上说的，至于在后来的历史长河中，这支畜牧文化和欧亚草原文化间的交流自然势所难免。而且期间不仅有文化的交流，也势必有人员的交流。但这种交流无疑是双向的，并不是只有欧亚大陆草原文化对中国北方畜牧文化的交流，也一定有中国北方畜牧文化对欧亚草原文化的交流。最突出的实例是，中国北方的匈奴族在东汉早期被彻底击溃后，北匈奴远遁，成为高加索地区、伏尔加河流域乃至多瑙河流域某些古国的开创者，这就是中国北方畜牧族、畜牧文化对欧亚大陆的影响。

总而言之，说卡拉苏克文化是中国北方畜牧文化的来源，无论从哪方面来说都是难以成立的。更何况，一个最确凿无疑的事实是，早在夏代后期，当卡拉苏克文化还杳无踪影时，燕山以北这支土生土长的畜牧族便大举南侵，以中原诸夏为之瞠目的势力和野心证实了它的存在，并一举改写了北京的历史。

五　畜牧族的南渐

畜牧族与生俱来的天性就是"逐水草而居"，要不断寻找和开拓新的牧场，而这通常是由入侵其他部族的领地来实现的。因此，自从他们来到

第五章 多元性——燕山南北的多元民族及文化

这个世界，命中注定就要改写人类的历史，特别是要改写那些早已习惯于循规蹈矩的田园生活的农业族的历史。斯塔夫里阿诺斯在他的《全球通史》中说：

> 公元前二千纪，欧亚大陆正处于一个骚动时期，即游牧民入侵、古老的帝国被推翻、旧的社会制度瓦解的时期。骚动是猛烈的，整个欧亚大陆都处于一片混乱之中。[1]

这里说的是，公元前二千纪游牧族在世界范围兴起后，曾一举改写了整个欧亚大陆的历史。夏家店下层文化畜牧族的降生，显然也改写了燕北地区的历史，给当地的农业族带来了前所未有的威胁，这已由定居村落层层叠叠的防御工事得以体现。但事情并未到此止步，因为种种迹象表明，自从诞生的那天起，燕北畜牧族就翻越燕山进入了今北京地区，掀开了北方畜牧族闯入北京平原的历史第一幕。

北京地区夏商时期的考古学文化亦为夏家店下层文化，属于该文化的燕南类型。这个类型分布在北起燕山、南逾拒马河、东至海河、西抵桑干河的范围内，主要集中在京津唐地区。迄今为止，经重点发掘的遗存有北京昌平雪山遗址第三期[2]、北京昌平张营[3]、北京房山琉璃河[4]、北京平谷刘家河墓葬[5]、天津蓟县围坊遗址第二期[6]、天津蓟县张家园遗址第四层[7]、河

---

[1] [美]L.S.斯塔夫里阿诺斯：《全球通史——1500年以前的世界》，吴象婴、梁赤民译，上海社会科学院出版社，1999年，第149页。

[2] 北京市文物研究所：《北京考古四十年》，第24～25页。

[3] 北京市文物研究所、北京市昌平区文化委员会：《昌平张营——燕山南麓地区早期青铜文化遗址发掘报告》，文物出版社，2007年。

[4] 北京市文物管理处、中国科学院考古研究所等：《北京琉璃河夏家店下层文化墓葬》，《考古》1976年第1期。

[5] 北京市文物管理处：《北京市平谷县发现商代墓葬》，《文物》1977年第11期。

[6] 天津市文物管理处考古队：《天津蓟县围坊遗址发掘报告》，《考古》1983年第10期。

[7] 天津市文物管理处：《天津蓟县张家园遗址试掘简报》，《文物资料丛刊》第一辑，1977年。

北大厂大坨头[①]、河北唐山小官庄[②]和河北唐山大城山[③]等，由此积累了丰富的资料。在前面第三章第三节中，已对这些遗存在北京地区的分布状况做了概要的归纳，现在需要进一步探讨的，是此类型与夏家店下层文化燕北类型的关系问题。

通过对夏家店下层文化燕山南北两大类型的比较研究，邹衡在1978年发表的《关于夏商时期北方地区诸邻境文化的初步探讨》一文中，把京津地区的此类遗存界定为"夏家店下层文化燕山型"[④]；李经汉在1979年发表的《试论夏家店下层文化的分期与类型》一文中，把其概括为"夏家店下层文化燕南类型"[⑤]。以上观点虽在说法上稍有区别，但都强调了燕山南北两大类型的共性，并由此把它们划归为同一个文化。但韩嘉谷所见不同，他在1982年发表的《京津地区商周时期古文化发展的一点线索》中，强调的是这二者的差异，认为燕山以南的此类遗存不应归为夏家店下层文化，而应另以大厂大坨头遗址为代表称为"大坨头类型"[⑥]，此后更直接称为"大坨头文化"[⑦]。

遗存间个性与共性的比较，是考古学研究的两大重点，也是考古学研究的两大难点。一般而言，共性为主即为同一种文化，个性为主则为不同的文化。但关键的是，世界上没有完全相同的两件事，即使在同一个文化中，也没有绝对相同的两个遗址，于是根据组群间的差异，同一种文化又可区分为若干不同的类型。这种划分看似简单，但在实际甄别中往往容易迷失客观标准，以至沦为一个极带研究者主观随意性的问题——强调共性

[①] 天津市文化局考古发掘队：《河北大厂回族自治县大坨头遗址试掘简报》，《考古》1966年第1期。
[②] 安志敏：《唐山石棺墓及其相关的遗物》，《考古学报》第七册，1954年。
[③] 河北省文管会：《河北唐山市大城山遗址发掘报告》，《考古学报》1959年第3期。
[④] 邹衡：《夏商周考古学论文集》，文物出版社，1980年，第263～265页。
[⑤] 载《中国考古学会第一次年会论文集》，文物出版社，1980年。
[⑥] 载《中国考古学会第三次年会论文集》，文物出版社，1984年。
[⑦] 韩嘉谷：《大坨头文化陶器群浅析》，《中国考古学会第七次年会论文集》，文物出版社，1992年。

的便以其为同一个文化，强调个性的则以其为不同的文化。那么，有没有什么可以遵循的客观标准呢？答案无疑是肯定的。首先应该明确，考古学文化既然是指"考古发现中可供人们观察到的属于同一时代、分布于共同地区、并且具有共同特征的一群遗存"[1]，那么判定某些遗存是否属于同一种考古文化，最基础也最核心的标准无非是如下四大项：

一、时间上是否共存；
二、空间上是否毗连（个别"飞地"除外）；
三、文化因素上是否存在本质共性；
四、与其他相邻文化是否存在明显的差异。

无论对任何考古学文化而言，以上第一、二点都是很容易判明的，第四点也不难甄别。问题的关键，就在于如何从本质上权衡相关遗存的共性与个性上。

就夏商时期燕山南北两大遗存而言，其时间和空间的关系是毋庸置疑的，而综合此前的讨论，无论观点如何不同，有两点也相当一致：一是都认为这两大类型确实存在共性特征，二是不否认它们明显有别于其他邻境文化。那么，剩下的问题只有一个——这两大类型的共性特征是否足够多，而且是否足以代表事物的本质方面呢？

在此前各家的论述中，某些被视为燕山南北夏家店下层文化共性特征的，实属时代共性的反映，应当予以剔除。例如，无论燕山以北还是燕山以南，此阶段的文化都进入了青铜时代，皆以磨制石器为主，普遍使用了鬲、甗等三足器，盆、罐、钵、鼎等多见，陶器纹饰以绳纹为主。以上特征虽然同见于燕山南北，但它们也广泛见于夏商时期的各大主流文化，属于时代的共性，不能归在夏家店下层文化两大类型的独有共性中。而将此

---

[1] 安志敏:《考古学文化》,《中国大百科全书·考古卷》,第253~254页。

类共性剔除后,我们看到,燕山南北夏家店下层文化的共性仍比比皆是。

例如,燕山南北夏家店下层文化的房址多为半地穴式,以圆形为主;墓葬中都有一定比例的石棺、石椁墓,此为中原地区所不见;铜器多为小件器,以刀、镞为主;细石器各占一定数量,以三角形细石镞和刮削器为主;骨器数量较多,尤以骨镞、骨锥所占比例为大;两地都盛行占卜文化,但有卜骨而无卜甲;陶器常见黑衣磨光和绳纹加划纹的装饰,有的施以红、白、黄彩绘花纹;陶器形制以腰饰附加堆纹的甗、折腹盆、折肩鬲、筒腹鬲、鼓腹鬲、罐形鼎等最富特征,由此合成了一组色彩鲜明的典型器;陶纺轮多为算盘珠形,也有多角星形的;最具典型性的铜耳环等饰品不仅广泛见于燕山以北,也普遍见于燕山以南。

以上共性特征,一则反映在铜器、石器、骨器的种类及特征上,这是考古学文化的核心标准;二则反映在房址及墓葬的特有形制上,这是考古学文化的主体;三则反映在陶器群的种类、形制、色调、纹饰上,这是考古学文化的基础;四则反映在装饰品及陶纺轮的特异性上,这是民族习俗的最直观表现;五则反映在占卜文化的特殊性上,这又是民族特性的最鲜明标志。这些共性,涵盖了考古学文化的各大主流方面,不仅足够充分,而且足够本质,完全能够证明燕山南北的夏家店下层文化确属同一个考古学文化。

当然,正如"橘生淮南则为橘,生于淮北则为枳",这两大类型既然所在的区域不同,文化土壤和外部环境也不同,彼此的差异自然在所难免。试想,燕北类型植根于后期红山文化,燕南类型嫁接于雪山二期文化,怎么可能完全一致?再试想,前者和西拉木伦河以北的渔猎地区相接触,后者和拒马河、大清河以南的中原文化相濡染,又怎么可能保持相同的发展趋势?总体上说,夏家店下层文化的燕南类型一则延续了燕北类型的主导因素,二则吸收了燕南的河北龙山文化因素,三则融汇了部分中原文化因素,是由这三大基因组成的,与燕北类型的差别不言而喻。幸好在如此多的差异中，燕山南北两大类型的共性特征依然彰明较著，充分证明它们是同一个文化中的不同类型。

但不可忽视的是，夏家店下层文化的两大类型还有一个重要差异，这就是时代的差异。如前所述，燕山以北的夏家店下层文化开始于公元前二千纪初，相当夏代初年，但考古资料证实，燕山以南的此类遗存却整整晚了一个时段，大约开始于夏代后期。郭大顺先生通过对夏家店下层文化的综合分期，把燕北的辽宁北票丰下遗址划分为早中晚三期，又根据对比研究，判定燕南类型的几处代表性遗存所对应的大致年代是[①]：

唐山大城山遗址相当丰下二期；

河北大厂大坨头遗址的早晚两期分别相当丰下二期及第三期或更晚；

河北蔚县三官遗址的早晚两期分别相当丰下二期及第三期或稍晚；

唐山小官庄墓葬相当丰下三期或更晚。

这就是说，燕南类型没有能够早到丰下一期的，也就是没有能够早到燕北类型早期的。考虑到夏家店下层文化的两大类型仅有一山之隔，不能武断地说燕山以南丝毫没有夏家店下层文化一期的踪影。但从普遍情况看，夏家店下层文化的大面积覆盖燕南，显然晚到了燕北类型的第二期，也就是夏代后期。更何况郭大顺还指出，丰下遗址第一期并非燕北类型最早的遗存，因此尤可见燕南的夏家店下层文化明显比燕北为晚。

具体到北京地区，夏家店下层文化的遗存也都开始于夏代后期。密云区凤凰山墓葬是北京地区燕南类型中年代较早的，主要器类与敖汉旗大甸子墓的筒腹鬲、假圈足罐、折腹盆相似，年代也相近。大甸子墓葬的树轮

---

① 郭大顺：《丰下遗址陶器分期再认识》。

校正年代在距今 3685～3645 年间，属夏代后期，凤凰山墓葬也应大体同时。至于北京地区燕南类型的下限年代，则以房山塔照一期为代表，已经晚到了商代晚期前段。塔照一期共出土了 11 座夏家店下层文化墓葬，时代有早有晚，早的与凤凰山墓葬接近，晚的伴出商代二里冈期上层文化遗物，相当商代晚期前段。据塔照一期的四个碳 14 树轮校正数据，其年代在公元前 1881～前 1429 年间[1]，刚好开始于夏代后期。北京地区的此类遗存还包括了平谷刘家河铜器和陶器墓、刘家河居址灰坑、房山琉璃河刘李店墓葬、房山南尚乐乡遗址等[2]，它们的年代也都不出夏代后期至商代晚期前段的范围。

既然同属一种文化而早晚有别，就有足够的理由推测，京津唐地区的夏家店下层文化是由毗邻的燕北地区发展来的，是夏家店下层文化燕北类型南下的结果。考古工作者曾经注意到一个很特别的现象，即在北京的多个地点同时发现了夏家店下层文化和此前的雪山二期文化遗存，例如昌平雪山、平谷刘家河、房山镇江营等。但奇怪的是，这两种遗存的年代虽然一早一晚，却从未发现它们有直接的叠压关系[3]。这一事实就把上述推测变成结论，即北京地区的夏家店下层文化显然不是由本地的雪山二期文化发展来的，而是由外地传播来的。

第二、三两章已论，自从万年前的"东胡林人"开始，直到镇江营一期文化、上宅文化和雪山一期文化，北京地区的农耕文化始终一以贯之。当夏家店下层文化到来之前，北京地区存在的是雪山二期文化，这同样是以农耕经济为主体的文化。其证据在于：一则雪山二期文化出土了多处房屋基址，反映了定居农业生活的稳定；二则其陶器种类以存储类的罐为

---

[1] 北京市文物研究所：《镇江营与塔照》，中国大百科全书出版社，1999 年。
[2] 北京市文物研究所编：《北京考古四十年》第二编第一章；陈光：《北京市考古五十年》，文物出版社编：《新中国考古五十年》，文物出版社，1999 年。
[3] 北京市文物研究所编：《北京考古四十年》，北京燕山出版社，1990 年，第 35 页。

多，另有鬲、鼎、甗、盆、碗、豆、盉等，皆为农业生活的陶器组合；三则其石器以通体磨光的石斧为多，而这是开垦荒地的利器，是典型的农业生产工具[1]。总之，种种事实无不说明，雪山二期文化仍是以锄耕经济为主体的文化。然而，自打进入夏家店下层文化后，包括北京地区在内，整个燕山以南发生了翻天覆地的变化。

综合迄今所知的发现，燕南的夏家店下层文化极少定居农业生活的遗存，反而处处显现出畜牧生活的别样风情，其具体表现是：

其一，此类型的房屋居址远较雪山二期文化为少，甚至比夏家店下层文化燕北类型还少，仅在河北大厂大坨头遗址、天津蓟县张家园和围坊遗址[2]等地有零星发现，反映了农业定居生活的急剧衰退。

其二，与此前京津地区遗址多见农业生产工具的情况大相径庭的是，此时期的石斧、石锄、石镐等大型农业生产工具已成罕见之物。

其三，燕南类型中最常见的是小件工具及细石器，如铜器多见刀、镞，细石器多见石镞和刮削器，骨器多见骨镞和骨锥，而这都与畜牧生活有关。

其四，燕南类型的陶器质地粗疏，以夹砂褐陶或红褐陶为主，且造型朴拙，器壁较厚，制作方法也以原始的泥片贴接法为主，处处显现了陶器文化的式微。

其五，铜耳环、铜指环等草原民族饰品在燕南类型出土数量之多甚至远超燕北，迄今已屡见于昌平雪山、平谷刘家河、房

---

[1] 北京市文物研究所编：《北京考古四十年》，第24页。
[2] 韩嘉谷：《京津地区商周时期古文化发展的一点线索》，《中国考古学会第三次年会论文集》，文物出版社，1984年。

山刘李店、蓟县围坊、蓟县张家园、唐山小官庄和大厂大坨头等地。平谷刘家河墓还出土了金臂钏和扁喇叭口金耳环等，凡此都是畜牧文化的典型器。

以上事实无不揭示出，在经过自"东胡林人"以来长达六千余年的持续发展后，北京地区的农业经济终于在夏家店下层文化时被来自燕北的畜牧族所阻断，顷刻间化为田园牧歌的别样天地。

说燕山以南在夏代后期成了畜牧族的天堂，不仅有考古学提供的证据，还有古文献提供的线索。《山海经·大荒东经》云："王亥托于有易、河伯仆牛，有易杀王亥，取仆牛。"《竹书纪年》云："殷王子亥，宾于有易而淫焉。有易之君绵臣杀而放之。"以上所述同为一事，都说商朝先公王亥曾到有易部落放牧牛羊并交易牲畜，但被有易国君绵臣杀害，牲畜也被劫掠一空。王亥是商汤第六世祖，恰好处在夏代后期，而据王国维的考证，有易族位于河北易水流域[①]，与北京紧相毗邻。正是这个故事告诉我们，夏代后期的燕山以南已成畜牧业的繁盛之地，甚至成了中原部族与北方畜牧族交易牲畜的大市场。

与燕北类型全然不同的是，燕南类型没有出现深沟高垒的防御性城堡，于是也就没有经历过农业、牧业集团胶着在一起的"农牧交错带"阶段。遥想当年，在燕北畜牧族如狂飙般大举南下时，燕南的农业族显然处在毫无防备且无险可依的状况，只能望风披靡，远走他乡，以至连痕迹都没有留下。

需要特别说明的是，如果单从燕山南北的畜牧族同时出现在夏代的情况看，不妨把这两地都视为畜牧经济的发源地。但从环境的演变主要起于长城沿线以北的情况看，从燕南类型晚于燕北类型的情况看，畜牧经济的自然生长过程仍应以燕山以北为主，燕山以南只是它的传播带。这就是

[①] 王国维：《殷卜辞中所见先公先王考》，《观堂集林》卷九，中华书局，1959年。

说，在畜牧经济的形成上，前者是源，后者是流。虽然有这样的区别，但并不妨碍畜牧族在乍一进入燕南以后，便把这里当作他们新的中心。

燕山南北两大类型有一个看似矛盾的现象，即燕南类型的房址虽少，但面积却往往比燕北为大。例如，大坨头和张家园发现的房址都较大，直径近10米，而燕北类型发现的房址虽多，但除了宁城小榆树林子有一处房址直径达6米外，其余的均在3米左右[①]。过去人们只是简单地把这看作是地域的差别，然而，在文化属性、经济形态、发展阶段基本相同的前提下，这种差异显然反映了规格高下的不同。也就是说，燕南类型较大型的房址，表明这里畜牧族的组织机构较大，酋长的身份较高，于是便有了较大型的活动场所。另外，虽然同属青铜文化，虽然都以青铜工具、武器、装饰品等小件铜器为主，但燕南类型发现的青铜器却明显多于燕北，这也是燕山以南成为畜牧族新的活动重心的表现。倘若说这些证据还不够充分的话，那么，在北京平谷刘家河发现的夏家店下层文化贵族墓，更无可置疑地证明了这一点。

平谷刘家河贵族墓的具体情况已见第三章第三节所述。概言之，其年代"大体相当于商代后期第五段第Ⅸ组"[②]，即相当于商代晚期前段；其规格属于有台阶的大型贵族墓，随葬了各类器物40余件，仅青铜礼器就有16件；其文化谱系则包含了典型中原式、典型北方式及二者兼融式三大类。对于此墓的属性，第三章第三节做了较为详细的考证，论定其必属夏家店下层文化无疑。而现在，当我们了解了燕南的夏家店下层文化是燕北地区畜牧族南下的结果后，进而可知此结论的毋庸置疑。此外更重要的是，该墓葬等级之高不仅在整个燕山南北的夏家店下层文化中绝无仅有，在全国同期方国遗存中也极为罕见，足见该墓主是这个畜牧族的最高统领。最高统领的所在，便是部族中心的所在，于是平谷就是当时夏家店下

[①] 韩嘉谷:《京津地区商周时期古文化发展的一点线索》。
[②] 邹衡:《夏商周考古学论文集》，第264页。

层文化畜牧族的中心。再结合燕南类型的房屋较大、青铜器较多等事实，尤可见此类现象绝非偶然，都表明燕北的新生畜牧族在进入燕南以后，其重心也随之南移，转到了今北京平谷一带。

在进入燕南以后，畜牧族的脚步并未停止，而是如同燕北地区一样，也走出了一条长长的历史轨迹。

事如第三章第三节所述，在夏家店下层文化燕南类型后，北京地区首先出现了相当商代晚期的塔照二期文化。此文化主要分布在平谷至房山一带，尤以房山塔照遗址中层的内涵最为丰富。关于其属性，考古工作者指出："塔照二期文化在陶器形制、制陶方式等主体方面都继承了夏家店下层文化塔照一期遗存"，即这一文化全面继承了夏家店下层文化的燕南类型。塔照二期同时还补充了一种外来文化，而"这种外来的新文化因素属于北方长城沿线地区"[①]，这也与燕山北麓的文化有关。继塔照二期文化之后，在北京地区出现的是相当商代末年至西周前期的张家园上层文化。张家园上层文化在石器、陶器等主流方面皆与夏家店下层文化燕南类型如出一辙，开始时甚至被归在了夏家店下层文化中。凡此事实皆说明，继夏家店下层文化燕南类型后，北京地区的塔照二期文化、张家园上层文化都是以畜牧族为主体的文化，只不过随着时间的推移，它们中的中原文化影响越来越大，中原因素也越来越多而已。

鉴于上述事实，可知夏商时期燕山以南的畜牧文化如同燕北一样，有着一脉相承的发展轨迹，同样没有出现长城沿线西部和中部的文化断层。综合起来看，夏家店下层文化燕山南北这两大类型合在一起，共同组成了北中国畜牧文化中谱系最完整、年代最绵长、发展最稳定的一支。同时它们还是整个长城地带畜牧文化中实力最强大的一支，覆盖的面积广及南北数千里。这面积不仅远比其他同时期的北方青铜文化为大，甚至超过了中

[①] 陈光：《北京市考古五十年》。

原二里头文化，形成了一支堪与中原主流文化分庭抗礼的力量。之所以平谷刘家河贵族墓的规格如此之高，其故盖源于此。

考虑到历史的复杂性，夏代后期至商的京津唐地区除了畜牧族势力外，势必还会有其他势力。第三章谈到的黄帝后裔的蓟，至少在殷商时期已经来到北京，这就是当年坚守在北京平原的一支古老力量。至于晚商之时的"肃慎""燕亳""邶伯"等，也都是有史可稽的北京地区方国。但无论如何，自夏代后期起，北京的大部分地区已为长城地带牧业族中最强盛的一支所控制，成了新兴畜牧族和中原农业族隔河对阵的桥头堡。

那么，一个时间跨度如此绵长、区域范围如此广袤、实力地位如此雄厚的畜牧族，究竟会是历史上的哪一个部族呢？在中国历史上，有关北方民族的最早记载出自黄帝时代，此即黄帝的"北逐荤粥"[①]。而据第三章第二节所考，在被黄帝北逐前，荤粥应居于燕山以南，是以农业经济为主体的部族。综合种种历史线索看，夏家店下层文化属于荤粥族的可能性确实是存在的，其大致脉络是：先是荤粥族被黄帝从燕山南麓北逐到燕山以北，在燕北扎下根来后开垦了农业，由此创造了夏家店下层文化。之后由于环境的蜕变，此文化的畜牧业不断兴盛，终于在夏代中期发生裂变，形成了独立的畜牧集团。此后，新兴的畜牧族不失时机，以全新面貌在夏代后期重新回到自己的故土——燕山以南的北京平原。前文曾述，夏家店下层文化中包含了许多中原文化因素，以致很多学者都把它视为中原文化的一支。这一事实不仅印证了夏家店下层文化内在的中原文化根脉，而且进而说明它很可能就来自原居燕南的荤粥族。

另据某些古史传说，荤粥是夏代最后一个君主夏桀之子，在夏朝灭亡后和父之姬妾一起"避居北野"。这虽然只是传说，但也印证了荤粥确实是从关内跑到关外的，并且表明荤粥本为农耕族，是在移居塞外后才渐渐

[①]《史记·五帝本纪》。

转为游牧族的。凡此种种,皆与夏家店下层文化由农耕经济转向畜牧经济的变化不乏契合。

另据第三章第二节所考,山戎中的无终国在夏禹时便已存在,曾经辗转流徙于燕山南北,他们也有可能是夏家店下层文化的部族。此外如前所述,夏代后期的燕山以南是商朝先公王亥前来交易牲畜的市场,当时驻守在这里的是有易族,于是夏家店下层文化也有可能属于有易族。

其实,夏家店下层文化究竟属于荤粥族、山戎族还是有易族是并不重要的,重要的是,这些部族代表了中国土生土长的游牧族,因此才在历来的华夏典籍中成了后世游牧族记忆中的祖先。换言之,只要是中国本土滋养的最早畜牧族,无论是荤粥、山戎还是有易,都有可能是夏家店下层文化的族属。

六 结语

正如本章所论,早自旧石器时代开始,北京就成了联结南北各地的枢纽,承担起文化的外向辐射和内向聚敛的双重作用。到了新石器时代初期,作为粟作农业的重要发源地,北京地区率先实现了人类从攫取经济到农耕经济的转变,把新的生命之源传播到四面八方。下至新石器时代中晚期,随着农业经济和区域文化在各地的蓬勃兴起,北京又直接带动了东北地区的经济与文化,把雄浑的中原文化源源不断地输往东北大地。

在横亘数百里的燕山山脉以北,至今仍保留着一望无际的锡林郭勒大草原和呼伦贝尔大草原,给古老的"天苍苍,野茫茫"游牧生活留下了一片神奇的土地。这片土地是如此的令人神往,尤其是令蜗居在城市的现代人心驰神往。可是,如果谈到历史上的塞北大草原,留在人们记忆中的,恐怕只是历代游牧民族与中原王朝长期胶着在长城沿线的金戈铁马。殊不

第五章 多元性——燕山南北的多元民族及文化

知,早在公元前五千纪到公元前三千纪初的史前时代,燕山以北也有过发达的农业经济,这就是绵延了一千五百余年的红山文化。发达的史前文化孕育了英雄的部族,在率先迈向文明门槛的晚期红山文化中,走出了中华文明始祖黄帝。

黄帝集团从燕山以北的老哈河上游及大凌河中上游出发,先是翻越燕山来到涿鹿及延庆盆地一带,在这里点燃了文明的火把,紧接着又挺进中原,南下到黄河中游的河南新郑一带,把文明的火种由北向南播撒开来。黄帝集团的这几大步历史性跨越,不仅一举铸就了中华文明,而且从根基上把塞内外的两大族团联结起来,昭示了北方民族与中原民族的同祖同源。

畜牧族的起源是本章论证的重点,其故在于,畜牧经济与畜牧族的形成是中国历史上的一件划时代大事,直接导引了游牧文化圈和农业文化圈"二元对立"格局的形成。自此而后,中国数千年的历史多是围绕游牧民族与农耕民族的相互依存、相互碰撞、相互兼融、相互取代展开的,一直延续到了封建时代的结束。姑不论西周王朝是如何被西夷犬戎灭亡的,也不论司马氏的西晋王朝是怎样被匈奴族推翻的,单就十六国、北朝、五代、辽、金、元、清而言,北方游牧族的轮番登场就一再改写了中国的历史,而这一切都源于"二元格局"的形成。

在对燕山以北畜牧经济生成与发展的全过程做了综合梳理后,方知中国北方的畜牧族既不是自上古以来就有的,也不是晚到战国时期才兴起的,而是受环境演变的影响,从夏代开始逐步形成的。这个过程曾经漫卷整个长城地带,但唯有燕山以北一带的谱系最为完整、脉络最为清晰。正是这个完整谱系,给中国畜牧经济的生长树立了一个标尺,也给新生畜牧族培育了一个中坚力量。倘若没有这个中坚力量,我们几乎很难理直气壮地说中国的畜牧经济和畜牧族是土生土长的,甚至不由不堕入"中国畜牧文化西来说"的泥沼。同时也正是由于这个中坚力量的存在,证实中国的畜牧族本来就是中华民族不可分割的一部分。而且,早在夏代后期,当中

国的畜牧族刚刚诞生，燕山以北的畜牧族就南下燕山，堂而皇之地登上了北京的历史舞台。

总之，通过燕山南北从旧石器时代以迄夏商的历史，不仅可以看出中国北方的多元民族与多元文化是怎样一步一步孕育生成的，还可以看出他们自古以来是怎样的水乳交融。在这些确凿事实面前，任何把长城内外两大族团割裂开来或对立起来的说法都是站不住脚的。早自上个世纪初以来，海外的中国史研究领域就流行过一种"征服王朝论"的看法，把辽、金、元、清王朝统统定性为外来的"征服王朝"。这种观点和"长城以北非中国论"沆瀣一气，把长城以北的土地统统视为境外之地，把长城以北的民族统统视为域外之族，粗暴肢解了古代中国的历史。国内也不乏同此之论，例如明清之际的大学者顾炎武曾经说"历九州之风俗，中国之不如外国者有之矣"[1]，而他列举的所谓"外国"，就是契丹、女真、匈奴、北魏等。上个世纪六七十年代，曾把戏剧"四郎探母"定为"汉奸"戏而加以禁演，这也是把辽朝当作"外国"的典型一例。时至今日，"四郎探母"的开禁是毫无疑问的，但"长城以北非中国论"的观点却未见稍减，突出之例就是国内不少人仍把辽、金、元、清当作入侵的外部敌人。此外，网络上"明粉""清粉"两大阵营的争执愈演愈烈，表面上看是在争论明、清两个王朝孰优孰劣，但共同之处则是都把满清看作了"征服王国"，互相贴的标签也是爱国不爱国。更重要的是，这种偏见不仅有公开标榜的，更有烙印在潜意识中的，以至在某些人看来，长城以外"非我族类，非我国土"是毋庸置疑的事。然而，在本章所论的全部事实面前，此类观点无异于痴人说梦，终将被抛到历史的垃圾堆去。而之所以燕山南北两大族团在血脉上是如此的根蒂相连，在文化上是如此的源出一脉，北京自古以来承担的外向培育、内向聚敛作用，是最关键的因素。

---

[1] 顾炎武：《日知录》第二九卷。

人类文明的圣殿

北京

（修订版）

下

王光镐 ◎ 著

华夏出版社
HUAXIA PUBLISHING HOUSE

第六章　一统性
——从多元一体到多元一统

　　早在上个世纪八十年代，中国社会学开山祖师费孝通先生就提出了中华民族的"多元一体"概念。他说："我把中华民族这个词用来指现在中国疆域里具有民族认同的十一亿人民，它所包括的五十多个民族单位是多元，中华民族是一体。"[①] 在这段话里，"多元"是指中国疆域内的五十六个民族，"一体"是指这些民族统属一个中华大家庭。案中华民族的核心，源起于西汉以来形成的汉族，汉族的核心则源起于先秦时期的华夏族。而据第二章第三节所论，华夏族最初是由黄帝时代的北狄、西羌、东夷、中原四大集团融合而成的，因此"多元一体"格局的最早形成，可以一直追溯到黄帝时代。然而，黄帝时代虽然有了最初的"多元一体"，它与后世大一统王朝的区别也是不言而喻的，关键之处就在于黄帝时代的多元部族尚处在各自为政的状态，史称"万国"或"万邦"。

　　《周易·比卦》："先王以建万国，亲诸侯。"

　　《尚书·尧典》："协和万邦。"

　　《战国策·赵策二》："古者四海之内，分为万国。"

　　《史记·封禅书》："黄帝时万诸侯。"

　　《史记·五帝本纪》："黄帝……置左右大监，监于万国。"

---

① 费孝通：《中华民族的多元一体格局》，《北京大学学报》（哲学社会科学版）1989年第4期。

以上所言即黄帝和五帝时代的"万国万邦"。

继五帝而起的是大禹的夏朝，古籍仍以"万邦"言之。

> 《左传·哀公七年》："(夏)禹会诸侯于涂山，执玉帛者万国。"
> 《战国策·齐策》："古大禹之时，诸侯万国。"
> 《吕氏春秋·用民》："当禹之时，天下万国。"

以上所谓"国"，是远古时代的方国或邦国，其中有相当部分是原始社会末期的部落或部落集团。他们在文献中往往称"氏"，如"有扈氏""有易氏""有穷氏"等，在殷商卜辞中则往往称"方"，如"鬼方""羌方""土方"等。此等"万国万邦"，无非极言其多，难以指实。而按照当时的地域概念，他们都集中在一个不大的范围内，相当密集且体量不大。

邦国林立的实质在于，不仅邦族的个体小、数量多、密度大，而且他们皆有独立的主权，是各自为政的实体。包括原始社会末期的部落或部落联盟在内，他们无不具有各自的首领和名称，也无不具有各自的领地和法权，都是完全独立的人们共同体。而如第四章第一节所述，就连当时的黄帝部落也只是其中的一员，仅是"万国"中较为强大的一个而已。

当然这些邦国也不是毫无统属关系的。之所以说黄帝时代有了最初的"多元一体"，就是说从那时起，中国有了最初的部落联盟。史称黄帝"合符釜山"，即以黄帝为首结成了联盟，这就是中国最早的联合体。这个联合体的性质有些类似后来的"邦联"，其特点一是有了联盟的实体，二是有了各方承认的共主，三是有了协调万邦的机制。但万变不离其宗的是，联盟内部的各邦国仍是独立的政体。《左传·哀公七年》云："禹合诸侯于涂山，执玉帛者万国。"可见一直到大禹创建夏朝，联盟和会盟制度仍是把天下万邦结合起来的基本体制。

虽然只是一个联盟，但也对中华文明的发展起了极大的推动作用。事如《史记·五帝本纪》所云："(黄帝)置左右大监，监于万国，万国和。"

第六章　一统性——从多元一体到多元一统

自此而始，各邦国有了一个协调、平衡和监管机制，促进了部落联盟的共同发展。此外亦如《五帝本纪》所言："天下有不顺者，黄帝从而征之，平者去之。"联盟对"不顺者"展开了一系列讨伐，藉此打破了地区阻隔，为中华文明的创建扫清了道路，从而开辟出"东至于海，登丸山，及岱宗。西至于空桐，登鸡头。南至于江，登熊、湘"的文明疆域。正因此，考古资料证实，五帝时代虽然万邦林立，但各部族的文化却出现了明显的趋同性。

考古学上的龙山时代文化，就是五帝时代的文化。诚如学者所言："龙山时代诸文化正好都在夏朝以前，相当于古史传说中唐尧、虞舜的时代。"[①] 而相比较此前的考古文化，龙山文化的一大特点是，它的各地区遗存都表现出了较为鲜明的共性，而其所对应的恰好就是"万邦林立"的五帝时代。

龙山文化的分布范围十分广袤，遍及山东、山西、河南、陕西、河北、辽东半岛、江苏等地。而在这样一个大文化圈内，各部族不仅有了共同的农业经济生活方式，有了相当接近的社会组织结构，就连最能反映部族间细微差异的陶器文化也开始趋向一致。例如，各地龙山文化皆流行灰陶和黑陶，尤以又硬、又亮、又薄的黑陶为特征。这些陶器普遍采用了轮制技术，器物造型规整，器壁厚薄均匀，质地细腻纯净，装饰朴素典雅，各方面的质量都跃升到了一个新的高度。各地陶器的器类也十分一致，皆以鼎、鬲、鬹、碗、罐、盆为主，普遍流行高圈足镂孔豆以及单耳杯、高柄杯、盘等。于此之外，再加上不少龙山文化遗址都辉耀出了文明的曙光，就更增强了它们的"一体性"。鉴于此，有的学者甚至主张把分布在各地的龙山文化涵盖为一个整体，统称为"龙山时代"[②]。

到了夏以后，随着文明大潮的激烈震荡，随着部族的兼并融合，邦国

[①] 严文明：《龙山文化和龙山时代》，《文物》1981 年第 6 期。

[②] 同上注。

的个体越来越大，数量越来越少。

> 《逸周书·殷祝》曰："汤放桀而复薄，三千诸侯大会。"
> 《战国策·齐策》曰："及汤之时，诸侯三千。"
> 《吕氏春秋·用民》曰："至于（商）汤而三千余国。"

综合上述记载可知，商汤时邦国数量骤降，降到了三千左右。到了西周时期，诸侯国的数量进一步锐减。

> 《礼记·王制》云：周时"凡九州千七百七十三国"。
> 《尚书大传·洛诰》云："天下诸侯之悉来进受命于周……千七百七十三诸侯。"
> 《汉书·地理志》云："周爵五等，而土三等……不满为附庸，盖千八百国。"
> 《汉书·贾山传》云："昔者，周盖千八百国。"

以上说的是西周初期，天下诸侯仅余千八百。

在邦国数量递减的同时，夏商周三代较之五帝时代还有一些显著的不同，一是这时出现了占绝对主导地位的中心王朝，二是在这些中心王朝之下，各邦国开始区分为不同的层级。

夏代实行的是"五服制"，即把神州万邦按照和夏王朝的远近亲疏不同，划分为甸服、侯服、绥服、要服、荒服五个层级。其中和夏王室关系最近且距离也最近的是甸服，反之则为荒服[①]。这里的"服"，乃服从、服事之意，亦即《周礼·夏官·职方氏》注文所说的"服，服事天子也"。也就是说，这五服在名义上都是夏王朝的藩属，不仅要听命于夏王朝，还要对夏王朝承担相应的义务，包括服王役、任王事及贡纳方物等。到了商

---

① 《尚书·禹贡》。

第六章 一统性——从多元一体到多元一统

代，在保留夏代"五服制"的基础上又前进了一步，主要是强化了"内外服"的区别，突出了藩属的"内外有别"。它的内服主要是指商王直接统治的区域，外服则为其他邦国的所在。据《尚书·酒诰》所载："越在外服，侯、甸、男、卫、邦伯。"即商的外服仍然区分为五大类。到了西周，普遍实行了分封制，对所封诸侯作了更为严格的等级划分。《汉书·地理志上》云：

> 周爵五等，而土三等：公、侯百里，伯七十里，子、男五十里。不满为附庸，盖千八百国。

以上即周爵五等，不仅区分为从上到下的五个层级，而且每级有高低不等的爵位、大小不同的领地、多寡不均的部众以及各不相同的职官五正、礼制彝器、车驾仪仗和镇国信物等[①]，等级的差异无所不在。

但是，即便到了夏商周时期，天下的邦国仍是独立的国体和政体。事如《史记·秦始皇本纪》所言：

> 古之帝者，地不过千里，诸侯各守其封域，或朝或否，相侵暴乱，残伐不止。

以上即对三代时期各邦国独自为政的真实写照。史学巨擘王国维对此亦有明鉴，他在《殷周制度论》中说：

> 自殷以前，天子诸侯君臣之分未定也……诸侯之于天子，犹后世诸侯之于盟主，未有君臣之分也。[②]

王国维在这里强调，夏商时的各邦国虽然结成了联盟，但各个成员

[①]《左传·定公四年》。
[②] 王国维：《观堂集林·殷周制度论》，中华书局，1959年。

国仍然拥有独立的主权，尚未形成"君臣之分"。这种独自为政的体制是中国文明初兴阶段的一大特点，反映了中国自给自足小农经济的社会松散性。

《诗经·商颂·殷武》云："昔有成汤，自彼氐羌，莫敢不来享，莫敢不来王，曰商是常。"上面这首诗是歌颂殷高宗武丁的，说当时"自彼氐羌"的各部族不敢不来进贡，不敢不来朝拜。然而恰恰是这种歌颂，反倒透露出夏商时期各邦国与中心王朝并无直接的君臣关系来，揭示各邦国的义务仅仅是要定期向中原王朝纳贡和朝拜。但即便如此，各邦国与中原王朝的关系也是相当松散的，难免时服时叛。例如上面说的武丁，是商代中兴之王，适逢商王朝的鼎盛期，因此各方"莫敢不来享，莫敢不来王"。但如果遇上宗主国有难，情况就大不相同了。《史记·殷本纪》云：

> 自中丁以来，废适而更立诸弟子，弟子或争相代立，比九世乱，于是诸侯莫朝。

恰如此文所述，仅仅因为殷王室内部争权夺利，诸侯国就不来朝拜了，可见这个邦联是多么的松散。

至于西周时期的分封，正如《左传·昭公二十八年》所说："昔武王克商，光有天下，其兄弟之国者十有五人，姬姓之国者四十人"，一是诸侯的封地及权力皆来自周王室，二是受封的诸侯几乎全是周天子的兄弟、宗亲、姻亲或功臣，因此大大增强了周王室与诸侯的直接隶属关系。但一仍其旧的是，西周的封国同样是独立的政体，仍然享有充分的自主权。其表现一是诸侯独掌封国的军、政、财、刑大权，政出一门；二是诸侯的爵位实行嫡长子继承制，世袭罔替。按当时的制度，即便诸侯因罪被处死或罢免，也要由他的近亲继任，任何人都不得打破这种自成系统的宗法体制。

总之，一方面是各自为政的多元实体，一方面又整合在一个共同的中心之下，并在文化等方面保持相当的一致，这就是由黄帝时代直至夏商周三代的"多元一体"。这之后，《汉书·地理志》载：

> 周室既衰，礼乐征伐自诸侯出，转相吞灭，数百年间，列国耗尽。至春秋时，尚有数十国，五伯迭兴，总其盟会。陵夷至于战国，天下分而为七，合从连衡，经数十年。秦遂并兼四海。

即到了春秋时期，西周初年的千八百诸侯已被数十国所取代，后又被战国的七雄所取代，最后归于秦的统一。

当各自为政的"万邦林立"演变为秦的金瓯一统后，当国体和政体都归于一个君主和一个政权后，神州大地又处于何种状况呢？相对"多元一体"的概念，我们称其为"多元一统"。"多元"在这里仍指多个民族，"一统"则指政出一门。江山的一统还只是其外在的表现，而内在的则是主流文化的一以贯之，这是更为重要的"一统"。

那么，从"多元一体"到"多元一统"，这种历史性的转折究竟发生于何时呢？毫无疑问，从全国角度来说，这显然完成于大一统秦王朝的建立。但揆诸史实，北京却在不少方面开风气之先，率先实现了这个转变。

一　历史性的转折

考古资料显示，夏家店下层文化在夏代后期已经越过北京南部的拒马河，几乎踏进了一衣带水的中原文化圈[①]。到了商代晚期，塔照二期文化分布在北京东部的平谷至北京西南的房山一带，典型遗存已深入到北京西南边缘的房山区塔照。至于商末周初的张家园上层文化，已向南直抵河北保

---

① 保定考古队：《河北省容城县白龙遗址试掘简报》，《文物春秋》1989年第3期；《河北省安新县考古调查报告》，《文物春秋》1990年第1期。

定的大清河流域，再度向南扩张。以上都是以畜牧经济为主体的文化，如果照这个趋势发展下去，站稳了京津地区并把重心南移到今北京一带的畜牧族，势必还会饮马滹沱河、子牙河乃至漳河，继续向中原挺进。可以设想，一旦这变成现实，无险可依的华北大平原终将沦为任马驰骋的疆场，北京也将永远成为与中原隔绝的"蛮夷化外"之地。

更令人惊诧的是，幽燕之地的"蛮族"居然无视中原王朝的强大，在周人势力所向披靡之际，竟把自己的领地当成了商人残余势力的最后避难所，说已详第三章第五节。这表明，当时古燕地已经游离于西周王朝之外，成为一股与中原分庭抗礼的力量。倘若对此听之任之，或许北中国早在商周之际就会出现不同的政体了，整个中国的历史也将因此而改写。

可是，就在此时，中原王朝该出手时就出手，做出了扭转乾坤之举。这个前所未有的战略举措，就来自创建伊始的姬周王朝。

公元前十一世纪中叶周有天下后，很快便"封建亲戚，以藩屏周"，以武力为后盾强制推行了诸侯分封制。这种制度的基本内涵一如前述，受封者多为王室宗亲和姻亲，由此编织出一个以血缘为纽带的庞大政治网络；二是通过此类受封，诸侯得到的是一块实实在在的被征服土地；三是其推行的范围很广，除王畿之外几乎遍及整个西周疆域。

溯其源头，这种"殖民"式的分封似乎不迟于殷商时期已初现端倪。事如胡厚宣先生所考："封建制度起源于何时，以真实文献之不足，难得而征之。然由卜辞观之，至少在殷高宗武丁之世。"[1]然而这种分封制的全面铺开，显然是在西周时期。因为只有到了这时，才有足够精锐的军团来扩充领土，才有足够强大的王权来驾驭诸侯，于是才有可能全面推行诸侯分封制。而正是西周王朝的这一创举，不仅大大促进了古代中国的一体化进程，还一举改写了幽燕的历史。

---

[1] 胡厚宣：《殷代封建制度考》，《甲骨学商史论丛》初集第1册，成都齐鲁大学国学研究所专刊之一，1944年。

第六章 一统性——从多元一体到多元一统

在周初的分封中，周王室在幽燕之地扶持了一个势力，又安插了一个势力。扶持的是"武王克殷反商，未及下车，而封黄帝之后于蓟"①的蓟，安插的是"封召公奭于燕"②的燕。前者是对先圣王后裔的褒封，发生在周武王之时；后者是对同宗贵戚的分封，始出于周成王时期。在北京平原上，它们一个位置居中，一个封地偏南，以今永定河为界形成了南北分治的局面。

蓟、燕受封之前，北京流行的主要是张家园上层文化。这是一种以畜牧经济为主体的文化，上承夏家店下层文化燕南类型和塔照二期文化而来，年代集中在商代晚期到西周前期。及至燕、蓟受封，正如第三章所论，以琉璃河燕国都城遗址和顺义牛栏山蓟国贵族墓葬为代表，燕、蓟势力在北京地区迅速崛起，给畜牧族带来了极大的冲击。但考古现象揭示，刚开始时，燕、蓟两大文化只是集中在北京平原的中心部位，周边不少地区仍为张家园上层文化所覆盖。这说明，畜牧族势力并不甘心退出北京平原，姬周势力与畜牧族的较量还有很长的路要走。

综合以观，西周早期的北京地区主要存在四大势力：一是初封的燕，二是固有的蓟，三是南下的畜牧族，四是北窜的商遗民。以上还是仅就北京的中心区域而言，倘若再加上燕山河谷中东来西往的人群，各不同族系的存在更是不知凡几。西周初年北京地区的这种状况，在当时的西周版图内是极具代表性和普遍性的。它表明，虽然西周王朝已经兴起，虽然分封制已经推行，但统一的局面并不因此而唾手可得，江山初奠的周人还要面对很多旧势力的挑战。

就燕地而言，初封的召公燕国首先遭遇的自然是畜牧族的反抗。西周初兴之际，恰好也是燕山南北畜牧族如日中天之时。燕山以北的夏家店上层文化就是在这时上升到游牧阶段的，燕山以南的畜牧族也毫不逊色，正

---

① 《礼记·乐记》。
② 《史记·周本纪》。

以锐不可当之势向南挺进。对姬周集团来说，这无异于一场生死较量，因为若不背水一战，不仅姬周燕国贫无立锥之地，无险可依的西周王朝也难以自保。因此，西周王朝分封燕和褒封蓟的主要目的，显然就是寄希望于他们"以藩屏周"，把畜牧族驱赶到燕山以北去。而无论册封时周王室是否有此意图，受封之后的燕和蓟也不得不把这个沉重的使命承担起来了。

燕和蓟显然完成了这个使命，否则西周历史上就不会有这两个诸侯国的存在了。燕南的畜牧族在遭受了极大重创后，只得重返燕山以北的历史大本营，而这很可能就是辽河以西魏营子文化的一大来源。上章第四节曾述，魏营子文化集中在紧傍燕山北麓的内蒙古赤峰、哲里木盟及辽宁的大小凌河流域，恰与北京紧相毗邻。此文化的一大特点是鲜有固定居址，却多有窖藏铜器，且青铜器的来源各异，既有当地铸造的，也有不少中原形制的，其中还不乏自铭为"匽（燕）"与"其（蓟）"者[①]。根据以上情况，可以推测这些铜器中的相当部分是原居于燕南的畜牧族北窜时劫掠的，回到燕北老巢后便把它们当作宝贝就地埋藏下来。魏营子文化中还屡见中原式兵器，这更可能是畜牧族与燕、蓟交战时的战利品。

此前在讨论魏营子文化的中原式青铜器来源时，尤其是在谈到其中铸有燕国铭文的铜器来源时，一般多认为这"说明燕国从一开始势力就延展到这样北的地方"[②]，甚至断言西周初期的燕国已经"越过燕山到达辽西大凌河流域一带并在其河流两岸建有统治据点，控制华北到东北的出入孔道，范围已相当广大"[③]。揆诸情理，这个结论是很难成立的。因为在西周初年，甚至晚到西周中期，燕与辽宁大凌河流域还隔着一个蓟国，更横亘着一个蒸蒸日上的夏家店上层文化游牧族，根本无法和燕国联成一片。夏

[①] 辽宁省博物馆等：《辽宁喀左县北洞村出土的殷周青铜器》，《考古》1974年第6期。
[②] 晏琬：《北京、辽宁出土铜器与周初的燕》，《考古》1975年第5期。
[③] 徐自强：《关于北京先秦史的几个问题》，刊《燕文化研究论文集》，中国社会科学出版社，1995年。

家店上层文化的分布范围已如上章第四节所述,一般认为它的下限年代可以晚到战国早中期。这就是说,一直到战国中期以前,燕国的北界都未跨越燕山山脉。事实上,典型燕人墓葬在燕山以北的出现,也是晚到战国中期以后才有的事[①],这不仅与夏家店上层文化的消失相契合,也与战国中期燕将秦开"袭破走东胡,东胡却千余里"[②]的史实相切近。此外,从更简单的道理上说,西周初年的燕国立足未稳,都邑所在的北京小平原尚未统一,怎么可能一下子把疆域扩展到如此鞭长莫及的地方?所以最大的可能是,那些中原式青铜器是畜牧族北遁时劫掠去的,只有极少一部分或许出自燕或蓟的馈赠。

器物类型学的研究表明,魏营子文化的中原式青铜器少量属商代晚期,大多属西周早期,尤以西周成王、康王时期为多。第三章第五节曾述,召公燕国始封于成王。由此可见,之所以魏营子文化的中原式青铜器集中在成王、康王之世,恰好说明在成王封召公后,燕国在成康时期向盘踞在燕山南麓的畜牧族发起了总攻,于是畜牧族的大规模北遁就发生在此时,而被他们劫掠到燕北的中原式青铜器也就集中在此时了。

然而,畜牧族武装是极其顽强也极其灵活的,燕、蓟两国不可能毕其功于一役。因此,康王之后的局部战争仍持续不断,一直漫延到了西周中期。正如考古资料所揭示的,直到西周中期,以畜牧族为主体的张家园上层文化才在北京地区消失殆尽。典型之例见于房山区镇江营,该遗址的张家园上层文化就是在西周中期才被周人的姬燕文化所取代的[③]。

周成王约当公元前1042~前1021年[④],而根据碳14年代测定,张家园上层文化的下限年代截止在公元前930年左右[⑤]。这就是说,从成王始封

[①] 郑君雷:《战国时期燕墓陶器的初步研究》,《考古学报》2001年第3期。
[②] 《史记·匈奴列传》。
[③] 北京市文物研究所:《镇江营与塔照》,中国大百科全书出版社,1999年。
[④] 方诗铭编著:《中国历史纪年表》(修订本),上海人民出版社,2007年,第153页。
[⑤] 陈光:《北京市考古五十年》,《新中国考古五十年》,文物出版社,1999年。

召公燕国起，直到张家园上层文化彻底消失止，前后经历了约百年。这个过程是如此的漫长，说明这场较量是何等的残酷。在古代典籍中，召公以下的九世燕侯全部失载，有关西周早中期的燕国史实无处可寻。这恰好反映出，燕对畜牧族的战争备尝艰辛，甚至"几灭者数矣"[1]，以至这个由召公始封的重要诸侯国在相当长的时间内无暇他顾，完全淡出了中原舞台。

然而，发生过的总会留下痕迹，痕迹之一就保留在昌平白浮的西周中期墓中。事如第三章第四节所述，昌平白浮的三座西周中期墓是蓟国贵族的墓葬，其中2、3号墓是一对夫妇，各随葬了一套兵器。作为女性配偶的2号墓主不但随葬了兵器，还随葬了铜盔、兽面饰、腿甲等贴身铠甲，可见她下葬时依然身着戎装。身为贵妇人却披坚执锐，恰好说明当时蓟国正处在与畜牧族对峙的烽火第一线，而且战事相当惨烈，体现了燕、蓟与畜牧族较量的残酷。

周室创基之初曾发生一件意想不到的事件，即周武王死后，武王同母弟周公旦摄政，周公的兄弟管叔、蔡叔心中不服，遂勾结商纣之子武庚禄父举兵反叛。周公被逼无奈，只好兴兵讨伐，结果周王师旗开得胜，"殷人大震溃，……王子禄父北奔"[2]。第三章第五节曾述，在京津唐地区的张家园上层文化中，西周早期曾一度涌现出大量商文化因素。商朝灭亡后竟然冒出大量商文化，岂非咄咄怪事？而揆诸史实，这恰与亡命的武庚禄父向北逃窜的史实不谋而合。由此说明，当时商人在北方尚有牢固的基础，幽燕之地成了他们最后的避难地。这股殷商残余势力显然是燕国需要对付的又一支敌对势力，所幸这些亡国者远没有畜牧族那么顽强，正如商文化因素在张家园上层文化中突然涌现又突然消失一样，他们来得快去得也快，不久便被燕国大军荡平。

总之，经过上百年的艰苦奋战，到了西周中期，几大敌对势力该荡平

---

[1]《史记·燕召公世家》。
[2]《逸周书·作雒解》。

第六章 一统性——从多元一体到多元一统

的荡平、该剿灭的剿灭、该收服的收服，幽燕地区只剩下一个终于站住脚的燕国，和一个早已臣服于周的蓟国。再下至西周中晚期之际，蓟国从燕地消失，姬周燕国成了蓟邑的主人。正是在这样一步步的战略推进中，北京平原终成燕国的一统天下。

恐怕令全世界的史家都意想不到的是，姬周燕国这一战略目标的实现，居然谱写了一曲人类文明史上极其壮伟的凯歌。

世界史泰斗、美国历史学家斯塔夫里阿诺斯说：

> 公元前二千纪，欧亚大陆正处于一个骚动时期，即游牧民入侵、古老的帝国被推翻、旧的社会制度瓦解的时期。骚动是猛烈的，整个欧亚大陆都处于一片混乱之中。因此，公元前二千纪是古代文明从历史舞台上消失，由古典文明取而代之的过渡时期。①

据此可知，从公元前 2000 年起，同样由于上章第四节所述的全球气候变化的缘故，新兴畜牧族在欧亚大草原迅猛崛起，给整个世界带来了一场前所未有的灾难。这些好勇斗狠的人们挥舞着弯弓剑戟，风卷残云般地四处征伐，欧亚大陆的各古老帝国在他们的铁蹄下纷纷土崩瓦解，相继堕入历史的黑暗。当时闯进农耕世界的主要是印欧种人和亚非语系的闪米特人，他们的足迹东至印度河，西至爱琴海，中至两河流域和小亚细亚，南至古埃及。这些人乘着马驾的双轮战车，稍后还使用了骑兵，把战火一直燃烧到了公元前一千纪。

然而，就在这些新兴游牧族排山倒海般地倾覆整个欧亚大陆的古代文明时，在世界的东方，在华北大平原北部边缘的燕山大地，一支孤立无援

---

① [美]L.S. 斯塔夫里阿诺斯：《全球通史——1500 年以前的世界》，吴象婴、梁赤民译，上海社会科学院出版社，1999 年，第 149 页。

的力量竟然抵挡住了畜牧族凌厉的攻势，以"崎岖强国之间，最为弱小"的一己之力，保住了周朝的江山社稷，保住了华夏的农耕文明。可以说，正是由于燕国的浴血奋战，人类历史上才有了一个从未间断的文明，人类文明史上也才有了一首没有被粗暴抹去的华彩乐章。从这个意义上说，姬周燕国对人类文明和中华文明的发展可谓居功至伟，功不可没。

时至今日，我们已无法想象燕国究竟是如何做到这一点的了。特别是鉴于世界上那些强大的帝国在游牧族的践踏下竟是如此的不堪一击，就更难设想当时燕国的处境是何等的凶险了。太史公司马迁对此也不知其详，只能笼而统之地说"燕迫蛮貉，内措齐、晋，崎岖强国之间，最为弱小，几灭者数矣"①。其中一句"几灭者数矣"，算是道尽了燕国的危如累卵和艰苦卓绝，也表明燕国为了完成这个使命是怎样一而再、再而三地拼死一搏的。燕国早期历史的一片空白，恰好说明当时周天子和中原列国对这场惨烈的生死搏斗未予援手，甚至坐视不救，以至在中原史官的典籍中只能阙而不载，乃至讳而不言。

作为死守农业文明底线的诸侯国，燕国的华夏卫士使命几乎贯穿了它的全部历史。即便到了战国中晚期，当周朝的历史行将终结之时，燕国仍承担着抵御北方强族的重任。当时北方最强大的游牧族是匈奴人，他们一再南侵，已经兵临燕、赵、秦三国，酿成了"当是之时，冠带战国七，而三国边于匈奴"②的危机局面。可我们看到，燕国反守为攻，居然依靠贤将秦开"袭破走东胡，东胡却千余里"，把匈奴和东胡等游牧族向北驱赶了千余里。见诸考古资料，恰是在战国中晚期，燕人的墓葬向北延伸到了河北张家口、辽宁朝阳和内蒙古赤峰一带，最远到了沈阳③，恰好印证了燕国势力的北扩。于此之外，燕国"筑长城，自造阳至襄平，置上谷、渔阳、

---

① 《史记·燕召公世家》。

② 《史记·匈奴列传》。

③ 郑君雷：《战国时期燕墓陶器的初步研究》，《考古学报》2001年第3期。

右北平、辽西、辽东郡以拒胡"，还积极筑边以自保。

众所周知，西方的秦国就是在战国中晚期崛起的，此后陆续蚕灭了包括燕国在内的东方六国，建立起强大的秦帝国。但不难设想，如果当初没有燕国这道铁血屏障，如果不是燕国全力阻挡住了北方的游牧族，同样处在匈奴刀锋之下的秦国，岂有力量兼并东方六国？大一统的秦王朝又岂能创建？历史是不接受假设的，这些问题自然不会有明确的答案。但可以给出答案的是，当燕国灭亡后，北方游牧族的压力全部转移到新成立的秦王朝身上，以至秦始皇不得不发30万大军北击匈奴，更不得不发50万工役修筑长城。而这样的劳师动众，恰是导致秦朝很快灭亡的原因之一。

姬周燕国在北京地区的出现，其意义是相当大的。这不仅仅在于它阻挡住了正向中原步步紧逼的畜牧族，也不仅仅在于它扫荡了盘踞在北方的殷人势力。更关键的是，它还在各个方面对北京产生了极其深刻的影响，留下了不可磨灭的印记。甚至可以说，正是始于燕的突兀登场，终于蓟的黯然消失，北京地区的历史才发生了根本的变化，揭开了全新的一页。

首先，召公所封的燕，是幽燕历史上第一个由中原王朝任命并派驻的政权，开创了北京地区直属中原王朝的先河。

周召公以前，甚至早在五帝时代，就有关于帝尧"申命和叔，宅朔方，曰幽都"[1]的说法，即帝尧也曾派和叔部族来幽都镇抚各方。此举当初或许也多多少少对幽燕各部产生了一定的威慑作用，但受命的和叔终归不是一级政权，而只是一个流徙不定的部族，所起的作用有限。相比之下，召公的燕国则是不折不扣的一级政权，不仅有确切的疆界和中心城邑，还有统辖全境的君主、军队和统治机器。于是，幽燕历史上就有了第一个由中原王朝正式册命派遣的、直属中央王朝的地方政权。

---

[1]《尚书·尧典》。

当然，不可否认的是，西周的诸侯国仍然拥有独立的国体和政体，然而这终归与夏的"五服制"和商的"内外服制"已有了很大的不同。最大的不同是，除了褒封的先圣王后裔外，其他诸侯国皆由周王室赐爵、赐地、赐民，是实实在在的"受民受疆土"①。所以从法理上讲，"溥天之下，莫非王土；率土之滨，莫非王臣"②，每个诸侯国都是周王朝不可分割的一部分。此外，由这种分封所决定，周天子是天下共主，是全国臣民的最高主宰，诸侯在名义上只是周天子派去管理那片土地的臣子。因此，从西周分封的性质上说，召公燕国无异于周王朝派出的地方政权。

察西周封国的合法地位，来自四个必要的前提，这也说明了周天子与诸侯国的直接隶属关系：

一是诸侯分封必须得到周天子的正式册命，称"册封"，以示他的权力来自天子。

二是根据周制，"天子适诸侯曰巡狩，诸侯朝于天子曰述职"③，即天子要定期巡视诸侯的政绩，诸侯则要定期向天子报告自己的治国理政情况。天子巡视后还要视不同情况对诸侯予以奖惩，对严重失德者要给予削地、黜爵、流放乃至讨伐等惩罚。诸侯朝觐天子更是不可免的程序，若有违反便会受到极为严厉的惩处。事如《孟子·告子下》所言："一不朝则贬其爵，再不朝则削其地，三不朝则六师移之。"以上的"朝"，便是朝觐天子，只要诸侯三次不朝，便要出兵剿灭之。

三是周王室对各诸侯国实行"监国制度"，即有权派遣重要官员去各国履行监管职责。

---

① 《大盂鼎》金文，见刘桓《大盂鼎铭文释读及其他》，《北方论丛》2005年第4期。
② 《诗经·北山》。
③ 《孟子·告子下》。

四是诸侯国必须对周王室尽自己的义务与责任,服事贡纳于周。由文献及金文所载,周天子常常对诸侯发号施令,要他们恪尽职守,维护周朝的统治,"以藩屏周"。此外诸侯国要承担的义务还有很多,包括给周王室进贡、服役、勤王、守边、从征、助讨、献俘、救灾等。遇到王室有重要的祭祀活动,以及周王死丧、嫁娶、巡游等,列国也要各尽所能、各司其职、各献其物。

以上种种,皆说明周天子和诸侯是君臣关系,体现了周朝的"天子建国,诸侯立家"[1]原则。召公奭受封后,根据琉璃河燕国都城出土的铜器铭文,召公本人不仅要一如既往地服事周天子,燕侯及其臣属还要定期前往宗周、成周朝聘,"见事于宗周"[2],便处处反映了燕与周天子的主从关系。尤有甚者,《史记·齐太公世家》称:"(齐桓公)命燕君复修召公之政,纳贡于周,如成康之时。"这里记载的是春秋年间齐桓公告诫燕庄公的一段话,说燕国必须像西周成康年间一样,规规矩矩地"纳贡于周"。由此可见,"纳贡于周"是燕国必须履行的义务,即便晚到了王室中落的春秋时期仍不可稍有懈怠。

总体上看,西周分封制可以说是夏商时期的"邦联制"和秦以后"郡县制"的中间过渡环节,具有明显的两面性。一方面这种分封是靠宗法血缘关系建立的,是靠"礼制"和契约关系制约的,是靠周王室的实力地位控制的,由此维系了它的"一体性"。特别是在分封之初,各诸侯国的实力不强,为了对付和镇抚封地的原有部族,他们必须仰仗周王室和同姓之国的威权,因此对周天子恭谨有加,乃至惟命是从。但事情的另一面是,这些诸侯国既然享有充分的自治权和自主权,其势力的坐大也在所难免,而这必将导致"枝强本弱"局面的出现。果然,当周王室东迁后,王室衰

---

[1] 《左传·桓公二年》。
[2] 《燕侯旨鼎》铭文,见殷玮璋《新出土的太保铜器及其相关问题》,《考古》1990年第1期。

微,周天子大权旁落,"国中有国"的局面开始出现。久而久之,甚至连姬姓燕国也敢于像异姓诸侯国那样,无视周天子的存在而僭制称王了。但这是后话,并不等于说一开始时召公燕国不是周朝的地方政权。

其二,除了建立起和中原王朝的直接隶属关系外,更重要的是,燕国的分封还标志着幽燕地区在华夏版图上战略地位的确定。

在周朝的封国中,位置最为偏远者是"武王乃封箕子于朝鲜"的箕子之国,其地远在朝鲜。但"箕子者,纣亲戚也"①,其为先朝旧戚,并非姬周的同姓诸侯。而若论周王宗亲的分封,以周人的都邑为基点,地域最为偏远者则莫过于召公奭的燕。虽然当时燕国都邑还在北京的南郊,但离周人统治轴心的距离也远远超过了其他中原列国,甚至超过了"僻在蛮夷"的楚。

燕的位置虽然偏远,但其地位却并不卑下,这由位高权重的召公受封于此便不难想见。而之所以将召公分封于此,则出于幽燕极为特殊的战略地位,出于燕地在周王朝整体部署中的举足轻重。

《左传·僖公二十四年》云:"封建亲戚,以藩屏周。"这里说周王室封建诸侯的目的,就是为了让这些国家成为拱卫周室的藩篱。特别是周王朝北部的燕地,紧邻北方游牧民族,只有牢牢把守好这块战略要地,才能抵御住游牧民族的侵犯,保住周室的一方平安。所以召公燕国的最高使命,无疑就是抵御畜牧族的入侵而"以藩屏周"。然而揆诸史实,似乎又不仅限于此。

周初分封的诸侯国中有情况相当特殊的一个,这就是上面说的箕子之国。箕子乃殷纣王的叔父,原为商的诸侯。商代末年纣王荒淫无道,残害忠良,箕子不得已而佯狂为奴,却仍被纣王囚禁。商朝灭亡后,武王"命召公释箕子之囚"②,此后"箕子不忍周之释,走之朝鲜。武王闻之,因以

---

① 《史记·宋微子世家》。

② 《史记·周本纪》。

朝鲜封之"①。这个史实表明，由于箕子的缘故，西周王朝从初创伊始便于朝鲜一带有了藩属之国。在箕子所封的朝鲜与燕山间，也就是在燕、蓟以北的地域中，当时还存在许多周之属国。一如周人自谓"肃慎、燕亳吾北土也"②，此"北土"即燕蓟的北境，当时这里就有肃慎、燕亳等周之属国。二如向周人俯首称臣的孤竹，中心居址在河北卢龙一带③，这也是燕蓟东北方的周之属国。此外《国语·鲁语下》云：

> 昔武王克商，通道于九夷百蛮，使各以其方贿来贡，使无忘职业。

这段文献说明，周的属国甚多，总称"九夷百蛮"，而其中有相当部分就分布在辽阔的东北地区。

从西周的版图看，召公的燕国恰好位在周人与东北藩属交往的咽喉要地，燕地通则周人与东北诸国皆通，燕地不通则周人与东北诸国不通。由此可见，燕国的战略地位并不仅限于"镇守边鄙"的"守"，而更在于"通道于九夷百蛮"的"通"。燕国这个"通"的重任尤其不可小觑，因为要想实现这一目标，就要荡平燕山以北魏营子文化、夏家店上层文化等游牧族的阻隔。到了战国时期，在陆续打退了东胡及其他游牧民族后，燕国终于完成了这个任务，把疆界扩展到"东有朝鲜、辽东，北有林胡、楼烦"④的广大地域。正是因为有了这个"通"的结果，也才有了今天状如金鸡般昂首鸣唱的中国版图。

既要重在对外的"守"，又要确保对内的"通"，这就是幽燕在西周版图中的双重战略作用。这一战略地位的奠定，对此后历朝历代的倚重幽燕

---

① 《尚书大传·洪范》。
② 《左传·昭公九年》。
③ 唐兰：《从河南郑州出土的商代前期青铜器谈起》，《文物》1973年第7期。
④ 《战国策·燕策》。

产生了深远的影响，铸就了幽燕在整个中华大格局中的无出其右地位。

其三，自蓟国黯然退场，燕都代蓟，北京地区终于结束了亘古以来绵延不绝的各邦国多元分治的局面，开创了一元主体的政治格局。

北京地区原始社会的部族林立，已由新石器时代遗址的鳞次栉比反映出来。到了五帝时代，在此地活动过的部族也不胜枚举，有史可稽的就有黄帝及其他各帝、黄帝遗民及其后裔、外来的和叔及共工部族，以及山戎、荤粥、肃慎等土著居民。截至夏商时期，有可能在北京地区生活过的邦族竟不下十余个，说已详第三章第三节。至于商代晚期北京地区各邦国的多元并峙，更由"燕亳""蓟""邶""肃慎"以及代表畜牧族的张家园上层文化的同时并存得以体现。其中的蓟代表了先皇先君的余脉，燕亳及邶国代表了商王朝的地方势力，肃慎等代表了本地土著居民，张家园上层文化代表了外来的畜牧族势力，恰好汇集了多元部族的几大主要来源。

然而自燕都代蓟，由上古以来的北京地区多元主体并峙局面终告结束，燕地从此进入到一元主体的全新时代。这里说的一元主体，当然不是说召公以后的幽燕地区只剩下一个部族了，这显然是不可能的。发生了变化的，只是各部族间的政治关系，始终不变的则是在同一个政治主体之下，仍然存在多个部族。

在琉璃河燕都出土的铜器铭文中，有相当部分是记录燕侯与原燕地部族关系的，其中涉及的异族首领有复、攸、堇、伯矩、圉等。综合以观，这些部族不仅各有各的族徽，各有各的族体，有的族徽还见于殷商铜器铭文，属于商代遗族。于此之外，再加上随召公分封来的部民，当时燕国境内的异姓部族显然不在少数。根据先秦宗法制度，他们仍然拥有本族的名称、徽号和首领，甚至仍然保有自己的领地，几与此前的部族无异。但如《左传·昭公七年》所言："封略之内，何非君土？食土之毛，谁非君臣？"在西周封国内，各部族已一概失去了主权地位，而统统沦为诸侯国的臣民。当然，按照"启以商政，疆以周索"的国策，燕侯在不断强化统治的同时，也会大行怀柔之道，对这些部族的首领封官、晋爵、割地，极尽拉拢之能事。见于琉璃河西周金文所镌，燕侯经常赐给这些异姓首领财富和奴隶，就是鲜明的例证。

北京地区一元政体局面的形成，可以说开始于西周初年的召公封燕，完成于西周中晚期之交的燕都代蓟。据清人顾祖禹《读史方舆纪要》一书的统计，即便晚到春秋时期，在以中原为主体的一个不大的范围内，尚存大国14、小国113。相比之下，北京地区早在西周中晚期之交就形成了一元政体，足见燕国在这方面的勇开先风。毋庸赘言，这是就北京的主体范围而言的，不排除其边缘地带还有零零星星的不相统属的部族，尤以燕山山麓为著。突出之例如延庆军都山的山戎部落，直到东周时期仍是独立的族体。但是，特例终归是特例，而在总体态势上，从姬周燕国独领今北京地区起，北京的一元格局已基本形成。

北京三面环山，自古就是由中原通往西北内蒙古高原、东北松辽平原、西部黄土高原和东去渤海的交通枢纽。这种宏观地理态势，使北京成了不同部族的集散地，成了多民族的共同家园。但从北京自身的发展来说，多元主体的对峙显然会带来十分负面的影响，不利于它的进一步崛起。因此西周燕国一元政体的出现，可以说是北京历史上的一个划时代进步，使北京平原从此有了整合在一起的总体优势。

其四，西周燕国带来的又一巨大变化是，从这时起，北京地区的文化纳入了华夏主流文化圈，成为华夏文明不可分割的一部分。

应当说明的是，周以前的北京地区文化也是华夏文化的一部分，属于广义范畴的华夏文化。特别是在整个旧石器时代和新石器时代早期，这里还是中华文化的发源地，是中华文化的根蒂所在，带动和牵引了南北各大文化的发展。到了新石器时代中晚期，北京地区成了联结南北文化的中心枢纽，兼容并蓄了燕山南北两大文化的因素，但主流方面仍与中原文化接近。到了夏代中期，由于北方畜牧族的南下，北京地区成了与中原农耕文

明截然不同的另类文化区。此后直到西周中期前段，北京地区仍然存在张家园上层等以畜牧经济为主体的北方土著文化。但从召公封燕开始，以姬周文化为代表的中原文化挺进幽燕，此后华夏文化逐渐占据上风，最后终于发展成具有主导地位的文化。尤其当西周中晚期之际燕都北迁蓟邑后，燕文化覆盖了整个北京平原，除去周边山地外，今北京地区已成燕文化的一统天下。到了东周时期，随着天子弱而诸侯强，列国文化不断彰显出自身的个性，燕文化也不例外。但在本质上，无论春秋五霸的齐、宋、晋、秦、楚，抑或战国七雄的秦、齐、燕、楚、韩、赵、魏，列国的文化仍未跳出华夏文化的范畴，仍然统属一个大的文化。总之，燕文化的出现，是北京地区文化史上的一件大事，它给燕地带来了不少根本的变化：

一是燕地从此正式纳入了华夏主流文化圈，成为华夏主流文化中一个虽然地处偏远却不可或缺的部分。当此之前，北京地区诸考古文化缺少主导文化的一脉相承，时而以中原因素为主，时而以北方文化为主，时而以本地特征为主。但从燕国开始，华夏文化在北京地区相沿不替，成为这里恒久以常的主流文化，即使在外族入侵时也赓续不绝。

二是在纳入华夏主流文化圈后，燕地从此被看作华夏之地，燕人从此被视为中土之人。

中国传统史观的"华夷之辨"起于西周，成于春秋，流于千古。尤其是姬周王朝，周武王和周公旦建立的是一个以血缘为纽带的宗法制国家，"封建亲戚，以藩屏周"是它的政治体系，"内华夏、外夷狄"是它的立国理念，因此格外注重华夷之分。其实说到底，那时的中国和夷狄，无非一是部族之分，二是文化之分。而周成王的封召公于燕，恰恰同时在这两个方面使北京正式成了"中国"的一部分。这一历史基础的奠定，把北京和戎狄化外之地严格区分开来,并且从此确定不移。在时隔两千余年后,当宋朝官员谈起被辽国占领的幽燕之地时,依然慨叹"念旧民遭涂炭之苦,复中国往昔之疆"①,即仍以燕人为"旧民",以燕地为"中国往昔之疆",即证实了这种观点。

三是由于进入了华夏主流文化圈,燕地从此德化远播,成为中原向北方民族输送先进技术和华夏文明的桥头堡。同时,北京地区也不断汲取了北方民族的优秀文化,成为融汇两大集团先进文化的历史熔炉。

总之,在西周以前,区域的相对独立、部族的多元并峙、文化的因时而易,是北京历史文化的基本特征。而从召公封燕开始,幽燕地区纳入了中原王朝的政治版图,也纳入了华夏主流文化圈。到了燕都代蓟,北京地区彻底结束了不同政体割据对峙的局面,终于形成了一元主体格局。所有这些,都对北京的历史产生了极大影响,使它率先实现了从多元一体到多元一统的转变。自此而后,北京地区的一元格局,以及主流文化的一以贯之,在跌宕起伏的历史大潮中始终不变,不仅由此决定了北京历史的走向,也决定了中国历史的走向。

殊为难得的是,在实现了从多元一体到多元一统的转变后,燕国对异族的文化反而更加宽容,依旧保持了文化的多元性。

一个突出实例是,虽然商人敌对势力早在西周早期便被铲除,但在燕的京畿之地,商文化却从西周早期起便绵延不绝,一直保留到西周晚期。

以上现象是由房山琉璃河西周燕国都城墓地揭露出来的。综观整个琉璃河西周墓地,被自然划分成了南、北两大块。饶有兴味的是,无论是在埋葬习俗、随葬器物、车马坑形式、族徽标识,还是人殉的有无等方面,南、北两大墓地都形成了明显的差异,分属姬周燕人和殷商遗民两个不同

---

① 《宋史·赵良嗣传》。

族群①。位在南部的是姬周燕人墓地，其中不乏大型贵族墓，还发现了燕国国君的超大型墓。位于北面的是殷商遗民墓区，其中虽然没有南区那样的大型墓，但也不乏中小型贵族墓，墓中仍然随葬了青铜礼器和兵器，有的还殉葬了奴隶和车马坑，规格依旧不低。

以上燕国国君、燕国贵族、殷贵族、殷遗民墓葬共存一地的现象，生动再现了他们生前在燕国都邑内的和平相处，表明西周燕国在对反叛的殷人残部进行讨伐的同时，也对臣服的殷商旧部给了全面的接纳。史称周朝对异族采取的政策是"柔远能迩，安劝小大庶邦"②，十分怀柔宽宥。因此见于燕国，降服的殷遗民不但可以安逸地生活在燕国都城内，还可以生而保留自己的族文化，死而拥有自己的族墓地，甚至其贵族依旧高官得做，倍享尊荣。

西周燕地的又一多元文化实例，见于蓟人遗存之一的昌平白浮西周墓。

第三章第四节已述，此组墓共发现了三座，时代属西周中期。它们虽然在鼎、簋组合的核心礼制上，在铜礼器和陶器的形制上，都全面纳入了周文化的系统，但其中仍不乏草原文化因素，而且非常浓郁。仅就兵器而言，其中2、3号墓随葬的不但有纯属中原风格的戈、戟、矛，还有属于草原游牧民族的鹰首剑、马首剑、鹰首刀、响铃匕首及异形头盔、皮铠甲等。这两种不同族群的兵器，不但给该时期北京地区的多元文化增添了一抹独特的色彩，还组成了长短兼备的十八般武器，对提高战斗力也不无裨益。

以上是西周之例，至于到了东周时期，最能反映北京地区多元文化风貌的，则莫过于延庆军都山一带的少数民族遗存了。

亦如第三章第二节所述，在延庆军都山南麓的溪谷山林一带，迄今已

---

① 北京市文物研究所：《琉璃河西周燕国墓地》，文物出版社，1995年。
②《尚书·顾命》。

发现具有典型北方游牧文化特征的遗存十余处,仅墓葬就发掘清理了600余座,时代从西周晚期一直延续到了战国早期。此文化的特点十分明显,突出反映在四个方面:

一是部分墓葬有殉牲,以殉狗为多,其他依次为羊、牛、马;

二是死者除个别儿童外,其他人皆佩戴耳环,各种颈饰和项饰也十分流行;

三是成年男性一般随葬的有青铜兵器和工具,种类有青铜短剑、镞、削刀、锛、斧、凿等,女性则多随葬锥、针及装饰品;

四是陶器大多制作简陋,火候较低,质地酥松。

综合以观,这支文化既不同于比邻的燕文化,也迥然有别于其北的夏家店上层文化,更不同于其西的鄂尔多斯文化,应属特定的"山戎文化"①。

于史可稽,山戎族主要活动在燕山南北两侧,春秋时屡屡南侵,曾与燕国多次兵戎相见,说已详第三章。当时今北京地区的大部分地域已属姬周燕国,燕国都邑也由琉璃河搬迁到了北京腹心地带的蓟邑,距军都山只有短短几十公里。在这样短的距离内,在西周晚期至战国初期这样长的岁月中,燕与军都山部族的长期共存,恐怕不是仅仅由兵临城下的两军对垒所能解释的。证诸古今中外,烽火连天的战争状况是不能恒久不变的,至少不能维持三四百年不变。因此,军都山部族除了和燕的短兵相接外,势必也还有相安无事的岁月,而且理应以后者为长。根据考古类型学的研究,可知山戎族文化吸收了不少燕文化的元素,其中既有直接汲取的,也有刻意模仿的,分别表现在青铜礼器、兵器、车马器、货币、漆器、丝

---

① 北京市文物研究所山戎文化考古队:《北京延庆军都山东周山戎部落墓地发掘纪略》,《文物》1989年第8期。

织品、陶器等各方面[1]，这便在一定程度上体现了军都山部族与燕的正常交往。

总之，和也罢，战也罢，是山戎也罢，抑或是有些人说的"白狄"也罢[2]，军都山部落的存在，都印证了东周时期北京地区不同民族、不同文化的共存，对北京历史文化的多元性和兼融性又提供了一个鲜明的例证。

至于东周时期燕地的主流文化，则可由北京怀柔城北的东周墓葬一窥究竟。1959～1960年，在怀柔城北发掘出土了23座东周墓葬，时代从春秋时期一直延续到战国晚期。此地虽然紧邻军都山，但这些墓葬一没有青铜短剑，二没有殉牲，三则死者皆不佩戴耳环，与畜牧族的文化迥然有别。而证之以文化谱系的分析，它们显然与河南洛阳、郑州及陕西关中一带的同期文化一脉相承，属于同一个文化系统。墓葬整理者还特别注意到，怀柔东周墓的中原因素"在时间上却比上述地区要晚一些"[3]，也就是这批墓葬的中原风格比河南洛阳、郑州以及陕西关中稍稍滞后了一步。这种现象反倒愈加明显地揭示出，东周燕地文化的源头在中原，是经过一段时间的传播后才从中原辗转来到燕地的。

概括起来，由西周到东周，北京的多元文化包含了若干不同类型，主要是：

1. 不同民族、不同文化在同一国度内共存，例如燕和军都山部落。

2. 不同民族、不同文化在同一地点内共存，例如琉璃河西周墓地的南区与北区。

3. 不同文化在同一墓室内共存，例如昌平白浮2、3号墓。

---

[1] 靳枫毅、王继红：《山戎文化所含燕与中原文化因素之分析》，《考古学报》2001年第1期。

[2] 俞伟超：《古代西戎和羌、胡考古学文化归属问题的探讨》，见《先秦两汉考古学论集》，文物出版社，1985年。

[3] 北京市文物工作队：《北京怀柔城北东周两汉墓葬》，《考古》1962年第5期。

以上即多元性征从宏观到微观的三种不同表现形式，全都体现在两周时期的北京历史文化中。当然这还是仅就异族异源文化的共存形式而言，其实更为普遍的多元性征，往往表现在同一个文化内不同因素的有机融合上。即以军都山遗存言之，其之游牧文化虽然独树一帜，但在他们的生产工具及生活器皿上都不乏燕文化的印记，这就是另一种类型的多元性。反过来说，游牧文化对燕文化的影响也是存在的，这一来表现在燕国的青铜礼器和兵器的造型上，二来表现在燕器纹饰多以动物形象为主题上，三来还突出反映在燕明刀的形成上。

"燕明刀"是东周燕国的主要货币，始见于春秋晚期，流行于战国时期，因其刀身常见一个大篆的"明"字（或释"易、燕"）而得名。这是东周列国中发行量最大的货币，也是流通范围最广的货币，出土地点遍及北京、天津、河北、内蒙古、辽宁、吉林、山西、山东、河南、陕西等省市，甚至还远播于朝鲜半岛和日本[1]。仅就河北易县燕下都一地所见，就累计出土了不下30余次，数量竟以万计，足见燕国货币经济的发达。而学者指出，这种货币的形态与军都山等游牧部落使用的青铜刀削密不可分，是由这种青铜刀削演变而来的[2]。这一现象充分说明，燕人与北方草原民族的贸易往来十分频繁，而且都是正常的公平交易，这才有必要创造出以畜牧族青铜刀削为蓝本的燕国货币来。

总之，诸多事实说明，在以燕国为代表的中原文化覆盖北京后，燕国实现了从多元一体到多元一统的转变，但这里依旧是不同民族、不同文化共生共荣的园地，多元文化的色彩并未稍减。

---

[1] 北京市文物研究所编：《北京考古四十年》，北京燕山出版社，1990年，第63～67页。
[2] 靳枫毅：《军都山山戎文化墓地的发现及埋葬制度特征》，《北京文物与考古》第三辑。

二 民族与文化的大融合

公元前221年,秦始皇翦灭东方六国,创建了中央集权国家,北京从此成为大一统帝国的一部分。在金瓯一统后,秦始皇做了几件大事:一是"一法度衡石丈尺",二是"车同轨,书同文字",三是"海内为郡县,法令由一统"[①]。这些制度的建立,在中国历史上都产生了极为深刻的影响,堪称里程碑式的大事件。其中郡县制的推行和法令一统确立了中央集权制,度量衡的标准化为商贸往来创造了条件,书同文则不仅构建了统一的文化,也为意识形态的统一奠定了基础。至于车同轨,在交通单纯靠车马的年代,不仅具有经济意义,更有不可忽略的政治意义和军事意义。总之,这些制度在政治、经济、文化上为大一统帝国的建立奠定了基础,使江山一统从此成为历史的主流。

秦王朝国祚短暂,仅仅存活了十余年,代之而起的汉王朝才是中国历史上第一个长期稳定的大一统帝国。西汉初年,在经历了秦末农民战争和楚汉战争后,神州大地哀鸿遍野,"民失作业,而大饥馑,凡米石五千,人相食,死者过半"[②]。汉高祖以秦为鉴,采取了一系列让百姓休养生息的政策,使社会经济逐渐得以恢复。

公元前179年,汉文帝刘恒继位,他是一代仁君,史家赞其"德至盛也"[③]。其在位期间自奉甚俭,处处以民生为念,一方面"绝秦之迹,除其乱法"[④],一方面又大力推行"藏富于民"的政策,屡次"除田之租税"[⑤]。汉景帝刘启即位后也延续了轻徭薄赋、发展生产的政策,"令民半出田租,

---

[①]《史记·秦始皇本纪》。
[②]《汉书·食货志》。
[③]《史记·孝文本纪》。
[④]《汉书·晁错列传》。
[⑤]《史记·孝文本纪》。

三十而税一也"①，此后三十税一便成汉的定制。以上举措，给社会发展注入了强大的动力，由此缔造出封建帝国的第一个盛世——"文景之治"。

古云"仓廪足而礼教兴"，在河清海晏的形势下，汉代前期迎来了一个文化大发展的时期。

西汉年间思想文化领域发生的一件影响至远的大事，即儒学正统地位的确立。儒家思想源出于孔子，他"祖述尧舜，宪章文武"②，系统总结了古代圣王和周文王、武王、周公的"德治"，为帝王政治树立了一个理想模式。孔子生在春秋后期，当时的儒学只是诸子百家中的一家，未成气候。孔子自己也一生郁郁不得志，遍游列国而"温温无所试，莫能己用"③。秦始皇兼并天下后，"燔《诗》《书》，杀术士，六学从此缺矣"④，儒学和儒士惨遭灭顶之灾。汉高祖刘邦开基之初不重儒学，名士陆贾谏言以儒治国，反遭文盲出身的刘邦肆意辱骂，甚至轻薄地以儒冠溲溺。此后，"孝文帝本好刑名之言……而窦太后又好黄老之术"⑤，儒学在黄老派的打压下更是日薄西山。

公元前140年，汉武帝刘彻即位。时年十六岁的他敏锐地感到，"无为而治"的黄老思想已不再适应西汉帝国的发展，而儒学追求天下一统、礼乐治国等主张正是强国所需。因此他甫一即位便"招贤良，赵绾、王臧等以文学为公卿"⑥，准备振兴儒学。可惜当时大权在握的太皇太后窦氏信奉黄老哲学，不容儒士抬头，汉武帝莫之奈何。不久后权柄归于武帝，他未及窦太后驾崩就于建元五年（前136年）"置《五经》博士"，确立了《诗经》《尚书》《礼记》《周易》《春秋》五大儒家经典的至尊地位。及至窦太

---

① 《汉书·食货志》。
② 《汉书·艺文志》。
③ 《史记·孔子世家》。
④ 《汉书·儒林传》。
⑤ 《史记·儒林列传》。
⑥ 《史记·武帝本纪》。

后殁后，西汉王朝终于迎来了"绌黄老、崇儒学"的历史机遇，汉武帝遂于元光元年（前134年）征召天下儒士，亲自出题策问，于是"董仲舒、公孙弘等出焉"[①]。

汉武帝时儒学的应时而盛，是和巩固大一统封建王朝的需要相适应的，是和秦亡后改善治民之术的潮流相适应的，也是和统一百家杂陈的先秦思想相适应的。而当时的儒家代表人物董仲舒迎合这几大需要，一改先儒"不达时宜，好是古非今"[②]的犀利风格，创立了维护封建一统制度、调和各种社会矛盾的"今文经学"。董氏之说正好迎合了汉武帝的意愿，于是三道策问，一拍即合，君臣达成高度一致，促使汉武帝作出了"罢黜百家，独尊儒术"的决定。自此而后，儒学定于一尊，虽百世而不衰，逐渐融入汉民族的政治、思想、文化中。

与汉武帝独尊儒术相应和的是，蓟城也成为东北地区儒家思想的中心，并且出现了不亚于董仲舒的代表人物。

自秦始皇焚书坑儒，儒家经典在社会上荡然无存，西汉时只能凭老儒的记忆来传承。《史记·儒林列传》载：

> 言诗于鲁则申培公，于齐则辕固生，于燕则韩太傅。言尚书自济南伏生。言礼自鲁高堂生。言易自菑川田生。言春秋于齐鲁自胡毋生，于赵自董仲舒。

以上即武帝时传承先秦经典的汉代宿儒。从上述记载不难看出，这些汉儒多出自儒家正统园地的齐和鲁，而齐鲁之外，则唯有一个赵地的董仲舒和一个燕地的韩婴。

韩婴，西汉燕人，博学多识，甚得儒学正传。《汉书·儒林传》云：

[①]《汉书·武帝纪》。
[②]《汉书·元帝本纪》。

"韩婴，燕人也。孝文时为博士，景帝时至常山太傅。婴推诗人之意，而作内、外《传》数万言，其语颇与齐、鲁间殊，然归一也。"史载韩婴曾与董仲舒在汉武帝面前谈经论道，风头之健甚至盖过了董仲舒。《儒林传》云："武帝时，（韩）婴尝与董仲舒论于上前，其人精悍，处事分明，仲舒不能难也。"由此一例即可看出，辩论经籍时韩婴不仅敢于公开挑战董仲舒，而且"仲舒不能难也"，足见其影响之大。韩婴最擅长《诗经》《易经》，著有《韩故》三十六卷、《韩诗内传》四卷、《韩诗外传》六卷、《韩说》四十一卷、《韩氏》二篇等，至今唯有《韩诗外传》残卷尚在。

韩婴的出现不是偶然的，它体现了燕地儒学根基的深厚，是"燕、赵间好《诗》"的产物。韩婴之后，"其孙商为博士，孝宣时，涿郡韩生其后也，以《易》征，待诏殿中"[1]，燕地的儒学就此传承下来。及至东汉，涿郡人卢植也是一位闻名遐迩的经学家，曾经征为博士，最后迁为尚书。史称卢植"性刚毅有大节，常怀济世志，不好辞赋，能饮酒一石"[2]，颇具燕地侠风。

两汉之际燕地儒学的兴盛，标志汉文明已成为幽燕文化的重要组成部分。但与"罢黜百家，独尊儒术"迥然不同的是，此时的幽燕地区仍然保留着多元文化的风貌。仅就《汉书·艺文志》所载，当时由燕人创作并广为流传的著名典籍除儒家经典外，还有法家的《燕十事》、纵横家的《庞煖》、兵家的燕将兵书，以及文学艺术类的《燕代讴雁门云中陇西歌诗》等，广泛涉及儒家、法家、纵横家、兵家、文学、艺术等各领域，呈现出了百花齐放的局面。

"武帝时，乃令天下郡国皆立学校官"[3]，幽州所辖的十郡一国从此官学遍立。通过这个官方渠道和其他民间渠道，蓟邑成了向辖区内勃海、辽

---

[1]《汉书·元帝本纪》。
[2]《后汉书·卢植列传》。
[3]《汉书·文翁传》。

西、辽东、玄菟、乐浪等少数民族聚居区传播汉文明的中心。除了文化的外向传播，燕蓟更是两汉时期各民族内向聚敛的温床，这由考古资料可以得到最为确切的证明。

截至目前，北京已出土了不少两汉时期的墓葬，为探索北京地区的汉代历史提供了丰富的第一手资料。它们分别见于丰台大葆台、三台子；昌平白浮、史家桥、半截塔；平谷西柏店、唐庄子；顺义临河；密云提辖庄；怀柔城北，以及宣武、朝阳、海淀等地，包括了上至燕王（广阳王）下至平民的不同规格墓[1]。从这些墓葬的文化面貌看，它们的"墓葬形制及出土遗物在很大程度上与河南洛阳、郑州及陕西关中一带是一脉相承的"[2]，属于不折不扣的汉文化系统。当然它们的地域性也是存在的，但仅有"东汉时代陶器上涂一层云母粉末"[3]等一些细部表现，不具主导地位。综合它们的共性与个性，两汉时期的北京考古文化基本上可以归为汉文化的北方类型。然而，在这些汉墓的背后，却隐藏着中原汉墓所没有的秘密。

两汉是汉民族形成的关键时期，当时"汉人"之谓已取代了此前的"华人""夏人""华夏人"等称呼，成为《史记》《汉书》等官修史书的正统表述。这无疑是一个标志，表明汉民族已经发育成熟。在此基础上，民族统一不断扩展，匈奴、鲜卑、乌桓和羌族、西域诸族相继融入了汉帝国，也融入了汉民族。就燕地而言，两汉时期的北方民族以匈奴、乌桓、鲜卑为主，每逢天灾人祸，他们就不断涌入长城沿线，成为幽燕地区新的居民。东汉初年，匈奴分裂为两部，呼韩邪单于之孙率领数万人南下附汉，称为南匈奴，其中就有相当部分安置在蓟城的长城沿线一带。又据《后汉书·鲜卑列传》记载，幽燕还是汉与鲜卑族通胡市、设质馆（接待

---

[1] 北京市文物研究所编：《北京考古四十年》，第 98~116 页。
[2] 北京市文物工作队：《北京怀柔城北东周两汉墓葬》，《考古》1962 年第 5 期。
[3] 同上注。

外族的馆舍）的重要区域，是汉族与鲜卑族交往的中枢。于此之外，两汉时期尤以地近边关的乌桓族内附的为多。

乌桓即乌丸，原属东胡族，在匈奴冒顿单于大破东胡后沦为匈奴人的部属。《后汉书·乌桓列传》载：

> 乌桓者，本东胡也。汉初，匈奴冒顿灭其国，余类保乌桓山，因以为号焉。……乌桓自为冒顿所破，众遂孤弱，常臣伏匈奴，岁输牛、马、羊皮，过时不具，辄没其妻子。

由此可见，在沦为匈奴族的部属后，乌桓深受奴役与压迫，岁贡不入甚至要掠妻夺子。及汉武帝派遣骠骑将军霍去病击破匈奴后，乌桓族从匈奴人手中解放出来，汉武帝于是"因徙乌桓于上谷、渔阳、右北平、辽西、辽东五郡塞外"，将乌桓族整体安置在幽州境内。汉武帝还"始置护乌桓校尉"，设立了专门掌管内附的乌桓部民的机构。

东汉光武帝建武二十五年（49年），原居辽西的乌桓部又整体内附，光武帝亦对他们抚慰有加，"封其渠帅为侯王君长者八十一人"[1]，将他们全部安置在"辽东属国、辽西、右北平、渔阳、广阳、上谷、代郡、雁门、太原、朔方诸郡界"[2]，北京仍是重点安置区之一。

由上可知，两汉时期的北京地区不光是汉族与北方少数民族经济、文化交往的重地，还是他们杂居与融合的中心。特别值得关注的是，此时的北京虽然"五胡"杂处，但华夏与蛮夷的壁垒已经打破，生活方式与文化习俗的鸿沟已被填平，不同民族融汇成了新历史条件下的"汉人"。最有力的证据之一，就是当时北京地区的居民虽然来自四面八方，虽然包括了不同民族，但墓葬却都归于整齐划一的"汉墓"。这就是北京地区两汉墓

---

[1]《后汉书·乌桓鲜卑列传》。
[2]《三国志·魏书·乌丸传》注引《魏书》。

葬隐藏的秘密，谜底就是不同民族的墓主人此时都不着痕迹地融入了汉文明。表面上看这只是文化的融合，实际上它却深刻诠释了汉民族的形成过程，告诉我们汉民族就是这样在不同民族的融注中逐步兴盛起来的。

东汉末年战乱纷起，天下大乱，兵连祸结。幽州牧刘虞对外和合诸胡，"罢省屯兵"，对内"务存宽政，劝督农植"[1]，在纷纷扰扰的乱世中开辟出一方安康祥和之地。徐州、青州一带的难民闻讯后如潮水般涌来，数量之多竟达"百余万口"。当时"道路隔塞，王命竟不得达"，朝廷对这些难民不闻不问。但刘虞"皆收视温恤"，令其"安立生业"，以至"流民皆忘其迁徙"。此番流民的安置，使幽州地区人口大增，而且补充的都是山东、江苏一带汉化程度较高的汉民，给幽州的汉民族补充了大量新鲜血液。

三国曹魏及西晋时期，连遭重创的匈奴族归附的归附、远遁的远遁，分布在幽州沿边的仅余乌桓、鲜卑两大族。此期间南北各方虽不乏冲突，但曹魏及西晋王朝基本上能够把控局势，靖边安民。早在建安十一年（206年），曹操就大破乌桓于柳城，斩其首领蹋顿。经此一役，"及幽州、并州（阎）柔所统乌丸万余落，悉徙其族居中国"[2]，大部分乌桓人内附中国。自东汉和帝时北匈奴逃亡，其故地尽为鲜卑所占，匈奴所余十余万亦"自号鲜卑兵"，鲜卑由此而盛。但为时未久，鲜卑首领檀石槐死，内部争立不休，"众遂离散"[3]，鲜卑实力锐减。凡此种种，皆给三国魏晋时期的东北边地创造了较为安定的社会环境，使和平交往成为该时期民族关系的一大主流。

北京地区出土的西晋墓葬已包括上至公卿、下至庶民的各种不同类别。公卿类别的墓见于"骠骑大将军、都督东夷河北诸军事、领幽州刺

---

[1]《后汉书·刘虞传》。
[2]《三国志·魏书·乌丸传》。
[3]《三国志·魏书·鲜卑传》。

史"王浚之妻华芳墓,于1965年发现于西郊八宝山[1]。王浚是西晋末年的幽州主官,爵列上公,夫人的等秩应与之相同。其他类别的墓葬分别见于顺义大营村、石景山老山、西郊景王坟及八宝山等地[2]。以上各类墓葬的形制、结构皆与西晋都城洛阳的同期墓葬相近,甚至"其出土器物的形制亦和洛阳中型墓出土的器物形制相似"[3]。至于其地域性,一则表现在墓葬的甬道多设在长方形墓室的两侧上,从而平面呈刀把形;二则表现在个别墓葬出土的"陶牛车、车夫俑造型古朴,具有北方特点"[4]上。综合上述情况,可知正如《晋书·礼制中》所云:"丧纪之制,与夫三代变易。魏晋以来,大体同汉",即北京地区晋墓与北京地区两汉墓的性质无异,仍属中原文化系统的北方类型。从当时幽燕居民的成分看,其墓主也不乏生活在北京地区的北方少数民族,这时他们也完全融入了"汉文化",成了不折不扣的"汉人"。

总之,两汉至西晋时期北京地区的多元一统性,主要表现在多元民族汇入到汉文化的洪流中。也就是说,当时北京地区的民族是多元的,而文化是一统的。这就从深层次上揭示了汉文化特有的兼容性,也揭示了汉晋时期北京地区特有的开放性和包容性。

自西晋八王之乱后,晋室分裂,天下崩离,"长安城中户不盈百,墙宇颓毁,蒿棘成林"[5]。在司马氏集团的自相残杀中,各派势力竞相借助外族武装,由此助长了少数民族军事力量的崛起。乘着兵荒马乱,当时北方各少数民族上层人物纷纷封疆裂土,割地称王,由此带来了一场全新的社会震荡,也带来了一场全新的民族融合。在随之而来的十六国时期,幽燕作为各少数民族政权的必争之地,先后落入了羯族石勒的后赵、鲜卑慕容

---

[1] 北京市文物工作队:《北京西郊西晋王浚妻华芳墓清理简报》,《文物》1965年第12期。
[2] 北京市文物研究所编:《北京考古四十年》,北京燕山出版社,1990年,第119~123页。
[3] 北京市文物研究所编:《北京考古四十年》,第123页。
[4] 同上注。
[5] 《晋书·怀帝本纪》。

部的前燕、氐族符洪的前秦、鲜卑慕容部的后燕之手。随着国体的频繁易帜，各少数民族政权"你方唱罢我登场"，造成了一次前所未有的民族搅拌运动。从西晋建兴二年（314年）鲜卑族段匹磾占据蓟城起，到北魏天兴二年（399年）后燕燕郡太守高湖降于北魏止，这个阶段在幽燕大地共持续了八十余年。

这场旷日持久的民族大融合，不单是外来的汉、羯、氐、鲜卑诸部与幽燕汉民的自然融合，更是各少数民族政权出于政治、军事、经济的需要而强制推行的融合。此类事例不胜枚举，撮其要者有：

《晋书·载记第五·石勒传》载：羯族后赵的石勒于太和元年（328年）"徙氐羌十五万落于司、冀州"。

《资治通鉴》卷九十九载：鲜卑族前燕以蓟为都，立都当年（352年）便"徙军中文武兵民家属于蓟"，又于次年将皇后、皇太子等"皆自龙城迁于蓟宫"。

《晋书·载记第十·慕容儁传》载：前燕元玺五年（356年）徙"鲜卑、胡、羯三千余户于蓟"。

仅从以上几段记载即可看出，当时有不少民族成建制的迁入了幽燕，其中既有鲜卑、羯、羌、氐人，又有泛指的胡人；既有平民百姓，又有皇族、文臣、武将、兵丁。于此之外，不少汉人也为大动乱所裹挟，接连迁入幽燕，不断补充了汉族的主体成分。《晋书·载记八·慕容廆传》载：

时二京倾覆，幽、冀沦陷，（慕容）廆刑政修明，虚怀引纳，流亡士庶多襁负归之，廆乃立郡以统流人。

上文是说为了躲避战乱，洛阳、长安二京的流亡士庶扶老挈幼涌入幽、冀，以至时任幽州、平州都督的慕容廆不得不成立若干郡县来容纳新涌入的汉族流民。而正是这种大范围、多层次、全方位的民族搅拌，使十六国时期成了北京地区民族融合的极重要阶段。

饶有兴味的是,被史家斥为"五胡乱华"的这一时期,在文化上反倒是由各少数民族政权的加速汉化表现出来的。此所谓"五胡",即匈奴、鲜卑、氐、羯、羌五大民族。此前这些民族的相当部分已移居长城以南,开始接受当地的农业生产方式和先进的华夏文明。而在兵荒马乱的年代,为了争得中原的一席之地,他们更是想方设法拉近与中原的距离,竭力推进自身的汉化。

十六国时期的第一个少数民族政权是由匈奴人刘渊创建的。刘渊原本就是汉化程度较高的贵族,在灭亡西晋后更是只字不提自己和匈奴大单于的嫡亲关系,反而自称是两汉皇室的宗亲,奉汉高祖刘邦、光武帝刘秀、昭烈帝刘备为三祖。不但如此,他还打出了承袭汉祚的旗帜,以"汉"为国号。

后赵的石勒是羯族首领,他杀伐攻掠无所不为,但却虔心仰慕汉学,尤其推崇汉高祖刘邦,每临政事常仿效汉初之策。在成为后赵的君主后,石勒"常令儒生读史书而听之,每以其意论古帝王善恶,朝贤儒士听者莫不归美焉"[①]。

十六国中以鲜卑族创建的小朝廷为多,先后有前燕、代、后燕、西燕、西秦、南凉、南燕等,而如上章第三节所述,他们自诩是"有熊氏(黄帝)之苗裔",千方百计拉近和华夏族的血亲关系。

氐族苻洪创建的前秦是十六国中国运较长的一个,建于公元350年,亡于394年,前后维系了四十余年。而据《晋书·载记第十二》的记载,苻洪自称"其先盖有扈之苗裔,世为西戎酋长",也归宗于华夏部族的有扈氏。

若以最具象征意义的国号言之,十六国中称汉者一(匈奴人刘渊的

[①]《晋书·载记五·石勒传下》。

汉，后改称赵），称夏者一（匈奴族赫连勃勃的夏），称秦者三（氐族苻洪的前秦、羌族姚苌的后秦、鲜卑族乞伏国仁的西秦），称赵者二（匈奴族刘渊的前赵、羯族石勒的后赵），称燕者五（鲜卑族慕容皝的前燕、鲜卑族慕容垂的后燕、鲜卑族慕容泓的西燕、鲜卑族慕容德的南燕、汉族冯跋的北燕），无不借用了中原王朝或中原诸侯国的故名。

当然，上面说的都只是些表面文章，但十六国时期的这些小朝廷个个如白驹过隙，转瞬即逝，也只来得及做些表面文章而已。

当"五胡十六国"时期结束后，匈奴、羌、氐、羯各族相继式微，不久后甚至从历史上销声匿迹，再无一丝踪影。其中匈奴族是战国秦汉时期称雄于长城以北的强大游牧族，一度控制了从里海到长城的广大地域，版图所及包括了今蒙古国、俄罗斯西伯利亚、中亚北部、中国东北等地。秦汉时匈奴人不断南下侵扰，对中原王朝造成了极大威胁。汉高祖六年（前201年）韩王信投降匈奴，第二年汉高祖刘邦亲率32万大军征讨。刘邦轻信冒进，与先头部队在白登山（今山西大同东北）一带竟被匈奴冒顿单于用骑兵铁桶般围困起来，几近被俘。汉武帝时国力强盛，前后三次对匈奴发起了大规模进攻，匈奴屡遭重创，气势锐减。东汉前期匈奴分裂成南北两部，南匈奴内附中原，北匈奴西奔里海，称雄一世的匈奴族开始分崩离析。但一直到十六国时期，内附中原的南匈奴仍有相当势力，西晋王朝就亡在他们手里，十六国时期的前赵、胡夏、北凉也是他们创建的。然而，十六国一过，南匈奴泥牛入海，再无半点讯息。由此可见，风云变幻的十六国时期，也是这些民族全面汉化的时期，以至五胡中竟有四胡融入了中华大家庭。在五胡中，硕果仅存的只有鲜卑族，而在十六国之后，堂而皇之地登上了华夏政治舞台的，也就是这个鲜卑族。

十六国之后，北魏王朝在北中国兴起，这就是由鲜卑族的拓跋氏创建的。北魏拓跋氏也自诩为黄帝子孙，说已见上章第三节。但北魏统治者心里很明白，光是打出黄帝这面大旗是唬不住人的，要想真正统御华夏，还要不遗余力地推进自身的汉化。

鲜卑拓跋部原居黑龙江大兴安岭一带，在汉代逐渐西移，先是进入原来北匈奴活动的漠北地区，而后南下游牧到云中（今内蒙古托克托），之后又迁居盛乐（今内蒙古和林格尔）。公元386年拓跋珪创建北魏，建都平城（今山西大同），此后经过半个多世纪的征战，北魏连克库莫奚、高车、后燕、后秦、大夏、柔然、北燕、北凉，于公元439年统一了北方，结束了北中国长达近一个半世纪的分裂割据。极盛之时的北魏疆域西至新疆东部，北抵蒙古高原，东北达辽西一带，南及淮河、秦岭一线，包括了不少中原土地。在建立了较为稳定的政权后，特别是在占有了相当部分汉地后，北魏王朝开始由游牧转向农业，由武功转向文治。正是在这种背景下，北魏统治者开始推行自身的汉化。

最早推进北魏政权汉化的，是开国皇帝拓跋珪。早在称帝的当年（北魏天兴元年，398年），拓跋珪就命朝野皆束发加帽，紧接着又于第二年始置五经博士，增加了国子太学生员三千人，还命郡县大索天下书籍。在定都平城后，拓跋珪开始招募汉族大地主加入统治集团，缔结了与汉人世家的政治联盟。此后在统一北方的大业中，太武帝拓跋焘启用了不少汉臣，不断强化了与中原世族的合作。到了文成帝拓跋濬，又开始倡导与汉族士人联姻，建立了两个民族的血缘联系。但相比之下，在北魏历史上真正下大力推进汉化的，当属孝文帝元宏。

孝文帝原名拓跋宏，是北魏第七帝，在位于公元471年至499年，庙号魏高祖。为了充分吸收汉族的先进文化，也为了巩固在汉地的统治地位，孝文帝于太和十八年（494年）仿效黄帝南迁故事，把国都从平城迁到了洛阳。此外他全力推行改革，实行均田制，大胆整顿吏治并革除鲜卑旧俗，在各方面都取得了显著成效。然而，真正让孝文帝青史留名的，还是他采取的如下汉化措施：

1. 鲜卑人原着胡服,"至高祖太和中,始考旧典,以制冠服,百僚六宫,各有差次"①,各级官员一律改穿汉服;

2. 在朝廷上禁用鲜卑语,通用汉语,"若有违者,免所居官"②;

3. 迁居洛阳的鲜卑人统统改籍贯为洛阳,死后也只能落葬洛阳城郊邙山,不得归葬平城,"于是代人南迁者,悉为河南洛阳人"③;

4. 改鲜卑复姓为汉姓,如皇族拓跋氏改姓元,孝文帝率先由拓跋宏改名元宏,此外丘穆陵氏改穆氏、步六孤氏改陆氏、贺赖氏改贺氏、独孤氏改刘氏,如此等等;

5. 承认汉人士族的地位,以范阳卢氏、清河崔氏、荥阳郑氏、太原王氏为汉族四大门第,与鲜卑族的穆、陆、贺、刘、楼、于、嵇、尉八大姓同贵;

6. 采用汉人律令,废除自十六国以来的严刑酷法;

7. "高祖诏群僚议定百官,著于令"④,按中华制度重新审定了官制;

8. 弘扬华夏礼制,提倡敬老养老;

9. 全面推行鲜卑人与汉人通婚,孝文帝带头纳汉人士族四大姓的女子为后宫嫔妃,并敕命六个兄弟各聘汉人士族女子为正妃,把原来的鲜卑族正妃降为侧室。北魏皇家公主也下嫁汉族名门,如献文帝女乐浪长公主下嫁卢道裕,孝文帝女济南长公主下嫁卢道虔,孝文帝女义阳长公主下嫁卢元聿等。

---

① 《魏书·礼志四》。
② 《魏书·高祖本纪下》。
③ 同上注。
④ 《魏书·官氏志》。

通过以上鼎新革故,北魏统治集团很快在服饰、语言、籍贯、姓氏、法律、官制、礼俗、血统等方面融入了汉民族,实现了"全盘汉化"。

近几十年来,在山西大同发掘清理出一批北魏皇室成员及贵族的墓葬,墓室结构和埋葬习俗皆同于中原腹地,见证了北魏统治集团的汉化。他们的民族烙印当然也是存在的,例如在随葬的陶俑中还保留着部分游牧文化的孑遗[1],但也仅此而已。

至于北魏时期的幽燕地区,《隋书·地理志中》载:

> 涿郡、上谷、渔阳、北平、安乐、辽西,皆连接边郡,习尚与太原同俗,故自古言勇侠者,皆推幽、并、云。然涿郡、太原,自前代已来,皆多文雅之士,虽俱曰边郡,然风教不为比也。

此文称,涿郡、上谷、渔阳、北平等地一方面因融入了大量草原民族而民风侠勇,另一方面却"与太原同俗",文明程度并不逊于太原。"虽俱曰边郡,然风教不为比也"——这就是文献对北魏以来幽燕地区现实状况的描述,揭示幽燕虽然地处偏远,但风教不逊内地。

尤为关键的是,作为少数民族政权,北魏王朝对正统儒学也奉行不悖。《魏书·儒林列传》云:

> (晋永嘉之后)礼乐文章,扫地将尽……太祖初定中原,虽日不暇给,始建都邑,便以经术为先,立太学,置五经博士生员千有余人。天兴二年春,增国子太学生员至三千。岂不以天下可马上取之,不可以马上治之,为国之道,文武兼用。

---

[1] 中国社会科学院考古研究所编:《新中国的考古发现与研究》,文物出版社,1984年,第537~539页。

以上文献记述了在西晋永嘉之乱后，北魏是如何在"礼乐文章扫地将尽"的情况下一步步重振儒学的，还特别指出："时天下承平，学业大盛，故燕齐赵魏之间，横经著录，不可胜数"，强调了燕赵之地儒学的重光。

北魏不是第一个君临中原的少数民族政权，却是少数民族政权中第一个长期立足中原的，前后统治了近一个半世纪。相比之下，十六国时期先后据有幽燕的羯族后赵、鲜卑族前燕以及后燕等，个个如匆匆过客，短短二三十年便灰飞烟灭。那么，何以北魏能够长期立足中原呢？以前人们多将此归因于北魏士卒的骁勇善战，归因于魏廷的劝课农桑及均分田亩。这当然是不错的，但综观史实，十六国时期的哪个少数民族不精于骑射？哪个政权不在形成割据势力后便大力奖励耕作？何况相比之下，开始时北魏的势力很弱，在各方政权中充其量只能算是个三流小国，并无特别的优势。所以正确的答案只有一个，那就是北魏政权比较看重文化，接受了"天下可马上取之，不可以马上治之"的道理，采取了"以经术为先"的治国之策，因此取得了其他少数民族政权不曾有的软实力。北魏的这个治国经验是极其重要的，因为它为后世少数民族政权承袭汉制提供了范例，影响之大远逮辽金和元清。

自进入十六国时期以后，中原大地长期被异族统治，汉民族历尽兵火，羸弱之极。公元581年，北周随国公杨坚废静帝自立，国号隋，相继灭掉了后梁及陈，结束了长达270多年的南北分裂局面。登极大宝后，隋文帝下大力拯救长期萎靡不振的汉民族和汉文化，推行的主要政策是：

一、崇尚节俭、轻徭薄赋，使汉民族得以休养生息；

二、大力革除胡人芜杂无章的法律法规，恢复并革新汉法汉制；

三、废除陈腐的官僚制度，在中央设立尚书、门下、内史三省，尚书省下又设吏、礼、兵、刑、民、工六部，开创了此后相沿不改的"三省六部"制；

四、首创科举制度，使普通读书人无须攀附权贵便可通过考试直接入仕，打破了用人大权被世袭贵族和世家大族垄断的局面；

五、复兴汉学，于民间重金求书，每献书一卷赏绢一匹，待秘书监誊校后再将原书归还本主，"于是民间异书，往往间出。及平陈已后，经籍渐备"[1]；

六、重新统一了度量衡和币制。

以上种种举措，挽救了一个垂危的民族，也挽救了一个凋零的文化，并使北京重归天朝大国在东北地区的战略重心和文化中心地位。

在由隋至唐的三百余年间，作为大一统王朝的东北首府，今北京地区的多元一统风貌和秦汉时期别无二致，也属于在汉文明中融汇了不同民族的类型。但较为不同的是，唐朝民族政策的开明远超秦汉，因此不仅幽燕的少数民族成分更加扩充，少数民族的地位也大幅提升。

李唐皇室自身就是带有胡人血统的汉人，例如唐高祖李渊之母独孤氏、太宗之母窦氏、高宗之母长孙氏、玄宗之母窦氏等，无一不是胡人。《旧唐书·高祖二十二子列传》形容李渊孙辈滕王李涉"状貌类胡而丰硕"[2]，这就是对李唐王室胡人血统的形象描述。因此在民族问题上，李唐皇室表现得格外大度，唐太宗李世民就曾公开标榜说："自古皆贵中华、贱夷狄，朕独爱之如一"[3]，抛弃了沿袭千年的"夷夏大防"民族观。尤为难得的是，唐太宗不仅是这样说的，也是这样做的，以下几桩事例堪称典范：

---

[1]《隋书·经籍一》。
[2]《旧唐书·高祖二十二子列传》。
[3]《资治通鉴》卷一九八。

一如唐太宗派文成公主赴藏和亲以通吐蕃,千百年来传为佳话;

二如唐贞观四年(630年),唐太宗派大将李靖、李勣率十几万大军打败宿敌突厥汗国后,对被俘的突厥颉利可汗不仅不杀,还任命他为右卫大将军,把他全家安置在太仆寺,赐予大量田宅,厚加款待。颉利死后,唐太宗按照突厥风俗为其举行了隆重的火葬仪式,还在灞水东面为他修筑了高大的坟墓,并让颉利之子终身袭其父职;

三如东突厥灭亡后,其部众的安置成了大问题,大多数朝臣都主张将他们摒之于塞外,唐太宗却准其内迁到幽州至灵州一带;

四如唐太宗贞观十八年(644年),又有突厥十万余众来降,自请安置在唐的腹心地区。群臣虑及"非我族类,其心必异",都表示反对,但唐太宗却对突厥的要求一概应允;

五如唐太宗启用了不少内附的突厥人为官,甚至连宫廷禁地都可见原来敌国的突厥贵族带刀侍卫。

正是上述种种化敌为友的气概,引得各少数民族纷纷投效,趋之若鹜,西北诸蕃甚至共同上表尊奉唐太宗为"天可汗"[①]。唐太宗李世民是唐王朝实际上的开拓者,他对异族的宽大包容垂范后世,一直传承下来,使唐朝成为中国历史上最为开明和宽容的王朝。

当时北方民族的势力相当活跃,尤以地处东北边陲的幽燕地区最为突出。诚如第四章第三节所述,幽燕在唐代的控制范围更为扩大,成为全国十大方镇中实力最强者。而在唐王朝宽松开明的氛围中,又有许多新的少数民族涌入幽燕。

唐太宗之后,唐朝在幽州安置内附的少数民族成为常例,尤以中宗、

[①]《旧唐书·太宗本纪下》。

第六章 一统性——从多元一体到多元一统

玄宗两朝为著。《旧唐书·地理志二》云：

> 自燕以下十七州，皆东北蕃降胡散诸处幽州、营州界内，以州名羁縻之，无所役属。

以上所谓"羁縻"，是一种以州、府、县为建制来整体安置内附藩属的制度，也是一种民族自治制度。在羁縻州府县内，各民族不仅可以完全按本族的风俗习惯生活，还可以享有充分的行政自治权和经济运作权，中央政府则除了给他们提供各种物资保障外，其他方面则"无所役属"。此制度有效保护了少数民族的权益，也有效控制了少数民族的势力，大大促进了民族团结。唐代的幽州就是实施羁縻制度的一大重点，到唐玄宗天宝初年，幽州境内侨治的羁縻州府已达二十个，安置的少数民族除内附的突厥、靺鞨外，还有契丹、奚、室韦、高丽、新罗等，真正形成了民族大融合的局面。

随着民族融合的加深，幽州的胡汉界限日益淡薄，最后终于冲垮了根深柢固的华夷之分堤坝。其中最突出的表现，就是少数民族代表人物一举登上了幽州的最高政治舞台，典型之例即唐玄宗时期的安禄山与史思明。这两个胡人不仅攫取了幽州的最高权力，还依仗唐玄宗的宠信，"以蕃将三十二人代汉将"[1]，全面推行了幽州统治集团的少数民族化，最后联袂上演了著名的"安史之乱"。

"安史之乱"历时八年，在唐代宗时终于得以平定。但是，幽州实力的不断增强，少数民族势力的不断上升，终归是不可逆转的历史潮流，并未因"安史之乱"的平复而稍有止息。相反，"安史之乱"后，幽州的独立性反倒愈加明显起来，以至在考古学上都有了特别的反映。

截至目前，在北京昌平、丰台、房山、石景山、海淀、宣武、西城等

---

[1]《资治通鉴·唐纪三十三》。

地均有唐墓出土[①]，其中既有简陋的土坑竖穴墓，也有大小不一的砖室墓，规格最高的是史思明墓。史思明是"安史之乱"的主角之一，曾在安禄山之后妄自称帝。他的墓发现于丰台区王佐乡林家坟村，墓室用汉白玉石砌成，室前有斜坡墓道，墓道两侧有耳室，属于大型唐墓。早在安史之乱平息后，此墓便被开掘，仅残留了一些随葬品，但仍不乏铜龙、铜牛、嵌金铁马蹬等精湛工艺品。墓中还出土了按唐制只有王侯以上人物才能使用的玉册，表明该墓确实是按帝陵规格修建的[②]。

综合分析北京地区唐代墓葬的文化面貌，突出反映了对立统一的两个方面。

一方面，北京唐墓与中原典型唐墓的面貌基本相同，充分体现了幽州城是"大唐文明"不可分割的一部分。但事实上亦如前述，当时燕蓟内外早已五胡杂处，因此在北京地区出土的唐墓中，有相当一部分墓主应是生活在燕蓟的"胡人"。这种情况与秦汉至西晋时期北京地区的文化性质一致，皆属在同一个文化中融注了不同民族的类型。而其中涵盖的民族多元性，恰好揭示出该时期幽燕地区"胡人"的汉化。

但另一方面，除了和中原墓葬的共性，北京地区唐墓还不乏鲜明的个性。最耐人寻味的是，这些个性恰恰是在唐玄宗之时彰显出来的，更在安史之乱后不断得以强化。一个最突出的表现是，从唐玄宗年间开始，北京唐墓出现了一种新的墓室形制，主要特点是其墓室的平面普遍呈抹角弧形或圆形[③]。此类现象与西安等地唐墓的墓室平面基本呈方形或长方形的情况迥然有别，差异之大一望可知。

在"事死如生"的古代社会，墓室往往和人们地上的居住状况有关，一定程度上再现了现实社会的居住形式。中原唐人久居方室，墓室因此呈

[①] 北京市文物研究所编：《北京考古四十年》，第135～138页。
[②] 北京市文物研究所：《北京丰台唐史思明墓》，《文物》1991年第9期。
[③] 刘耀辉：《试论北京地区唐墓》，《北京文博》1998年第4期。

方形或长方形，这是显而易见的。事同此理，北京地区唐墓的椭圆形或圆形墓室，则深深打上了草原民族毡包式居室及圆形"蒙古包"的烙印。一个最充分的证据即如第四章第三节所述，墓室平面呈圆形或椭圆形的现象还广泛见于辽宁西部、内蒙古南部和河北北部等地，而这恰好就是"胡人"的集聚地。当然这并不等于说唐玄宗之时的幽州城已成毡房或蒙古包的世界，这是根本不可能的。因为作为东北方的最大都市，唐幽州城当时显然是楼阁林立，瓦舍连连。但何以它的墓葬出现了如此个性呢？唯一合理的解释就是，唐玄宗年间侨治幽州的羁縻州府累计已达二十个，少数民族的势力也因安禄山等"胡人"的权倾一方而如日中天，凡此都导致了北方少数民族的影响大大上升。而与此相应，幽州城的地方独立性也不断上扬，于是连带其考古文化也出现了明显的"胡化"倾向。

综观由秦汉至隋唐五代的幽燕地区，其多元一统的总体表现是基本一致的，都体现在多元民族通过幽州这个特殊的大熔炉不断融注到大一统的汉文明中来。当中原王朝强盛时，这主要表现为少数民族的主动内迁与内附，而当社会陷入动荡时，这又主要表现为少数民族集团的强力入侵和占领。相比先秦时期不同文化并存于一区、一地、一室（墓）的多元现象，这种多元民族归于一统的潮流显然更具特殊意义。因为这既说明了汉民族是由历史上的各不同民族融汇而成的，也说明了华夏文明具有多么强大的凝聚力。然而不容忽视的是，在这个总体趋势下，另一股潮流也在不断生长，这就是北方少数民族势力的日益强盛，以及幽燕地区独立性的持续增长。而随着这股潮流的发展，历史势必又要翻开新的一页了。

三　奉行汉制的少数民族政权

后晋天福三年，公元938年，石敬瑭将燕云十六州割让给了鲜卑契丹

族,由此开启了契丹人统治北京长达一百八十余年的历史。而自从纳入辽国版图起,北京地区就发生了两大变化,给这段历史注入了新的含义。

变化之一即早自西周燕国以来,燕京就一直背靠中原面向草原,突出了它作为中原王朝边关重镇的军事功能。但在归属辽国后,它脱离了中原腹地,成为背靠草原面向中原的门户,城市功能也随之由军事重镇转变为北中国的政治、经济、文化、外交中心。公元938年一跃而成辽之陪都,就是这个变化的开始。

变化之二即在成为辽南京后,契丹人及奚、渤海、室韦、女真等少数民族蜂拥而入,把这里汇聚成了一座规模空前的多民族城市。对于宋境的汉民,辽廷更是"择沃壤,给牛、种谷"[1],提供种种优惠政策,吸引他们前来定居。

上述两大变化,大大提升了幽州城在北中国的地位,也大大增进了幽燕地区与北方民族的联系,在新的历史条件下进一步促成了民族与文化的大融合。这种融合的具体表现,由辽南京的考古遗存可一窥究竟。

在辽代统治的近二百年中,北京地区留下了丰富的历史遗存,传承至今的著名古迹尚有报国寺、大觉寺、团城、天宁寺塔、牛街清真寺、良乡昊天塔等。在各种各样的遗存中,最能反映辽南京基本文化属性的,当然还属辽代的各类墓葬,迄今它们已在北京城区和郊区累计发现了数十处[2]。

契丹人在入主燕京后,仍然保留着死后归葬塞北故里的习惯,故而北京地区发现的辽代墓葬皆为汉人墓。其中较重要的有北京永定门外的北平王赵德钧与夫人种氏墓[3],大兴的金紫崇禄大夫马直温夫妇墓[4],北京西郊的

---

[1] 《辽史·食货志上》。
[2] 北京市文物研究所编:《北京考古四十年》,第144~152页。
[3] 苏天钧:《北京南郊辽赵德钧墓》,《考古》1962年第5期。
[4] 张先得:《北京市大兴县辽代马直温夫妻合葬墓》,《文物》1980年第12期。

平州节度使韩佚夫妇墓[1]，阜成门外的保静军节度使董庠夫妇墓[2]，门头沟斋堂的壁画墓[3]，海淀永定路的李熙墓[4]等。宋人时称辽南京城内有"韩、刘、马、赵"四大汉人世家，"韩"即韩知古和韩延徽家族，"刘"即刘慎行家族，"马"即马直温家族，"赵"即赵德钧家族。其中马直温墓和赵德钧墓已见出土，另外再加上韩佚即韩延徽之孙，四大家族中已有三大家的墓葬相继问世。而由这些上至四大家族下至平民百姓的辽南京汉人墓可知，辽南京的文化既有汉的因素，也有辽的因素，属于汉、辽两大主流兼容并蓄的类型。

首先，在契丹人的统治下，辽南京汉人墓不仅堂而皇之地保留着中原汉文明的传统，而且触目皆是，不胜枚举。

在墓室结构上，辽南京汉人墓多为仿木建筑的砖筑墓室，而这和当时宋朝流行的仿木结构雕砖墓如出一辙。这种结构的墓室是从唐代后期发展而来的，它在辽、宋的同时出现，体现了中国南北各方对中原唐文明的共同继承与发扬。

受唐朝壁画墓的影响，辽南京砖室墓也有相当部分绘有壁画，保存较好的有赵德钧墓、韩佚墓、百万庄1号墓、斋堂辽墓等。这些壁画的内容大多上承中原风格，几与中原壁画无异。例如赵德钧墓，墓室中绘制的壁画有伎乐、庖厨等，皆保留了原汁原味的中原画风。特别是其中的墓主人生前享乐图，"壁画中所见女仆发髻的样式、服饰的特征皆为唐风"[5]，唐的色彩颇为浓郁。又如辽平州节度使韩佚墓，壁画内容为花鸟屏风及侍女，穹窿墓顶上还绘有云鹤及十二生肖像，题材和布局几与同期中原壁画墓无

---

[1] 北京市文物工作队：《北京西郊辽壁画墓发掘》，《北京文物与考古》1983年第1辑。
[2] 北京市文物管理处：《近年来北京发现的几座辽墓》，《考古》1972年第3期。
[3] 北京市文物事业管理局等：《北京市斋堂辽壁画墓发掘简报》，《文物》1980年第8期。
[4] 王有泉：《丰台区永定路辽墓》，《中国考古学年鉴》（1991年），文物出版社，1992年，第125~126页。
[5] 董坤玉：《北京隋唐五代考古》，《北京考古发现与研究》，科学出版社，2009年，第283页。

异。再如斋堂的辽代末年壁画墓，绘有孝孙原谷等大型孝悌故事图，不仅壁画人物皆为汉人，且一律身着汉服。总之，综观辽南京汉人墓的壁画，举凡选材、布局、人物、衣冠、器用乃至禽鸟花卉等，无不与当时的宋墓相同。反之，同期契丹墓的壁画却与之大相径庭，这说明了什么已是不言而喻。

在随葬器物上，同期中原宋墓最常见的有瓷枕和定窑瓷器等，而辽南京汉人墓中也不乏此类物品。例如韩佚墓出土的瓷器，白瓷属定窑，青瓷属越窑，皆出自中原窑址。其他如马直温墓、王泽墓出土的精美瓷器，也不乏中原窑址的产品。至于辽南京汉人墓随葬的铜钱，更一律是唐朝传下来或宋朝流通来的，和中原宋墓出土的钱币毫无二致。

以上墓室构造、壁画风格、随葬器物三大方面，都表明辽南京的墓葬文化具有显明的汉文化特征。这无疑是现实生活的写照，折射出契丹治下的南京城仍不乏汉文化色彩，该城的汉人仍在传承着本民族的文化。

此外，辽南京汉人墓中也不乏契丹文化的一面，而且同样占很大比重。

从葬式来说，契丹人流行火葬，事如《隋书·契丹传》所云：契丹人"但以其尸置于山树之上，经三年之后，乃收其骨而焚之"。受此影响，辽南京城内也有相当部分汉人采用了火葬，数量之多甚至占到了辽南京墓的一半。其中级别最高的是赵德钧墓，此人贵为辽朝北平王，是辽南京汉人中爵秩最高者，居然也违反祖制采用了火葬。马直温夫妇墓同样采用了火葬，但其骨灰没有盛放在骨灰盒里，而是放置在仿照死者形象雕刻的木质真容雕像中。这种做法同时还见于河北宣化等地的辽代墓葬[1]，看来在火化的同时尽可能保留死者的真容，也不失为一种变通的做法。

从墓制来说，赵德钧墓有前中后三室，另置左右耳室，共计九个墓

---

[1] 河北省文物管理处等：《河北宣化辽壁画墓发掘简报》，《文物》1975年第8期。

室。赤峰出土的辽驸马赠卫国王墓的下葬年代比赵德钧墓仅晚一年，也作前中后三室加耳室，唯独耳室的数量略少，合计五个墓室①。这两座墓的主人都位秩王爵，虽然前者为汉族，后者为契丹族，一个在北京，一个在赤峰，但都采取了"多室"结构。相比之下，北宋皇室成员的墓葬多以单室为主②，与上述情况迥然有别。

从随葬品来说，塞外契丹贵族墓中时常出土一种标志性器皿，此即器底阴刻"官""新官"字款的白瓷器。而在辽南京汉人墓中，同样出土了此类瓷器，赵德钧墓即其中之一。仿皮囊制作的鸡冠壶是辽代早中期契丹墓中最具鲜明个性的随葬品，几乎是契丹文化一望可知的标准器，而辽南京的汉人墓中同样随葬了此类器具。此外，辽南京汉人墓出土的黄釉龙头洗子、黄绿釉盆等，也是契丹文化的典型器。

以上葬式、墓制及随葬品等，就是契丹文化给辽南京汉人墓打下的烙印，它们在一墓之中与汉文化并行不悖，互不相扰。

综合以观，辽南京汉人墓葬文化给我们带来了不少启示：

> 首先我们看到，在辽国创建后，乃至在入主燕云十六州后，契丹人并没有放弃自身的文化。倘如说辽南京汉人墓中不乏契丹文化的印记，当然是以契丹人保有自己独特的文化为前提的。而事实上，契丹文化的特异性不仅存在，并且在辽上京、中京等契丹大本营还表现得相当突出，这已由当地的考古发现所证实③。这是个很值得注意的现象，因为如前所述，自秦汉以来，凡是占据了幽燕之地的少数民族政权大多放弃了自己的文化，或迟或早融入了汉文明。而契丹族则不然，他们不仅在本土始终固守自己

---

① 前热河省博物馆筹备组：《赤峰县大营子辽墓发掘报告》，《考古学报》1956 年第 3 期。

② 郭湖生：《河南巩县宋陵调查》，《考古》1964 年 11 期；周到：《宋魏王赵頵夫妻合葬墓》，《考古》1964 年第 7 期。

③ 中国社会科学院考古研究所编：《新中国的考古发现和研究》，第 602～605 页。

的传统文化，而且在进入燕地后也一仍旧贯，甚至将自己的文化渗透到燕地的汉人中。这样一来，不仅给北京地区的多元文化增添了一个新的色彩，也给少数民族政权入主北京后保留本族文化提供了一个典型的范例。

其二，在辽南京，汉民族本是被统治民族，汉文化本是被统治文化，这是毋庸置疑的。但正如我们看到的，汉人不仅高官得做，其民族文化也得以保留，说明契丹统治者确实对汉民族和汉文化采取了相当宽容的态度。第四章第四节已述，辽国建立后在境内采取了"因俗而治"的国策，推行了"以国制治契丹，以汉制待汉人"的方针。这种二元政治的包容性势必会反映到文化上来，而辽南京墓中比比皆是的汉文化因素，就是辽国二元文化并存的鲜明实证。

其三，考古资料告诉我们，辽廷虽然对汉文化采取了宽容之策，但南京的汉人墓中仍不乏契丹文化的印记，这也说明了汉人的"胡化"倾向。值得注意的是，在这些墓葬中，契丹文化的因素并不整齐划一，而是各有千秋。例如有的采用了契丹的火葬习俗，有的随葬了契丹民族的鸡冠壶，有的使用了契丹人常用的黄釉瓷器等，色彩各异。这种现象说明，汉人墓葬中的契丹文化因素并非出于某种统一的规定，而是来自墓主人的自主选择与认同。历史上有一个铁的规律，即统治者的文化一定是居于主导地位的文化，这从不因统治者的宽容与否而移易。因此，只要统治集团固守自己的文化，这种文化就一定会逐步渗透到社会的各方面去，古今中外概莫能外。而辽南京汉人墓的"胡化"，就是在这种背景下发生的。

以上即辽南京汉人墓带给我们的启示。仅此管中窥豹，已足以看出辽朝"以国制治契丹，以汉制待汉人"在文化方面的反映。此外，事情的另一方面是，为了巩固自己的统治，为了推行以汉制待汉人的政策，契丹统治者还不得不从先进的汉文化中汲取营养，多方面推进自身的汉化。

服饰是一个民族文化最外在的表现，也是一个民族区别于其他民族的最显明标志，但辽廷却不惜从这里入手，采取了相当极端的汉化措施。《辽史·仪志一·舆服》载：

> 辽国自太宗入晋以后，皇帝与南班汉官服汉服，太后与北班契丹官用国服，其汉服即五代晋之遗制也。

据此可知，自从后晋石敬瑭把燕云十六州献给辽国后，不仅汉官可以继续着汉服，就连辽国皇帝也开始着汉服。尤有甚者，《辽史·仪志二·汉服》载：

> 大礼虽北面三品以上亦用汉服；（辽兴宗）重熙以后，大礼并汉服矣。

此文说到了辽中期的景宗、兴宗年间，甚至连契丹高官参加典礼时也一概要着汉服。按说辽朝允许汉官穿自己民族的服装已属不易，辽帝带头穿汉服更是不易，倘若要三品以上的契丹高官也着汉服，那就愈发不易了。这无疑是一个鲜明的政治姿态，表明了契丹人对汉民族及汉文化的认同。后来金朝的女真人在入关后始终不改"带，巾，盘领衣，乌皮靴"[①]的民族常服，蒙元、满清对自己的服饰也一直拘泥不变，相形之下反倒是契丹人更加宽容大度。

文字是一个民族文化最内在的表现，也是一个民族文化的最醒目标志，而在创建文字时，契丹人不仅大量采用了汉文字的元素，还照搬了汉文字的字体结构。契丹族本无文字，辽太祖神册五年（920年）春正月敕

---

① 《金史·舆服志》。

令"制契丹大字",当年秋九月"大字成,诏颁行之"①。在契丹大字颁行后,契丹人又创建了契丹小字,而无论是契丹大字还是契丹小字,都是在汉字的基础上加以简化或增添笔划编制而成的,从一开始就打上了汉文化的印记。

更重要的是,为了切实贯彻"以汉制待汉人"的国策,契丹统治者还祭起了尊孔的大旗,旗帜鲜明的以孔教为国教。

早在建国之初,辽太祖阿保机就展开了一场敬佛还是尊孔的廷辩,事见《辽史·宗室列传》:

> 时太祖问侍臣曰:"受命之君,当事天敬神。有大功德者,朕欲祀之,何先?"皆以佛对。太祖曰:"佛非中国教。"(皇太子)倍曰:"孔子大圣,万世所尊,宜先。"太祖大悦,即建孔子庙,诏皇太子春秋释奠。

案契丹人初信萨满教,后笃信佛教,因而如上所述,当讨论到应以何者为国朝神祇时,众臣"皆以佛对"。但辩论的结果是,辽廷最后确定"孔子大圣"为"万世所尊",树立了儒学的主导地位。纲领既定,辽太祖便在上京临潢府建起了孔子庙和国子监,此后辽圣宗更诏令各州遍建孔子庙。燕京是辽的陪都,又是辽的汉文明中心,无疑也在这时建起了孔子庙。

在汉化大潮中,辽皇室成员还身体力行,带头研习汉文化。早在辽朝初年,皇太子耶律倍就以"通阴阳,知音律,精医药、砭焫之术,工辽、汉文章"②而享誉朝野。到了辽圣宗时期,契丹开始进入封建社会,契丹贵族的汉化程度更有明显提高。当时辽皇室能用汉文作诗并通晓汉人音

---

① 《辽史·太祖本纪下》。
② 《辽史·宗师列传》。

律者不知凡几，辽圣宗就是相当突出的一个。辽圣宗耶律隆绪在位于公元982～1031年，是辽朝在位时间最长的皇帝，比唐朝在位时间最长的唐玄宗（712～756年在位）还长了五年。他深得汉文学艺术堂奥，"幼喜书翰，十岁能诗。既长，精射法，晓音律，好绘画"[1]，对汉民族的诗歌、音律、书法、绘画几乎无所不能。辽兴宗耶律宗真亦深得乃父圣宗的真传，他"好儒术，通音律"，登基之初就"御宣政殿放进士刘贞等五十七人"[2]。辽道宗耶律洪基也笃好文学，擅长音律，他的皇后萧氏更是文采斐然，在契丹诗人中独领风骚。史载萧氏"姿容冠绝，工诗，善谈论，自制歌词，尤善琵琶"[3]，她既是辽朝公认的第一美人，也是举国上下公认的第一诗人，据说琵琶弹奏也是天下第一。

第四章第四节曾述，契丹人源出鲜卑族，属东胡余支。历史上同属东胡余支的还有乌桓族，但历史证明乌桓和鲜卑走了截然不同的两条道路。乌桓在东胡被匈奴击溃后先是沦为匈奴的部属，后又大量内附汉廷，最后完全融入了汉民族。鲜卑族却在东胡落败后一直僻处辽东，从事游牧及粗放式农业，处在"未常通中国"[4]的封闭状态。契丹之所以在创建辽朝后仍然维持内部的体制与文化不变，仍然坚持"以国制治契丹"，根本原因就是因为其"未常通中国"之故。

然而重要的是，即便对自己的民族传统固守不弃，契丹人却从不自外于中国，反而自视为华夏大家庭的一员。其最突出的表现，一是他们自认是黄帝的后裔，说已详第五章第三节；二是如前所述，在廷辩应以何者为国朝神祇时，辽太祖居然一言九鼎地确定了以儒教为"国教"。这里的"国"是哪个国？当然不是指北宋而是契丹。这里的"儒教"是什么教？

---

[1]《辽史·圣宗本纪一》。
[2]《辽史·兴宗本纪一》。
[3]《辽史·后妃列传一》。
[4]《后汉书·乌桓鲜卑列传》。

当然是中华传承了上千年的孔教。两相对应,可见辽太祖是如何理直气壮地认为自己是中国人了。

关于契丹的族源,除了说他们是黄帝族的后裔外,也有说他们是炎帝族后裔的。事见《辽史·世表一》:

> 考之宇文周之书,辽本炎帝之后,而耶律俨称辽为轩辕后。

此文一曰"辽本炎帝之后",一曰"辽为轩辕后",总归不失为"炎黄子孙"。近年在云南发现了契丹遗裔,保留有一部明代的《施甸长官司族谱》,卷首附有一首七言诗,诗曰:"辽之先祖始炎帝",他们也自谓为炎帝的族裔。至于考古出土的契丹皇族墓志铭,直接载明"盖国家系轩辕黄帝之后"[①],更印证了"辽为轩辕后"的说法。

其实契丹人究竟是源自黄帝还是源自炎帝是并不重要的,甚至有朝一日通过DNA的鉴定来证明鲜卑人和华夏人有着怎样的区分也是无足轻重的。因为在这里更为重要的,是契丹人自己的民族观。在如何界定民族族属的问题上,学术界向有争歧,对契丹族的界定尤其如此。但这里最不可忽略的,便是人们的自我民族意识,即各民族自己的主观认定。相对民族的"自在"状况,这种"自觉"意识显然更为重要,因为这既决定了这个主体的民族认同感,也决定了他们的民族立场。契丹人不自视为高高在上的异族统治者,而自认是正宗中国人,这就是他们的民族观。其中固然包含了契丹人谋求中华"正朔""正统"的意图在内,但因此也就更容易接受汉民族和汉文化,这也是毋庸置疑的。

1124年,辽国在与金国的决战中失败,辽朝重臣耶律大石率余部逃往遥远的西域。1125年,辽天祚帝在逃亡途中被俘,辽国灭亡。如果不算此后耶律大石建立的西辽,从公元907年契丹建国起,到天祚帝被俘,

---

[①] 袁海波、李宇峰:《辽代汉文〈永清公主墓志〉考释》,《中国历史文物》2004年第5期。

辽朝共延续了218年。在少数民族创建的王朝中，它的气运算是相当绵长的，仅次于清朝的267年。具体说，辽的国祚比北魏（386～534年）长了70年，比金朝（1115～1234年）长了一个世纪，比蒙元（1206～1368年）长了半个多世纪。以上还是仅就长期稳定的少数民族政权而言，倘若相对十六国时期那些旋踵即逝的少数民族割据势力来说，辽的国祚更不知长过他们多少倍。

此中原因究竟何在？揆诸史实，一个极重要的原因就是契丹人一方面自认为是华夏大家庭的一员，另一方面也深谙因地制宜之道，深知一个民族的文化关乎民心，故而在入主燕云十六州后做出了"以汉制待汉人"的决策。尤有甚者，辽圣宗太平五年（1025年），辽廷居然在古北口为北宋名将杨业盖了一座杨老令公祠，公开向这位父子两代与辽人浴血奋战的汉族名将表示敬意。这种做法世所罕见，相比之下，只有清乾隆帝敢为抗清英雄袁崇焕平反的事例可与之媲美。此外，通过接受汉学和汉制，辽廷不断提高了自身的执政能力，这也是辽朝得以维持二百余年统治的关键所在。但由于历史的局限性，契丹族自身却始终固步自封，坚持"以国制治契丹"，故而浅尝辄止，以至在几个少数民族王朝中拥有的中原故地最为狭小。

与辽相比，女真人的金朝就大不相同了。一是燕京成了金的正都，成了统御整个北中国的中心；二是北京地区出现了许多金人墓葬，甚至连金先帝的梓宫也迁葬到了燕京；三是其文化不再分华、夷两大流，而是你中有我，我中有你，汇成了一种混合文化；四是金人开始放弃自己的传统生活方式，逐步融入了汉文明，尤以迁都燕京后最为突出。而之所以发生这些变化，正如金人所云："本朝与辽室异，辽之基业根本，在山北之临潢……我本朝皇业，根本在山南之燕"①，即金人是以"山南之燕"为国之

---

① 《金史·梁襄传》。

根本的，也就是以汉地为国之根本。这种国策与辽的以草原为本迥然有别，体现了国家本位的彻底转变。

移鼎中都后，金廷立即着手的一项工程，就是在都城附近营建皇家陵园。经过长达一年多的仔细踏勘，金廷最后决定把皇陵建在中都城西南的大房山一带。大房山位于北京房山区西北，是太行山的余脉，四周群山巍峨。《金史·礼志》云：

> 古之建邦设都，必有名山大川以为形胜。我国既定鼎于燕，西顾郊圻，巍然大房，秀拔混厚，云雨之所出，万民之所瞻，祖宗陵寝于是焉依。

这就是金陵的所在，四周山势雄峻，山后还有泉水，正可谓"秀拔混厚，云雨之所出"的形胜之地。

贞元三年（1155年）三月金皇陵开工兴建，海陵王当年就把太祖完颜阿骨打、太宗完颜晟以及海陵王之父宗干的梓宫从上京迁葬过来。第二年海陵王又"葬始祖以下十帝于大房山"[1]，把金朝开国前十个皇家先祖的灵柩也一并迁葬于此。除历代帝陵外，金陵中还专门开辟了用来安葬诸帝嫔妃的妃陵园，称坤厚陵，又有专门用来安葬亲王的王墓区，称诸王兆域。

金朝前后共历十帝，合计有半数未能寿终正寝。其中被弑杀的有三人，分别是熙宗完颜亶、海陵王完颜亮和卫绍王完颜永济；自缢殉国的一人，此即金哀宗完颜守绪；死于战乱的一人，此为金末帝完颜承麟。其中熙宗曾被海陵王"葬于大房山蓼香甸，诸王同兆域"，制同诸王。海陵王死后，金世宗为熙宗昭雪，将熙宗重新安葬于帝陵。海陵王是谋弑篡位的，在位期间他暴戾恣睢，"屠灭宗族，剪刘忠良，妇姑姊妹尽入嫔御"，可谓恶贯满盈，最后被哗变的将士诛杀于乱军之中。开始时他被葬于大房

---

[1]《金史·海陵本纪》。

山鹿门谷诸王兆域，未能入葬金帝陵，此后更被迁出诸王兆域，"改葬于山陵西南四十里"①。卫绍王是金朝第七位皇帝，史称他"柔弱鲜智能"，登基后政治昏聩、忠奸不分，"政乱于内，兵败于外，其灭亡已有征矣"②，最后招致杀身之祸，也未能入葬金帝陵。此外便是在金宣宗南迁后，宣宗、哀宗、末帝未入葬大房山金帝陵。除去以上诸帝，额外增加的金帝陵也有两个，这就是金世宗、金章宗即位后各尊其父为金帝，分别葬入大房山金帝陵。如此算下来，从金朝开国前的十祖到开国后的诸帝，大房山陵园共葬有金帝陵十七座，比明十三陵还多出了四座。但其中真正的金帝陵并不多，只有太祖完颜阿骨打、太宗完颜晟、熙宗完颜亶、世宗完颜雍、章宗完颜璟五个。

1986年至1989年，考古工作者对金陵进行了实地勘探。考古工作探明，整个金陵的规模十分宏大，方圆近60公里。陵园内建有御道，御道两旁立有雕琢腾龙和牡丹花丛的汉白玉栏板，尽显帝王气派。遗址内散落着汉白玉、青石、花岗岩等建筑构件，龙纹、虎纹琉璃瓦当也随处可见。尤为重要的是，考古调查时发现了金睿宗的陵碑，上书"睿宗文武简肃皇帝之陵"十个涂金大字③。睿宗乃世宗之父，并未真正做皇帝，是世宗即位后于大定二年（1162年）予以追封并迁葬于此的。2002年在对金陵遗址进行清理时，还意外打开了金太祖睿陵的地宫，但地宫内的龙椁已经残毁，仅保留了椁盖和东壁挡板。当时在睿陵内除发现棺椁葬具外，还在周边清理出金丝冠、铜柄铁剑、石枕、磁州窑龙凤罐以及金"泰和"铜钱等，为研究金代帝王陵寝提供了宝贵依据④。

金人入关前的文化相当原始，丧葬习俗也十分朴拙。《大金国志》附

---

① 《金史·海陵本纪》。
② 《金史·卫绍王本纪》。
③ 王德恒、王长福：《金陵初探》，刊《北京史研究（一）》，北京燕山出版社，1986年。
④ 北京市文物研究所：《北京金代皇陵》，文物出版社，2006年。

录一《女真传》云：

> 死者埋之而无棺椁，贵者生焚所宠奴婢、所乘鞍马以殉之，所有祭祀饮食之物尽焚之。

由上可见，女真人开始时只有简单的土葬，并无棺殓之具，随葬品也相当少见，唯有上层人物以奴婢和爱驹殉葬。比较之下，不仅金帝陵与上述情况有了天壤之别，就连北京出土的金墓也与金人入关前的情况判若云泥。

北京地区的金墓分别见于市区及房山、丰台、通县、昌平、门头沟、石景山、海淀等地，年代基本上是金海陵王迁都燕京以后的[①]。其中较重要的女真贵族墓有丰台区王佐乡乌古伦氏家族墓地[②]、海淀香山蒲察胡沙墓[③]等，较重要的汉人贵族墓有通县宣威将军石宗壁夫妇墓[④]等。在这些金中都时期的墓葬中，女真贵族墓占到了墓葬总数的20%左右，可见女真统治集团死后已不再归葬故里，而是把中都城当作了自己生死两界的永久家园。

综合以观，北京地区的金墓具有如下特征：

其一，墓制已由过去简单的土葬，发展为石室墓、砖石混筑墓、砖室墓、土坑墓等几类并存。其中尤以石板构筑的石室墓为多，占了北京金墓总数的60%以上，传统的土坑墓反而少见。

其二，葬具已由"无棺殓之具"发展为木棺、石棺并用，乌古伦家族墓地就发现了以汉白玉板为棺椁的墓葬。尤其令人瞩目的是，即便是规格低下、型制简陋的土坑墓，此时也大都有了木

[①] 北京市文物研究所编：《北京考古四十年》，第165~169页。
[②] 北京市文物工作队：《北京金墓发掘简报》，《北京文物与考古》第一辑，1983年。
[③] 齐心：《金代蒲察墓志考》，《北京史论文集》第一辑，1980年。
[④] 北京市文物管理处：《北京通县金代墓葬发掘简报》，《文物》1977年第11期。

棺具^①。

其三，葬式以火葬最为常见，普遍流行于各不同阶层的墓葬，但在房山长沟峪的"诸王兆域"中也发现了个别土葬之例②。

其四，墓志开始在贵族墓中流行，上刻死者生平事迹，极具史料价值。

其五，随葬品在开始时以简单的马具、陶器、铁器为主，后来转为随葬精美的瓷器、玉器、金银器，明显由简转奢。

其六，迄今未见"生焚所宠奴婢"的现象，可见金人在入主中都后迅速汉化，革除了旧的奴隶人殉制度。

从大的文化源流看，用石板建椁室很早就流行于东北地区，足见这是草原民族的风俗，也是女真族的风俗。吉林扶余西山屯出土了一座女真贵族石椁墓，时属辽末金初③，此即女真金人用石板构筑椁室的较早一例。受此影响，金的汉族官吏也起而效仿，例如河北新城县（今高碑店市）出土的时丰墓，是一座汉族官吏墓，葬于金天会五年（1127年），这就是石椁墓。时丰之父时立爱是金朝重臣，官至"知枢密院事"④，还被封为郡王。时立爱的卒年较时丰为晚，葬于皇统三年（1143年），其墓葬却为多室砖构墓⑤。父子两人同在一个墓地，墓制却迥然有别，可见当时采用石椁墓或砖室墓并无定规，而这与北京金墓虽以石椁墓为主但也不乏砖室墓的情况完全相符。

前引《大金国志》已经说明女真人原来实行的是"死者埋之"的土葬，

---

① 北京市文物研究所：《北京亦庄考古发掘报告》，科学出版社，2009年。
② 张先得、黄秀纯：《北京市房山县发现石椁墓》，《文物》1977年第6期。
③ 吉林省博物馆：《吉林省扶余县的一座辽金墓》，《考古》1963年第11期。
④ 《金史·时立爱传》。
⑤ 河北省文化局文物工作队：《河北新城县北场村金时立爱和时丰墓发掘记》，《考古》1962年第12期。

可见金中都流行的火葬并非女真的传统。吉林扶余西山屯等早期金墓皆为土葬，就很好地说明了这一点。前文已述，契丹人流行火葬，辽南京也流行火葬，这或许是金人由土葬转火葬的原因之一。此外金人崇信佛教，南宋洪皓《松漠纪闻》称金中都城内"蓝若（佛寺）相望，大者三十有六"，而佛教提倡火葬，这或许也对金中都火葬的流行起了推波助澜的作用。

至于随葬品方面，见于通县出土的宣威将军石宗壁墓，随葬的仍以中原式瓷器为大宗，器类包括了汉人常用的碗、盘、洗、杯、瓶等，窑口则主要属陕西铜川耀州窑和河北曲阳定窑。石宗壁墓的年代为大定十七年（1177年），已属金代中期，但颇为奇特的是，辽南京墓中常见的鏊锅、鏊子等陶明器在此墓中也不乏其见，可见金朝的达官贵人对昔日敌国的文化也并不排斥。女真贵族乌古伦窝伦墓与石宗壁墓同属金世宗大定朝，随葬的瓷器除常见之物外还有女真人喜爱的鸡腿瓶等。由此看来，随葬品的选择在金墓中也是各有所好，并无定规。金墓随葬铜钱较为普遍，而北京金墓随葬的不只有金的铜钱，也不乏宋的铜钱。记述死者生平的墓志兴起于南朝，流行于隋唐，本为典型的中原文化产物，这时也被金中都的贵族所采用。

通过上面的梳理，可见在棺椁的普及、随葬品的组成、墓志的采用、人殉的废除等方面，金中都墓葬都深深打上了中原汉文化的烙印，此外则各有女真文化及契丹文化的渊源。正是汉、金、辽这三大元素，构成了金中都墓葬文化的三大来源，组成了一种混合文化。

金灭北宋后，版图内形成了三大板块：一是塞外的金人故地，包括以金上京路为主的今东北地区；二是此前纳入辽境的燕云十六州，包括今京津地区、河北北部及山西北部等；三是拒马河以南、淮河以北的原北宋疆土，包括了今河北、河南、山西、陕西、甘肃、山东、江苏的一部或大部。以上三大区域，第一大区是女真各部及契丹、奚、渤海等族的故地，基本沿袭了北方的游牧生活，实行的是女真奴隶制；第二大区的居民主要是汉人和汉化的少数民族，政治上早已采用了内地的封建制，但文化上仍不乏契丹人的痕迹；第三大区原为汉族和汉文化的正宗园地，入金后基本承袭了北宋高度发达的经济和文化。金中都墓葬的三大元素，恰是这三大区域文化的聚合，不仅再现了金中都的现实文化生活，也反映了金朝社会的基本构成。

在金朝相互混合与融合的，不仅有来源不同的文化，还有族属不同的人群。早在金熙宗之世，就积极推行女真人南迁的政策，鼓励女真人到汉地和汉人通婚。金海陵王移都燕京后，出于"实京师"的需要，更是强制大批女真人和其他各族人移居燕京。贞元元年（1153年）迁都伊始，海陵王就从宰相张浩之请，"凡四方之民欲居中都者，给复十年，以实京城"①，把四方之民迁入燕京。海陵王年间的又一次大规模移民燕京，发生在正隆二年（1157年）。当时海陵王为了断绝女真贵族的后路，尽毁上京宫殿、宗庙、诸大府第及名苑重寺，令上京臣民"不问疏近，并徙之南"②。如此一来，成千累万女真皇室、宗亲、贵族和猛安谋克户背井离乡，全部迁入了中都城。然而正如我们在考古资料中看到的，中都城的金人虽多，但金人墓和汉人墓却早已是你中有我、我中有你，几无大的区别。由此反映出，混合型的文化虽然缺乏独创性，但也对民族的融合提供了一个较为宽松的环境。

金朝初年，"太祖入燕，始用辽南、北面官僚制度"③，金廷也一度仿照辽朝创建了两套官制。但早在太宗天会初年，就有一批锐意改革的女真上层贵族力主摒弃女真旧制，全盘改用汉制，尤以当政的斜也、宗干两大宰辅提倡最力。过了不久，熙宗天眷元年（1138年）"颁行官制"④，女真

---

① 《金史·张浩传》。
② 《金史·世宗本纪下》。
③ 《金史·刘彦宗传》。
④ 《金史·百官一》。

旧制全部废除。自此而始,金朝终结了初期的二元政治,全盘推行了汉人的三省六部制。官制的改革为女真的汉化敞开了大门,从此以后,举凡法律、爵制、礼仪、宗庙、历法制度以及地方行政制度等,皆相继改为汉制,金廷也由此步入了全面汉化的轨道。据《金史·礼志一》的记载,"庶事草创"的金人不仅照单全收了中原的各项制度,还全盘采纳了汉民族"事物名数"的方方面面。为了贯彻落实,金世宗特命编纂了400余卷的《金纂修杂录》,又命礼官张暐等人撰写了《大金仪礼》《大金集礼》,将这些新的典章制度汇总起来颁行全国。

除了制度和礼仪的汉化,金人在其他方面的汉化也毫不逊色。金代初年,女真统治者曾一度在辽、汉旧地推行女真文化,强迫汉人学习女真习俗。但先进汉文化的影响和作用是无法抵御的,不仅金人的这种努力毫无成效,就连金人自己也很快堕入了自我汉化的轨道。即以文字言之,金人建国前和契丹一样没有文字,处于"无书契,无约束,不可检制"[①]的状况。金天辅三年(1119年),金太祖"命希尹撰本国字,备制度。希尹乃依做汉人楷字,因契丹字制度,合本国语,制女真字"[②],女真人从此创造了自己的文字。但正如此文所言,女真文字在创建过程中不可能不借鉴先进的"汉人楷字",而这就是先进文化的影响。尤为有趣的是,虽然有了自己的文字,但从出土的金代铜印、铜镜、铜钱、铜牌及碑刻看,金人仍以使用汉字为荣,就像本族文字根本不存在一样。

金天会四年(1126年),北宋亡于金。此后金廷出于建立封建秩序的需要,也出于称雄中国的需要,更大张旗鼓地祭起了汉学、汉法的大旗。这是一场触及方方面面的汉化,而且是由金帝带头倡导尊孔读经开始的。

金熙宗是金朝开国后的第三个皇帝,也是进入太平岁月后的第一任皇帝。他自幼熟读儒家经典,对孔学和汉文化推崇备至。据《金史·熙宗本

[①]《金史·本纪第一·世纪》。
[②]《金史·完颜希尹列传》。

第六章 一统性——从多元一体到多元一统

纪》记载，皇统元年（1141年）二月，熙宗亲至燕京拜祭孔庙，封孔子四十九世孙孔璠为衍圣公，而且深有感触地对臣子说：

> 朕幼年游侠，不知志学，岁月逾迈，深以为悔。孔子虽无位，其道可尊，使万世景仰。大凡为善，不可不勉。

此后他"自是颇读《尚书》《论语》及《五代》《辽史》诸书，或以夜继焉"。当金人南克庐州的捷报飞马传来时，"侍臣多进诗称贺"，熙宗却不以为然，称"太平之世，当尚文物，自古致治，皆由是也"，表明了要以文治代武治的决心。为此他毫不留情地铲除了以左丞相完颜希尹和尚书右丞萧庆为首的武夫集团，为文治铺平了道路。

公元1161年，金世宗完颜雍立，他也是个对汉学、汉法倾心仰慕的帝王。他不仅自己躬读经籍，还谕令将《周易》《尚书》《论语》《孟子》《老子》《杨子》《文中子》《刘子》及《新唐书》等经史译成女真文字，并诏告天下女真人说："朕所以令译《五经》者，正欲女直（女真）人知仁义道德所在耳！"①

金世宗殁，金章宗完颜璟立。此人自小酷爱汉文化，尤擅诗词、书法，对经学的研习也颇为精深。即位后他正礼乐、修律法、定官制，使典章文物日臻完备。元朝编撰的《金史·章宗本纪四》评述说，金章宗时"典章文物粲然成一代治规"，甚至可"比迹于汉、唐"，这就是对他的赞誉。尤有甚者，章宗远近无遗，竟然"诏亲军三十五以下令习《孝经》《论语》"②，一时间军营之内书声琅琅，营房成了书房。

在金廷的尚书省下，还仿照中原汉制设立了国子监，统管全国的教学，并对汉文经典展开了全面的整理校勘。为了统一版本，金廷规定各类

---

① 《金史·世宗本纪下》。
② 《金史·章宗本纪四》。

经籍及《史记》《汉书》《后汉书》《三国志》等"皆自国子监印之，授诸学校"，国子监因此成了名副其实的汉文化传播中心。除了国子监外，金廷还在中都设立了国子学及太学，招收的学员多为官僚贵族子弟，所授课业即汉文经典。金世宗下令把儒学经籍翻译成女真文字并颁行天下后，又创建了女真国子学和女真太学，层层遴选女真子弟入学深造，并以此作为培养女真上层人物的重要阶梯。

为了网罗人才，金廷早在金太宗天会元年（1123年）就开科取士，到世宗、章宗朝时科举制已成仕进的重要途径。金廷规定，科举取士的教材"以《六经》《十七史》《孝经》《论语》《孟子》"为主，甚至连选拔法律人才的"律考"也要"于《论语》《孟子》内试小义一道"，"以涵养其气度"[1]。为求仕进，各族人士纷纷埋首儒学经传，汉的主流文化迅速传播开来。大定十一年（1171年），世宗敕令创立专门针对女真人的科举考试，大大推进了女真人对汉文经典的研习。为了维护儒学的正统地位，金廷还强令各宗教废除不符合儒学思想的教规和教义。例如佛、道两家规定不拜父母，金章宗便直斥"释道之流不拜父母亲属，败坏风俗，莫此为甚"[2]，强令其即刻改正。

金人灭亡北宋时曾将汴京宣和殿、太清楼和龙图阁的珍宝、图籍、文物席卷一空，都转运到燕京城内，宋朝的乐工、舞女、艺人、技工等北掳后也有相当部分留在了燕京，这使金中都顿时成了名满天下的文化艺术之都。当社会经济日益繁荣后，中都统治集团及士人对汉文化的追求也不断提升，尤其对宋人的文学艺术趋之若鹜。金世宗、章宗年间，朝野上下竞相研习北宋的宫廷书法、绘画艺术、诗词歌赋，皆以拥有一技之长为荣。华夏文化的熏陶濡染再加上少数民族的质朴刚健，终于在金朝培育出风骨遒劲、华实兼济的文学艺术，涌现出以赵秉文、王庭筠、元好问为代表的

---

[1]《金史·选举志一》。
[2]《金史·章宗本纪一》。

杰出文学家。

寻根溯源，金人入主燕京后的上述变化是有深远历史根基的。事如第四章第四节所述，金人属女真族，源自先秦时期的肃慎族。又据第三章第二节所考，肃慎族原生活在燕山以南，长期以来和中原王朝关系密切，此后才逐渐向东北方向转移。大约正缘于此，金人才说"我本朝皇业，根本在山南之燕"，因此对汉文明既无排斥抵触之心，又有归宗认同之意，以至最终彻底融入其中。

然而令金的上层统治者始料不及的是，当汉的意识形态及文学艺术全面融入了社会后，女真统治集团的生活习性也随之改变。

早在金朝定都燕京后不久，金世宗就不胜忧虑地说：

> 自海陵迁都永安，女直人浸忘旧风。……今之燕饮音乐，皆习汉风，盖以备礼也，非朕心所好。

他还直斥金朝皇太子及诸王道：

> 汝辈自幼惟习汉人风俗，不知女直纯实之风，至于文字语言，或不通晓，是忘本也。[1]

金世宗之时居然连金的皇族都不再通晓本族语言，可见金人的汉化已到了何等程度。不仅本族语言被摒弃，当时还出现了一股女真民众纷纷改汉姓、换汉服的风潮，而且愈演愈烈，以至金廷不得不屡下金牌禁止[2]。可是即便金牌迭出，即便金廷为此制定了严刑峻法，女真人的这股风潮却丝毫不减。因为客观事实是，到了金朝后期，几乎所有女真人都有了自己的汉姓。

---

[1]《金史·世宗本纪中》。
[2] 见《金史·世宗本纪中》及《世宗本纪下》《章宗本纪一》《章宗本纪四》《舆服志下》。

金朝灭亡后，当时还是蒙古藩王的忽必烈提出了一个发人深省的问题："或云'辽以释废，金以儒亡'，有诸？"以上"或云""有诸"，是指社会上流传着一种说法，即以辽亡于佞佛，金亡于崇儒。汉臣李德辉对此说法大不以为然，理直气壮地回答忽必烈说："国之存亡，自有任其责者，儒何咎焉！"[①] 李德辉之所以敢于如此直言，是因为有一个最简单不过的事实摆在那里，即汉文明和儒学已伴随中国走过了数千载，历朝历代无不因袭递嬗，何以独有"金以儒亡"？但事情的另一面是，若就金人的全盘汉化而言，这种说法也不失为一个概括。特别是到了金朝末年，当蒙古大军兵临城下时，金廷做出的选择不是像辽廷那样北遁大漠，而是南逃汴京。而由此带来的结果是，深入内地的金人不但在文化上悉数汉化，在血统上也全部融入了汉民族。

四　汉文明的大一统

金亡元兴，中国进入到新一轮的大一统帝国时代。在联翩而至的元明清三朝中，尽管他们各自的族属不同，治国方略和民族政策也各不相同，但全然相同的是，这三朝都是多民族国家，有两个还是少数民族创建的国家，这就无可置疑地把帝都北京带进了民族大融合的全新阶段。而在元明清经历的六个半世纪中，这些多民族国家之所以得以维系，这些泱泱大国之所以在世事纷扰中恒久以常，一个最重要的原因是，这三大王朝殊途同归，都毫无例外地融入了汉文明。而理所当然地，在这六百多年中，北京也成了这些大一统王朝的汉文明中心。

蒙元统治者是从漠北远道而来的半开化民族，在元明清三朝的统治集

---

① 《元史·李德辉列传》。

团中，以他们与汉文明的距离最为疏远。承辽、金之后进入中原的他们，对农耕地区的人民不可能不有所防范，甚至从骨子里心存芥蒂，所以元朝建立后，施行了一整套极为严苛的民族等级制度和民族压迫制度。按照这种制度，蒙古人高居第一，其次是色目人，他们在仕进、科举乃至免除刑罚等方面都享有种种特权。除此之外，压在社会最底层的，是分属第三的北地汉人和分属第四的原宋朝境内的南地汉人。对于满腹经纶的读书人，蒙元统治者更是视为另类，在元廷划分的官、吏、僧、道、医、工、匠、娼、儒、丐十大职业等级中，居然把儒生贬到连娼妓都不如的地步。然而，天朝上国的丰富物产和瑰丽文明，中原大地的亭台楼榭和丝竹管乐，对这些未开化的游牧人实在是太具诱惑力了，即使在梦中也会让他们垂涎不已。而为了统治的需要，蒙元集团对汉制和汉文化便不能不有所继承。此外，为了统治的需要，元廷还不得不吸收部分汉人参与机枢，这些士大夫尽可能引导蒙古人推行汉制，由此也促进了汉文明在蒙元的传承。

　　根据明朝大儒的评述，元世祖忽必烈"信用儒术，用能以夏变夷"[①]，是个以儒治国的君王。他即位后不久就根据汉儒的奏请，于公元1271年"盖取《易经》'乾元'之义"[②]，建国号为大元。案元朝本无国号，直接以族名称蒙古，"元"是它有史以来的第一个国号。清赵翼《廿二史劄记·元建国号始用文义》云："三代以后，建国号者多以国邑旧名。"即纵观中国历史，历朝国号大多源自开国君主旧时的封地或封号，而忽必烈却以华夏经典文义为国号，不失为一个创举。此举同时也传递了一个信息，即蒙元统治者已经接纳了汉文化，决定"以夏变夷"。

　　元朝对汉文明的继承与弘扬，最突出也最具象的表现反映在元大都的建设上。忽必烈决定迁都燕京后，受命担纲新都建设的是汉人刘秉忠。刘秉忠字仲晦，出生于汉族官宦世家，曾祖是金朝邢州节度副使。他自幼饱

[①]《元史·世祖本纪十四》。
[②]《元史·世族本纪四》。

读儒释道经书,青年时曾因郁郁不得志而遁入空门,后为忽必烈所赏识,奉命还俗,成了元朝的股肱重臣。在接受了元大都的兴建任务后,他在赵秉温等人的协助下,按照"王者则天建国,辨方正位"[①]的原则,仔细踏勘了燕京周边的地形,结合先人的五行、五帝、四方、四象形胜之说,根据具体的水源条件,在金中都东北郊不远处选定了新的城址。此后刘秉忠秉承儒家的都城理念,恪守《周礼·考工记》的规范模式,按照"匠人营国,方九里,旁三门,国中九经九纬,经涂九轨,左祖右社,面朝后市"的原则,设计了元大都的总体蓝图。

《周礼·考工记》记述的,正是从周朝传承下来的帝王之都的理想模式,它以方正有序、主从有别、"建中立极"为基准,无所不至地彰显着都城建设的皇权至上理念。其基本内涵是:

1. 旁三门:帝都的轮廓呈规则方形,四面各设三门;

2. 九经九纬:城门内并行三道,在城内纵横交错为"九经九纬"。在华夏文化中,"九"是最大的阳数和天数,"九九"为阳数之极,唯有"天子"才能使用,故此整座都城的主干道皆为"九经九纬";

3. 经涂九轨:每条大街的宽度可以并行九辆马车;

4. 面朝后市:帝王宫禁位于都城的中央偏南,其北为商贸市场;

5. 左祖右社:宫廷左(东)侧为帝王祭祀祖先的太庙,右(西)侧为朝廷祭祀土地和五谷神的社稷坛,以此来突出祖先和社稷的至高无上,也以此来寓意祖先和社稷的护佑皇室;

6. 面南而王:《考工记》未曾明言但意在不言中的是,中国古代的传统是《周易》所说的"圣人南面而听天下,向明而

---

① 《晋书·载记第十一》。

治"①，整座都城应当坐北朝南，以示帝王居天下之正位。

经忽必烈审核批准后兴建的元大都新城，就是这样一座坐北朝南、中规中矩的城市。这同时是一座先有规划而后展开建设的城市，兴建之初首先选定了全城的中心点，在该处矗立起一个醒目的石刻测量标志，称"中心之台"，然后再按规划次第展开。这种做法在中国历代城市建造史上实属首见，保证了元大都建设的有条不紊，也保证了城市容貌的整体之美。

元大都开工兴建于至元四年（1267年），到至元十一年（1274年）春正月主体宫殿落成，历时约七年。1964～1974年，考古工作者对元大都的城墙、街道、水系进行了全面勘探，重点解剖了十余处遗址，初步复原了元大都的平面布局②。据此可知，元大都南城墙位于今长安街南侧，北城墙在今牡丹园、健德桥至北土城一线。现在元大都北城墙还残留着断续相连的城垣，被称为土城子，已辟为公园。整座元大都城垣呈规则长方形，东城墙长7590米，西城墙长7600米，相差仅10米；北城墙长6730米，南城墙长6680米，相差也只有50米③。整座城垣除北面两门外，其他三面皆三门，共计11座城门。《元史·地理志一》载：

> 十一门：正南曰丽正，南之右曰顺承，南之左曰文明，北之东曰安贞，北之西曰健德，正东曰崇仁，东之右曰齐化，东之左曰光熙，正西曰和义，西之右曰肃清，西之左曰平则。

经过考古工作，以上城门已被逐一勘定，且可知城的四角都建有巨大的角楼。位于今建国门南侧的古观象台，就是元大都东南角楼的旧址。

元大都全城东西南北各有九条大街，恰合"九经九纬"之制。全部街

---

① 《周易·说卦》。
② 中国社会科学院考古研究所、北京市文物管理处元大都考古队：《元大都的勘察和发掘》，《考古》1972年第1期。
③ 同上注。

道布局规整且皆为开放式，与隋唐长安城的封闭式里坊大不相同。考古勘查探明，元大都南北向的主干道宽约 25 米左右，其东西两侧等距离地平列着许多东西向的胡同，宽约 6～7 米。整座城市的大街小巷整齐划一，等秩井然，今天北京内城的许多街道和胡同，都还保留着当年元大都街道的旧迹[①]。

大都城从里到外分别是宫城、皇城和大城。宫城位居全城的中心偏南，是傍着金朝万宁宫湖泊的水势建造的。宫城外是皇城，太庙、社稷坛正好在皇城的一东一西。主市场集中在皇城后面的积水潭北岸，称"日中坊"，与"面朝后市"的模式完全相符，就连其称谓也透着"日中而市"的华夏传统。总之，除了大都城的规模远远超过了先秦都城"方九里"的范围而至"城方六十里"外，其他方面都切实遵循了《周礼·考工记》的规定。

最难得的是，元大都还基于儒家的"正"和"中"伦理秩序，规划了一条城市中轴线。这条中轴线南起都城正南的丽正门（今北京正阳门北），穿过皇城的灵星门，宫城的崇天门、厚载门，经万宁桥（又称海子桥，即今地安门桥），直通元大都正北大天寿万宁寺中心阁（今鼓楼北），全长约 4.3 公里。中轴线之上贯以大道，一座座大殿分列大道两旁。经考古钻探，在景山以北发现了一段南北向的道路遗迹，宽达 28 米，此即大都城中轴大道的一部分。这个发现表明，明清北京城的中轴线就是在元大都中轴线的基础上发展起来的[②]。

综合以观，元大都宫廷居中的皇权至上，"面南而王"的华夏传统，"左祖右社"的对称原则，"面朝后市"的轻重对置，中心轴线的南北贯穿，水地两宜的宫殿建设以及整座城市类似几何图案的严正匀称，都完美再现了华夏都城建设的理想模式。在全国各大古都中，按此规划建设起来的绝

[①] 徐苹芳：《古代北京的城市规划》，《环境变迁》第一辑，海洋出版社，1984 年。
[②] 孙勐：《北京元代考古》，《北京考古发现与研究》，科学出版社，2009 年，第 359 页。

无仅有,事如侯仁之教授所言:

> 无论是秦的咸阳,还是汉唐的长安与洛阳,在其平面布局上,也都不见《考工记》理想设计的踪影。只是到了元朝营建大都城的时候,这才第一次把这一理想设计,付诸实现。①

当年意大利人马可·波罗来到元大都后,对这座城市的堂皇大气和中规中矩赞不绝口,称其"全城地面规划有如棋盘,其美善之极,未可言宣"②。

元亡以后,大都城的核心结构和基本布局亦为明清所承袭,相沿数百年而不改。尤其是全城的中心轴线及左右对称的格局,直到清朝末年也未做丝毫改动,至今已保持了七个半世纪。唯一变化了的,是明朝初年将紫禁城的位置稍稍向南做了推移,说已见第三章第七节。此外明世宗时修建北京外城,把城市的南缘扩展到永定门一线,中轴线也因此而得以延展,成了南起永定门,北贯正阳门、中华门、天安门、端门、午门、太和门、太和殿、中和殿、保和殿、乾清门、乾清宫、交泰殿、坤宁宫、御花园、神武门、景山、地安门,直抵钟鼓楼的全长达 7.8 公里的中心轴线。全城最宏大的建筑大都安排在这条中轴线上,其他各建筑也都按这条中轴线对称展开。最突出的是从南端永定门起,依次有天坛和先农坛、太庙和社稷坛、东华门和西华门、安定门和德胜门两两对应在中轴线的两侧,从南到北烘托了中轴线的恢弘和壮丽。这是世界城市发展史上现存里数最长、沿用时间最久的城市中轴线,也是设计最规范、布局最宏大的城市中轴线,堪称古都北京的灵魂线和生命线。

学者在评述元明清北京城时说:

---

① 侯仁之:《北京旧城平面设计的改造》。
② [法]沙海昂注:《马可·波罗行记》,冯承钧译,商务印书馆,2012 年,第 192 页。

明清两代主要是改建宫城、皇城，对全城的街道规划未作改变。一个现代化的城市中尚保留着700年前城市规划的街道布局，这在世界上也是很少见的，何况完成于公元十三世纪中叶的元大都城市规划是中国古代都城规划最后的经典之作。①

诚如此言，经过由元初到清末六个半世纪的修建与完善，在大都城基础上发展起来的古代北京城，无可置疑地成了我国古都建设史上的"经典之作"，成了华夏文明矗立在世界东方的一座丰碑。

为了巩固对汉地的统治，也为了笼络汉族士大夫，元朝对孔子也备承敬仪，眷顾之隆甚至比诸前朝都有过之无不及。当年元太祖初入燕京时便降旨在故金中都城内建造祭祀孔子的宣圣庙，元太宗窝阔台汗更赐封孔子后人为衍圣公，并多次重修孔子庙。元世祖忽必烈中统二年（1261年），诏令"宣圣庙（孔庙）及管内书院，有司岁时致祭，月朔释奠，禁诸官员使臣军马，毋得侵扰亵渎，违者加罪"②，把孔庙及所属书院列作了神圣不可侵犯的重地。元大都修竣后，元廷又特意在城内加建了一座孔子庙，建成于元成宗大德十年（1306年）。这是北京成为全国性都城后建造的第一座皇家孔庙，历尽沧桑后至今犹在，位于安定门内成贤街。元武宗至大元年（1308年）加封孔子为"大成至圣文宣王"③，这比唐朝封谥的"文宣王"、宋朝封谥的"至圣文宣王"更有擢升，是有史以来封建帝王给予孔子的最高谥号。元文宗还对孔子的先人、后人累加封赏，"加封孔子父齐国公叔梁纥为启圣王，母鲁国太夫人颜氏为启圣王夫人"④。

在元朝划分的十大职业等级中，儒生的卑微无以复加，但出于治国理

---

① 徐苹芳：《图说北京·序言》，北京燕山出版社，1999年。
② 《元史·世祖本纪一》。
③ 《元史·武宗本纪一》。
④ 《元史·文宗本纪三》。

政的需要，元廷对读书人却不乏保护与优抚。元世祖忽必烈时天下初定，民生维艰，尤以不事稼穑的读书人最为困厄。为此世祖颁旨天下，"敕诸路儒户通文学者三千八百九十，并免其徭役"①，免除了儒户的全部徭役。单是免除徭役还不够，世祖又诏令"凡在籍儒人，皆复其家"②，解除了儒生的流离失所之苦。世祖晚年再次下诏"免儒户杂徭"③，元后期的惠宗也"诏免儒人役"④，可见元朝对儒户的优渥是一以贯之的，一直延续到了元朝末年。尤有甚者，《元史·刑法志一》记载："诸僧、道、儒人有争，有司勿问，止令三家所掌会问。"按此规定，凡儒生争讼犯科，需先交主管儒生的职司处理。这虽然不等于是法外施恩，但至少让只会说理的儒生多了一个讲理的地方。

最具实际意义的是，早自成吉思汗开始，就起用了大批具有真才实学的儒臣，汉化的契丹人耶律楚材就是其中之一。耶律楚材字晋卿，出身契丹皇族，是"辽东丹王突欲八世孙"⑤。他自幼生长在燕京，博览汉文经典并擅长诗文，被尊为一代名儒。金亡后，"太祖（成吉思汗）定燕，闻其名，召见之"，此后他成为铁木真、窝阔台两朝的股肱重臣，主理朝政达三十年。耶律楚材力主以儒治国，提出"制器者必用良工，守成者必用儒臣"。当蒙古大军在中原大开杀戒时，他吁请刀下留人，于兵燹中尽一己之力挽救了大批儒生，"得士凡四千三十人，免为奴者四之一"。成吉思汗攻占中原后，有的蒙古大臣提出尽杀汉人，把中原变成蒙古人的牧场，而正是耶律楚材的强烈反对，才使这个残忍的计划没有付诸实施。在主持朝政时，耶律楚材依照汉法，"信赏罚，正名分，给俸禄，官功臣，考殿最，均科差，选工匠，务农桑，定土贡，制漕运"，在汉制的基础上全面创建了蒙

---

① 《元史·世祖本纪六》。
② 《元史·崔彧列传》。
③ 《元史·世祖本纪十二》。
④ 《元史·顺帝本纪一》。
⑤ 《元史·耶律楚材传》。本节文献皆引自此处，不另注。

元帝国的治国方略。

忽必烈受命总领漠南汉地后,就采纳刘秉忠等人"以马上取天下,不可以马上治之"的经国安民之道,以周公、唐太宗、金世宗为榜样,广征天下贤才和四方饱学之士。早在年轻时,忽必烈曾经拥有一处万余户人的封地,位在河北邢州。开始时他放任自流,任凭官员巧取豪夺,导致农民大量逃离领地。后来他改弦更张,招募汉人经营管理,才使这块封地很快稳定下来。有此经历,忽必烈甫一登基便起用了不少汉族的硕学鸿儒,前述刘秉忠就是其中之一。作为一介汉儒,刘秉忠不仅奉命主持了新都城的营建,还奉命主持了元朝的立国号、筑宫室、颁礼乐、定官制、配俸禄等一系列大事,相当于元朝的总工程师。明朝宿儒主持编修的《元史·刘秉忠传》称刘秉忠为元朝的"一代成宪",当不为过。

元世祖忽必烈刚登基不久,汉儒许衡就奉劝忽必烈推行汉法,他说:

> 考之前代,北方之有中夏者,必行汉法,乃可长久。故后魏、辽、金历年最多,他不能者,皆乱亡相继,史册具载,昭然可考。[1]

此言当中最能打动忽必烈的,莫过于许衡列举北魏、辽、金之所以国运长久,皆是推行汉制之故。事实昭昭,宁容见疑?故而忽必烈顶住了"西北藩王"的强烈反对,不顾他们以"本朝旧俗与汉法异"[2]为由发出的诘难,全面推行了汉法。他不仅建立起一套以三省六部为蓝本的政治体制,其他仪文制度也一概"遵用汉法"。

铁木真、窝阔台、忽必烈皆为一代雄主,经由他们奠定,元朝很快步入了以儒家政治学说为核心的汉学、汉法、汉制轨道,并在经籍的推广、

---

[1]《元史·许衡传》。
[2]《元史·高智耀传》。

国史的修撰、科举的恢复、"经筵"的举办、教育的复兴等各方面承辽金之绪而有所发展。

早在太宗窝阔台之世,就根据耶律楚材的奏请,"立编修所于燕京,经籍所于平阳,编集经史"①,开始了对华夏经典的编纂整理。特别值得一提的是,自忽必烈成立翰林国史院,诏令编修辽、金、宋三史,修史就成了元廷的一大要务。因为元朝上承的是南北分治的北宋、南宋及辽、金四朝,以谁为"正朔"极为敏感,以至治史者为此长期争讼不已,使得国史的编撰历经数代元帝的推动而迄无结果。元顺帝即位后,于至正三年(1343年)再度"诏修辽、金、宋三史"②,并令中书右丞相脱脱为都总裁官。这位总裁官敢作敢当,一言九鼎地决定以宋、辽、金三朝为正统,各用本朝年号,不相统属,这才毕其功于一役。从元朝修史的结果看,它一来维系了官修正史的华夏传统,未使这一传统因统治民族的改变而中辍;二来其以一朝之力修成三朝正史,唯有唐朝修《南史》《北史》《隋书》的盛事可比;三来其最终承认了宋朝的正统地位,维系了中华一统和中华一脉的大格局。其编修的《宋史》记载了从北宋到南宋共319年的史实,总计496卷,是历代官修史书中内容最为详尽的一部,也是卷帙最为浩繁的一部。

蒙元初年,太宗窝阔台始得中原,辄用耶律楚材之言,"以科举选士"③,但此后中辍。及至皇庆三年(1314年),元仁宗诏令恢复科举,并将儒家学说中的程朱理学定为科考的主要内容。更有意思的是,身为漠北而来的蛮夷化外之族,元廷居然也援中原之例,实行起给皇帝御前讲解汉学经典的"经筵"制度来。

经筵制度最早源起于汉宣帝诏诸儒讲五经于石渠阁,后来唐玄宗因袭之,到宋代始称"经筵"。北宋理学家程颐在给皇帝的上书中说:

---

① 《元史·太宗本纪》。
② 《元史·顺帝本纪四》。
③ 《元史·选举志一》。

> 臣以为，天下重任，唯宰相与经筵：天下治乱系宰相，君德成就责经筵。①

此文非常明确地指出，经筵是教育皇帝的一种制度，目的是通过给皇帝讲授中华经典来涵养其"君德"。为了表示对授课儒师的尊重，听完御前讲授后皇帝要赐给讲官等人酒筵，于是"经籍""酒筵"这两件毫不相干的事情就联在了一起，合称"经筵"。

《元史·泰定帝本纪一》载，元廷的"经筵"是从泰定帝开始的，"以《帝范》《资治通鉴》《大学衍义》《贞观政要》等书进讲"。此后渐成制度，到元顺帝时甚至"命经筵官月进讲者三"②，制度更加完备。

在北方民族建立的各王朝中，蒙元是汉化程度最低的一个，因此它的多元文化成分也最为明显。仅就国子学而言，"其出身于学校者，有国子监学，有蒙古字学、回回国学"③，分别设立了三大学府。其中国子监学专供蒙、汉贵族子弟学习汉文化，"凡读书必先《孝经》《小学》《论语》《孟子》《大学》《中庸》，次及《诗》《书》《礼记》《周礼》《春秋》《易》"。蒙古字学则专门教习蒙古文字与文化，兼收蒙古、色目及汉官子弟。回回国学负责传授"亦思替非"文字，亦即阿拉伯文字，所学亦为《大学》《论语》《孟子》《中庸》。以上三学皆为元廷所立，地位相当，它们的同时并举，既丰富了民族文化，也增进了民族间的沟通了解。

民族的荟萃也给大都城的多元文化增色不少。首先，蒙古皇室及贵族在日常生活中依然保持了过去的传统，在服装、发式、饮食、宗教信仰及婚丧嫁娶等方面都沿袭了蒙古旧俗。元的宫廷生活也是蒙、汉兼融，一方面在居住环境上接受了汉式的亭台楼阁，另一方面又在内部陈设、饮食起

---

① 程颢、程颐：《二程集》第二册，北京，中华书局，1981年，第540页。
②《元史·顺帝本纪四》。
③《元史·选举志一》。

居及生活习俗上承袭了蒙式风格。为了不让子孙忘记草原，忽必烈甚至突发奇想，特意在宫殿的墙壁上挂满了兽皮和鹿角，还把大草原的莎草也移植进了皇宫，给元大都的皇廷增添了不少草原情调。元朝多元文化的另一大来源，来自成吉思汗西征时裹挟而来的大批中西亚和欧洲的各族人民。这些从葱岭以西而来的人们当时被称为"色目人"，他们既带来了西方的风俗文化，也带来了阿拉伯世界的古典天文学、数学、医学、文学、音乐、舞蹈等。元朝对各类域外人士向来是"英雄不问出处"，统统准许他们在中国做官和通婚，对他们的文化也不排斥，这就使元大都的文化舞台更加异彩纷呈。总之，除了汉文明的主导因素外，元大都处处不乏其他文化的踪影，而正是这种多元文化的碰撞与融合，孕育了既有深厚生活底蕴又广受各族人民欢迎的杂剧艺术，把源自"蕃曲"和"胡乐"的元曲送进了文学艺术的最高殿堂。

如果说辽金元的统治者还只是自觉不自觉、情愿不情愿地接受了汉学、汉法和汉制的话，那么明王朝的建立，势必会带来一次空前的汉文化回潮。早在明初建都南京之际，朱元璋就多次下诏禁绝胡服胡语，"诏衣冠如唐制"[1]，同时下诏禁绝北平地区的"胡俗"，如奢习密宗、近亲结婚、婚嫁紊乱等。然而具有讽刺意味的是，对于汉民族源远流长的尊孔崇儒传统，朱明王朝开始时竟也倍加抵制，甚至不自量地发起了一场帝统对儒家道统的挑战。

朱元璋出身安徽凤阳农家，家境贫寒，从小浪迹社会底层，深谙汉民众的心理。因此，称帝后他一度对尊孔崇儒表现得十分积极。《明史·礼制四》记载，明朝开国前朱元璋便于戎马倥偬中"首谒孔子庙"，登基后更于洪武元年（1368年）二月诏以太牢祀孔子于国学。不仅如此，朱元璋上台伊始便派专使前往曲阜致祭，并言之谆谆地晓谕使臣道：

---

[1]《明史·太祖本纪二》。

> 仲尼之道，广大悠久，与天地并。有天下者莫不虔修祀事。
> 朕为天下主，期大明教化，以行先圣之道。

如果单看这些煞有介事的言论，似乎表明了朱明的崇儒立场，但实际上刚愎自用的朱元璋对"至圣文宣王"孔子享有的崇高地位极为不满，尤其对知识分子尊孔子为精神领袖的现象心有不甘。他真正在意的，无非是要建立一个"唯我独尊"的极权制度，既要集一切权力于君王，也要集一切尊荣于君王，绝不容他人分享。于是，致祭孔子故里的使者刚刚出发，就上演了一场颇为有趣的故事。

此事见载于《明史·儒林三》上，是说洪武元年（1368年）三月明军主将徐达占领了曲阜所在的山东济宁，孔子第五十五代裔孙袭封衍圣公孔克坚闻讯后立即派儿子孔希学前往拜会。徐达不敢怠慢，马上送孔希学谒见朱元璋。朝堂上孔希学奏明父亲孔克坚因病不能前来朝贺新主，为此特意替父前来。谁知朱元璋闻之色变，当即给衍圣公下了一道"手谕"，明令"称疾则不可"。孔克坚深知"不可"二字的分量，遂"惶恐兼程进"。及至这位代表"道统"的衍圣公拜见了朱元璋，代表"帝统"的新皇帝不冷不热地说，你既然有病就不必做官了，好生在家管教族人，随后便以"宅一区，马一匹，米二十石"将孔克坚打发了事。事后朱元璋还鄙夷不屑地说，这些先圣后裔养着就是，不必重用。其实明眼人谁都看得出，这是现实体制的主宰者与传统文化的代表者的一场较量，是新帝对儒家道统的刻意贬斥。

在首番较量中尝到了甜头后，明太祖朱元璋意犹未尽，紧接着又打出了第二张牌。洪武二年（1369年），朱元璋敕令对孔子的释奠今后仅限于曲阜一地进行，"天下不必通祀"[①]。孰料此令一出，朝野上下一片大哗，群

[①]《明史·钱唐列传》。

臣皆言"孔子垂教万世，天下共尊其教，故天下得通祀孔子，报本之礼不可废"。迫不得已之下，朱元璋很无趣地收回了成命。此后不久，于心不甘的朱元璋又打出了第三张牌，称《孟子》有诸多"非臣子所宜言"的民贵君轻言论，敕命将孟子逐出文庙殿，并下了劝谏者皆以死论罪的严令。但让朱元璋万万想不到的是，愿意为亚圣孟轲赴死者居然大有人在，时任刑部尚书的钱唐就是其中之一。当初在朱元璋下达"孔庙春秋释奠止行于曲阜"的旨意时，钱唐就曾公开反对，如今更是置生死于不顾，竟然抬着棺材直上朝堂，大义凛然地说："臣为孟轲死，死有余荣。"①群情激愤之下，刚刚尝到万乘之尊滋味的朱元璋又讨了个没趣，不得已给自己找了个台阶说，"孟子辨异端，辟邪说，发明孔子之道，配享如故"②，极不情愿地把孟子重新请回了文庙殿。

一场贬儒和尊儒的风波尘埃落定后，大明王朝的最高统治者似乎明白了许多，也聪明了许多，从此不再有贬儒之举，反倒将儒学的大旗举得更高。洪武三年（1370年），朱元璋诏令革除诸神封号，却特别声明唯有孔子的封爵可一仍其旧。此后到明成祖朱棣朝，在坐稳了龙椅后，成祖便于永乐十二年（1414年）命胡广等纂修《经书大全》，编撰《五经四书大全》《圣学心法》和《性理大全》等儒家经典。朱棣敕令把这些著作在官员、科举士子中广为散发，还特意派人送到藩属之国日本、朝鲜，促进了儒学的传播。

继朱元璋、朱棣之后，明朝君主"释奠于先师孔子"的记载连绵不绝。明孝宗弘治九年（1496年），诏令祭孔"增乐舞为七十二人，如天子之制"③，把祭孔的礼仪提高到了和祭天子一个档次。明神宗万历十年（1582年），又下诏蠲免了孔子及儒学宗师后裔的赋税劳役。于此之外，在

---

① 《明史·钱唐列传》。
② 《明史·吉礼四》。
③ 同上注。

国子监的扩充、府学的开办、科举制度的完善、文思院及贡院的设置、翰林院作用的发挥等方面，朱明王朝皆开一世之风，把汉学全面推广开来。

明廷的经筵活动是从明成祖时开始举办的，但初时既无定日，亦无定所，未成制度。到明英宗初年，经筵"始著为常仪"①，规定于春秋两季举办，一月三次，地点固定在文华殿。讲授时皆以儒家正统经典为教材，内容仅限儒家学说中的治国安邦之道。据《明史·礼制九·经筵》记载，侍讲时包括尚书在内的朝廷重臣一概参与旁听，讲述重点在于通过经传精义的发挥，指出历史的鉴戒，以期古为今用。经筵的特殊意义在于，只有在这种场合，讲官才可以用委婉的言辞对皇帝做些必要的规劝，皇帝则不能流露出任何不快或不恭，反而要毕恭毕敬地正襟危坐，洗耳恭听，以示郑重和虔敬。

为了炫耀文治之功，明成祖永乐年间集全国两千多饱学之士，将"书契以来经史子集百家之书，至于天文、地志、阴阳、医卜、僧道、技艺之言，备集为一书"②，编纂成洋洋二万二千九百三十七卷、一万一千零九十五册、目录九百本、总计约三亿七千余万字的《永乐大典》。此书广采明以前各类古籍七八千种，是当时世界上最大最全的百科全书，也是明朝留给中华民族的珍贵遗产。可惜经过历次战火焚毁及清朝末年八国联军的劫掠，现今存世者仅余八百零八卷。

朱元璋创建的明朝是历史上最后一个由汉族统治的封建王朝，也是一个极端专制的王朝。当时不仅君权之重登峰造极，而且皇帝总揽一切，"虽小事必闻"③，为此而罢丞相设内阁，以"秉笔太监"代皇帝朱批文件。为了维护这种乾纲独断的极权制度，明朝广设特务组织，主要有锦衣卫、东厂、西厂等。锦衣卫是皇帝的亲军，由皇帝亲自掌管，初设于明太祖洪武

---

①《明史·礼志九·经筵》。
②《明太宗实录》卷二十。
③《明成祖实录》卷四五。

年间，一直保留到明朝灭亡。这个组织除了保卫皇帝，还负责掌管诏狱，替皇帝侦缉官员，甚至可以随意缉拿任何一级官员，权力之大可谓只手遮天。东厂成立于明成祖永乐年间，由宦官主持，用以监视、牵制锦衣卫。西厂也由宦官提督，只存在于明宪宗、武宗两朝，权力更在锦衣卫和东厂之上。这些特务组织恣意妄为，草菅人命，"举朝野命，一听之武夫、宦竖之手，良可叹也！"[①]尤有甚者，这些重复设立的特务组织相互倾轧，争权夺利，更加重了政治的黑暗。

极端的个人独裁必然带来极端的文化专制，故此朱元璋、朱棣父子都曾大兴文字狱。朱元璋年间，浙江府学教授林元亮、北平府学教授赵伯彦、桂林府学教授蒋质代地方官员撰写奏章，仅因奏章中有个"则"字便一律处斩，原因是江南方言"则"与"贼"同音，心胸狭窄的朱元璋认为这是在暗讽其由"贼人"起家。最大的文化专制还在于八股文的推广，它肇始于明宪宗成化年间，规定科举考试一律采用八股文，禁锢了文人的独立思考。

若论经济的发展，朱明王朝在当时世界上堪称首屈一指，无论是冶铁、造船等重工业，抑或丝绸、纺织、瓷器、印刷等轻工业，个个成就斐然。然而在文化上，由于明皇廷的专制独裁，众口噤声的明代却乏善可陈。除了《永乐大典》的编撰和宋明理学的兴盛，以及民间的文学艺术成就外，还有一件有关文化的大事值得一说，那就是由意大利人利玛窦来华传教所代表的西学东渐和东学西传。《明史·天文志一》云：

> 明神宗时，西洋人利玛窦等入中国，精于天文、历算之学，发微阐奥，运算制器，前此未尝有也。

利玛窦，意大利人，天主教耶稣会传教士，明神宗万历十年（1582

[①]《明史·刑法志三》。

年）奉命来华传教，初在澳门，后入广东。来华后，为了克服传教中的困难，利玛窦独辟蹊径，先以西方的科学技术吸引人们的注意，然后再开辟一条由学术入宗教的道路。同时他着力寻找天主教与中国孔孟之道和敬天法祖思想的联系，为此苦学汉语并攻读四书五经，深入钻研中国文化。万历二十九年（1601年），利玛窦获得明神宗召见，进呈了自鸣钟和《坤舆万国全图》等贡品，"帝嘉其远来，假馆授粲，给赐优厚"[1]。从此利玛窦留居北京，影响遽增，公卿雅士莫不以与他交往为荣。

在利玛窦之前，已有不少欧洲人远渡重洋来到中国，但像利玛窦这样，既深入研习中国文化，又精通天文学、数学、地理学及音乐、美术知识，有能力向中国传授欧洲近代科学知识的，可谓"前此未尝有也"。当时西方刚从文艺复兴时代走来，物理、数学、天文学、医学及机械制造、远洋航行等方面都取得了空前成就。明朝那时虽然在整体国力上领先世界，但有些领域已被西方世界赶超，而适逢此时利玛窦来到中国，不啻为中华有识之士带来了一股清新的世外春风。

在华期间利玛窦自制浑天仪、地球仪、日晷等天文仪器，还自绘地图《山海舆地图》，从南到北广示于人，观者无不啧啧称奇。他还开办图书馆，教授弟子学习西方科学，而弟子中不乏缙绅名儒，徐光启就是其中之一。《明史·徐光启传》云：

（徐光启）从西洋人利玛窦学天文、历算、火器，尽其术。遂遍习兵机、屯田、盐策、水利诸书。

进士出身的徐光启后来官至礼部尚书、文渊阁大学士，入阁参与机枢，他就曾师从利玛窦学习科学技术，而后多方推广利用。明朝曾引进"红夷大炮"，建立起一支"号善西洋大砲"的军队，这便是"得之徐光

---

[1]《明史·意大里亚传》。

启"①。

为了将西学介绍到中国,利玛窦还用中文著书立说,仅《明史·艺文志》载录的他的中文著作和译著就有《几何原本》《勾股义》《表度说》《圜容较义》《测量法义》《天问略》及《泰西水法》等。殊为难得的是,在文化专制的明朝,除少数顽固派外,居然有不少人接受了利玛窦传播的西方文明,为"西学东渐"打开了一扇天窗。

尤其值得大书特书的是,作为史上第一位用中文研读中国经籍的西方学者,这位意大利神父还翻译了四书,把中华元典介绍给西方,开辟了东学西传之路。法国启蒙思想家伏尔泰接触了儒学后十分倾倒,竟将堂中悬挂的耶稣画像改为孔子画像,晨夕礼拜。此外,万历三十六年(1608年)末,利玛窦根据在中国传教期间的经历和见闻,把所了解的中国情况用意大利文记述下来,撰成了《利玛窦札记》一书。此书在他死后由法国传教士金尼阁翻译成拉丁文,并增补了部分内容,于1615年在德国出版。全书共五卷,第一卷概要介绍了中国的情况,包括国名、地理、物产、工艺技术、政治制度、学术、风俗等,第二至五卷则依时间顺序记述了西方传教士和利玛窦本人在中国各地传教的经历见闻。此书出版后被相继翻译成法、德、西等多种文字,成为西方了解中国的重要著作。

经过长达近三十年的苦心钻研和切身体验,利玛窦深得汉文明之精要,找到了东方孔子与西方耶稣以"仁""爱"为主旨的共性。他指出:

> 儒家这一教派的最终目的和总的意图,是国内的太平和秩序,他们也期待家庭的经济安全和个人的道德修养。他们所阐述的箴言确实都是指导人们达到这些目的,完全符合良心的光明和基督教的真理。②

---

① 《明史·孙元化列传》。
② [意]利玛窦、[法]金尼阁:《利玛窦中国札记》,何高济等译,中华书局,1983年,第104页。

上述见解无异于在孔孟之道和天主教之间架设了一座桥梁，使东西方的文化得以沟通。当然，这种沟通无疑是有一定历史局限性的，但在四百余年过去后，相对某些人所持的东西方"文明冲突论"的偏狭立场，利玛窦的胸襟及见地仍然非同寻常。他凭藉一己之力来加深两大世界相互理解的做法，不仅在当时是极富创造性的，在今天也是极富建设性的。

万历三十八年（1610年）四月，利玛窦卒于北京，享年59岁。按照明朝的规定，外国人死后一律要移葬澳门。但明神宗格外开恩，准许利玛窦"赐葬西郭外"[①]，还赐给了墓地和安葬费用。作为首位获准下葬京城的西方传教士，利玛窦墓成了中外文化交流史上的一个标志。它历经数百年后至今犹在，位于西城区车公庄大街路南。这之后，一些著名的外国传教士也相继瘗埋在这个墓地中。

满族人起源于黑龙江一带，长年生活在亦农亦牧亦猎亦渔的状态中。其文化也是多元混合体，既包含了女真族的渔猎文化，也包含了蒙古族的游牧文化和相邻的朝鲜族文化，还包含了久已进入东北地区的汉民族的农耕文化。到了明朝中叶，金人创建的女真文字不再通用，金人后裔的努尔哈赤部"凡属书翰，用蒙古字以代言者十之六七，用汉字以代言者十之三四"[②]，这便是满族入关前的多元文化表现。

努尔哈赤称汗后，力图打造一种本民族的文化，首先想到的就是文字。早自秦代以来，"书同文"便成了凝聚民心的不二法宝，故而努尔哈赤下令尽快创建自己的文字。此后皇太极改族名为满洲，以示和其他女真人的区别，多尔衮又全力推行"剃发易服"，凡此都是清皇室从不同侧面打造民族特性的努力。

虽然一心打造本民族的特性，清廷仍不免对强大的汉文明心存戒备。早在入关前皇太极就忧心忡忡地说：

[①]《明史·意大里亚传》。

[②] 福格：《听雨丛谈》卷十一，中华书局，1984年版。

> 朕读史，知金世宗真贤君也。当熙宗及完颜亮时，尽废太祖、太宗旧制，盘乐无度。世宗即位，恐子孙效法汉人，谕以无忘祖法，练习骑射。后世一不遵守，以讫于亡。[1]

于是皇太极把"无忘祖法"当作头等大事，训诫族人切勿"废骑射而效汉人"。

皇太极的立场代表了满清上层贵族集团的利益，因此在君临中原后，清廷对"易满洲衣服以从汉制"之类建议一概予以摈弃，还野蛮地推行了"剃发易服"之策。但历史的辩证法是，满清虽然固守自己的服饰和发式，虽然不改自己的语言和文字，虽然坚持"以旗统军，以旗统民"的八旗制度，但为了实现以异族身份统御中华的目的，却不能不接受以儒家为代表的中华正统思想，甚至对汉文化的传承超过了以往任何一个少数民族政权。而且，早在入主北京前，这种倾向已日见明显。

皇太极在位于1627年至1644年，他虽然再三告诫族人"无忘祖法"，自己却极为崇信汉学，认为"儒书一节，深明道理"，并将下属的过失归咎于"不读书，不晓义理之故"[2]。为此他特命贝勒大臣"凡子弟十五岁以下、八岁以上者，具令读书"，"使之习于学问"[3]。天聪三年（1629年）八月他诏令说：

> 自古及今，文武并用，以文治世，以武克敌。今欲振兴文教，试录生员。诸贝勒府及满、汉、蒙古所有生员，俱令赴试。

此后不久，清廷便重开科举，在盛京初试生员，擢拔了二百余人。戎马倥偬中，天聪八年（1634年）四月皇太极又举行了首届科举考试，"取

---

[1]《清史稿·太宗本纪二》。
[2]《满洲老档秘录》下编，转引自《清史论文选集》第一辑，第237页。
[3]《清太宗实录》卷十。

刚林等十六人为举人，赐衣一袭，免四丁"。崇德元年（1636年），皇太极更命建孔子庙于盛京，"遣大学士范文程致祭"[1]。

除了对汉文化的推崇，皇太极对汉制、汉法也尽力效仿。开基之初，努尔哈赤实行的是军民合一的制度，政治权力集于王公贵族，重大决策皆由满洲议政王大臣讨论决定。天聪五年（1631年），皇太极仿照汉地的中央集权制，建立起吏、户、礼、兵、刑、工六部，削弱了满洲贵族的权力。他还擢拔大学士参与机要，又设置了都察院和理藩院，通盘照搬了明朝的政治体制。

皇太极一改努尔哈赤歧视汉人的做法，开始重用汉族知识分子，为建立满、汉联盟奠定了基础。在清朝安邦立国中起过举足轻重作用的三朝元老范文程就是一介汉儒，在皇太极时被擢升为"内秘书院大学士"。每逢朝堂议政，皇太极必问"范章京知否"[2]，唯范文程之言是听。

首位入关的顺治帝福临更是崇尚儒学，他认为"鲁论一书，尤切日用，能使万世伦纪明，名分辨，人心正，风俗端，此所以为生民未有也"[3]。顺治銮驾甫一进京，就谕令"以孔子六十五代孙允植袭封衍圣公，其五经博士等官袭封如故"，之后才颁布建都燕京的诏书。顺治八年（1651年）夏，清廷"遣官祭岳镇海渎、帝王陵寝、先师孔子阙里"[4]，把祭孔子与祭山川和祭历代帝王提到了同等高度。顺治九年（1652年）九月，福临亲政一年后便亲至孔子庙释奠。祭奠前顺治先致斋一日，出发时百官跪送于金水桥，至孔子神位时顺治行两跪六叩大礼，礼仪之隆前所未有。礼毕后顺治谕曰：

---

[1]《清史稿·礼志三》。
[2]《清史稿·范文程传》。
[3]《清史稿·礼志三》。
[4]《清史稿·世祖本纪二》。

圣人之道，如日中天，上之赖以致治，下之资以事君。学官诸生当共勉之。①

以上话语表明了顺治以儒治国的主张。顺治十四年（1657年），顺治帝又加尊孔子为"至圣先师"②。

公元1667年，康熙帝亲政，当年他就采纳汉官建议，率领百官在太学举行了隆重的祭孔大典。1684年，康熙首次南巡便到了山东曲阜，在孔庙行三跪九叩大礼，并亲书"万世师表"四字悬于殿中。1689年，康熙又"制孔子赞序及颜、曾、思、孟四赞，颁于学宫"③。在御制《日讲四书解义序》中，康熙明确宣布要以儒治国，为清廷持续了数十年之久的治国方略之争画上了句号。

还有一个极具象征意义的事件也发生在康熙年间，此即康熙二十三年（1684年）冬季的康熙亲祀泰山。按照传统，长白山是满洲的"神山"，而泰山是汉人心中的神山，二者互不相干。而康熙帝不仅亲临泰山极顶，还亲诣岱庙拜谒岱宗（泰山），体现了满清皇廷对汉族神山的认同与膜拜。此举的意义不亚于祭奠孔子，也对收服汉族的人心起到了一定作用。

自天聪三年（1629年）四月起，皇太极就诏令成立翻译汉文经典的机构，以此推动汉文化在满族的传播。到康熙三十年（1691年），一部接一部翻译成满文并由清帝作序的汉文经典陆续问世。此外从顺治二年（1645年）起，清廷"命内三院大学士……纂修明史"④，把修撰明史也提到了重要议事日程。康熙为此专门成立了明史馆，由张廷玉、徐元文、万斯同等著名汉儒担纲编纂，终于纂成了二十四史中参与修撰人数最多、撰写时间最长的《明史》，篇幅仅次于《宋史》，号称良史第一。

---

① 《清史稿·世祖本纪二》。
② 《清史稿·礼志三》。
③ 《清史稿·圣祖本纪二》。
④ 《清史稿·世祖本纪一》。

由名儒为皇帝侍讲经史的经筵制度也为清廷所继承。清的经筵始于顺治十四年（1657年），开讲前皇帝先拜孔子，开讲时"尚书、左都御史、通政使、大理卿、学士侍班，翰林二人进讲"，场面的隆重丝毫不亚于明廷。此后康熙不仅延续了经筵制度，还大大增加了讲经的次数。直到咸丰十年（1860）举行最后一次经筵典礼止，清廷的经筵制度前后延续了二百余年。

本着"兴文教，崇经术，以开太平"①的治国方略，清廷于顺治三年（1646年）起在北京恢复了开科取士，并且甫一施行就打破了每三年举行一次的惯例，于第二年又加试了一场。康熙年间，除例行的科考外，还另外设立了"博学鸿词"科，从民间破格擢拔人才。

随着汉学的兴盛，"稽古右文"的传统也蔚然成风。仅就清前期而言，加工编纂的中华经典文集就有《古今图书集成》《四库全书》《十三经》《廿一史》《子史精华》《古文渊鉴》《佩文韵府》《康熙字典》《骈字类编》《大清一统志》《康熙皇舆全览图》《钦定日下旧闻考》《全唐诗》《全唐文》《康熙永年历法》《历象考成》及《数理精蕴》等，总计不下数十万卷。其中《四库全书》是由乾隆皇帝亲自组织编纂的，于乾隆三十八年（1773年）开馆撰修，历十年完成，分经、史、子、集四部，故名四库全书。这是一部有史以来最大的丛书，著录书籍3461种、79309卷，存目书籍6793种、93551卷，合计10254种、172860卷②，几乎囊括了清乾隆以前中国历史上的各主要典籍，堪称传统文化的集大成之作。以上还是仅就清廷内府编纂的图书而言，至于京师坊间，以琉璃厂书肆为中心，整理编撰的图书不知凡几，赢得了"京师书业甲天下"的美誉。

作为文士荟萃之地，清京师的名流鸿儒更是璨如群星。国学大师顾炎武、经学大师阎若璩与胡渭、汉学家钱大昕与戴震、史学家谈迁、考据学

---

① 《清圣祖实录》卷九十。
② 《四库全书总目·出版说明》，中华书局，1965年。

家雷学淇、版本学家缪荃孙、地理学家徐松、数学家徐有壬,以及诗人钱谦益、吴伟业、王士祯、朱彝尊,国画大师王翚、王原祁、蒋延锡等,无不在京城留下了辉煌一页。

在北京的满洲贵族和八旗子弟中,还产生了像纳兰性德和曹雪芹这样的文学巨匠。纳兰性德是康熙大学士明珠长子,满洲正黄旗人。他才华横溢,清雅脱俗,是一代词坛巨擘,被国学大师王国维誉为"北宋以来一人而已"。"人生若只如初见,何事秋风悲画扇"便是他的名句,至今脍炙人口。曹雪芹的祖上为汉人,明末时编入满洲正白旗,是摄政王多尔衮的包衣家奴,后因军功得到重用。其祖父甚得康熙帝宠信,曾出任江宁织造,相当皇帝派驻江南的特使,权势炙手可热。雍正初年,曹氏家族因卷入皇室斗争株连获罪,财产被抄,家道衰落。在经历了家族兴衰的巨大变化后,穷困潦倒的曹雪芹栖身北京西山,历时十载完成了揭露封建社会世态炎凉的《红楼梦》。小说规模宏大,结构谨严,文采斐然,刻画的人物个个栩栩如生,达到了中国古代现实主义小说的高峰。此书一出,"京朝士大夫尤喜读之,自相矜为红学云"[①]。

清京师文化园地里还盛开着其他种种艺术奇葩,例如京剧艺术、曲艺艺术、话本艺术、唱本艺术及杂技艺术等,都是精妙绝伦的民族瑰宝,至今享誉中外。

具有讽刺意味的是,当西方列强的战舰大炮冲垮了大清帝国的壁垒时,晚清的道光、咸丰、同治皇帝及慈禧太后仍然沉湎在京味文化中,沉浸在京剧艺术里。特别是慈禧太后,这个统治中国长达48年的女人,嗜戏成癖,乐此不疲,既在京城大建戏楼,又在各地广延戏班。最令人不齿的是,在厌倦了紫禁城的森严壁垒后,独掌国柄的慈禧太后竟置国家安危于不顾,挪用海军军费修建颐和园,供她个人享乐。流弊所及,满朝王公

[①] 李放:《八旗画录·绘境轩读画记》注。

耽于安乐，纸醉金迷，八旗子弟更是个个好逸恶劳，游惰成性。当年金戈铁马的神武八旗，至此已成败絮朽木。当时在京城上下弥漫着的"旗人文化"，无非是喝茶、遛鸟、养花、下棋、侃大山，就连抽鸦片和逛妓院也成时尚。这些当年于1644年来到北京的旗人，在被京城文化熏染了260余年后，或许会唱二簧单弦，或许也会舞文弄墨，甚至还会吟诗作画，但他们早已丧失了保家卫国的能力。于是，清朝灭亡了。

五　结语

上章所论史前至夏商时期燕山南北各部族的血脉相连，以及他们在经济形态、文化形态上的关联互动，是当时多元民族与多元文化水乳交融的反映，体现了中华文明初始阶段的多元一体。而自西周以降，恰如本章所论，幽燕地区纳入了中华主流文化圈，汉文明的传承从此绵延不绝，屡经朝代的更迭和民族的交替而历久弥昌，又彰显了中华文明成熟阶段的多元一统。一个民族的文化，关乎这个民族的政治制度、礼制制度和法律制度，也关乎这个民族的宗教信仰、价值观念、伦理道德，是这个民族的精神家园。而当这个文化形成传统后，便足以统摄古今，化成一切。

很早以来，中华民族就形成了以政教立国的传统。《周易·贲卦·象》传文云："观乎天文以察时变，观乎人文以化成天下。"《诗经·周南·关雎》序云："先王以是经夫妇，成孝敬，厚人伦，美教化，移风俗。"以上就是以教化育风尚的经典论述。幽燕地区汉文化的一脉相承，无异于在一个特殊地域造就了一个特殊熔炉，使融汇其中的各民族通过文化的桥梁不断加深了民族心理的沟通，最后百川归海，皆成中华民族大家庭的成员。

综观幽燕地区相沿一统的汉文化，还可以得出如下认识：

1. 自汉武帝"罢黜百家，独尊儒术"，儒学渐渐融入了汉民族的政治、思想、文化，成了汉文明乃至汉民族心理的重要组成部分，也成了幽燕文化的主干。在契丹入主燕地前，儒学早已长成参天大树，绝非任何一个少数民族的欠发达文化所能撼动。于是它一如既往，不仅在辽、金、元、清继续保留下来，而且继续发挥着主导作用。

2. 由于对汉文明的仰慕，也由于归宗华夏的意愿，各少数民族政权基本上都主动接受了汉文明，主动接纳了儒家学说。从纯功利的角度说，儒家提倡的"内圣外王之道"，以及对"仁"和"礼"的追求，都极有益于维系一个地域辽阔的多民族大国，也极有益于"助人君顺阴阳明教化者也"[1]，故而乐得为少数民族政权所接受。更何况于史可鉴，北魏及辽代就是因为采用了"以经术为先"的圣人之道，才得以天下承平、国祚长久的。出身契丹皇族的元朝重臣耶律楚材说："圣人之名教，有国家者莫不由之，如天之有日月也。"[2]这便是少数民族上层人士以史为鉴得出的认识。

3. 大国文化自有大国气派，汉文明在成长过程中也不断汲取了其他民族的文化精髓，融汇成包纳百川的浩瀚大海。单就本章所论，无论先秦燕国抑或盛唐幽州，都不乏汉文化融合其他少数民族文化的实例。至于辽金以降，汉文明虽然始终不失主导地位，却也一直和契丹、女真、蒙古、满清文化处在零距离的接触中，各种文化的碰撞、浸润、交融势所难免。因此事情的一方面是，相处愈久少数民族集团的汉化愈深；另一方面则是，相处愈久汉文化中的多元因素也愈加丰富。一个最简单的实例就是，广为妇女喜爱的旗袍在今天已被视为汉文化与汉民族的典型标识，但这却是满族文化的遗留。

---

[1]《汉书·艺文志》。
[2]《元史·耶律楚材传》。

第七章　东方神韵
——古都北京的城市风貌

元明清三代的北京，是古代北京城的最后发展阶段，也是古代北京城的最高发展成果。经过元朝初年以来整整六个多世纪的营造，北京城的魁伟壮丽登峰造极，成为世界首屈一指的文明古都。

对古都北京特别是紫禁城之"瑰丽与雄伟"，康熙朝来到这里的俄国公使尼·斯·米列斯库有过一段十分生动的描述。他说：

> （皇宫）里有豪华的宫殿，宽阔的御花园、参天的树木、小溪、假山。……皇宫里有许多汉白玉石狮，做工精巧细致，还有许多亭台楼阁、精妙的小桥，以及其他工艺品，令人赏心悦目，赞叹不已。宫中所有的建筑均用黄色——皇帝的标志——琉璃瓦盖成。木制品都是镏金的，或髹以别的色彩，表面再涂一层中国漆。宫殿的建筑结构与欧洲不同：一般为砖墙，木制天花板支撑在高大的圆柱上，柱上有精巧的浮雕，并以镏金粉饰，大梁上有五彩缤纷的绘画。……总之，中华帝国一切稀世珍宝，皇城里无不应有尽有。另外，国外进贡的所有珍宝也都收藏在这里。所以，整个皇城犹如一座宝山，拥有的珍宝璀璨夺目，举世无双。[①]

[①] [俄]尼·斯·米列斯库:《中国漫记》，中华书局，1989年，第70页。

其实，清京师城市建设的顶峰还不是米列斯库看到的康熙时期，而是此后的乾隆、嘉庆时期。乾嘉之时，北京城巍峨壮丽的城门、金碧辉煌的宫殿、风月无边的御苑、雕阑玉砌的坛庙、灵秀典雅的角楼、宽敞平坦的街道、曲径通幽的胡同、星罗棋布的四合院，无不美轮美奂，登峰造极。它们已不再只是招致个别来华洋人的惊叹了，而是令全世界为之瞠目，尤其令野心勃勃的西方世界垂涎不已。

然而从历史的角度看，最值得关注的还不是北京城表面的富丽堂皇，而是经过元明清三朝的营建，在京华帝都红墙绿瓦的深处，蕴积了极为丰富也极其深刻的内涵。这就是，经过终古不息的持续发展，北京成了华夏文明积淀最深的城市，成了正统汉文明最集中、最典型也最卓越的代表。但与此同时，它仍然是多元文化的集聚地，各种文化依旧济济一堂地共生在这片土地上。按说这二者是相互排斥的，因为观诸人类文明史，最常见的无非是两种情况：一种是具有文化的统一性，但随之而来的是主流文化的一统天下，其他文化一概受到排斥和打击；另一种是具有文化的多元性，却在五花八门的文化中迷失了主流文化的存在。现在，当这相反相成的两大方面都统一在同一座城市中时，便造就了古都北京独一无二的神韵。

那么，这些内涵究竟是怎样在城市建设中表现出来的呢？若就汉文明的一统性而言，上章所论元明清三朝在上层建筑领域对汉文明的继承与发展已经彰明较著，但如果说它还体现在城市建设和城市建筑上，似乎莫知所以。再就城市的多元性而论，要说它已经充分表现在城市居民的民族多样性及民族语言、文字、服饰、习俗、文化的多样性上，也是显而易见的，但如果说它还反映在城市建设的风貌上，也让人不知所云。当然，若就古都北京的建筑形式、建筑风格而言，汉文明的一统性和民族的多样性已不乏体现，但这只是事物的表面现象，不足以展现汉文明在本质上的多元一统。而从深层次的历史底蕴来说，从事物的本质和主流来说，古都北京城市建设的一统性风貌，主要是由代表中华民族核心信仰的标志性建筑的一脉相承反映出来的，而其多元性的最突出表现，则集中在各大宗教文化和宗教建筑的共生共荣上。

一　中华民族的传统信仰及其标志性建筑

1　中华民族的传统信仰

要谈中华民族的核心信仰及其标志性建筑，首先要从中华民族的传统信仰谈起。综合历来的看法，有关这个问题的核心疑点有两个：一个是中华民族到底有没有信仰；二是如果有，那么到底什么才是中华民族的传统信仰。

信仰是一个民族的灵魂，是民族意志的体现，集中代表了这个民族的价值取向。没有信仰的民族，无从建立整个社会的纲纪法度，无法形成统一的意志和行动，甚至连正常的社会秩序也难以维持，民族的凝聚力就更是无从谈起。在这个问题上，长期以来形成的观点无非有二：一是说中国自古以来从未形成过真正意义的国家宗教，因此也就没有信仰；二是说儒学就是古代中国的唯一信仰。国学大师梁漱溟说："宗教在中国卒于被替代下来之故，大约由于二者：一、安排伦理名分以组织社会；二、设为礼乐揖让以涵养理性。二者合起来，遂无事乎宗教。……在中国代替宗教者，实是周孔之'礼'。"[1]此论一则说中国"无事乎宗教"，二则说周孔之"礼"取代了宗教，恰恰涵盖了上述两义。

综观人类文明史，世界各大文明古国都有自己的代表性宗教。典型之例如两河流域的古巴比伦宗教，古埃及的太阳神教，古印度的婆罗门教和

---

[1] 梁漱溟：《中国文化要义》，学林出版社，1987年版，第108~109页。

后来的印度教，古巴勒斯坦的犹太教，古伊朗的琐罗亚思德教等，不一而足。中国也是举世公认的文明古国，怎么会没有自己的信仰或宗教呢？其实稍加辨析便不难看出，这种说法是根本站不住脚的，因为它与基本的历史事实相悖离。

一是从纵向的发展上看，中华文明不仅是世界上四大最古老的原生态文明之一，而且是人类历史上唯一一个从未间断的文明，有着西方学者所公认的"举世无双的连续性"[①]。倘若说这样的民族竟然连可依可持的信仰都没有，岂非咄咄怪事？反过来说，如果一个维系了数千年文明而不衰的民族没有基本信仰，那不等于说民族信仰或民族宗教本来就是可有可无的吗？

二是从横向的联系上看，今天中国的56个民族大都是由古代延续下来的，发展至今已相生相济出一个称之为"中华民族"的大家庭。如果没有统一信仰，试问这几十个民族怎么可能在长达数千年的岁月中始终凝聚在一起？纵观整个人类社会，一个民族分裂成若干国家的现象并不鲜见，不可思议的反倒是中国由56个民族汇集成了一个国家，而且世世代代聚合不散，堪称一大奇迹。在数量上，这个大家庭集中了人类的五分之一人口，凝聚力之大更是举世无匹。事既如此，这个民族怎么可能没有自己的信仰和价值体系呢？

三是从历史的发展上看，众所周知的是，"曾有许多游牧民族侵入中国，甚至还取某些王朝而代之；但是，不是中国人被迫接受入侵者的语言、习俗或畜牧经济，相反，是入侵者自己总是

---

① [美] L.S. 斯塔夫里阿诺斯：《全球通史——1500年以前的世界》，吴象婴、梁赤民译，上海社会科学院出版社，1999年，第137页。

被迅速、完全地中国化"①。既然所有入主中原的少数民族无一例外地融入了汉文明，那么这个汉文明难道仅仅是由方块字、四大发明和婚丧习俗构成的吗？难道除了这些形式上的东西之外，汉文明就没有更深层的精髓吗？一个没有精髓的文明，就如同一个没有骨架的动物，是不可能有这么强大的体量和博大的胸襟的，所以答案无疑是否定的。

至于说儒学是古代中国的唯一信仰，同样碍难成立。其道理很简单，一是儒学最早肇始于孔子（公元前551～前479年），时代不早于春秋末期。而于此之前，中华文明已经生生不息地传承了两三千年，华夏民族也早已在四方部族的基础上集结而成，怎么可能只待孔子来创造精神依托？二是孔子之学与佛教、伊斯兰教、基督教截然不同的是，它不是由域外传来的，而是在中国本地土生土长的，必有其自身的渊源。孔子自称"述而不作，信而好古"②，说他只是整理和阐发前人学说，没有个人的独创，便再清楚不过地表明了儒学的根基在先古。此外，孔子以"克己复礼"为己任，复的是先世的道统和礼制，这也说明了他的继承性。总之，结论只有一个，即早在孔子之前，中华民族早已有了传承有序、根深蒂固的精神信仰。国学大师钱穆说："我们与其说孔子与儒家思想规定了此下的中国文化，却更不如说：中国古代文化的传统里，自然要产生孔子与儒家思想。"③斯言诚是。

毋庸讳言，说中华民族没有传统信仰，无非是说古代中国没有举国一致的宗教而已。但事情的本质是，一个民族的信仰并不等于一定要崇信佛教、伊斯兰教或天主教、基督教，换言之，并非只有崇信这几大宗教的民

---

① [美] L.S. 斯塔夫里阿诺斯：《全球通史——1500年以前的世界》，吴象婴、梁赤民译，上海社会科学院出版社，1999年，第278页。

② 《论语·述而》。

③ 钱穆：《中国文化史导论》，台北正中书局，1993年。

族才有信仰。

那么，中华民族根深蒂固的传统信仰到底是什么呢？揆诸史实，无论从华夏的正统观念出发，还是从民间的伦理道德考察，这就是"天、地、君、亲、师"崇拜体系。

《荀子·礼论》云：

> 礼有三本：天地者，生之本也；先祖者，类之本也；君师者，治之本也。无天地恶生？无先祖恶出？无君师恶治？三者偏亡，焉无安人。故礼，上事天，下事地，尊先祖而隆君师，是礼之三本也。

荀子是先秦百家的集大成者，这段言论就是对中华民族"天、地、君、亲、师"信仰的经典论述。它告诉人们，天地乃人之所生，先祖乃人之所出，君师乃人之所治，倘若没有天、地、君、亲、师，就没有人类的一切。此文还特别强调，"三者偏亡，焉无安人"，即"天、地、君、亲、师"中少了哪一项都是不行的，少了谁都会不得安宁。

《大戴礼记》是汉代对先秦思想的系统阐释与总结，其《礼三本》亦云：

> 天地者，性之本也；先祖者，类之本也；君师者，治之本也。无天地焉生，无先祖焉出，无君师焉治，三者偏亡，无安之人。

《大戴礼记》在这里再次强调，敬畏与崇拜上天、大地、君王、先祖、贤师，是一切礼制的根本。

以上所言，即中华民族的传统信仰，数千年来在神州大地世代相传，深入人心。一个最普通不过的事例是，直到上个世纪前半叶，甚至直到"文革"大破四旧前，不少地方的家族祠堂及堂屋里还供奉着"天、地、君、亲、师"牌位，默默诉说着这个信仰在中华大地的源远流长和影响至远。

诸多事实说明，这个信仰是东方文明的核心，华夏文明大厦就是以它为基干支撑起来的。

  首先，正是由于"天、地、君、亲、师"信仰，东方民族才形成了极具自身特点的伦理道德和行为规范，如敬天厚地、父慈子孝、君仁臣忠、师道尊严等，进而构建起"上下有义，贵贱有分，长幼有等，贫富有度"[①]的社会秩序。

  其次，这种信仰还渗透到政治生活中，成为治国之宏谟、为政之纲领。《礼记·礼运》论证为君之道时说："天生时而地生财，人其父生而师教之，四者君以正用之。"东汉章帝钦定的《白虎通·礼乐》也说："夫礼者，阴阳之际也，百事之会也，所以尊天地，傧鬼神，序上下，正人道也。"以上文献阐述了君与天、地、亲、师的关系，强调为君之道就是要敬天地尊亲师，唯其如此才可能天人相济、政通人和，为人君者也才能"立于无过之地也"[②]。

  再次，正是这种信仰的流传有序，孕育出了以"敬天法祖"为核心的中华礼制文明。前引《荀子》之文着重指出，礼制之本就是"上事天，下事地，尊先祖而隆君师"，其义已不言自明。《大戴礼记》称"天地君亲师"即为礼之三本，这也说明了同样的道理。又《汉书·郊祀志》云："祀者，所以昭孝事祖，通神明也。"昭孝事祖再加上通神明，其内涵也就是敬天神、地祇和先祖、先君，而这便是中国礼制文明的核心。

[①]《管子·五辅》。

[②]《礼记·礼运》。

总之，伴随文明的演进，"天、地、君、亲、师"信仰逐步融汇到中华民族的思想意识、道德规范、社会秩序、政治制度、礼制文明中，构建出一个完整的中华古文明体系。

寻根溯源，"天、地、君、亲、师"信仰不仅是支撑华夏文明大厦的基干，还是中华民族的本底文化。

《汉书·艺文志》将先秦时期的人文思想归结为九大流派，居首的是儒、道两家。儒家"祖述尧、舜，宪章文、武，宗师仲尼（孔子）"，是师法人道的学说；道家源于老庄的自然天道观，主张世事顺应天道，是取法天道的学说。而"天、地、君、亲、师"信仰，正好涵盖了天道与人道两大范畴，囊括了儒、道两家的核心思想。《艺文志》九流之三是阴阳家，其学"盖出于羲和之官，敬顺昊天，历象日月星辰，敬授民时"，也与"天、地、君、亲、师"信仰不无关联。倡导兼爱、尚贤、贵俭的墨家，力主"上利乎天，中利乎鬼，下利乎人"[①]，更是兼容了天道与人道。总之，源远流长的"天、地、君、亲、师"信仰是诸子百家共同的精神家园，培育了先秦时期的各种人文思想。总体来说，先秦诸子的区别仅在于它们观察社会的角度不尽相同，如儒家以人为中心，道家以自然为中心，墨家以兼爱为中心，阴阳家以合和阴阳为中心等。虽然它们所见不同、所论不同，但并无不同的是，它们都是从"天、地、君、亲、师"这片精神沃土上分蘖出来的，都从这一民族本底文化中汲取了丰富的营养。

那么，自亘古以来这个信仰体系是怎样一步步形成的呢？

人类社会是由低级到高级、由简单到复杂发展起来的，人类的认识水平同样如此。在原始时代，极度低下的生产力水平限制了人类的认知能力，懵懵懂懂中人们认为一切都是由不可思议的超自然魔力决定的，而这魔力就来自于"神"。《周易·系辞上》云："阴阳不测之谓神。"三国魏人

[①]《墨子间诂·天志中》。

王弼注："神也者，变化之极，妙万物而为言，不可形诘者也。"这就是古人心目中的"神"，既捉摸不定又主宰一切，是"阴阳不测"的"不可形诘者"。正是出于对神灵的这种畏惧与崇拜，早在数万年前的旧石器时代，就有了原始宗教的萌芽。

原始宗教的突出特点是，认为林林总总的神灵无所不在，其中既有来自自然界的神祇，如天神、日神、月神、风神、雷神、雨神、地神、山神等，也有来自人类的鬼神，如祖宗神等，还有其他形形色色凭空想象出来的精灵鬼怪。这种"万物有灵"思维，决定了原始宗教的第一个特点，就是崇拜对象的多样性。原始宗教的第二个特点即其个别性，也就是每种神灵只在各自的范围内起作用，彼此间既无主次之分，也无系统联系。中国的早期宗教就是在这种自然宗教的氛围中产生的，属于未经整合、未成系统的多神教。

然而，当走出原始时代的混沌蒙昧后，从社会结构不断重组的五帝时代开始，华夏民族就脱离了神灵崇拜的多样性和个别性，开始形成合天道、地道、人道于一体的"天、地、人"崇拜核心。

《尚书大传》云："天、地、人之道备，而三（皇）五（帝）之运兴矣。"这里说，"天、地、人"崇拜核心是在三皇五帝时开始形成的。

《史记·孝武本纪》云："黄帝作宝鼎三，象天、地、人也。"这里也说，黄帝时有了"天、地、人"之祭。

《尚书·舜典》云："（舜）咨四岳，有能典朕三礼。"孔氏传："三礼，天、地、人之礼。"这里又说，尧舜时便开始恭行天、地、人之礼。

《隋书·礼仪一》云："唐、虞之时，祭天之属为天礼，祭地之属为地礼，祭宗庙之属为人礼。"这段记述的内容同上，也说

唐尧、虞舜时已有天、地、人三礼。

总之，上述记载告诉我们，唐尧、虞舜乃至黄帝时已有天、地、人三礼。

在距今5000年前后的考古学遗存中，也就是在传说的三皇五帝时代，陆续于江浙的良渚文化、东北的红山文化、广东的石峡文化、山西的陶寺文化中发现了大量玉琮，著名考古学家张光直先生认为，这"是天地贯通的象征，也便是贯通天地的一种手段或者法器"[1]，即以其为天地之祭的可靠物证。至于对先祖灵魂的崇拜，是伴随原始宗教的萌芽而萌芽的，早在旧石器时代晚期的山顶洞人墓地中已有体现[2]，此后更成宗教活动的重心。以上由玉琮代表的天地之祭，再加上祖先的灵魂崇拜，就合成了考古学上的天、地、人之祭，至少在黄帝时代便已产生。

如果说五帝时代的"天、地、人"崇拜核心还刚刚开始滥觞的话，那么到了夏商周三代，这已成十分普遍的事实。

在河南偃师二里头的夏代都城遗址中，发现了一处祭祀基址，便和"天、地、人"的祭祀场所有关。该遗址是一处独立的宫殿区，位于二里头遗址的中部，编号为2号宫殿基址。它坐北朝南，建在东西宽58米、南北长72米的夯土台基上，由围墙、门厅、庑廊、庭院和一座庙堂式主体建筑构成。鉴于2号宫殿不远处就有若干高等级墓葬，考古工作者据此认为此建筑应是祭祀先祖的宗庙基址[3]。此外值得注意的是，在这个宗庙的北侧，分布着东西排列成行的建筑基址，有的呈圆形，有的呈长方形。平面呈圆形的基址高出地表，上面布列一圈或二圈圆形"土墩"，四周平整干净，上下都发现有路土。平面呈长方形的基址为半地穴式，分大、小两

---

[1] 张光直：《中国青铜时代（二）》，三联书店，1990年，第71页。
[2] 说详第四章第一节。
[3] 中国科学院考古研究所二里头工作队：《河南偃师二里头二号宫殿遗址》，《考古》1983年第3期。

型，皆在浅穴内铺垫净土，并有路土面和烧土面。《礼记·祭法》云："王立七庙，一坛一墠。"郑玄注："封土曰坛，除地曰墠。"对照这些记载，可知突出地面的圆形建筑很可能就是祭天的坛，而凹陷的半地穴式长方形建筑则很可能就是祭地的墠。于是，这坛，这墠，再加上前面所说的宗庙建筑，便合成了夏代都城的"天、地、人"之祭。

第五章已述，在辽宁西部的晚期红山文化中，发现了距今五千年前的大型祭坛、神庙和积石冢群。这是中华文明最早的源头之一，其特点就是坛、庙、冢的三位一体。偃师二里头夏代宫城遗址也是坛、庙、冢三位一体的，恰与红山文化遥相呼应。由此反映出，坛、庙、冢的三位一体，很可能就是中华早期文明的一大特征，彰显了"天、地、人"之祭的兴起。当然，红山文化和二里头文化相隔了不啻千年，期间的变化是相当大的，至少红山文化尊奉的是女神，而二里头夏代都城崇祀的则是父系先君。

甲骨卜辞是中国的古老文字，其中不乏对商人各种祭祀活动的记载，而由这些资料可知，商王室的祭祀活动有三大重心：一是对祖先神的崇拜，二是对"帝"或"上帝"的崇拜，三是对"土"和"社"的崇拜。由于处在早期文明的承前启后阶段，商人的祭祀对象仍然十分广泛，遍及日、月、星、风、雨、山、川等自然神祇。然而，以商王室的祭祀活动为主导，已越来越显现出上述三大重心，表明了"天、地、人"之祭的日趋成熟。

《周易》是传世的周代文献，是华夏群经之首，其中更不乏对天、地、人崇拜的综合阐述。如《周易·说卦》云：

> 是以立天之道，曰阴与阳；立地之道，曰柔与刚；立人之道，曰仁与义。

这里说天道造就了阴与阳，地道造就了柔与刚，人道造就了仁与义，由此合成了丰富多彩的世界。同此之例尚多，总之正如《周易·系辞下》

所云:"《易》之为书也,广大悉备,有天道焉,有人道焉,有地道焉。"即《周易》所论虽然"广大悉备",无所不包,但就总而言,讲述的无非是天道、人道、地道。

《国语》是先秦时期的重要典籍,其《鲁语上》云:

> 社稷山川之神,皆有功烈于民者也。及前哲令德之人,所以为明质也;及天之三辰,民所以瞻仰也;及地之五行,所以生殖也;及九州名山川泽,所以出财用也。非是,不在祀典。

以上所列即古之"有功烈于民者",位列第一的即"前哲令德之人",也就是人神,以下依次为天神和地神。此文还特别强调,除了"天、地、人"这三大神祇外,其他则一概"不在祀典",突出了"天、地、人"三大祭祀核心。

以上所论,即"天、地、人"崇拜核心的源起与发展。至于这三大核心的内涵,则是随时代的变迁而不断丰富和完善的,直到逐步形成了系统的"天、地、君、亲、师"信仰体系。

先说"天帝"内涵的演变。在殷墟卜辞中,关于"帝"的记载比比皆是,譬如"帝令雨弗其足年""帝其降福""王作邑,帝若"等。综合此类资料可知,商人心中的"帝"是世间万物的主宰,具有至高无上的超自然权威。然而正如古文字学家陈梦家所说:"殷代的帝是上帝,和上下之'上'不同。卜辞的'天'没有作'上天'之义的,'天'之观念是周人提出来的。"[1]即殷人的"上帝"并不等于后世的"天帝",至少"帝"与"天"当时尚未产生直接的联系。

降至西周,周人观念中的"帝"已特指"天帝",而这里的"天"便是大自然的天宇。

---

[1] 陈梦家:《殷墟卜辞综述》,科学出版社,1956年,第581页。

《周易·乾卦》云:"飞龙在天,利见大人。"《易经·系辞上》说:"天尊地卑,乾坤定矣。"以上所言的"天"即大自然的天穹、天宇。

《宋史·礼志·南郊》云:"人之所尊,莫过于帝,托之于天,故称上帝。"这里说的就是西周以来的天帝观,已将"帝"和"天"直接对应起来。

周人的"天帝"不仅具有上天的自然属性,更具有神圣的超自然权威,仍然是统御一切的"天神"。此等例证在周代文献中不胜枚举,单就我国现存最古老的典籍之一《尚书》言之,就不乏相关的记载。如《尚书·皋陶谟》谓:"天命有德,五服五章哉!天讨有罪,五刑五用哉。"这里说上天任用有德的人,将他们区分为天子、诸侯、卿、大夫、士五等,并用五种礼服来突出他们;上天也惩罚有罪的人,用墨、劓、剕、宫、大辟五种刑罚来惩治他们。此文旨在说明,人世间的一切社会秩序,包括尊卑等秩和严刑峻法等,一概是由上天安排的。

总之,无论是在《尚书》中,抑或在其他先秦典籍中,"天命""天降威""惟天降命""我受天命""行天之罚"之类文字不乏其见,表明周人的"天帝"和殷人的"上帝"一样,都具有不可抗拒的超自然威力。所不同的是,周人的这个超自然神祇明确指"天",往往直接称"天帝""上天""皇天""昊天上帝"。西周以后,周人的"天帝观"一直延续下来,贯穿了整个古代社会。东汉许慎《说文解字》卷一云:"天,颠也,至高无上,从一大。"这里以大自然的"天"为至高无上的尊神,就代表了西周以来的天帝观。

既然以"天"为至高无上的天帝,对天神的崇拜便成了中国古代信仰体系的一大核心。《诗经·大雅·生民之什》云:"敬天之怒,无敢戏豫。敬天之渝,无敢驰驱。"《尚书·仲虺之诰》云:"钦崇天道,永保天命。"《春

秋繁露·郊语》云："天者，百神之大君也。"以上记述便把古人对天帝的崇拜与敬畏表达出来。

有"天"就有"地"，否则"天"便无以承载，因此除"天"之外，另一个至高无上的权威便是"地"。《周易·乾卦》云："天行健，君子以自强不息。"《周易·坤卦》云："地势坤，君子以厚德载物。"这两句话说明，在古人心目中，天、地两大尊神是各司其职又相辅相成的。要言之，天道的特点是刚劲强健，周而复始，永不止息；地道的特点则是坚实厚重，胸怀宽广，容载万物。古人认为，正是这二者的相得益彰，才交汇融合出完美的生命状态。

对大地的崇拜是世界各民族的普遍现象，尤以从事耕耘稼穑的农业民族最为突出。其崇拜的对象无非一是笼统的大地，二是具象的山河。具象的山河因地而异，在中国主要指五岳、五镇、四海和四渎。

　　五岳即中岳嵩山、东岳泰山、西岳华山、南岳衡山、北岳恒山；

　　五镇即东镇沂山、西镇吴山、中镇霍山、南镇会稽山、北镇医巫闾山；

　　四海即东海、西海、南海、北海；

　　四渎即长江、黄河、淮河、济水。

地神最初只是一个自然神，人们崇拜的是它的自然属性，但随着社会的发展，"大地"崇拜逐渐延伸为具有社会意义的"社"崇拜。

"社"的本义即指土地神。班固《白虎通·社稷》云："社者，土地之神也。"许慎《说文·释社》云："社，地主也，从示土。"以上都明言"社"的初义即土地。上古时期神人杂糅，传说共工氏之子句龙亦为土神。《左传·昭公二十九年》云："共工氏有子曰句龙，为后土。"《国语·鲁语上》云："共工氏……其子曰后土，能平九土，故祀以为社。"综合此类记载可

— 448 —

知，句龙因平九州而被尊为后土，死后托祀为土神，祀以为社。既然因为是土神而被祀为社，这也说明了"社"来自土神。

由"土神"的初义出发，"社"的蕴义不断扩展，先是引申为祭土神的活动，后引申为祭土神的场所，再后则由一方土地神引申为"方六里名之曰社"①的地缘概念，进而由地缘概念引申为"王者封五色土为社，建诸侯"②的国之疆土。其变化虽然层出不穷，但趋势却是一个，即"社"逐渐由自然神演变为国家和地方神的象征，进而升华为国家和地方的保护神。

当"社"的初义刚刚萌生时，祭社也是祭地，二者不分轩轾，是故古人说："古者或曰地祇，或曰后土，或曰社，皆祭地"③。但后来，当"地"仅指大地山川，而"社"却成了国家和地方的保护神后，祭社与祭地的分离便不言而喻。

《史记·殷本纪》云："汤既胜夏，欲迁其社。"商汤灭夏是改朝换代，而商汤之所以要迁走夏朝的"社"，就是要以此来表示朝代的更替。此例说明，夏商时期的"社"已被赋予了王朝政权的象征意义，祭社与祭地的区分已成事实。卜辞中分别记载了商人对"土"和"社"的祭祀，这也说明了祭地与祭社的分离。

以上说的是"天、地"崇拜中包蕴的丰富内涵，而由于人类社会的复杂性，中国古代的"人"崇拜就更是歧义纷呈了。

首先需要强调的是，和古希腊、罗马神话中有一个"天神"时代不同的是，中国古代是从"人神"崇拜开始的，即从对人的崇拜开始。

《尚书·泰誓上》载周武王之言谓："惟人，万物之灵。"

---

① 《管子·乘马·士农工商》。
② 《尚书·禹贡》汉孔安国传。
③ 《明史·礼志二》。

《汉书·董仲舒传》载孔子之言说："天地之性人为贵。"

《荀子·王制》载荀子曰："人有气有生有知且有义，故最为天下贵也。"

以上都申明了人的本位性和高贵性，阐明了人在天地间的尊严和独立。而寻本溯源，在中国早期的人本思想中，一个重要的内容即"重民"。

《尚书·五子之歌》："皇祖有训，民可近，不可下。民惟邦本，本固邦宁。"

《尚书·泰誓上》："天矜于民，民之所欲，天必从之。"

《左传·桓公六年》："所谓道，忠于民而信于神也。……夫民，神之主也，是以圣王先成民，而后致力于神。"

《左传·襄公三十一年》："民之所欲，天必从之。"

《管子·形势解》："人主之所以令则行、禁则止者，必令于民之所好，而禁于民之所恶也。"

以上即先秦时期的代表性论述，强调了民贵君轻的"重民"理念。

在古代思想家中，以孟子的民本思想最为突出，他的一句"民为贵，社稷次之，君为轻"[1]道出了重民思想的主旨，传为千年古训。在孟子看来，谁能保护人民，谁就有资格担当"王"的重任，反之，如果谁残害百姓，谁就是为人不齿的独夫民贼，不仅不配享有天下，即使得到天下也应该被打倒。《孟子·离娄上》说："桀、纣之失天下也，失其民也。失其民者，失其心也。得天下有道，得其民斯得天下矣。"这里孟子便以夏桀、商纣为例，说明凡是"失其民"的君主都会被推翻，而推翻他们不仅不是犯上作乱，还是为民除害。

当然，在孟子的时代，所重之民只能是邦国之民，即"族人"或"国

---

[1]《孟子·尽心下》。

人",不包括战俘和奴隶。可是到了后来,随着阶级社会的发展,邦畿之民也急剧分化,国人的地位一落千丈。

《战国策·齐策四》记载了一个很有趣的故事,恰好说明了国人地位在该时期发生的变化。该文云:

> 齐王使使者问赵威后,书未发,威后问使者曰:"岁亦无恙耶?民亦无恙耶?王亦无恙耶?"使者不说,曰:"臣奉使使威后,今不问王,而先问岁与民,岂先贱而后尊贵者乎?"威后曰:"不然。苟无岁,何以有民?苟无民,何以有君?故有问舍本而问末者耶?"

此文说,战国时期齐王派专使拜会赵国太后,可是还没容齐使打开国书,赵太后就忙不迭地问:你们的收成好吗?百姓好吗?君王好吗?齐使听了很不高兴,说:臣奉国君之命前来,您不先问国君好,反倒先问收成和百姓好,岂不是颠倒了尊卑次序吗?不料赵太后正色道:"不然。苟无岁(收成),何以有民?苟无民,何以有君?故有问舍本而问末者耶?"这里展示了两种根本对立的立场,一种是齐国的贵君贱民立场,一种是赵国的民本君末立场。这两大立场的冲突,表明当时的社会正在急剧分化,开始由传统的重民观念向重君观念转变。当这种转变成为普遍事实后,作为崇拜对象的"人"已不再泛指国民,而是集中到先祖和国君这两大重心上。

崇祖是东方民族根深蒂固的传统,源远流长且鼎重无比。且不论旧石器时代晚期的山顶洞人已经初现祖先崇拜的端倪,单说殷商时期"率民以事神,先鬼而后礼"[①],尊崇的鬼神虽多,但最主要的就是对祖先的崇拜。见于安阳殷墟出土的甲骨卜辞,商人对上甲以来的先公先王先妣反复祭

---

① 《礼记·表记》。

奠，仅祭祀的形式就有单祭、合祭、特祭、周祭四种，便说明了祖先崇拜的非同一般。

崇祖传统在中国之所以如此举足轻重，是因为它是建立在牢固的历史基础之上的，主要反映在四个方面：

  1. 早自父权制形成以来，东方民族就确立了以父系祖先为族之本、人之本的观念，认为没有祖先就没有一切。《礼记·郊特牲》云："万物本于天，人本于祖。"《荀子·礼论》云："先祖者，类之本也。"《大戴礼记·礼三本》云："无先祖焉出。"凡此都强调了先祖的至高无上。

  2. 对祖先功德的敬仰和怀念，是东方民族尊祖、敬祖的另一思想基础。《礼记·祭法》孔颖达疏云："祖，始也，言为道德之初始，故云祖也；宗，尊也，以有德可尊，故云宗。"以上解释就融注了对祖先的崇德报功理念。

  3. 古人相信灵魂不灭，认为先祖不仅生为族之本，死亦为族之魂，仍在支配整个亲族的命运，甚至无时无刻不在监视部族成员的行动，这就进而导致了对先祖灵魂的敬畏和膜拜。

  4. 古代东方是以血缘为纽带的宗法制社会，而祖先崇拜是维系宗法体系的核心因素，也是实行宗族统治的必要前提，于是尤为东方民族所倚重。

正因为崇祖观念的鼎重无比和根深蒂固，"祖先"的内涵才不断丰富起来，由此分化出广、狭不同意义的"祖先"。

义之狭者即一家一户的父祖。《汉书·郊祀志下》引孔子曰："人之行莫大于孝，孝莫大于严父，严父莫大于配天。"这里的"严父"指的就是一家一户的父祖，此乃一家之亲。

含义稍广的为一族之祖，这是"祖宗"的通常含义。前述殷商卜辞中对祖先的崇拜与祭祀指的就是一族之祖,此乃一族之亲。

一族之上还有一国之祖。《周礼·春官·大宗伯》云:"大宗伯之职,掌建邦之天神、人鬼、地示之礼,以佐王建邦保国。"以上所谓"人鬼之礼",指的就是对一国之祖的祭奠。早自汉代以来,历朝历代莫不尊"始取天下者为祖"[①],或称"高祖"(汉高祖刘邦、唐高祖李渊),或称"太祖"(宋太祖赵匡胤、辽太祖耶律阿保机、金太祖阿骨打、元太祖成吉思汗、明太祖朱元璋、清太祖努尔哈赤)。他们既是皇家的一族之祖,也是新朝的一国之祖,所以除了皇家要对其举行家祀和族祀外,还要定期举行国祀。

除了上述各含义外,中国还有一个更具深刻意义的"祖宗",这就是全民族的共祖。

文献记载的华夏历史一直可以追溯到传说中的"三皇"时代,而这"三皇"就是中华民族的共祖。《周礼·春官》载:"外史……掌三皇五帝之书。"《庄子·天运》载:"三皇五帝之治天下。"综合此类记载可知,早在先秦时期,华夏先民已经形成了"三皇"之说。何谓"三皇"?对此历来有两种不同解释:一种认为这不是现实的人物,而是难以言明的神祇,是泛泛而论的"天皇、地皇、泰皇"或"天皇、地皇、人皇";另一种说法则认为这是特定的人物,是真实的先祖。然而真实的"三皇"究属何人?对此却歧见纷披。东汉王符在《潜夫论·五德志》中对此做了个总结,其云:"世传三皇五帝,多以为伏羲、神农为二皇,其一者或曰燧人,或曰祝融,或曰女娲,其是与非,未可知也。"这里说得十分明白,在有关"三皇"的各种说法中,只有伏羲和神农是共有的,其他则众说不一,或曰燧人,或曰祝融,或曰女娲。

伏羲之所以是"三皇"各种说法中共有的,盖因他是有史可考的中华

---

① 《史记·孝文本纪》集解引应劭云。

远祖中时代最早的一个，始见于中华元典《周易》。《周易·系辞下》云："古者包羲氏之王天下也，仰则观象于天，俯则观法于地。"以上包羲氏即伏羲，《周易》论史即由他开始。《周易》乃华夏群经之首，内容多涉上古。伏羲其人既然见载于《周易》，一则说明他载入华夏典籍的年代远较其他传说人物为早，二则说明他的可信度远较盘古、燧人、女娲为高，故此当之无愧地成了华夏民族史上可以确认的第一代始祖。"三皇"诸说中的另一个共有人物是神农，而据《周易》等文献的记载，可知神农氏是在伏羲之后兴起的，其年代明显比伏羲为晚。

作为中华第一祖，伏羲很早以来就被尊为"泰帝"，这便是中华民族的远祖崇拜。《史记·封禅书》云："闻昔泰帝兴神鼎一，一者壹统，天地万物所系终也。"索隐引孔文祥云："泰帝，太昊也。"伏羲又称太昊，这里便将泰皇与伏羲联系起来。《史记·秦始皇本纪》云："古有天皇，有地皇，有泰皇，泰皇最贵。"依此言，人皇（泰皇）之尊甚至超过了天与地，于是太昊也就成了古人心目中无所不能的神祇，不仅创制了"八卦"，而且是"天地万物所系终"者。

《国语·鲁语上》云：

> 黄帝能成命百物，以明民共财。颛顼能修之，帝喾能序三辰以固民，尧能单均刑法以仪民，舜勤民事而野死。

上面这段话从黄帝讲起，历数颛顼、帝喾、唐尧、虞舜的功绩，说的则是三皇之后的五帝。此文强调，五帝也是功德昭彰的先皇先君，很早就纳入了"国之典祀"。由此可见，五帝也是中华民族的共祖，和"三皇"共同组成了"三皇五帝"祖神系列。

三皇的历史扑朔迷离，难以确指，而在"三皇五帝"中，最早给华夏子孙留下了凿凿有据史实的，便是黄帝。正如第二章所论，黄帝不仅开创了五帝时代，而且亲手缔造了华夏文明和华夏民族，因此成了民族共祖中最具典型意义的人物。在中华民族史上，有一个很突出的现象，即对黄帝的民族共祖感情，始终维系着华夏各民族，维系着中华的大一统。姑且不论统一王朝时期人们是怎样尊奉黄帝的，单就北宋和辽朝的分治时期而言，不仅雄踞中原的赵宋王朝自比天朝大国，称自己是"继黄帝之后"的华夏正统，理所当然地以"黄帝之嫡绪"[1]自居，就连契丹人也自称"国家系轩辕黄帝之后"[2]。这说明，中华各族对黄帝的亲祖感情已经大大超越了国界和族界，成了不同族群和不同国家共奉的祖先。

以三皇五帝为民族共祖，不迟于先秦时期已经形成传统。例证之一见《国语·鲁语上》，其云："有虞氏禘黄帝而祖颛顼，郊尧而宗舜。"有虞氏是帝舜的部族，主要活跃在五帝时代和夏代，这说明早在那时已经奉黄帝、颛顼、唐尧、虞舜为华夏高祖。例证之二见《史记·封禅书》，其云："秦灵公作吴阳上畤，祭黄帝；作下畤，祭炎帝。"秦灵公在位于公元前424～前415年，属战国早期，这便是东周秦人以黄帝、炎帝为高祖的实例。

在言及先秦各部族祭祀的远祖时，清朝著名考据学家崔述有一段颇为精妙的评述。他说：

> 虞郊尧而商禘舜，皆非其祖所自出也。若必其祖所出之帝而后禘之，则不幸而所自出之帝无功而反有过，若宋之祖帝乙，郑之祖厉王者，则将禘之乎？[3]

崔述在这里一语道破天机，原来在古人的禘祀中，有没有亲缘关系是并不重要的，重要的是禘祀对象一定要有功于民族和国家。倘若有功于民族和国家，虽非同族亦应祭奠，例如有虞氏郊唐尧，商人禘虞舜等。反

---

[1]《宋史·应天、乾元、仪天历》。
[2] 袁海波等：《辽代汉文〈永清公主墓志〉考释》，《中国历史文物》2004年第5期。
[3]（清）崔述：《崔东壁遗书·王政三大典考·禘祀》。

之，即便是同族也不予禘祀，例如宋人的不祀商帝乙，郑国的不祀周厉王等。更突出的例子见于前引秦灵公的祭黄帝、炎帝，因为秦之先"在西戎，保西垂"①，他是西戎的一部分，并非中原嫡裔。而且秦人"自以为主少昊之神"②，自认是少昊之后，亦与黄帝、炎帝了不相涉。然而秦人却设畤遥祭和他们毫无亲缘关系的黄帝、炎帝，由此一例便足以说明，黄帝、炎帝是全体中国人的祖宗神，故为各民族和各部族所共奉。

共祖的存在，是中华文明的一大特性，也是世所罕见的一大特性。这个特性是由华夏各民族非同寻常的民族趋同性、文化认同性造成的，具有极特殊的意义。其最大的意义是，正是由于共祖的存在，神州大地的各民族才组成了一个统一的大家庭，凝聚成一个称为"中华民族"的共同体。同时，也正是由于全体成员对共同祖先的景仰和怀念，中华民族才具有了无与伦比的凝聚力，以至数千年来无论遭遇怎样的艰难险阻，无论陷入怎样的对立冲突，国家和民族的统一始终是不可逆转的潮流。总之，中国地域辽阔、民族众多、历史悠久，若非特有的"共祖"现象，是很难凝聚成一个牢不可破的整体的。

从家庭的父祖、氏族的宗祖，到一国之祖和全民族的共祖，便是"祖宗"一词由狭及广的不同含义。与此相应，中国自古以来家有祖龛，宗有宗祠，国有太庙，民族共祖有历代帝王庙，各类"祖宗"皆有所禘。

《礼记·大传》中有一段话，专门阐述了"祖宗人亲之大义"：

> 亲亲故尊祖，尊祖故敬宗，敬宗故收族，收族故宗庙严，宗庙严故重社稷，重社稷故爱百姓。③

此文说，人们由亲己而至尊祖，由尊祖而至敬宗，由敬宗而至广收

---

① 《史记·秦本纪》。
② 《史记·封禅书》。
③ 《礼记·大传》疏云："案郑《目录》云：'名曰《大传》者，以其记祖宗人亲之大义。'"

族人，由广收族人而至亲族不败，由亲族不败而至宗庙庄严，由宗庙庄严而至倚重社稷，由倚重社稷而至普爱众生，由此便构建出一个由近及远的"人亲大义"来。这"人亲大义"恰和由狭及广的祖先崇拜相对应，铸成了炎黄儿女由爱己、爱家而致爱国的优良品质。

除了祖先崇拜，古代中国"人之礼"的又一核心范畴即君主崇拜。君主崇拜是社会发展的产物，一定程度上体现了人们对社会秩序的追求和向往，有它的积极意义。寻根溯源，中国古代君主崇拜的形成与发展大致经历了三个阶段：

一是滥觞期，这可以追溯到原始社会末季的"英雄时代"。在恩格斯的《家庭、私有制和国家的起源》中，经常提到"英雄时代"，其所对应的就是原始社会末期。当此之时，氏族制度已出现明显的裂痕，社会进入到军事民主制阶段，部族首领和军事首长的威权由此产生。这是个富于英雄传说的时代，故被称作"英雄时代"，而其中种种可歌可泣的故事，都是围绕部落首领和军事统帅展开的。

二是形成期，始于国家文明的肇兴。不管怎么说，原始社会末期的军事民主制是以氏族社会为基础的，部落酋长或军事首领的威权再高也高不过部族内部的民主制。而国家政权的形成，意味着"权制独尊于君"的开始，这才给君主崇拜提供了牢固的基础。第二章第三节已述，华夏文明发端于黄帝，中国的王权制度也发端于黄帝，而这就是君主崇拜的正式形成。但黄帝之时文明初奠，此后一直到东周列国时期，中国一直处于诸侯分治状态，君主威权受到极大的限制。因此，自黄帝以迄东周，还只能算是君主崇拜形成的初始期。

三是成熟期，始于秦王朝的建立。秦始皇嬴政创建的，是个

大一统的中央集权国家，君主总揽一切行政、军事、经济大权。而与此相应，君主崇拜也迅速膨胀起来，很快走向极致。其中的一个标志性事件，即君主称谓的改变。

姬周以前，君主的称谓并无定制，大多情况下称君、称后，也可称王、称帝。"后"的本义是君长，事如许慎《说文解字》所云："后，继体君也，象人之形，施令以告四方。"早期君主多称"后"，如后稷（上古有邰国君）、后羿（上古有穷国君），以及夏代君主夏后氏、后少康等。"帝"在开始时特指天神、天帝，但夏商的个别君主也僭号称帝，如夏朝的帝启、帝相、帝不降，商朝的帝太甲、帝乙、帝辛等。周武王创建周朝后，规范了君主称谓，统一称王，亦称"天子"。《史记·殷本纪》云："周武王为天子，其后世贬帝号，号为王。"《索隐》案："夏、殷天子亦皆称帝，代以德薄不及五帝，始贬帝号，号之为王。"以上是说，周朝君主不敢僭用五帝的"帝"号，故自贬为王。而且为了表示对"天"的服从，于是自谓"天子"。这种称号伴随周朝的历史维持了七八百年，以至到了周室衰微的"礼崩乐坏"之时，僭越礼制的诸侯列强也只敢称王，未敢称帝。但是到了公元前221年秦王嬴政混一寰宇，事情终于发生了变化。

《史记·秦始皇本纪》载，秦嬴政在翦灭东方六国后，自认为"功过五帝，地广三王，而羞与之侔"[①]，不愿再袭用"王"的称号，乃令群臣重新议定君主的称谓。经过丞相王绾等人的商议，先是上尊号"泰皇"，嬴政不满意，之后取"皇天上帝"之义，合"三皇五帝"之谓，改称"皇帝"，这才得以通过。表面上看，这不过是君主称谓的一个简单改变罢了，无关宏旨。但实际上这是一个极其重要的信号，表明中国古代在"海内为郡县，法令由一统"后，君主专制制度的最终确立。无独有偶，恰好也是在纪元前，在相距遥远的西方，古罗马恺撒大帝的甥孙屋大维于公元前27

---

① 《史记·秦始皇本纪》太史公赞。

年继位后，特意把自己的称号由原来的"执政官"改为"元首"，这也是古罗马由共和国体制向帝国体制转变的标志。

嬴政不仅自谓"始皇帝"，还规定天子自称"朕"，命曰"制"，令为"诏"，印称"玺"，制定了一整套皇权至上、皇帝独裁、皇位世袭的制度。同时，他废除了此前由周朝制定的天子、诸侯死后要根据其生前表现拟定一个谥号的做法，以杜绝百官议论皇帝的是非长短。尤有甚者，嬴政还在严刑峻法中专门加了一个"诽谤罪"，即对皇帝稍有不满便是"大不敬"，可罪及九族。凡此种种，都奠定了"天子至尊"的法统地位，把君主专制及君主威权提高到前所未有的高度。

当君主集权形成后，君主成了国家的主宰，也成了国家的象征。于是，崇君观念发生的一个变化是，忠君就等于爱国。

《诗经·小雅·谷风之什·北山》云："溥天之下，莫非王土；率土之滨，莫非王臣。"

《左传·襄公十四年》云："夫君，神之主而民之望也。"

《荀子·致仕》云："君者，国之隆也。"

以上便是对"君即国"的经典表述。这些还是先秦时期的论述，那时君主崇拜刚刚确立，而到了秦始皇以后，"君即国"的含义早在一部"家国一体""家国同构"的古代政治史中得以体现。法国波旁王朝的路易十四曾经大言不惭地说"朕即国家"，中国的帝王们虽然没有说过完全相同的话，但"天下是朕的天下"的意思也是不言而喻的。正是这种封建集权制度，把君王和国家的概念混淆起来。

《礼记·大学》云："孝者，所以事君也。"《孝经·士章》云："以孝事君则忠。"以上古训便把事君和爱国紧紧联系起来。正因此，"忠君报国"成了封建时代的最高伦理，谋反的"乱臣贼子"便是大逆不道，人人得而诛之。而当"君"与"国"在无形中划上了等号后，忧君便和忧国忧民统

一起来。历代爱国将领为了保家卫国而浴血沙场,"壮志饥餐胡虏肉,笑谈渴饮匈奴血",到头来为的却是"待重头收拾旧山河,朝天阙!"[①]"天阙"者,皇帝金銮殿也,可见在这些爱国将领的眼里,忠于高踞于"天阙"的君主,便是最大的爱国。

然而,除了"国"被"君"所取代造成的愚忠外,它的逆定理也是存在的,即"君"也可以被"国"所取代。于是,"天、地、君、亲、师"信仰亦可置换为"天、地、国、亲、师"信仰。前文曾述,直到"文革"前,不少地方的家族祠堂和堂屋里还供奉着"天、地、君、亲、师"牌位,而其中相当部分写的就是"天、地、国、亲、师",其中的"君"已被"国"所取代。也就是说,"愚忠"已被爱国爱民的观念所取代。

除了借助极权制度树立的君威外,对于曾为民族做出过巨大贡献的先皇先君,东方民族更有一种发自内心的虔诚膜拜。

早在文明初兴之时,中华民族就形成了许多传说,颂扬那些曾经带领民族奋勇崛起的领袖人物。在中华民族的心中,他们都是至尊至圣的神,而且是永生不灭的神。在古希腊、罗马的神话世界中,有许多人格化的神,如主宰万物的宙斯、播撒火种的普罗米修斯、太阳神阿波罗、月亮女神狄安娜、智慧女神雅典娜、爱神阿芙洛狄忒等。这些西方古神个个都有人的外形,也都有人的性格和人的七情六欲,但他们却无一例外都是天神。而与此截然不同的是,中华民族崇尚的却是神格化的历史人物,是确有其人的"人神"。《大戴礼记·盛德》说:

> 民善其德,必称其人,故今之人称五帝三王者,依然若犹存者,其法诚德,其德诚厚。

此文指出,正是由于五帝三王"其法诚德,其德诚厚",故而"民善

[①] 岳飞:《满江红》。

其德，必称其人"，以至他们"依然若犹存"，始终活在人们的心中。中华民族是个深知感恩的民族，正是这种崇德报功观念，铸就了华夏子民对先圣王的追思和崇敬，不仅由此衍生出了举世无双的民族共祖现象，还把崇德报功情怀推广到所有圣明天子的身上。

如前所述，在功德昭彰的有道明君中，最突出的莫过于黄帝，于是他理所当然受到了华夏子民的顶礼膜拜。悠悠几千年来，华夏儿女世代颂其事、扬其名，使其英名永在，功德长存。汉高祖起事时，举行的仪式便是"祠黄帝"[1]。汉武帝即位后，亲率十万大军北巡朔方，旗开得胜后也专程祭拜黄帝陵。西汉末年王莽新朝"治黄帝园于上都桥畤"[2]，北魏皇帝则屡屡"历桥山，祀黄帝"[3]。唐朝在今陕西桥山兴建了黄帝庙，岁岁祭享。明太祖朱元璋亲笔撰写了祭祀黄帝的"御制祝文"，清康熙帝亦用满文写了祭黄帝祷文。1912年孙中山自撰并书写了祭陵辞，1937年国共两党组团同祭黄帝陵。以上事例都是后人对中华第一帝的膜拜与敬仰，体现了华夏子民对曾为民族做出过巨大贡献的先皇先君的追思与崇敬。

中国古代"人之礼"的又一核心范畴，即对"师"的崇拜。这是中华民族的特有传统，在历史上曾产生过相当大的影响。这种崇拜显然出自社会有了独立的知识阶层以后，也就是有了"师"以后，因此是文明时代的产物。

见于《荀子·儒效》，古之先哲很早就指出："欲贱而贵，愚而智，贫而富，可乎？曰：其唯学乎。"这里强调，学习是人一生中最重要的事情，因为只有学习才能改变人的命运，使人由贱而贵、由愚而智、由贫而富。但从学之道首先要有老师，"师者，所以传道、受业、解惑也。人非生而

---

[1]《史记·高祖本纪》。
[2]《汉书·王莽传》。
[3]《魏书·礼制十》。

知之者，孰能无惑，惑而不从师，其为惑也终不解矣"①。反之，一个人若无师承，不懂道理，"知则必为盗，勇则必为贼，云能则必为乱，察则必为怪，辨则必为诞"②。也就是说，若不受教于师，聪明人会堕落成盗，勇猛者会沦落成贼，有能力的人会犯上作乱，善于察言观色者会兴风作浪，巧言令色者会造谣生事。总之，以人的道统所传、术业所授、人格所成乃至命运所系等一概关乎师，便是东方民族"师道尊严"万古不泯的理论依据。

  按照儒家思想，学习的目的首先不在于"受业"，而在于"传道"，即传授做人的道理。

  关于人的天性，早在两千多年前就形成了截然不同的两种看法。战国中期的孟子首先提出了"性善论"，认为人性"犹水之就下也，人无有不善，水无有不下"③。在他看来，人性中的"善"是与生俱来的，主要包括了"恻隐之心""羞恶之心""辞让之心"和"是非之心"④，凡此都是人心向善的源泉。但过了半个世纪，中国出了个荀子，持完全相反的"性恶论"，认为人皆生而"好利"，"有疾恶"且"好声色"，如若"从人之性，顺人之情"，则"必出乎争夺"，且必"犯分乱理而归于暴"⑤。但是殊途同归的是，性善也罢，性恶也罢，针锋相对的两大观点都落脚到了教育。孟子认为，人性原本虽然是善的，但如果不接受教育，就会染上社会的不良风气，所以必须从师学道。明代传世的启蒙读本《三字经》开宗明义说："人之初，性本善；……苟不教，性乃迁。"讲的就是这个道理。而主张"性恶"的荀子则认为，仁义礼智等道德善行是通过后天的学习得到的，因此更需要坚守师法和道法，否则便无法把"恶"的人性改变为

① 《韩昌黎集·师说》。
② 《荀子·儒效》。
③ 《孟子·告子上》。
④ 《孟子·公孙丑上》。
⑤ 《荀子·性恶篇》。

"善"。所以，先秦诸子们虽然对人性的看法大相径庭，但对于重教重学却绝无二辞。

古人认为，"务学不如务求师，师者，人之模范也"①，即从学之道最重要的就是择师。所谓"教不严，师之惰"，"良师出高徒"等，蕴含的便是求学必当先求师、善学不如善求师的道理。

择良师对凡夫俗子来说固然重要，而对帝王来说就更为重要了。《孟子·公孙丑下》列举了诸多事实，说明正是由于商汤王和齐桓公思贤若渴，求得了良师伊尹、管仲，才成就了一代霸业。《吕氏春秋·尊师》进一步指出，古之帝王无不有"师"，其曰：

> 神农师悉诸，黄帝师大挠，帝颛顼师伯夷父，帝喾师伯招，帝尧师子州支父，帝舜师许由，禹师大成赘，汤师小臣，文王、武王师吕望、周公旦，齐桓公师管夷吾，晋文公师咎犯、随会，秦穆公师百里奚、公孙枝，楚庄王师孙叔敖、沈尹巫，吴王阖闾师伍子胥、文之仪，越王勾践师范蠡、大夫种，此十圣人六贤者，未有不尊师者也。

以上所列皆为古帝王之师，而且申明古之圣王"未有不尊师者也"。

上面所说的"帝师"，还只是一般意义的老师，并非真正的帝师制度。自从西周王朝起，为了规避对皇位的血腥争夺，天子之位的传承摒弃了商朝的"兄终弟及"制，实行了较为严格的嫡长子继承制。这个制度是一把双刃剑，它一方面保证了皇位的正常传递，另一方面却无法保证继位者是贤德有能的君王。于是，周以后，如何让王位继承人从小受到教育，就成了事关祖宗社稷的大事。而见诸史乘，最晚不迟于汉代，便有了真正意义的"帝师"。

---

① 扬雄：《法言·学行》。

《汉书·张良列传》称张良"为帝者师，封万户，位列侯"，这是史乘中明言"帝师"的较早一例，事在西汉初年。此后，仅就一部《汉书》而言，称某某"以帝师位特进，甚尊重"的记载不知凡几，可见真正意义的帝师制度已经形成。《汉书·朱云传》记载了这样一段故事："成帝时，丞相故安昌侯张禹以帝师位特进，甚尊重。"结果一个不知好歹的小县令竟上书弹劾帝师张禹"尸位素餐"，成帝得知后勃然大怒，曰："小臣居下讪上，廷辱师傅，罪死不赦。"这段故事告诉我们：一是担任帝师者多为丞相，地位之高无人能比；二是下臣一旦弹劾帝师，便是居下讪上的"廷辱师傅"，罪可至死。

　　这种帝师制度从汉代一直延续到了封建社会后期，几与封建时代相始终。仅就明清两朝而言，明建文帝的帝师为方孝孺，明成祖的帝师为姚广孝，万历帝的帝师为张居正，天启帝的帝师为孙承宗，崇祯帝的帝师为文震孟，清顺治帝的帝师为通琇和汤若望，康熙帝的帝师为汤若望、陈廷敬、伍次友、彭而述、南怀仁，此外雍正、乾隆、嘉庆、道光、咸丰、同治、光绪、宣统等亦各有帝师。

　　按照儒家思想，天子的权力虽然拜上天所赐，但只有当天子的行为符合天道时，他的统治才具有合法性。而天道即圣人之道，圣人之道即儒家的人伦道德。这就是说，天子只有用圣人之道来规范自己，才能维持上天对自己的信任，才能江山永固。《左传·僖公五年》引《周书》曰："皇天无亲，惟德是辅。"这里说浩瀚皇天只眷顾"有德之君"，倘若反其道而行之，像夏桀那样"弗克若天，流毒下国"，或像商纣那样"剥丧元良，贼虐谏辅"[1]，不仅不会得到上天的庇护，反而会受到上天的惩罚。于是，在中国古代，就有了儒家"从道不从君"的立场。《论语·先进》曰："所谓大臣者，以道事君，不可则止。"这是孔子的话，是说大臣要按道统的要

---

[1]《尚书·泰誓中》。

求来事奉君王，否则宁可弃官不做。而师的职责就是向人们传授道统的，是道统的化身。于是，按照道统高于君统的原则，帝师制度不但在一定程度上体现了道统对君统的约束，还把"师"的地位提高到了可以与君、父相提并论的地步。

《吕氏春秋·劝学》引《曾子》曰："君子行于道路，其有父者可知也，其有师者可知也。夫无父而无师者，余若夫何哉！"这里父、师并称，就蕴含了"事师之犹事父"的道理，并从此衍生出"一日为师，终身为父"的古训。《荀子·礼论》强调"无君、师焉治"，这里又树立了君、师并重的理念。《孟子·梁惠王下》引《尚书》云："天降下民，作之君，作之师。"这里同样以君、师并称。

按古之礼制，最须带头尊师的首先是天子。《吕氏春秋·劝学》云："古之圣王未有不尊师者也，尊师则不论其贵贱贫富矣。"这里不仅强调帝王没有不尊师的，而且说帝王尊师的前提是"英雄不问出处"，即不以出身的高低贵贱而褒贬之。前引《吕氏春秋·尊师》之文已经一一列举了古昔圣王"未有不尊师"的事例，之后降至明朝，就连明太祖朱元璋的马皇后也深知"民家为子弟延师，尚以礼全终始，况天子乎"[①]的道理，劝诫草莽出身的朱元璋要学会尊重老师。

至于尊师之道，《吕氏春秋·尊师》提出一要"生则谨养"，二要"死则敬祭"，即生而恩养有加，死则恭祭如仪。此外对帝王来说，尊师还多了一条，即"尝为师者弗臣"，也就是不得以君臣之礼待师。晚至清季，礼法规定王公大臣见皇子须双膝下跪，而皇子的上书房师傅却可以免跪，唯以捧手代之，皇子尚须答礼，这就是由先古的尊师之礼传承下来的。另外又如《礼记·文王世子》所云："凡始立学者，必释奠于先圣先师。"即天子入太学要先拜先师，到了清朝甚至要行"二跪六拜"[②]大礼。

---

① 《明史·后妃一》。
② 《清史稿·吉礼三》。

汉扬雄《法言·学行》云："师者，人之模范也。"这里强调，尊师是以师的品性高洁为前提的，只有当得起"模范"二字者，才有资格为人师表。受传统道德的约束，古之师者"居庙堂之高则忧其民，处江湖之远则忧其君"，大多能清苦自知、洁身自好，做众人心目中的正人君子。因为他们深知，斯文是为师者的身家性命，一旦斯文扫地，就会永世为人所不齿。

"师"的崇拜之所以成为中华民族的独特传统，既与中华民族格外重视道统的传承不无关系，也与中国出了个孔子不无关系。

孔子名丘，字仲尼，春秋末期鲁国人，生于公元前551年，卒于公元前479年。他是中国的十大思想家之一，也是世界十大思想家之一，创建了流传千古的儒家学说。自三十岁设馆授徒起，孔子终其一生"诲人不倦"，以至"弟子三千"，成为"师"的最高典范。从汉武帝"罢黜百家，独尊儒术"起，儒家倡导的社会伦理及治国方略成了封建王朝的政治信条，孔子也被累世加封，倍享哀荣。然而，孔子生前虽然自命为圣贤政治的不二传人，但他一生颠沛流离，周游列国十余载却始终与权力无缘，空余"循道弥久，温温无所试，莫能已用"[1]的叹息。因此，终其郁郁不得志的一生，孔子只能算是个成功的思想家和教育家。

孔子的突出贡献之一是开设了私人学堂，由此打破了官学的一统天下，使王官之学下移民间，把学术和政治剥离开来。此举对后世影响至远，其中一个影响即如司马迁所说："自孔子卒后，七十子之徒散游诸侯，大者为师傅卿相，小者友教士大夫。"[2]即孔子的弟子在受教后得以跻身官场，这不但从根本上打破了世卿世禄的贵族世袭制，也为君主自由任免卿相创造了条件。另一个重要影响是，孔子始终坚持"有教无类"，招收的学生大多出自社会底层，从而为民间培养了一批杰出的思想家。再一个影

---

[1]《史记·孔子世家》。
[2]《史记·儒林列传序》。

响是，他倡导以"仁"为本，重在自我的修身养性，由此造就出垂范后世的"七十二贤人"。以上数项，皆是孔子作为"师"的不朽贡献，因此被历朝历代奉为"万世师表"。

总之，孔子虽然身后成为政治儒学的代表，但从本质上说，他更是华夏民族"师"的典范，是古代知识分子的精神导师。每逢9月28号孔子诞辰日，台湾除了祭奠孔子外还要举办教师节，就体现了尊孔即尊师的道理。

汉武帝"独尊儒术"的国策一经确立，就在京师设立太学，定五经博士，招收博士子弟员，把儒学教育纳入了国家体制。随着以儒学为本的官学的兴办，也随着孔子地位的如日中天，师道尊严进一步推陈开来，师的尊荣节节攀升。自从隋朝创建了科举制度，师承关系成了学子进身的阶梯，"古之贤者必有良师"成为定则，对师的崇拜更加蔚然成风。

综上所论，可知"天、地、君、亲、师"信仰虽然各有发展脉络，但它们都是在中国这片土地上孕育生成的，是中国土生土长的精神产物。相比之下，对天神、地祇、祖先的崇拜形成得最早，肇始于远古时代；君主崇拜次之，但不迟于文明初兴之时已经形成；对师的崇拜是成熟时间相对较晚的一个，但其兴起的时间再晚也晚不过实行嫡长子继承制的西周初期。见于《尚书》《曾子》《荀子》《吕氏春秋》《礼记》等古代典籍，对师道的推崇比比皆是，便充分说明了先秦时期的师道大倡。《尚书·泰誓上》云："天佑下民，作之君，作之师，惟其克相上帝，宠绥四方。"这是商周之际周武王的话，是说因为上天庇佑下民，才为下民安排了君主和师长，以此来安定天下。依照此说，中国古代对师的崇拜甚至可以一直追溯到商末周初之时。总之，完整体系的"天、地、君、亲、师"信仰，应不迟于西周时期便已形成。

到了思想空前活跃的春秋战国时期，"天、地、君、亲、师"信仰不但没有湮灭，反而如前所述，进而成了诸子百家的共同土壤，为新兴的先

秦思想家提供了丰富的营养。在先秦百家中，这个信仰的最正统继承者应该是儒家。孔子《论语》的主题是敬天、奉祖、孝亲、忠信、仁义、崇礼、性善、弘毅、见贤、思齐，其中一半是对个人修养的倡导，另一半便是对"天、地、君、亲、师"信仰的诠释。再下至"罢黜百家，独尊儒术"的汉代，这些信仰不但没有退出历史舞台，反而更为儒家所提炼，成了愈发完整的信仰体系。前举《大戴礼记·礼三本》对"天、地、君、亲、师"学说的全面阐释，便是典型实例。提出"独尊儒术"的董仲舒，主张"上揆之天道，下质诸人情，参之于古，考之于今"[①]，也是融"天、地、君、亲、师"信仰为一体的。此外董仲舒还特别重视祭祀制度的建设，尤其重视对天、地、人（祖）的祭祀，认为完备而复杂的祭祀礼仪极有助于人们养成遵纪守法的习惯，应该大力提倡。

综合上面的全部论述，结论只有一个——"天、地、君、亲、师"系统就是中华民族的传统信仰，而且是起自上古、流传千古的信仰。那些认为中国自古以来没有信仰或唯以晚出的儒学为信仰的观点，至此可以休矣。

随之而来的问题是，这个信仰与通常所说的宗教有什么相同或不同呢？

首先要判明的是，宗教是信仰，"天、地、君、亲、师"崇拜系统也是信仰，二者在性质上并无不同。对于"信仰"一词，《现代汉语词典》的解释是："对某人或某种主张、主义、宗教极度相信和尊敬，拿来作为自己行动的榜样或指南。"仅就这个定义而言，宗教与"天、地、君、亲、师"信仰可谓殊途同归。因为彰明较著的是，华夏先民对"天、地、君、亲、师"的信仰也是极度虔诚的，虔诚之甚甚至丝毫不亚于宗教徒对宗教的虔诚。至于华夏先民对"天、地、君、亲、师"偶像的顶礼膜拜，则同

[①]《汉书·董仲舒传》。

样不亚于宗教徒对宗教神祇的膜拜。但是,透过现象看本质,此信仰和宗教仍存在很多本质的差异。

其一是,正如《大戴礼记·礼三本》所言,"天、地、君、亲、师"信仰关乎人之"焉生""焉出""焉治",一旦"偏亡"便"无安之人",即它倡导的是一种以安身立命为本的入世哲学。《国语·鲁语上》云:"社稷山川之神,皆有功烈于民者也;及前哲令德之人,所以为明质也。……非是,不在祀典。"此文说得更加直白,即古人之所以崇拜"社稷山川之神"及"前哲令德之人",是因为这些对象对人类大有好处,是人们生存与生活须臾不可离的,否则便"不在祀典"。《礼记·郊特牲》云:"地载万物,天垂象,取财于地,取法于天,是以尊天而亲地也,故教民美报焉。"这里也明言古人之所以"尊天亲地""教民美报",是因为要取财于地、取法于天的缘故,看重的是它们的实用价值。

众所周知,宗教遵循的却是"出世"哲学,奉行的是"彼岸世界观",旨在追求现实生活之外的"天国"或来生,与"天、地、君、亲、师"信仰倡导的入世观不啻有天壤之别。古人云:"孔老治世为本,释氏出世为宗。发轸既殊,其归亦异。"① 这句话很精辟地指出,释氏(佛教)以出世为宗,孔子、老子以治世为本,各有不同的目标和追求,因此"其归亦异"。

司马迁在《史记·太史公自序》中明确指出:"夫阴阳、儒、墨、名、法、道德,此务为治者也,直所以言之异路,有省有不省耳。"这就是说,阴阳家、儒家、墨家、名家、法家和道家也一概是以治世为宏旨的,致力于天下太平,其区别唯在于他们的侧重点各有不同罢了。"天、地、君、亲、师"信仰的入世观,恰和诸子百家倡导的"治世为本"如出一辙,表明这就是中国古代哲学的本质属性。以前学者多将这种属性归因于孔子

---

① 《南齐书·顾欢传》。

和老子的提倡，未免有本末倒置之嫌。因为客观事实是，正是由于"天、地、君、亲、师"信仰很早就奠定了入世的哲学理念，才有了后来孔子、老子和诸子百家莫不尊奉的入世思想。

其二是，宗教崇拜的是超自然神灵，而"天、地、君、亲、师"的崇拜偶像既有来自大自然的天与地，也有源于现实生活的君、亲、师，是一种融自然与社会两大范畴的复合式信仰。对于天、地的崇拜，是一种对大自然的很纯粹的膜拜，基本上不见于其他外来宗教。此外尤为不同的是，其"君、亲、师"的崇拜偶像无一不是现实生活中真实的人，甚至是身边的人，这就更与超自然的神灵崇拜迥然有别。

其三是，成熟形态的各大宗教都是一个或一组最高主神统辖众神的体系，本质上属于一神教。而"天、地、君、亲、师"各崇拜偶像在各自领域内都是至高无上的，彼此间没有直接的上下隶属关系，属于宗教学意义的"多神教"。宗教的一神教本性，使它们本能地排斥异教神灵，对异教有一种"不共戴天"的立场。而"天、地、君、亲、师"信仰的多元崇拜性，不仅使其具有了其他宗教所没有的包容性，还使长期受其教化的中国人有了较多的宽容精神。

"天、地、君、亲、师"崇拜偶像的平行对等，突出体现在它们祭祀礼仪的平行对等上。《汉书·郊祀志上》云："古者天子三年一用太牢祠三一：天一、地一、泰一。"这是最早的国家重祀，皆用太牢，对象只限天、地和先皇先君（泰皇）。这就是说，"天、地、先皇"三者不仅各有各的祀典，而且规格完全相同。案"牢"的本义是指关养牲畜的圈栏，后来引申为祭祀用的牺牲，又引申为盛牺牲的食器。《吕氏春秋·仲春纪》注云："三牲具曰太牢。"这里说的"三牲"，特指牛、羊、豕（猪），即祭祀时这三者齐备且均用大号食器盛之，便是古之"太牢"。这是古代祭礼的最高等秩，以下依次还有特牛、少牢、特牲、鱼炙、食菜等不同等级。降至隋唐，国家祭典开始划分为大祀、中祀、群祀三大等。据《旧唐书·礼仪一》

记载，其之大祀包括了祭祀天、地、五方帝及太庙（先皇先君），与先秦时期基本无异。这些都是独立成祀的，且皆为最高规格的典仪，其中已经包括了"天、地、君、亲"四大尊神。唐的"先师"与"历代帝王"属于中祀，和祭日月、社稷、先农同秩。唐代更次一等的是群祀，包括祭风伯、雨师、诸星、山林川泽等。到了清朝，把"先师"的祭奠也升格为大祀，至此"天、地、君、亲、师"信仰体系不仅各有各的祭典，而且全都晋升为国家典仪的重中之重，充分体现了"天、地、君、亲、师"各崇拜偶像的平行对等。

其四是，各大宗教皆有自己独立的组织，它们既游离于政治体制之外，又有自己独立的法权和法规，由此和国家政权形成了截然不同的两个系统。见诸世界各国，不乏古代宗教自外于社会或凌驾于社会之上的现象，这就是两张皮带来的结果。但中国古代的"天、地、君、亲、师"信仰则不然，它既没有单独的组织，也没有独立的权力，从内到外都和国家政权密不可分。此外，这个信仰从产生的那天起，就是为政权的合法化、权威化服务的，和社会政治水乳交融。下面将要谈到"天、地、君、亲、师"主祭权与君权的合而为一，这就相当确切地体现了此信仰与国家政体的相辅而行。

综合上述几大方面，可知在各自的理想与纲领上，在各自的崇拜偶像上，在多神并列还是一神独大上，在与现实社会及政治体制的关系上，"天、地、君、亲、师"信仰皆有别于纯粹的宗教。

那么，为什么如本章开头所说，中华民族不像世界上其他大多数民族那样，形成过全民族的统一宗教呢？为什么"天、地、君、亲、师"信仰能够取代传统宗教而成为整个民族的信仰呢？寻根溯源，这显然有着极为深刻的历史原因。

《论语·述而》云："子不语怪、力、乱、神。"此文说孔子从不谈论怪异、勇力、悖乱、鬼神之事。其中的一句"子不语"，把孔子对"怪力

乱神"的不屑乃至否定表达得淋漓尽致。《论语·八佾》云:"祭如在,祭神如神在。"这里的一个"如"字更是妙不可言,轻而易举就将"神"的真实性悬置起来。综观《论语》全书,"未知生,焉知死""未能事人,焉能事鬼""务民之义,敬鬼神而远之"之类言辞不胜枚举,充分体现了儒家否定鬼神的一贯立场。鲁迅在《中国小说史略》中说:儒家"以修身齐家治国平天下等实用为教,不欲言鬼神",可谓一语中的。

事实上不独儒家如此,道家亦如此。老子《道德经》第六十章云:"以道莅天下,其鬼不神。"明末清初史学家顾炎武解释说:"王政行乎上,而人自不复有求于神。"[①]这里也明白无误地说明了道家只信王政,不信鬼神。

总之,中国古人对宗教和神灵向来是敬而远之的,甚至在本质上是反宗教的。是故数千年来,虽然有些皇帝或贵族集团崇信佛教或道教,虽然有些民众也崇信佛、道二教,但都形不成举国一致的"国教"。事实上,恰如明末清初顾炎武《日知录》所言:"国乱无政,小民有情而不得申,有冤而不得理,于是不得不诉之于神。"即民间只有在"国乱无政"时,也就是在小民求告无门时,才不得不求诸神,对宗教实际上采取的是一种实用主义态度。中国有"无事不登三宝殿""临时抱佛脚"之类民谚,说的就是这个道理。

宗教观念的淡泊,自然和古代中国的社会形态息息相关。新儒学的代表人物唐君毅对此辨之甚详,他说:

> 1. 这首先是由于古代中国土地肥沃,农业发达,因而偏重利用厚生之事,对生活上的苦难总是寻求一种当下的解决办法,而不会冥想死后的幸福与快乐;
>
> 2. 中国社会对于个人的安排一向注重"使富贵为有德者所

---

① 《日知录》卷二。

居，贫贱为无德者所居"，因而社会阶级的对立总会得到缓解，人们对于死后寻求正义伸张的观念也较为淡薄；

3. 按照中国的伦理思想，以个人幸福为目的的人生观是不可取的，所以纯然出于死后的安乐而求神祇保佑者，远不如求子孙福祉者为多；

4. 中国人重视对父母与祖宗的"孝"，常常觉得自己生命的意义在于承继父母祖宗的生命精神。而当人以长辈之心为心时，就会感到一种精神的充实；

5. 把对父母祖先的孝心所联系的历史文化意识加以扩展，便会让人得到"尚友千古"的直接价值，就像古人依旧在我心中一样，也可以使"吾人自己之精神，若涌身于千载上"；

6. 人之所以求自己死后灵魂不朽，还由于人们没有当下最切近的责任可负。如果人们当前应尽的责任很多，人伦的关系很繁复，人文的活动很丰富，则求自己不朽的念头也必然愈轻；

7. 在中国思想中，除墨家信天鬼以求福外，依据儒家、道家的说法，人都可以凭自己的智慧与德性，安顿自己的精神于人间。[①]

综合上述分析，唐君毅于是得出结论——中国的人文环境必然不会产生像西洋、印度及东南亚那样的宗教信仰。这些分析凿凿有据，切中肯綮，令人信服。然而这还只是事情的一个方面，事情的另一面是，封建统治者无不需要借助神学的力量来加强统治，封建时代的民众也无不需要借助宗教来慰藉自己的灵魂，东西方概莫能外。而中国封建社会的源远流长举世公认，这又是靠什么来维持的呢？结论无它，显然靠的就是"天、地、君、亲、师"信仰。正是这个信仰的存在，才使中国古代有了一种足以取代宗教的精神支柱。

[①] 唐君毅：《中国文化之精神价值》，台北正中书局，1969年版，第439~445页。

从时间上看,"天、地、君、亲、师"信仰亘古以来就在华夏沃土上扎下根来,远较世界三大宗教的形成为早。姑不论"天、地、人"三大信仰核心在五帝时期便已孕育成形,单就整个"天、地、君、亲、师"信仰的全面成熟而言,也不晚于公元前十一世纪的西周初期。而佛教是公元前六～前五世纪由古印度迦毗罗卫国(今尼泊尔境内)王子释迦牟尼创建的,比中国这套信仰体系的源起晚了不下两千年,比它的全面成熟也晚了好几个世纪。至于基督教和伊斯兰教,分别源起于公元一世纪和公元七世纪,更比"天、地、君、亲、师"信仰体系的创建为晚。如所周知,中国土生土长的道教源起于张道陵创建的五斗米道,时在东汉中叶顺帝年间(126～144年),同样无法与中国传统信仰的形成相比。综此可知,至少在时间上,"天、地、君、亲、师"信仰体系已比其他宗教占尽了先机,加之它在空间上滋生于一个相对独立的大陆,因此获得了一个自由生长的空间,最后终于发展成中华民族的独特信仰。

然而,相比之下,此信仰在时间上的占尽先机和空间上的得天独厚还不是最主要的,最主要的是,这个信仰体系的"治世为本"的社会实用性、君亲师崇拜偶像的现实亲近性、多神崇拜的博大包容性以及与社会体制的水乳交融性等等,都是其他宗教望尘莫及的,因此才赋予了它无可取代的强大生命力。

"天、地、君、亲、师"信仰体系虽然与宗教的来源不同、内涵不同、宗旨不同,但全然相同的是,它的崇拜偶像都幻化成了华夏民族心中的神祇,同样属于地道的神学体系。

这种幻化,首先是从自然崇拜偶像的人格化嬗变开始的,从天宇和大地幻化为具有主观意志的天神、地祇开始。

浩渺无际的天宇每天都给人类带来温暖、光明和希望,同时又带来黑暗和灾难,就像人的喜怒无常一样。因此,早自远古以来,华夏先民就认为天是有灵魂的,是具有主观意志和超人能力的生命体。《礼记·郊特牲》

云:"万物本乎天,人本乎祖。"《汉书·董仲舒传》云:"天者,群物之祖也。"在这里古人不仅把"天"看作是有意志的宇宙主宰,而且当作了人类和天下万物之祖,这就是对"天帝"的人格化认知。到了宋代,理学家程颐对昊天上帝作出进一步解释,认为天宇乃一团元气,是上帝的躯体,而存在于元气之中并且主宰着元气的就是上帝。这样一来,天帝既有了身躯,又有了灵魂,后来经过大儒朱熹的加持,这种天帝观便成为封建社会后半期的正统解说。

至于大地,作为人类生命的依托,在古人心目中更是相依为命的亲人。对这个生命体而言,山脉是它的脊梁,河流是它的血液,土壤是它的肌体。人类生活在其中,宛如生活在母亲的襁褓中一样,故而尊其为"地母"。《周易·说卦》云:"乾,天也,故称乎父。坤,地也,故称乎母。"这里便直接称天为"父",称地为"母"。同此记载尚多,不胜枚举,如《尚书·泰誓》说"惟天地,万物父母",《庄子·达生》说"天地者,万物之父母也",等等皆是。

前文曾述,共工氏之子句龙因能平九州而被尊为后土,死后托祀为土神,这就是把地神人格化的典型之例。此后随着土地崇拜在民间的传播,每个乡社也都有了自己的"土地爷"。这些"土地爷"衣冠各异、容貌各异,或状如农夫,或状如小吏,或犹如乡叟,或犹如耆绅,无不源自现实生活,更是地神人格化的实例。

总之,古人相信天和地都是有主观意志的,顺应它们的意志便可以风调雨顺、五谷丰登、疆土永固,否则便会招致灭顶之灾。

与自然崇拜偶像的人格化相辅而行的,是社会崇拜偶像的神格化。这个过程最早是从远古先民的祖先崇拜开始的。当时人们认为祖先逝去后灵魂犹在,这灵魂便成了冥冥之中的神祇,祖先也因此而得以神格化。此后,随着君主制度的建立和不断强化,在"君权神授"的大旗下,天子也成了神在凡间的代表。

早在先秦时期，君王就给自己戴上了"真龙天子"的桂冠，自称是从天堂下凡的神的后代。

《尚书·泰誓上》云："天佑下民，作之君。"

《左传·宣公四年》云："君，天也。"

《礼记·曲礼下》云："君天下曰天子。"

以上记载都以君王为天或天之子，另外单就一部《春秋》经传而言，"天子"之谓从头贯串到尾，指的就是周王。西汉初年，儒学代表人物董仲舒采用阴阳五行学说诠释天道与人道，创立了天人合一、天人感应的"君权神授"观，强调"唯天子受命于天，天下受命于天子"[1]，更为帝王是大神的代表提供了理论依据。

根据天人感应说，天和人是相通的，天能干预人事，人也能感应上天。是故天子如果为政不仁，违背了天意，天就会降下灾异予以谴责。反之，如果世逢明君，政通人和，天就会出现祥瑞以资嘉勉。《尚书·汤诰》云："天道福善祸淫，降灾于夏，以彰厥罪。"此文说政善则天福之，淫过则天祸之，夏桀无道，故而上天降下灾异以彰其罪。此例说明，天人感应的观念早在上古时代已经形成。到了春秋时期，孔子修订《春秋经》，由灾异述天道，更把这种"天命感应观"渗透到社会的方方面面。及至西汉初年，董仲舒根据《公羊传》等典籍系统阐释天道灾异说，终于将此论推向极致。

董仲舒倡导的"天人感应"论，关键是以能够感应上天者必非天子而莫属。也就是说，唯有"天佑而子之"的天子才能接受天象的启示，因此唯有他才能"格于上下"[2]，成为天人间的全能贯通者。许慎《说文解

---

[1]（汉）董仲舒：《春秋繁露·为人者天》。

[2]《尚书·尧典》。

字》云：

> 董仲舒曰：古之造文者，三画而连其中谓之王。三者，天、地、人也，而参通之者王也。孔子曰：一贯三为王。

这里由"王"字的笔法发微，突出强调了王是贯通天、地、人三极者。根据近人吴其昌的考证，金甲文"王"的本义是"斧"[1]，许慎的解释未必尽然。但许慎此文概括了由孔子到董仲舒的说法，充分表达了古人认为唯有天子才能上达天听的意思。

自从君权披上了神秘的外衣后，皇帝的仪容称"天颜"，皇帝的法令称"天宪"，皇帝的恩典称"天泽"，皇帝的住所称"天庭"，皇帝的宫殿称"天阙"，无不以帝为天。

君权神授观不仅神化了帝王的威权，尤有甚者，还把朝代的兴衰和帝王的更替也一概归为天意。商朝开国君主商汤讨伐夏朝时，汤的臣民不愿作战，商汤告诫他们说："非台小子敢行称乱，有夏多罪，天命殛之！"[2]这里便把对夏的征伐归为上天的旨意。而在假以天命后，不仅商汤的灭夏战争得以展开，朝代的鼎新革故也水到渠成。此外，古云"受命之君，天意之所予也"[3]、"帝王之兴，必俟天命；苟有代谢，非人事也"[4]，凡此都把帝王的兴废归结为天意。《汉旧仪》载，秦始皇始制的传国玉玺上镌刻着"受命于天，既寿永昌"[5]八个字，便特别强调了君权来自上天的授予。于是乎，凡登上皇帝宝座者便是"奉天承运"，便是口含天宪的"九五之尊"，神圣而不可侵犯。

---

[1] 吴其昌：《金文名家疏证》一，《武大文史哲季刊》第五卷第三期，1936年。
[2]《尚书·汤誓》。
[3]（汉）董仲舒：《春秋繁露·深察名号》。
[4] 干宝：《晋武革命论》，《全晋文》第127卷。
[5]《史记·秦始皇本纪》正义引。

伴随君权的神化，"师"的形象也迅速神化。《孟子·梁惠王下》引《尚书》云："天降下民，作之君，作之师。"这里说，君也罢，师也罢，都是上帝赐予人类的，是上天派他们来教化、治理万民的。这样一来，"师"和"君"都披上了神圣的色彩。

随着自然崇拜对象的人格化和社会崇拜对象的神格化，整个"天、地、君、亲、师"信仰便融会贯通起来，合成了一个相辅而行的系统。《周易·序卦传》云：

> 有天地然后有万物，有万物然后有男女，有男女然后有夫妇，有夫妇然后有父子，有父子然后有君臣，有君臣然后有上下，有上下然后礼义有所错。

以上所述即古人的世界观，认为人类社会与天、地是相生相济、相辅相成的。这种关系构建出了一个融人类社会与天地万物为一体的大系统，此即"天、地、君、亲、师"系统。由于它们的融会贯通，在这个系统内，各崇拜偶像之间还出现了一定的对应关系，特别是在本属两个世界的自然崇拜偶像和社会崇拜偶像之间，出现了相互感应与呼应的关系。

在湖北荆门出土的楚墓中，发现了"易，所以会天道人道者"的竹简文，国学大师汤一介认为，这便揭示了自然崇拜偶像的"天"和社会崇拜偶像的"人"的相互感应[1]。古文献中的同类记载尚多，如《周易·象传·贲》云："观乎天文，以察时变；观乎人文，以化成天下。"又《新语·道基》云："先圣乃仰观天文，俯察地理，图画乾坤以定人道。"以上说的都是"推天道以明人事"之理。此外司马迁说"究天人之际，通古今之变"[2]，汉儒董仲舒称"视前世已行之事，以观天人相与之际"[3]，也把天道

---

[1] 汤一介：《释"易，所以会天道人道者也"》，载《周易研究》2002年第6期。
[2]《汉书·司马迁传》。
[3]《汉书·董仲舒传》。

与世事联系起来。

其实，人类社会与大自然的相互依存和相辅而行，早在《周易》各文的"天、地、人"系统中已不乏体现。《周易》是中华元典，凝结着上古时代的辩证思维和理论思维，它所揭示的社会与自然的相互依存关系，表明这是东方哲学的一个核心理念。而当较晚的阴阳学说兴盛起来后，这种关系更在理论上得以深化。

阴阳学说源起于春秋战国的阴阳学家，是中国古代哲学的一个重要范畴。其之初义始于日光的向背，以向日者为阳、背日者为阴，后来引申为世间一切事物对立统一的阴阳两面。它的理论源头之一即《周易》所说的"一阴一阳之谓道"[1]，出发于此，阴阳家认为天地、日月、昼夜、男女、脏腑、气血乃至世事盛衰等，莫不由一阴一阳所化生。在此基础上，阴阳学家进而得出结论，即阴、阳两界不但是相互依存的，还是相互制约的，在一定条件下既可以互相转化，也可以交替循环。

出发于阴阳学派的观点，"天、地、君、亲、师"信仰中的天、地等自然崇拜物统属阳，而社会崇拜偶像乃故去的先祖、帝王、先师等，统属阴，这样就构成了阴阳两大界。见于各主祭场所，祭祀自然偶像的地方通称坛，如天坛、地坛、社坛等，统作露天状，为的就是直通阳气。许慎《说文解字》云："坛，祭场也。"所指即露天筑起的祭神高台。此外祭祀君、亲、师的场所皆称庙，如太庙、孔庙、帝王庙等，皆作覆顶状，为的则是直通地气。许慎《说文解字》释庙："尊先祖皃（貌）也。"庙字从广，像房屋，表示庙是供奉祖先的房屋。一个做露天坛台状，一个做直通地气的房屋状，这便是阴、阳两界的表现[2]。于是乎，在"阴阳和而万物得"[3]的境界中，"天、地、君、亲、师"信仰就合成了一个阴阳相济的大系统。

---

[1]《周易·系辞传》。
[2] 祭泰山的岱庙是将自然神供奉在了庙里，这是较为罕见的特例。
[3]《礼记·郊特牲》。

由于阴阳相济，这个系统内就产生了阳性崇拜偶像和阴性崇拜偶像的对应关系。统属阳性的自然崇拜偶像中以天为大，统属阴性的社会崇拜偶像中以先皇为著，于是祭祀中以先皇先君配享天神，便成了顺理成章的事。

《礼记·郊特牲》云："万物本乎天，人本乎祖，此所以配上帝也。"《汉书·郊祀志下》云："孔子曰：'人之行莫大于孝，孝莫大于严父，严父莫大于配天。'……是以周公郊祀后稷以配天，宗祀文王于明堂以配上帝。"以上所说就是王者以先君配天的制度，此俗的形成背景大致有三：

一是天帝和先皇在各自领域中都是最高的，因此可以相配；

二是古人认为人死后魂魄犹存，而"魂气归于天"[1]，即先皇的魂魄与天神共居一处，因此能够相配；

三是古人认为"与天、帝的关系，都是通过自己的祖宗作中介人"[2]，即先皇先君是古人沟通天神的媒介，因此理应相配。

祭祀天神时以先皇先君配祀的做法，大约不迟于夏商周三代便已形成。具体之例即如《礼记·祭法》所言，有虞氏在冬至祭上天时以黄帝配祭，在夏正祭上帝时以帝喾配祭，如此等等。

以先皇与天地配祀，是王者的莫大荣耀，也是配祀者的最高荣崇。东汉建武十二年（36年），光武帝刘秀平定陇、蜀，汉室环宇混一，于是"乃增广郊祀，高帝配食，位在中坛上，西面北上"[3]。光武帝是汉高祖刘邦的后裔，故以汉高祖刘邦配食天帝，而这就是光武帝所能给予汉高祖的最高荣耀。又《明史·礼志二·郊祀配位》云：

---

[1]《礼记·郊特牲》。
[2] 徐复观：《中国人性史论》，上海三联书店，2001年，第15页。
[3]《后汉书·祭祀上》。

洪武元年，始有事于南郊。有司议配祀。太祖谦让不许，亲为文告太庙曰："历代有天下者，皆以祖配天。臣独不敢者，以臣功业有未就，政治有阙失……"明年夏至，将祀方丘，群臣复请。乃奉皇考仁祖淳皇帝配天于圜丘。

以上记述的是明太祖朱元璋以先君配祀上天的一例。这段史实一则说明"历代有天下者，皆以祖配天"，即这种做法自古有之；二则通过开始时朱元璋虚情假意的"谦让不许"，说明以先考神主配天是生者的最高尊荣，其意义远远超过了一般的祖庙之祭。

在大自然中，天与地是相互依存的，在宗法社会中，君主和先祖是一脉相承的，而在儒学理念中，代表君统的"帝"和代表道统的"师"是相辅而行的，以上偶像都有一定的对应关系。是故当先皇先君得以配享天神后，整个"天、地、君、亲、师"信仰系统便有机地组合起来。

综合本节所论，我们首先梳理了"天、地、君、亲、师"信仰系统的源起、发展及各自的内涵，而后比较了此信仰与宗教的异同，再后阐述了此信仰系统的内在联系。叙论至此，便可对"天、地、君、亲、师"信仰系统与宗教的关系做一个更深入的梳理了。

关于宗教，时下通行的解释是以其为"一种社会意识形态和文化历史现象，是对客观世界的一种虚幻的反映，相信在现实世界之外存在着超自然、超人间的力量，要求人们信仰上帝、神道、精灵、因果报应等，把希望寄托于所谓天国或来世"[1]。按照这种解释，"天、地、君、亲、师"信仰无疑也是"一种社会意识形态和文化历史现象"，而且它也"相信在现实世界之外存在着超自然、超人间的力量"，这都和典型的宗教别无二致。所不同的是，正如本节所论，"天、地、君、亲、师"信仰是入世和治世的，和"把希望寄托于所谓天国或来世"的宗教迥然有别。此外，宗教都

---

[1]《现代汉语词典》，商务印书馆，2005年第5版，第1812页。

有独立的组织，和政体是两大系统，而作为国家信仰，"天、地、君、亲、师"崇拜体系既没有游离于国家政权之外的组织，也没有游离于国家政体之外的信众。再者，"天、地、君、亲、师"信仰体系崇拜的"神灵"或源于大自然，或本于现实生活中真实的人，和虚拟的崇拜偶像也迥然有别。更重要的是，"天、地、君、亲、师"信仰是一个有机联系的系统，各崇拜偶像间既平行对等，又相互对应、相互依存，截然不同于宗教的主神崇拜。然而，和宗教殊途同归的是，"天、地、君、亲、师"崇拜偶像虽然来自现实生活，但最终也都幻化为神灵。

总之可以说，"天、地、君、亲、师"信仰一方面迥然有别于宗教，一方面又在不少地方与宗教如出一辙，是一种近似宗教又超乎宗教的有神论体系。总体而论，这是一种源于朴素的崇德报功观念和经邦济世理念的信仰，是规范人们的思想意识、伦理道德和行为规范的信仰，是对大自然充满敬畏的信仰。它是中华文明的独特产物，与传统意义的宗教大相径庭。

2 祭祀典仪

在成为神的体系后，"天、地、君、亲、师"信仰就派生出完全无异于宗教的祭祀活动来。

关于祭祀活动的源起，《礼记·郊特牲》云：

> 地载万物，天垂象，取财于地，取法于天，是以尊天而亲地也。故教民美报焉。

这里说，为了"美报"，为了赂神，人们自愿把各种珍品贡奉出来给神灵享用，以求神灵庇佑，这就是各种祭祀活动的由来。《说文》释祭："祭，祭祀也。从示，以手持肉。"这也十分形象地指出，祭祀就是向神灵供奉祭品，尤以肉食为大宗。此外，为了"至诚感神"，还要尽可能通过各种仪式,把对神的崇拜、畏惧、感激、祈求表达出来,极尽歌功颂德之能事,于是便有了隆重而繁缛的祭祀典仪。

在中国古代,祭祀典仪是礼制文明一个极其重要的组成部分,几乎是礼制制度的核心。作为礼仪之邦,中国古代的礼制十分完备,也十分繁复。仅见《礼记·曲礼上》所载,中国古代的礼制就有"道德仁义"之礼、"教训正俗"之礼、"分争辨讼"之礼、"君臣上下"之礼、"父子兄弟"之礼、"宦学事师"之礼、"班朝治军"之礼、"莅官行法"之礼以及"祷祠祭祀"之礼。可以说大到国家的政治、军事、法理,小到个人的衣冠、举止、言行,生活的方方面面无礼不成。《礼记·中庸》称:"礼仪三百,威仪三千。"《礼记·曲礼》云:"经礼三百,曲礼三百。"动辄以数百数千论,亦可见中国礼制之繁。然而,礼制虽多,却如《左传·成公十三年》所云:"国之大事,在祀与戎",唯有祭祀和安邦定国的战争才是最首屈一指的国之大事。《晋书·礼志上》云:"《周官》五礼,吉、凶、军、宾、嘉,而吉礼之大莫过祭祀。"这里也强调,祭祀活动虽然不是古代礼仪的全部,却是它的核心,位居各类礼仪之首。

关于祭祀的对象,周秦时就形成了"有天下者祭百神"①之说,此后更随着时代的演进而累有增祀。到了封建社会后期,据《清史稿·礼志一》记载,各种祭礼已达十二大类之多,涉及的对象有十六个组群。然而在历史长河中,总会有一些祭礼是占主导地位并且贯穿始终的,这就是"天、地、君、亲、师"之祭。

《荀子·礼论》云:"上事天,下事地,尊先祖而隆君、师。"此言说明,在林林总总的祭礼中,"天、地、君、亲、师"祭祀才是重中之重。《周礼·大宗伯》云:"大宗伯之职,掌建邦之天神、人鬼、地祇之礼,以佐王建保邦国。"这里也说,在各类祭礼中,唯有"天神、人鬼、地祇之礼"

---

① 《礼记·祭法》。

才能"佐王建保邦国",而"人鬼"中鼎足而三的就是君、亲、师,合起来也就是"天、地、君、亲、师"之祭。《管子·牧民》云:"顺民之经,在明鬼神、祇山川、敬宗庙、恭祖旧。……四维不张,国乃灭亡。"这里列举的"明鬼神、祇山川、敬宗庙、恭祖旧"等,同样是对天、地、君、亲的祭祀。

总之,纵观自先秦以来的中国古代社会,祭祀活动是礼制文明的重中之重,"天、地、君、亲、师"祭祀又是各类祭祀的重中之重。正因此,这些祭祀活动不仅要由国家来垄断,而且一概要由国君来亲自主导和主持。

在先秦典籍《国语·楚语下》里,记载了一段楚大夫观射父回答楚昭王询问先古祭祀活动的话,其中对先秦祭祀活动的来源及特点做了十分详尽的阐述。文中的这样一段话至为关键:

> 及少昊之衰也,九黎乱德,民神杂糅,不可方物。夫人作享,家为巫史,无有要质……颛顼受之,乃命南正重司天以属神,命火正黎司地以属民,使复旧常,无相侵渎,是谓绝地天通。

以上所言颛顼,是五帝中紧承黄帝之后的第二位大帝。而据此文所载,可知颛顼在历史上的一大作为是任命了一个叫作"重"的人与神打交道,专门传达神的旨意;又任命了一个叫作"黎"的人联系民众,把民众的愿望上达天听。此文着重指出,颛顼之所以这样做,是为了扭转"民神杂糅"导致的"九黎乱德",是为了根除"夫人作享,家为巫史"的民、神随意沟通的氏族宗教体制。文中所谓的"绝地天通",就是说要把上达天庭的路径垄断起来,实现世俗权力对宗教权力的控制,实现君权与神权的统一。自此而始,君主垄断了人与神的交往,君王的意志便成了神的意志。

要想实现君权对神权的垄断,一个最重要的举措,莫过于确保政治统治权与祭祀主导权的统一，以此来杜绝其他教宗的出现。《国语·楚语下》在观射父讲述先古祭祀活动时，不厌其详地强调说：

> 天子禘郊之事，必自射其牲，王后必自舂其粢；诸侯宗庙之事，必自射牛、刲羊、击豕，夫人必自舂其盛。……天子亲舂禘郊之盛，王后亲缫其服，自公以下至于庶人，其谁敢不齐肃恭敬致力于神！

这里说，为了充分体现一国的最高统治者即祭祀活动的最高主持者，不仅所有重大祭祀活动都要由君王躬行其事，甚至举行最高级别的祭典时，天子还要亲手宰牲，王后更要亲自舂捣祭祀用的谷米，有时连天子也要一起舂谷。在诸侯国举行宗庙祭典时，则由诸侯王亲自杀牛宰羊，诸侯夫人亲自舂米。其实，这只是《国语》记载的先秦规制。至于再以后，每逢祭祀大典，贵为天子的皇帝不仅要认真过问和部署典仪的方方面面，还要在祭祀前斋戒沐浴，纯正专一之心，并在规定的日期内不理刑名、不近女色、不食荤腥、不饮酒作乐，隐于净室潜心致意，以示虔敬。典礼举行时，作为主祭人，帝王要郑重其事地穿戴好朝服大冠，亦步亦趋地躬行规定的祭仪，不能有丝毫的懈怠和差池。凡此种种当然都是表面文章，但正是通过这些表面文章，才表明这些祭祀是地道的政府行为，表明沟通神与人是帝王的专属。

《左传·襄公二十六年》载卫献公之言谓："苟反，政由宁氏，祭则寡人。"这里讲的是春秋年间的事，是说卫献公在万不得已时宁可把政务大权交给宁氏，也要保留自己祭祀典礼主持人的身份，由此足见祭祀权对君王的重要。公元220年，魏王曹丕逼迫汉献帝刘协禅让帝位，以魏代汉。刘协被废后，侥幸保留下来的待遇之一就是"以天子车服郊祀天地"[1]，这

---

[1]《后汉书·孝献帝本纪》。

也说明了祭祀天地是天子的特权。

正是最高统治权与最高祭祀权的统一,才确保了君权对神权的控制,维护了中国的封建帝制。降至清朝,这个做法仍为封建统治者所恪守,《清史稿·吉礼一》载:

> 清初定制,凡祭三等……天子祭天地、宗庙、社稷。有故,遣官告祭。中祀,或亲祭、或遣官。群祀,则皆遣官。

这里载明,凡属祭天、祭地、祭宗庙、祭社稷,仍由清帝亲祭,甚至有一部分中祀也需清帝亲临。

除了君王的主导,执事的神职人员当然也是不能少的,这些人开始时男称觋、女称巫。《说文·释巫》:"巫,祝也。女能事无形以降神者也,象人两袖舞形。"此文非常形象地指出,手舞足蹈以降神便是"巫"的古意。《国语·楚语下》记述的楚大夫观射父话语中,不乏对这些神职人员的描述,还特别申明担任巫觋的人个个非同一般,都是"民之精爽不携贰者"。《国语》强调,这些人"又能齐肃衷正,其智能上下比义,其圣能光远宣朗,其明能光照之,其聪能听彻之"。其大意是,担任巫觋的人的才智能使天地和宜,圣明可以光照四方,甚至听力也超乎常人,能够随时捕捉来自神灵的信息。在当时的人们看来,只有这样的人担任巫和觋,神明才能降临人间。

除了早期的巫和觋外,《国语·楚语下》记载的神职人员还有随后出现的祭司"祝"和"宗伯"。他们出身高贵,皆为"名姓之后",是"先圣之后之有光烈"者。久而久之,更有了主掌祭祀天、地、神、民、类物的"五官",他们在各类祭祀活动中"各司其序,不相乱也"。再往后,当进入秦汉以降的大一统帝国后,文献载述"凡国家诸祀,皆属于太常、光禄、鸿胪三寺，而综于礼部"①，从此便有了专门负责祭祀典仪的官署。于是，由祭礼的隆重、繁缛及日常化，逐渐派生出一个数量庞大、分工细密的"祭司"阶层来。但关键的是，在中国古代，这些统属礼部辖制的"祭司"不过是专供皇帝驱使的官吏罢了，从未像其他一些文明古国的祭司一样，发展成独立的宗教团体。

《国语·楚语下》有一句话，说"制神之处位次主"，意思是神也是有高下之分的。前文已述，原始宗教的特点之一是多神崇拜，特点之二是各神灵间不分高低主次。此后随着社会等级的出现，众神间出现了层级关系，各神灵的神通和威力也有了高下之分。《尚书·舜典》云："肆类于上帝，禋于六宗，望于山川，遍于群神。"这里追述的是五帝年间的事，祭祀的群神以"上帝"居首，"六宗"（四时、寒暑、日、月、星、水旱）次之，"山川"殿后，"群神"最低，已被一级一级层级化。下至殷商时期，殷人的神话世界里出现了三大主神，一为祖先神，二为"上帝"，三为"土"和"社"，其他则等而下之。即以殷商的"帝"言之，原来的自然神如日神、月神、山神、水神等此时都成了"帝"的臣工，成了它的下属。这表明，肇始于五帝时代的神灵等级化，到殷商时已趋成熟，形成了神灵的"天阶体系"。无独有偶，当"天、地、君、亲、师"信仰全面系统化后，在它每个主神的独立系统内，也都出现了相当严格也相当缜密的等级划分。比如"社神"，《礼记·祭法》云：

> 王为群姓立社，曰大社。王自为立社，曰王社。诸侯为百姓立社，曰国社。诸侯自为立社，曰侯社。

以上说的是政府级别的"社"，已有大社、王社、国社、侯社之分。除此之外，还有州、县乃至乡邑的不同等级的地方性社址。事如《礼

---

① 《清史稿·吉礼一》。

记·祭法》疏文云："其群众满百家以上得立社。"这里说的便是乡社，满百家即可立之，而其社址，无非是村头那座简陋之极的小土地庙。

再如"师"崇拜，据《旧唐书·礼仪四》等文献的记载，从唐朝开始，各地孔庙的祭祀对象就形成了主次分明的三大等，孔子居首，颜回等十哲人配享，六十七子从祀。到了宋代，为了进一步强化儒学道统的等级关系和传承关系，又将孔庙的祭祀对象从尊卑三等变为五等。居首的还是孔子，孔子以下称"四配"，分别是复圣颜子（颜回）、宗圣曾子（曾参）、述圣子思（孔汲）、亚圣孟子（孟轲）；其次是"十哲"，即孔子的十个优秀弟子；再次是"先贤"，是接受了孔子亲自传授的贤徒；最后是"先儒"，即孔子之后的历代大儒。到了清朝，据《清史稿·吉礼三》记载，仍按宋代之例划分为五大等，"正中祀先师孔子，南乡"，这是主祭对象，高居一等，坐北朝南；四配与十哲是第二等和第三等，分居于东西两厢；东西两庑从祀了近百位先贤，分列第四和第五等。

以上是关于"社"和"师"崇拜系统的等级差异，其实在"天、地、君、亲、师"信仰体系中，这种差异存在于各个主神系列中。另外如前所述，从隋唐时期起，众神祇就被统统划分成了上中下三大类，国家祭典也随之区分为大祀、中祀、群祀三大等，神与神的差距越拉越大。

神的尊卑等次，实际上是现实社会中人的尊卑等次的反映，这由上述社神的大小区分已经十分清楚地表现出来。在中国古代，"礼制"的核心就是等级制，种种繁文缛节皆出于对等级的界定和维护。《荀子·富国》云："礼者，贵贱有等，长幼有差，贫富轻重皆有称者也。"《礼记·曲礼上》云："夫礼者，所以定亲疏、决嫌疑、别同异、明是非也。"凡此记载都说明，礼制就是用来框定人际关系的，就是用来维护封建皇权、族权、父权、夫权的。而神的尊卑等次，不仅再现了人间的高低贵贱，还通过各类祭祀活动的等级色彩，进一步强化了社会的等级制。

既然神的世界存在如此明显的高下之分，在祭位和祭礼上就不可能没有区别了。因此，按照各祭礼的尊卑等次制定出严格的规章制度，就成了祭典执行人的重要职责。

先秦祭礼的基本等级亦详细见载于《国语·楚语下》，其中如观射父所言：

> 天子举以大牢（太牢），祀以会；诸侯举以特牛，祀以太牢；卿举以少牢，祀以特牛；大夫举以特牲，祀以少牢；士食鱼炙，祀以特牲；庶人食菜，祀以鱼。上下有序，则民不慢。

以上按天子、诸侯、卿、大夫、士、庶民六大等，把祭仪规格区分出了从上到下的六大类。而且无论哪种等阶的人，既有初一、十五的日常之祭，又有逢正式祭日的大祭，后者皆秩高一等。具体说，天子的日常之祭供太牢，大祭用三太牢；诸侯的日常之祭供一头牛，大祭用太牢；卿的日常之祭供少牢，大祭用一头牛；大夫的日常之祭供一头猪，大祭用少牢；士的日常之祭供煎鱼，大祭用一头猪；一般百姓的日常之祭供菜，大祭用煎鱼。以上是按时令而行的常祭，此外还有非常规之祭，是按特殊事项临时增加的，也会因祭祀者的身份和所祭神祇的高下而各有等差。

"牢"的古义已如前述，是特指祭祀用的牺牲和盛牺牲的食器，凡祭祀时牛、羊、豕（猪）皆有并以大号食器盛之则为"太牢"。于此之外，单以牛为牺牲的则为特牛，单以羊为牺牲的则为少牢，单以豕为牺牲的则为特牲。后来也有单以牛牲为太牢的，如《大戴礼记·曾子天圆》云："诸侯之祭，牛，曰太牢"，所言即此。

以上祭祀规格看似古怪，其实这完全源于现实生活，是先秦时期社会状况的真实写照。《国语·楚语下》在列举祭祀等级时特别强调："士食鱼炙，祀以特牲；庶人食菜，祀以鱼。上下有序，则民不慢。"这里说得清清楚楚，即按照当时"上下有序"的规定，吃肉是大夫以上贵族才有的特权，而士只能吃鱼，庶人则只配吃菜。古者称"菜"，特指青菜，和今天泛指

的"四菜一汤"的"菜"迥然有别。至于"肉",各类贵族又有界分,天子和诸侯国君是想吃什么就吃什么,牛、羊、猪等百无禁忌,卿则一般只能吃羊肉和猪肉,而大夫则只配享用猪肉,于是贵族的祭礼就有了太牢、特牛、少牢、特牲之分。

当然,从实际消费能力来说,当时的士人只能靠吃鱼来打打牙祭,庶人有口蔬菜吃也就不错了,只有贵族才能享用各类鲜美的肉食,这很合乎常情。但是,一旦当这种状况变身为礼制法度,性质就截然不同了。因为这样一来,吃什么东西就成了一道不可逾越的政治界限和法理依据,成了区分社会等级的严格标准。

《左传·庄公十年》记载了一个"曹刿论战"的故事,是说春秋时期的曹刿想向鲁国国君进言,劝阻他的人说:"肉食者谋之,又何间焉?"这句话是说,替国君出谋划策是吃肉者的事情,与你曹刿何干?曹刿是士人,属于吃鱼的一类,但他回答道:"肉食者鄙,未能远谋。"即在曹刿看来,吃肉者个个鄙陋不堪,不能深谋远虑,于是为国君出点子的事还得靠他曹刿。在这一问一答中,提到的"肉食者"皆为大夫以上的权贵。

《战国策·齐策四》又记载了一个"冯谖弹铗"的故事,是说战国时期"贫乏不能自存"的冯谖寄食于齐国贵族孟尝君门下,孟尝君的下人"贱之也,食以草具"。冯谖因此大为不满,弹铗而歌曰:"长铗归来兮,食无鱼。"冯谖之所以因为吃不到鱼而大发牢骚,并不是因为他被鱼腥味吊足了胃口,而是想藉此来表达他要求把食菜(草)的庶人待遇提高到食鱼的士人待遇的愿望。孟尝君听到后满足了他的要求,冯谖因此知恩图报,为孟尝君立了大功。

以上所言大牢、特牛、少牢、特牲、鱼炙、食菜这几大类划分,其实只是祭祀等级的最初始表现,实际情况则远比这复杂得多。正如史乘所言:"祭祀有大祠,有小祠,其牺牲、币玉、酒醴、荐献、器服各辨其等。"①即除了大牢、特牛等牺牲上的区别外,各类祭祀还在进献的帛、玉、酒、醴及采用的器物、服饰等诸多方面存在区别。尤有甚者,这种差别甚至要落实到祭服质色、祭器大小乃至祭牲毛色等细枝末节上,于是无怪乎要有那么多专职人员来为此劳神费心了。

除了以上种种区别,祭祀等级的不同还表现在另一个重要方面,即祭祀对象的不同。质言之,天下的神祇不是什么人都可以随意祭祀的,事如《国语·楚语下》所云:"天子遍祀群神品物,诸侯祀天地、三辰及其土之山川,卿大夫祀其礼,士、庶人不过其祖。"即天子可以遍祀群神万物,诸侯可以祭祀天地、日月星辰和封土内的山川,卿、大夫只能祭祀礼法规定的神祇,士和普通人则只能祭祀自己的祖先。值得注意的是,在"诸侯祀天地"文下,三国人韦昭注云:"祀天地,谓二王之后,非二王之后,祭分野星、山川而已。"这里强调,天和地不是所有诸侯都能祭祀的,只有文王、武王的直系后人才可享此殊荣。这是西周时期的事,而在这之后,当历史进入到海内归一的郡县制之后,为了体现江山一统,祭祀天地更成了天子一人的专利,其他人均不得染指。为了证明这一点,《礼记·礼运》甚至搬出了孔子的话说:"孔子曰……天子祭天地,诸侯祭社稷。"即只有天子才能祭天地,诸侯只配祭祀自己封地的社稷。

诚然,所说"天子遍祀群神",只是说天子有权祭祀各类神祇罢了,由此体现所有神灵都是为天子服务的。而事实上,除了必须由天子亲自主持和参加的国之重典外,其他祭祀活动只是以天子的名义遣官致祭而已。

除了祭祀对象的不同,祭祀的次数也因祭祀者的身份而大相径庭。《国语·楚语下》云:"古者先王日祭、月享、时类、岁祀。诸侯舍日,卿、大夫舍月,士、庶人舍时。"这里说帝王有日祀(日祭)、月祀(月享)、季

---

① 《宋史·职官志·太常寺》。

祀（时类）和一年一度的大祀（岁祀），诸侯则要舍掉日祀，卿大夫更要舍掉日祀和月祀，士和普通百姓则连季祀也没有，只能一年到头给祖宗磕一回头。

祭祀的次数不仅因祭祀者的身份而有别，也因祭祀的神灵而有别。仅就国家祀典而言，祭天帝一年有四次，分别是春天祈年、夏初祈雨、秋季大享明堂、冬至郊祭。相比之下，祭祖、祭孔的次数略少，一般是春、秋各祭一次。以上是隆重的国家祭典，除此之外，各种各样的小祭则不计其数，以至古人有"早晚一炷香"的说法。比如学宫祭孔，在春秋两次大祭之外，每月朔望还有两次较小的祭祀，学生每日上学也要先向孔圣磕头行礼。

综合以观，古代祭祀活动的等秩划分，是由神的尊卑、祭祀者的贵贱、祭奠时节的轻重、祭祀对象的广狭、祭祀次数的多寡以及所祭事由的大小等因素决定的。这种差异通过祭祀的场所、时日、规模、程序、仪仗、礼节、祭品、主祭人、助祭人以及参与者的数量、品级、服饰、举止等形式表现出来，由此形成了古代的"礼数"。这"礼数"一方面突出了神的差异，另一方面也突出了人的差异，使君臣、父子、夫妇等人际关系都有了明确的界分，从而维护了封建社会的政治秩序和伦理秩序。

关于国家祭典的程序，《国语·楚语下》观射父之言也做了较为精确的阐述，其大意是：每逢国家举行祭祀大典，帝王先要沐浴斋戒，以向神灵奉献一颗纯正的心。之后要认真选好玉帛二精品、牛羊猪三牲及四季谷物等贡品，以备敬献神灵。祭祀仪式须选择在十大吉日和十二良辰举行，届时要呈现出五种色彩、六种音律，用七件大事、八音、九州来助祭。当愉悦神祇的乐声响起时，百姓、千品、万官、亿类、兆民都要向神灵奉献祭品，并颂扬神灵光明的德行。更要紧的是，"血以告杀"是祭祀活动的一道重要程序，即要以牲畜的鲜血来祭奠神灵。

一般百姓祭祀先祖的活动则较为简单，但基本程序却一步也不能少。

对此楚大夫观射父说道：百姓祭祀先祖也要选择适当的时辰，届时要洒扫庭除，慎着祭服，然后奉上牺牲，敬献黍稷米谷，滤清醴酒，率领同宗子弟依次祭拜。祭拜时要虔诚地跟随宗祝口念祭词，以追念、彰显先祖之德。祭祀时还要邀请众乡邻肃立四周，一方面感受祭祀活动的庄严，一方面监督祭祀活动的进行。

古人举行如此隆重的祭祀典仪，目的究竟何在？对此《国语·楚语下》作出了明确的解释，其云：

> 民是以能有忠信，神是以能有明德，民神异业，敬而不渎，故神降之嘉生，民以物享，祸灾不至，求用不匮。

细审上文，可知国家举行祭典的目的就是要让百姓忠信、神灵明德，使民神各尽其职。因为唯有如此，福祉才能普降大地，谷物才能繁盛生长，灾祸才能避免，财用才能充足。

《国语·楚语下》还进而强调，除了祈福禳灾的目的，这些祭祀活动还带有突出的伦理色彩，可以藉此提倡孝德、安抚百姓、稳定国家。《楚语下》又特别从反面指出，若不定时举行祭祀，百姓就会放纵，一放纵就会淤积浊气，浊气弥漫就不能振作，不振作就会荒芜农田，农田荒芜就会导致封地丧失。以上是对统治者而言，至于对芸芸众生而言，通过祭祀则可以"合其州乡朋友婚姻，比尔兄弟亲戚"。即百姓通过此类活动可以和睦乡亲、朋友、姻亲、族亲，巩固兄弟亲戚的血脉亲情。总之一句话，上层统治者通过祭祀教民虔敬，下层百姓通过祭祀尊老事上，正所谓"上所以教民虔也，下所以昭事上也"[①]。

儒家虽然在本质上是主张"敬鬼神而远之"的，但对《周易》所说的

[①]《国语·楚语下》。

"圣人以神道设教，而天下服矣"[①]却十分赞同，力主通过祭祀活动来设立教化。《礼记·祭义》云："明命鬼神，以为黔首，则百众以畏，万民以服。"此文说，给鬼神加尊礼和尊号便可使民众（黔首）畏服，令百姓恭恭敬敬地服从管理，这就是儒家倡导的"神道设教"。

儒家这种既不信鬼神又赞成祭鬼神的立场是十分独特的。其实，综合以观，在正统儒家看来，祭祀活动追求的与其说是神灵的庇佑，毋宁说是祭祀者自身的心灵慰藉而已。说得直白些，祭拜的鬼神虽然看不见听不着，但只要让祭祀者相信神灵存在也就可以了。对此最直截了当的说法来自汉儒刘向的《说苑·辨物》：

> 子贡问孔子曰："死人有知无知也？"
> 孔子曰："我欲言死者有知也，恐孝子顺孙妨生以送死也；欲言无知，恐不孝子孙弃不葬也。"

此文借孔子之口道破天机，即先人亡灵究竟"有知无知"是并不重要的，重要的是通过祭祀活动来唤醒后人对祖先的追思和敬慕，使活着的人慎终追远，笃厚传家。总之，中国古代的祭祀看似是为了取悦渺渺神灵，但更主要的目的是为了唤醒芸芸众生心中的神性，以便通过一种仪式、一种过程和一种体验，来实现生者对自我的超越。

祭祀活动的教化意义，并非只得到了孔学一家的重视，而是得到了诸子百家的普遍认同。如《管子·牧民》云："顺民之经，在明鬼神、祇山川、敬宗庙、恭祖旧。"相传《管子》一书为春秋齐人管仲所作，后经西汉刘向编撰整理，融合了先秦儒家、道家、法家、阴阳家、名家、兵家、农家的思想，成为诸子百家的集大成之作。而上文也强调，教育人民的根本方法在于敬鬼神、祭山川、尊祖宗和亲宗亲。《管子》此文还特别强调：

[①]《周易·观·彖》。

> 不明鬼神，则陋民不悟；不祗山川，则威令不闻；不敬宗庙，则民乃上校；不恭祖旧，则孝悌不备。四维不张，国乃灭亡。

此文的大意是，不尊鬼神则小民无以感悟，不祭山川则威令不能远播，不敬祖宗则百姓就会犯上，不重宗亲则故旧孝悌就不完备，四维（礼、义、廉、耻）不发扬则国家就会灭亡。由此可见，古代的祭祀活动得到了各大流派的广泛认同和拥护。

上面着重围绕《国语·楚语下》等文献的记载，对早期的祭祀活动作了条分缕析。之所以要如此的不厌其详，是因为这些记载完整、系统地总结了上古祭祀典仪的各个方面，是今人了解这些典仪的宝贵资料。除所征引的这些文献外，在《尚书》《周易》《诗经》及《春秋三传》等先秦典籍中，特别是在《周礼》《礼记》和《仪礼》中，都有关于早期祭祀活动和祭祀理论的阐述，内容十分丰富。此后，《史记·封禅书》《汉书·郊祀志》《后汉书·祭祀志》等文献对先秦及汉代的祭祀活动也作了全面概述，不断丰富了有关内容。汉以后，历代官修史书都有专门的《礼志》《礼乐志》或《礼仪志》，巨细无遗地把当朝的国家祭礼载述其中。到了唐朝，祭祀制度的建设达到了高峰，一部《开元礼》成了后世祭祀制度的范本，其中对祭祀天地君亲师的程序都做了十分详细的记录。

由于中华文明历经数千年而从未中辍，源自上古的这套祭祀制度也就一以贯之地传承下来，而且越来越规范，越来越繁缛。在漫漫历史长河中，始终维持不变的，是各类祭祀活动都有严格规定的主持者和组织者，祭祀的规模、程式及颂词、祭乐、祭器等皆有定规，牺牲和祭品更是一样也不能少。当然，其区别也是有的，主要是祭祀的对象不同，各自的礼数就不尽相同，甚至连祭祀的名称也大不相同。事如《周礼·大宗伯》贾公彦疏所言："对天言祀，地言祭，宗庙言享。"这就是因祭祀对象不同而区

别出的不同祭祀活动。

遥想当年，每当举行国家级祭祀大典，祭祀现场必定旌旗蔽日，万人肃立，秩序井然。信炮一响，舞乐骤起，香烟缭绕，主祀者三跪九叩，逐一完成"迎神""初献""亚献""终献""撤馔""送神"等一系列程序，仪式煞是隆重。正是通过这些祭祀活动，"天、地、君、亲、师"信仰才得以世代传承，终于固化为根深蒂固的民族传统。

综观中国古代源远流长的祭祀活动，还可进而得出如下认识：

1. 见于《国语·楚语下》的记载，早在楚昭王（公元前515～前489年在位）与观射父对话的春秋晚期以前，至少在《国语》成文的战国初期以前，中国已经形成隆重、系统、规范的祭祀制度。当此之时，佛教刚刚诞生，尚未形成对佛祖的偶像崇拜，规范化的祭祀制度尚无从谈起。至于诞生在公元一世纪的基督教，以及诞生在公元七世纪的伊斯兰教，与中国古代的这套祭祀制度更是相距遥远。因此可以说，中国的"天、地、君、亲、师"祭祀制度，是人类历史上最早的规范化祭祀制度，也是世界各大宗教祭祀制度的鼻祖。

2. 综合以观，"天、地、君、亲、师"信仰不但具有"国之大事，在祀与戎"的法统地位，不但一概由国家主导、君主主持，甚至还有庞大的政府机构运作其事。凡此种种无不说明，这是一种法定的国家信仰。既然是法定的国家信仰，它就无异于"国教"，国君是"教主"，"信徒"是全体国民。

3. 总览中外历史，评判宗教国家的核心标准就是看教权与政权的关系，政教合一或教权高于政权的就是宗教国家。从这个意义上说，中国古代也算得上是"政教合一"国家，"天、地、君、亲、师"信仰就是中国的宗教。虽然从来没有人说这是古代中国的国教，虽然前面业已谈到这种信仰确实有别于通常意义的宗教，但作为一种国家信仰，它在意识形态上的作用丝毫不亚于宗教。至于其祭祀制度的繁复、隆重、严格，更超乎一般宗教。长期以来，说中国没有宗教也没有信仰的观点流传甚广，几乎成了人们的"共识"。但在这些事实面前，这种观点显然是站不住脚的。

4. 在古代西方，神权是超乎一切的，往往对世俗的君权起着制约作用。而与此截然不同的是，古代中国虽然也算是"政教合一"国家，但其神权却完全受政权的控制。显著的分野来自于颛顼时"绝地天通"的宗教改革，从那以后，君王便成了一切祭祀活动的权威主宰者，君权与神权再也无法区分。

5. 前文已述，其他早期文明古国都有自己的宗教信仰。但无一例外的是，当这些文明古国进入中世纪以后，传统信仰都发生了根本的变化，无不新桃换旧符，文明传统也因此而中断。但与此迥然不同的是，中国的"天、地、君、亲、师"信仰不仅从未中断，而且在进入封建时代中晚期后反倒更加完善和成熟起来。无论时势如何变换，无论儒教、道教如何兴起，也不论佛教、伊斯兰教、基督教如何传入，这个信仰的正统地位从未发生过一丝动摇，直至封建时代的落幕。

3 京华建筑传承的中华信仰

综观一切"政教合一"国家，其城市建设无不打上鲜明的宗教烙印，古今中外概莫能外。而由于"天、地、君、亲、师"信仰的存在，古代中国的城市建设也具有了鲜明的特点，尤以都城为盛。它的表现就是，随着"天、地、君、亲、师"信仰的兴起，随着"国之大事，在祀与戎"传统的形成，历朝历代都在都邑建起了国家级的"天、地、君、亲、师"祭祀场所。

《礼记·祭法》云："天下有王，分地建国，置都立邑，设庙祧坛墠而祭之。"《周礼·春官》云："小宗伯之职，掌建国之神位，右社稷，左宗庙。"以上所言就是都邑的坛庙建设。据《墨子·明鬼》载："昔者虞夏商周，三代之圣王，其始建国营都，曰必择国之正坛，置以为宗庙。"依此言，都

— 497 —

城建坛立庙的做法似乎早在虞舜、夏禹时便已初现端倪。前文已述，相当于夏代的偃师二里头宫殿遗址发现了最早的坛庙，这无疑为《墨子》的这种说法提供了可资借鉴的依据。当然那时的传统信仰还集中在天、地、人三大核心上，是故二里头遗址也只有祭天、地和先皇先君的坛庙。此后，随着"天、地、君、亲、师"信仰体系的不断完备，都城内的国家祭祀场所逐步规范化，建造此类建筑便成了古代都城建设的重大政治工程和文化工程。

作为封建社会后半期的都城，元明清北京城的殿宇楼台甚多，坛庙亦多，几乎举不胜举。但在鳞次栉比的皇家建筑中，体现"天、地、君、亲、师"崇拜与信仰的建筑却个个秀出班行，是其中的最卓尔不群者。它们既是京城皇家建筑的精粹，也是全国同类建筑的翘楚，主要包括：

祭祀上天诸神的天坛、日坛、月坛；
祭祀地祇和江山社稷的地坛、社稷坛；
祭祀天地诸神的山川坛；
祭祀当朝君主列祖列宗的太庙、奉先殿；
祭祀历代有道明君和功臣名将的帝王庙；
祭祀孔子的孔庙、文华殿。

这些建筑无一不是举行国家祭祀大典的地方，属于纯礼制性场所，不具任何实用功能。但惟其如此，它们才有了极大的象征意义，成为中华民族传统信仰、礼制文明的鲜明标志。在北京的皇家顶级建筑群中，唯一的例外是紫禁城，它作为封建王朝的大内皇宫，具有很强的"君"崇拜及国家崇拜的象征意义，但又具有明显的实用性。

上述建筑全面涵盖了"天、地、君、亲、师"信仰的方方面面，正是由于它们的存在，古代北京才呈现出完整的都城风貌，才成为名副其实的封建王朝政治中心和文化中心。

第七章　东方神韵——古都北京的城市风貌

● **祭天：天坛、日坛、月坛**

古云："惟天为大，合其德者弗违。"[①] 如上所言，天神是古人心目中世间万物的主宰，是至高无上的主格神，人们对它的敬畏与崇拜无以复加。这种敬畏一则表现在"法天"上，即不违背上天的规则和意志，规规矩矩地按天道行事；二则表现在"事天"上，即以最虔敬的心态和最丰厚的祭品来侍奉天神。

《诗经·大雅·大明》曰："维此文王，小心翼翼，昭事上帝。"这首诗说周文王、武王为了求得皇天庇佑，小心翼翼地服侍上帝，不敢稍有懈怠。《荀子·礼论》曰："上事天，下事地，尊先祖而隆君、师。"此文说的也是对天神的侍奉。

古人事天的最直接途径，莫过于对天神的祭奠。在古代各类祭祀活动中，祭天仪式是最高的，堪称国家第一重典。要言之，其特点大致有七：

一是"天秉阳"[②]，即上天主阳，而城南为阳，故祭天仪式都在城邑的南郊举行，称为"郊祀"。《礼记·郊特牲》云："郊之祭也，迎长日之至也。大报天而主日也，兆于南郊，就阳位也。"以上说的就是"就阳位"的祭天活动。

二是商末周初时形成了"天圆地方"的概念，即以天为圆、地为方，故此祭天的坛台皆呈圆形的台丘状，称圜丘坛，以此象天。

三是《礼记·郊特牲》云："天子大社，必受霜露风雨，以达天地之气也。是故丧国之社屋之，不受天阳也。"据此可知，祭天的圜丘坛一定要做成"以达天地之气"的露天状，否则后果

[①]《旧唐书·北狄传》引唐太宗诏书。
[②]《礼记·礼运》。

很严重，甚至会因"不受天阳"而致"丧国"。

四是祭天的主要形式为积干柴于坛台上，将供奉的牲体、玉帛以火燔之，称燔祭或燎祭。根据古人的想象，天神在上，故而当坛台的袅袅青烟扶摇直上时，贡品与祝辞便可直达苍穹，通于天神。《周礼·大宗伯》云："以禋祀祀昊天上帝，以实柴祀日月星辰。"《礼记·祭法》云："燔柴于泰坛，祭天也。"以上说的就是祭天的燔祭或燎祭。

五是根据周礼，每年定时于孟春、夏至、秋分、冬至四个时令郊祀上帝。其中最隆重的是冬至日的郊祭，因为在古人看来，"阴阳之别于日冬、夏至"，即冬至一过阳气便会上升，此时祭天"则天神皆降"[1]，于是便如《周礼·春官·大司乐》所云："冬日至，（祭天）于地上之圜丘。"

在规定的节令之外，每逢大事也要随时祭祷天神，其中最不能免的就是帝王登基时的祭天大典了，因为只有通过这个隆重的仪式，才能证明皇帝正式加冕为天子。

六是祭祀天帝既是天子的特权，也是天子的责任。《汉书·郊祀志下》云："帝王之事莫大乎承天之序，承天之序莫重于郊祀，故圣王尽心极虑以建其制。"《新唐书·张九龄列传》亦云："天，百神之君，王者所由受命也。自古继统之主，必有郊配，尽敬天命，报所受也。"以上都说承天之佑的帝王必须对天神感恩报德，亲自躬行祭天大典。而通过这种仪式，不仅可以表达君王对天帝的敬畏与顺从，还可以向万民昭示帝王"上帝之子"的法权地位。

七是祭天的规模很大，礼仪备极隆重。《汉书·礼乐志》曾

---

[1]《汉书·郊祀志下》。

记述汉武帝祭天时的场景，其中单是唱颂歌一项便是"使童男女七十人俱歌，昏祠至明"，场面之隆重足见一斑。

据史乘所载，每逢祭天大典，天子都要身穿大裘，内着衮服，头戴旒冕，亲率百官至郊外圜丘，西向恭立于圜丘东南侧。仪式开始，急管繁弦，鼓乐齐鸣，"合八音之调，作十九章之歌"[①]，以此报知天帝降临享祭。而后天子牵着献给昊天上帝的牺牲至祭案前亲自宰杀，再把牺牲、玉圭、玉璧、缯帛等祭品放在柴堆上，由天子点燃。再后一个重要仪式就是迎"尸"，这个"尸"是天帝的代表，由活人扮演，替天帝接受祭享。"尸"就位后，天子次第献牲血、玄酒、全牲、肉汁、菜汤、黍稷等。献祭后天子遥拜上天，"百官侍祠者数百人皆肃然动心焉"。以上是周代古制，此后成为祭天的基本模式，最大的改变是用神主牌位代替了活人扮演的"尸"，天子的宰牲也成了纯粹的表演。

金朝在燕京正式建都后，就在金中都建造了首座皇家郊坛。女真族金人早有拜天之俗，但形式相当古朴。《金史·太祖本纪》云："五月五日、七月十五日、九月九日拜天射柳，岁以为常。"这里说的"拜天射柳"，就是金人入关前的祭天仪式，无非是拜拜天、射射柳。但在建都燕京后，金人很快一扫旧俗，按照中原礼制建立起正规的祭天制度。

《金史·礼志一》载金世宗对宰臣说：

> 本国拜天之礼甚重，今汝等言依古制筑坛，亦宜。我国家绌辽、宋主，据天下之正，郊祀之礼岂可不行？

此言明确了郊祀祭天在金朝的重要性，并确立了按中原"郊祀之礼"筑坛祭天的原则。于是，在金中都正南丰宜门外，很快筑起了一座祭天的南郊坛，故址就在今丰台区内。金的南郊坛颇具规模，"圆坛三成，成

---

① 《汉书·礼乐志》。

十二陛，各按辰位……坛、壝皆以赤土圬之"[1]，主体建筑就是祭天的坛台。

金中都的南郊坛早已被黄沙掩埋，但它既然是按中原规制建造的，想必应和中原帝都的圜丘相仿佛。事有凑巧，在陕西西安隋唐长安城南郊，至今仍保留着隋皇、唐皇祭天的圜丘台，已由考古发掘出土[2]。此圜丘为四层圆坛，高8米，全部由素土夯筑，没有一砖一石。台壁和台面均用黄泥抹平，所有外露部分皆涂有白灰面。圆坛最下层直径约54米，顶层直径约20米，各层层高在1.5～2.3米之间。每层圆坛都设有十二道台阶，均匀分布在圆坛四周，分别朝向12个方向，以象征天宇十二辰。午陛（南阶）比其余十一陛宽，是皇帝登坛的阶道。两相比照，金中都南郊坛"坛、壝皆以赤土圬之"，"成十二陛，各按辰位"，确实与唐长安的圜丘如出一辙。

蒙元统治集团君临中国后，初时仍沿袭过往旧俗，由皇帝祭天神于漠北日月山，仪式无非是供奉牺牲及泼洒马奶子酒。此后，成宗大德九年（1305年）参酌汉制，在元大都城"丽正、文明门之南丙位"[3]修筑了一座天地合祀的郊坛。丽正门是元大都南垣的中门，文明门是元大都南垣的东门，丙位即其东南位，故知元的郊坛在大都城南郊偏东。

今京城南部的天坛，是明清两朝举行祭天大典的地方，位于明外城永定门内东北方。它始建于明成祖朱棣决定迁都北京的永乐四年（1406年），竣工于永乐十八年（1420年），历时一十四载。开始时明廷在此合祭天地，称天地坛。明世宗嘉靖九年（1530年）决定分祀天地，遂将此处改为专事祭天的场所，称天坛。清乾隆年间曾对天坛做整体翻修，提高了主体建筑的规格，还根据周易、礼经的记述营造出更加浓郁的天人感应氛围。由明初到清末，共有22位皇帝在此举行过654次祭天大典，前后沿用了近

---

[1]《金史·礼志一》。
[2] 安家瑶：《西安隋唐圜丘的考古发现》，《文物天地》2001年第1期。
[3]《元史·成宗本纪四》。

五百年。

这座天坛总占地面积273公顷，是中国历史上最大的祭天场所，也是世界上最大的坛庙建筑群，规模大致是紫禁城的四倍。坛址分内外两重，有两层围墙，均作南部方、北部圆的形制，寓意天圆地方。坛内建筑布局严谨、结构奇巧、装饰瑰丽，充分显示了帝王对祭天场所的"尽心极虑以建其制"。其主体建筑有圜丘坛、皇穹宇、祈年殿等，从南到北依次排列在内坛的南北轴线上。

圜丘坛位于天坛内坛的南部，坐北朝南，是皇帝祭天的地方，亦称祭天台。此台是明嘉靖九年（1530年）重建的，扩建于清乾隆年间，周长534米，高5.2米，分上、中、下三层。《周易·系辞下》云："阳卦奇，阴卦偶。"古人以奇数为阳、偶数为阴，而天属阳，九为阳数之极，故此圜丘坛的坛面直径、各层台阶、四周汉白玉望柱以及每圈石块的数目等，均为九或九的倍数，以此表示上天的至阳至尊。

尤为玄妙的是，为了体现"天人感应"的效果，古人殚思竭虑，利用声波反射传播原理，把圜丘坛建成了享誉中外的回声建筑。每当举行祭天大典，皇帝伫立于圜丘坛正中心的天心石，抬头仰问上苍，就会有回声从四面八方传来，如同从地心、天宇同时发出了天、地、人交相感应的回响，足以摄人魂魄。此中缘故是，圜丘的坛面相当光滑，声波得以快速向四面传播，碰到周围的石栏后又反射回来，与原声汇合，遂使音量顿时加倍，于是便有了"天闻若雷"的奇效。

皇穹宇位于圜丘坛外墙北侧，主要建筑有皇穹宇和东西配殿，是供奉天帝神位的场所。皇穹宇大殿直径15.6米，高19.02米，由八根金柱和八根檐柱共同支撑，三层天花藻井层层收进，构造十分精巧。巨大的殿顶为鎏金宝顶单檐攒尖顶式，用蓝色琉璃瓦铺设，象征朗朗天宇。殿正中有汉白玉雕花的圆形石座，供奉"皇天上帝"牌位，左右配享当朝先皇的神牌。正殿东西各有配殿，分别供奉日月星辰和云雨雷电诸神牌位。

皇穹宇也建造了不止一处回音设施，其一是皇穹宇大殿外长长的回音壁，其二是大殿前的三音石。回音壁是一道环绕在皇穹宇正殿和配殿前的圆形围墙，墙高3.72米，厚0.9米，直径61.5米，通长193.2米。因为围墙的墙体坚硬光滑，是声波的良好反射体，又因为其圆周曲率十分精准，声波可沿墙的内面连续反弹，故而只要有人站在墙壁的一端发出私语，声波就会沿着墙面连续折射前进，传到近二百米外的另一端，而且声音清晰悠长，令人惊叹。回音石位于皇穹宇台阶下，系三块石板，站在不同石板上击掌就会听到不同的回声效果。

祈年殿位于天坛南北纵轴线的北端，原称大祀殿，始建于明永乐十八年（1420年），明嘉靖皇帝重建后改称大享殿，清朝改为祈年殿。这是祈谷坛的主要建筑，皇帝每逢年初都要在这里祷祝苍天风调雨顺，赐予丰年，因而坛称祈谷坛，殿称祈年殿。

祈年殿是一座雄伟壮丽的圆形大殿，高38米许，直径32米许，伫立在汉白玉叠砌的平台上。整个平台分三层，逐层收缩，每层都有雕花的白玉栏杆，远远望去就像镶嵌在台基上的美丽花环。大殿的屋顶做镏金宝顶三层檐攒尖式，明代的三层檐从上到下分别采用蓝、黄、绿琉璃瓦，以蓝色代表昊天，以黄色代表帝王，以绿色代表黎民。清乾隆重修时将三层檐全部改覆蓝琉璃瓦，以此象征碧蓝天宇。整座殿为砖木结构，没有大梁长檩，全靠28根木柱和36根枋桷支撑。大殿内层有四根擎天大柱，中层有12根大柱，分别代表一年四季和12个月。大殿外层也有12根大柱，代表一天的12个时辰。

综观圜丘坛、皇穹宇、祈年殿，天坛的建筑可以说处处浸润着大自然的节律，处处体现着"象天法地"和"天人合一"的玄妙意趣。正如世界遗产委员会评价天坛时所言："无论在整体布局还是单一建筑上，天坛都反映出天地之间的关系，而这一关系在中国古代宇宙观中占据着核心位置。"

天坛中部西侧有一处斋宫，是皇帝躬行祭礼前斋戒、沐浴、驻跸的地方。这是天坛的附属建筑，规模却相当宏大，各种设施应有尽有，素有小皇宫之称。它占地4公顷，被两重高大的宫墙围护，还有宽宽的御河环绕，防卫极为严密。内有殿宇60多间，分正殿、寝宫两大部分。正殿立于台阶上，面阔5间，内无梁枋木柱，格外豁亮宽敞，习称"无梁殿"。大殿后是寝宫，寝宫周围有宿卫房，还有御膳房、衣包房、茶果局、什物房等。按照规定，皇帝在举行祭天或祈年大典前须在此独自静修，"致斋"三日。

古代的天体崇拜除了笼而统之的"天"以外，还有特指的日和月，尤以万神之主的日神为尊。于是，京城内除了天坛，还有专门祭日、月的日坛和月坛。

日坛原称朝日坛，又称大明坛，是春分时节旭日东升时皇帝恭祭大明神（太阳）的地方。其主体建筑为祭台，又称拜神台，坐东朝西。祭祀时皇帝迎旭日而入，登台向东方行礼。月坛原称夕月坛，又名夜明坛，是秋分时节刚入夜时皇帝恭祭夜明神（月亮）的地方。其主体建筑亦为祭台，坐西朝东。祭祀时皇帝迎皓月而入，登台向西方行礼。

北京的日坛、月坛始建于金朝，当时各按日为阳、月为阴之位建在了中都城的东西两侧。居东的是朝日坛，地处中都城东部的施仁门外东南，居西的是夕月坛，地处中都城西部的彰义门外西北[①]。

元大都未建日坛、月坛，到明嘉靖九年（1530年）始而起建，各称朝日坛和夕月坛。这两坛至清朝沿用不改，由此保存下来。

日坛（朝日坛）在北京朝阳门外东北部，祭台呈正方形，周长64米，用汉白玉石砌成。为了表示大明神的至阳至尊，祭台四面均采用了阳数之极的九级台阶。祭坛坛面开始铺的是红琉璃砖，清朝前期改为青色方砖墁

---

① 《金史·礼志一》。

地，光绪中期为表灿灿红日，又重新恢复了红琉璃坛面。

月坛（夕月坛）在北京阜成门外月坛北街，祭台亦作正方形，用白石砌成，大小规格均较朝日坛略逊一筹，周长仅56米。为表月夜之阴，祭台四周各以偶数作六级台阶，坛面用白琉璃瓦铺砌，以象皎皎明月。

● 祭地：地坛、社稷坛

对地神的祭祀也是国家典仪中十分重要的一项，其特点亦大致有七：

一是"地秉阴"[①]，即大地属阴，而城北为阴，故祭地仪式都在城邑北郊举行，又称祀北郊。《汉书·郊祀志下》云："瘗地于北郊，即阴之象也。"这里就很清楚地道明了祭地应就阴位的道理。

二是出于天圆地方的认知，祭地的方式是在城北郊的地面上修筑一座方形坛台，称方丘或方泽坛。

三是其坛壝也和祭天的圜丘坛一样，要做成"以达天地之气"的露天状。

四是祭地的形式主要有两种，一种是《礼记·祭法》所说的"瘗埋于泰折，祭地也"，一种是《周礼·大宗伯》所说的"以血祭祭社稷、五祀五岳"。所谓"瘗埋"，就是将祭品埋于地下，以示对地神的报答。而"血祭"，则是将血滴于地下，以血祭地。古人认为"气为阳，血为阴，故以烟气上升而祀天，以牲血下降而祭地，阴阳各从其类也"[②]。即在古人看来，鲜血下渗可将所祭之物和祈祝的心愿一并传递于深居地宫的地神，故祭地时特以"血祭"为重。

---

① 《礼记·礼运》。
② （清）金鹗：《求古录·燔柴瘗埋考》。

五是祭地的时节也有定规，"夏（朝）以五月，商（朝）以六月，周（朝）以夏至"①。西周以后，历朝历代皆因袭周制，固定在夏至之日祭地。

六是地祇的主祭权实际意味着江山的主宰权，所以更是天子当仁不让的特权，这由前述"天子祭天地，诸侯祭社稷"已可见一斑。

七是祭地时旌旗蔽日，载歌载舞，祭以太牢，场面之壮观丝毫不亚于祭天。

金中都在海陵王后"始有南北郊之制"，开始祭地于北郊。据《金史·礼志一》载："北郊方丘，在通玄门外。"通玄门是金中都的正北门，其外的方丘正合北郊之制。金人沿袭周代古制，于每岁"夏至日祭皇地祇于方丘"，礼仪颇为隆重。

元朝虽然承袭了祭天祭地的中华典仪，却合祀于元大都南郊坛。《元史·祭祀志一》载：

> 至元十二年（1275年）十二月……下太常检讨唐、宋、金旧仪，于国阳丽正门东南七里建祭台，设昊天上帝、皇地祇位二，行一献礼。自后国有大典礼，皆即南郊告谢焉。

由上可知，元廷虽然在南郊坛合祀天地，但在其内仍分设了昊天上帝、皇地祇两座坛墠，以使天、地各有所祀。

明朝初年曾分祀天、地，后来朱元璋突发奇想，认为《孝经》既然说天地是帝王之父母，父母焉能分居？是故"十二年春正月己卯，始合礼天地于南郊"②，于洪武十二年（1379年）改为合祭天、地，坛名大祀坛。明

---

① 《元史·祭祀志一》。
② 《明史·太祖本纪二》。

成祖朱棣迁都北京时尊奉太祖之制，依旧合祀皇天后土于北京南郊的天地坛。此后为了合乎古制，明世宗嘉靖九年（1530年）订立四郊分祀制度，于是在城南的天坛之外，又在城北新添了一座地坛。

明的地坛初称方泽坛，嘉靖十三年（1534年）改称地坛。坛址位于今安定门外东侧，面积37.3公顷，是天坛面积的七分之一。全坛设有两重墙垣，将整个坛址分为内外两部分。外垣周遭环绕水渠一道，称"方泽"，以此象征水泽环绕大地。地坛的中心建筑即方泽坛，是皇帝祭拜皇地祇的地方，俗称拜台。方泽坛周围建有皇祇室、斋宫、神库、神厨、宰牲亭及钟鼓楼等。

方泽坛为汉白玉砌成的正方形露天坛台，坐南朝北，方向恰与天坛圜丘相反。坛台做上下两层，坛面均用黄琉璃砖铺砌。古人认为偶数为阴，而地属阴，故方泽坛举凡层数、台阶数、每层的石板数乃至台阶尺寸、石板尺寸、水渠的长宽深等等，均为二的倍数。

在地坛坛台的下层，东、西两方各有两个雕刻精美的石座，称东一坛、东二坛及西一坛、西二坛。这是分别祭祀五岳、五镇、四海、四渎的地方，中华大地的名山大川在这里都得到了祭祀。

清朝也在明的地坛祭祀皇地祇，雍正、乾隆年间曾全面翻修，把皇祇室和地坛祇墙覆盖的绿琉璃瓦全部改为黄琉璃瓦，把坛面的黄琉璃瓦改为墁石，还增设了望灯、牌坊等附属建筑。从公元1531年到公元1911年的近四百年间，明清两朝共有15位皇帝在此祭祀地神。

前文已述，祭社也是由祭地发展而来的，此后更发展成社稷之祭。

稷的本义是谷物，是黍的一种，特指适合在北方干旱地带生长的小米。《诗经·王风·黍离》云："彼黍离离，彼稷之苗。"此即古文献中的稷黍。因为稷是中国最古老的谷类作物之一，而且是黄河流域的主要粮食品种，故被古人奉为"五谷之长"，之后引申为五谷神。

古代中国是农业大国，农业乃立国之本。因此，当具有领土蕴义的

"社"与代表五谷神的"稷"相联时,便成了"国家"的代名词。《汉书·郊祀志》云:

> 帝王建立社稷,百王不易。社者,土也。宗庙,王者所居。稷者,百谷之主,所以奉宗庙,共粢盛,人所食以生活也。王者莫不尊重亲祭,自为之主,礼如宗庙。

这里说得十分清楚,正是因为"社"有领土之义,是祖宗宗庙及家国的所在,而"稷"为百谷之主,是大地奉献给人类的生命食粮,于是祭社、祭谷就等于祭"国家"。《孟子·尽心下》云:"民为贵,社稷次之,君为轻。"《礼记·曲礼下》云:"国君死社稷。"《礼记·檀弓下》云:"能执干戈以卫社稷。"凡此"社稷"皆指国家。

因为寓意国家,所以社稷之祭在古代的重要性就丝毫不亚于祭天地。据《周礼·大祝》记载,举凡国有大事,如建邦立国、分封诸侯、重要盟会、军归献捷、帝王御驾亲征或巡游四海等,莫不要祭告于社。《尔雅·释天》云:"起大事,动大众,必先有事乎社而后出,谓之宜。"这里也说国有大事必须先祭告于社,否则将诸事不利。

《白虎通·社稷》云:

> 王者所以有社稷何?为天下求福报功。人非土不立,非谷不食。……故封土立社示有土尊。稷,五谷之长,故立稷而祭之也。

虽然社稷代指国家,但如上文所言,其所祭者无非一是土,二是谷,配享者也是土神和稷神。祭社稷的程式也与祭地大致相同,尤其重在"血祭"。事如《管子·揆度》云:"不能治田土者杀其身以衅其社。"可见祭社稷时不单用牲血,甚至要用人血,而被当作人牲的,则是貌似"不能治田土"的奴隶。

皇家的社稷坛又称大社（太社）、大稷（太稷），以此区别其他社坛。如同圜丘坛、方泽坛一样，社稷坛亦做露天状，最大的特点是其坛台一定要用五色土来填充，以此代表全国的疆土。中国自古以来就有用不同颜色的土壤来代表各方的传统，一般是东青、南赤、西白、北黑、中黄。而为了表示五方之土统归天子，表示"溥天之下，莫非王土"，皇家社稷坛就必须按这五色土来铺垫。事如《白虎通·社稷之坛》所云："天子有大社焉，东方青色，南方赤色，西方白色，北方黑色，上冒以黄土。"

社坛还有一个特征，就是要在土中栽植一树，树种不限，可随意采用当地的宜植之木。《说文解字》云："社，地主也，……各树其土所宜木。"此文所说就是在社坛中种植一株当地常见之树。宋以后，此树多以石柱代之，例如金朝在中都的社坛即"其主用白石，下广二尺，剡其上，形如钟，埋其半"[1]。

祭谷的稷坛更为简单，一般是用黄土覆盖在露天的祭坛上，以此表示滋养谷神，祈求五谷丰登。

自从有了社稷之祭，每逢新的王朝诞生，就一定要创建代表本朝的社稷坛，以示江山有主。第一节曾述商汤灭夏后"欲迁其社"的故事，就说明夏商之际已经有了代表本朝国土的大社。不仅中原王朝如此，接受了汉文明的少数民族政权亦如此。例如金朝，早在迁都燕京之前就在上京会宁府建造了社稷坛，迁都燕京后又建造了一座新的社稷坛，建于金世宗大定七年（1167年）。建造这座社稷坛时适逢金朝盛世，史载当时中都城内"群臣守职，上下相安，家给人足，仓廪有余"[2]，社稷坛的兴建便是盛世之举。《金史·宣宗本纪中》云：兴定二年（1218年）秋七月"祭太社、太稷，祭九宫贵神于东郊，以祷雨"，这就是金中都的社稷坛，位于中都城东郊。

---

[1]《金史·礼志七·社稷》。

[2]《金史·世宗本纪下》赞语。

在社稷坛内，一般是并设两坛，一为社坛，一为稷坛，且社坛在东，稷坛在西，金中都的社稷坛便是如此。元大都也有社稷坛，建于元世祖迁都燕京之后。《元史·世祖本纪十四》载：元世祖至元二十九年（1292年）七月"建社稷和义门内。"和义门是元大都的西城门，社稷坛的位置就在此门内偏南，大致在今西直门一带。元祭坛的四周有两重砖垣，内置社、稷各一坛，东、西分立。其坛墠"方五丈，高五尺，白石为主，饰以五方色土，坛南植松一株"①，凡此都遵循了中原古制。

明清两朝的社稷坛迁到了承天门（今天安门）西侧，占地约24公顷。这是明成祖迁都北京时建造的第一坛，以示江山有主，建成于明永乐十八年（1420年）。其形制与元大都社稷坛相仿，不同之处唯在于其合并社稷两坛为一坛。清朝因之，乾隆二十一年（1756年）增补重修。

明清社稷坛即今之中山公园，内外有两道围墙，主要建筑集中在内墙内，中心建筑即祭坛。此祭坛位于内墙中心偏北，四周壝墙分别铺以青、赤、白、黑四色琉璃瓦，各按东青、南赤、西白、北黑的方位排列，每墙正中皆有一座汉白玉石门。坛台呈方形，有汉白玉垒砌的二层台基。坛上按不同方位铺垫了五色土，中央立有一个两尺见方的土龛，内埋象征土地神和五谷神的方形石柱，名为"社主石"，又称"江山石"。皇帝主持的祀典于每年春、秋两季举行，仲春致祭旨在祈求五谷丰登，仲秋致祭意在报答社稷神的庇佑。每次祭祀前都要重新更换坛台上的五色土，新土由各地专程奉送，以示江山一统。

明清社稷坛内的附属建筑有祭殿、神库、神厨、宰牲亭及戟门等。祭殿即皇帝躬行祭礼的地方，是一座位于祭台北部的大殿堂，此即今之中山堂。社稷坛内外墙间古柏参天，建有荷池、水榭、假山等，景色宜人但又不失肃穆典雅。

---

① 《元史·世祖本纪十四》。

● 合祭天地：山川坛（先农坛）

浩淼天宇除了日月星辰外还有风云雷电，苍莽大地除了旷野平畴外还有河流山川，这都是古人心目中的神祇。特别是高耸入云的山峰，传说是神仙居住的地方，又是通往天国的阶梯，更是令古人"高山仰止"。于是，在古代北京，就有了一座合祀山峦河流及风云雷电的皇家坛埠，此即山川坛。

山川坛始建于明成祖永乐十八年（1420年），当时明王朝尚合祭天地于一处，没有单独的地坛，山川坛的兴建正好弥补了这个缺环。该坛位于城南郊，在今永定门内大街路西，与东面的天坛隔街相望。其围墙亦作北圆南方，寓意天圆地方。坛中主祭的神祇包括五岳、四镇、四海、四渎、京畿山川、都城隍、钟山之神、天寿山之神以及风云雷雨、太岁、四季月将等，可谓众神的会所。但其主要祭享的仍是天神、地祇，故而明嘉靖十一年（1532年）将山川坛分为天神、地祇两大部分，更名为"天神地祇坛"。为了使诸神各安其位，其中坛址、神龛甚多，仅正殿就有七坛，两庑又有六坛。

对于农业大国来说，祷祝天地的最直接目的莫过于祈求丰年，而和农作物的丰歉最息息相关的，则莫过于山川坛内奉祀的风云雨雪和河流山川。因此，山川坛内祭奠的还有一个神祇，这就是农神。中国自古把传说中最先教民耕作的人奉为农神，后稷即其代表。《左传·襄公七年》云："郊祀后稷，以祈农事也。"后稷乃周王室的始祖，名弃，曾经被帝尧封为"农师"，被帝舜命为后稷。综合有关记载可知，祭祀先农的习俗很早便已流行，至少不迟于夏商时期即已有之。

对封建帝王来说，风调雨顺、五谷丰登才能国祚永昌，因此祭农也是皇家的一件大事。饶有兴味的是，皇家祭祀先农时还要做一个表面文章，即天子要亲执农具躬耕于田。《礼记·月令》载：

> 天子乃以元日祈谷于上帝。乃择元辰，天子亲载耒耜……帅三公九卿诸侯大夫，躬耕帝藉。

按《礼记》的这个说法，皇帝亲耕的传统似乎起于先秦，但事实上，真正开创了这个制度的是西汉初年的汉文帝。《史记·孝文本纪》载，西汉文帝前元二年（前178年）诏曰：

> 农，天下之本，其开籍田，朕亲率耕，以给宗庙粢盛。

以上说的就是汉文帝的亲耕"籍田"。所谓"籍田"，即帝王亲耕之田，也称"帝藉"，它的收成专供皇家宗庙献祭之用，"以给宗庙粢盛"。

天子亲耕虽然只是一个仪式，但在表明"劝率天下，使务农"方面不无垂范之意。自汉文帝正式下诏"开籍田"起，汉景帝诏令"朕亲耕，后亲桑，以奉宗庙粢盛、祭服，为天下先"[1]，汉武帝亦"亲耕籍田以为农先"[2]，西汉诸帝纷纷效仿。自此而后，"至汉以耤田之日祀先农，而其礼始著，由晋至唐、宋相沿不废"[3]，这成了世代相沿的制度，也成了皇家恪守的典仪，直到清朝末年。

北京的先农坛即皇家为祭祀先农而建，始建于元朝。《元史·世祖本纪四》载：世祖至元九年（1272年）"始祭先农如祭社之仪。"《元史·世祖本纪六》载："祀先农东郊。"这里说的就是元大都的先农坛，位于大都城的东郊。

明成祖兴建北京城时也建造了先农坛。《明史·礼制三》载：

> 永乐中，建（先农）坛京师，如南京制，在太岁坛西南。

---

[1]《汉书·景帝纪》。
[2]《汉书·董仲舒传》。
[3]《明史·礼志三》。

这段记载说明，明北京的先农坛建造于永乐中期，位置在太岁坛西南。太岁坛是明成祖兴建的山川坛的一部分，当时为了"如南京制"，特将先农坛与太岁坛（山川坛）并在了一处。

明先农坛的台基呈方形，四面各八级台阶，坛北有正殿，面阔五间，内供"先农神"牌位。明嘉靖帝修建了地坛后，万历皇帝将山川坛更名为先农坛，专门祭祀先农。对于"帝籍"一事，明朝的皇帝不如汉朝皇帝那样勤勉，只在登基时躬耕籍田装装样子，其他年份则由顺天府尹代祭。事如《明史·礼制三》所云：

> 每岁仲春上戊，顺天府尹致祭。后凡遇登极之初，行耕耤礼，则亲祭。

可是到了清朝，来自塞外的爱新觉罗氏却格外重视先农的祭祀，每逢仲春时节皇帝都要脱下朝服换上亲耕服，在为皇家准备的一亩三分地上亲耕。据统计，在清朝入关后的267年中，清帝至先农坛行耕耤礼的记录多达248次[1]，几乎每年一次。其典礼是如此地隆重，其影响又是如此的深远，以至远在西方的法王路易十五听说后，也在1756年（乾隆二十一年）仿效中国皇帝举行了一次耕田典礼。

● 崇君：紫禁城

在君主专制的封建时代，都城建设的主旨就是要无所不至地表现帝王的唯我独尊，而这恰好就是元明清北京城的主题。它的表现是多方面的，一则反映在古都北京的外城拱卫内城、内城拱卫皇城、皇城拱卫宫城的帝居核心上；二则反映在元大都城从一开始就确定的"左祖右社，面朝后市"的整体布局上；三则反映在宫廷及皇室主要建筑皆纵贯于南北中轴

---

[1] 凌琳：《先农神坛与祭先农》，刊《燕都说故》，北京燕山出版社，1996年，第129页。

线的正统定位上；四则反映在城内外皇家坛庙的星罗棋布上；五则反映在城市中心及城郊各处胜景无限的皇家御苑上；六则反映在气势恢弘的帝陵上。而除了上述各项外，更突出也更核心的反映，当属全城居中而建的金碧辉煌的皇宫。事如《史记·高祖本纪》所言："天子四海为家，（宫城）非壮丽无以重威。"也正如唐朝诗人骆宾王《帝京篇》所咏："不睹皇居壮，安知天子尊。"帝都的宫城，代表着帝王的天威，是古代重君崇君观念的最突出体现。

金中都城的皇宫已蔚为大观，元大都城的皇宫更是享誉中外。但为了消除前朝的"王气"，明太祖朱元璋在占领燕京后下令将此前的主要宫殿全部拆毁，因此有幸保留到今天的，唯有始建于明成祖年间的皇宫。从明成祖朱棣起，到清末帝溥仪止，先后有24个皇帝在这里临朝主政，辗转至今已有六百余年历史。

按照古代星相学说，位于中天的紫薇星垣（北极星）是代表天帝的星座，乃天帝所居，其宫殿称"紫微宫"或"紫宫"[①]。皇帝是天帝之子，天人相应，皇帝所居亦当为紫宫，加之这里是对外封闭的禁城，于是明清宫城又称紫禁城。

这是一座城中城，坐落在皇城之中，位居北京南北中轴线的中心。它北倚景山（万岁山），西临太液池，南对正阳门，东西宽753米，南北长961米，是一个长方形城池，占地72.36公顷。其内分布着殿、宫、房、楼、廊、亭、阁等，全部是木结构建筑，黄琉璃覆顶，青白石底座，饰有雕龙画凤的彩画。经过明清两朝的营建，紫禁城巍峨壮观，富丽堂皇，气势恢宏，成为当今世界上历史最悠久、保存最完整的皇家宫殿之一，和法国凡尔赛宫、英国白金汉宫、俄罗斯克里姆林宫、美国白宫并列为"世界五大宫"。

---

① 《广雅·释天》：天宫谓之紫宫。

紫禁城的四周有一道 8 米高的宫墙，周长 3428 米，外围环绕一条宽 52 米、深 6 米、长 3800 米的护城河。宫墙四隅耸立着四座风格不同的角楼，各有 3 层屋檐、72 个屋脊，玲珑剔透，造型独特。宫墙四面各设一门，南为午门、北为神武门、东为东华门、西为西华门。南面的午门为正门，是四门之中最高大宏丽者，由正楼、二朵殿、四角亭、两雁翅楼及三门洞、两掖门组成。午门外还建有端门和天安门，中间隔以朝房和狭长广场。这个广场是朝廷举行出征、凯旋、献俘、颁历等仪式的地方，也是皇帝当众"廷杖"大臣的地方。

紫禁城的全部建筑按中轴线对称布局，层次分明，主体突出，错落有致。按照"前堂后室""前朝后寝"的宫室制度，以乾清门广场为界，紫禁城又分为外朝与内廷两大部分。外朝位于紫禁城南半部，分东、中、西三路，主体建筑是建在中路的三大殿。这三大殿都建在汉白玉砌成的 8 米高的台基上，远望如神话中的琼宫仙阙。明朝初年三大殿分别称奉天殿、华盖殿、谨身殿，明嘉靖时三大殿一度被雷电所毁，复建后改称皇极殿、中极殿、建极殿，清朝又改称太和殿、中和殿、保和殿。

清太和殿即明的奉天殿，是三大殿中的主殿，俗称金銮宝殿。它是紫禁城中最富丽堂皇的建筑，也是中国古代最宏大的木结构殿堂，面阔十一间，东西长 63 米，南北宽 35 米，高 35.05 米。在六根蟠龙金柱的拱卫下，太和殿正中设有金龙宝座，是至高无上的皇权的象征。宝座设在 2 米高的台上，前有造型秀美的仙鹤、炉、鼎，后有雕刻精美的围屏。在明清两朝的五百年中，举凡皇帝登基、大婚、册封、朝会、命将出征等，一切重大政务活动皆在此殿举行。太和殿后面的中和殿是皇帝出席重大典礼前休息和接受朝拜的地方。最北面的保和殿则是每年除夕和元宵节皇帝赐宴王公贵族和文武大臣的地方，乾隆年间还把三年一次的殿试由太和殿移到了保和殿。

三大殿的两翼按"文东武西"排列着文华殿、武英殿，相当于三大殿的左辅右弼。文华殿在东，是文臣为帝王讲解治国安邦之道的地方，也是举行经筵活动的地方。每逢重大灾难降临，这里也是帝王反躬自省的幽闭之所。武英殿在西，初为皇帝与将帅商讨军国大事的地方，清顺治年间曾是摄政王多尔衮的专用宫殿。康熙时改武英殿为"文英殿"，辟为皇家修书处，专事编撰与刊印钦定图书及经、史典籍。世所珍稀的"武英殿刻本"古籍，就是从这里问世的。

在三大殿之后，穿过乾清门向北，就进入了紫禁城后半部的内廷。内廷是皇帝及其他皇室成员的寝宫，也分东中西三路，以位在中路的乾清宫、交泰殿、坤宁宫为主体，称为"内廷三大宫"。这三大宫排列在紫禁城的中轴线上，是皇帝与皇后的主寝宫，象征皇天后土居中。古以"乾"为天，以"坤"为地，皇帝为天、皇后为地，故乾清宫是皇帝的正寝，坤宁宫是皇后的正寝。乾清宫同时也是明清两代皇帝处理日常政务的地方，其中设有宝座，上悬"正大光明"匾额。交泰殿位于乾清宫和坤宁宫之间，是皇帝、皇后共同的寝宫，殿名取自《周易》"天地交泰"之文，寓意天地交融便可国泰民安。

坤宁宫东西两侧是众嫔妃的住所，每侧各六宫，分别称东六宫、西六宫。西六宫南面的养心殿是清朝皇帝事实上的居所，清帝日常起居、进膳、读书、批阅奏章、召对引见等大多在此。养心殿内有一个开间不大的小侧室，是乾隆帝专门用来收藏王羲之的《快雪时晴帖》、王献之的《中秋帖》及王珣的《伯远帖》的，故名"三希堂"。内廷也有不少政务活动的场所，大名鼎鼎的军机处就设在内廷西路的养心殿附近，侍臣值班的南书房和皇子读书的上书房也离乾清宫不远。

紫禁城的其他宫殿尚多，如太上皇居住的宁寿宫区；太皇太后、皇太后居住的慈宁宫、寿康宫、寿安宫区；皇太子居住的毓庆宫区；皇幼子居住的乾东五所、乾西五所等，著名的殿宇则有奉先殿、皇极殿、养性殿、重华宫、雨花阁等。传说宫内共有9999间房，实际上根据1973年的现

场测量，其建筑面积共15.5万平方米，有大小院落90多座，房屋总数为8707开间（四根房柱之间为一开间）。

整座紫禁城布局疏朗，规模宏大，庄严凝重。置身这个完全与世隔绝的独立天地，无论是仰观那一座座巍峨高大的殿宇，还是环视那一道道深不可测的宫门，抑或攀缘那一层层绵延不绝的玉阶，莫不令人悚然心动。遥想当年，一旦跨入午门，就如同掉进了一个巨大幽闭的空间，渺小恐惧的感觉会顷刻间扑面而来，以至把人压得喘不过气来。每当臣子们踽行于宏大空旷的宫城，踟躅于带刀护卫的人墙，匍匐于轩朗幽深的大殿，皇权的高大和个人的渺小不知会产生多大的反差，不啻有天壤之别！它的建筑极尽人间之奢靡，它的物品汇聚了天下之奇珍，处处令人叹为观止。明清两朝的这座皇宫，景态万状地展示了封建帝王至隆至尊的无上威仪，是中国古代重君崇君观念的最突出体现。

● **祭君：历代帝王庙**

如果说，当朝帝王的威严是建立在强权政治的高压基础上的话，那么，对古昔圣王的尊崇与奉祀，当更能反映东方民族君主崇拜的古老传统，也更能反映黄炎子孙爱国爱民族的优良品质。前文已述，对民族共祖和有为先君的感恩报德是黄炎子孙的一大特质，因此对古昔圣王的崇祀可谓古代社会的一大"民心工程"，深得亿兆民心。而对封建帝王来说，这当然也是一件不可稍有懈怠的事，因为按照中华民族的传统，唯有奉祀先圣王为祖，他们才可能成为这个国家的正统继嗣者，其统治才具有法统地位。加之他们自己也无不深怀百年后被人奉祀的奢望，故而对先皇先君的崇祀更是倍加重视。

这种崇祀虽然起自上古，但开始时在祭祀的时间、地点、对象乃至形式上并无定规，常见的有以下几种：

一是对先古帝王的崇祀分别散见于各部族的宗庙之祭，并且因族系的不同而各有侧重。如《国语·鲁语上》云："有虞氏禘黄帝而祖颛顼，郊尧而宗舜；夏后氏禘黄帝而祖颛顼，郊鲧而宗禹；商人禘舜而祖契，郊冥而宗汤；周人禘喾而郊稷，祖文王而宗武王。"

二是在祭天帝时以太昊、炎帝、黄帝、少昊、颛顼等先皇先君配祭。如《周礼·春官·小宗伯》云："兆五帝于四郊。"郑玄注："五帝，苍曰灵威仰，太昊食焉；赤曰赤熛怒，炎帝食焉；黄曰含枢纽，黄帝食焉；白曰白招拒，少昊食焉；黑曰汁光纪，颛顼食焉。黄帝亦于南郊。"

三是帝王在巡幸途中对路经的先皇冢茔或庙宇予以祭奠。如《史记·秦始皇本纪》载，始皇三十七年出游，"行至云梦，望祀虞舜于九疑山"，后又浮江东下"上会稽，祭大禹"。

西汉时期，在以上三种形式之外，又出现了一种全新的祭祀形式——将历代帝王集于一处的庙祭。《史记·封禅书》载：汉文帝时"作渭阳五帝庙，同宇，帝一殿，面各五门，各如其帝色。祠所用及仪亦如雍五畤"。这里说汉文帝建造了一座"同宇"的五帝庙，把五帝集中到了同一个庙宇之内。然而这座庙宇主祀的仍是五天帝，五人帝只是配享其中，与以上第二种形式并无本质的不同，区别唯在于前面所举的"兆五帝于四郊"是分散祭祀，而现在已经"同宇"。

汉以后，最早对古昔帝王的祭祀作出了制度化建设的是北魏，最后定型则在隋唐。

《魏书·礼制一》载，北魏太和十六年（492年）孝文帝颁发诏令，正式把先古帝王的祭祀纳入了国家祀典。自此而始，先古帝王不再是祭奠天神的配享者，也不再只是帝王巡幸途中临时起意的祭拜者，而堂而皇之

地成了国家祀典的主体。但作为初创之举，北魏的这个制度还带有相当程度的原始性，主要表现在：

  1. 当时被纳入国家常规祀典的"其数有五"，一是帝尧，二是虞舜，三是夏禹，四是"制礼作乐"的周公，五是孔子。其中既包括了先古帝王尧、舜、禹，也包括了先圣周公和先师孔子，成员的身份大相径庭，而且恰恰忽略了"三皇五帝"中华共祖。
  2. 祭祀地点仍分散在被祭祀者的功业大成之地，即各在"历代帝王肇迹之处"①。
  3. 虽然成了"祭有恒式"的国家祀典，但奉命主祭的却是"各随所近"的地方州郡主官。
  4. 祭祀的形式很简单，只是"清酌尹祭"而已，即仅仅用清酒和肉品聊表奉祀之意。

北魏是鲜卑拓跋氏开创的王朝，而孝文帝元宏却是汉文明的大力倡导者，说已详上章第二节。把先皇唐尧、虞舜、夏禹和先圣周公、先师孔子定为国家常祀对象，无疑是孝文帝弘扬汉文明的一大贡献，但从上述情况又不难看出，这套制度显然还有待完善。

及至隋朝，隋文帝杨坚大大改进了先古帝王的崇祀制度，由此建立起一套规范化的古昔帝王祭祀典仪。

见于《隋书·礼仪志二》，隋文帝创建的古昔帝王祭祀制度是：

  1. 正式纳入国家祀典的有尧、舜、禹、商汤、周文王、周武王以及汉高祖。这些人是清一色的先皇先君，而且囊括了除秦以外的汉以前各主要王朝的开国先君。

---

① 《旧唐书·礼仪四》。

2. 创建了以功臣配祀的制度，即以契配尧、以咎繇配舜、以伯益配禹、以伊尹配汤、以周公和召公配文王和武王、以萧何配汉高祖。

3. 规定了祭祀地点，分别祭帝尧于平阳，祭帝舜于河东，祭夏禹于安邑，祭商汤于汾阴，祭周文王、武王于沣渭之郊，祭汉高祖于长陵。

4. 对纳入常祀的历代先皇先君皆以规格最高的"太牢"祭之。

上述制度确定了历代帝王崇祀的对象、地点、规格及配享的功臣，是个全方位的创新。但它一仍旧贯的是，仍未脱离分别祭奠各帝王于肇兴之地或仙逝之地的框架，也仍未从源头上把"三皇五帝"纳入国家祀典。下至唐代中期天宝年间，这种情况终于发生了变化，突出反映在唐玄宗建造的先古帝王庙上。

《新唐书·百官制三》载："（唐玄宗）天宝三载，初置周文王庙署；六载，置三皇五帝庙署；七载，置三皇五帝以前帝王庙署；九载，置周武王、汉高祖庙署。"又《唐会要》卷二十二载：唐玄宗天宝七年（747年）诏令"其三皇以前帝王，宜于京城内共置一庙，仍与三皇五帝庙相近，以时致祭天皇氏、人皇氏、有巢氏、燧人氏"。由上可知，唐玄宗在都城长安专门建造了一座合祭历代帝王的庙宇，其具体做法是：

1. 把传说中的"三皇以前帝王"统统纳入了祀典，包括了天皇氏、人皇氏、有巢氏、燧人氏等，此外再加上"三皇五帝"的伏羲、神农、轩辕、少昊、颛顼、高辛、唐尧、虞舜，中华始祖一个不少地纳入了国家祀典。

2. 所谓"宜于京城内共置一庙"，"与三皇五帝庙相近"，"置周武王、汉高祖庙署"等等，无不表明唐京城此时有了一处集中

— 521 —

在一地的先古帝王庙。按文献所载，当时应该是三皇和五帝每人各一庙，但集中在一起，而三皇以前的先君则如文中强调，是"于京城内共置一庙"，而且紧傍三皇五帝庙。

3. 唐承隋制，也实行了以功臣配祀帝王的制度。

4. 主祀者也截止到汉高祖，但和隋代一样，仍然不含秦始皇。

这就是唐玄宗创建的历代帝王崇祀制度，其特点一是突出了"厚古薄今"的原则，把祭祀重点放在了中华始祖上；二是实现了对先古帝王从分散祭祀到集中祭祀的转变；三是开始把传统的个体祭祀转化为群体祭祀。

尽管唐廷在京城建起了历代帝王庙，可是对各地的陵祭、庙祭仍然相沿不废。及至宋朝，恢复了以往在各地分散祭祀历代帝王的做法，唯有宋真宗因为天尊托梦告之黄帝乃"赵之始祖"①，特地在京都建庙祭祀黄帝。到了蒙元时期，史载元廷在元大都城内建造了一座三皇庙，专祀伏羲、炎帝、黄帝，并"命郡县通祀三皇"②，在各地都建起了三皇庙。

元朝对其他古昔帝王的祭祀仍以陵祭、庙祭为主，主要是每年春秋仲月命侍臣到各地的尧帝庙、舜帝庙、禹帝庙祭祀，祭祀时"持香致敬，有祝文"。元代还另外增建了一批古帝王庙，如元世祖至元十二年（1275年）"立伏羲、女娲、舜、汤等庙于河中解州、洪桐、赵城"③。

明朝创建之初，朱元璋大力革除淫祀，"凡天皇、太乙、六天、五帝之类，皆为革除，而诸神封号，悉改从本称，一洗矫诬陋习"④。但于此之外，明廷对历代帝王和功臣的崇祀却极为重视，数量不减反增。《明史·吉礼四·历代帝王陵庙》载：

---

① 《宋史·志第五十七·太清宫》。
② 《元史·祭祀志五》。
③ 同上注。
④ 《明史·吉礼一》。

洪武三年（1370年），（明太祖朱元璋）遣使访先代陵寝，仍命各行省具图以进，凡七十有九。礼官考其功德昭著者，曰伏羲，神农，黄帝，少昊，颛顼，唐尧，虞舜，夏禹，商汤、中宗、高宗，周文王、武王、成王、康王，汉高祖、文帝、景帝、武帝、宣帝、光武、明帝、章帝，后魏文帝，隋高祖，唐高祖、太宗、宪宗、宣宗，周世宗，宋太祖、太宗、真宗、仁宗、孝宗、理宗，凡三十有六。

以上祭祀的历代帝王一下子增至36人，可谓前所未有。不仅如此，朱元璋还亲制祝文，遣官往祭，每陵拨给白银二十五两置备祭物，对陵寝被盗或庙堂颓圮者则逐个加以修葺，更令当地官府严禁采伐陵木，且每年按时令祭以太牢。

此外明朝的一大创举，就是继唐玄宗于国都长安创建先古帝王庙后，又一次在京城内建起了国家级的历代帝王庙。

《明史·吉礼四·历代帝王陵庙》云：洪武六年（1373年）朱元璋"以五帝、三王及汉、唐、宋创业之君，俱宜于京师立庙致祭，遂建历代帝王庙于钦天山之阳"。此即明代初年建于京城的历代帝王庙，地点在南京钦天山（今南京鸡笼山）之阳。这座历代帝王庙为同堂异室制，有正殿五室，中一室祀三皇，东一室祀五帝，西一室祀夏禹、商汤、周文王，又东一室祀周武王、汉光武、唐太宗，又西一室祀汉高祖、唐太祖、宋太祖、元世祖，仍然没有秦始皇。

洪武二十一年（1388年），朱元璋"诏以历代名臣从祀"，礼官奉旨进呈了36人名单。朱元璋认为名单中的宋朝开国名臣赵普有负宋太祖，敕令删除，同时增加了"善始终"的汉臣陈平、冯异及宋臣潘美，还对元朝的木华黎等四杰进行了调整。经过一番增删修订，于是定张良、萧何、诸葛亮、韩世忠、岳飞等三十七人"从祀于东西庑，为坛四"。

以上这座明代初年的历代帝王庙，便是历史上最终定型的历代帝王庙，它的特点是：

一则最终确立了在都城合祭先古帝王于一庙的制度，其庙宇结构为"仿太庙同堂异室之制"，即历代帝王在同堂之下分处各室；

二则涵盖了从伏羲以迄元朝的历代先皇先君，贯通了由早到晚的中华史；

三则肯定了"以历代名臣从祀"的制度，使贤臣良将在帝王庙中拥有了一席之地；

四则明确了"创业之君""善始终之臣"的甄选标准；

五则规定了每岁春秋仲月上旬甲日举行国家祀典。

凡此种种，皆为后来的历代帝王庙奠定了基础。

后来的京师帝王庙，即明王朝迁都北京后的帝王庙。明成祖朱棣迁都北京后，开始时并未在北京建造帝王庙，只是在南郊郊祀时一并从祀历代帝王。但同时朱棣保留了南京的帝王庙，每逢祭日便遣官致祭。明世宗时厘正祀典，于嘉靖九年（1530年）废除了郊祀时附祭历代帝王的做法，"令建历代帝王庙于都城西"。初时拟建在今西城区灵境胡同的灵济宫，后因地方狭小而建在了阜成门内路北的保安寺故址上。嘉靖十一年（1532年）夏日庙成，正殿取名景德崇圣殿，寓意"景仰德政，崇尚圣贤"之义。建成后的北京历代帝王庙坐北朝南，占地1.8万平方米，"殿五室，东西两庑，殿后祭器库，前为景德门"。

北京的历代帝王庙建成后，在"罢历代帝王南郊从祀"的同时，还"并罢南京庙祭"，这里成了合祭炎黄祖先及历代帝王的唯一场所。同时，这座新建的庙宇还跻身太庙、孔庙之列，成为明京师的三大皇家庙宇之一。降至清朝，这里仍是国家合祭三皇五帝和历代帝王的唯一场所，也仍然是皇家三大庙宇之一。

清雍正七年（1729年），清廷对历代帝王庙做了整体翻修，历四年而竣工。乾隆二十七年（1762年），又对建筑进行了全面升级改造，使其规模更胜从前。改建后的历代帝王庙为黄琉璃瓦覆顶的重檐庑殿式，正殿仍称"景德崇圣殿"，面阔九间，进深五间，以此象征帝王的"九五之尊"。其殿内金砖墁地，立柱皆为金丝楠木，一切都达到了皇家建筑的最高等级。正殿之中供奉着三皇五帝和历代帝王的神位，东西两侧另有宽七间的配殿，是奉祀历代功臣名将的地方。配殿的规格明显低于正殿，皆为黑琉璃瓦重檐歇山顶建筑，东殿专祀文臣，西殿专祀武将。每逢春秋两季，这里都要举行盛大的国家祭典，顺治、雍正、乾隆、嘉庆皆曾到此祭拜。

自从有了历代帝王庙，就给每个当朝君主出了个难题——究竟谁该进帝王庙，谁不该进帝王庙呢？这里掺杂的因素甚多，不免让人颇费踌躇。即以明太祖朱元璋例之，他在北伐檄文中打出了"驱逐胡虏，恢复中华"的旗号，俨然以华夏正统自居，可是在登极大宝后，经过反复斟酌，仍在修建南京帝王庙时为元世祖保留了一席之地。与此同时，明太祖反倒撤除了周文王和唐高祖的灵位，因为在他看来，一则周文王的实际身份是商朝的诸侯，不当跻身帝王；二则唐高祖是靠唐太宗的武功取得天下的，即唐的天下得之于唐太宗而非唐高祖，于是唐高祖李渊也被请出了历代帝王庙。此后朱元璋一度增祀隋高祖，旋即又作罢。如此这般改来改去，最后确定下来入祀历代帝王庙的共有十六位帝王，分别是三皇、五帝、夏禹、商汤、周武王、汉高祖、汉光武帝、唐太宗、宋太祖、元世祖。

嘉靖建造的北京帝王庙起先奉祀的帝王和贤臣与南京帝王庙相同，不同的只是殿庑内仅设帝王和贤臣的神主牌位，没有塑像。嘉靖二十四年（1545年）明世宗采纳礼科给事中陈棐的建议，"罢元世祖陵庙之祀，及从

祀木华黎等"①,撤除了元世祖忽必烈和木华黎等五位元代君臣的牌位。至此,明代帝王庙中享祀的只剩下十五位帝王和三十二位名臣。

及至清朝,顺治、康熙、乾隆诸帝对帝王庙更是重视有加,屡屡调整其中奉祀的帝王和贤臣。总体上说,调整的趋势是入祀的历代帝王越来越多,因为只有这样才最符合大多数封建帝王的利益。到康熙年间,追祀的历代帝王已增至167人,一朝之中有幸入选的甚至多达十几人,与以往大不相同。

综合以观,上自唐朝下迄清,历代帝王庙中奉祀成员的增删兴废颇多曲折,不乏耐人寻味之处。

首先不难发现,在历朝历代的开国君主中,帝王庙里居然一概不奉祀大名鼎鼎的秦始皇。即便到康熙年间,追祀的历代帝王已增至167人,可秦始皇仍然不在其祀。案秦始皇一非谋逆篡位之君,二非被废被弑之君,三非亡国丧土之君,四非短命夭亡之君,五非坐享其成之君,反倒是中国历史上第一个大一统王朝的缔造者,是二千多年中央集权和中华帝制的开创者,何以各王朝竟一概不予奉祀?史称"自秦始皇得蓝田玉以为玺,汉以后传用之,自是巧争力取,谓得此乃足以受命"②。即从汉代以来,秦始皇的玉玺成了华夏正统王朝的传国宝印,成了帝权和国统的象征,历代政治家、野心家莫不为之"巧争力取",得之者便视如"天命所归"。事既如此,后人怎么会独重其物而独轻其人呢?这里唯一可以作出的解释是,秦始皇的专制独裁、严刑峻法、徭役如山、焚书坑儒使"天下苦秦久矣"③,故而深为世人所不齿。

史上专制帝王的暴政在在皆是,罄竹难书,但自古至今尽人皆知的是,秦始皇的暴政可谓登峰造极,以至他的王朝在中国历史上获得了一个

---

① 《明史·吉礼四·历代帝王陵庙》。
② 《明史·舆服四》。
③ 《史记·高祖本纪》。

独一无二的专名——暴秦。在荡平东方六国后,秦朝本该轻徭薄赋,给人民休养生息的机会,但秦始皇却反其道而行之,内则大兴土木,外则劳师远征,令广大人民苦不堪言。据正史记载,仅在公元前215~前213年的短短三年中,秦始皇就发兵30万北击匈奴,征兵50万扼守五岭,役使20万~50万人修筑长城,总数在百万以上。此外再加上修筑阿房宫、建造骊山墓的70万"刑徒",以及多次巡游、修建驰道征用的民力,总数多达三四百万。当时全国总人口也才不过2000万,青壮劳力充其量不足四分之一,几乎全被秦始皇征发殆尽。《汉书·严安传》载:秦始皇时"丁男被甲,丁女转输,苦不聊生,自经于道树,死者相望"。此即当时深为秦皇暴政所苦的社会实况。

在《红楼梦》第二回中,曹雪芹假借贾雨村之口说:"天地生人,除大仁大恶,余者皆无大异。若大仁者,则应运而生,大恶者,则应劫而生","蚩尤,共工,桀,纣,始皇……皆应劫而生者"。《红楼梦》上距秦始皇已近两千年,但仍念念不忘他是和夏桀、商纣并列的"大恶者",足见秦始皇的暴虐早已深深镌刻在中华民族的灵魂中,成为口口相传的"心碑"。

民心所向,遂使历朝统治者不得不把秦始皇永远开除了"帝籍"。唐玄宗天宝年间建造的历代帝王庙是集中在京都的最早帝王庙,在廷议入选帝王时,礼部尚书奏曰:"汉高祖祭法无文,但以前代迄今,多行秦、汉故事。始皇无道,所以弃之。汉祖典章,法垂于后。"[①]这里说得明明白白,历朝历代虽然多承袭秦朝制度,但"始皇无道",故唯能以"汉祖典章"昭彰于世。于是,汉高祖堂而皇之地成了帝王庙中奉祀的先圣王,而秦始皇则被弃之不理。这并非唐朝的一家之见,下迄明朝,明太祖朱元璋为了以史为鉴,要求臣下将历代无道昏君的虐行汇集起来,首先被选中的也是

---

① 《旧唐书·礼仪四》。

夏桀、商纣、秦始皇和隋炀帝。

耐人寻味的是，不仅中原王朝对秦始皇作如是观，被视为"蛮夷"的少数民族统治者也作如是观。《金史·张浩列传》记载，金朝初年，谄媚之徒揣摩女真统治者的心理，一再进言废除汉人的科举制度。金世宗完颜雍召群臣问曰："自古帝王有不用文学者乎？"尚书令张浩答："有。"金世宗问："谁欤？"张浩答："秦始皇。"金世宗乃怒视左右曰："岂可使我为始皇乎！"由此"事遂寝"，并从此大开擢用文人之风。由此可见，即便在女真等民族看来，秦始皇也是钉在耻辱柱上的无道君王，只配做历史的反面教员。

秦始皇之外，开国皇帝中还有两个概不在祀，一个是西晋的晋武帝，一个是隋朝的隋文帝。其故在于，晋武帝司马炎创建的是一个历史上最无道无法的王朝，不仅国祚短暂，而且导致了"五胡乱华"的局面，使中原大地哀鸿遍野，民不聊生。至于隋文帝杨坚，客观来说本是一位颇有作为的君主，不仅成功统一了分裂数百年的中国，同时如上章所述，他还推行了不少利国利民的新政策，所以当明朝初年考定祭仪时，奉祀的十七位帝王中就有隋文帝。但在这以后，因为隋文帝是以外戚身份篡夺女婿宇文赟帝位而登基的，而且功成之后对宇文家族进行了残酷的清洗，故按古之道德观，可谓一不忠二不仁，因此于洪武二十一年（1388年）也被请出了帝王庙。

史上既有开国之君，当然也有亡国之君，而历代帝王庙的规矩是，亡国之君是概不得入祀的。对于丢失祖宗江山的君主来说，这无疑是个莫大的惩戒，而对当朝帝王来说，这也无疑是个莫大的警示。然而凡事皆有例外，一个唯一的例外是，清康熙帝特为明的亡国之君崇祯开脱说：

有明国事，坏自万历、泰昌、天启三朝，神宗、光宗、熹宗不应崇祀，咎不在愍帝（崇祯）也。①

康熙帝因此下旨"愍帝不应与亡国之君同论"，把明崇祯帝朱由检请进了帝王庙。

康熙帝为何一定要对明末帝崇祯法外施恩呢？其中当然另有缘故。首先于史可稽，明神宗以降的明朝早已是千疮百孔、病入膏肓，崇祯即位时"臣僚之党局已成，草野之物力已耗，国家之法令已坏，边疆之抢攘已甚"②，他纵有三头六臂，也已无力回天。因此，康熙将明的衰亡归咎于明神宗、光宗、熹宗，不为无故。但康熙为崇祯帝开脱的更深层原因是，在把明的溃灭归咎于神宗、光宗、熹宗乃至李自成后，无异于说朱明王朝并非亡于满清，而是亡于明朝自身。这样一来，明朝为清所灭的事实便被淡化，清王朝所谓"国家抚定燕都，得之于闯贼，非取之于明朝"③的说法便得以成立。但这也告诉人们，即使封建帝王也不得不承认，相对于亡国之君来说，无道昏君更为人所不齿。

此外帝王庙中先皇神位的增删兴废，多出于当朝皇帝的一己之愿，难免会带上这样或那样的政治偏见和民族偏见。明嘉靖帝因为明英宗被瓦剌俘虏于土木堡，故而罢元世祖及木华黎之祀，试图把元王朝从历史上抹去，便是愚蠢之举。其愚蠢之处在于，一则瓦剌并不等同元朝的蒙古族，二则元朝尚且尊南北宋为正统王朝并代为修史，何至于堂堂华夏的明朝反不如"蛮夷"？三则中国历史上少有将前朝以敌国视之而不惜割裂历史的，所以嘉靖帝这样做只能表明他的短视。

清皇室出自先秦肃慎族，也出自女真金人，他们对历史的态度反而较为客观。顺治帝不仅崇祀由三皇五帝以迄宋、明的中华诸君，而且"以

---

① 《清史稿·礼制三》。
② 《明史·流贼》。
③ 《清史稿·多尔衮列传》。

辽、金分统宋时天下，其太祖应庙祀。元启疆宇，功始太祖，礼合追崇"，将辽、金、元也一并纳入了中华正史，纳入了历代帝王庙。这固然可以说是少数民族政权的惺惺相惜，但更重要的是，它显示了不以长城为界的大中国观，并且完成了历代帝王庙从奉祀华夏帝王到奉祀中华各族帝王的转变。

清朝诸帝中，康熙帝最善于拉拢一大片。他在临终前广施天恩，诏令"除亡国暨无道被弑"之君外，其他帝王皆可入祀，这就大大扩充了历代帝王庙崇祀的范围。在大大"扩编"的同时，康熙帝又把败坏了明朝纲纪的明神宗、光宗、熹宗清出了帝王庙，以示惩戒。及至乾隆皇帝，更提出了"中华统绪，绝不断线"的观点，"增祀两晋、元魏、前后五代各帝王"，使中华民族的历史更趋完整。此外，乾隆将历史上平乱的唐宪宗、殉国的金哀宗，以及被明成祖推翻的明建文帝等一概请入了帝王庙，同时还不忘把政治黑暗的汉桓帝、汉灵帝踢了出去。

中华民族是一个历史的民族，对历史的重视举世无双。她不仅拥有人类文明史上最悠久、持续的历史，也拥有人类宝库中最丰富、详实的典藏，同时还拥有世界上最敢于秉笔直书的史官。她的子民从来不相信有公正的上帝，却相信有公正的历史，相信历史的审判，相信人死后既可以流芳百世，也可以遗臭万年。因此便不难理解，何以历代统治者要对帝王庙的崇祀对象作如此煞有介事的甄选了。进而更不难理解，何以历代帝王庙在历史上会起到如此不可替代的作用了。质言之，历代王朝兴建帝王庙的初衷或许只是为了维护封建皇权的至高无上，维护自己统治的合法性，但它所起的实际作用却远远超出了人们的想象。其客观效果是，它一则维系了中华一统的大体，维系了民族历史的完整；二则它寄托了亿兆黎民对有道先君的景仰；三则它还在无意中树立了一个标准，在一定程度上维系了古代中国的"王道"。

《国语·鲁语上》云：

第七章　东方神韵——古都北京的城市风貌

夫圣王之制祀也，法施于民则祀之，以死勤事则祀之，以劳定国则祀之，能御大灾则祀之，能扞大患则祀之。

以上便是由上古传承下来的为先王制祀的标准，亦即由上古传承下来的"王道"。按此标准，所祀之君必须"皆有功烈于民"，或法施于民、或以死勤事、或以劳定国、或能御大灾、或能扞大患。换言之，只有功勋卓著的"前哲令德"，才有资格纳入奉祀，以供"民所以瞻仰也"。为此《国语》此文和《礼记·祭法》还列举了许多有道明君以为楷模，例如黄帝、颛顼、尧、舜、禹、商汤、周文王及武王等。

由此可见，中国古代虽然盛行"君权神授"观，虽然认为一切都是由冥冥之中的上天决定的，但仍然以道德的力量高于天命。也就是说，只有德性良好的天子才能得到上天的庇佑，反之则必遭天谴。当然，历史上的有道明君寥若晨星，若按此"王道"的标准甄选，可以入祀历代帝王庙的少之又少。历代统治者对此心知肚明，自然不会真的按此标准办理，但甄选时总不能阴阳颠倒、谬之千里。之所以像秦始皇这样臭名昭著的暴君，以及形形色色法纪坠失的亡国之君，还有那许许多多道德败坏的奸雄，无论当朝统治者对他们如何心怀怜悯，也只能斥之于历代帝王庙外，其故盖源于此。

《孟子·滕文公下》云："孔子成《春秋》，而乱臣贼子惧。"一部《春秋》便足以使乱臣贼子惧，可见历史的力量是多么伟大！这就是历史审判的力量，是人心的力量，是帝王们不能不有所忌惮的。从这个意义上说，历代帝王庙无异于一个道德审判所，见证着历史裁判的底线。这底线为中华民族的"忠君""崇君"划定了一个标准，一旦昏君无道、倒行逆施，视君如天的炎黄子孙同样会揭竿而起，发出"王侯将相宁有种乎"的冲天怒吼！

● 祭祖：太庙、奉先殿

对祖先的崇祀由来已久，其崇祀场所在民间称祠堂，在帝王则为宗庙、太庙。《礼记·中庸》云："宗庙之祭，所以祀乎其先也。"《释名·释宫室》云："宗，尊也；庙，貌也，先祖形貌所在也。"按上述解释，可知宗庙的本义是泛指各类人的祭祖场所，凡"先祖形貌所在"即可当之。但西周以后，宗庙成了帝王和诸侯祖庙的专称，大夫以下只能称家庙或祠堂。帝王的宗庙又称太庙或太室，《礼记·月令》称"天子居名堂太庙"，《尚书·洛诰》载周成王"入太室"祭祀周文、武，此"太庙""太室"即天子专属的宗庙。

古人在追述早期太庙时说："《商书》曰：'七世之庙，可以观德'，则知天子七庙自古有之。"[①] 这里说的是商代的太庙，祭七代祖先。考古发现的太庙比文献记载的要早，甚至可以早到夏代。前述偃师二里头夏代都城遗址出土的2号宫殿，考古工作者判定其为祭祀先皇先君的宗庙式建筑，这就是迄今所知最早的太庙。

皇家太庙的一大特点是，它必须建在都城以内。

《左传·庄公二十八年》云："凡邑，有宗庙先君之主曰都，无曰邑。"许慎《说文解字》亦云："都，有先君之旧宗庙曰都。"综合此类记载可知，帝王的太庙必须建在都城以内，并且这座城市是因为有了太庙才得以称"都"的，否则只能称邑。至于其位置，按照"左祖右社"的古制，太庙需建在皇宫的左前方。

太庙的特点之二是，其形制开始是分庙制，后来逐渐改为同堂异室制。

太庙内供奉的是当朝皇帝列祖列宗的神位，即先皇的灵牌和御容。早期太庙实行的是分庙制，一个庙内只安放一个祖宗的神位。祭祀的祖宗亦有定数，文献记载夏代五庙、商代七庙、周代七庙，即夏人祭祀五代父

---

① 《明史·礼志五》。

祖，商周各祀七代父祖。中国古代宗法制度的原则是"亲尽而迁"，即除了"太祖百世不迁"之外，其他先祖一旦世次相隔过久就要迁出太庙，移入专奉远祖的祧庙。也有不循此例的，如西汉时"每帝辄立一庙"，即无论有多少个先帝，每帝各立一庙，因此成了史上太庙数量最多的朝代。

从东汉光武帝开始，皇家太庙从分庙制改为同堂异室制，即在同一座太庙内分设不同正室以共祀列祖列宗。这种形制后来成为定规，"由是同堂异室之制，至于元莫之改"。唐玄宗大崇礼法，祭享祖宗的典制超过了前代，特改商周以来传统的七庙为九庙，"立九室，祀八世"，到唐代晚期甚至更增至"太庙十一室并祧庙八室"。以上文献皆出自《明史·吉礼五·宗庙之制》，是明太祖"命中书省集儒臣议祀典"得出的结论，故而其言"至于元莫之改"。实际上，太庙的同堂异室之制不仅延续到了元末，而且一直延续到了清末。

太庙的特点之三是，它不仅供奉当朝先帝，还附祭先帝的功臣。

把已故功臣的神主供奉在太庙两侧的庑廊，称之为配享。配享的功臣一方面表明他们仍在侍奉先帝，一方面可继续享受当朝圣上的香火，是做臣子的最高荣耀。此制源起于唐玄宗，据《旧唐书·礼仪志六》记载，玄宗当年决定，在唐高祖之室配裴寂、刘文静，在唐太宗之室配长孙无忌、李靖、杜如晦，在唐高宗之室配褚遂良、高季辅、刘仁轨，在唐中宗之室配狄仁杰、魏元忠、王同皎，共有十一位功臣入祀了皇家太庙。这显然是仿照隋文帝以功臣配祀古昔帝王的做法而来，但把这个制度由古推今，等于为本朝臣子树立了一个梦想的天堂，不失为一个创举。

太庙的特点之四是，供奉的肉食须是熟品。

《周礼·大宗伯》云："以四献裸享先王。"贾公彦疏："对天言祀，地言祭，宗庙言享。"据此可知，古人祭天言祀，祭地言祭，祭祖曰享。此类记载于史多见，都强调祭、祀、享的不同。其实这些祭祀除了祭祀场所区分为露天状的坛台与房屋状的庙宇外，另一个差异就在于供奉肉品的生

与熟。《说文》释"享":"享,献也……象进熟物形。"这里说奉献给宗庙的皆为熟食。《礼记·祭法》郑玄注:"凡鬼者,荐而不祭。"此文的"凡鬼者",概指故去的先祖、帝王、先师,所谓"荐",也是只进熟食。这种生、熟之分的缘故其实很简单,无非是在古人看来,"天地"等自然神祇都是吃生食的,而君、亲、师都是人神,应和生前一样吃熟食。

以上即源于中原王朝的华夏太庙制度。这个制度不仅源远流长,而且影响至远。正是受此影响,从女真人创建的金朝起,今北京就有了第一座皇家太庙。

据《金史·礼志三》记载,金人开始时没有宗庙,是在接触了汉文明后才在上京创建太庙的,迁都燕京后又建造了新的太庙。

一般认为,今北京的第一座金太庙建成于"(金海陵王)贞元三年"[1],事在1155年。但揆诸史实,早在此前的金熙宗朝,燕京城内已有了一处皇家太庙。据《金史·熙宗本纪》记载,天眷三年(1140年)九月金熙宗幸燕京,"己酉,亲飨太祖庙",此即金人在燕京建的第一座太庙。这是专门用来祭祀金太祖完颜阿骨打的,故称"太祖庙"。及至海陵王迁都,"乃增广旧庙",把太祖庙扩建为奉祀列祖列宗的太庙,还在一旁新建了一座太祖原庙。自此而始,"两都告享宜止于燕京所建原庙行事"[2],金廷对太庙的祭祀只在燕京一地举行。

蒙古人世居漠北,原本也没有宗庙,每逢祭奠祖宗便"割牲、奠马湩,以蒙古巫祝致辞",即杀牲、洒马奶酒并伴以巫祝祷告,仪式十分朴拙。中统四年(1263年)三月,元世祖忽必烈"诏建太庙于燕京",翌年"初定太庙七室之制"[3],创建了元的首座太庙。是时元大都新城尚未兴建,此太庙建在了当时称燕京的故金中都城内。忽必烈之所以这样做,是因为

---

[1]《金史·礼制三》。
[2]《金史·礼志六》。
[3]《元史·祭祀志三》。

按照中华典籍《礼记·曲礼》的说法，都城营造应"宗庙为先，厩库为次，居室为后"，即营建都城需先建宗庙。在元大都全面投入建设后，忽必烈又按"左祖右社"之制于宫城东部齐化门内建造了一座新的太庙，故址在今朝阳门内。到至元十七年（1280年），"大都重建太庙成"[1]，元的太庙遂由燕京故址迁入新城。又间隔了数年，至元二十一年（1284年）三月"太庙正殿成"，元大都的太庙工程始告结束，各神主得以奉安。

明清两朝的太庙建于皇城之内、宫城之东，此即天安门左侧的今劳动人民文化宫。这座庙是明成祖永乐十八年（1420年）仿南京太庙建造的，"前正殿，后寝殿……为同堂异室之制"[2]。起初明先帝的神主皆合祀其中，但嘉靖帝以为不妥，称"宗庙之制，父子兄弟同处一堂，于礼非宜，太宗以下宜皆立专庙"，遂于嘉靖十四年（1535年）在原址建九座庙宇以分祀历代祖先。次年底新庙落成，"庙各有殿有寝"，遂移先帝神主于新庙。可惜天公不作美，嘉靖二十年（1541年）四月电闪雷鸣，瞬间击毁了成祖、仁宗二庙，其他各庙也大有损伤。这令君臣上下恐慌不已，认为是新庙不合古制冲撞了祖先，以至上天示警，于是嘉靖忙不迭地"乃命复同堂异室之旧"[3]。

满清爱新觉罗氏入关后，竟然毫不避讳这是明皇室的祖庙，刚进北京就把明朝历代帝王的神位从里面搬出，另将清太祖努尔哈赤、孝慈武皇后、皇太极的神主奉安其中，于是这里转眼成了清朝的太庙，而且一用就是267年。清太庙的大殿内立着历代帝、后神位，左右两侧各有庑殿十五间，东庑奉祀皇族杰出成员，西庑奉祀异姓功臣。前殿之后为中殿，又称寝宫，供奉历代帝、后神龛。中殿之后为后殿，又称"祧庙"，专祀努尔哈赤前的四世祖宗神位。

[1]《元史·世祖本纪八》。
[2]《明史·礼志五》。
[3] 同上注。

封建帝王自诩"帝王孝治天下，礼莫大乎事亲"[1]，一个最突出的表现就是对太庙的建造可谓无所不用其极。明清太庙占地近14公顷，坐北朝南，平面呈长方形。经过清朝多次修葺扩建，其整体建筑被三道黄琉璃瓦覆顶的红围墙分隔成前后三进院落。太庙的中心建筑是位在第二进院落的太庙前殿，又称大殿，是皇帝举行祭祖大典的地方。这是我国古代规格最高的建筑之一，坐落在三层汉白玉须弥座台阶上，周围有汉白玉护栏。主殿面阔十一间，进深四间，屋顶为庑殿二重檐，上覆黄琉璃瓦。廊柱皆用沉香木包镶，殿顶、天花、四柱均粘贴赤金花。其地面铺设的是苏州"御窑"为皇家特制的地砖，俗称"金砖"。这种砖选用苏州特有的富含胶状体的土壤制作，经过选土、浸泡、踩踏、捶打、制坯、阴干、烧制、出窑、打磨、加工等一系列工序，再经过桐油浸泡，方成正品。这样制作出来的地砖坚硬如铁，敲之若金属般铿然有声，故名金砖。也有人说这样一块砖价值一两黄金，故此得名。这些砖色泽鲜亮，踩上去不滑不涩，个个光润如玉，而且历久弥新，堪称中国古代建筑史的一个奇珍。

按照古制，帝王每临大事都要祭告祖庙，事后亦要祭告于庙，以示对先祖的"事死如事生"。《左传·桓公二年》云："凡公行，告于宗庙，反行饮至。"班固《白虎通·巡狩》云："王者出，必告庙何？孝子出辞反面，事死如事生。"以上说的就是始于先秦的这个传统。此外诸如册命诸侯、朝见、祭祀、献俘、授禄、施政等国之大事，也常在宗庙中举行，以示君权和族权的统一。发展到明清两朝，太庙更成为不亚于大内皇宫的重要政治场所，每逢皇帝登基、亲政、大婚、郊配、册立、册封、葬陵、上谥、出巡及凯旋、献俘等，都要择吉日祭告于太庙。到了一年四时的"时享"之日，以及先皇的生日、忌辰等，更要在这里举行隆重的祭祀仪式。

紫禁城内还有一处皇帝家庙，相当于内太庙，此即奉先殿。这是一组

---

[1]《清史稿·世祖本纪二》。

独立的建筑群，按"左祖右社"之制设在内廷的东路，专奉当朝皇帝列祖列宗的神位。该殿始建于明成祖永乐年间，清顺治和康熙年间重建，形制为"前后各九楹，如太庙寝制。中为堂，左神库，右神厨"①。

现奉先殿坐落在白色须弥座上，四周围以白石栏板，为"前正殿，后寝殿"的一殿一寝形式。两座殿均面阔九间，前殿为规格最高的重檐庑殿式屋顶，后殿为单檐歇山式屋顶，都覆以皇家专用的黄琉璃瓦。

● 祭师：孔庙、文华殿

《吕氏春秋·尊师》云："死则敬祭……此所以尊师也。"尊师的最高礼仪，莫过于"死则敬祭"。如前所述，师的最高典范是孔子，是故封建王朝对师的"死则敬祭"，就集中在孔子身上。

孔子年七十三而卒，葬于鲁城北泗上，由鲁哀公亲制悼文。《史记·孔子世家》云："鲁世世相传以岁时奉祠孔子冢，而诸儒亦讲礼乡饮大射于孔子冢。"这是关于祭孔的最早记载，祭奠场所就在曲阜阙里的孔子冢前，祭祀者主要是孔子的后人、学生和乡党。

以上是民间自发的祭孔活动，而皇家祭孔的最早记载，则始见于《汉书·高帝纪下》。其云：高祖"行自淮南还，过鲁，以大牢祠孔子"。这是汉高祖十二年（前195年）的事，时在西汉初年。到西汉后期，汉成帝采纳汉儒梅福的建议，于绥和元年（前8年）"下诏封孔子世为殷绍嘉公"②，孔子由此得到了历史上的第一个封号。此所谓"殷绍嘉公"，是封孔子为商汤嫡嗣，让他的子孙以此身份来承续商祀。这虽然不伦不类，但总不至于再让孔子"以圣人而歆匹夫之祀"了，也算聊胜于无。

成帝之后，历朝历代纷纷给孔子加封尊号，而且一代胜似一代，突出之例有：

---

① 《清史稿·礼志四》。
② 《汉书·梅福传》。

西汉元始元年（公元元年），汉平帝加封孔子为"褒成宣尼公"。这是孔子得到的和他本人直接相关的第一个封号，"公"是爵位，"宣尼"是谥号。

北魏太和十六年（492年），魏孝文帝尊孔子为"文圣尼父"，"父"是美称，"文圣"是谥号。

北周大象二年（580年），周静帝追封孔子为"邹国公"，"公"是爵位，"邹"是国名。

隋开皇元年（581年），隋文帝尊孔子为"先师尼父"，"父"是美称，"先师"是谥号。

唐贞观二年（628年），唐太宗尊孔子为"先圣"；贞观十一年（637年），太宗改称孔子为"宣父"；乾封元年（666年），唐高宗加赠孔子"太师"官位；天绶元年（690年），武则天封孔子为"隆道公"。

唐开元二十七年（739年），唐玄宗封孔子为"文宣王"，"王"是爵位，"文宣"是谥号，孔子从此加谥为王。

宋大中祥符元年（1008年），宋真宗加封孔子为"玄圣文宣王"，祥符五年（1012年）改称"至圣文宣王"。

元朝大德十一年（1307年），元武宗加封孔子为"大成至圣文宣王"，这是历代帝王给予孔子的最高谥号。

明嘉靖九年（1530年），明世宗厘定祀典，尊孔子为"至圣先师"，取消了其他谥号与封号。

清顺治二年（1645年），清世祖加尊孔子为"大成至圣文宣先师"，十四年（1657年）改称"至圣先师"。

绵延至今，"至圣先师"即对孔子的统一尊称，其"至圣"乃道德最高之意，"先师"亦特指孔子。

历史上最早的孔庙也肇起于孔子故里。史载孔子卒后第二年（前478年），鲁哀公便将曲阜阙里的孔子三间故宅立为庙，"庙藏孔子衣冠琴车书"[1]。当时孔子后裔及弟子常在这里演奏乐舞，追思和颂扬孔子的功德。史上首座皇家孔庙则是由汉廷建造的，地点也在曲阜。《三国志·魏书·崔林列传》载："汉旧立孔子庙，襃成侯岁时奉祠，辟雍行礼，必祭先师。"以上所说的"汉旧立孔子庙"，便是汉廷建造的首座皇家孔庙，位在曲阜。三国时天下纷扰，孔子故里的皇家旧庙惨遭损毁，曹魏黄初二年（221年）魏文帝曹丕下诏，"令鲁郡修起旧庙，置百户吏卒以守卫之"[2]，曲阜的皇家孔庙得以复建。从此以后，曲阜孔庙成了天下儒士的圣地，往来瞻仰拜谒者络绎不绝。

东汉光和元年（178年），汉灵帝采纳蔡邕所谏，"遂置鸿都门学，画孔子及七十二弟子像"[3]，王朝都城从此有了第一个祭孔中心。但这只是附设于太学的祭孔场所，以传授孔学为主，祭祀孔子为辅。

降至北魏中后期，孝文帝元宏崇尚汉学和汉制，他一改此前从祀孔子于太学或以"先师"身份陪祀于"先圣"周公的成例，首创专祀孔子之礼。《魏书·高祖本纪下》云：太和十三年（489年）北魏孝文皇帝"立孔子庙于京师"。这便是孝文帝建造的首座孔子故里之外的皇家孔庙，地在北魏都城平城（今山西大同）。影响所及，不久后民间也有了建在孔子故里之外的孔庙，事见《魏书·刘道斌列传》："道斌在恒农，修立学馆，建孔子庙堂，图画形像。"刘道斌是北魏恒农郡太守，卒于北魏孝明帝正光四年（523年），可见此时的陕州一带已有了独立的孔庙。

及至唐朝，《旧唐书·高祖本纪》载，唐高祖李渊于武德二年（619年）"令国子学立周公、孔子庙，四时致祭"。这座庙宇虽然建在了国都长安城

---

[1]《史记·孔子世家》。
[2]《三国志·魏书·文帝纪》。
[3]《后汉书·蔡邕列传》。

内，但仍在国子学中，且以周公居首、孔子次之，并非独立的孔庙。这之后，到了唐高宗、玄宗年间，孔子庙的沿革终于迎来了鼎新革故的关键时期。

《旧唐书·礼仪四》载，唐高宗显庆二年（657年），礼部尚书许敬宗等人奏请"以孔子为先圣"。在得到唐高宗的首肯后，孔子不仅取得了"先圣"头衔，还在享祀时不再屈居于周公之下。此后唐玄宗"追赠孔宣父为文宣王，颜回为兖国公，余十哲皆为侯"[1]，孔子正式成为国家公神，得以独立成祀，皇都之内也就有了专建的"孔庙"。

综合《旧唐书·礼仪四》等文献的记载，唐高宗、玄宗制定的孔庙祭典是：

1. 孔庙的神位分主次三大类：居首的是孔子，颜回等十哲人配享，七十二子（一说六十七子）从祀。孔子及十哲立塑像，其余为画像；

2. 祭孔活动从此正式纳入国家典仪，"礼令摄三公行事"；

3. 祭孔的国家祀典为中祠。当时"太社、太稷，开元之制，列在中祠"，即社稷之祭尚属中祠，足见祭孔等秩之高；

4. 国都的孔庙既为皇家所建，理所当然成了各地孔庙中的等级最高者，就连曲阜孔庙的建制、礼仪、祭服、祭器等也只能与之相埒，不得僭越；

5. "天下诸州亦准此"，全国各州府都依例建起了孔子庙。

唐以后，上述典仪成为定制，国家的祭孔大典也同时在国都和曲阜两地举行。宋代对孔庙的从祀制度做了一番调整，主要即如第二节所述，是把祭祀对象从唐以来的三等变成了五等。其添加的最末一等是"先儒"，

---

[1]《旧唐书·玄宗本纪下》。

也就是历代最优秀的儒者。这无异于给芸芸儒生打开了一个理想的天窗，即只要成为济世安邦的大儒，便可死后晋身孔庙，成为世代奉祀的圣贤。

辽南京城当时是否建有皇家孔庙，史载阙如，难以稽考。但以理度之，此事当无可疑。因为据《辽史·宗室列传》记载，辽太祖立国之初即"建孔子庙，诏皇太子春秋释奠"，此后辽圣宗再度诏令各州建孔子庙。燕京是辽的陪都，又是辽的汉文化中心，辽帝诏建孔子庙，南京无疑是重中之重，而且理应由辽皇敕建。

金人称孔庙为宣圣庙，又称文宣王庙，早在迁都燕京之前就在上都设址建庙。《金史·礼志八》载："皇统元年（1141年）二月戊子，熙宗诣文宣王庙奠祭，北面再拜。"这里说的就是金上都的孔庙，不迟于金熙宗年间便已建成。迁都燕京后，金世宗大定十四年（1174年）依国子监所谏，在金中都又建了一座孔庙。泰和四年（1204年）金章宗诏令各州刺史"州郡无宣圣庙学者并增修之"[①]，更在全国掀起了建造孔庙的热潮。

元朝的宣圣庙最早建于太祖铁木真年间，庙址在故金中都城内。元大都建成后，成宗又命建宣圣庙于大都城，至"大德十年（1306年）秋庙成"[②]。此庙位于大都城北部，除主祭孔子外，还配祀孔门四圣的颜回、曾参、子思和孟轲，从祀者则有许衡、董仲舒等十余人。新的宣圣庙落成后，成宗"命江浙行省制造宣圣庙乐器，以宋旧乐工施德仲审较应律，运至京师"[③]，祭孔的礼乐亦更加规范。

明清两朝的皇家孔庙就是在元大都宣圣庙的基础上发展起来的。先是明成祖永乐九年（1411年）在元的旧址上重新建造了孔庙，之后宣德、嘉靖朝不断修葺扩建，使孔庙的规模累有扩大。明嘉靖朝改孔子塑像为木主，去元帝追谥的"大成至圣文宣王"尊号而改称至圣先师，仍以颜子、

---

① 《金史·章宗本纪四》。
② 《元史·祭祀志五》。
③ 《元史·礼乐志二》。

曾子、子思、孟子配享，从祀的则有先贤一等、先儒一等。明万历二十八年（1600年）将殿顶换成青琉璃瓦，清乾隆二年（1737年）又诏令除祭祀孔子父母的崇圣祠外，其他正殿全部改为黄琉璃瓦，孔庙由此跻身皇家顶级建筑。清朝末年，在内忧外患的四面楚歌中，光绪三十二年（1906年）敕令把祭孔升为大祀，并把大成殿的原七间三进扩大为九间五进，以符帝王的"九五之尊"。顷刻间清朝覆亡，这个国家工程尚未完成，一直拖到民国五年（1916年）始告竣工。

如今坐落在安定门内成贤街路北的孔庙，就是由元至清留下的。它与西侧的国子监东西毗邻，形成了"左庙右学"的格局。整座孔庙坐北朝南，分前后三进院落：先师门到大成门为第一进，大成门到大成殿为第二进，奉祀孔子祖先的崇圣祠为第三进。祭孔的正殿是大成殿，位于第二进院落，坐落在围以汉白玉栏杆的月台上，顶部是中国宫殿建筑中规格最高的重檐庑殿顶，上覆黄琉璃瓦。大成殿正中神龛内供奉着"至圣先师孔子神位"，两侧配祀复圣颜渊、宗圣曾参、述圣孔伋、亚圣孟轲，另有从祀的历代先儒。

清代从康熙起就形成了一个传统，即每个皇帝登基后都要为孔庙题写一方大匾，以颂扬孔子的至圣至伟。康熙写的是"万世师表"，雍正写的是"生民未有"，乾隆写的是"与天地参"，此外有嘉庆的"圣集大成"、道光的"圣协时中"、咸丰的"德齐帱载"、同治的"圣神天纵"、光绪的"斯文在兹"、宣统的"中和位育"。虽然清帝御制的九块金字大匾至今犹在，但最后高悬于大殿正上方的，却是民国总统黎元洪题写的"道洽大同"匾。这种变故，再真切不过地反映了孔庙经历的世事沧桑和历史变幻。

孔庙内现存许多重要文物，尤以明、清两朝的进士题名碑最负盛名。这些大型石碑排列在先师门内东西两侧，共198方，镌刻着从明永乐十四年起（1416年）到清光绪三十年止（1904年）的近5万名进士的姓名、籍贯及名次。其中耳熟能详的名士大有人在，如史可法、刘墉、林则徐、李鸿章等，以及前北京大学校长蔡元培、全国人大原副委员长沈钧儒等。在孔庙与国子监之间的夹道内，还存有189方十三经刻石，上镌《周易》《尚书》《诗经》等十三部儒家经典，共计63万余字。这是刻在石头上的经典，一笔一划铭刻下了儒家学说，也铭刻下了中华文明自周秦以来走过的道路。

皇家祭师还有一个重要场所，此即紫禁城内的文华殿。文华殿是明清两朝皇帝举行经筵典礼的地方，亦即大臣为皇帝讲经解史的地方。为了体现"敬学与尊师"，侍讲前天子先要跪拜皇师、帝师及孔子，因此这里成了皇帝祭师及祭孔的又一中心。及至清初，清廷还把宫内的祭孔场所进一步扩大到了内廷乾清宫西侧的弘德殿。虽然这都是宫内的祭师场所，起不到在众人面前作秀的作用，但祭祀时"帝御衮服，行二跪六拜礼"，礼仪仍然十分隆重。

中华民族心中的先师不只孔子一人，此外还有许多品性高洁或功勋卓著的古之贤达，死后也被华夏子民尊为人格神。他们都以鲜活的形象诠释并传承着中华民族的伦理道德和传统理念，感染教化了一代又一代民众。北京街头星罗棋布的名人祠堂，就是祭祀这些先师的场所。它们大多出自民间，是庶民百姓自发为他们建造的。其中立庙最多的，首推中国古代集"忠、孝、节、义"于一身的"武圣人"关羽。据乾隆十五年（1750年）《京师乾隆地图》的标注，当时北京城内主祀关帝的庙宇竟多达116座[1]，高居各类庙宇之首。其他散落在京城街巷深处的名人祠堂亦不胜枚举，较为著名的有东城区府学胡同文天祥祠、东单裱褙胡同于谦祠、崇文门东花市南里袁崇焕祠以及西城区达智桥胡同杨椒山祠等。这些祠堂都是公祭"留取丹心照汗青"的民族英雄和中华先师的场所，它们得以保留至今，

---

[1] 马书田：《中国道教诸神》，团结出版社，1996年，第307页。

不知承载了多少代老北京人的心血和勇气。一座城市是不能没有灵魂的，而永铸人心的正义、公德与操守，便是古都北京千古不泯的灵魂！

4　沿革与发展

以上反映"天、地、君、亲、师"信仰的建筑物，就是东方文明给古都北京烙下的特殊印记。除了这些标志性建筑，古都北京体现"天、地、君、亲、师"信仰的其他建筑也比比皆是，且一概出自皇廷。例如紫禁城东六宫东侧有一座天穹宝殿，始建于明朝，清顺治朝改建，这也是明帝和清帝祭祀昊天上帝的地方。此外单就景山（万岁山）而言，在不多的楼阁中，既有供奉孔子神位的绮望楼伫立于南，又有供奉皇帝先祖御容的寿皇殿坐落于北，同样是皇家祭祖、祭师的重地。嘉靖二十一年（1542年）宫女谋弑，明世宗朱厚熜迁往西苑长住，在西苑建造了帝社坛、帝稷坛和皇后祭享的先蚕坛，并把举行祭师典礼之一的经筵场所搬到了西苑无逸殿，由此在这里开辟出另一处皇家祭祀中心。乾隆年间在圆明园西北隅建造了一座安佑宫，"大殿九室，朱扉黄甍，如寝庙制。中龛悬圣祖御容，左世宗，右高宗"[1]，这里也成了清帝祭祖的地方。另据《清史稿·仁宗本纪》记载，嘉庆时"上侍高宗遍礼于堂子、奉先殿、寿皇殿"，可见堂子、奉先殿、寿皇殿等无一不是清帝祭祀先皇之所。同此之例尚多，不一而足。甚至可以说，"天、地、君、亲、师"信仰沉淀既久，早已渗透到都城的四面八方，以至处处可见它们的身影。但毋庸置疑的是，在举不胜举的同类建筑群中，前述各项才是最具代表性和标志性的，因为它们都是京师乃至全国同类建筑的翘楚。

首先应当明确的一点是，皇家的"天、地、君、亲、师"祭祀性建筑只能见于华夏都城，而不会见于其他城市。其中的缘故很简单，因为祭

---

[1]《清史稿·吉礼四》。

天、祭地是天子的特权，其他人皆不得染指，所以这些场所也就绝不可能出现在都城以外了。更何况，只有皇家才有太庙，才有权利祭祀历代帝王，这些建筑也只能见于都城。综观全国各类城市，只要不是华夏古都，无论其历史多悠久、规模多宏大，也只能建造一些地方性的孔庙（文庙）、土地庙和各家各户祭祀先祖的大小宗祠，其故盖源于此。因此，要谈此类建筑在北京城的沿革，也只能从北京成为辽五京时说起。

在仅是辽南京的时候，"天、地、君、亲、师"的标志性建筑在燕京还远没有形成格局，当时在南京城内能够纳入这套信仰体系的，无非一是象征君权的皇宫，二是代表师崇拜的皇家孔庙，再就是"皇城内有景宗、圣宗御容殿二"①，即当时南京城内已有辽廷祭祀先皇先君的祖庙。

金中都是北京历史上第一个首都，也是少数民族创建的都城。其统治集团本是流徙在白山黑水间的"蛮族"，然而寻根溯源，这些女真人终归是先秦肃慎族的后裔，历史的底蕴尚在。《金史·世宗本纪中》载金世宗之言谓：

> 女直（女真）旧风最为纯直，虽不知书，然其祭天地，敬亲戚，尊耆老，接宾客，信朋友，礼意款曲，皆出自然，其善与古书所载无异。

由上可见，金人虽然长期僻处白山黑水，但仍然传承着"天、地、君、亲、师"的古老信仰。于是，在君临燕京后，金人对华夏族的坛庙制度接受得相当迅速也相当彻底。

在统驭中都的短短几十年中，金人陆续建造起了祭天的南郊坛和祭地的北郊坛，还建造了朝日坛、夕月坛、社稷坛、太庙、宣圣庙。这就是说，除了历代帝王庙外，其他代表"天、地、君、亲、师"信仰的建筑在

---

① 《辽史·地理志四》。

中都城已一应俱全。当时金帝"常以冬至日合祀昊天上帝、皇地祇于圜丘，夏至日祭皇地祇于方丘，春分朝日于东郊，秋分夕月于西郊"[①]，建立了系统的祭祀制度。祭祀的场面也十分壮观，大定十一年（1171年）金世宗亲祀南郊，诏令仪仗减半，"于是遂增损黄麾仗为大驾卤簿，凡用七千人摄官在内，分八节"[②]。减半之后仍有分列成八大方阵的7000人组成的仪仗队，场面之大简直令人咋舌！

元世祖忽必烈统一中国后，在新大都的建设上虽然刻意仿效汉制，但久居漠北的蒙古人终究汉学根基尚浅，坛庙建设在某些方面甚至不如金人。从时间上说，忽必烈首先建造的是太庙，而且先后在故金中都城内及元大都城内各建造了一座。此后忽必烈建造的是先农坛，于至元九年（1272年）"始祭先农"。再后忽必烈建造的是社稷坛，建成于至元二十九年（1292年），但这与元大都太庙的建成已暌隔了12年。忽必烈在位共34年（1260~1294年），此期间甚至没有建造一座正式的郊坛，仅在城南丽正门外搭建了一座祭台。直到元成宗大德九年（1305年），元朝才在大都城南七里建造了一座郊坛。至于祭孔的宣圣庙，忽必烈时曾有规划，可是晚到元成宗大德十年（1306年）方才建成。

比较之下，元大都的坛庙制度在四大方面不如金中都：

一是金中都的坛庙在金世宗时（在位于1161~1189年）已基本形成格局，而元大都的坛庙从忽必烈建造首座太庙（1263年）起，直到元成宗建成宣圣庙（1306年）止，前后拖了近半个世纪。

二是元大都的天坛、地坛不像金中都那样分设在城市的南北郊，而是合并在南郊一处，不如金的规范。

[①]《金史·礼志一》。
[②]《金史·仪卫志》。

三是元大都不仅没有专设的地坛，也没有朝日坛和夕月坛，坛庙系统显然不如金人完备。

四是"自（元）世祖以来，每难于亲其事（案指祭祀），英宗始有意亲郊，而志弗克遂"[1]，即元朝的帝王躬亲祭典者甚少。金帝却大不然，史载他们"常以冬至日合祀昊天上帝、皇地祇于圜丘，夏至日祭皇地祇于方丘"。两相比照，二者判若云泥。

有此四条，元与金的坛庙制度立见高下。

及至朱明王朝，虽然如第六章第五节所述，太祖朱元璋极不情愿接受孔孟之道的"至圣"地位，但对"天、地、君、亲、师"信仰却从一开始就尊崇有加。例如刚一登极大宝，朱元璋就于洪武元年（1368年）"命中书省暨翰林院、太常司定拟祀典"[2]，对"天、地、君、亲、师"典仪正本清源，逐一实施。又如明成祖朱棣决定迁都北京后，即颁诏"修治北京祀典神祇坛宇"[3]，在北京广建太庙、内太庙（奉先殿）、天地坛、社稷坛、山川坛及先农坛，还重建了元的孔庙。明北京的这些坛庙建设"规划悉如南京，而高敞壮丽过之"[4]，即其格局一概仿自南京，但规模却更胜从前。

南京曾是东晋和南朝的国都，此后成为南宋王朝的行都和明王朝的都城，堪称正统汉文化的营地。明北京的太庙既然是仿照南京而来，当然就会更加正统。例如就"左祖右社"的体制而言，元大都虽然也作太庙在东、社稷坛在西，但它们与宫城相距遥远，且不在同一条轴线上，明显不合《周礼·考工记》所说的"匠人营国，……左祖右社，面朝后市"规制。而明北京的太庙、社稷坛则按照儒家经典作了修正，严格对称在皇宫正前方左右两侧，布局庄重而规整。

---

[1]《元史·祭祀志一》。

[2]《明史·吉礼一》。

[3]《明太宗实录》卷五十。

[4]《明太宗实录》卷二三二。

对于接连经历了辽、金、元三个少数民族政权的北京来说，明朝初年汉文化的回潮无疑是十分重要的。然而，明前期的北京仍然沿袭元朝合祀天地的旧俗，而且没有建造新的历代帝王庙，离坛庙建设的全面成熟还有一定距离。又经过一百余年后，明世宗"令群臣博考《诗》《书》《礼经》所载郊祀之文"[1]，于嘉靖九年（1530年）重新厘定了祭祀制度，决定分祀皇天后土，于是在城北新建方泽坛，同时开工兴建南郊圜丘、东郊朝日、西郊夕月三坛，随后将南郊圜丘更名为天坛，北郊方泽坛更名为地坛，天、地、日、月四坛遂由此而成。之后又经过两年建设，新的帝王庙也于嘉靖十一年（1532年）顺利落成。至此，北京城的"天、地、君、亲、师"建筑格局及祭祀制度终于定型，中国古代的坛庙制度由此进入到它的成熟期。

满清是打着"国家抚定燕都，得之于闯贼"的旗号进入北京的，因此对明的祀典制度毫不摒弃，反而采取了全面的"拿来主义"。老北京人对清京师的皇家坛庙一向有"九坛八庙"的说法，"九坛"即天坛、地坛、社稷坛、朝日坛、夕月坛、祈谷坛、先农坛、太岁坛和先蚕坛；"八庙"即太庙、奉先殿、寿皇殿、历代帝王庙、孔庙、传心殿、堂子和雍和宫。其中除紫禁城内的传心殿，以及功用独特的雍和宫和堂子外，其他都是由明京师的坛庙沿袭下来的。哪怕明的坛庙有所颓圮，清廷也一概是在故址上重建和翻修，既不做位置的调整，也不做用途的更改。而在这"九坛八庙"中，代表"天、地、君、亲、师"信仰的建筑已全部涵盖其中，只不过通过清朝的翻新扩建，它们比明朝更加秀出班行，宏伟壮丽。

从祭祀的等秩上看，清廷也承继了以往的古制而有所发展。自隋唐以来，国家祭典分为大祀、中祀、群祀三等，其中祭天地、上帝、太庙、社稷为唐的大祀，祭日月、先农、先师、太岁、历代帝王为唐的中祀，其他

---

[1]《明史·礼志二·郊祀之制》。

则为等而下之的群祀。及至清朝，秉承了这一传统，也将各类祭祀区分为高中低三大等。《清史稿·吉礼一》载：

> 清初定制，凡祭三等：圜丘、方泽、祈穀、太庙、社稷为大祀。天神、地祇、太岁、朝日、夕月、历代帝王、先师、先农为中祀。先医等庙，贤良、昭忠等祠为群祀。

以上是清朝初年的情况，此后为了体现以农为本，祈谷与雩祀（求雨）也升为大祀。祭先师孔子初为中祀，后来同样升为大祀。由此观之，经过不断发展，到了封建社会末期，"天、地、君、亲、师"祭礼已全部成为国家祭典的重中之重。

按照历代礼法，"天子祭天地、宗庙、社稷"，但如若皇帝"有故"，这些大祀亦可派朝臣代祭。至于其他祭祀，"中祀，或（天子）亲祭，或遣官。群祀，则皆遣官"[1]，皆可由大臣代劳。事实上，帝王们除了主持朝政外，还要纵情享乐，于是即便是国家祭典这样的大事，也往往"每难于亲其事"[2]。历史上表现最突出的是元帝，他们倦于这些国家祭祀，以至遣官致祭者多，躬亲践行者少。但同样是少数民族政权，清帝却对这些祭祀活动极为重视，不仅每逢祭日"躬亲行礼"，还亲自过问坛庙的建设。据《清朝文献通考》对祭天郊祀的记载，在清顺治到乾隆朝的152年中，福临、玄烨、胤禛、弘历四帝亲自主持的郊祀就多达178次[3]，超过每年一次。康熙五十八年（1719年）冬至日，68岁的玄烨疾病缠身，足痛难忍，但仍然"量力拜跪"[4]，坚持亲赴天坛祭天。又如前文所述，即便是列为中祀的祭先农，清朝统治的267年中由清帝"躬身亲祭"的也多达248次。

---

[1]《清史稿·吉礼一》。
[2]《元史·祭祀志一》。
[3]《清朝文献通考》卷92、93，《清朝续文献通考》卷148。
[4]《清史稿·吉礼二》。

乾隆三十七年（1772年）祭农时，"群臣虑帝春秋高"，奏罢天子亲耕，乾隆"不许，命仍依古制三推"[①]。

清廷此外的一大作为，就是在不断提升各类祭祀规格的同时，认真厘清各种祭祀典仪，精心修缮各个坛庙建筑，把这套制度推向了历史的顶峰。其中一个明显举措是，乾隆把地坛、历代帝王庙、孔庙的主殿一概升格为黄琉璃瓦覆顶的最高级别建筑，遂使"天、地、君、亲、师"建筑全部高居于京城建筑之冠，由此全面完成了此类建筑的升级改造。

以上"天、地、君、亲、师"建筑格局的逐步健全与发展，恰好在一定程度上反映了古都北京由辽至清的汉文明一体化进程。辽的南京终归是少数民族王朝的陪都，加之契丹人始终坚守本族的传统不变，故而南京城内此类建筑的系统化建设尚无从谈起。金、元同样是少数民族政权，同样保留了不少民族习俗，但在主流方面却相继融入了汉文化，其"天、地、君、亲、师"建筑的基本成形就是显明标志。见于史乘的记载，当年金、元皇廷为分辨汉民族的这些坛庙制度可谓煞费苦心，甚至朝野上下长期争执不已，最后仍歧见纷披。但正是通过这种争辩，汉文明的这个传统才得以继承，汉民族的这个信仰才得以弘扬。明代北京城"天、地、君、亲、师"建筑体系及祭祀制度的全面规范化，可以说是汉文明的一次历史大回潮，由此把东方坛庙制度一举推向了成熟期，尤以嘉靖时期为著。但最不能不提的是清朝，这个少数民族政权在定鼎北京后不仅照单全收了明中期的坛庙制度，而且通过祭祀典仪和建筑规格的全面提升，完成了坛庙发展史上的最后一跃，把它推向了历史的顶峰。

同时，作为东方古都的物化标志，"天、地、君、亲、师"建筑体系的逐步完善，还体现出了古代北京城的成长过程。辽南京仅有的皇家宫殿、皇家孔庙、皇家祭祖场所虽然离系统的坛庙制度相去甚远，但也不是

[①]《清史稿·吉礼二·先农》。

可有可无的，它至少表明这座城市正向中华帝都的方向转化。金中都、元大都"天、地、君、亲、师"建筑的初具规模，揭开了北京都城发展史上崭新的一页，标志北京已基本具有了代表都城地位的典型建筑，成了名副其实的中华古都。在马可·波罗等外人看来，元大都的宏伟壮丽举世无匹，但若就古都北京自身的发展轨迹来看，此时的城市建设尚未进入它的成熟期，更未进入它的鼎盛期。而以"天、地、君、亲、师"建筑格局的全面完善为标志，北京的古都建设显然是在明中期嘉靖年间臻于成熟的，在清中期乾隆朝时达于鼎盛。因此不妨说，明嘉靖以后的北京城才完全彰显出了它的中国气派和东方风格。

到了清代晚期，北京城由盛转衰，皇家的祭祀大典随之式微。到了呼喇喇大厦将倾的光绪末年，清廷虽有扩建大成殿的最后一搏，但这些坛庙维持封建王朝体系的作用已一去不返，这一举动已丝毫无补于清帝国的奄奄一息。下至民国时期，昔日皇家坛庙的辉煌皆成过眼烟云，大部分坛址甚至沦为杂草丛生的废墟，昔日祭祀先农的地方竟然成了枪决犯人的刑场。

但历史终归是历史，它既不会从民族的记忆中消失，也未曾从北京的城市建设中抹去。在历尽了世事沧桑之后，这些"天、地、君、亲、师"标志性建筑却个个得以保留，实属侥幸！时至今日，它们带给人们的绝不仅仅是几处可以发思古之幽情的名胜古迹，更重要的是，它们是东方民族传统信仰、伦理道德、行为规范、礼制文明乃至政治制度等一系列上层建筑的产物，是古都北京物质文化与精神文化的双重结晶。在它们的一砖一瓦中，烙印着大中华格局逐步形成的足迹，辉耀着中华古都逐步成长的神韵，值得人们永久的珍惜！

二　多元宗教及其建筑

当元明清三朝的主导文化相继融入了以儒学为核心的正统汉文化，当城市的标志性建筑围绕"天、地、君、亲、师"信仰形成了固定的格局，当世俗的衣食住行文化随着民族的融合及同化渐趋一致，北京的多元文化风貌，就越来越集中到宗教文化上。

宗教是人类历史的普遍现象，从旧石器时代晚期一直绵延至今。它们以超自然的神灵崇拜为宗旨，以共同的信仰、道德规范、礼仪法术为圭臬。宗教文化的覆盖面极广，不仅反映在宗教徒的精神信仰、思想意识、行为规范和生活习俗上，还反映在哲学、文学、艺术、医学、建筑、化学、天文、地理等各个方面。仅就人们熟悉的文学艺术而言，宗教赞美诗、宗教音乐、宗教舞蹈、宗教绘画和宗教雕刻等，就无一不是人类艺术宝库的奇葩。至于宗教建筑，不仅是供养神灵的殿堂，更是宗教活动的中心，可谓宗教文化最外在、最典型也最醒目的标志。古希腊、罗马的建筑艺术杰作，就有很大一部分是由宗教的神殿和纪念堂组成的。

元明清三朝的北京，是全中国的政治、文化中心，也是全中国各大宗教的中心。这个宗教中心展示给世人的，不是佛教的一花独秀，不是道教的只手遮天，不是伊斯兰教的独步天下，也不是基督教的唯我独尊，而恰恰是各大宗教的共生共荣。在世界宗教史上，一教独尊、一教独霸的现象不乏其例，这不仅表现在主流教派对异教和"异端"的排斥打击上，甚至动不动就付诸全民族的战争。最突出的一例即西欧封建领主和天主教会发起的"十字军东征"，从1095年罗马教皇乌尔班二世号召从"异教徒"手中夺回圣城耶路撒冷起，直到1291年十字军侵占的最后一个据点被伊斯兰教徒攻陷，前后历时约二百年。此期间天主教会以维护基督教为名，对地中海东部发动了八次侵略性远征，都给欧亚大陆带来了深重的灾难。而与此截然相反的是，古都北京却是不同宗教争奇斗艳的园地，造就了各大宗教的共同繁荣。这一结果不仅使北京成了世界古代史上一座罕见的宗教自由之城,还给这座城市带来了极为丰富的宗教文化景观。

世界性的三大宗教即佛教、伊斯兰教和基督教,再加上中国本土的道教,就构成了中国古代最具影响力的四大宗教。自从佛陀东来、道化三清、安拉示训、基督入华,这几大宗教相继进入了北京,留下了各自的标志性建筑。这些鳞次栉比的寺院和道观,这些隔街相望的教堂和清真寺,既见证了各大宗教的成长与兴盛,也融会了汉、回、蒙、维、藏乃至西方的建筑艺术,绚丽多姿地展示着古代北京的多元文化风貌。

四大宗教之外,还有一个不得不说的萨满教。萨满教也是世界性宗教,曾在北欧和北美诸多民族中广泛流行。原居塞外的契丹、女真、蒙古、满清同样是萨满教的信徒,而随着这些民族相继入主北京,这种宗教也一波接一波地涌入了这座东方之都。按照通常的逻辑,统治集团的文化必是占统治地位的文化,统治民族的宗教定是占统治地位的宗教,这几乎是铁的规律。但与此大不相同的是,当萨满教随着历史大潮进入北京后,却无一例外地萎缩下来,一轮接一轮地堕入了衰退的轨道。

1 佛教及其寺院

佛教尽管是外来宗教,却很早就传入了中国,也很早就进入了北京。历史上有"先有潭柘寺,后有幽州城"之说,就是说佛寺在北京的出现甚至早于唐幽州城的面世。潭柘寺位于西山深处的宝珠峰南麓,据清人《潭柘山岫云寺志》的记载,其前身是西晋的嘉福寺,因寺后有龙潭、山上有柘树而称"潭柘寺",辗转至今已有一千七百余年历史。

到了北朝,北京的佛寺已不乏其见,著名的有奉福寺、光林寺等。相传今广安门外的天宁寺就建造于北魏孝文帝之时,是燕京城最古老的寺院之一。该寺初名"光林寺",隋称"宏业寺",唐开元年间改称"天王寺"。辽代在寺庙的后院增建了一座高大雄伟的舍利塔,这就是保存至今的天宁

寺塔。金世宗大定二十一年（1181年），"天王寺"改称大万安禅寺，后于元代毁于兵火，殿堂庙宇荡然无存，唯有舍利塔得以保全。明代初年明成祖下旨重建此寺，规模在原基础上大有增益。到了明英宗正统年间，该寺再度重修，改称"天宁寺"，以迄于今。

及至唐朝，幽州城内外的佛寺就更是举不胜举了。辗转至今的有隋末唐初始建的房山智泉寺（今云居寺）、唐高祖武德五年（622年）始建的门头沟慧聚寺（今戒台寺）、唐贞观年间始建的悯忠寺（今法源寺）、唐贞观年间建造的香山兜率寺（今卧佛寺）、唐乾元元年（758年）建造的西山香界寺（今八大处主寺），以及唐大历元年（766年）建造的西山龙泉寺（今八大处灵光寺）等。

法源寺的来历较为特殊，是"唐太宗为征辽阵亡将士所造"[1]。唐代初年，高丽国频频犯境，唐太宗因此数次发动征辽之役，最后取得了决定性胜利。但劳师远征的唐军也伤亡惨重，而为了祭奠阵亡将士，唐太宗于贞观十九年（645年）敕令在幽州城建造了一座佛寺，这就是位于今宣武门外教子胡同的法源寺。该寺开工后历经数十载，竣工于武则天万岁通天元年（696年），得名"悯忠寺"。唐昭宗景福年间（892～893年），幽州卢龙军节度使李匡威对此寺重加修整，并增建了一座"悯忠阁"。史称悯忠阁雄伟之极，有"悯忠高阁，去天一握"[2]之说。此寺于辽清宁三年（1057年）毁于地震，现存的寺庙格局主要是辽道宗咸雍六年（1070年）重建时奠定的，时称"大悯忠寺"。明英宗正统年间重修后改称"崇福禅寺"，清雍正帝发帑重修后赐名"法源寺"。今大雄宝殿内悬挂的"法海真源"匾额，就是乾隆帝的御笔。

房山云居寺石经的镌刻也是隋唐佛教史上的一件盛事。云居寺石经始刻于隋大业年间，现收藏石经一万四千二百七十八石，含佛经

---

[1]《日下旧闻考》卷六。
[2]（明）刘侗、于奕正：《帝京景物略》，北京古籍出版社，1983年，第119页。

一千一百二十二部，计三千五百七十二卷。以其工程之浩大、刻功之精细、年代之久远、经卷之丰富，云居寺石经皆堪称世界佛教铭刻之最，而其中就有相当部分是在唐代完成的。

到了辽南京时期，北京地区的佛教更加兴盛。契丹人初信萨满教，后来笃信佛教，而辽南京佛事之盛在五京中位列榜首。据《析津志辑佚》等文献记载，当时南京城内浮图遍地，著名的有悯忠寺、天王寺（今天宁寺）、昊天寺、竹林寺、归义寺、仙露寺、善果寺、宝应寺、延寿寺等，南京城因此还获得了"僧居佛寺，冠于北方"[①]的美誉。天宁寺内的舍利塔就是辽天庆九年（1119年）建造的，呈八角十三层密檐式，是北京市最高的密檐式砖塔。辽南京佛寺中有不少是皇家出资建造的，辽帝和后妃常来这些寺庙里焚香理佛，尤以辽圣宗以后为盛。

辽南京寺院内当时汇聚了不少名重一时的佛门高僧，他们埋首经卷，整理印刷了大量佛教经典，俗称"契丹藏"。这是我国现存最早的大藏经刻本，当年曾广布四方，甚至流传到高丽、日本等国。1974年在整修应县木塔时，发现了一批秘藏的《大藏经》，题记标明是辽统和二十二年（1004年）刊刻于燕京的，这就是"契丹藏"的遗留。为了刻印佛经，当时悯忠寺、昊天寺等大型寺庙的周围集中了不少刻印作坊，每个作坊都有大量刻工，成了南京城的独特一景。

金朝统治者不像辽皇那样佞佛，但也尊奉佛教，同样在金中都修建了不少禅寺。南宋洪皓《松漠纪闻》云："（金）燕京蓝若相望，大者三十有六。"其中著名的有大圣安寺、大永安寺、大万安寺、大庆寿寺、龙泉寺、圣恩寺等。大万安寺即今之天宁寺，当年恰好地处金皇城宣华门内，是皇城内的唯一大寺。大圣安寺故址在原宣武区南横街，始建于金世宗大定年间，其佛殿"崇五仞，广十筵，轮奂之美为都城之冠"[②]，是名噪京城的一

[①]《契丹国志》。
[②]《元一统志》卷一。

方重寺。大永安寺即今香山寺，位于香山东坡，也是金世宗敕建的。史载大定二十六年（1186年）"香山寺成"，金世宗幸其寺，赐名大永安，还赐给该寺"田二千亩，栗七千株，钱二万贯"[1]。金章宗也在北京西山一带敕建了"西山八院"，使风景秀美的西北郊成为金中都的另一禅林重地，延续至今的阳台山大觉寺便是其中之一。

《元史·释老传》云："元兴，崇尚释氏，而帝师之盛，尤不可与古昔同语。"元朝统治者崇尚佛教，无论汉传佛教还是藏传佛教都得到了长足的发展。元朝还赋予了僧人一大特权，即其可以免税免役，因此出家为僧者络绎不绝。史载元世祖至元二十八年（1291年），"天下寺宇四万二千三百一十八区，僧、尼二十一万三千一百四十八人"[2]，佛寺及僧侣的数量都达到了前所未有的程度。

禅宗是中国化的佛教宗派，发端于南北朝时期，兴起于唐代，到元朝开始广泛流传。传统律宗强调的是修行的戒律及修行的时间，以修行时间的长短来判定修行的深浅，而禅宗强调僧侣自身的悟性，提倡以静坐入禅的方式达到大彻大悟。相比之下，禅宗的教义更加灵活变通，因此甫一问世便受到了中国信徒的普遍欢迎。金末元初有一位名僧法号海云，元宪宗蒙哥赐其银印，命他统管中原佛教，这便是禅宗宗师。忽必烈时深受重用的刘秉忠就是海云的嫡传弟子，他秉承海云佛学、儒学并重的禅宗思想，在元朝的开国建制中起到了举足轻重的作用。

藏传喇嘛教也很早就传入了蒙古各部，成为藏、蒙两大民族共有的宗教。忽必烈年间，藏传佛教法师八思巴被奉为国师，后来升为帝师，授以玉印，任中原法王，奉命统御天下佛教。自此而后，历代元帝皆拜藏传佛教首领为帝师，"百年之间，朝廷所以敬礼而尊信之者，无所不用其至。

---

[1]《金史·世宗本纪下》。
[2]《元史·世祖本纪第十三》。

虽帝后妃主，皆因受戒而为之膜拜"[1]，藏传佛教因此而大盛。

有元一世，元大都是全国首屈一指的伽蓝重地，当时整个城内梵宫林立，有不少是蒙元帝王建造的，保留至今的也不在少数，其中尤以大圣寿万安寺及大昭孝寺最具代表性。

元至元八年（1271年），元世祖忽必烈修建了一座大寺，这就是当年的大圣寿万安寺。此寺位于今阜成门内，正名妙应寺，俗称"白塔寺"。它的中心建筑是一座大型白色藏式佛塔，是我国现存的元代最大喇嘛塔，历时八年建成。当时参与设计与施工的有来自四面八方的艺人和工匠，还包括了入仕元朝的尼泊尔工艺家阿尼哥，由此建造出一座融印度、尼泊尔、西藏佛教建筑风格于一体的覆钵式佛塔。至元十六年（1279年），忽必烈又在喇嘛塔前修建了华丽程度不亚于皇宫的寺院，赐名"大圣寿万安寺"。

元英宗扩建的大昭孝寺也有幸保留下来，此即今之西山卧佛寺。该寺为唐代遗刹，唐时称兜率寺，元英宗即位后于"至治元年（1321年）春诏起大刹于京西寿安山"[2]，大规模扩建此寺。据《元史·英宗本纪》记载，昭孝寺修建之初"役卒三千人"，后"增寿安山寺役卒七千人"，仅征用的役卒就达万人。庙宇历十年完工，改称昭孝寺。至治二年（1322年），英宗"冶铜五十万斤作寿安山寺佛像"[3]，在昭孝寺铸造了一座铜卧佛，实测重量54吨[4]。这是中国现存最大的铜卧佛，也是世界佛教史上不可多得的佛像珍品。

此外元大都修建的梵宫琳宇尚多，如大护国仁王寺、大天寿万宁寺、大崇恩福元寺、大承华普庆寺、新华普庆寺、大承天护国寺及圆恩寺、柏

---

[1] 《元史·释老传》。

[2] 《元史·塔本传》。

[3] 《元史·英宗本纪一》。

[4] 王彬：《北京卧佛寺》，载《北京史苑》第二辑，北京出版社，1985年。

林寺、宝禅寺、香山碧云庵（碧云寺）等，其中既有藏传佛寺，也有汉传佛寺。

明朝开国皇帝朱元璋幼失父母，孤苦无依，"乃入皇觉寺为僧"[1]，是个和尚出身的皇帝。他深谙佛教的社会功能，自云"佛教肇兴西土，流传遍被华夷，善世凶顽，佐王纲而理道"[2]。因此称帝之后，朱元璋对佛教采取了扶植利用之策，甚至突发奇想，创建了由佛教高僧监理藩国的制度。

当时朱元璋为了建立家天下，重拾诸侯分封的旧制，遍封其二十余子为王。但他担心藩王强大后"虑它日太孙难制之"，于是"召选高僧，一国一人，令出守藩府导善，岁以报政"[3]，由此建立了高僧监国的制度。这一制度的推行，使不少佛教人士一步登天，直接进入了明王朝的权力中心，而其中最具代表性的，就是明成祖朱棣的第一重臣姚广孝。

姚广孝名道衍，少小出家，是个地道的僧人。他"以高僧荐选侍燕王（朱棣）于藩邸"，被甄选为燕的监国高僧。本来他的职责是为皇廷充当耳目，监视燕王朱棣的一言一行，以便"岁以报政"。然而恰恰相反，他竟一再撺掇朱棣反叛朝廷，发起了"靖难之役"，并协助朱棣夺取了帝位。《明史·姚广孝列传》云：

> 帝在藩邸，所接皆武人，独道衍定策起兵……帝用兵有天下，道衍力为多，论功以为第一。

这就是历史对姚广孝的评价，认为他是明成祖夺取皇位的第一功臣。明成祖登基后，拜姚广孝为资善大夫、太子少师，姚广孝一步登天，位极人臣。

---

[1]《明史·太祖本纪》。
[2] 朱元璋：《招善世禅师诏》，见《释氏稽古略续集》卷二。
[3] 邓士龙：《国朝典故》卷十九。

第七章 东方神韵——古都北京的城市风貌

明成祖不但重用僧人姚广孝，还创建了庞大的宦官机构，使有明一朝的宦官"多至数万人"[1]。这些帝王家奴恃宠专权，不仅干预朝政，而且掌管了"出使、专征、监军、分镇、刺臣民隐事诸大权"[2]，在朝野上下横行无忌，成为恣肆京师的一股特殊势力。他们家赀巨万，却苦于后继无人，于是纷纷修建寺庙，以求来生儿孙满堂。与此同时，有那试图霸占庙产和田产的，有那意欲光耀门楣或欺世盗名的，有那想为病老的宦官及宫人留条后路的，抱持各种不同动机的明太监纷纷乘势而上，在京城内外掀起了一股广建庙宇的热潮。

据《日下旧闻考》卷六十记载，明宪宗成化年间，"京城内外敕赐寺观已至六百三十九所"，而其中相当部分即为宦官所建。明王廷相《西山行》诗云："西山三百七十寺，正德年中内臣作。"正德为明武宗年号，武宗笃信佛教，会梵文，"自号大庆法王"[3]。仅他在位的十几年间，宦官（内臣）在西山修建的寺庙就多达三百七十余座。

位于今东城区禄米仓胡同的智化寺，就是明宦官兴建寺庙的代表作。该寺是明宦官王振所建，此人乃明英宗的司礼太监，甚得英宗宠信，负责掌管皇帝的玉玺和代皇帝批红。他当道时弄权窃柄，肆奸纳贿，无恶不作，史称其"忠谏者死，鲠直者戍；君子见斥，小人骤迁"[4]，是历史上有名的佞臣。为了讨好英宗，王振以"感恩"之名于正统八年（1443年）修建了这座"报恩智化禅寺"，并邀得了"敕建"的名号。

为了安抚乌思藏（今西藏）及四川松潘等地的上层人士，明王朝对藏蒙民族信奉的喇嘛教也予以扶持，不仅允许他们的领袖定期遣使朝觐，还为此在京城修建了一些专供他们居住的喇嘛庙。尤有甚者，明武宗朱厚照

---

[1]《清史稿·职官五·内务府》。
[2]《明史·宦官一》。
[3]《明史·武宗本纪》。
[4]《明史·列传》第五十二。

笃信藏传佛教,并且到了十分痴迷的程度。史称其"崇信西僧,常袭其衣服,演法内厂"①,时常在宫廷中身着僧服亲习密宗,藏传佛教因此在京城盛行一时。

早在入关前,原称后金国的满清已与西藏修好,定鼎北京后更与藏族宗教上层人士频繁往来。此后,为了安抚喇嘛教盛行的西藏、青海、蒙古等地区,在统治北京的二百六十余年中,清廷也重修、新修了不少喇嘛庙,进一步促进了藏传佛教在京师的发展。

清廷重修喇嘛庙的典型,首推位于今西城区新街口大街的护国寺。此庙始建于元代,是藏传佛教的一方重寺,初称崇国寺,明英宗正统四年(1439年)改称崇恩寺,明宪宗成化八年(1472年)改称隆善护国寺。明武宗崇信藏传佛教,此寺成为名闻遐迩的皇家巨刹,从此声名鹊起。清康熙六十年(1721年),玄烨应蒙古王公之请重修此寺,这里再度成为喇嘛教的香火圣地。

清廷新建喇嘛庙的典型,则首推位于今西城区鼓楼外大街的黄寺。此庙分为同垣异构的东、西两部分,是喇嘛教领袖莅临北京的驻锡之地。喇嘛教的主要教派为格鲁派,俗称黄教,故而这两寺统称"黄寺",又称双黄寺。顺治九年(1652年),五世达赖喇嘛不远万里来到北京朝觐清帝,顺治敕令为其仿照布达拉宫建造一座规模宏大的寺庙,这就是黄寺。《清史·西藏列传》云:

十二月,达赖至,谒于南苑,宾之于太和殿,建西黄寺居之。

五世达赖在黄寺住了数月之久,并多次在这里讲经布道。达赖返藏后,此寺成为来京朝觐的西藏专使的驻地,善男信女往来不断。乾隆

---

①《明史·刘春列传》。

四十五年（1780年），六世班禅来京朝贺乾隆帝七十寿诞，乾隆将黄寺修缮一新并加建牌坊，供六世班禅居住。不幸六世班禅在京期间突染天花，未久圆寂，乾隆帝甚为悲痛，特颁旨在西黄寺建造了一座"清净化城塔"，以葬其衣冠。

作为喇嘛教最高领袖的驻锡之地，双黄寺规模宏大、金碧辉煌、壮丽巍峨。可惜晚清咸丰年间此寺遭到英法联军的劫掠破坏，日本侵华期间再次遭到损毁，以至终被拆除。幸而象征满、汉、藏、蒙友谊的"清净化城塔"如今犹在，总算给历史留下了些许纪念。

雍和宫也是喇嘛教在京城的一座重寺，但它的来历却颇为特殊。此宫位于东城区安定门内，原为康熙四子胤禛的亲王府，胤禛即位后改年号为雍正，其府邸成为他的行宫，故名雍和宫。雍正从小笃信藏传佛教，佛教经书常常手不释卷，还给自己取了一个"圆明居士"的法号。是故雍正驾崩后，乾隆帝为了纪念雍正爷，于乾隆九年（1744年）颁旨把雍和宫改建成喇嘛庙，仍叫雍和宫。此宫占地4.5公顷，分东、中、西三路，是北京城现存规模最大的喇嘛庙。原来雍和宫主殿覆盖的是绿琉璃瓦，因雍正死后停柩于此，改覆黄琉璃瓦。在成为喇嘛庙后，雍和宫红墙黄瓦依旧，地位之高在北京同类庙宇中无出其右。

清代北京兴建的佛寺尚多，不胜枚举。据乾隆十五年（1750年）《京师乾隆地图》的标注，当时京城内外的庙宇可以落到实处的竟有1320座之多[1]，可谓洋洋大观。其中固然包括了各类不同庙宇，但佛寺无疑是它的主项。据统计，在这1320座庙宇中，仅民间的观音庵就占了108座，便是一个很好的说明。

---

[1] 侯仁之主编：《北京城市历史地理》，北京燕山出版社，2000年，第201页。

2 道教及其道观

道教是四大宗教中唯一的一个中国本土宗教，最早源起于先秦黄老之学和方仙道。黄老之学是道家的渊薮，也是道教的本宗，以黄帝和老子为创始人，主张清净养生，无为而治。西汉初年，汉王朝推行黄老的"无为而治"学说，促进了社会的稳定和发展，黄老之学盛极一时。方仙道是由方士倡导的神仙灵怪之说，兴起于战国时代。它综合了中国古代的鬼神思想、巫祝之术和阴阳五行的谶纬学说，宣扬世人可以修炼成仙、长生不老。

黄老之学所宗的老子系春秋时人，籍贯不详，但黄老之学所祖的黄帝却可知龙兴于燕地，说已详第二章第三节。至于方仙道，其借助的一大自然现象即茫茫大海中的海市蜃楼奇观，藉以鼓吹渤海中有蓬莱、方丈、瀛洲三仙山，山上有仙人，植有长生不老药，食之可以长寿。而当时东临浩瀚渤海的，恰是燕、齐两国，故此以燕、齐两地的方士为多，尤以燕地为盛。《史记·封禅书》云：

> 宋毋忌、正伯侨、充尚、羡门高最后皆燕人，为方仙道，形解销化，依于鬼神之事。

以上说的著名方士皆为燕人，因此，无论就道家的源头而言，或就方士的基础而论，燕地都是道教文化的重要发源地。

道教的兴起，始于张道陵创建的五斗米道，时在东汉中期顺帝年间（126～145年）。此后不久，张角创立了道教中的太平道，于汉灵帝中平元年（184年）率部众三十六方"皆着黄巾，同日反叛"[①]，发动了著名的黄巾起义。张角是河北巨鹿人，幽州是义军的主要基地，幽州刺史郭勋及广阳郡太守刘卫就是被黄巾军处决的。南北朝时期，幽州上谷郡昌平人寇

[①]《后汉书·孝灵帝本纪》。

谦之重振太平道，提出以"礼度"和"佐国扶命"思想为主旨的新教义，得到了北魏太武帝拓跋焘的大力支持。太武帝尊寇谦之为国师，在魏都平城建立了天师道场，还于440年改年号为"太平真君"，道教随之迅速传播开来。

下迄唐朝，李氏皇室"自以李氏老子之后也"①，奉老子为先祖。老子姓李名耳字聃，是道家创始人，也是道教的始祖，更是李姓的高祖。李唐皇室不仅尊李耳为先祖，还奉道教为李氏宗教，对老子和道教都给予了极大优渥。唐高祖李渊肇基后不久，便于武德七年（624年）"幸终南山，谒老子庙"②，又于翌年规定了道先、儒次、佛后的尊卑次序，确立了道教的主导地位。此后在唐朝统治的近三百年间，唐廷始终"推崇老子道，好神仙事"③，道教因此长盛不衰。

唐玄宗李隆基开元二十九年（741年），"诏两京及诸州各置玄元皇帝（老子）庙一所"④，由此在全国掀起了广建道观的热潮。北京是当时幽州的首府，早在玄宗下诏前两年（739年）便捷足先登，在今西便门外建造了一座道观，称天长观。此观即名冠中华的白云观的前身，现观内有一座汉白玉石雕的老子坐像，是白云观的镇山之宝，相传这就是唐天长观的遗物。

辽、金统治集团原居塞外，浩瀚荒漠上时或可见的海市蜃楼奇观，恰好应和了道教鼓吹的神仙之说。再加上道教蕴含的鬼神思想、巫祝之术相当接近北方民族崇信的萨满教，道家的清静无为思想又极有益于缓解各种社会矛盾，所以在辽金统治的数百年中，幽燕地区的道教仍十分活跃。

辽朝开国伊始，太祖耶律阿保机便于神册三年（918年）五月"诏建

---

① 《新唐书·礼乐十一》。
② 《旧唐书·高祖本纪》。
③ 《新唐书·王玙传》。
④ 《旧唐书·礼仪志四》。

孔子庙、佛寺、道观"①，制定了儒、释、道三教并举的方针。此后，辽朝的许多皇帝既崇信佛教，又崇信道教，以至在整个南京城内，宫观与佛寺相映生辉。《辽史·地理志四·南京道》云：南京城内"坊市、廨舍、寺观，盖不胜书"。以上"盖不胜书"的，就既有佛寺又有道观。《顺天府志》卷八载：天长观"肇基于唐之开元，复于咸通七年，辽摧圮，（金）大定初增修"。据此文，可知天长观一度摧圮于辽，但这也恰恰证明它一直沿用到辽，曾是辽南京的重要道观之一。

《大金国志·道教》云："金国崇重道教，与释教同。自奄有中州之后，燕南、燕北皆有之。"可见道教在金朝也十分兴盛。继海陵王之后，金世宗再次定鼎中都，为了缓解社会矛盾，他提倡节欲和清静无为，故此抑佛扬道，更加推进了道教的发展。《金史·石琚传》载：金世宗大定七年（1167年）"天长观灾，诏有司营缮，有司辟民居以广大之，费钱三十万贯"。金世宗敕令有司复建被大火烧毁的天长观，并在原址上加以扩充。此工程历时八年完成，所费不赀，奠定了天长观作为金朝最大道场的地位。此后，金章宗在天长观西的高台上再次重建此观，并"赐天长观额为太极宫"②。除了太极宫这一中心道观外，金中都还建有其他许多宫观，较著名的有崇福观、修真观、玉虚观等。金承安二年（1197年），全真教首领王处一应诏来中都，金章宗"赐崇福、修真二观任便住"③，这便是金中都的崇福、修真二观。泰和二年（1202年）十一月金章宗"幸玉虚观"④，这又是中都城的玉虚观。

在道教北宗的基础上，金朝兴起了一个新的道教门派，此即南派的全真道。全真道开山祖师是山东宁海（今山东牟平）人王喆，别名王重阳，

---

① 《辽史·太祖本纪上》。
② 《金史·章宗本纪三》。
③ 《日下旧闻考》卷九十四引《元光集》。
④ 《金史·章宗本纪三》。

自称"重阳子"。他的居庵名全真堂,凡入道者皆称全真道士,故此得名。此门派的最大特点是提倡儒、释、道三教合一,主张以老子的《道德经》、儒家的《孝经》、佛家的《心经》为经典,从中汲取不同养分,以达"全真"之效。此外它摒弃了虚妄的长生不老邪说,不尚符箓及黄白之术,着重个人的内心潜修和修身养性,对调养身心的气功也颇有建树。作为中国土生土长的宗教,能够主动接纳外来的佛教并包容儒教,兼收三种不同教义,是全真道的独到之处,也是它的过人之处。特别是"三教合一"的宗旨融合了社会各阶层的精神需求,为后世倡导的"以儒治国,以道治身,以佛治心"提供了理论依据,很快成为广受欢迎的宗教流派,并且深得金廷的青睐。

王重阳羽化后,其弟子王处一、丘处机先后被金廷召至中都传道,丘处机还奉旨主持了中都城的吉庆盛典,全真道因此声名大振。金朝末年,社会动荡不安,天灾人祸接踵而来,很多人为了寻求心灵的慰藉加入了全真道。影响所致,就连新兴的蒙古帝国也向全真道敞开了大门。

早在西征花剌子模国时,成吉思汗就听说丘处机精通"长生不老之术"和"治天下之术",于是写了一封言辞恳切的诏书,派大臣前往内地邀请丘处机。丘处机当时已接任全真道第五代掌门人,此前金宣宗曾盛邀他赴汴梁,宋宁宗亦曾恳请其赴临安,但丘处机皆不为所动,并凛然置天威于不顾,直斥金帝有"不仁之恶",指摘宋帝有"失政之罪",一概拒绝前往。然而此番奉召,72岁的丘处机却慨然允诺,于1219年腊月率领十八位弟子从山东启程北上。

丘处机一行人先于次年抵达蒙古治下的燕京,之后从这里一路向西,踏上了万里征程。1221年2月,时年74岁的丘处机经蒙古高原翻越葱岭,穿过中亚的撒马尔罕,最后于1222年夏天跋涉到今阿富汗的兴都库什山(大雪山),在昆都斯大营朝见了成吉思汗。《元史·释老传》载:

>（丘处机）经数十国，为地万有余里，盖蹀血战场，避寇叛域，绝粮沙漠，自昆仑历四载而始达雪山。

丘处机此行遍及今蒙古、吉尔吉斯斯坦、哈萨克斯坦、乌兹别克斯坦、阿富汗。用今天的话说，他恰好是循着"一带一路"的主线一路西行的，且路途之遥几可与唐玄奘西行取经比美。史称当年这支孤独行旅"常马行深雪中，马上举策试之，未及积雪之半"，一路备尝艰辛。

仙风道骨、童颜鹤发的古稀老人丘处机的到来，令成吉思汗大为震慑，曰"天锡仙翁，以寤朕志"，从此尊他为神仙，向他虔心求教治国与长生之道。丘处机趁机劝诫成吉思汗"欲一天下者，必在乎不嗜杀人。及问为治之方，则对以敬天爱民为本。问长生久视之道，则告以清心寡欲为要"，反复宣传了不嗜杀和清静无为的道理。成吉思汗年间，蒙古大军东征西讨，灭国无数，所到之处莫不大开杀戒，不少地方的百姓甚至被斩尽杀绝。丘处机之言打动了成吉思汗，从此他下令止杀，对遏制蒙古大军的残暴行为起到了一定作用。清乾隆帝晚年曾颁旨重修白云观，当他前往白云观瞻礼时，情不自禁地赞叹丘处机道："一言止杀，始知济世有奇功！"

在蒙古大汗身边陪侍了一年多后，不顾成吉思汗的百般挽留，丘处机决意东归本土。行前成吉思汗封他为国师，赐号长春真人，颁给虎符玺书，还把原来金中都的太极宫改为长春宫，供其居住传道。成吉思汗十八年（1223年），丘处机重返燕京，"时国兵践踏中原，河南、北尤甚，民罹俘戮，无所逃命"。一路上丘处机凭借成吉思汗颁赐的虎符玺书，解救了大批劫后余生之人，使"为人奴者得复为良，与滨死而得更生者"。明朝编撰的《元史·释老传》称，丘处机的善行"中州人至今称道之"，全真道亦随之誉满天下。在燕京长春观主持道教三年后，丘处机仙逝，享年八十岁。其弟子在长春宫东侧新建了一处"处顺堂"以葬其灵柩，并以此堂为中心建造了白云观。

元代与全真教并存的另一大道派即天师道，又称正一道。此道派也兴起于南方，以江西龙虎山的"上清宫"为本山，掌门人为道教创始人张道陵的后裔，自称天师。至元十三年（1276年），元世祖召见张道陵第三十六代孙张宗演，敕封他为第三十六代天师，算是正式承认了张道陵子孙的"天师"称号。至元十八年（1281年）、二十五年（1288年），张宗演多次奉召入觐，天师道从此进入了元大都。

立足稍稳后，张宗演命弟子张留孙留驻元大都，开始在大都城筹建主祀东岳大帝的"东岳庙"。在道教教义中，东岳泰山既是群山之祖、五岳之宗，又是天帝之子、神灵之府，总领七十二司，主掌人们身前的世俗尊卑和死后的地狱次第，故被尊为"东岳大帝"。此庙后来由张留孙弟子吴全节接替完成，竣工于元英宗至治三年（1323年），朝廷赐名东岳仁圣宫。自此而始，今朝阳门外又多了一座闻名遐迩的道教重观。

在元的基础上，明京师的道教也取得了相应发展。朱明王朝兴起于南方，江南正一道捷足先登，在朱元璋称帝前就与其结缘。此后朱元璋登极大宝，正一道天师张正常入朝拜贺，太祖敕曰："'天有师乎？'乃改授正一嗣教真人，赐银印，秩视二品。"自此"天师道"改称"正一道"，并获得了明廷敕封的秩二品"真人"封号，地位之高远超北方全真道。

与朱元璋发迹于南方不同的是，明成祖朱棣是由封在燕地起家的，之后战胜南方的建文帝取得了帝位。朱棣认为，他的成功得到了道教中代表北方七宿的玄天真武大帝的庇佑，因此在迁都北京后，特意在紫禁城北端建造了一座钦安殿，专祀真武大帝，道教也趁此机会堂而皇之地走进了深宫内廷。

明成祖之后，英宗、世宗等人笃信道教，正一道因此凭藉和皇室的渊源关系，频繁往来宫禁并干预朝政。特别是明世宗嘉靖帝，一心奢望羽化成仙，痴迷道教到了无以复加的程度，竟然为了打坐修仙二十几年不上朝，把紫禁城变成了天下最大的道场。一时间，"方士如陶仲文、邵元节、

蓝道行之辈，纷然并进……凡此诸人，口衔天宪，威福在手，天下士大夫靡然从风"①，道教在京师既盛行一时，也为害一时。

正如《明史·礼志四》所言，"今朝阳门外有元东岳旧庙，国朝因而不废"，正一道在明京师的得势，进一步促进了东岳庙的发展，使其规模更胜从前。东岳庙一次大的扩建发生在正统十二年（1447年），明英宗命在庙内增设了七十二司和帝妃行宫，并将大殿命名为岱宗宝殿。此后又一次大的修缮发生在万历三年（1575年），明神宗奉太后之命发宫帑对东岳庙做了全面修葺。

全真道的长春宫在元朝末年毁于兵火，明成祖永乐年间以处顺堂为基础重新起建，正式更名为白云观。至此，从唐玄宗开元年间起，历经五代、辽、金、元、明数朝，在相继称作天长观、太极宫、长春宫之后，北京地区的这座道观最终得名"白云观"，从此相沿不改。此观是全真道的本山，又是丘处机的葬处，素有"全真第一丛林"的美誉。

此外，痴迷道教的嘉靖帝还在皇城内建造了不少道教殿宇，如元都殿、太极殿、紫皇殿、真庆殿、寿清宫、乾光殿、大高元殿等，但在他死后大多拆除，唯有大高元殿"以有三清像设"②而得以保留。此殿位于皇城之内的北海以东、景山以西，始建于明嘉靖二十一年（1542年），因大殿的临街大门是并排的三座门，故称"三座门"。其整个殿宇占地约1.3万平方米，总建筑面积约5300平方米，富丽堂皇堪比皇宫。

清人入关后，顺治帝先后三次赐白云观观主王常月紫衣，康熙帝也对王常月予以褒封，表明了清廷对道教的认可。对于全真道、正一道的两大标志性建筑，清廷也是呵护有加。康熙三十七年（1698年）东岳庙毁于火，康熙帝随即出资重修，乾隆、道光年间也多次加以修葺。乾隆二十一年（1756年）、五十二年（1787年），清廷两次敕修白云观，康熙、乾隆

---

① 《明史·佞幸传》。
② 沈德符：《万历野获编》卷二《斋宫》。

还向这座道观颁赐了"御书联额并御制碑"[①],以示恩泽广被。

但在对道教予以接纳的同时,鉴于明世的教训,清廷却对其紧紧关闭了宫门。据《清史稿·职官一》记载,清廷"先是依明制,凡乐官祀丞概用道流",但到乾隆七年(1742年),特颁旨"诏禁太常乐员习道教,不愿改业者削籍",以禁绝宫廷乐员和道教有染。事情既然严格到了这一步,足见清廷对道教的防范已到了何等程度。

然而,正是由于皇家宫廷的禁绝,反倒促使土生土长的道教更加深入民间,成了京师坊间的热门教派。表现之一是,道教在清朝更加世俗化,诸如保佑子孙繁衍的天仙圣母碧霞元君、执掌读书人功名禄位的文昌梓潼帝君、主管当年出生者寿限荣禄的本命星神等,都在民间得到了广泛崇祀,所在之处无不香烟缭绕。表现之二是,面向普通市民的道观庙会也于清代蓬勃兴起。

每逢新春佳节和重要节庆,清京师的道观便会集四方百货、各色小吃、诸般艺人于一处,举行融进香、购物、娱乐、饮食为一体的庙会。庙会举办之日,京城上下倾巢出动,车驾如梭,游人如织,热闹非凡。老北京人有一句顺口溜说:

>财神庙里借元宝,觉生寺里砍大钟;东岳庙里拴娃娃,白云观里去顺星;城隍庙里看火判,崇元观里看花灯;火神庙里晾宝会,庙会最盛是帝京。

以上所述便是清京师的著名庙会,其中只有"觉生寺里砍大钟"是佛寺举办的庙会,其他都是道观的庙会。

正月中旬举办的白云观庙会,是道教庙会中的荦荦大者,也是清京师最负盛名的庙会之一。正月十九是长春真人丘处机的生辰,据说届时他将

[①] 吴长元:《宸垣识略》卷十三《郊坰二》。

幻化为凡人降临此观，故而正月十九才是白云观庙会的高潮。此时不但众道士齐聚于此，市民们也彻夜守望，祈盼神仙降福。时辰一到，翘首以待的人们东寻西找，忽以某"趺坐蒲团不动唇"的道士为下凡的丘处机，忽以某藏身桥洞的乞儿为幻化的真人，平添无穷乐趣。康熙年间，《桃花扇》作者孔尚任与八位诗人同游白云观庙会，留下了《燕九雅集》诗集，对白云观庙会做了种种妙趣横生的描述。

道教是多神教，崇奉的"神"和"仙"很多。"仙"是散淡游侠，宛若人间雅士，不主俗务；"神"则如同人间帝王将相，各有职司，分掌凡尘俗事。正像凡间的官吏无处不在一样，道教的执事神亦多，有火神、门神、灶神、财神、药王神、城隍神、土地神等等，不胜枚举。这些神祇在古代北京大多皆有崇祀，尤以城隍神、火神及碧霞元君的庙祀最为突出。正是这些无处不在的神仙庙宇，和白云观、东岳庙等主座道观一道，共同组成了古代北京的道教文化景观。

3 伊斯兰教及其清真寺

伊斯兰教兴起于七世纪初叶的阿拉伯半岛，此后不久，阿拉伯使者和商人就把它带到了向世界敞开怀抱的大唐帝国。《旧唐书·大食列传》载："大食国，本在波斯之西。……永徽二年，始遣使朝贡。"此乃有史可稽的阿拉伯帝国与中国官方交往之始，其中的大食国便泛指阿拉伯帝国及与之相邻的伊斯兰国家。这是唐高宗永徽二年的事，时在公元651年。从那时起，直到唐德宗贞元十四年（798年），在将近一个半世纪中，有文献记载的大食国遣唐使就多达39批[1]，开创了中西方交往的新纪元。安史之乱时，唐肃宗至德二年（757年）"率朔方、安西、回纥、南蛮、大食等兵二十万以进讨，……败贼将安守忠，斩首六万级"[2]，大食国还派兵参与了唐廷的

---

[1] 佟洵等编著：《北京宗教文物古迹》，光明日报出版社，2004年，第127页。
[2] 《新唐书·肃宗本纪》。

平叛战争。

随着唐与大食国的频繁交往,东西方门禁大开,陆路与海路的"丝绸之路"空前繁荣。《新唐书·大食列传》载:"开元盛时,税西域商胡以供四镇,出北道者纳赋轮台。"唐玄宗开元元年为公元713年,距唐高宗永徽二年仅半个多世纪,而此时"西域商胡"的税收竟然已足够支撑唐朝四大军事方镇的巨额开支,可见丝绸之路上的商旅是如何的川流不息。

伴随胡商滚滚东来的,就是他们崇信的伊斯兰教。伊斯兰教在中国旧称回教、清真教或天方教,宗教场所称清真寺或礼拜寺。作为中国东北方最大的贸易重镇,胡商的足迹早在唐代就踏进了幽州城。唐代大诗人李白于唐天宝十一年(752年)旅居幽州,留下了名篇《幽州胡马客歌》,其中就有关于"幽州胡马客,绿眼虎皮冠"的诗句,形象描述了唐幽州城内胡商的往来如梭。下迄辽朝,据《北京牛街岗上礼拜寺志》的记载,辽圣宗统和十四年(996年)时南京城内已有清真寺,表明当时已有不少穆斯林定居于此。

伊斯兰教的大规模涌入北京,是在成吉思汗时期。当年成吉思汗率领蒙古铁骑横扫欧亚大陆,打通了中国与中亚、波斯、阿拉伯等地的联系,大批葱岭以西穆斯林涌入中国。在元帝国划分的四大类民族中,穆斯林享有远高于汉人的特权地位,这使他们一改往日的侨民身份,堂而皇之地成了元朝的新主人。据元世祖年间的统计,当时中都路一地登记在册的回回人口已达2953户[1],总数已经逾万。人口的激增和政治地位的优越,促进了伊斯兰教的发展,元大都的清真寺亦如雨后春笋,一下子冒出了35座[2]。影响所及,一些蒙古帝王也开始崇信伊斯兰教,由此更加速了伊斯兰教的传播。

元朝末年,许多回回人加入了朱元璋的起义大军,有的还因战功卓著

---

[1] 王恽:《秋涧先生大全文集》卷八八《乌台笔补》。

[2] 刘致平:《中国伊斯兰教建筑》,新疆人民出版社,1985年,第4页。

成为明朝的开国元勋。回回人的协助,使朱元璋称帝后很快认同了色目人的国民身份,为此下诏说:"色目人既居我土,即我赤子"[①]。凭藉此条件,伊斯兰教在明朝也得到了显著发展,不仅成为回族的宗教,还在西北各地乃至云南等地广泛传播,成为维吾尔、哈萨克、乌孜别克、柯尔克孜、塔吉克、塔塔尔、东乡、撒拉、保安等民族共同的宗教。京师北京的清真寺也愈见兴隆,规模和影响不断扩大,还出现了皇家敕建的四大官寺,分别为牛街清真寺、东四清真寺、锦什坊街普寿寺和德胜门外法源寺。其中历史最悠久、影响最深远的,当属牛街清真寺及东四清真寺。

牛街清真寺位于广安门内,地处原辽南京城的中心。据文献记载及学者考证,它始建于辽圣宗统和年间(983~1011年)[②],是辽代入仕的阿拉伯学者纳苏鲁丁所建。开始时该寺较小,后经元朝和明朝的扩建翻修,特别是经过明宣德二年(1427年)、正统七年(1442年)的两次增修,规模不断扩大。明成化十年(1474年),"都指挥詹升为牛街礼拜寺题请名号,奉敕赐名'礼拜寺'"[③],牛街清真寺由此成为皇家敕建的官寺。明万历四十一年(1613年),牛街清真寺的大殿再度扩建,并于两侧接建了围廊,还新建了两座碑亭,面貌由此焕然一新。

东四清真寺坐落在东四南大街,相传始建于元代,寺内至今仍保存着元仁宗延祐五年(1318年)的手抄本《古兰经》。该寺一次大的重修是在明英宗正统十二年(1447年),由后军都督同知陈友捐资襄助。此后它也和牛街礼拜寺一道,经都指挥詹升的奏请于明成化年间成为敕建官寺。该寺坐西朝东,三进院落,主体建筑为礼拜大殿,属中国庑殿式建筑。大殿后有一座窑殿,是阿訇主持重大仪式及讲经宣教的地方。此殿呈穹窿形,顶部无木梁,六个穹门是典型的阿拉伯式建筑,穹顶中心则为中国传统的

[①]《明太祖实录》卷三十。
[②] 曹子西主编:《北京通史》第三卷,中国书店,1994年,第293页。
[③] 彭年编著:《北京的回民和伊斯兰教史料汇编》,内部刊物,1996年,第329页。

"藻井"式装饰。这个兼有中国和阿拉伯风格的设计,天衣无缝地造就了一座"中西合璧"的完美佳作。

满清定鼎北京后,对回族依然采取了怀柔之策,保障了他们的合法权益及宗教信仰。牛街礼拜寺现存一方"康熙圣旨牌",上书:

> 通晓各省:如官民因小不忿,借端虚报回教谋反者,职司官先斩后奏。天下回民各守清真,不可违命,勿负朕恩有爱道之意也。

由此可见,康熙帝曾严令打击对回民造谣中伤者,敕令一经发现即可"先斩后奏",并藉此诏告天下回民"各守清真"。此外,康熙帝还赐给牛街清真寺优质合金铜铸造的大铜锅和御制黄绿釉陶香炉,以及"敕赐礼拜寺"和"达天俊路"的御书匾额,以示"朕恩有爱道之意"。在清廷保护下,伊斯兰教步入了新的发展期,清真寺的兴建也掀起了一个新高潮。

清京师的清真寺难以计数,可以说何处有穆斯林社区,何处就有清真寺。它们大多是由穆斯林集资建造的,规模大小也随穆斯林社区居民的多寡而定,其中远近闻名的有花市清真寺、教子胡同礼拜寺、前门外笤帚胡同清真寺、三里河永寿寺、二里庄清真寺、蓝靛厂清真寺、常营清真寺等。在星罗棋布的清真寺中,执牛耳者仍是明代流传下来的四大敕建官寺,并在清朝各有扩展。例如牛街清真寺,一次大的扩建是在康熙十五年(1676年),一次是在康熙三十四年(1695年),后一次增修还把大殿接出了面阔三间的报厦①。经过如此这般的几次扩建,牛街清真寺成为京城最大的清真寺,仅大殿就阔达600平方米,可供千人礼拜。

4 基督教及其教堂

基督教系犹太人耶稣基督所创,源起于公元一世纪。公元五世纪初

---

① 《北京宗教文物古迹》,第168~169页。

叶，君士坦丁堡主教聂斯托利创立了一个新的基督教派，不断东扩，最后经叙利亚和波斯等地传入中国，时称景教。据陕西碑林博物馆所藏《大秦景教流行中国碑》的记载，唐太宗贞观九年（635年），西方大秦国主教阿罗本"占青云而载真经，望风律以驰艰险"，不远万里来到长安。唐太宗对这个来自远方的不速之客优礼有加，请他在皇家藏书楼翻译圣经，准许他建寺传教，还拨款在长安为他建造了首座景教教堂[①]。

唐太宗对景教的包容大度，体现了唐廷在文化上的开放与自信，由此成为唐的传统。太宗之后，高宗、玄宗、肃宗、代宗、德宗等对景教的优渥有增无已，使这个从异域而来的宗教很快在汉地传播开来。据《大秦景教流行中国碑》记载，高宗李治时"于诸州各置景寺……法流十道，寺满百城"。这说明，唐高宗时景教已遍及全国的十道百城，其中当然也包括了东北重镇幽州城。

在景教辗转流传了二百余年后，唐代出现了一个排斥外来宗教的皇帝，此即唐武宗。《旧唐书·武宗本纪》载唐武宗诏曰：

> 我高祖、太宗，以武定祸乱，以文理华夏，执此二柄，足以经邦，岂可以区区西方之教，与我抗衡哉？

于是在会昌五年（845年），唐武宗下诏禁教，全面禁绝了佛教、景教、摩尼教、袄教和回教，仅保留了本土的道教。此后景教流向长城以外的草原民族，成了一些蒙古部落信奉的宗教。元睿宗拖雷的皇后怯烈氏就是一个虔诚的景教徒，她育有蒙哥、忽必烈二子，此两人"相继为帝"[②]，使怯烈氏的信仰得以立足宫廷。元定宗也崇信基督教，任用了不少基督徒做朝堂重臣。在蒙古大军远征欧洲时，许多西方的基督徒和俄罗斯的东正

[①] 向觉明：《西亚新宗教之传入长安》，《燕京学报》专号之二，1933年10月；贺忠辉：《"大秦景教流行中国碑"的历史价值》，《文史杂志》1987年第6期。

[②]《元史·后妃列传二》。

第七章 东方神韵——古都北京的城市风貌

教徒加入进来，更增强了基督教在蒙古部落的影响。当蒙元统治者迁都元大都时，景教和其他基督教派一起涌入了这座大都市，由此掀起了基督教在内地传播的第二波浪潮。

元朝称景教徒、东正教徒和来自欧洲的基督教徒为"也里可温"，意为有福之人。从忽必烈定都元大都起，元廷便降旨减免也里可温的徭役、赋税，还免除了他们的兵役，给予了不少优厚待遇。《元史·百官志五》载，元世祖至元二十六年（1289年），朝廷设立了秩二品的崇福司，专掌"也里可温十字寺祭享等事"，由此将也里可温的宗教活动纳入了官方保护和扶持的范围。在崇福司之下，全国各地遍建也里可温掌教司，一度多达72所，足见其流布之广。当时教徒最集中的地区除了号称"东方第一大港"的泉州外，就属元大都了。

天主教在北京建造的第一座"十字寺"始于元成宗大德十年（1306年），是由首位来华传教的天主教士孟高维诺建造的。这座教堂位于大都城万宁桥东北，故址就在今鼓楼方砖厂胡同[①]，如今早已踪迹杳无。当时由于景教与天主教的竞争，两派各在元大都留下了一些教堂。但由于这些外来宗教始终依附蒙元贵族集团存在，未曾深入社会，故在元朝灭亡后很快烟消云散，没有留下任何踪迹。但与城内的情况有所不同的是，某些位在郊区的教堂反在元朝覆亡后保留下来，典型之例有京西门头沟区的斋堂镇教堂等。

门头沟区斋堂镇军响乡桑峪村如今有一座教堂，占地约7500平方米，分天主教堂、尚智书院和露德圣母山三部分，是京郊最大的天主教堂。据《门头沟区志》记载，元代就有法国传教士来到这里，边行医边传播天主教。到了元惠宗元统二年（1334年），后桑峪村的50多户农民全部成了教友，于是这里便有了一座由两间民房改建的小教堂。此后，历经明嘉靖

[①]《北京城市历史地理》，第199页。

朝、清康熙朝的几次扩建和1988年的重建，遂成今日之规模。于此之外，房山区周口店车厂村有一座元代修建的景教堂，据说民国初年尚保存完好[①]，也是因为它地处郊区的缘故。

基督教传华的第三波浪潮，始于明万历年间。万历十年，公元1582年，耶稣会传教士"利玛窦始泛海九万里"来到中国。他是意大利人，奉天主教的派遣来华传教，开始时活动在澳门和广东肇庆一带，后来经多方斡旋，特别是经过太监马堂的疏通引荐，于万历二十九年（1601年）获准进入北京，得到了明神宗的召见和赏识。从此利玛窦长居京师，开始广交京城名士。

利玛窦的具体事迹已见第六章第五节所述，这里特别值得一提的是，在传教过程中，他为了适应中国的国情，对基督教教规做了一些必要的调整。而其中最大的改动是，他允许入教的中国人保持祭天、祭孔、祭祖的习惯，允许中国神父在主持宗教仪式时使用本国语言，同时不要求中国信众在举行弥撒时脱帽致敬。这些因地制宜的措施取得了明显成效，使利玛窦的布教活动得以顺利展开。清朝编撰的《明史》在记述以利玛窦为代表的西洋传教士的布道活动时不乏赞誉之辞，其曰：

其国人东来者，大都聪明特达之士，意专行教，不求禄利。其所著书多华人所未道，故一时好异者咸尚之。[②]

当时明京师皈依天主教的，不仅有礼部尚书徐光启、太仆寺少卿李之藻等公卿显宦，更有"群众不下万人"。而经过利玛窦的奔波筹措，一座新的天主教堂——宣武门教堂亦随之建立起来。

利玛窦最早于明万历三十三年（1605年）在宣武门内购置了一处寓

[①]《北京宗教文物古迹》，第98页。
[②] 同上注。

所，并用重金将寓所旁的"首善书院"买下，改建成一座专供私人祈祷的小经堂。后来随着信教人数的增加，万历三十八年（1610年）利玛窦在宣武门内建造了一座新教堂，这就是如今坐落在前门西大街的宣武门教堂的前身。该堂以无玷始胎圣母为主保，称"无玷始胎圣母堂"，因位于京城南部又称南堂。据明末文献《帝京景物略》的记载，当初南堂的东半部为天主堂，专奉耶稣画像，西半部为圣母堂，专奉圣母画像，其圣母"貌少女，手一儿，耶稣也"[1]。

崇祯十七年（1644年），满清大军进入北京，时任南堂主教的是耶稣会士汤若望。汤若望1592年生于德国科隆，来华前受过良好教育，对天文学和数学颇有研究。明万历四十七年（1619年），汤若望奉派来华传教，崇祯三年（1630）经徐光启引荐来到京城，潜心研究历法。清兵入京时他坚守南堂，并以奉明朝崇祯帝之命编修历法为由，拒绝接受清廷要所有人统统搬至外城的敕令。孰料这个吃了豹子胆的洋人在冒死上书吁请"仍居原寓，照旧虔修"后，清廷第二天便法外施恩，准许其留住原地，并谕令"恩准西土汤若望等安居天主堂，各旗兵弁等人毋许阑入滋扰"[2]，对其采取了特殊保护措施。顺治元年（1644年）八月，天将日食，睿亲王多尔衮令"大学士冯铨与汤若望率钦天监官赴观象台测验"，结果"惟（汤若望）新法吻合，大统、回回二法时刻俱不协"[3]。经过此番日食校验，汤若望声名大噪，清廷随即决定废止明的大统历和旧的回回历，采用汤若望在《西洋新法历书》中制定的新历法，并以"时宪历"的名义颁行全国。

此后汤若望以其渊博的学识、出众的才能、纯正的人品和耿耿忠心，赢得了清室的格外礼遇，成为紫禁城的座上宾。时逢孝庄皇太后的侄女、顺治帝未婚皇后身染重疾，汤若望用自己的医学知识治好了她的病，孝庄

---

[1] 刘侗、于奕正：《帝京景物略》，北京古籍出版社，1983年，第154页。
[2] 转引自《北京宗教文物古迹》第31页。
[3] 《清史稿·汤若望南怀仁列传》。

皇太后因此对汤若望更是信任有加，认他为"义父"。年轻的顺治帝和汤若望也是一见如故，尊其为"玛法"（满语"爷爷"），不仅特许他随时进宫谒见，还不顾上下尊卑之礼，多次亲临南堂与他促膝长谈，向他请教天文、历法、宗教知识以及治国之策。

汤若望的地位因此而扶摇直上，据《清史·汤若望列传》等文献的记载，其在顺治年间的个人履历是：

> 顺治元年（1644年），"以汤若望掌钦天监事，汤若望疏辞，上不许"，汤若望由此成了中国历史上第一位担任钦天监的西方传教士。
>
> 顺治八年（1651年），加封汤若望为通议大夫、太常寺卿，使他从原来的正四品晋升为正三品。
>
> 顺治十一年（1654年）封其为"通玄教师"，顺治十四年（1657年）赐其"通政使司通政使"，顺治十五年（1658年）赐其"光禄大夫"。

于是，短短十年中，一个普通传教士竟在一步步的擢拔中升为正一品显宦。当汤若望的官阶已加无可加时，顺治帝仍意犹未尽，又于顺治十八年（1661年）加封其父祖三代为正一品。一个西洋人不仅成为中华的正一品大员，而且泽被四代，汤若望和清王朝共同创造了一个中西关系史上的奇迹。

教因人贵，顺治七年（1650年）顺治帝赐地赐银，准许汤若望在原南堂旁修建一座新的教堂。教堂落成后，顺治帝亲题"通玄佳境"匾额，并先后24次驾临南堂与汤若望彻夜长谈，甚至连确定康熙为皇位继承人等社稷大事也出于汤若望的建议，南堂因此名噪京城。

可惜好景不长，顺治帝驾崩后，汤若望因小人的诬陷被顾命大臣鳌拜打入死牢，直到康熙帝亲政后除掉了鳌拜，汤若望才得以昭雪。平反时汤若望人已过世，康熙帝赐地赐银重葬汤若望于利玛窦墓旁，并御赐祭文一篇，用"鞠躬尽瘁，死而后已"等赞语对其做了高度评价。此后康熙秉承了用西方传教士为钦天监的做法，任命比利时耶稣会士南怀仁主持钦天监事，并发还了南堂教堂。

汤若望虽然未得善终，但他对清王朝的影响是不可忽视的，主要表现在以下几个方面：

一是"自是钦天监用西洋人"，即从汤若望起，以西洋人为钦天监成为常例，且"累进为监正、监副，相继不绝"。在崇尚天命的古代中国，制定和颁布历法是天子的特权，属于朝廷要务。历代王朝都设有专门司天的天文机构，先后称太史局、司天监、司天局、钦天监等。清的钦天监就是观测天文、推定历数、编制时宪的中央机构，不仅要通过观测日食、月食和各种异常天象来为朝廷沟通天意、趋吉避凶，还要编制历法来为农业生产和社会生活服务，极具权威性和实用性。清廷以西方人为钦天监监正、监副，在汤若望之后沿袭了不下二百年，直到道光年间因"高拱宸等或归国，或病卒"，才停止了这种做法；

二是经过汤若望多年的努力，在古代中国历法的基础上修订了一部"时宪历"，这就是人们所说的农历，一直沿用至今；

三是汤若望与清皇室建立了良好的私人关系，为清朝了解和学习西方文化打开了一扇天窗；

四是汤若望在顺治朝受到的恩宠与隆遇，使天主教的传播得以顺利展开。到了顺治末年，全国各地的教堂已增至30多所，信徒已达十余万人。康熙为汤若望昭雪后，"圣祖用南怀仁，许奉天主教，仍其国俗"[①]，天主教继续得以传播。

---

① 《清史稿·汤若望南怀仁列传》。

康熙帝雅好西学，对传教士带来的西方代数、几何、天文、医学等知识十分着迷，对基督教也产生了一定的好感。康熙二十七年（1688年），法王路易十四专门派遣白晋等五名耶稣会士以修订历法的名义来到北京。他们个个是饱学之士，深得康熙帝的宠信，更扩大了天主教的影响。康熙三十一年（1692年），康熙帝颁发了一道容教令，敕曰：

> 各省居住西洋人，并无为恶乱行之处，又并非左道惑众，异端生事。喇嘛、僧等寺庙，尚容人烧香行走。西洋人并无违法之事，反行禁止，似属不宜。相应将各处天主堂俱照旧存留，凡进香供奉之人，仍许照常行走，不必禁止。俟命下之日，通行直隶各省可也。[①]

从此天主教在华的传播进入了最佳期。到康熙四十年（1701年），"全国13个省共有……大小教堂250处，教徒达30万人"[②]，天主教在中国几成燎原之势。

由于"天、地、君、亲、师"信仰的根深蒂固，由于敬天、法祖、尊贤观念的源远流长，中华民族的精神传统是任何外来宗教都无法取代的。因此从利玛窦起，部分开明的耶稣会传教士在传播天主教时作出了一些让步，允许中国人在信教的同时保留本族信仰。但这遭到了多明我会及方济各会传教士的反对，敦促罗马教皇克雷芒十一世于1704年（康熙四十三年）单方面颁布了七条禁令，禁止中国天主教徒祭天、祭祖、祭孔，更不准他们称呼清帝为"天"或"帝"。公元1715年（康熙五十四年），克雷芒十一世又颁布通谕，要求所有传教士必须宣誓服从1704年的禁令，否

---

① 引自《熙朝定案》，载《天主教东传文献续编》，台北学生书局，1966年，第3册，第1789～1791页。

② 任继愈主编：《中国的基督教》，商务印书馆，1997年，第99页。

则便要逐出教会。康熙帝多次派使节向教皇申明中方观点，请求撤除禁令，但终无结果。不得已之下，清廷于康熙六十年（1721年）作出回应，下达了禁止天主教传教的谕旨[①]。

禁教令虽下，但清廷仍容留了大批西方传教士，对他们的信任与重用也一仍其旧。典型之例如意大利耶稣会传教士郎世宁，因为擅长绘画，"凡名马、珍禽、琪花、异草，辄命图之，无不奕奕如生"[②]，故而深得康熙帝和乾隆帝的赏识，特赐他三品顶戴，准其自由出入宫禁。对于其他西方传教士，清廷也只是以控制天主教的传播为主，却仍然任用他们为钦天监，南堂也依旧由他们使用和管理。乾隆四十年（1775年），因传教士管理不善，南堂惨遭大火，顺治和康熙帝的御书匾额及对联全部焚毁。乾隆帝不仅未加怪罪，反而赐给库银1万两，饬令按原样复建。待新南堂大功告成后，"所有匾额和对联，又都由乾隆皇帝亲笔御题，完全恢复旧观"[③]。

清道光二十年（1840年），鸦片战争爆发，英帝国强迫清政府签订了不平等的《南京条约》。随后西方列强不断施压，迫使清廷于道光二十四年（1844年）撤销了禁教令，并且发还了各地的教堂。至此"海禁弛，传教入条约，新旧教堂遍内地矣"[④]，天主教再度席卷而来。清咸丰十年（1860年），西方列强又强迫清政府分别签订了丧权辱国的《中英北京条约》《中法北京条约》和《中俄北京条约》，西方传教士在中国的活动更加有恃无恐，教堂的兴建也如火如荼。

有清一朝，京城最著名的天主教堂当属遍布全城四个不同方位的南堂、北堂、东堂和西堂。

前文已述，利玛窦创办的南堂始建于明朝末年，初时规模很小，未久

[①] 任继愈主编：《中国的基督教》，商务印书馆，1997年，第111页。
[②] 《清史稿·郎世宁列传》。
[③] 张泽：《清代禁教期的天主教》，台湾光启出版社，1993年，第63页。
[④] 《清史稿·汤若望南怀仁列传》。

满清定鼎北京，顺治帝很快恩准汤若望在原南堂旁建造一座新的教堂。顺治为此既拨土地又拨银两，京城的王公大臣得知后更是纷纷解囊襄助，均以参与此事为荣。于是，一年后"城里长出了一座在远处一望而知的20米高的巴洛克式教堂。教堂上边一座圆顶，内有三间大厅，五座圣坛"。西方人观之莫不惊叹说："连罗马都会为这样一座教堂的建筑而骄傲的，这是伟大的建筑艺术之一。"[1] 这座欧洲古典风格的教堂高大巍峨，已远非当年利玛窦建造的小教堂可比。此后，康熙、乾隆、光绪年间又对南堂进行了几次扩建翻修，规模更胜从前。

此教堂的中心建筑即天主堂，属于典型的罗马式半圆拱形建筑。其大厅十分阔大，有两排高大的立柱，上为拱顶，四周饰以五彩玻璃大窗，敞丽如仙境。主堂西侧是山石垒砌的圣母山，正中矗立着圣母玛利亚的彩塑雕像，东侧是教会创办的附属中学，后面是穹窿顶的钟楼。直到清末同治年间，南堂一直是天主教在北京的主座教堂，也是其在北京的标志建筑。

北堂位于北城西什库大街南端，原称"救世堂"，又称西什库教堂。当年康熙帝突发疟疾，耶稣会教士张诚、白晋及时进奉西药金鸡纳霜，使康熙帝很快痊愈。为表酬谢，康熙特赐以皇城西安门内广厦一间，库银数万两，准其改建教堂，这就是原来的北堂。此堂建成于康熙四十二年（1703年），颁布禁教令后逐渐荒废。清朝末年，在西方列强的要胁勒索下，清政府赔地赔银，于同治五年（1866年）重建北堂，竣工后成为新的天主教北京主教公署。光绪年间，慈禧太后扩建皇宫游览区，此教堂在拆迁之列。后"经李鸿章派英人敦约翰前赴罗马商酌"[2]，最终以迁移费35万两白银及西什库的20英亩土地为代价，与法国公使签订了《迁堂协议》，此堂遂由西安门内迁至西什库。

---

[1]《通玄教师汤若望》，中国人民大学出版社，1989年，第11页。
[2]《北京宗教文物古迹》，第37～43页。

重新建造的西什库教堂是参考巴黎圣母院设计的,为一高耸挺拔的哥特式建筑,有11座尖塔,高达31.4米。主堂规模宏大,四周花窗上镶嵌着彩色玻璃,极尽华贵与绚丽。堂前两侧各有一个中式四角攒尖黄色琉璃瓦顶的亭子,亭内是乾隆亲笔题写的石碑。中式碑亭和西式教堂错落有致地搭配在一起,组成了一幅别有情致的中西合璧风景画。

东堂位于北京市商业中心王府井大街八面槽,又称王府井天主堂,正名"圣若瑟堂"。这是清京师继南堂之后建造的第二座天主教堂,始建于清顺治十二年(1655年)。此堂之缘起,盖因顺治帝重用汤若望后爱屋及乌,听说意大利传教士利类思和葡萄牙传教士安文思沦为清军的俘虏,被强制在肃王府当差,随即下旨恢复了他们的自由身,并赐给一座王府井大街的宅院建造教堂。康熙颁布禁教令后,东堂未见萧条,反倒在长达一个半世纪中成为天主教的重要活动场所,汤若望、南怀仁、郎世宁等人皆曾在此传教布道。嘉庆十二年(1807年),东堂因教士管理不善引起火灾,此后便命运多舛,终至颓圮无存。光绪十年(1884年)在此地重建了一座罗马式大教堂,但在义和团运动中又遭焚毁。光绪三十年(1904年),法国和爱尔兰天主教会用"庚子赔款"再度重建东堂,翌年落成,此即今之王府井教堂。

这是一座仿文艺复兴时期风格的罗马式建筑,因地理位置的关系,整体建筑坐东朝西,矗立在白石雕成的须弥座上。其主体建筑是一座穹窿顶塔楼,楼顶有三座钟楼,中间一座钟楼最高,两侧略矮,上面各立一个大十字架。堂内由18根圆形砖柱支撑,高大宽敞,两侧悬挂着耶稣受难等多幅油画。从外面望去,教堂正面粗壮的壁柱雄浑壮丽,一高两低的穹窿顶颇为壮观,以至它至今仍是繁华的王府井大街上独特一景。

西堂位于西直门内大街南侧,又称西直门天主堂,正名"圣母圣衣堂"。在老北京的四大天主教堂中,此堂创建最晚,始于清雍正元年(1723年)。教堂的建造者是意大利传教士德里格,他是一位著名的音乐

家，曾为意大利皇室谱歌作曲。康熙四十九年（1710年），德里格受教会指派来到北京，在京期间他一面传教一面热情地传授西方音乐，创作了不少佳作。康熙晚年厘定宫廷乐礼，除了继承中华传统礼乐外，对"意大里亚国人德里格所讲声律节度"[1]也多所参酌，开创了中西音乐融合之路。此外德里格还奉命教授皇子胤禛（雍正）西学与乐理，与清廷建立了良好关系。开始时西堂占地面积约四十亩，规模宏大，教徒众多。嘉庆十六年（1811年），西堂教士因违反外国传教士不得外出传教的禁令，致使四名传教士被逐，教堂被毁。后经教会与清政府多次协商，咸丰十年（1860年）始将西堂及教士住房发还。同治六年（1867年）西堂得以重建，但规模已大不如前。义和团运动中此堂遭到焚毁，片瓦无存。

如今的西堂是1923年建堂200周年时重建的，也是一座哥特式建筑[2]。其主体建筑坐北朝南，是座两层楼，质朴而大方。其室内有精美的科林斯柱子及哥特式尖拱券，使堂内显得高大敞亮而不失华贵，最多时可容纳千人礼拜。

除了东南西北四大教堂外，北京城的天主教堂另外还有一些，例如从清朝末年以来一直保存完好的东交民巷天主堂等。但它们的历史都较晚，是天主教堂中的后起者。

继天主教之后，俄罗斯的东正教也开始抢滩中国与北京。东正教是基督教的东部派系，很早就从古罗马东部传入斯拉夫语系的俄罗斯地区。1054年基督教东西大分裂，东正教脱离以罗马教廷为中心的天主教，独立成以君士坦丁堡为中心的教派，又称正教、东正教。蒙古大军横扫欧亚时，俄罗斯各部纷纷归顺，大批东正教徒补充到蒙古军中，成为外籍士兵，后来也随蒙古人一起进入了元大都。在华期间，这些俄籍士兵始终保持着自己的宗教信仰，以至东正教在元大都也有了一席之地。但在元朝覆

---

[1]《清史稿·乐志一》。
[2]《北京宗教文物古迹》，第51～53页。

灭后，东正教徒随北遁的元朝残部一起退出了中华大地，瞬间消失得无影无踪。此后东正教曾几度重返京华，却一直未成气候。

公元十六世纪，英国、德国、瑞士、荷兰和北欧等地发生了宗教改革，形成了脱离天主教会的新基督教派，统称新教。在天主教、东正教、新教这三大教派中，新教形成的时间最晚，进入中国的时间也最晚。1807年英国伦敦布道会派传教士马礼逊来华，此即新教进入中国之始。新教进入北京的时间更晚，始于鸦片战争之后的1861年，是由英国伦敦布道会传教士雒魏林带来的。这支新的教派借助西方列强对华侵略的"天时"而来，乘着大清国力日益屡弱的"地利"而来，依靠鸦片贩子、战争狂人开道的"人和"而来，从一开始就打上了殖民主义侵略扩张的烙印。

依仗不平等条约赋予的特权，新教登陆伊始便强占民宅、改建教堂、广设教会。一时间，京城内外教堂林立，仅就城区而言，兴建于十九世纪六七十年代的较著名新教教堂就有：英国伦敦布道会创办的西四缸瓦市教堂、东单米市大街教堂、崇文门外东柳树井教堂、东直门外关厢教堂；美国基督教长老会创办的崇文门教堂外堂、鸦儿胡同教堂；英国安立甘会创办的绒线胡同教堂；美国卫理公会创办的崇文门教堂；美国公理会创办的灯市口北巷教堂等[1]。

1900年爆发的义和团运动，沉重打击了这些教会和教堂，但随着八国联军的到来和义和团运动的失败，特别是在西方列强获得了清廷的庚子赔款后，各大教堂又迅速恢复起来。

应当承认，在随同肮脏的鸦片贸易和血腥的侵略战争而来的西方传教士中，仍有部分良知未泯的人。他们把充当侵略者帮凶的传教士看作是"整个基督教世界的耻辱"，认为"武力增加了中国人对基督教的仇恨，使福音更难进入中国人的心灵"[2]。因此他们反其道而行之，面向公众开办了

---

[1]《北京宗教文物古迹》，第80～83页。
[2] 王立新：《美国传教士与晚清中国现代化》，天津人民出版社，1997年，第71页。

一些公益性的医院、学校、孤儿院等，借助慈善事业为"传播上帝福音"铺路。最早来到北京的新教人物雒魏林就是其中之一。他是一个传教士，也是一名医学家，来到北京后首先开办了一所面向公众的医疗室，后又创办了教会医院。美国基督教长老会和英国安立甘会更热衷于办学，他们来北京后都开办了教会学校。在众多教派中，美国卫理公会后来居上，紧承他人之后开办了汇文大学、汇文神学院、汇文中学、汇文小学、汇文幼儿园、慕贞女中、妇婴医院、仁光护士学校等，还创办了同仁医院。无庸讳言，这些西方传教士办学和行医的目的无非意在传教，是想通过博得中国人的好感和信任来扩大基督教的影响。但同样无庸讳言，相对那些用枪炮威逼的布道，这种方式显然更易被人接受。正是由于这个缘故，来得最晚的新教的某些教派反而在北京保留下来，经过一个半世纪的风雨洗礼后至今犹在。

5 萨满教及其堂子

萨满教源起于自然崇拜和图腾崇拜，是一种相信宇宙万物皆有灵的多神教。它把自然物和自然力的产生和改变全部归结为"神"的作用，因此信天、信神、信鬼魂。"萨满"一词源出于通古斯语，汉译为"狂舞"之意，特指萨满巫师作法时手舞足蹈的癫狂舞姿，俗称"跳大神"。萨满的跳神仪式各有不同，但基本模式大同小异，主要程序是：

  请神——向神灵献祭；
  降神——用鼓语呼唤神灵的到来；
  领神——神灵附体后萨满代神立言；
  送神——将神灵送走。

萨满教在原始社会后期便已产生，曾在北欧和北美许多民族中流行，亦为中国北方的少数民族所崇信，甚至以其为"国俗"[①]。但通过本章前面的论述已不难看出，在辽人和金人相继入主燕京和中原后，其民族信仰很快发生了改变。而通过蒙元与满清两个晚近之例更不难看出，萨满教开始时虽然是统治集团崇信的宗教，但在进入北京后却急遽萎缩，滑向了自然淘汰的轨道。

蒙古开国于1206年，当时世界上的三大宗教已相继传入了蒙古部落，但直到定鼎元大都前，蒙古各部仍普遍奉行萨满教。《元史·祭祀志六·国俗旧礼》称蒙元初年每逢萨满施法时，皇帝、皇后和太子都要全身缠满线团烟熏火燎，"用白黑羊毛为线，帝后及太子，自顶至手足，皆用羊毛线缠系之，坐于寝殿。蒙古巫觋念咒语，奉银槽贮火……以其烟熏帝之身，断所系毛线，纳诸槽内"。贵为帝后和太子居然要受萨满教的这般折磨，足见蒙古统治者对萨满教的深信不疑。

尤有甚者，萨满巫觋的影响不仅表现在宗教上，还延伸到政治上。《元史·宪宗本纪》载：蒙哥汗宪宗"酷信巫觋卜筮之术，凡行事必谨叩之"。宪宗时的蒙古都城远在朔漠和林，那时堂堂蒙古大汗居然要对巫觋"凡行事必谨叩之"，足见萨满教干政之深。然而，自忽必烈定鼎元大都起，事情很快发生了变化。

正如上章及本章所述，自从元世祖至元九年（1272年）南迁大都城，元廷一方面为了统治的需要迅速步入了汉学及汉制的轨道，另一方面则逐步接受了"天、地、君、亲、师"的传统信仰。与此同时，元帝国还逐步接纳了佛教、道教、伊斯兰教和基督教，在信仰观念上进入了一个色彩斑斓的多元世界。然而与此相悖的是，萨满教的地位却急转直下，几乎淡出了社会生活。紧承元世祖之后的是元成宗，他临朝后便"诏禁畏吾儿僧、

---

①《金史·始祖以下诸子列传》。

阴阳、巫觋、道人、咒师"[1]，快刀斩乱麻地禁绝了萨满的巫觋之术。成宗之后，元武宗重开萨满教，但他仍用新成立的司禋监加强了对萨满教的监管。到了元朝后期，文宗命人"为蒙古巫觋立祠"[2]，大都城至此才有了一处孤零零的巫觋祠堂。然而文宗在位仅一两年，他即便有心复古，却也无力回天，仍然无法挽救萨满教的日薄西山。

满清的萨满教称"祭堂子"，也曾主宰过满人的宗教生活。1618年努尔哈赤兴兵伐明，以七大恨祭告天地，举行的仪式便是"祭堂子而行"[3]。顺治元年（1644年）清室迁都北京，清世祖福临的銮驾刚一入山海关就敕令"建堂子于燕京"[4]，可见那时清皇廷与萨满教是如何的须臾不可分。

但在入主中原后，清廷顺时应变，把华夏的"天、地、君、亲、师"信仰列为国家重典，同时又把萨满教严格控制在本族的范围内。《清史稿·吉礼一》载：

凡国家诸祀，皆属于太常、光禄、鸿胪三寺，而综于礼部。
惟堂子元日谒拜，立杆致祭，与内廷诸祀，并内务府司之。

这里就再清楚不过地表明，清廷的祭祀分为泾渭分明的两大类：一类是"国家诸祀"，此即"天、地、君、亲、师"祀典；另一类为"内廷诸祀"，主要是萨满教的祭堂子。前者为国祭，统归中央六部的礼部掌管，后者为族祭，仅由总揽皇室内部事务的内务府操办。

清廷的萨满教祭祀有两种形式，一种是在室外"设杆祭天"，一种是在室内"总祀社稷诸神祇"。《清史稿·吉礼四》载：

---

[1]《元史·成宗本纪三》。
[2]《元史·文宗本纪二》。
[3]《清史稿·太祖本纪一》。
[4]《清史稿·世祖本纪一》。

堂子祭天清初起自辽沈，有设杆祭天礼。……世祖既定鼎燕京，沿国俗，度地长安左门外，仍建堂子。

据此可知，清京师"设杆祭天"的场所称"堂子"，具体位置在"长安左门外"，即今之天安门外的御河桥东。清廷在这里举行的萨满祭礼甚多，"而以元旦拜天、出征凯旋为重"，其他的常祭则有月祭、杆祭、浴佛祭、马祭等，一般是遣官致祭。至于清皇室的萨满教神堂，设在紫禁城内廷的皇后正寝坤宁宫内，紧挨帝后大婚的洞房。

终有清一世，清皇室确实把萨满教控制在了一个相当小的范围内。如《清史稿·吉礼四》载，元旦之日在堂子拜天，"帝率亲王、藩王迄副都统行礼，寻限贝勒止，已复限郡王止"。此文说，开始时参与堂子拜天的还包括了贝勒，后来则限制在郡王以上，就连贝勒都被排除在外。堂子之内立有致祭者的神杆，按当时规定，除中心神杆外，"两翼分设各六行，行各六重，皇子列第一重，次亲王、郡王、贝勒、贝子、公，各按行序"，即有资格在两翼设立神杆的，也只限天潢贵胄。康熙十二年（1673年）诏曰："元旦拜堂子礼……罢汉官与祭。"这里进而规定祭堂子时汉官概不与祭，明确了"拜堂子"只是满清皇室的族祭。至于坤宁宫的祀神礼，单从神堂设在皇后的寝宫看，就说明这不是皇帝以外的其他人所能涉足的。每逢重大祭典，坤宁宫堂子仅由"帝、后行礼"，寻常祭祀则由内廷女官或巫觋代祭，可见这实际上是皇帝和皇后的家祭。

自满清进入北京后，萨满教祭祀的神祇也发生了不少变化。《清史稿·吉礼四》记载坤宁宫总祀的诸神可分为如下几大类：

一类是传统萨满教崇祀的穆哩罕等诸神，但特别强调这些神祇"训义未详，而流传有自"；

一类是爱新觉罗"先世有功而祀者"，即皇家先祖；

一类是蒙古诸神；

一类是"为佛、为关圣"的汉人崇祀的神祇。

就范围而言，上述神祇已经远远超出了萨满教的范畴，相当于众神的聚会。而且如其所言，萨满教诸神虽然"流传有自"，但大多"训义未详"，即神祇虽在却灵性已失，早已失去了崇拜的意义。室外的立杆大祭同样如此，当时"司俎二人赴坤宁宫请佛亭及菩萨、关帝像，舁至堂子"①，所祭的除天神外，主要是汉族供奉的佛教神祇及关圣帝。总之，清廷的萨满教仪式虽然还在，但早已"新桃换旧符"，融合了汉、满、蒙各族的神祇，并且日益以汉族供奉的佛陀、菩萨、关帝为重。

因为萨满教从未流向民间，因此在辛亥革命后，它很快便随着清王朝的瓦解而销声匿迹，没有在今北京城留下任何印记，就像它从来没有来过一样。

以上萨满教在元朝的改弦更张、自生自灭，在清朝的缩小范围、扩大神祇，即萨满教进入北京后的两大演变趋势。未承想，被视为"野蛮人"的蒙古、满清统治者，在君临中原后一未将萨满教强加于被统治民族，二未将它擢升为凌驾于其他宗教之上的"国教"，而是任其自生自灭，甚至有意抑制了它的发展，可谓独特之极。纵观古今中外，统治集团的宗教就是占统治地位的宗教，这几乎是铁的定律，对那些"政教合一"的民族来说尤其如此。但元和清的做法却如此非同一般，着实耐人寻味。这或许和萨满教的原始性有关，和它缺乏成文经典及创始人有关，或许也和这些少数民族政权巩固自身统治的需要有关。但即便如此，面对人类历史上屡见不鲜的宗教"圣战"，这些理由仍然是苍白的。因为对宗教专制主义者来说，唯我独尊是超乎一切的原则，根本不在乎宗教自身的先进与否，更不会顾及被统治者的心理承受力。那么，个中的原因

---

① 《清史稿·吉礼四》。

究竟何在呢？

最根本的原因之一，就是在汉民族的"天、地、君、亲、师"信仰中，已经涵盖了萨满教的某些原始崇拜，两者不乏共同之处。

> 首先，如前所述，萨满教是多神教，相信万物有灵、灵魂不灭，而且特别崇尚自然，"拜长生天为父、长生地为母，拜万物自然为神灵"。而"天、地、君、亲、师"信仰也是信奉天地有灵和灵魂不灭的，这就为它们奠定了一个共同的基础。

> 其次，萨满教的社会崇拜以部族的祖灵为主，自然崇拜则以至高无上的天神为重，而这恰好就是"天、地、君、亲、师"崇拜的重点。此外萨满教崇拜的日月星辰、风雨雷电等，也无不包含在"天、地、君、亲、师"崇拜体系中。

> 再次，塞外民族多以祖先起源于某个山脉，且以捕获的猎物为山神所赐，所以祭奠圣山是萨满教的又一重要内容。而在汉民族的祭地仪式中，对山脉的崇祀本来就占有重要地位，这就使它们又多了一个共同点。

以上三大关联性说明，"天、地、君、亲、师"信仰不仅凝聚了华夏民族的核心价值观，也涵盖了不少北方民族的原始崇拜，故而乐于为他们所接受。

但事情的另一面是，"天、地、君、亲、师"崇拜体系是一种源于原始宗教又远远高于原始宗教的信仰，是一种文明程度远胜于萨满教的核心信仰，不由少数民族统治者不接纳奉行。其原因是：

> 其一，萨满教崇尚的神祇繁多而且冗杂，不成系统也鲜有主次，极不适应等级森严的封建专制制度。而"天、地、君、亲、师"的各项崇祀既有主祭对象，又有配祀、从祀对象，上下等秩

分明，这就对应了现实社会的高低贵贱之分，成为维护社会等级的有力法器。

其二，"天、地、君、亲、师"信仰既包含了自然崇拜偶像，也包含了社会崇拜偶像，是"天道"与"人道"的合一，亦即自然与社会的合一。同时，在"天人感应"神学观的作用下，这些偶像还形成了一定的对应关系，彼此间相得益彰又珠联璧合，由此赋予了它强大的聚合力。而凡此种种，都是庞杂无章的萨满教无法望其项背的。

其三，"天、地、君、亲、师"信仰倡导的是入世哲学，体现了中国古代"治世为本"的哲学观，对维护封建体制具有极大的实用性。而萨满教相信万物有灵，缺乏现实针对性，很容易陷入盲目性。尤为不同的是，"天、地、君、亲、师"信仰崇拜的君、亲、师无一不是真实的人，其现实意义不仅为萨满教所不及，也为四大宗教所不及。

其四，萨满教的巫师（萨满）被视为通达神、鬼、人三界者，具有相当的神圣性和权威性。按照萨满教教规，每遇到疑难之事必须先诉诸萨满教神灵，也就是诉诸萨满，听凭萨满的裁决，于是这就造成了政、教分离的二元体制。而萨满们恰恰对世俗的权力是相当感兴趣的，要求皇帝对他们"凡行事必谨叩之"，由此大大削弱了君主的专制统治。而在"天、地、君、亲、师"信仰体系中，最高教宗就是皇帝，处处突显的也是皇帝，这当然更为辽、金、元、清的帝王所乐见。

其五，君主威权和君主崇拜的强化，是任何一个创建了大帝国的帝王所梦寐以求的，也是封建专制国家所不可或缺的，而这恰是"天、地、君、亲、师"信仰的核心内容。于是，各少数民族政权巴不得对华夏礼教中的君主崇拜采取"拿来主义"，通盘接受汉民族大树特树君主威权的种种举措，包括由君王主持各类国家祭仪。

其六，对师的崇拜显然是"蛮夷化外"的游牧民族最为隔膜的，然而对于只有小学文化程度的新帝国统治者们来说，向汉儒讨教治国安邦之道势在必行，而正好是汉人的尊师传统，给了这些新贵们一个冠冕堂皇的躬身下问理由。因此从辽金以迄元清，八面威风的皇帝车驾甫一进京，便会忙不迭地去给孔圣人磕头，为的就是披上尊师的光彩外衣。

其七，自先秦以迄明清，"天、地、君、亲、师"祭奠仪式已经形成了相当的规模，并且隆重而庄严。比较之下，萨满教既没有成文经典，也没有统一而规范的宗教礼仪，全靠巫师临场发挥，以至被民间戏称为"跳大神"，缺乏必要的神圣感与仪式感。

其八，经过中原各朝代的积累，"天、地、君、亲、师"信仰已有了系统的坛庙建筑和坛庙制度，比起萨满教的露天立长杆或室内放木板的粗放形式不啻有天壤之别。

以上八条俱在，两者高下立见。总之，萨满教虽然是宗教，但无疑是原始形态的低层次宗教，而"天、地、君、亲、师"信仰虽然不是宗教，却是宗教化的高等级信仰。此信仰既可以起到宗教的聚合作用，又可以规范人们的伦理道德，功效远在萨满教之上。由此便不难理解，何以各少数民族政权会如此决绝地放弃自己的固有宗教，而热衷汉民族的"天、地、君、亲、师"信仰了。

还有一个原因更加显而易见，那就是汉文明历来对塞外民族有着强大的感召力，入关前他们就心驰神往，耳濡目染间还不同程度地接受了汉民族的文化，因此一旦从草原转到汉地，就很自然地步入了汉文明的信仰轨道。而这种转换，恰好体现了他们从蒙昧到文明的跨越，实现了他们从巫

觋文化到礼乐文化的升华。

其实，综观各不同民族的王朝，皇帝中皆不乏佞佛、崇道或信奉伊斯兰教和基督教者，确实"盛衰每系乎时君之好恶"[1]。仅就蒙元初年而言，太祖成吉思汗崇信道教，太宗窝阔台倚重伊斯兰教，定宗贵由青睐基督教，宪宗蒙哥、世祖忽必烈推崇佛教，真是一时一个风景。但这些宗教往往"你方唱罢我登场"，风水轮流转。相比之下，"天、地、君、亲、师"信仰却一以贯之，始终为历朝历代所坚守。其关键的原因就在于，这是一种如中流砥柱般支撑着泱泱华夏一统江山的信仰，是在中国这片国土上最具权威性和实效性的信仰，自有其无可比拟的优越性。

当然，在肯定"天、地、君、亲、师"信仰不可取代的同时，也不能否认各少数民族政权对它的传承起到了至关重要的作用。可以说，正是由于辽的包容和金、元、清的继承，华夏民族的"天、地、君、亲、师"信仰才得以保存，甚至得以弘扬。也正是由于他们采取的这种立场，才使中华文明始终循着同一条轨道不断延续下来。这当然要归功于汉文明自身具有的强大生命力和感召力，但同时也要归功于这些少数民族政权在历史面前做出的理性选择——虽然这是维护他们统治的不二选择，但相对人类历史上那些丧心病狂地消灭异族宗教的暴君来说，相对那些毫无政治头脑的昏君来说，这种选择无疑是明智的。

三　结语

综上所论，"天、地、君、亲、师"信仰既是东方文明的独特产物，也是东方文明的精神主干。它融汇了华夏先民自亘古以来的意识形态和道

---

[1]《元史·释老传》。

德理念，培育了先秦儒家的忠君孝亲社会伦理，又涵盖了以"道"为圭臬的道家思想，是中华民族的本底文化。它合"天道""地道""人道"于一体，在"天人合一"观的统摄下，确立了人对自然的尊重与慑服，促进了人与自然的和谐相处。它在数千年中打造着中华文明的大厦，维系着中华民族的统一，联结着根深蒂固的东方文明。在这个精神主干面前，不仅萨满教"小巫见大巫"，世界性的三大宗教再加上道教也是难以匹敌的，因此中华民族才从未产生过全民族的宗教，更未出现西方历史上宗教权力凌驾于国家权力之上的现象。

这个信仰给古都北京留下的鲜明印记，就是体现"天、地、君、亲、师"崇拜的标志性建筑。它们都是皇家顶级建筑，个个金扉朱楹、白玉雕栏、宫阙重叠、巍峨壮观。在共性上，这些建筑无不体现着礼制文明的庄严之美；蕴含着"天人合一"的和谐之美；辉耀着中华古典建筑"中和中正"的对称之美；映衬着庭院组群的幽深之美；折射着红墙黄瓦的色彩之美。而在个性上，天地两坛突出了庄严轩朗的氛围；紫禁城突出了威严壮丽的气势；历代帝王庙突出了深邃宁静的境界；太庙突出了严肃静穆的韵味；孔庙突出了高雅亲切的意境，又合成了一首音律各异的华彩乐章。它们无所不至地展示着东方建筑艺术的浑然天成和大气磅礴，是东方建筑的辉煌成就，更是人类文明的瑰丽奇葩。然而，相对这些建筑的艺术魅力而言，它们显然更具人文价值，是中华民族伦理、信仰、情感和大义的物化标志。当这些建筑以醒目的身姿伫立在北京城的东南西北时，北京城就成了汉文明的集大成代表，成了最富内涵的东方文明古都。

自古至今，城市的风貌犹如一条奔腾流淌的河，瞬息万变的是它的市容景观，永恒不变的则是它沉淀下的故事。特别是每逢改朝换代，城市的风貌都会焕然一新，尤以都城的变化为最。然而与众不同的是，在古都北京，伴随着种种显赫一时的应景建筑倏然而逝的，却是"天、地、君、亲、师"建筑的历久弥新。这些建筑既具有长盛不衰的恒久性，更具有世

不二出的典型性，它们才是北京城最无可争议的地标式建筑。

在空间方位上，天、地、日、月四坛分踞于都城四隅，恰如"前朱雀、后玄武、左青龙、右白虎"四座尊神，共同拱卫着古都北京。再加上与天坛东西相望的山川坛（先农坛），北京似被诸神环绕，筑起了一道精神的城垣。在它们的簇拥下，大内皇宫居中而立，前方两侧是太庙和社稷坛，后方两侧是历代帝王庙和孔庙，又合成了一组以皇宫为中心的核心建筑群。在这个核心圈内，各大标志性建筑交相辉映，共同撑起了华夏民族古老文明的大厦，也撑起了京师的政治、文化中心地位。

以上标志性建筑的存在，充分说明了一个道理——没有宗教并不等于没有信仰。关于中国既无"上帝"亦无"信仰"的说法，是上个世纪初由具有批判精神的中国文人率先提出的。但令人遗憾的是，事隔整整一个世纪后，这种看法仍在大面积蔓延，不仅在国际上蔓延，也在许多不谙历史的中国人身上蔓延。这些人悲天悯人地认为，因为缺乏信仰，中国人没有精神支柱，没有道德体系，没有主流价值观，由此导致物欲横流，整体失德。甚至由于缺乏信仰，中国人连罪恶感和内疚感也没有，做事不受良心的约束，为达目的不择手段。于是结论只有一个——这是个冷漠的民族，麻木不仁而且没有希望。面对这种观点，我们不妨回到本章开头的部分，重温一下我们是怎样通过最基本也最确凿的事实来批驳这种谬见的，此外还不妨把问题展开一些，看看中国人到底有没有罪恶感和内疚感。

中国古代有一个极为奇特的现象，即每逢朝政失措或天灾人祸，身为圣主的皇帝往往要给自己下"罪己诏"。此事最早源起于夏商周三代，见载于《左传·庄公十一年》："禹、汤罪己，其兴也勃焉。"此文说，夏朝开国君主大禹和商朝开国君主成汤有了过错后便公开"罪己"，因此政通人和、国泰民安。如果说这些记载还带有一定传说色彩的话，那么自三代以降，此类事实便屡见不鲜、层出不穷，典型之例有：

第七章 东方神韵——古都北京的城市风貌

一如雄才大略的汉武帝，一生文治武功，功勋卓著，但临终时他当着群臣的面自责说："朕即位以来，所为狂悖，使天下愁苦，不可追悔。自今事有伤害百姓、糜费天下者，悉罢之！"他不仅对自己的穷兵黩武、大兴宫室深自懊悔，还反省自己屡受方士仙人的欺骗，称自己"向时愚惑，为方士所欺。天下岂有仙人，尽妖妄耳！"①随后，汉武帝驳回了大臣桑弘羊屯田轮台的奏请，决定"弃轮台之地，而下哀痛之诏"②，由此便有了著名的《轮台罪己诏》。

二如明末帝朱由检，当李自成大军围攻京城时，不得不以自缢殉国来结束一个朝代，也结束自己三十四岁的生命。临在煤山（景山）老歪脖树上自尽前，这位九五之尊脱下皇袍，在衣襟上以血指书，向天下苍生下达了最后一道"罪己诏"："朕死无面目见祖宗，自去冠冕，以发覆面，任贼分裂，无伤百姓一人。"③作为亡国之君，他总算说了一句"无面目见祖宗"的话，还说宁可一人粉身碎骨也望保全百姓，倒是应了"人之将死，其言也善"的古训。

三如首位入关的清帝顺治，临退位前对自己亲政十年来的过失深自懊悔，竟一桩一桩地列举了自己十四宗大罪。

同此之例尚多，不胜枚举。据学者统计，在一部《二十五史》中，记载的皇帝罪己诏共有260份，涉及的皇帝有79位，总计是：汉朝15位、三国3位、晋朝7位、南朝14位、北朝1位、隋朝1位、唐朝8位、五代6位、宋代7位、辽代1位、金代1位、元朝4位、明朝3位、清朝8

---

① 《资治通鉴》卷二十二。
② 《资治通鉴》卷四十三。
③ 《明史·壮烈帝二》。

位①。

中国古代皇帝动辄"罪己"的做法，在人类历史上极为罕见，成为一国之传统更是绝无仅有。当代史家从阶级立场出发，多把这种行为视为帝王收买人心的手段，看作是惺惺作态的假仁义。这种说法虽然不无一定道理，然而对任何一个具有正常思维能力的人来说，也不能不承认这种反省和自检，总强似那些罪行累累却不容许别人说半个不字的独夫民贼。更何况，从前面引证的三例罪己诏来看，桩桩出自人之将死，恐怕其中已经没有多少收买他人的意图了，而更多是为了在临终前求得自身心灵的解脱。

在"君权神授"的古代社会，帝王是神圣天子，是天潢贵胄，不同于常人。这些帝王能反躬自省绝非易事，而让他们公开昭告天下就更是难乎其难了。那么，为什么这个传统独见于中国呢？答曰：就是因为中国的伦理是自省的，讲究的是"吾日三省吾身"，崇信的是"善恶有报"。这种内心的自我拷问，形同自我审判，很容易唤起人们的内疚感和罪恶感。《周易·震卦·象辞》云："君子以恐惧修省。"这里就特别强调，君子应悟知恐惧惊惕，修身省过。在天下众生中，既然"口含天宪"的帝王们都不得不时时悔过，其他人自然更不在话下了。那些妄言中国人没有罪恶感和内疚感的人，显然是对中国的传统文化无知到了极点。

在历代皇帝的"罪己诏"中，因日食、地震等天地异象和旱涝等自然灾害而引发的比比皆是，几近半数。西汉宣帝本始四年（前70年），中原四十九个郡国发生地震，不少地方山崩水出，"杀六千余人"②。宣帝乃下罪己诏曰：

> 盖灾异者，天地之戒也。朕承洪业，奉宗庙，托于士民之

---

① 萧瀚：《"罪己诏"与古代政道》，讲座资料。
② 《汉书·五行志第七下之下》。

上，未能和群生……朕甚惧焉。①

宣帝在这里直言不讳地昭告天下苍生：地震是天地神灵发出的警告，谴责我没有安定民生，因此我很恐惧。在颁布了"罪己诏"后，宣帝立即派大员下去赈灾，并免收灾区民众的粮租钱税，很快稳定了局势。

又如清康熙十八年（1679年），京郊发生了8.0级大地震，康熙帝也认为这是上天对自己的责罚，诚心自责说：

朕躬不德，政治未协，致兹地震示警。②

随后他立即发内帑十万赈灾，并找出朝政六大弊端，限令即刻改正。

由上可见，圣天子的罪恶感不仅来自对自身的内省，还来自对天地的敬畏，来自对"苍天有眼"的忌惮。就其内省的标准而言，既有出自"师承"所代表的"道统"，也有源于祖训所代表的"传统"，还有来自君权所代表的"正统"，多与"君、亲、师"有关。而对天地的敬畏，则源于古人认为各种灾害都是"天意"的体现，是"天象示警"。而综合这内外兼有的双重罪恶感，恰好其标准来自"天、地、君、亲、师"信仰体系。

总之，中国虽无宗教，却有信仰，而且这是兼具自然和社会双重伦理的复合式信仰，是天地人三才统一的信仰，是"天人合一"的信仰。倘若去其糟粕、取其精华，即使站在现代社会的高度，也可以说这是人类思想宝库中最具可持续发展理念的信仰。

"天、地、人"的和美交融，足以在人间凝聚出一股涤荡一切的浩然之气，不仅能使圣天子们为之慑服，更能让天下的宵小们为之胆寒。也就是说，尽管"天、地、君、亲、师"信仰不是传统意义的宗教，但是其精神威力之大丝毫不亚于宗教，甚至有过之无不及。而且，恰恰由于这个信

---

① 《汉书·宣帝本纪》。
② 《清史稿·圣祖本纪一》。

仰的存在，由于它的不可撼动和博大宽广，才营造出一个"厚德载物"的氛围，使四大宗教在天子脚下各有了一席之地，给人类留下了一处各大宗教竞相争艳的园地。

通过各种历史线索，可知最早滥觞于唐和辽，最终集大成于元与清，佛教、道教、伊斯兰教和基督教已并行于北京地区。在漫长的历史长河中，这四大宗教的发展不无曲折，兴衰起伏各有变数，这是毫无疑问的。事实上，无论是土生土长的道教，还是最早传入汉地的佛教，抑或外来的伊斯兰教，更或从异域凌空而降的基督教，受各种因素的影响，都遭遇过不止一次的打击。但总的结果是，它们有惊无险地一路走来，在北京这个极具包容性和多元性的舞台上，分别找到了各自的生存发展空间。这个事实向人们昭示，相对西方和其他许多国家而言，中国古代有最充分的宗教自由和信仰自由，是世界上信仰最多元化的国度。

放眼今日之北京，在现代化的大都市中，随处可见坐北朝南、红墙绿瓦、斗拱挑梁的中国式佛、道建筑，时或可见大殿朝东、绿色穹顶、尖拱装饰的阿拉伯式伊斯兰教建筑，蓦然可见高耸挺拔的哥特式或半圆拱形的西洋式基督教建筑。它们形状各异、风格各异、流派各异，但个个楼宇宏丽、雕梁画栋、古色古香。在现代化高楼的掩映下，这些风格独特的建筑显得格外绚丽多姿，把这座东方之都装点得宛若天城。不仅如此，它们还向人们昭示着这里的信仰自由，向世界展示着中华文明厚德载物的泱泱大度。

相对北京地区各大宗教共生共荣的这个结果来说，其过程的跌宕起伏反倒是无足轻重的了。因为发展过程的一波三折，本是世间的普遍规律，任何事物都在所难免。更何况从辽初以来，这些宗教经历了上千年的翻云覆雨，此期间不仅朝代和民族不断更迭，而且每个宗教都有意无意地裹挟进了"盛衰每系乎时君之好恶"的重新选择。更重要的是，这四大宗教始终处在零距离的接触与碰撞中，是不同信仰、教义、门派和信徒对同一座城市的争夺。然而遥望当年，除了反映与西方列强侵略反侵略斗争的基督教"教案"外，北京历史上从未发生过危及整个社会的宗教纷争，更未出现人类历史上那种以灭绝异教徒为目的的大规模宗教"圣战"。在这里，曾经有的，无非是宗教上层人士在权势面前的争相邀宠，以及在卷入宫廷政治斗争之后的进退两难。但与此同时，也有过开明宗教人士着力倡导的"儒释道合一"，以及将佛教、伊斯兰教、基督教尽力本土化的努力。放眼今日，在经历了上千年的风雨洗礼后，北京的四大宗教早已把昔日的喧嚣和浮躁抛进了历史的垃圾堆，各守本分，各安其所，在一片祥和的祝祷声中共同祈愿今日北京的幸福安宁，继续弘扬着这座东方之都的多元风貌。

城市建设与建筑，既是文明的物化，也是传统的固化。殊为难得的是，汉文明的一统性和文化面貌的多元性都通过古都北京的城市建设完美展现出来，而这就是古都北京的文明底蕴。在当今的全球化时代，世界的趋同性与民族多元性的矛盾，是全人类共同面对的难题。而古都北京汉文明的一统性和文化面貌多元性的相得益彰，不啻为此提供了一个成功的范例。

人称"大象无形"，举凡世间至高至极的境界，都是没有一定之形的。但犹如天造地设一般，体现中华民族传统信仰、伦理道德、文明基干的礼制建筑，以及展示泱泱华夏厚德载物宽阔胸襟的宗教建筑，都在古都北京的城市建设中淋漓尽致地表现出来，恰恰构筑了一座有形的精神家园。正像没有爱丽舍宫、凡尔赛宫、卢浮宫、巴黎圣母院、凯旋门和埃菲尔铁塔就不能称之为巴黎一样，如果只有竞相耸起的摩天大楼，而没有天坛、地坛、故宫、历代帝王庙、孔庙和各大宗教的标志性建筑，我们这座城市也就不能称之为北京了。正是这些建筑物的存在，证明了古都北京是东方文明的集大成之所，是无与伦比的"东方第一都"。在人类城市发展史上，这是一座永恒的丰碑，是一座无法再生的丰碑，将永远屹立在世界的东方！

第八章 人类奇观
——光耀千古的文明圣殿

一 引言

从解读人文北京的历史密码入手,通过纵向、横向的条分缕析和比较研究,前面各章归纳出了贯穿整个北京历史文化的五大基本特征:

一、悠久性

人类起源、新石器时代革命、国家文明的肇兴,是迄今为止彻底改变了世界的三大创世纪发展。在这三大发展中,北京地区皆独树一帜,率先而行,表现出了无可争议的历史悠久性。北京的这三大步历史性跨越,对北半个中国的全面均衡发展乃至整个东亚文明的腾飞,都起到了举足轻重的作用,也使北京当之无愧地成了东方人类、东方文化、东方文明的一大发源地。

二、持续性

北京的历史、文化、文明不但起自远古,而且从一开始就持续不断地发展起来,从无大的间断,更无跨时代的割裂。这从未间断的,还不仅仅是它的历史与文化,更包括了它的城市文明,这尤其是人类城市发展史上罕见的奇迹。

三、递进性

自上古以来,北京地区由部落而方国,由方国而诸侯国,由诸侯

国而东北首府，由东北首府而辽金陪都，由辽金陪都而金中都，由北中国的中心而至大一统王朝中心，整个历史始终按逐次递进的轨道不断前行。循着这一步步由低到高的发展，北京的影响范围不断扩大，文明程度不断提高，城市规模不断扩充，社会功能不断完善，各方面都呈梯度上升。

从距今五千年前文明初兴之时算起，北京地区的方国阶段大约持续了两千余年，姬周封国阶段持续了八百余年，东北首府阶段持续了不下一千一百年。此后辽金陪都时期持续了二百余年，金中都时期持续了六十余年，再往后便一跃而成全中国的政治、文化中心。由此可见，在五千年的历史嬗变中，北京的发展不仅是逐次递进的，还表现出了不断加速的趋势。这固然和人类发展进程的普遍加速有关，但也和北京地区发展节奏的不断提速有关。

四、多元性

北京南承中原、西望长安、北临草原、东沐海风，地势险要，交通发达。地理结构的多元性和交通状况的自然天成，使北京自古就成了孕育、生成多元民族与多元文化的摇篮，也成了四方民族与各地文化交汇融合的中心。它因此而活力四射，成为封闭的中国古代社会中一个相对开放的系统。公元十世纪初以后，由于辽金的西进、蒙元的东渐、明朝的北上和满清的南下，更不断造就了北京地区的历史多元性、民族多元性和文化多元性，由此缔造出一个底蕴深厚的东方文明之都。

尤其令人瞩目的是，古都北京的多元性不仅反映在民族和文化上，还反映在宗教文化的色彩纷呈上。纵观人类历史，维护世俗文化的差异较易，包容不同宗教的文化甚难，特别是当统治者早已有自己根深蒂固的宗教信仰时，要接纳不同宗教就更是难上加难。但遥看当年，佛教、道教、伊斯兰教、基督教的全国中心皆并存于元明清时代的北京，而且每一个都取得了令人瞩目的发展，创造了宗教史上的一个奇迹。时至今日，北京城内保留的古寺院、道观、教堂、清真寺鳞次栉比,它们不仅直观再现了古都北京多元文化的共生共荣,更昭示了中华文明海纳百川的博大胸襟。

五、一统性

从多元民族、多元文化相对独立又相互依存的多元一体,到多元民族、多元文化通过不同渠道相继融入汉民族和汉文明的多元一统,是中华文明的总体演进过程,也是北京历史文化的实际发展过程。史前时期及夏商时期燕山南北各部族的血脉相连,以及他们在经济、文化上的交流互动,体现了这些部族与生俱来的联系,恰是上古时期多元一体特征的反映。及至周天子封燕,幽燕大地纳入了华夏主流文化圈,中华文明从此在这里相沿不替,又在历史的多样性中彰显了它的一统性。

在历史学家看来,中华文明的一统性应该是由中华版图的完整与否决定的,似乎只有统一的王朝才能维系中华文明的一统。但事实上,对历来重视"心性教化"作用的中华民族来说,文化纽带的联系丝毫不亚于地缘纽带的联系,甚至有过之无不及。而由此所决定,即使在天下分治时,文化与文明的因素仍在统摄一切,继续起着制约历史发展的导向作用。这就是说,对中国而言,不尽是大一统王朝维系了中华文明的一统,更重要的是中华文明的一统维系了国家的统一。

正如第六章、第七章所述,古代北京汉文明的一统性,不仅表现在儒家学说主导地位的长盛不衰上,更表现在标志"天、地、君、亲、师"信仰的皇家建筑的日臻完备上。前者是这个城市的软系统,后者是它的硬设施,二者互为表里。比较之下,"天、地、君、亲、师"信仰早在儒学诞生之前就流传有序,比儒学更为古老。因此可以说,古代中国的主流文明是由"天、地、君、亲、师"信仰和传统儒学共同组成的。而这二者在古都北京的一脉相传,无异于在一个特殊的地域造就了一个特殊的熔炉,使融注其中的各民族通过汉文明的渠道不断加深了彼此的沟通,由此共同维系了泱泱中华的千年一统。

以上悠久、持续、递进、多元、一统发展的辉煌结晶，就是成长至今的古都北京。这些特征蕴含在北京历史的深处，是人文北京最深刻的底蕴，也是它最本质的内涵。

那么，像北京这样具有七十万年人类史、上万年农耕经济史、五千年国家文明史的城市，像这样一座始终保持持续、递进发展的城市，像它这样将主流文明的一统性和多元文化的特异性完美结合在一起的城市，在世界上到底有几座呢？或者说，具有这种特性的城市在人类文明史上究竟处于何种地位呢？这应该是每个关注人类命运的人都希望了解的。因为在这个答案的深处，既包含了对以往历史的审视，也蕴涵了对人类未来的启迪。

如果仅就五大特征中的某一项来说，在中国或世界上并不鲜见。例如人类的起源，单就中国而言，属于旧石器时代早期的遗存除了"北京人"外，较著名的还有云南元谋上那蚌村、重庆巫山大庙、湖北郧县龙骨洞、陕西蓝田公王岭、山西芮城西侯度、河北阳原泥河湾等上百处，从南到北广布四方①。再从世界范围看，这种普遍性就更是显而易见了。据现有材料，到距今 4 万年前，人类祖先已大致完成了自己的进化过程，各个大陆除了南极洲外，几乎到处布满了人类的足迹。再往后，到了旧石器时代末期，美国历史学家斯塔夫里阿诺斯说："到了距今 10000 年的旧石器时代末期，即农业革命前夕，人类的人口增为 532 万人。"② 这个数字不知是怎么统计出来的，但可想而知的是，当时地球上的人数已相当可观，分布的范围也相当广泛。

再就历史文化的持续性而言，这显然也不是北京一地的专利。英国人类学家埃文思·普里查德在他的《努尔人》一书中，记载了一个居住在非

---

① 白寿彝总主编、苏秉琦主编：《中国通史》第 2 卷，上海人民出版社，1994 年，第 3～26 页。

② [美] L.S. 斯塔夫里阿诺斯：《全球通史——1500 年以前的世界》，吴象婴、梁赤民译，上海社会科学院出版社，1999 年，第 76 页。

洲苏丹东部的黑人民族。这个民族总共不过40余万人，却早在四五千年前的古埃及纸草书和壁画中就留下了他们的故事①。几千年来，其他民族或消亡或转化，努尔人却一以贯之，始终不渝地传承着他们的古老文明，被称为"非洲人文的活化石"。直到今天，这个民族仍在沿用古老的努尔语，仍然生活在没有国家机器的原始状态中，仍然保留着数千年来以养牛为生的经济模式。尤其让人不可思议的是，历经数千年后，努尔人的家族史几乎完整无缺地保留下来，成为人类史上罕见的悠长记录。

那么，其中的奥秘究竟何在？原来事情很简单，即为了保证财产永远留在家族内部，努尔人的习惯法规定，每个家庭的血缘链条必须世代相传，不能中断。如果一个男人没有留下后代就抛弃妻子死去，他的弟弟就要娶寡嫂为妻，所生的子女也要归在死去的哥哥名下，并继承其生前的财产。而如果哪个家庭的所有男性成员都不幸去世，只留下一名女性成员，则不论她是守寡的媳妇或是未嫁的姐妹，都有权"娶妻"，以便继承家业。她们"娶妻"后，要指定一名合适的男性与她们配对生活，直到生下儿子为止。但从婚礼举办之日起，这个家庭中的"丈夫"和"父亲"，就是那个"娶妻"的女人。正是这种数千年来相沿不改的族内法，使努尔人的家族血脉得以延续，也使他们的古老传统得以不衰。在错综复杂的人类文明史上，这当然是相当独特的一例，但由此一例便不难看出，世界上持续发展的民族与文化大有人在。

总之，一种历史属性绝不会只见于一种文明，而完全可以同时见诸若干不同文明，甚至见诸一群文明。因此，对一个文明加以甄别的关键，不能只孤立地审视某一项属性，而应综合考察它的各项属性。也就是说，只有各项属性的完整组合，才能严格界定出一个特定的文明形态来。文明的鉴定是如此，城市的鉴定其实也是如此。事同此理，只有综合考察一座城

---

① [英]埃文思·普里查德：《努尔人：对尼罗河畔一个人群的生活方式和政治制度的描述》，褚建芳等译，华夏出版社，2002年。

市的各项属性和特征,才能在大千世界中甄别出这座城市的个性特征来。既然古代北京的文明是由悠久、持续、递进、多元、一统五大核心属性构成的,那么在比较研究中,也只有通过对这五大属性的综合审视,才能区分出北京历史文化的特异性。

以世界之广袤、历史之悠长、文明之繁多,这种比较无疑是个浩繁无际的工程,几乎难以穷尽。但实际上,真正实施起来并非难事,最简单的方法莫过于采用"筛选法",按古代北京的五大属性逐一过滤,或就其中某一项关键属性做综合比较,其结果很快就会浮出水面。

例如,单就历史文化的悠久性而言,如果不仅仅着眼于人类的起源,而是综合人类起源、新石器时代革命、文明肇兴这三大步历史性跨越的话,稍加辨析便不难看出,像北京这样集三者于一地的城市不但在中国绝无仅有,在世界上也极其罕见。

即以中国言之,南北各地的古人类发源地虽多,但其中却鲜有新石器时代早期文化的摇篮。迄今为止,中国的新石器早期遗址分别发现于北京门头沟东胡林、北京怀柔转年、河北阳原于家沟、河北徐水南庄头、江西万年仙人洞与吊桶环、湖南道县玉蟾岩、广西桂林甑皮岩与庙岩、临桂大岩、南宁顶狮山、广东英德牛栏洞等地[1],而其中能与人类起源的重要地点同在一地的少之又少,目前除北京之外,可以确知的还只有河北阳原一处,但它也相当靠近北京。

再从文明的起源看,考古学上的一大线索即龙山古城址的出现,其中重要的有河南郑州西山、淮阳平粮台、郾城郝家台、登封王城岗、山西襄汾陶寺、山东章丘城子崖、邹平丁工、日照两城镇与尧王城、湖北天门石家河、湖南澧县城头山、四川新津宝墩城、浙江余杭良渚等,仅黄河、长江流域就有70多座,另在陕北、河套、岱海等地还有约30座石墙聚落[2]。

---

[1] 刘庆柱主编:《中国考古发现与研究》,人民出版社,2010年,第99页。
[2] 刘庆柱主编:《中国考古发现与研究》,第188页。

它们的出土地点虽多，分布地域虽广，却没有一地同时存在人类起源及新石器时代起源的重要遗存。

总之，综合上述三大发现，在同一个地域内，能像北京这样，既有旧石器时代早、中、晚三期的重要遗存，又接连在此后成为农业革命和国家文明发源地的，确乎绝无仅有。鉴于考古发现与研究已一再揭示，中国的人类起源、农业起源、文明起源是多元并进的，存在多个中心，故而不能断言今后也不会发现集三者于一地的区域。可是，其中又有哪里会同时存在持续不断的城市文明，并由此发展成华夏古都的呢？想必是无处可寻的。

再从历史文化的持续性来看，努尔人的文化之所以恒久不衰，是因为他们始终生活在与世隔绝的"自闭"状态中，属于遗世独立的类型。这样的特例在古代中国其实也不难找到，东晋陶渊明的《桃花源记》中就有关于此类人"乃不知有汉，无论魏晋"的精彩描述。至于在世界各大洲中，同此之例更是不乏其见，以至被英国历史学家汤因比概括为一种"停滞的文明"。这种文明的特点是，他们"虽然存在，但是没有生长"[①]，因此即使悠久，即使持续，文明的递进性和多样性却无从谈起。

总之，倘若着眼于全方位的比较，一个地域的特殊性其实不难从大千世界中筛选出来。更何况，在人类文明的阵营中，不是所有地域都能和北京做横向比较的，真正有资格做这种比较的，只有历史悠久的古代城市，只有名闻遐迩的文化古都。只要看看其他古代城市和古都是怎样一步步走过来的，北京历史文化的特异性便可一目了然。

[①] [英]阿诺德·汤因比著、[英]索麦维尔节录：《历史研究》上，曹未风译，上海人民出版社，1966年，第205页。

二　中国八大古都

华夏历史上的都城数不胜数，总计多达 200 余个，其中相当部分如今仍是通都大邑。然而，它们多为诸侯列国之都或地方割据势力的小都，大一统王朝之都屈指可数。上个世纪三十年代，学术界曾提出五大古都的说法，包括西安、洛阳、北京、南京和开封，此后不久又加上了一个杭州，合为六大古都。这六大古都包括了两大类：一类是全国大一统王朝之都，如西安、洛阳、北京、南京；再一类是南北分治时期北宋与南宋的都城，即开封和杭州。北宋和南宋虽然只有半壁江山，但它们的都城名满天下，经济的发达、文化的昌明、生活的富足、城市的繁荣皆前所未有，荣登中华古都榜理所当然。1988 年，中国古都学会决定在六大古都之外再加上安阳，合为七大古都。安阳是殷墟的所在地，商王朝后期在此定都达 273 年之久，比北宋都城开封的 168 年和南宋都城杭州的 139 年还要长，跻身中华古都顺理成章。上个世纪末，经过长达半个世纪的考古发掘及论证后，学术界认为郑州商城是商前期的重要都城"郑亳"，于是通过专家联名倡议，又将郑州增补为华夏著名古都，一共合为八大古都[1]。

就这八大古都而言，北京只是其中的一个，但就其发展状况而言，北京却是十分独特的一个。现在，当北京的历史文化特征已全部揭示出来后，逐个梳理一下其他古都的发展状况也是必要的。因为唯有如此，才能在横向的比较中鉴别出北京历史文化的特异性来，并通过纵向比较一览中国古都发展的曲折过程。

---

[1] 朱士光主编：《中国八大古都·序言》，人民出版社，2007 年。

1 洛阳

自夏代以来，中国早期都城大多分布在黄河流域，集中在中原之地。历史上的"中原"有广狭之分，广义中原泛指黄河中下游地区乃至整个黄河流域，狭义的则指今河南地区。夏、商时期的重要都城，就集中在狭义的中原腹心地带，尤以河南洛阳地区为著。

洛阳市位于黄河中游，地处河南省西部，因在古雒河之北而古称雒阳。它的位置虽不在今日中国的中心，甚至也不在今河南省的中心，却在早期中原王朝的中心，尤其是在西周王朝的正中心。案西周的版图大抵东至海，南至江，北至长城沿线，西至甘南高原。以上四至的东南北三面都是界限分明的，至于西面，《魏书·宕昌羌传》云"其地东接中华，西通西域"，可知古"中华"的西界就在宕昌羌。宕昌羌位于今甘肃省宕昌县，地处甘南，此即"中华"与"西域"的分界。而按照上述四至，洛阳恰好位于"天下之中"。

西周初年青铜重器《何尊》上镌有周成王营建雒邑的铭文，其中有"余其宅兹中国"[1]一句。这是"中国"作为词组在历史上的首次出现，表述的是字面上的"国之中"的含义，意思是说周王室要以洛阳这个天下之中来统御万邦。这是有史以来以洛阳为天下之中的最早记载，自此而始，"以洛阳土中"[2]的说法史不乏书，久而久之这便成了固定的地理概念。

洛阳东依嵩山，西靠崤山，南抚外方山，北枕邙山，是中原一带难得的形胜之地。群山环抱中，伊洛盆地气候温和，土地肥沃，伊水、洛水、瀍河、涧河蜿蜒其间，水源丰沛。这里早在仰韶时期就有了发达的新石器文化，但迄今为止尚未发现重要的旧石器时代早期和新石器时代早期遗址，在人类发展史上尚有一定的缺环。可是，自从进入夏代以后，史称

---

[1] 唐兰：《何尊铭文解释》；张政烺：《何尊铭文解释补遗》，《文物》1976年第1期。
[2]《资治通鉴·唐纪九》。

"昔三代之（君）皆在河洛之间"①，洛阳成了中华文明的重要发源地。

1959年，年逾七旬的古史学家徐旭生先生根据文献记载的夏人活动轨迹，亲赴豫西一带考古调查，在距洛阳市18公里处的偃师翟镇乡二里头村发现了一处大型遗址。中国科学院考古所当年就对该处进行了田野发掘，而根据迄今为止长达半个多世纪的工作，可知这是一处规模宏大的古城遗址，面积阔达9平方公里。城址内分布着大中型宫殿夯土台基、铸铜遗址及贵族墓葬等，还出土了精美的玉器、青铜器和陶器。根据地层学、器物类型学提供的证据及碳14年代测定，可知这座城址的年代恰好相当历史上的夏代。

在二里头城址的大型宫殿群中，以第三期遗存出土的两座大型宫殿基址最引人瞩目。其中一号宫殿基址坐北朝南，布局谨严，主次分明，总面积超过了一万平方米，是一座相当气派的大型宫殿②。它的存在，表明二里头遗址无疑是当时的一座都邑，而且是一座非同寻常的都邑。起初这座城址的年代被误判为早商，城址被误认为是商汤的都城"西亳"。后经邹衡先生潜心研究，指出"偃师二里头和巩县烧柴两遗址，其规模都是纵横数里，且地近嵩山，正在所谓'伊汭'之地"，证明了此即文献载述的"有夏之居"③。之后经过学术界长时间的讨论乃至争论，"二里头遗址"系夏代中晚期都城之说得到了大多数学者的认同，唯其为何王所都尚待进一步探索。

夏以后，文献记载商前期有两座重要的都城，一为"郑亳"，一为"西亳"。班固在《汉书·地理志》河南郡偃师县下自注云："尸乡，殷汤所都。"此文便明确指出河南偃师有一座商汤的都城，地在"尸乡"。1983年，在河南偃师县一处至今仍叫"尸乡沟"的地方，考古工作者果真发现

---

① 《史记·封禅书》。
② 中国社会科学院考古研究所编著：《偃师二里头》，中国大百科全书出版社，1999年。
③ 邹衡：《夏商周考古学论文集》，文物出版社，1980年，第221页。

了一座大型商代城址。此城址地处洛河北岸,与二里头遗址东西相向,平面略呈长方形,总面积达 200 万平方米。其城墙的基址基本保存完好,分大城、小城、宫城三重城垣,小城位于大城的西南部,宫城位于小城的中央偏南。宫城内有数座建筑台基,基址中出土了大量遗物,主要有铜器、陶器、骨器、石器、玉器和蚌器等[①]。

根据碳 14 年代测定,偃师尸乡沟城址的始建年代约在公元前 1550 年左右,废弃于公元前 1300 年左右,恰属商代早中期。关于此城的性质,目前学术界尚有不同看法,或以其为班固《汉书·地理志》所说的商汤都城,即西亳,或以其为早商的别都桐邑,即商王太甲的流放处[②]。揆诸史实,太甲的年代与商汤相近,因此无论以何者为说,这都是商代早中期一座相当都城性质的城邑。

周武王灭商后定都陕西西安的沣镐,远离了洛阳。但《逸周书·度邑解》及《史记·周本纪》记载了这样一件事:

　　武王至于周,自夜不寐。周公旦即王所,曰:"曷为不寐?"
王曰:"……自雒汭延于伊汭,居易毋固,其有夏之居。我南望
三途,北望丘鄙,顾詹有河,粤詹雒、伊,毋远天室。"

上文的大意是说,建都沣镐后武王常常冥思苦想夜不能寐,周公叩问"曷为不寐"?武王曰:雒河、伊水间平坦无险,是宜居之地,曾为夏之旧都,向南望去有三涂山,向北望去有太行山,远可观黄河,近可审雒伊,又离天室嵩山不远,那里才是建都的上佳之地。从这段话的表面意义

---

① 中国社会科学院考古研究所洛阳工作队:《偃师商城的初步勘探和发掘》,《考古》1984 年第 6 期;中国社会科学院考古研究所河南第二工作队:《1983 年秋季河南偃师商城发掘简报》,《考古》1984 年第 10 期;《河南偃师尸乡沟商城第五号宫殿基址发掘简报》,《考古》1988 年第 2 期;杜金鹏、王学荣:《偃师商城考古新成果与夏商年代学研究》,《光明日报》1998 年 5 月 15 日。

② 邹衡:《西亳与桐宫考辨》,刊《北京大学考古学丛书》第 1 号,文物出版社,1990 年。

看，武王思虑的好像是洛阳的地形远胜于沣镐，然而度诸史实，武王真正担心的是沣镐之都远离丰饶富庶的关东，离殷商故地也相去甚远，故而对东方的掌控鞭长莫及。

说完这番话后不久武王逝去，于是成王及摄政的周公"使召公复营雒邑，如武王之意"，按武王的遗志在洛阳涧水以东修建了一座东都，称成周，又称雒邑。这样一来，在上距商代"西亳"近300年后，今洛阳地区又矗立起一座新的王都。

西周末年周幽王荒淫无道，"西夷犬戎攻幽王。幽王举烽火征兵，兵莫至，遂杀幽王骊山下"①。此事发生在公元前771年，导致了西周王朝的覆亡。第二年，周平王东迁洛阳，揭开了东周时代的序幕，洛阳也由西周王朝的东都一下子变成了东周王朝的正都。开始时平王建都于洛阳的王城，历十二王而不改，维持了不下两个半世纪。公元前516年，周敬王为避王室内乱徙居成周，直到战国晚期周赧王（公元前314～前256年在位）时才还都王城，前后也延续了两个多世纪。以上王城、成周均在今洛阳市的范围内，由此合成了整个东周时期的都邑。

上个世纪五六十年代，考古工作者在洛阳市南临洛河的涧河两岸发现了东周王城，紧接着又发现了聚族而葬的东周王陵区，还在穿越王城的今洛阳市中州路一带发现了大批墓葬，时代从西周一直延续到了战国晚期②。以上种种，皆为东周王朝建都洛阳提供了确凿的考古证据。

公元前256年，东周王室被秦所灭，洛阳作为东周都城的历史终告结束。从公元前770年算起，洛阳的这段都城史前后延续了515年，时间之长在各个朝代中无出其右。然而自周平王以降，"周室衰微，诸侯强并弱，齐、楚、秦、晋始大，政由方伯"③，东周已不再是个政出一门的王朝。随

---

① 《史记·周本纪》。
② 中国科学院考古研究所：《洛阳中州路（西工段）》，科学出版社，1959年。
③ 《史记·周本纪》。

着事态的不断发展,到了战国年间,春秋时期还起过一些天下大宗和共主作用的周王室每况愈下,"周天子"甚至沦为托庇于诸侯大国的附庸,其都城几乎凋敝到仅相当一个中小诸侯的都邑而已。因此,说东周洛阳是全国性都城仅是就它的象征意义而言,实际上它早已名不副实。

综合上述,仅就三代时期而言,夏代都城、商代前期都城以及西周东都、东周王城都相继建在今洛阳地区。大约是因为"自雒汭延于伊汭,居易毋固"[1]之故,洛阳一带太容易在平畴沃野上选择一处水源丰沛的新城址了,因此三代之都虽然同在洛阳,城的位置却不相联属,各个都城在时过境迁之后大多废弃不用。例如夏代二里头都城及商前期的都城不仅同在洛阳,而且同在偃师,两者仅相距6公里,彼此却毫无关联。西周洛邑坐落在今洛阳市区西北,更与夏都、商都风马牛不相及。尤有甚者,同属姬周王室之都,东周王城也不建在西周成周的原址上,而是另建在它的西南方。

东周王室灭于秦后,秦庄襄王在今洛阳一带改置雒阳县,自此有"雒阳"之谓。秦王朝统一后以雒阳为三川郡的治所,入汉后又以此地为河南郡的治所,皆为一郡之治。在与东周王城暌隔了280余年后,东汉刘秀崛起,于公元25年在今河北柏乡称帝,之后定都雒阳,这里遂再次成为王朝之都。

无独有偶,东汉雒阳城也避开了此前的历代都城,重新建造在今洛阳市区以东约15公里处。这座新的雒阳城背靠邙山,面临洛河,呈不规则长方形。其宫城分南北两宫,由此把全城间隔为二。史称雒阳宫"宫室光明,阙庭神丽,奢不可逾,俭不能侈"[2],富丽堂皇且瑰丽多姿。城的南郊建有明堂、辟雍、太学、灵台,城的东郊建有中国最早的僧院白马寺,城北郊建有皇家祭祀地神的北郊坛。这些建筑与城内的皇宫交相辉映,合成

---

[1]《史记·周本纪》。
[2](汉)班固《东都赋》。

了一座气势恢宏的超级大都市。

东汉末年，董卓擅权，骄恣妄为，放纵士兵在京师雒阳"突其庐舍，淫略妇女，剽虏资物"①。尤有甚者，初平元年（190年）董卓挟汉献帝迁都长安，一面"驱徙京师百姓悉西入关"，一面"焚雒阳宫庙及人家"②，同时还"使吕布发诸帝陵，及公卿已下冢墓，收其珍宝"③。在一连串令人发指的摧残下，雒阳城顷刻化为灰烬，"二百里内无复孑遗"。建安元年（196年），汉献帝还都雒阳，是时城内"宫室烧尽，百官披荆棘，依墙壁间"，其情其景犹如鬼城。面对一片废墟，就连汉献帝也只能暂栖身于"故中常侍赵忠宅"，其他人则统统投宿无门，以至尚书郎以下"或饥死墙壁间，或为兵士所杀"④。

三国黄初元年（220年），曹操之子曹丕逼迫汉献帝逊位，以魏代汉，史称曹魏。曹魏仍都雒阳，笃信五行的曹丕认为魏属土德，而"土，水之牡也"⑤，因此改"雒阳"为五行聚水的"洛阳"。是时洛阳城废弃已久，荒木成林，而曹魏王朝的一大使命，便是要在废墟上重新建造起一座洛阳城来。魏文帝曹丕登基伊始便着手"初营洛阳宫"⑥，魏明帝曹睿对洛阳城的营建更是不遗余力，《三国志·魏书·高堂隆传》称其"百役繁兴，作者万数，公卿以下至于学生，莫不展力，帝乃躬自掘土以率之"。在魏明帝亲自掘土以为表率，并将公卿以下乃至太学生全部投为工役的推动下，东汉雒阳城的废墟上很快矗立起一座新城。可惜造化弄人，正所谓"种瓜得瓜，种豆得豆"，正当曹魏新都的建设初具规模时，咸熙二年（265年）冬，司马昭之子司马炎逼迫魏元帝曹奂逊位，曹魏又为西晋所代。西晋建国后

---

① 《后汉书·董卓传》。
② 《后汉书·孝献帝本纪》。
③ 《后汉书·董卓传》。
④ 《后汉书·孝献帝本纪》。
⑤ 《三国志·魏书·文帝本纪》。
⑥ 同上注。

仍然以洛阳为都，曹魏倾心打造的洛阳城遂为司马氏所用。三国曹魏共历5帝45年，西晋王朝共历4帝52年，二者相加刚好近百年。在这近一个世纪中，经过曹魏、西晋的营造，洛阳城终于一展芳容，重现了往日的靡丽。

西晋末年，司马氏的晋王朝外有强敌压境，内有八王之乱，京城屡遭摧残。经过连年战火荼毒，洛阳一带"苍生殄灭，百不遗一，河洛丘虚，函夏萧条"①，千年古都再次堕入历史的深渊。

十六国时期，地处要冲的洛阳不可避免地成为各少数民族政权相互攻伐的主战场。枭雄间的你争我夺，使历代名都万户萧疏、哀鸿遍野，满目所及只是一片瓦砾。羯族后赵建都邺城后曾一度以洛阳为南都，但好景不长，随着后赵的迅速灭亡，洛阳重新成为狼烟滚滚的战场。十六国结束后，北魏孝文帝于太和十七年（493年）来到洛阳，在遍览洛阳旧宫的残垣断壁后，他感慨万千地说："晋德不修，早倾宗祀，荒毁至此，用伤朕怀。"②说完潸然泪下。

洛阳历史的又一次生命轮回，就发生在鲜卑拓跋氏的北魏孝文帝之时。公元439年北魏统一中国北方后，国势渐强，为了取得进一步发展，孝文帝拓跋宏力排众议，于太和十七年（493年）"诏天下，喻以迁都之意"，决定把都城从平城（今山西大同）南迁洛阳。经过两年多的营建，太和十八年（494年）十月，孝文帝亲率六宫、贵族、百官由平城迁洛阳，完成了北魏历史的重要转折。

与汉以前的洛阳都城频繁更换城址截然不同的是，在间隔了近180年后，北魏洛阳城仍然沿用了东汉及魏晋洛阳城的旧址，但在废墟上全部重建。建成后的北魏洛阳城更加宏大，分宫城、内城和外郭城三重城围，外郭城长、宽约10公里×7公里，是当时中国乃至世界最大的都城。在总

---

① 《晋书·孙楚列传》。
② 《魏书·高祖纪下》。

体布局上，魏都洛阳城主次分明，井然有序，承袭了"前朝后寝""宫苑区划""市肆设置"的格局，宫殿的华美程度也丝毫不逊于南朝都城建康。

公元534年，六镇起义的连年内乱迫使北魏孝武帝逃出洛阳，投奔了关陇宇文泰。从此北魏分裂成高欢掌控的东魏和宇文泰掌控的西魏两部分，前者迁都于邺城，后者移都于长安。从此洛阳至潼关一线成了东、西魏的主战场，洛阳城在战火中倍遭荼毒，终于在公元538年的东、西魏邙山之役中彻底化为灰烬。

隋朝开国后定鼎长安，偏在关中。公元604年隋炀帝即位，登基四个月后便专程前往洛阳，决定以洛阳为东都。是时隋朝"户口益多，府库盈溢"，国力殷实。隋炀帝遂大兴土木，"每月役丁二百万人"①，对东都洛阳展开了大规模营建。

隋的洛阳新城撇开了汉魏故址，另建于今洛阳市区的西部，距汉魏故城约18里。开工时征调的役丁居然多达200万人，工程的浩大可想而知。隋炀帝下诏营建东都时曾经假惺惺地表示：

> 夫宫室之制本以便生，上栋下宇，足避风露，高台广厦，岂曰适形。……是知非天下以奉一人，乃一人以主天下也。②

此话的大意是，东都建设要量力而行，厉行节约，"足避风露"即可。然而时任"营东都副监"的宇文恺揣摩隋炀帝的真实意图是"心在宏侈"，"于是东京制度穷极壮丽"。建成后果然"帝大悦之"，宇文恺也因此得到了他觊觎已久的工部尚书职位。

隋亡后，唐承隋制，仍以长安为都，以洛阳为东都，并称两都。唐高宗及武则天曾长期驻跸东都，武则天临朝称帝后改唐朝为"周朝"，同时

---

① 《隋书·食货志》。
② 《隋书·炀帝本纪上》。

"改东都为神都"①，正式移都于洛阳。经过武周年间的大举扩建，"神都"洛阳一跃而成纵跨洛河南北、横踞瀍水东西的大都会，周回长达70余里，宫殿的华丽更是前所未有。饶有兴味的是，在神都正殿万象神宫的圆形屋顶上，当时特意安放了一只丈余高的昂首挺立的金凤凰，脚下环绕九条云龙，以此象征武周时期的女主当政、群龙伏首。

武则天死后，唐中宗李显即位，"复国号，依旧为唐……神都依旧为东都"②，一切都恢复到武则天以前的样子。唐玄宗天宝年间，"安史之乱"爆发，叛将史思明攻陷洛阳，这里成了唐王师与安禄山、史思明强攻强守的战场。《旧唐书·郭子仪传》称：

> （洛阳）宫室焚烧，十不存一。百曹荒废，曾无尺椽，中间畿内，不满千户。

堂堂皇都居然只剩下不到千户人家，其之寥落可想而知。安史之乱后，河南都统王缙"请减诸道军资钱四十万贯修洛阳宫"③，得到代宗的批准，洛阳宫得以复建。但此后历代唐皇皆不复东顾，洛阳的"东都"徒余空名。

唐后期藩镇割据，战乱蜂起，洛阳城更是屡遭兵燹。唐僖宗光启元年（885年），叛将秦宗权"据京城月余，焚烧宫阙，剽剥居民"。乱军退去后，整座洛阳城几成废墟一片，"寂无鸡犬之音"④。唐昭宗天佑元年（904年），梁王朱温一度胁迫昭宗迁都洛阳，未久唐朝灭亡。此后，五代时期的后梁、后唐、后晋皆曾建都洛阳，但时间都十分短促，三者相加不足20年。

---

① 《旧唐书·则天皇后本纪》。
② 《旧唐书·中宗本纪》。
③ 《旧唐书·代宗本纪》。
④ 《旧五代史·李罕之传》。

北宋王朝以开封为国都,以洛阳为西京,洛阳城的宫殿、苑囿在五代的基础上渐有恢复。但此时的洛阳城早已褪去了往日大一统王朝之都的风采,更难掩历尽沧桑后的日渐萧条。北宋末年金军南下,洛阳城顿成烽火连天的战场,再度被付之一炬。时人邵雍在《洛阳怀古赋》中说:

(洛阳)宫室森列,鞠而为茂草。园囿棋布,荒而为平野。

由上可见,洛阳城靠北宋西京保留下来的最后一点点古都风貌也被无情抹去,唯见衰草伴寒烟。

入金以后,洛阳城初归河南府,兴定元年(1217年)八月升为中京,称金昌府。升中京时距金朝灭亡只剩下了区区十余年,金人大势已去,洛阳的金中京徒有虚名,不过是一座方圆仅8里许的弹丸小城而已。元、明、清三朝置河南府,"府治即周之王城"[①],洛阳城成了一座范围仅及隋唐洛阳城东南一隅的小城,下辖仅数县。

金朝时,洛阳隶属南京路,属三等城市。元朝实行的是都城、行省、路、府、县五级行政制,当时的洛阳虽然仍为府治,但已退居四等城市。民国时废河南府,改置洛阳县,千年古都终于在一步步的下滑中沦为县级小城。直到新中国成立后,洛阳城才重现蓬勃生机,再成豫东重镇。

2 郑州

从夏商周三代都城的顺序出发,八大古都在时代序列上稍晚于洛阳的便是今之郑州,其代表性都邑即郑州商城。

《史记·殷本纪》综合《世本》等先秦典籍的记载,明言"汤始居亳"。商汤是商朝的开国君主,其所居的"亳"便是商朝的第一个都城。

"亳"是商代都城的通称,商前期的"亳"也不止一处。而在商前期

[①]《元史·地理志二》。

的"亳"中，除前述洛阳偃师的"西亳"外，最重要的就是"郑亳"。上个世纪五十年代初，在郑州市偏东的郑县旧城及北关一带，发现了一座规模宏大的商城，经过长达近半个世纪的考古发掘，揭示出它有内外两重城郭，总面积阔达25平方公里。这就是文献所说的"郑亳"，考古界称之为"郑州商城"。

其城址内外发现了多处贵族墓葬、手工业作坊、祭祀遗址和铜器窖藏等，还出土了一大批青铜器、玉器、象牙器、原始瓷器，内涵极为丰富。内城的东北隅分布着成片宫殿建筑基址，有石砌的蓄水池和排水管道，最大的宫殿长65米、宽13.6米，总面积阔达884平方米。根据碳14年代测定，这座城址始建于公元前1500年左右，属于商代早中期，延续使用了不下百年[1]。开始时不少学者认为这是商中期仲丁所筑的隞（嚣）都，但邹衡先生综合各方面的考证后指出："郑州商城就是成汤所居的亳都。"[2] 这一结论现已为大多数学者所认同。

姬周代商后，郑州地区成了诸小国的领地，大型城邑不复存在。当时这里等秩最高的西周封国是武王胞弟叔鲜所封的管国，都于管城，具体位置就在今郑州市管城区。管国受封未久武王驾崩，"成王少，周初定天下，周公恐诸侯畔周，公乃摄行政当国"[3]，周公旦开始摄行王政。管叔鲜怀疑周公有僭位之意，遂联合蔡叔度及殷纣王之子武庚发起叛乱。周公迅速平息了叛乱，诛杀了管叔，管国灭亡，管城废弃。

春秋初年，平王东迁，周室司徒郑武公也将郑国由陕西华县东迁到郑州以南，都于今郑州市新郑。新郑一带原属虢国、郐国，郑国在占有这片膏腴之地后接连东征西讨，先后灭掉了郐国及东虢，又不断出击宋、卫、许、陈，成为春秋前期炙手可热的强国。下至战国初年，"晋六卿强，侵

---

[1] 河南省文化局文物工作队编：《郑州二里冈》，科学出版社，1959年。
[2] 邹衡：《夏商周考古学论文集》，文物出版社，1980年，第202页。
[3]《史记·周本纪》。

夺郑"①，郑国败于新兴的中原列强，并于公元前375年为韩国所灭。

韩国原属晋国，韩、赵、魏三家分晋后韩国初都阳翟，地在今河南禹县。韩灭郑后徙都新郑，从此扎下根来，直到公元前230年被秦所灭。在建都新郑的145年间，韩国称雄一时，成为战国"七雄"之一，并于周显王四十七年（前322年）僭号称王。

作为两大诸侯强国的都邑，在由郑至韩的五个多世纪中，郑韩故城留下了极为丰厚的堆积，也留下了极为灿烂的文化。该城址位于新郑双洎河与黄水河交会的高台地上，依水而建，周回约40里。殊为难得的是，在经历了两千多年的沧桑巨变后，这座古城至今仍留有10余米高的城墙，是东周列国都城中仅存的高大城墙。秦统一后，为防列国旧势力死灰复燃，曾于秦始皇三十二年（前215年）下令"毁坏关东诸侯旧城郭"②，列国城池损毁殆尽。经过这场空前浩劫，关东列强之一的韩国都邑竟然城郭巍峨，独存于今，实属侥幸。

公元前221年秦灭六国后，全面废除了诸侯分封制。自此而始，尽得中原地利的郑州风光不再，沦为郡县制中的县级行政区。隋开皇三年（583年）改荥州为郑州，治所在古成皋，从此始有"郑州"之谓，但这个"郑州"却东距今郑州市有百里之遥。隋开皇十六年（596年）"置管州"，"大业初复曰郑州"③，开始设州治于今郑州市，至此今郑州的城市文明才渐成气候，然而上距管城的被废已有一千六百余年。到了唐代初年，郑州州治再度移徙汜水武牢（虎牢），至贞观年间才复归管城。至于郑韩故城所在的新郑，秦以后更是大不如前，或置县，或废县，有时连县级城邑也不是。

宋徽宗崇宁四年（1105年），郑州成了京畿四辅郡之一，称西辅。北

---

① 《史记·郑世家》。
② 《史记·秦始皇本纪》正义。
③ 《隋书·地理志中》。

宋后期升郑州为奉宁军节度，地位仍在一般州府之上。清雍正初年和光绪末年一度升郑州为直隶州，直属河南省。民国二年（1913年）全国废州改县，郑州成为县级小城，称郑县。民国十七年（1928年）由县转市，这才有了今郑州市的雏形。新中国成立后，河南省会于1954年由开封迁郑州，郑州市始得重振雄风，再度成为中原的政治、经济、文化中心。

3　安阳

公元前1300年左右，第二十任商王盘庚"自奄迁于北蒙，曰殷墟，南去邺四十里"[1]，由此开启了安阳作为商朝都城的历史。这座商代都城的发现，源出于十九世纪末国子监祭酒王懿荣对带字甲骨的关注，继之以1910年金石学家罗振玉对这批甲骨文字出自殷墟的考证[2]，确认于1928年以来考古学家李济主持的实地发掘。此城址的中心部位在今安阳城西北约3公里处的小屯村一带，总面积达36平方公里。整个遗址分布着大片殷商时期的宫殿区、宗庙区、王陵区、祭祀区和铸铜、制骨作坊遗址，也散布着一般居址和平民墓地[3]，内涵之丰前所未有。这座宏大的都城被洹河穿越，没有城墙，却是当时无出其右的世界级大都市。诚如《诗经·商颂》所言："商邑翼翼，四方之极。"在商代后期的273年中，这座"商邑"绝世独立，统治着"四方之极"。

根据经年累月的考古发掘，出土的实物资料和甲骨文字无不证实，小屯殷墟实际上始建于商王武丁时期，而非盘庚时期[4]。武丁是商代第二十三世王，与第二十世王盘庚还间隔着小辛、小乙两世。那么，文献皆说盘庚

---

[1]《竹书纪年》，《括地志》引。

[2] 罗振玉：《殷商贞卜文字考》，清宣统二年（1910）玉简斋石印，后收入《谭隐庐丛书》。

[3] 胡厚宣：《殷墟发掘》，学习生活出版社，1955年；中国科学院考古研究所安阳发掘队：《1958～1959年殷墟发掘简报》，《考古》1961年第2期。

[4] 杨锡璋：《殷墟的年代和性质问题》，《中原文物》1991年第1期；谷飞：《殷墟王陵问题之再考察》，《考古》1994年第10期。

迁殷，盘庚迁的殷又在何处呢？上个世纪八十年代以来，在距安阳老城区约 3.5 公里的今洹北花园庄一带，屡有文物出土，青铜器的造型和纹饰都介于商前期郑州商城及商后期小屯文化之间，属于商代中期[1]。这个年代刚好与盘庚、小辛、小乙的年代相合，应是盘庚迁殷后的遗物。1999 年底，在出土这些文物的洹河北岸果然发现了一座商代城址，位置就在殷墟遗址的东北边缘。此城占地约 4.7 平方公里，通过考古地层学及类型学的分析，可知其主要堆积属于商代中期，最晚可以到殷墟文化一期偏早[2]，恰与小屯殷墟遗址的年代相衔接。于是顺理成章地，人们认为安阳花园庄商城即盘庚所迁的殷，亦即盘庚、小辛、小乙三王的殷都。此外也有学者认为，这座城址是第十二任商王河亶甲所居的相，但证据明显不足[3]。

总之，至少从盘庚迁殷开始，一个商中期的都城，一个商后期的都城，商朝在安阳的都城史就这样延续下来。鉴于盘庚、小辛、小乙的都城与武丁以后的都城同在安阳，且二者紧相毗邻，几乎可以合为一座城邑，故此文献说商王朝在盘庚迁殷后"更不徙都"[4]。从盘庚到公元前十一世纪中叶商朝灭亡，共历 8 世 12 王，凡 273 年，这就是商朝建都安阳的年代。

商亡后，殷都沦为丘墟一片，很早就被称作"殷墟"。《史记·宋微子世家》云："其后箕子朝周，过故殷虚，感宫室毁坏，生禾黍，箕子伤之，欲哭则不可。"这里说的是商朝遗臣箕子途经故殷都时的情况，时在西周初年。当时离殷商灭亡尚不过十余载，但这座曾经统御过"四方之极"的都城已成"殷虚"，满目所及只有禾黍，以至箕子悲从中来，"欲哭则不可"。

---

[1] 孟宪武：《安阳三家庄、董王度发现的商代青铜器及其年代推定》，《考古》1991 年第 10 期；唐际根：《中商文化研究》，《考古学报》1999 年第 4 期。

[2] 中国社会科学院考古研究所安阳工作队：《1998～1999 年安阳洹北商城花园庄东地发掘报告》，《考古学集刊》第 15 集，文物出版社，2004 年。

[3] 参考王震中：《"中商文化"概念的意义及其相关问题》，《考古与文物》2006 年第 1 期。

[4] 《史记·殷本纪·正义》注引《竹书纪年》。

第八章 人类奇观——光耀千古的文明圣殿

从西周起,安阳地区的城市文明长期中断,直到时隔四个世纪后,齐桓公二十八年(前658年)发兵援救卫国,为抵御狄人而筑城于漳河岸,安阳一带的城市文明才始见复苏。此城北距安阳市约36里,原在河南临漳县,现已划归河北省,在河北临漳县西南约40里处。相传该地原为帝颛顼孙女之子大业的居地,古称邺,这个新城遂称"邺城"。其实这个"邺城"开始时只不过是一处简单的设防城堡而已,但当它在战国初年纳入魏地后,事情很快发生了变化。

魏文侯二十五年(前421年),西门豹出任邺县县令。西门豹是魏国安邑人(今山西夏县),担任邺令后他励精图治,先设计弹压了借河神敛财的地方豪强及巫祝,上演了千古传诵的"河伯娶妇"故事,紧接着又"发民凿十二渠,引河水灌民田,田皆溉"[①],使大片耕地成为旱涝保收的良田。正是从他开始,古邺地终于兴起了一座新的城市,但与安阳的古殷都已经间隔了六个多世纪。

秦统一后改邺城为邺县,汉以后以邺城为魏郡治所,东汉末年为冀州治所,规模渐有扩大。汉献帝建安二十一年(216年)曹操封魏王,以邺为王都。是时曹操"挟天子以令诸侯",把十几岁的小皇帝玩弄于股掌之上,邺城成为事实上的政治中枢。此期间曹操在邺城大造宫室,著名的铜雀台及金虎台就是在这时建造的。根据东晋陆翙《邺中记》以及北魏郦道元《水经注·浊漳水》的记载,铜雀台高十丈,周围殿屋120间,楼顶耸立着展翅欲飞的大铜雀,气势非凡。这座楼台不仅给人们留下了"东风不与周郎便,铜雀春深锁二乔"[②]的故事,也让人们记住了这座邺城。

曹魏代汉后,魏文帝移都洛阳,以"长安、谯、许昌、邺、洛阳为五都"[③],邺城成为曹魏的五都之一。西晋时邺城是魏郡治所,建兴二年(314

---

① 《史记·滑稽列传》。
② (唐)杜牧:《樊川文集四·赤壁》。
③ 《三国志·魏书·文帝纪》。

年)更名为临漳。十六国时期,羯族后赵的石虎篡位称帝,于公元335年徙都于邺。穷奢极欲的石虎徙都邺城后大造宫室,将铜雀台增高2丈,又在台上建造了高达15丈的楼阁。改建后的铜雀台通高27丈,堪称中国高层建筑的鼻祖。这之后,十六国的冉魏和前燕皆以邺城为都,但这些小朝廷个个如白驹过隙,连同石虎的后赵在内,三者在邺城建都的时间累计相加也只有短短30年。

北魏初年,魏太祖道武帝于天兴元年(398年)幸邺城,"巡登台榭,遍览宫城,将有定都之意"[①]。虽然北魏王朝最后放弃邺城而定都平城(今山西大同),但在邺城"乃置行台",派驻重兵镇守。"行台"是朝廷直隶的行政机构,驻有帝王派出的大员,地位在一般州郡之上。天兴四年(401年),北魏以邺之六郡置相州,仍以邺城为治所。北魏分裂后,东魏、北齐皆建都于邺,时间与这两个小朝廷相始终,总计43年。

北朝末年,周武帝宇文邕建德六年(577年)灭北齐,邺城告破。城陷之日宇文邕下令将邺城的宫殿拆除一光,"瓦木诸物,凡入用者,尽赐下民"[②]。孰料为时未久,更大的劫难接踵而至《旧唐书·地理志二》云:"周大象二年,隋文辅政,相州刺史尉迟迥举兵不顺,杨坚令韦孝宽讨迥,平之,乃焚烧邺城。"此事发生在隋朝开国前一年,公元580年。当时随国公杨坚辅政,因相州总管尉迟迥起兵讨伐杨坚,杨坚遂下令攻城,并在城破之日将邺城付之一炬。从此以后,这座自三国曹魏以来长期是华北重要都邑的邺城一蹶不振,或为县治,或为集镇,最后竟被泛滥的漳水层层掩去,终至无迹可寻。

杨坚焚烧邺城时,"徙其居人,南迁四十五里,以安阳城为相州理所,仍为邺县",将邺城全体士民一并迁至今安阳。自此而始,安阳地区的城市中心才由邺城回归本土。杨坚初迁此地时仍称其为邺县,隋开皇十年

[①]《魏书·太祖本纪》。
[②]《周书·武帝本纪下》。

(590年)始改称安阳。唐朝曾在这里设置相州都督府,宋朝曾在这里设置彰德军节度,皆突出了安阳作为中原王朝最后一道军事防线的作用。元朝在这里设置彰德路,时立时废,明初设彰德府,隶属河南布政使司,清朝因之。就这样,安阳渐渐成了一个籍籍无名的中小城市,直到上世纪初叶殷墟古城被发现后,这座城市才重新震惊了世界,以"殷商故都""甲文之都"的美名享誉中外。

4 西安

在八大古都中,继夏、商两朝都邑所在的洛阳、郑州、安阳之后,就轮到西周都邑所在的西安了。

西安地处关中平原,西有散关,东有函谷关、潼关,南有武关,北有萧关,地势险要,易守难攻。四塞之内土地肥沃,河流纵横,气候温润,被司马迁誉为"金城千里,天府之国"[①]。亘古以来,这里既有百万年前的"蓝田直立人",又有以西安半坡、临潼姜寨为代表的中国氏族公社繁荣期的遗存,原始文化的发达非同一般。但迄今为止,西安一带尚未发现新石器早期的遗址,文明起源阶段的历史也乏善可陈。然而自西周以降,"凡周、秦、汉、晋、西魏、后周、隋至于我唐并为帝都"[②],这里相继成为西周、秦、西汉、西晋、隋、唐六大全国性王朝和不少地方性政权的中心,由此获得了"秦中自古帝王州"的美名。而在西安的历代都城中,最具开创之功的,首推西周王朝的沣与镐。

《诗·大雅·文王有声》载:周文王"作邑于沣",周武王"宅是镐京",此即西周的沣、镐两京。沣京是周王朝宗庙和园囿的所在地,镐京是周天子理政和居住的地方,二者合称沣镐,亦称宗周。《诗经》郑玄笺云:"沣邑在沣水之西,镐京在沣水之东。"综此可知,西周的沣都坐落在沣河西

[①]《史记·留侯世家》。

[②]《通典·州郡三·京兆府》。

岸，镐都坐落在沣河东岸，彼此隔河相望。周文王、武王的年代属公元前十一世纪中叶，从那时起直到周幽王止，沣、镐两京始终是西周王朝的政治中心，前后延续了近三个世纪。

从上个世纪三四十年代起，考古工作者就开始在沣河两岸进行考古调查，1949年以后还在这里进行了部分发掘。现已探明，在西安市沣河两岸约10平方公里的范围内，密集分布着西周的宫殿基址、居址和墓地，还有铜器、陶器、骨器作坊，出土的青铜器和其他遗物更是不胜枚举，此即沣、镐二京的所在[①]。

公元前771年，周幽王被犬戎掠杀于骊山下，周平王仓皇东迁，周室公卿亦随之而去，沣、镐二京很快荒芜下来。《诗经·王风·黍离》形容被遗弃的沣都、镐都时说：

  彼黍离离，彼稷之苗；行迈靡靡，中心摇摇。知我者，谓我心忧；不知我者，谓我何求。悠悠苍天，此何人哉！

《诗经》成文于春秋时期，离沣、镐二京历史的终结并不遥远，但如上所述，当时这两大名都皆已成平芜旷野，不由得诗人不感慨万千。此后到了秦始皇时期，世人唯闻"周文王都沣，武王都镐，沣镐之间，帝王之都也"[②]，沣、镐两京只留下了被黄沙掩埋的故事。再往后，到汉武帝时，史称"穿昆明池于是地（镐京），基构沦褫，今无可究"[③]，一代名都竟至无迹可寻。

在萧条了将近四个世纪后，秦献公二年（前383年）迁都栎阳，地在今临潼迤北的渭水北岸，今西安一带才萌生了新的城市文明。史称秦人

[①] 中国科学院考古研究所：《沣西发掘报告》，文物出版社，1962年。
[②]《史记·秦始皇本纪》。
[③]《水经注·渭水下》。

"在西戎，保西垂"①，源起于西方，建国后曾屡屡迁都，栎阳便是其中之一。据《史记·秦本纪》记载，自秦献公二年城栎阳，秦人建都栎阳前后凡34年。上个世纪六十年代，考古工作者在西安市阎良区武屯镇发现了一座古城，城址范围约4.2平方公里，有夯土城墙、城门、街道遗迹和建筑基址等，上限年代可以早到战国时期，这或许就是秦栎阳的所在②。建都栎阳期间，秦献公变法图强，废除了野蛮的人殉制度，启动了秦国的社会变革，为秦国的崛起创造了条件。秦孝公继位后，对内广施仁政，起用商鞅变法，秦国从此走向富强。

秦孝公十二年（前350年），"作为咸阳，筑冀阙，秦徙都之"③，秦国迁都咸阳。咸阳是秦国历史上最后一个都城，也是秦统一后的全国性都城，最初建造在今咸阳市迤东约十公里的渭河北岸，因"山水俱阳"而称"咸阳"。这座早期咸阳城其实离今西安市还有相当一段距离，但为时未久，秦咸阳便跨越渭河向东南方向扩展，越来越接近西安市区。

《史记·孝文本纪》正义引《三辅旧事》云："秦于渭南有兴乐宫，渭北有咸阳宫。秦昭王欲通二宫之间，造横桥，长三百八十步。"可见不迟于秦昭王在位的公元前306～前251年，渭水以南已经有了秦的兴乐宫等建筑，并且建造了长达数百步的渭河大桥以通南北。兴乐宫位于长安乡，在今西安市北郊龙首原北部，已相当接近西安市区。又《史记·秦始皇本纪》载："诸庙及章台、上林皆在渭南。"章台宫是秦的核心宫殿之一，此文说章台宫在渭河以南，秦的上林苑及秦的宗庙也在渭河以南，足见秦的主体宫殿及宗庙在秦始皇时已逐次南移。

从秦孝公十二年建都咸阳到秦二世三年（前207年）秦朝灭亡，秦朝

---

① 《史记·秦本纪》。

② 中国社会科学院考古研究所栎阳发掘队：《秦汉栎阳城遗址的勘探和试掘》，《考古学报》1985年第3期。

③ 《史记·秦本纪》。

定都咸阳凡143年。从秦始皇二十六年（前221年）统一六国算起，咸阳作为大一统王朝之都也有14年。秦始皇统治期间，曾经倾全国之力在咸阳大造宫室，工程之浩大及宫室之靡丽皆前所未有。事如《三辅黄图·咸阳故城》所言：

> 始皇穷极奢侈，筑咸阳宫，因北陵营建，端门四达，以则紫宫，像帝居。①

在秦始皇建造的这些宫殿群里，既有上符天象的咸阳宫，又有按东方六国宫廷样式打造的"六国宫殿"，还有前殿"可以坐万人"②的阿房宫等，不胜枚举。正是如此这般的大兴土木，再加上秦始皇迁"天下豪富于咸阳十二万户"，咸阳城成了当时世界上规模最宏大、建筑最雄伟、人口最集中、财富最丰饶的超级大都市。

秦朝末年，项羽"引兵西屠咸阳，杀秦降王子婴，烧秦宫室，火三月不灭，收其货宝妇女而东"③。就这样，在三个月不灭的熊熊烈火中，巍巍咸阳城化为乌有。秦亡后，刘邦于公元前202年称帝于汜水之阳（今山东定陶南），随即定都洛阳。当时西汉统治集团在建都的问题上发生了分歧，娄敬、张良等主张西都关中，而刘邦群臣多为河南崤山以东人，力主建都洛阳。此后汉高祖刘邦虑及洛阳无险可依，是个"有德则易以王，无德则易以亡"④之地，而关中地势险要，利于自保，因此最终决定移鼎"被山带河，四塞以为固"的关中，建都长安。

长安本是咸阳附近一个小乡聚的名称，西汉王朝以此名都，显然是取其"长治久安"之意。汉的长安城是一座全新的城市，建在关中平原的

---

① 《三辅黄图·咸阳故城》。
② 《史记·秦始皇本纪》。
③ 《史记·项羽本纪》。
④ 《史记·刘敬列传》。

第八章 人类奇观——光耀千古的文明圣殿

中央,位于今西安市西北十公里的渭河南岸。它地处西周沣、镐故都的东北,与秦咸阳的南部相连。关于汉长安城的营建,《史记·高祖本纪》记载了这样一段故事:

> 萧丞相营作未央宫……高祖还,见宫阙壮甚,怒,谓萧何曰:"天下匈匈苦战数岁,成败未可知,是何治宫室过度也?"萧何曰:"……夫天子四海为家,非壮丽无以重威,且无令后世有以加也。"高祖乃悦。

据此文,可知丞相萧何主持营造的未央宫"宫阙壮甚",甚至引起了主子汉高祖的震怒,斥责他"何治宫室过度也?"这种斥责出自以宫廷的奢华为寻常事的帝王,足见汉长安城皇宫的壮美到了何等程度。

经过西汉王朝长达二百余年的精心营造,长安城的秀美壮丽无与伦比,城市总面积也达到了 36 平方公里,成为当时与古罗马城并峙的世界两大都会之一。下至新莽末年,更始军和赤眉军相继攻入长安,城市惨遭破坏,长安城芳华尽失。东汉立国后建都洛阳,以长安为西京,长安城的地位大不如前。自东汉光武帝刘秀"诏修复西京园陵"[1],光武帝及其他诸帝曾多次驾临西京拜祭先朝宗庙陵寝,长安城这才多少有所恢复。

东汉末年,董卓擅权,挟天子以令诸侯,山东州郡起兵讨伐董卓,董卓遂于初平元年(190 年)胁迫汉献帝西迁长安。可惜这个短暂的都城史不但没有给长安城带来福祉,反而带来了更大的灾难。献帝迁都长安后不久,董卓被诛,其部将李傕、郭汜、樊稠寻衅起兵,攻陷长安,满城百姓生灵涂炭,惨不忍睹。短短数年后,兴平二年(195 年)汉献帝东归,长安城几成废墟,在瑟瑟秋风中尽显凄凉。

西晋末年,晋愍帝在长安即位,时在永嘉六年(312 年)。当时"天

---

[1]《后汉书·光武帝纪上》。

下崩离,长安城中户不盈百,墙宇颓毁,蒿棘成林。朝廷无车马章服,唯桑版署号而已。众唯一旅,公私有车四乘"①。堂堂名都居然只剩下百户人家和四辆牛车,即便它尚有国都之名,实际已落败得连弹丸小镇都不如了,以至连在此称孤道寡的西晋末帝亦倍感困窘。

十六国及北朝时期,以长安为都的地方割据势力先后有前赵(319~329年)、前秦(351~383年)、后秦(384~417年)、西魏(535~556年)、北周(557~581年),首尾相加共计126年,几占整个十六国及北朝历史的一半。此期间各政权对长安城皆有营建,但战火的荼毒亦在所难免。公元385年,鲜卑族慕容冲"入长安,纵兵大掠,死者不可胜计",以至"人民流散,道路断绝,千里无烟"②,这便是长安城此阶段所遭受的劫难中的一例。

在经历了由西汉末到北朝末五个半世纪命途多舛的风雨历程后,古城西安终于在隋唐时期迎来了第二个春天。公元581年,隋文帝杨坚创建了隋朝,随即定都长安。创基伊始,隋文帝就把长安城的建设提上了议事日程。他于开皇二年(582年)六月下了一道长篇诏书,译成今天的白话就是:

> 寡人打天下做了皇帝,居然还让我住在"屡为战场""凋残日久""事近权宜""不足建皇王之邑"的破城烂宫里,老子不干!

于是,他"诏左仆射高颎、将作大匠刘龙、巨鹿郡公贺娄子干、太府少卿高龙叉等创造新都"③,开始大举营造新都城。

隋的新都建在"自汉长安故城东南移二十里"④处,地在今西安市"川

---

① 《晋书·孝愍帝本纪》。
② 《魏书·列传第八十三》。
③ 《隋书·高祖本纪上》。
④ 《旧唐书·地理志一》。

原秀丽，卉物滋阜，卜食相土，宜建都邑"的龙首原畔。因杨坚在北周时曾封大兴公，"以大兴公成帝业"[①]，故而新城名大兴城，宫城名大兴宫，正殿名大兴殿，属地名大兴县。隋炀帝即位后仍嫌大兴城不够壮伟，于是"发丁男十万城大兴"[②]，大兴城因此更加气象万千。

公元618年，隋炀帝死于兵变，唐国公李渊趁机起兵，创建了唐朝。李渊是逼迫隋恭帝"禅让"而登极大宝的，因此依旧定都大兴，复名长安。建国伊始，唐高祖李渊继续使用隋朝宫室，但因奉老子李耳为李唐先祖，崇尚以老子为本宗的道教，故而"改大兴殿为太极殿"[③]。此后，唐朝国势日隆，唐太宗、高宗、玄宗个个尽全力打造长安城，把唐长安建造得宏伟壮阔，宛若天城。

盛唐时的长安城整体呈长方形，外郭长36.7公里，总面积阔达84平方公里。其面积是汉长安城的2.4倍，是明清北京城的1.4倍，堪称中国历史上规模最大的都城。它也是当时世界上规模最大的都城，比同期的拜占庭都城君士坦丁堡大了7倍，比公元800年建造的巴格达城大了6.2倍，比古罗马城也大了5倍。唐长安城不仅规模宏大，而且人口众多，是人类历史上第一个达到百万级人口的城市。回想当年，唐长安城内楼台耸峙，百业兴旺，车水马龙，熙来攘往，繁华程度举世无匹。纷至沓来的境外人士观之莫不瞠目结舌，纷纷赞其为"天可汗之都"。

唐玄宗天宝十五年（755年），安禄山、史思明的叛军攻入长安，大肆劫掠，繁华的长安城惨遭涂炭。到了唐朝末年，宦官擅权、强藩对立、义军蜂起，关中大地"民无耕织，千室之邑，不存一二，岁既凶荒，皆脍人而食，丧乱之酷，未之前闻"[④]。唐僖宗广明元年（880年），黄巢攻陷长

---

① 《隋书·炀帝本纪上》。
② 《隋书·炀帝本纪下》。
③ 《旧唐书·高祖本纪》。
④ 《旧唐书·昭宗本纪》。

安，自立为帝，国号大齐。数月后有一小股唐军乘乱攻城，不明底里的黄巢惶惶然带随从逃出城外，但在得知唐军人数很少后又反攻入城。唐军入城时城中百姓曾夹道欢迎，黄巢返城后心怀怨怼，"乃下令洗城，丈夫丁壮，杀戮殆尽，流血成渠"[1]。经此惨绝人寰的屠城，这座当时世界上人口最多的大都会瞬间人迹灭绝，成了一座冤魂遍野的鬼城。后来黄巢的大将朱温叛变降唐，黄巢势力锐减，加之沙陀族李克用率轻骑骁勇驰援唐军，黄巢一战即溃，仓皇逃出长安。出城前黄巢下令焚城，长安城焚毁殆尽，几成空墟。

孰料到了这一步，长安城的厄运仍未到头。唐昭宗天佑元年（904年），攫取了唐朝军政大权的朱温胁迫唐昭宗迁都洛阳。为了断其退路，朱温临走前拆除了长安的残余宫室，把所有木料悉数沿渭水浮入黄河，漂往洛阳，随后将整座长安城付之一炬。在惨遭无数次兵火洗劫后，雍容华贵、浩大典雅的"天可汗之都"终于一炬成灰，香消玉殒。此后长安城结束了它自周秦以来极其荣耀的华夏都城史，只留下了一座弹丸小城。这座小城是后梁佑国军节度使韩建建造的，称为"韩建新城"，方圆仅18里许。比起"城东西十八里一百五十步，南北十五里一百七十五步"[2]的唐长安城来，这座新城大大缩水，不及原来的十分之一。

唐朝灭亡后，古城西安进入了后都城时代。五代、北宋、金元时期的西安仅维持了"韩建新城"的规模，名称亦随朝代的更迭而频繁变换。在风沙侵袭下，往日金碧辉煌的宫廷御苑悉数堕入尘埃，成为耕牛悠然往来的榛莽之地。

明洪武二年（1369年），徐达率明军攻克故长安城，改置西安府，从此始有"西安"之称。明的西安是陕西省的首府，由此奠定了它的省会地位。洪武三年（1370年），朱元璋封次子朱樉为秦王，坐镇西安，洪武四

---

[1]《旧唐书·黄巢列传》。
[2]《旧唐书·地理志一》。

年（1371年）下诏重修西安城并建造秦王宫，这才揭开了西安城市发展史上新的一页。明西安城的建设工程到洪武十一年（1378年）方告结束，历时七年。其城垣大体呈长方形，周长27.8里，比五代以来维持了470余年的"韩建新城"扩大了一倍有余。到了清代，"置巡抚，治西安，并置总督，兼辖四川"①，西安仍为西北首府。今日的西安依旧是陕西省的省会，以其璀璨的历史文化彰显着它永恒的魅力。

5 开封

以上洛阳、郑州、安阳、西安四大历史文化名城，已经涵盖了从夏、商、周到东周、秦、西汉、东汉、三国魏、西晋、北魏、隋、唐诸王朝的主要都城，也包括了十六国、北朝、五代时期部分地方割据政权的都邑。而按照朝代的顺序再往下排，就要说到与辽朝南北分治的北宋都城了，此即今之开封。

开封原称"启封"，是春秋早期郑庄公在今开封市西南约50里处修筑的一座小城，其城名意在"启拓封疆"。西汉初年为避汉景帝刘启之讳，启封更名"开封"，这便是"开封"的由来。至于今开封，最早出现的城邑称"大梁"，原属楚国。《史记·楚世家》云："（楚悼王）十一年，三晋伐楚，败我大梁。"这就是楚的大梁，于楚悼王十一年（前391年）"三晋伐楚"时落入晋人之手。

《史记·魏世家》载："秦、赵、齐共伐我，秦将商君诈我将军公子卬而袭夺其军，破之。……于是徙治大梁。"这里说的是魏惠王三十一年（前339年）的事，当时魏国在秦、赵、齐的围攻下损兵折将，溃不成军，魏惠王不得不放弃原来的都城安邑（今山西夏县西北），东迁大梁。

迁都大梁后，魏惠王重振旗鼓，第二年便开凿鸿沟，大兴水利，同时

---

①《清史稿·地理志十·陕西》。

"卑礼厚币以招贤者"①，召来邹衍、孟子、淳于髡等天下名士。从此今开封市西北很快矗立起一座全新的都城，仍称大梁。这座新大梁城十分宏伟，也十分坚固。《史记·穰侯列传》称魏国"以三十万之众守梁七仞之城"，虽"（商）汤、（周）武复生不易攻也"，足见大梁城之固若金汤，坚不可摧。此后魏国再未迁都，一直坚守到公元前225年被秦所灭，前后凡115年。

由于大梁城的坚固，战国末年秦将王贲围攻大梁时久攻不下，因此采取了极为阴毒的一招——开凿鸿沟水灌城。结果水淹城毁，繁华的大梁城在洪水和兵火的交相荼毒中化为乌有。秦统一后，"灭魏以为郡县"，开封由战国时期的通都大邑变为普通县城。流弊所及，此后八百余年的开封始终是州级或县级城邑，直到唐高祖武德四年（621年）设立汴州总管府，"管汴、洧、杞、陈四州"②，开封才重新成为一方重镇，改称汴州。唐德宗建中二年（781年）置宣武军节度使，治汴州，"管汴、宋、亳、颍四州"③，开封的实力地位又有提升。

唐哀宗天佑四年（907年），镇守汴州的宣武军节度使朱温妄自称帝，建国后梁，"升汴州为开封府，建名东都"④。于是在上距魏都大梁城1132年后，开封又成为地方割据势力的都邑。朱温的后梁是五代之始，也是开封称"东都"之始。当时后梁实行两京制，开封为东都，洛阳为西都，以东为正。但仅仅过了两年后，朱温便迁都洛阳，开封又成陪都。此后五代时期的后晋、后汉、后周皆曾建都开封，称东京。

开封虽然在五代时期成了除后唐之外其他四个王朝的都城，但这些乱世枭雄个个"其亡也忽焉"，在开封立都的时间都不长，分别是后梁16年（含陪都）、后晋9年、后汉4年、后周10年，前后相加不足40年。而且

---

① 《史记·魏世家》。
② 《旧唐书·地理志一》。
③ 同上注。
④ 《旧五代史·地理志》。

此期间乱多治少，东京的建设乏善可陈。

公元960年，后周禁军统帅赵匡胤在开封市东北的陈桥驿黄袍加身，创建了赵宋王朝，史称北宋。至此中国形成了由北方辽（契丹）、南方宋、西南方大理及稍后建立的西北方大夏合成的四足鼎立局面。北宋沿袭后周旧制，依然建都东京开封府，一直延续到北宋末年。北宋王朝共历9帝167年，由此确立了开封在中华古都中的地位。

北宋实行的是多都制，除东京开封府外还有西京洛阳府、北京大名府（今河北大名）和南京应天府（今河南商丘），合称四京。但作为北宋王朝的首都，东京开封府是整个十世纪中叶到十二世纪初叶全中国乃至全世界最为壮观也最为繁华的都市，被西方誉为千年前"世界的中心"[①]。单就一个最简单不过的事实言之，当时东京人口已超百万，而在十一世纪时，欧洲大城市如英国伦敦、法国巴黎、意大利威尼斯及佛罗伦萨等，城市人口都还仅只数万。与它们相比，东京开封府的规模可谓超凡绝伦、举世无双。

北宋东京城的繁华，不仅保留在宋代文献和宋代诗词绘声绘色的描述中，也保留在享誉世界的艺术奇珍《清明上河图》里。这是一幅长达528.7厘米的绢画长卷，摹绘了清明时节北宋京城及汴河两岸的繁华景象。在五米多长的画面上，飞桥如虹，舟船往复，车水马龙，游人如织，各种店铺鳞次栉比，小商小贩沿街叫卖，间或还有远道而来的西域驼队徜徉其中，鲜活再现了这座当时世界上首屈一指大都会的繁荣昌盛。

北宋王朝毁于艺术造诣颇高但治国能力极差的宋徽宗赵佶，也毁于他为修建皇家御苑而无休止搜刮天下奇花异石的"花石纲"。靖康元年（1126年），金朝大军攻陷东京，昏聩无能的徽宗、钦宗双双沦为金人的阶下囚。包括太后、皇后、妃子、亲王、公主在内，宋皇室三千余人和徽、

---

① 美国《纽约时报》2005年5月23日。

钦二帝一起沦为异族的俘虏，被押解到今黑龙江省依兰县的五国城。

金人离去前，把金碧辉煌的东京皇宫劫掠一空。《宋史·钦宗本纪》载：

> （东京皇宫）凡法驾、卤簿，皇后以下车辂、卤簿，冠服、礼器、法物、大乐、教坊乐器、祭器、八宝、九鼎、圭璧、浑天仪、铜人、刻漏、古器、景灵宫供器，太清楼秘阁三馆书、天下州府图及官吏、内人、内侍、技艺、工匠、娼优，府库畜积，为之一空。

面对如此浩劫，就连元人主持编修的《宋史》也难以噤声，特在上面开列的清单后面留下了"北风大起，苦寒"①一声长叹。

金人北归时，扶持北宋的投降派头子张邦昌作了傀儡皇帝，国号大楚，留守东京，改称汴京。但儿皇帝岂是好当的？没过多久，张邦昌自己也感到难以为继，不得已摘掉了自己头上徒有虚名的皇冠。金太宗天会八年（1130年），金人再次立降将刘豫为帝，国号齐，亦都汴京。但刘豫很快被金人废黜，汴京的都城名号亦随之而去。再以后，金朝贞元元年（1153年）升开封为陪都，称南京。到金朝末年，金宣宗因畏惧呼啸而来的蒙古大军，于贞祐二年（1214年）放弃金中都迁都南京，这又给开封府增添了近20年都城史，直至金朝覆亡。

蒙古窝阔台汗六年（1234年），蒙古大军挥戈南下灭亡了金国，开封落入蒙古之手。围攻汴京时蒙古大军遭到了城内军民的誓死抵抗，城池久攻不克，及至城破，按照蒙古军的一贯做法，将要屠城以示惩罚。幸好时任蒙古国中书令的耶律楚材以"奇巧之工，厚藏之家，皆萃于此，若尽杀之，将无所获"②为由一力阻止，才使汴京逃过一劫。按照事先的约定，蒙

---

① 《宋史·钦宗本纪》。
② 《元史·耶律楚材传》。

古大军攻占汴京后要归还南宋，于是临走前将汴京洗劫一空，留给了南宋一座空城，但不久后又重新攫为己有。

入元后，开封府初置南京路，后置汴梁路。元仁宗时将全国划分为十一个行省，称"行中书省"，简称"省"，首创了省级政区。从那时起，开封成为河南省的省会，辖黄河以南、长江以北的中原冲要之地。

明洪武元年（1368年）四月，朱元璋来到汴梁部署北伐元大都的战役，一住便是数月，产生了在此建都的想法。当年八月，朱元璋升开封府为陪都，称北京，和都城南京合为两京。此后朱元璋打消了在开封建都的念头，遂于洪武十一年（1378年）复开封为省会。与此同时，朱元璋封皇子朱橚为周王，以开封为藩邸，建王府于北宋皇宫旧址。顺治二年（1645年）清朝占领河南，仍以开封为河南省治，"领州四，县三十"[1]。

开封地处黄河冲积大平原的西部边缘，临近通济渠和黄河。这座城市得之于水亦失之于水，在甚得水路之便的同时却颇为水患滋扰。特别是开封的地势西高东低，挟带大量泥沙的黄河来到这一带后地势陡降，泥沙淤积，河床日高，一到汛期便会洪水泛滥。北宋时黄河水道距开封市尚有200里之遥，没有构成直接威胁。但时乖运蹇，恰在开封告别了它历史上最辉煌的一页后，自金代中叶开始，黄河水道逐步南移，水患接踵而至。据史书记载，从金大定二十年的1180年起，到1944年止，黄河在这七百余年中一共决溢338处，甚至有七八次竟使开封惨遭灭顶之灾[2]。特别是在明朝末年，李自成在围攻开封时不惜掘开黄河水道倾注开封，此后黄河便如一条被激怒的巨龙，"屡塞屡决"[3]，无休无止。在无情洪水的恣肆下，古都开封的繁华一再被泥沙掩去，直到新中国成立后黄河水患得到根治，这座古城才重现芳颜。

---

[1]《清史稿·地理志九》。

[2] 开封市黄河志编辑室：《开封市黄河志》，1991年版。

[3]《清史稿·河渠一·黄河》。

6 杭州

在著名的《满江红》词里，爱国将领岳飞无限悲怆地叹道："靖康耻，犹未雪，臣子恨，何时灭！"在这场令岳飞仰天长啸的"靖康耻"中，北宋皇室倾巢覆灭，唯有宋徽宗的儿子康王赵构因领兵在外逃过一劫。北宋灭亡后，赵构于南京应天府（河南商丘）称帝，史称南宋。当时东京已是金人的囊中之物，南京应天府也危如累卵，于是赵构登基后要做的第一件事，就是设法找到一片乐土以安新都。

建炎元年（1127 年）九月，赵构以金人南侵为由，"诏择日巡幸淮甸"①，仓皇躲到扬州。此后他便置宗泽等主战派复都东京的请求于不顾，从扬州一退至镇江，再退至杭州。1129 年，禁卫军统领苗傅等人发动兵变，逼高宗退位禅让于他年方三岁的儿子。主战派将领韩世忠率军平叛，击溃兵变后赵构复位，赵构这才不得不装出一副抗金复国的样子，由杭州北上建康（今南京）。当建康形势危急时，赵构又忙不迭地逃回杭州，并于建炎三年（1129 年）升杭州为临时都城，称临安府。此后在金军的穷追不舍下，赵构君臣节节败退，先是由杭州退守越州（今绍兴），继而一步步退至明州（今宁波）、定海（今浙江镇海）、台州（今浙江临海）、温州，沿海滨不断向南逃窜。在岳飞等将领的奋勇抵抗下，金人的南侵终于得到遏制，南宋君臣这才安下心来，遂于绍兴八年（1138 年）正式定都临安，此即今之杭州。

杭州位于长江三角洲的南端，地处钱塘江下游北岸。这里迄今已发现旧石器中晚期和距今约 8000 年前的新石器时代遗址，史前文化相当丰富。此处的文明也滥觞得很早，代表性遗存即考古学的良渚文化。该文化分布在以杭州为中心的广大区域内，年代约在公元前 3300～前 2300 年，迄今

---

① 《宋史·高宗本纪一》。

已有五千余年历史。良渚文化的巨型宫殿遗址十分引人瞩目,丰富的祭祀遗址和形制各异的玉礼器更是令人称奇。种种迹象表明,良渚文化已经跨入了国家文明的门槛,是长江下游最早兴起的文明之一。

但在文明滥觞之后,杭州地区的城市文明却迟滞不前,留下了长长的一段空白。秦统一六国后,在今杭州市设立钱唐县,这才重新开启了杭州的城市文明。钱唐县隶属秦会稽郡,县治在灵隐山麓,只是一个小小的县城。其城邑虽小,名气却大,就连秦始皇出游时也曾专门驾临于此。《史记·秦始皇本纪》云:

> 三十七年十月癸丑,始皇出游……过丹阳,至钱唐,临浙江,水波恶。

这里记述的就是秦始皇的钱唐之行。秦的钱唐县至西汉相沿不改,东汉初年被废,辖地并入余杭县,今杭州一带复为乡鄙。又间隔了百余年后,汉顺帝重置钱唐县,县治也由灵隐山麓迁到了今杭州市区。

杭州地区城市文明在普通小县城基础上的第一次腾飞,发生在南朝时期。《陈书·后主本纪》云:"祯明元年……割钱唐县为郡。"祯明元年是南朝陈后主年号,时在公元587年。钱唐从此成为郡治,下辖钱唐、于潜、富阳、新城四县,治于钱唐,位置就在今杭州市区。

陈后主在钱唐设郡已届南朝末年,但早在此前一个多世纪,南朝宋文帝就不胜感慨地说:"天下有五绝,而皆出钱唐。"[①]这天下五绝指的是五类旷世人才,包括冠绝当代的书法家、诗人、奕者和药到病除的神医。宋文帝刘义隆是南朝第一朝的第三帝,在位于公元424~453年,适逢南朝之初。由此可见,早在南朝初年,钱唐已是人杰地灵,誉满天下。十六国时期中国北方兵连祸结,大批中原士人于东晋初年随晋室南下,这大约就是

[①]《南史·徐文伯列传》。

促成钱唐全面起飞的重要原因。此外钱唐先人早在这之前已经筑塘围坝，治理了海潮和钱塘江水，扭转了秦始皇时杭州湾"水波恶"的状况，这也为钱唐崛起创造了条件。

杭州地区城市文明的第二次腾飞，发生在隋代。《隋书·地理志下》云：隋文帝开皇九年（589年）"置杭州"，"仁寿中置总管府"。这是史上有"杭州"称谓之始，也是此地设州治和总管府之始。隋炀帝大业三年（607年），全国改州为郡，实行郡、县两级制，杭州改为余杭郡，仍治钱唐。隋炀帝大业六年（610年）开凿了大运河南段，"自京口至余杭，八百余里，广十余丈，使可通龙舟"①，杭州成为南北大动脉的起点。由此而始，杭州与广州、扬州并列为古代三大通商口岸之一，商贾行旅川流不息。《隋书·地理志下》称当时杭州"川泽沃衍，有海陆之饶，珍异所聚，故商贾并辏"，可谓全国数一数二的商贾辐辏之地。

唐代的杭州仍治钱唐，唯因避讳唐的国名而改称"钱塘"。唐杭州原辖三县，后辖五县，到唐玄宗天宝年间已下辖九县，范围不断扩大。其人口则由唐初的15.3万人增加到天宝年间的58.6万人，增殖了近4倍。这虽然是就整个杭州地区而言，但从中也不难看出杭州府治的繁荣。

唐朝最著名的一任杭州刺史即享誉中外的大诗人白居易。唐穆宗长庆二年（822年），一纸"出中书舍人白居易为杭州刺史"②的敕令，把年过半百的白居易从京城长安打发到了千里之外的杭州。在任期间，白居易一心扭转"杭本近海，地泉咸苦，居民稀少"③的状况，大力整治西湖。经过一段时间的筹备，长庆四年（824年）他主持修筑了西湖湖堤，把原堤坝增高了数尺，大大增加了西湖的蓄水量。这一举措有效防止了水患，又提高了西湖灌溉农田的能力，还一改西湖之旧貌，使水波涟漪的西湖从此桃红柳

---

① 《资治通鉴·隋纪五》。
② 《旧唐书·穆宗本纪》。
③ 《宋史·苏轼列传》。

绿,丹桂飘香。元人主持编修的《宋史》云:"白居易又浚西湖水入漕河,自河入田,所溉至千顷,民以殷富。"这就是历史对白居易造福杭州的评价。白居易主持修筑的河堤穿西湖,接孤山,联断桥,被后人亲切地称为"白堤",至今仍是游人必去的西湖一景。杭州的经历还让这位诗坛翘楚留下了对这座江南名城字字珠玑的深情歌咏,其"江南忆,最忆是杭州"便是其中之一,"西湖"这个雅称也是由白居易的诗句而广布四方的,至今脍炙人口。

唐朝末年军阀割据,时任"镇海军节度、浙江东西道观察处置等使、杭州越州刺史、上柱国、吴王"①的钱镠拥兵自重,独霸吴越,创建了吴越国。其领地大致相当于今浙江省的全部和江苏省的苏州、福建省的福州等地,都城即今之杭州,时称西府。自唐昭宗乾宁四年(897年)钱镠晋封为王起,到宋太宗太平兴国三年(978年)吴越国被宋吞并止,钱氏王国共历三代五王,传祀82载。

五代十国时天下大乱,兵连祸结,民生凋敝。但在这个黑暗年代,吴越国却偏安一隅,坚壁自守,创造了一个国富民安的神话。早在节度使任上,钱镠就两次加固杭州旧城,此后在吴越国期间,钱镠、钱元瓘父子更是大兴水利,接连修筑了百里捍海大堤,疏浚了西湖,还在钱塘江沿岸修建了龙山、浙江二闸。水患的治理大大促进了吴越国的发展,加之钱镠政治清明,"爱人下士,留心理道,数十年间,时甚归美"②,使吴越国成为五代十国中国祚最为长久且经济最为发达的一个。

北宋年间的杭州是两浙路的治所,宋徽宗大观元年(1107年)升为帅府。当时杭州的繁华已居东南之冠,湖光山色更为天下之首。适逢此时,这里又迎来了一位光前裕后的大诗人,此即名冠中华的苏东坡。苏东坡天生一副傲骨,"自为小官,即好僭议朝政,屡以此获罪,然受命于天,

---

① 《旧唐书·昭宗本纪》。
② 《旧五代史·世袭列传二》。

不能尽改"[1]。受命运的捉弄，他先后两度到杭州为官，一次是在宋神宗熙宁四年（1071年），因与首辅王安石政见不同而被外放杭州通判，又一次是在宋哲宗元祐四年（1089年），因"积以论事，为当轴者所恨"[2]而谪守杭州。后次出任杭州知州时苏东坡已年过五旬，按说这个失意外放的诗人就该从此潦倒在歌舞升平的温柔乡了，但《宋史·苏轼列传》载："（苏东坡）既至杭，大旱，饥疫并作"，原来屋漏偏逢连阴雨，刚刚到任的苏东坡竟赶上了杭州大灾。然而，苏东坡到底是苏东坡，他"窃怀忧国爱民之意"，不仅丝毫没有消极抵触之心，反而甫一到任便拯救灾民于先，兴修水利于后，接连完成了漕河疏浚、堰坝筑造、湖面扩充、长堤垒砌等大工程。单看此时的苏东坡，与其说他是个才华横溢的大诗人，更毋宁说像极了尽心尽责的水利专家。大功告成后，他以诗人特有的浪漫在新筑的长堤上建造了六座弯月形石拱桥，还沿长堤遍植芙蓉、桃花和杨柳，使之"望之如画图"。

苏东坡在杭州两次为官总共加起来不过五年，但因有德于民，杭州市民将其奉若神明，顶礼膜拜，乃至"家有画像，饮食必祝，又作生祠以报"。他在杭州留下的不仅有事功和政德，还有"欲把西湖比西子，淡妆浓抹总相宜"等千古名句。至于如诗如画的"苏堤春晓"，更是他留给后人的瑰宝，至今仍居西湖十景之首。

如此富冠海内的江南重镇，如此风光绮丽的山水胜地，封建帝王岂肯放过？于是，在躲避金人的追击时，宋高宗赵构一而再、再而三地来到杭州，最终也如愿以偿地定都杭州。公元1138年，南宋绍兴八年二月，赵构正式移驾临安，"是岁，始定都于杭"[3]。从这时起，直到德祐二年（1276年）宋主向元朝投降止，南宋建都杭州共历7帝，凡138年。

---

[1] 苏东坡：《辩贾易弹奏待罪劄子》。
[2] 《宋史·苏轼列传》。
[3] 《宋史·高宗本纪六》。

南宋是个苟安的王朝，没有实力也没有雄心收复北方失地，于是便把精力全部集中在临安城的建设上。开始时囿于国情和财力，临安的宫廷尚属简朴，只是因陋就简地以杭州府衙为皇宫。但南宋君臣实在是太留恋以往东京开封府的富丽堂皇了，兵戈稍息后便大兴土木。据《宋史·舆服志·宫室制度》的记载，高宗赵构时建起了"崇政、垂拱二殿。久之，又作天章等六阁，寝殿曰福宁殿"，使原来临时驻跸的区区府衙很快变成了偌大皇宫。继位的孝宗更不甘落后，"淳熙初，孝宗始作射殿，谓之选德殿。八年秋，又改后殿拥舍为别殿，取旧名，谓之延和殿"，又兴建了一大批宫殿。除了这些正殿，临安还陆续建起了奉养太上皇的德寿宫、重华宫、寿康宫，奉养圣母皇太后的慈宁宫、慈福宫、寿慈宫，以及供皇太子居住的东宫等，整个临安城几乎变成了一座大皇宫。

　　经过由唐至宋的数百年营建，杭州这座襟江带湖、山拥水抱、三岛浮水、四季异色的城市，景物更加绚丽，社会更加繁荣，气韵更加高雅，成为举世闻名的"人间天堂"。意大利人马可·波罗来到这里后赞不绝口，称其是"世界上最美丽华贵之城"，是天上有人间无的"天城"。然而，南宋王朝的苟且偷安、醉生梦死也深为时人所诟病。宋孝宗时的诗人林升就因不满南宋王朝的苟安一隅，在临安一家客舍的墙壁上挥毫写下了《题临安邸》诗：

　　　　山外青山楼外楼，
　　　　西湖歌舞何时休？
　　　　暖风熏得游人醉，
　　　　直把杭州作汴州。

　　这首诗道出了临安城的莺歌燕舞，也道出了南宋王朝的纸醉金迷。其中"暖风熏得游人醉，直把杭州作汴州"一句，更成为讽刺国难当头仍醉生梦死者的千古警句。

南宋末年，怯懦的宋王朝不战而降，临安府轻而易举落入蒙元之手。受降之日，元朝使者"封府库、收史馆、礼寺图书及百司符印"[1]，全面收缴了宋皇廷的一切，也彻底封存了杭州的都城史。进入后都城时代的杭州辉煌不再，但仍以它的富贵典雅、经济繁荣以及它京杭大运河起点的枢纽地位，继续发挥着远胜于其他中华古都的工商职能，并且成了江浙行省的省会，以迄于今。

7　南京

上个世纪末，南京江宁汤山葫芦洞发现了"南京人"遗址，把这里的人类历史追溯到了60万~35万年前。半个世纪前，南京市北阴阳营出土了内涵丰富的史前村落遗址，又把这里的新石器时代文化追溯到了6000年前。此后的南京地区更发现了距今3000年左右的湖熟文化，填补了三代时期的空白。以上种种现象无不昭示了南京地区历史文化的源远流长，然而与南中国的其他许多地方一样，这里的城市文明却成熟得很晚，最早发祥于东周时期。

东周时期的南京地区先后为吴、楚、越所辖，分别留下了一些城邑。但这些城邑的历史都不长，规模也不大，其中最值得一提的是楚国建造的金陵城。

《史记·越王勾践世家》载，楚威王七年（前333年）楚人伐越，楚国大获全胜，"尽取故吴地至浙江"，于是楚人在南京石头山（今清凉山）建造了一座城邑，取名金陵。秦时设县，将金陵邑改为秣陵县，移县治于江苏江宁南的秣陵关，南京一带重新沦为乡鄙。东汉献帝建安十七年（212年），孙权"城石头，改秣陵为建业"[2]，把秣陵搬回了南京，称建业，这样今南京市才有了一座新的城市，但上距楚金陵城已有四五个

---

[1]《宋史·瀛国公二王附》。
[2]《三国志·吴书·吴主传》。

世纪。

孙权之所以在南京"城石头",是有其特殊原因的。《三国志·吴书·张纮列传》载:

访问故老,云昔秦始皇东巡会稽经此县,望气者云金陵地形有王者都邑之气,故掘断连冈,改名秣陵。

此文道出了南京地势自然天成的都邑气派,也道出了秦始皇正是忌惮于此,才改金陵为秣陵的。刘备亲赴东吴招亲时夜宿秣陵,周观地形后亦劝孙权建都于此,于是这才有了孙权的"城石头"。

黄龙元年(229年)四月,孙权在武昌称帝,国号吴,当年九月便诏令迁都建业。定都之初,孙权"因故府不改馆"[1],仍住在十余年前修筑在石头山的将军府里。此后不久东吴便大兴土木,在石头城东面的今南京市中部新筑了一座建业城。此城"树以青槐,亘以绿水,玄荫耽耽,清流亹亹"[2],极具江南城市水榭楼台的特殊韵味。它的问世,使南京市从秦汉的普通乡鄙一跃而成东吴国都,瞬间完成了城市文明由平地起飞的历史升华。

孙权之孙孙皓即位后,曾于甘露元年(265年)迁都武昌,结果遭到了朝野上下的一致反对,不得已于次年还都建业。东吴天纪四年(280年),西晋大军伐吴,晋将王濬率舟师围攻建业城。晋军来到时"孙皓大惧"[3],仿效亡国之君刘禅的做法,备亡国之礼,素车白马,肉袒面缚(两手反绑),衔璧牵羊,把棺材装在车上,率领太子孙瑾等21人出城向王濬投降,东吴灭亡。唐朝刘禹锡《西塞山怀古》诗云:

---

[1]《三国志·吴书·吴主传》。
[2](西晋)左思:《三都赋》。
[3]《晋书·武帝纪》。

王濬楼船下益州，

金陵王气黯然收。

千寻铁锁沉江底，

一片降幡出石头。

诗人在这里表达了对东吴亡国景象的哀叹，也表达了对金陵王气黯然而收的痛惜。

入晋后，建业一度复称秣陵，又改称建邺，是丹阳郡的治所。西晋最后一个皇帝是司马邺，因避其名讳，建邺改称建康。

公元317年，晋宗室琅琊王司马睿在建康称帝，史称东晋。当时北方已进入群雄争霸的十六国时期，大批北人为避战乱南下东晋，数量以百万计，新都建康成了集聚地。在整个北国兵连祸结的腥风血雨中，东晋"虽僻陋吴、越，乃正朔相承，亲仁善邻"[1]，竟然得以苟安。

北方十六国中势力最强的是前秦苻坚，他雄心勃勃，意欲统一全国，遂于公元383年亲率百万大军南下伐晋。岂料淝水一战，东晋以八万兵力大胜八十余万前秦军，苻坚本人亦身负重伤，狼狈而逃。经过如此这般的生死较量，建康城竟然毫发无损，故而此后南朝的宋、齐、梁、陈除梁元帝曾有三年以江陵为都外，其余时间皆定鼎建康。这样一来，今南京市自东晋以来连续获得了270年都城史，奠定了史家称誉的"六朝繁华"。仅就人口而言，梁武帝萧衍（在位于公元502～549年）治下的建康城就有户28万，人口近百万，已是世界级大都市。

公元589年隋朝灭陈，南朝结束。隋文帝统一全国后，为防止旧势力利用六朝故都复辟，下令将建康城铲平。于是在新皇"平荡耕垦"[2]一声令

---

[1]《晋书·载记第十四》。

[2]《隋书·地理志下》。

下，终至"建康为墟"①，六朝名都顷刻化为耕地。隋废建康后，在这里设立了一个小小的江宁县，城市文明大幅萎缩。唐高祖武德九年（626年）"改金陵为白下县"，并"移白下治故白下城"②，就连小小的县城也搬出了今南京市区。此后在唐朝统治的近三百年中，唐廷始终坚持压制南朝故都的做法，或在此设立次一级政区，或干脆将此地废州为县，往日的六朝名都就这样衰败下去。

唐朝末年藩镇割据，把历史带进了分崩离析的五代十国。南方十国的首开纪录者是杨行密，他于唐昭宗天复二年（902年）封吴王，建吴国，都扬州，习称"杨吴"。作为地方割据势力，杨行密对南朝故都当然不含偏见，于是定金陵为陪都。这样一来，在整整萧条了三个多世纪后，南京市的城市文明又迎来了一次平步青云的历史机遇。杨吴时镇守金陵的是权臣徐温，谁知他早有据金陵篡位的野心，于是加紧了对金陵城池的改造。徐温死后，镇守金陵的徐温养子徐知诰自诩为李唐后代，更名李昪，并于公元937年推翻了杨吴，创建了南唐。从此，南唐以金陵为都，更名江宁府。

自937年至975年，南唐共传祀3主，前后凡39年。南唐建国的时间虽然短，却是南方十国中疆域最大者，极盛之时领有今江苏、安徽、福建的大部及江西的全部，还包括了河南南部和湖北东部的一部分。此期间南唐建造了一座比南朝故都建康还要大的都邑，留下了以"十里秦淮"著称的无限胜景。此外，积东晋以来华夏文化的蕴积，这里还造就出堪称一代词宗的南唐后主李煜。

李煜字重光，笃信佛教，为人敦厚仁孝。身为帝王的他不谙政事，不识干戈，却"善属文，工书画"③，是历代帝王中最具文采的一个。他的一

---

① 《隋书·五行志下》。
② 《旧唐书·地理志三》。
③ 《新五代史·南唐世家》。

生可分为前后两大阶段，前期是九五之尊，后期沦为宋人的阶下囚。于是其作品也分两大阶段，前期道尽了宫廷的奢华，后期则仅余亡国之痛。就在成为宋人的俘虏后，这位浮华谢幕的昔日帝王仍长歌当哭，凄凄婉婉地写下了《虞美人》等不朽之作。千余年过去后，斯人已逝，斯事已逝，唯有"问君能有几多愁，恰似一江春水向东流"的绝句传诵至今，娓娓诉说着亡国奴的无尽哀伤。

北宋开宝七年（974年），宋太祖赵匡胤发荆南十万大军东征南唐，第二年便攻陷了江宁府。难得的是，发兵前宋太祖一再告诫统兵大将说：

> 城陷之日，慎无杀戮。设若困斗，则李煜一门，不可加害。[1]

正因为有这道圣旨，金陵城及南唐后主李煜才得以保全。

北宋时期，江宁府成为宋朝的一方重镇，宋真宗六皇子赵祯还曾封藩江宁。后来赵祯即位为仁宗皇帝，他深知江宁地位之显要，特委派亲信重臣镇守于此，大名鼎鼎的包拯即其中之一。到了宋神宗年间，数度为相的王安石也曾先后三次出任江宁知府，最后终老于此。

南宋时期，南京成为抗金的前沿重镇。宋高宗建炎元年（1127年）在此地设帅府，改称建康府，升为行都，这里成了南宋仅次于国都临安的第二大都市。南宋名将岳飞曾在南郊的牛首山大败金兵，如今这里仍留有当初的抗金故垒。

元世祖至元十二年（1275年）春，蒙古大军围攻建康府，该城落入蒙元之手。在元朝统治的近一百年中，南京成为行省之下的次一级政区，仅是江浙行省下辖的三十个路中的一个。元廷曾在南方设立了一个重要的监察机构，称江南诸道行御史台，负责纠察南方各省官员，简称南台。据

---

[1]《宋史·太祖本纪三》。

《元史·地理志五》的记载，该行御史台初设扬州，后辗转迁至杭州、江州，并在至元二十三年（1286年）移治建康，此后再未迁移。一座中型城市却驻有常设的中央机关，并且是充作元廷耳目的监察机关，足见元朝对建康城的控制仍不敢掉以轻心。

南京历史上最辉煌的一页，出自朱元璋创建的明朝。在元末风起云涌的农民起义军中，朱元璋独执牛耳，脱颖而出，取得了最终的胜利。他最初崛起于苏皖一带，早在元至正十六年（1356年）就攻克了建康，改称应天府，随后便以此城为大本营，展开了统一大业。明洪武元年（1368年）正月，朱元璋甫一称帝就"以应天为南京，开封为北京"[1]。洪武十一年（1378年），朱元璋撤销了开封的京号，"改南京为京师"[2]，南京成了大明王朝唯一的政治中心。

早在称帝前，朱元璋就采纳朱升的"高筑墙，广积粮，缓称王"[3]治国三策，开始为应天府"高筑墙"。这条全新的城垣始筑于元至正二十六年（1366年），竣工于明洪武廿六年（1393年），前后经历了两个王朝共27年，由此筑成了一道周回达70里的世界最长砖石城垣。

自洪武元年（1368年）正月朱元璋建都南京，到明成祖朱棣永乐十九年（1421年）正月迁都北京，明朝建都南京凡53载。此期间朱元璋主政31载，惠帝朱允炆在位4载，明成祖朱棣推翻明惠帝后也在南京稳坐龙椅18载。朱元璋、朱棣皆为一代雄主，颇有作为。正是在他们坐镇南京期间，明朝的江山得以奠定，朱明的皇权得以巩固，南京的全国中心地位也得以确立。明成祖迁都北京后，南京依然是明朝的留都，其称谓相沿不改。明成祖卒后，明仁宗一度诏令"将还都南京"[4]，意欲放弃北京回都南

---

[1]《明史·太祖本纪二》。
[2]《明史·地理志一》。
[3]《明史·朱升传》。
[4]《明史·仁宗本纪》。

京，但因他旋即病逝而作罢。

在作为明朝留都期间，南京始终保留着六部等中央机构，五军都督府等军事机构也一仍其旧，唯独在"其留南京者加'南京'字"[1]。同时，"南京十五庙，各以岁时遣官致祭"[2]，南京的国家祀典也照行不误。

清顺治二年（1645年）五月，清军兵临南京城下，大学士王铎、南京礼部尚书钱谦益献城投降。入清后，南京应天府改为江宁府，"设布政使司，置两江总督辖江南、江西，驻江宁"[3]，此地遂成为两江总督的驻地和江南省的省会。

清朝末年，洪秀全领导的太平军风起云涌，于咸丰三年（1853年）攻陷江宁，随即定都于此，称天京。同治三年（1864年）六月，曾国藩、曾国荃兄弟率湘军攻克天京，太平天国灭亡。太平天国在南京建都凡11年，此期间太平军焚毁了明故宫和清总督署，在清朝两江总督府的原址上建起了洪秀全的"天王殿"。这座"天朝宫殿"分内外两城，内城重殿叠宇、赤金栋梁、金碧辉煌，史称其"穷极奢丽，雕镂螭龙、鸟兽、花木，多以金为之"[4]。湘军与太平天国激战时，天京毁于战火，"以金为之"的天王殿首当其冲，转眼销金成灰。

清亡后，孙中山于1912年1月1日在南京就任临时大总统，宣告了中华民国的成立。1927年国民党政府定都于此，设南京特别市，1930年改为南京市。1949年4月23日南京解放，南京成为江苏省的省会，绵延至今已有七十余载。

---

[1]《明史·职官志》。
[2]《明史·吉礼一》。
[3]《清史稿·地理志五》。
[4]《清史稿·洪秀全传》。

8 北京

通过对洛阳、郑州、安阳、西安、开封、杭州、南京七大古都发展脉络的条分缕析，不难看出正如古人所说："自古有国有家，鲜不极盛而衰。"[1] 它们全都经历了时断时续、时起时伏的发展过程，甚至动辄出现历史的断层。毋庸赘言，在中华五千年文明史上，这些古都都曾繁盛一时，各有其不可替代的历史地位。但同样毋庸讳言，在充满各种挑战和考验的历史征程中，它们有的以强劲的爆发力获得了一时的辉煌，有的一路上跌跌撞撞，时而显赫时而湮没无闻。总之，虽然这七大古都的发展状况不尽相同，但全然相同的是，极尽荣华的它们在历史上都曾如花般凋谢了。相比之下，唯有北京的城市文明始终按既定的轨道稳定而坚定地前行，从头至尾保持了持续、递进的发展。

由东方的社会性质所决定，中国古代城市最突出的是其政治、军事职能，经济职能反倒比较薄弱。于是，在中国古代，城池的占领往往代表一个区域的占领，都城的沦陷也往往标志一个政权的沦陷。又于是，历朝历代的战争莫不以攻占城邑为目的，再坚固的城池也难免在攻守双方的生死相搏中毁于战火。在此形势下，具有重要战略地位的古都北京当然也不例外，但比较之下仍不难看出，在八大古都中，若从时间的前后衔接上看，城市文明最为整合的仍属北京。

综合第三章所论，无论历史或文化，也无论是从蓟邑开始的城市文明，北京地区从未出现大的断层，更未留下阶段性的空白。单就曾给绝大多数列国都城带来空前劫难的秦代来说，燕都蓟城也曾在秦始皇二十一年（前226年）被秦所陷，此后又遭秦始皇下达的毁城令，同样在劫难逃。但事情的另一面是，秦朝刚刚创建郡县制，蓟城就成了广阳郡的治所，级别并不低于诸侯国的国都。况且这个郡治还是秦国皇家驰道东北端的中

---

[1]《晋书·载记八》。

心,亦即大一统秦王朝东北地区的中心,地位与影响尤其不可小觑。紧接其后,在兵戈扰攘的秦末战争中,蓟城又相继成为燕王韩广和燕王臧荼的都城。即便当时的城市规模已大大缩水,但不争的事实是,这座城池依然挺立在秦末的腥风血雨中。

秦以后,北京城蒙受的一次最惨烈打击发生在金朝末年,当时狂飙突进的蒙古铁蹄肆意践踏了这座都城,连金朝的皇宫也付之一炬。但短短两年后,这里又成蒙元帝国统治整个汉地的"都行省",重新确立了它在北中国的中心地位。更何况,正如第三章第八节所述,金中都城在元朝依旧存在,城内的寺庙和道观仍然香火鼎盛,可见金中都城的相当部分在这场浩劫中仍得以保存。而在这之后,无论遭遇任何一次天灾或人祸,北京城都完整无缺地保留下来,始终发挥着它的中心城市职能。

至于其他古都,情况就大不相同了。以素有"九朝古都"美誉的洛阳来说,姑不论它在商代早期至西周早期出现的断层,单就西晋末年以后到北魏孝文帝迁都洛阳以前而言,就一下子萧条了不下 180 年。至于金以后以迄明清,这座千年古都更是一蹶不振,仅余一座方圆 8 里许的弹丸小城。

再就"秦中自古帝王州"的西安而论,在西周沣、镐二都的使命结束后,竟然整整荒芜了四个世纪。此后经过秦汉、隋唐的几度辉煌,到了唐以后,长安城的繁华便一去不再,再次堕入了它的衰败期。著名地理学家侯仁之说:

> 长安城原是歌舞升平的一派繁华景象,但是经此(案即安史之乱)一番涂炭,竟然一蹶不振,历代名都,从此走上了衰落的道路。严格来讲,是到了解放以后,古代的长安,才恢复了它的青春。[1]

---

[1] 侯仁之:《关于古代北京的几个问题》,《文物》1959 年第 9 期。

此文就明确指出，古长安城自唐中期开始便走上了衰败之路，直到新中国成立后才重放异彩。

在中国各大古都中，洛阳与西安是最负盛名的，建都的朝代最多。它们的命运尚且如此，其他古都就更是可想而知了。事实上如前所述，郑州、安阳、南京的城市文明无不出现了整体性的断裂，甚至动辄就是数百年，沦为小县城的经历更是无一幸免。较好的是开封，自形成城市文明后便基本延续下来，但它一则肇始于战国时期的大梁城，起步很晚；二则它在被秦国大军荡平后，长达几个世纪中都是县级城镇，规模很小；三则它从秦将王贲水灌大梁起就多次被洪水吞没，屡遭灭顶之灾，命运并不比其他古都好许多。

而我们的古都北京，不仅在年代上表现出了无与伦比的完整性，就连空间位置也始终固定不移。第三章第八节已述，古代北京城的空间发展可以分为前后两大阶段：

> 第一阶段是从黄帝后人的蓟邑开始，直到金中都城的结束，上下纵贯了两千五百余年。此阶段的北京城完全是在今莲花池以东的同一个地理位置上发展起来的，中间变化了的只是城市的规模，始终不变的则是城市的地理坐标。
>
> 第二阶段是从元大都新城开始的，这是北京历史上一次最大的位移，但移动的结果是，元大都新城与金中都旧城仅间隔了数百米，几乎可以忽略不计。而且即便在元大都建成后，金中都故城仍是这个大都市的一部分，是当时大量涌入元大都的新居民的集聚地。到了明朝中叶，当明世宗拓展北京南部外城时，更将金中都以前的老城基本囊括其中。这样一来，自先秦蓟城以来的不同城址终于合而为一，共同组成了一个老北京。

而与北京城相比，其他某些古都的空间变化就不啻有天壤之别了。如前所述，洛阳的夏、商都城都偏在今洛阳市迤东数十里的偃师县，而且不在同一个地点上。从西周开始，西周成周城、东周王城、隋唐洛阳城倒是都建在了今洛阳市，但也散在各处。汉魏洛阳城则两头不靠，独自处在洛阳以东、偃师以西的居中地带。总之，洛阳的历代都城散落在古雒河流域上百里的范围内，说它们同在洛阳，无非是就大的行政区划而言罢了。

郑州地区的历代城址实际上分为三大中心：一在今郑州市，一在新郑，一在晋以后历为司州、北豫州、成皋郡、荥州、郑州治所的荥阳汜水。此三地大致呈鼎足之状，彼此的间隔少则几十里，多则上百里，新郑与汜水更是相距百里之遥。

安阳的古代城邑也存在两大重心：一在今安阳市，一在安阳以北约40里的古邺城。前者的城市文明只集中在晚商以前和隋文帝以后，至于春秋以后、隋以前，其城邑都集中在古邺城。在今天的行政区划上，古邺城已不属安阳市，甚至不属河南省。之所以将它们归并在一起，无非是隋文帝时古邺城的南迁给今安阳市带来了新的城市文明，而且依旧因袭了邺城的故名而已。

西安的历代古都甚多，但也散在各处。以今天的西安市区为基准，西周的沣都、镐都在它西南约三四十里处，秦栎阳在它东北约百里处，秦咸阳城初在咸阳市，后来才跨越渭河进入了今西安辖区，西汉长安城则在它西北约20里的渭河南岸。唯一与今西安市区大致重叠的，是隋唐长安城，它建在龙首原南侧，而龙首原就在今西安市的北郊。总之，西安的历代城址最近的也相距几十里，远的如沣镐与栎阳，相距不下一二百里。

如果略去位在今开封市西南约50里的古启封不计，开封的历代城邑倒是相当集中的。从魏都大梁城到南北朝的汴州城，从唐代汴州城到五代都城，从北宋东京城到金代汴京城，从元代汴梁城到明清开封城，它们都环环相因地锁定在同一个地理位置上。根据近二十年的考古勘探和发掘，在层层河沙的掩埋下,历代开封城"城摞城、城套城、门压门"①,形成了中国古代都城建设史上的一大奇观。但如前所述,开封的城市文明却肇始得很晚,而且其作为五代时期及北宋、金的都城总共不过二百余年,是八大古都中建都时间相对较短的一个。

受地理条件的局限,杭州的古城址也相对集中。远古时期的杭州尚无西湖,亦无平川,只有一片随江潮出没的海滩。此后随着钱塘江沉积层的不断加厚,东汉时在浅海滩上筑起了第一道堤坝,西湖这才与大海隔绝,成了一个内湖。因此十分自然地,杭州地区古城邑的发展,皆起步于远离浅海滩的西部和南部山麓高地。秦与西汉的钱唐县位于灵隐山麓,隋与唐的杭州城位于凤凰山麓,这就代表了古杭州城前后发展的两大阶段。此后的杭州城是在隋唐杭州城的基础上发展起来的,而且无论怎样发展,城市的重心也未离开凤凰山麓的高亢之地。吴越王钱镠的宫城建在凤凰山,南宋临安的皇城环绕凤凰山,就是历史的明证。

南京的古城分布,同样受到了地理条件的拘囿。该地紧邻长江,四周山环水绕,这就框定了它的发展空间。当年明南京的外郭城就是比照这个城市聚落的最大发展空间规划的,以至从楚威王建造的金陵城起,历代的秣陵城、建业城、建邺城、建康城、江宁城无不涵盖其中。但与古杭州城的重心长期稳定在凤凰山麓不同的是,南京的历代城址在这个范围内却屡有移徙。例如楚金陵城及孙权所筑的石头城偏在西部,六朝建业城、建康城偏在北部,南唐江宁城偏在南部,明皇城偏在东部,东南西北各霸一方。它们的这种分布状况,恰好见证了时代的兴替,见证了各个古城在时过境迁后难免被遗弃的宿命。

通过以上时间、空间两大属性的综合比较,可知北京城的历史不仅是持续不断的,而且是在同一个地点上发展起来的,属于在同一个地理坐标

---

① 丘刚:《开封宋城考古述略》,《史学月刊》1999年第6期。

上持续发展的城市文明。这种特性在八大古都中已是绝无仅有，倘若于此之外再加上北京历史文化戛戛独造的悠久性、递进性、多元性、一统性，古都北京在中华文明史上的独特地位就更是不言而喻了。

三 人类五大早期文明

北京历史文化的属性既然在中国各大古都中是独一无二的，那么，在世界各大古都中呢？叙论至此，这是一个必然要引出的话题，而且是个更令人感兴趣的话题。而要对此作出精准的判断，就要从人类最早的几大文明及其古城谈起。

美国历史学家斯塔夫里阿诺斯在他被誉为"经典之中经典"的《全球通史》中指出，人类最早创造的五大文明分别为美索不达米亚、古埃及、克里特、古印度和中国的文明。这都是世界上最古老的文明，而且是各自独立生成的原生态文明。对于其中的希腊克里特文明，有人认为这是古埃及和小亚细亚文明相融合的次生文明，而非原生态文明。但即便如此，克里特文明仍是人类文明史上极少可以早到距今4500年前的文明之一，故仍可归在人类早期文明中。这五大文明中，若以印度的马尔瓦高原向北直到乌拉尔山脉划一条分界线的话，其中前四个都在分界线以西，分界线以东的只有一个中国文明。那么，下面就让我们看看，这些人类最古老文明的城市都是怎样产生与发展的吧。

1 美索不达米亚文明

"美索不达米亚"是"两河之间"的意思，特指中东幼发拉底河和底格里斯河流域，包括今叙利亚的东部和伊拉克全境。这是人类文明最早兴起的地方，远在公元前4300年左右就进入了铜器时代。创造了这一文明的是苏美尔人,他们通过治理幼发拉底河、底格里斯河湍急的河流促进了文明的肇兴,先后创造出象形文字及楔形文字,还建造了宏大的宫殿和神庙。到了公元前3000年前后,苏美尔地区出现了12个独立城邦,每座中心城市再加上周围的农村就组成了一个国家。从此苏美尔人展开了无休止的内战,大大消耗了彼此的力量,使来自叙利亚草原的阿卡德人得以乘虚而入。阿卡德人于公元前二十四世纪中叶征服了苏美尔人,此后苏美尔文明便消失得无影无踪,成了典型的中途流产的文明。

阿卡德文明是由闪米特人创造的,它在两河流域创建了第一个统一的国家,建立起一个由波斯湾到地中海的庞大帝国。但它的寿命十分短暂,很快就被来自伊朗的新入侵者打败。又经过若干世纪,古巴比伦王国势力渐强,在第六代国王汉穆拉比(在位于公元前1792～前1750年)的带领下重新统一了两河流域,建立起一个以今伊拉克为中心的中央集权国家。古巴比伦的奴隶制经济相当发达,还制定了历史上第一部维护私有制和土地所有者权益的成文法典,这就是著名的《汉穆拉比法典》。可是即便如此,古巴比伦在汉穆拉比卒后也开始受到外敌的侵略,很快走向衰落,终于在公元前1595年被来自小亚细亚的赫梯人所征服。

此后的美索不达米亚历史,就是亚述人、迦勒底人、波斯人交相入侵的历史。伴随走马灯似的外族入侵,一个又一个帝国倾覆了,一个接一个古老民族相继堕入历史的黑暗深渊。公元前539年,一支野蛮的波斯游牧部落攻下了巴比伦,标志了美索不达米亚文明的终结。自此而后,昔日的城市沦为废墟,原有的楔形文字停止使用,再没有一个本地民族成为美索不达米亚的主人了。

以其文明滥觞之早,人类最古老的城市大多出现在西亚两河流域。但以其命运多舛,这些古城基本上都坠入了历史的尘埃。

在底格里斯河和幼发拉底河谷上游,今叙利亚东北部一个名叫哈穆卡尔的小村附近,考古学家发现了一座人类历史上最古老的城市,距今已有

6000多年历史。但考古工作证实，这座古城不仅早已被黄沙掩埋，而且早在公元前3500年前就被侵略者完全摧毁[①]。

苏美尔文明的代表性城邑是乌尔城，位于伊拉克南部，大约兴建于公元前三千年初。此城于公元前二十四世纪中叶被阿卡德王国征服，此后一度中兴。公元前二十一世纪末期，该城被埃兰人和阿摩利人破坏，此后再度重建。约从公元前四世纪起，由于战争及幼发拉底河的改道，乌尔城彻底沦为废墟。

位于幼发拉底河下游西岸今伊拉克境内的乌鲁克城，也是苏美尔文明的中心城邑。约在公元前3400～前3100年间，苏美尔人在这里创建了乌鲁克文化，制作了铜器和彩陶，发明了象形文字。前二十四世纪时该城曾是温玛王国的首都，而后并入了阿卡德王国。公元三世纪萨桑王朝时此城毁于一旦，从此不复存在。

始建于公元前三千年的古巴比伦城，是西亚两河流域最大的古代城市，出土的楔形文版曾盛赞其为"神之门"。它是古巴比伦王国（约公元前1894～前1595年）和新巴比伦王国（公元前626～前538年）的首都，是当时世界上极其重要的政治、商业、文化中心。但就是这样一座规模宏大、深沟高垒、华丽壮观的城市，这样一座以奇异的"空中花园"享誉世界的城市，在公元二世纪以后也难逃被遗弃的厄运，直至完全被洪水和泥沙掩埋。

地处黎巴嫩贝鲁特以北约40公里的比布鲁斯城，是迦南人在公元前2800年左右建造的，也是人类最古老的城市之一。它位于美索不达米亚和埃及两大文明的交汇点，又是地中海沿岸的天然良港，因此成为两大洲的贸易中心。但终究禁不住埃及人、亚述人、巴比伦人、波斯人、希腊人、罗马人的轮番入侵，这座古城在公元十三世纪时被彻底荒弃，成了一个宁

[①] "In the Ruins: Tell Hamoukar", New York Times Science Video (January 16 2007)。

静的港湾。

西亚古城的同上之例尚多，不胜枚举。由这些实例不难看出，西亚古城是如何在没完没了的异族入侵中苦苦煎熬的，又是如何在各种灾难中一步步掩去曾有的光辉的、直至彻底沦为废墟。

2 古埃及文明

公元前3500年左右，尼罗河沿岸出现了数十个城邦，发明了象形文字和炼铜术，标志了古埃及文明的诞生。约四个世纪后，上埃及国王美尼斯征服了上下埃及各城邦，初步形成了统一国家，古埃及由此进入"王朝时期"。这个时期一直持续到公元前525年埃及被波斯帝国征服为止，共经历了26个王朝。

规模宏大的埃及金字塔就是从第三王朝开始建造的，前前后后一共建造了百余座。法老胡夫的陵墓是迄今所知百余座金字塔中最高的一座，修建于公元前2700多年的第四王朝。它通高146.5米，相当于50层楼高，每块石头重达2.5吨，堪称人类文明史上的一个奇迹。

自波斯国王冈比西斯征服埃及，埃及沦为波斯帝国的一个行省，时间长达两个世纪。公元前332年，从希腊北部崛起的马其顿王国在亚历山大的统帅下一举歼灭了波斯帝国，埃及又成了马其顿的一个行省。公元前323年，亚历山大大帝暴卒于巴比伦，他所建立的大希腊帝国四分五裂，其部将托勒密于公元前305年自立为新埃及王，埃及从此进入异族统治的托勒密时代。

公元前47年，不可一世的罗马人从地中海彼岸来了，埃及的命运危如累卵。托勒密王朝的最后一代埃及君主克娄巴特拉女王时年22岁，花容月貌，倾国倾城。为了挽救自己的统治，她不惜用美色代替力不从心的埃及军团，而罗马的恺撒大帝和罗马执政官马克·安东尼对她一见倾心，相继拜倒在她的石榴裙下。当克娄巴特拉把恺撒和安东尼相继拉入怀抱

后，这位美艳绝伦的埃及女王得以继续稳坐在她的宝座上。战功卓著的罗马英雄安东尼还将罗马的征服地赠与克娄巴特拉及其子女，宣布恺撒与克娄巴特拉的儿子为"诸王之王"，克娄巴特拉为"诸王之女王"。可惜时运不济，没过多久恺撒撒手人寰，而继任的罗马大帝奥古斯都（屋大维）竟然对埃及女王的美艳视若无睹，于公元前31年正式向她宣战，并一战而胜。奥古斯都毫无惜香怜玉之意，在他看来，克娄巴特拉俏丽的容貌和娇柔的身躯的最大价值，莫过于把她当作战利品在凯旋仪式上游街示众了，"克娄巴特拉知悉这一计划后，便服毒自杀了"[①]。随着女王的香消玉殒，埃及成了罗马的一个行省。同时付出惨痛代价的还有女王的情人安东尼，他在克娄巴特拉的怂恿下投入了对罗马的战争，结果兵败后伏剑自刎，枉掷了一世功名。

古埃及从早到晚的重要都城分别是孟斐斯、底比斯和亚历山大里亚。

孟斐斯是古王国时代的都城，位于尼罗河三角洲南端，距今开罗市不远。相传此城是公元前3000年法老美尼斯统一上下埃及后所建，初名"白城"，后更名孟斐斯。孟斐斯的都城史一直延续到公元前二十二世纪，长达八个多世纪，后为底比斯城所取代。迁都底比斯后，孟斐斯仍是埃及的文化、宗教名城，直到公元七世纪阿拉伯人征服埃及，伊斯兰军队为了把建筑材料运到今开罗南部建造一座军营，动手将孟菲斯城全部拆毁，这座名城才从此化为尘土。

底比斯城又称努特·阿蒙，位于上埃及，是埃及中王国时代和新王国时代的首都。该城横跨尼罗河中游两岸，规模宏大，被古希腊大诗人荷马称为"百门之都"。城内建有阿蒙·赖神庙等大型建筑，巍峨壮观，尤以栩栩如生的浮雕壁画最引人瞩目。大约在公元前663年，入侵埃及的亚述军队先是洗劫了底比斯，后来又将它付之一炬。公元前一世纪八十年代，

---

① [美]亨德里克·房龙：《人类的故事》，刘海译，陕西师范大学出版社，2004年，第24页。

以底比斯为中心掀起了连续三年的人民起义，最后被残酷镇压，底比斯城和义军一起被荡平。公元前 27 年，一场地震把底比斯城内仅存的一些纪念性建筑也完全摧毁，此后这里只留下了一堆废墟，成了古墓盗掘者的乐园。

亚历山大里亚是托勒密王朝的都城，始建于公元前 332 年马其顿国王亚历山大征服埃及时。此城由亚历山大本人勘测选址和设计蓝图，并以其名字命名，是亚历山大帝国的重要城市。亚历山大殁后，托勒密于公元前 305 年建都于此，仍名亚历山大。

这是一座海港城市，位于地中海南岸尼罗河三角洲西北端，有人工大堤与对面的小岛跨海相连，由此形成了两大天然良港。当时城内商旅辐辏，学者云集，是地中海东部的政治、经济、文化中心，人口一度达到了 50 余万。特别值得一提的是，这里建有宏伟的皇家博物馆和大型图书馆，是当时整个世界的学术中心。博物馆建造于公元前三世纪初，是世界上最早的大型博物馆，称亚历山大博学园。其内博采百物，既有动植物园，也有专门收藏文化珍品的缪斯神庙，还陈列着天文学、医学和文化艺术类的展品。图书馆的收藏亦十分丰富，在皇廷的直接资助下，该馆从世界各地收集了各类著作文稿逾 70 万卷。当时有不少硕学鸿儒流连在亚历山大博学园和图书馆中，其中包括了大名鼎鼎的欧几里得、阿基米德、埃拉托斯特尼、希帕尔克斯和卡利马楚斯等。

自埃及女王克娄巴特拉香消玉殒于亚历山大金碧辉煌的王宫，亚历山大里亚并入了罗马版图，但仍然发挥着天然良港的作用。公元 335 年，这座名都在一次地震和潮汐中遭遇了毁灭性打击，主要建筑倾覆殆尽。公元 640 年阿拉伯人入侵埃及后，亚历山大里亚又遭破坏，从此一蹶不振。辗转至今，痴痴守望着这座当时西方最大都市的，唯有法罗斯灯塔、萨瓦里石柱和古罗马剧场等残留古迹。

3　克里特文明

荷马史诗《伊利亚特》和《奥德赛》中叙述的特洛伊人的传奇故事，长期以来被学者视为子虚乌有的神话，但有一个人却对此深信不疑，这就是德国商人亨利希·谢里曼。权威史家对这位充满奇思怪想的商人是这样描述的：

> 他发誓要找到并发掘希腊人和特洛伊人为了海伦而进行战争的所在地特洛伊古城。他靠私运茶叶到俄国弄到了必需的资金，于1870年开始探索。他获得了巨大成功，发现了小亚细亚的特洛伊和伯罗奔尼撒的美锡尼的遗址。[①]

这位外行人的意外发现，不仅证实了早于希腊古典文明的存在，还给内行人以种种启示，使考古学家循着他的线索在二十世纪初找到了位于克里特岛的早期文明，由此揭开了人类第五大文明的面纱。

克里特是希腊最大岛屿，地处地中海东部，东西长约250公里，南北最宽处60公里。它是爱琴海区域的一部分，周围海域风平浪静，宜于航行，盛产水果和海产。公元前三千纪初叶，该地生活着非希腊语系的卡里亚人和勒勒吉人，他们创造了爱琴海地区最早的文明。考古资料证实，自公元前2500年起，这里进入了铜石并用时代，出现了城堡和阶级分化现象。到公元前2000年，克里特岛进入青铜时代的全盛期，产生了象形文字，形成了若干独立的奴隶制古国。这些古国相继在岛屿上建造起各自的宫殿，一个王宫和附近的乡邑就合成了一个初级国家。虽说是初级国家，但它们有如神灯一样照亮了西方世界，使古希腊晋身"世界五大文明"之列。又经过三个世纪，到了公元前1700年，克里特文明空前高涨，农业、

[①] ［美］L.S. 斯塔夫里阿诺斯：《全球通史——1500年以前的世界》，吴象婴、梁赤民译，上海社会科学院出版社，1999年，第131页。

商业、造船业全面兴起，青铜货币开始出现，还发明了线形文字，岛上的古国也与日俱增。

在克里特岛的古国中，最强大的是岛屿北部的诺萨斯。鼎盛之时的诺萨斯王国独霸了全岛，还以强大的海军称雄于爱琴海，就连隔海相望的雅典也成了它的附庸。传说诺萨斯的国王叫米诺思，他在岛上修建了规模宏大的克诺塞斯王宫。这座宫殿在希腊神话中不乏记载，但由于长时间来杳无踪迹，一直被视为虚妄的神话。谁料想，在尘封了三千多年后，英国考古学家阿瑟·伊文思于二十世纪初竟将它完整无缺地挖掘出来，就连米诺思国王的宝座也得以重现，直令世人惊叹不已。

这是一座总面积达22000多平方米的巨型宫殿，坐落在凯夫拉山脚下，分东、西两大宫。东宫是一座四层楼，有大小宫室1700多间，甚为壮观。除了宽敞宏丽的宝殿外，宫廷内还有寝宫、剧场、浴室、宝库、厅堂、庭院等，皆以长廊、门厅、伏道、阶梯相联。整个王宫千门百户、曲径通幽、忽分忽合、神秘莫测，自从发现后便以"迷宫"著称于世。

公元前1450年左右，克里特文明戛然而止，米诺思王宫和其他建筑统统坍塌无存，它的非希腊语系居民也瞬间从岛上全部消失。这个伟大的岛屿当时究竟发生了什么？至今无人知晓。

此后的克里特岛，被古希腊的迈锡尼文明所取代。公元前十二世纪末，来自巴尔干半岛西北部的多利亚人侵入希腊半岛，以摧枯拉朽之势击垮了繁盛一时的迈锡尼王国。从此整个爱琴海文明如大潮般退去，古希腊地区堕入了不下四百年的"黑暗时代"。直到公元前八世纪，希腊才陆续出现了一些城邦国家，大的不过二三十万人，小的只有万把人，皆属小国寡民。

4 古印度文明

"印度"一词在古代是个地理概念，泛指南亚次大陆。印度河发源于

西藏冈底斯山脉,先向西北穿越了克什米尔,再向西南穿越了巴基斯坦,最后注入阿拉伯海,全长 3180 公里。古老的印度文明就诞生在印度河流域,最早可追溯到公元前 2500 年左右的哈拉巴文明。

从上个世纪二十年代以来,在今巴基斯坦和印度西北部的印度河流域,陆续发现了许多城市和村落遗址,统属哈拉巴文明。其中最大的城市遗址是旁遮普的哈拉巴和信德的摩亨佐·达罗。哈拉巴位于印度河上游,摩亨佐·达罗位于印度河下游,两者相距六百多公里,刚好南北各霸一方。

哈拉巴文明已进入青铜时代,且以金属的热加工和冷加工技术著称于世。它的文字主要保存在用各种材质制成的印章上,也刻画在陶器和金属器皿上,多为字符和图画。哈拉巴的农业和畜牧业已相当发达,农作物有大麦、小麦、稻、胡麻、瓜、枣、棉花等,尤以棉花的培育最为突出。度量衡的发明也是古印度文明的一大特点,至今仍在使用的"阿拉伯数字"就是由他们创造的,当时还采用了二进法及十进法。

哈拉巴古城由卫城和下城两大部分组成,卫城围以高大的城垣,是统治者居住的城堡,下城为居民区。整座城市有宫殿、浴池、议事厅、塔楼、谷仓、作坊等,各种设施应有尽有。街道排列整齐,主街道宽约 10 米,还有排水系统。

一般认为古印度文明的最早开创者是达罗毗荼人,泛指达罗毗荼语系的古印度土著部落。根据放射性碳 14 年代测定,哈拉巴文明终结于公元前 1750 年左右。从那时起,哈拉巴文明如同克里特文明一样,突然走向衰亡,两座繁盛一时的古城也一下子变得荒无人迹。哈拉巴文明突然消亡的原因至今不明,哈拉巴文字也始终未能释读,一切皆成难解之谜。

又间隔了几个世纪后,从公元前十五世纪初起,皮肤白皙、身材高大的印欧语系雅利安人从里海一带侵入印度河流域,这时古印度才迎来了一个以婆罗门教圣书命名的"吠陀时代"。今日印度传承下来的文化,就是由这个来自异乡的种族创造的,"以致印度人以为,他们的历史是从约公元前1500年雅利安人入侵印度河流域时开始的"[1]。久而久之，印度河的本体文明几近湮没，只有几处偶然揭露出来的遗迹在徐徐清风中向人们诉说着往日的故事。

5 中华文明

综合上述，从古印度文明的最早泯灭，到克里特文明、美索不达米亚文明、古埃及文明的依次终结，人类最早创造的几大文明都相继消逝在历史的黑暗中。它们的陨落，无一不是由城市的毁灭表现出来的，而且毁灭的不仅仅是哈穆卡尔、乌尔、乌鲁克、巴比伦、比布鲁斯、孟斐斯、底比斯、亚历山大里亚、克诺塞斯、哈拉巴、摩亨佐·达罗等一大批象征权力和光荣的大都市，还包括了大大小小的城市群。

大约超出了人们想象的是，这几大文明的陨落并非特例，而是人类早期文明的普遍规律。斯塔夫里阿诺斯说：

> 公元前二千纪，欧亚大陆正处于一个骚动时期，即游牧民入侵、古老的帝国被推翻、旧的社会制度瓦解的时期。骚动是猛烈的，整个欧亚大陆都处于一片混乱之中。因此，公元前二千纪是古代文明从历史舞台上消失，由古典文明取而代之的过渡时期。[2]

这里揭示出，从公元前2000年开始，由于第五章第四节所述的全球性气候变化的原因，新兴游牧族在欧亚草原迅猛崛起，给整个世界带来了一场前所未有的灾难。游牧民族风卷残云般的扩张，除了在中国被以燕国

---

[1] ［美］L.S. 斯塔夫里阿诺斯：《全球通史——1500年以前的世界》，吴象婴、梁赤民译，上海社会科学院出版社，1999年，第134页。

[2] ［美］L.S. 斯塔夫里阿诺斯：《全球通史——1500年以前的世界》，吴象婴、梁赤民译，上海社会科学院出版社，1999年，第149页。

为代表的周人势力拼死抵挡住外，在其他地区却所向披靡，几乎摧垮了整个世界。而随着"古老的帝国被推翻、旧的社会制度瓦解"，不仅欧亚大陆的古文明从历史舞台上骤然而逝，大多数古代城市也遭受了致命打击，纷纷坠入了历史的尘埃。正如斯塔夫里阿诺斯的《全球通史》把公元前1000年作为世界古代史的终结一样，几乎一切都在这时划上了句号。

但是，以世界之大，却不难找到一个光前裕后的特例，这就是中国。在全面梳理了各式各样的早期文明后，就连西方史学家也不得不承认，在人类绝大多数早期文明相继消亡的同时，中华文明却一以贯之地发展下来，成为人类历史上唯一一个从未间断的文明。斯塔夫里阿诺斯在他享誉世界的《全球通史》中就一再强调说[1]：

"东亚的本土文化有它自己的特点，正是这些特点与外来文化相结合，构成了伟大、独特的中国文明。这一文明以举世无双的连续性从商朝一直持续到现代"；

"独特的中国新石器时代的文化连续地发展为独特的中国文明，这一文明从商时期一直持续到现在"；

"与印度文明的不统一和间断相比，中国文明的特点是统一和连续"；

"中国的发展情况与印度在雅利安人或穆斯林或英国人到来之后所发生的情况不同，没有明显的突然停顿"。

持同样观点的西方学者大有人在，因为客观事实实在是太确凿无误了，让人无法生疑。更何况，中国文明的长盛不衰不仅表现在文明与历史的连贯上，还表现在许许多多非同寻常的典型事例上：

---

[1] [美] L.S. 斯塔夫里阿诺斯：《全球通史——1500年以前的世界》，吴象婴、梁赤民译，上海社会科学院出版社，1999年，第137、164、278页。

一、中华民族尊上古时代的黄帝、炎帝为祖先，至今代代相传赓续不绝，前后已绵延了不下五千年；

二、中国的方块字从发明伊始一直沿用至今，即使从文字形态完全成熟的殷商甲骨文算起，到现在也有了三千三百余年；

三、"中国"一词的出现，最早见于西周初年成王时期的青铜礼器"何尊"铭文[1]，沿用至今已三千余载；

四、自公元前841年（西周共和元年）有了编年史起，中国的历史年年都有详细记载，一年也没间断过，至今已绵延了两千八百余年；

五、自从《春秋经》问世，从鲁隐公元年（前722年）开始，中国的历史基本上有月日可循，迄今已不下两千七百余载；

六、孔子家谱世代相传，密合无间，至今已传承到八十余代，前后纵贯了近2600年。要说世界上最长的家族史，或许出自前述的非洲努尔人，但要说有成文家谱且从无遗漏的，则非孔子家族而莫属。

在人类文明史上，以上事例的意义都是不言而喻的，而除了这些典型事例外，中华民族在种族、语言、信仰、文化等方面的一脉相承，更是早有定评。斯塔夫里阿诺斯在他的《全球通史》中就曾说过这样一段妙趣横生的话：

一个生活在公元前一世纪汉代的中国人，若在公元八世纪初复活，他一定会感到非常舒适、自在。他将发觉当时的唐朝与过去的汉朝大致相同，他会注意到两朝民族相同、语言相同、儒家学说相同、祖先崇拜相同以及帝国行政管理相同，等等。

---

[1] 唐兰：《何尊铭文解释》，《文物》1976年第1期。

在这里还需要特别加以说明的是，中华文明不但是人类古文明中唯一一个连续发展下来的，而且它的源头也不止于商代。一百年前，由于殷商甲骨文的发现，以及商代都城殷墟的揭露，国际社会很快认同了中国的商文明。斯塔夫里阿诺斯说中国文明的连续性是从商朝开始的，就是由此而来。但安阳殷墟出土的空前发达的青铜文化，以及其规模宏大的宫殿、宗庙、超大型王陵区和多达十五万片的刻辞甲骨[①]，虽然不像巍峨的金字塔那样令人仰视，也不由得不让人低头沉思——难道这只是中华文明最初的源头吗？不负责任的西方学者藉此标新立异，想当然地断言商文化是外来的，而负责任的中国学者则埋下头来，开始在茫茫大地上寻找更早的文明。

如前所述，在寻找中华文明最初源头的跋涉中，七旬老人徐旭生捷足先登，于1959年发现了偃师二里头遗址，由此揭开了尘封已久的夏王朝面纱。在那以后的半个多世纪中，有关夏文化的考古发现层出不穷，除了河南登封王城岗等新的发现外，单就一个二里头遗址来说，也已陆续揭示出不止一处夏时期的宫殿遗址及铸铜、制骨作坊遗址，还出土了精美的青铜器和玉器。凡此事实无不说明，夏代已经进入了青铜时代，而且已经创建了独具特色的国家文明。

之所以不少西方学者至今仍坚持以商代为中华文明的源头，一个最重要的原因是，夏代虽然出现了城址、宫殿、青铜礼器和玉器，但尚未发现文字。然而，稍加辨析便不难看出，人类历史上没有文字的文明并非个例。其中一个明显例证即古玛雅文明，它在公元前400年左右就形成了奴隶制国家，但直到公元初叶才发明了由800个符号和图形组成的文字。二如南美洲的印加文明，虽然它兴起于十五世纪，比夏代整整晚了三千多年，虽然它也无可置疑地建立了强大的帝国，人口一度多达六百余万，但

[①] 胡厚宣：《八十五年甲骨文材料之再统计》，《史学月刊》1984年第5期。

它也一直没有使用文字。三如包括匈奴在内的许多北方游牧族,他们在建国之初并无文字,但这并不足以证明他们还生活在没有阶级和国家政权的原始状态中。凡此事例无不说明,文字并非判定国家文明的唯一标准,尤其不是"一票否决"的绝对标准。

此外还特别值得关注的是,不少考古学家和古文字学家很早就指出,殷商甲文是相当成熟的文字,在它之前必然经历了一个漫长的文字起源和进化的过程,而这个过程的源头完全有可能早到夏代。截至目前,在距今6000年左右的仰韶文化和大溪文化陶器上已经发现了刻划符号,在距今5500～5000年的大汶口文化的陶器上也发现了原始的象形文字。而到了距今5200～4000年的良渚文化、龙山文化时期,有迹象表明当时中国已经进入了"原文字时代"[①]。因此,相信夏代文字的发现只是迟早的事。

即便以夏代为源头,中华文明迄今也只延续了四千余年,仍晚于美索不达米亚文明、古埃及文明和古印度文明。实际上,我们之所以强调中华文明的源头至少应从夏代算起,并非关注它的上限年代又提早了多少年,而在意于它持续的时间到底有多长。在以往对人类古代文明的讨论中,人们热衷的往往是它们肇始时间的早晚,似乎这个排名决定了它们位次的高低。其实不然,因为对任何一个文明来说,相对于开始时间的早晚,更重要的是它的持久与否,是它是否具有百折不回的生命力。而在这一点上,纵观古今中外,独步天下的无疑是中华文明。更何况,随着龙山时代古城址的层出迭现,如前面第二章第三节所论,很可能在不久的将来,黄帝时代的文明源头就会被揭露出来。到那时,悠悠五千年中华文明史就会全部展现在世人的面前。

[①] 李学勤主编:《中国古代文明与国家形成研究》,云南人民出版社,1998年,第183页。

四 古典时代的文明

当中国之外的其他早期文明相继陨落后,也就是在公元前1000年后,人类历史又是怎样发展的呢?这是在甄别北京历史文化特异性时需要认真考察的又一个问题。

以公元前1000年为界,世界进入了古典文明期。关于世界史的分期,目前尚无完全一致的看法。传统的看法源于文艺复兴时期,当时西方学者从"欧洲中心论"的立场出发,按照欧洲历史的范式把世界历史划分为"古代""中世纪"和"近代"三大阶段,此后又有不少西方学者在此基础上加上了"当代"或"现代",形成了四阶段分期法[①]。马克思主义史学家则基于社会形态的演变,把人类历史划分为原始社会、奴隶社会、封建社会、资本主义社会、共产主义社会五大阶段。近年来,西方和中国史学界出现了一种新的史学观,强调从全球的视野出发,着眼于各大文明的相互作用和影响,全面透析人类历史的发展进程。这种新的"全球史观"摒弃了以往按地域、国别、种族分门别类地加以拼凑的世界史研究方法,也摒弃了以欧洲模式来框定人类发展史的做法,而把人类看作了彼此关联的一个整体,把人类一体化的进程当作了世界史分期的唯一标准。其代表性的著作首推美国学者斯塔夫里阿诺斯的《全球通史》,在中国则有吴于廑、齐世荣主编的《世界史》。后者虽然出版的时间较前者为晚,但是更侧重于世界由封闭到开放、由分散到整合的发展过程的分析,不无独特意义。

正是"全球史观"的研究指出,在人类早期文明于公元前1000年左右基本结束后,又跨入了一个新的阶段,这就是《全球通史》所说的古典文明期。此阶段人类文明史的典型代表,主要有华夏文明、古印度文明、古希腊文明和古罗马文明四大类型。华夏文明的总体进程已如前述,而此

[①] 吴于廑:《世界史·古代史编》上卷《总序》,高等教育出版社,1994年。

阶段古印度文明的特点，也已由前面的论述和斯塔夫里阿诺斯所说的"不统一和间断"所概括。那么，古希腊和古罗马文明又各自走了一条怎样的道路呢？

前面曾经谈到，直到公元前八世纪，整个西方陷入了长达四百来年的"黑暗时代"。而在这之后，古希腊、罗马在一片废墟上迅速崛起，唤醒了沉睡已久的西方文明。在重新缔造西方文明的同时，古希腊、罗马也重新缔造了西方的城市，培育出许多新的城市。任举一例来说，地跨欧亚两大洲的拜占庭古城就是公元前七世纪由希腊人建造的，于公元330年成为罗马帝国的首都，改称君士坦丁堡。再一个典型实例是，始建于公元43年的伦敦城，也是在罗马人入侵不列颠后兴建的，是当时罗马的主要军事要塞和统治不列颠的中心。凡此事实无不说明，这些城市的源起和发展皆与古希腊、罗马有关。

在这个新兴的古典文明城市群中，最具典型性和代表性的，当然首推雅典城和罗马城。它们一个是古希腊的中心，一个是古罗马的中心，影响并带动了整个西方古典文明的发展。可是，即便辉煌如雅典和罗马，也难逃"自古有国有家，鲜不极盛而衰"的宿命，而且又连带一大批古典文明期城市走向了衰亡。

1 雅典

雅典城位于巴尔干半岛南端，三面环山，一面临爱琴海，景色秀美，交通发达。这里最早的居民是非希腊语系的皮拉斯基人，到公元前十六世纪初至前十二世纪末又相继成为克里特和迈锡尼的属地。当克里特文明和迈锡尼文明消退后，希腊半岛进入了长达四个世纪的所谓"黑暗时代"。这时的希腊倒退到原始社会末期的军事民主阶段，王宫和王陵不见了，精美的工艺品消失了，原有的线形文字也被遗忘了。到了公元前九世纪，爱琴海地区终于熬过了漫长的黑暗时代，出现了零零星星的奴隶制城邦国

家。这类国家皆由一座城市和周边的农村组成,一城一邦,独立自主,故曰城邦。爱琴海地区的这种国家最多时发展到了二百多个,小的只有百余平方公里,大的不过数千平方公里。其中国土面积较大且影响较大的,主要有雅典、斯巴达、底比斯、科林斯和奥林匹亚等。

雅典不仅拥有阔达2550平方公里的土地,而且是爱琴海地区较早进入国家文明的一个。考古材料揭示,从公元前九世纪晚期到前八世纪初,雅典已有贵族墓葬,铁器和青铜生产也迅速兴起,达到了建立城邦的程度。至于雅典的得名,据说是因为它得到了智慧女神雅典娜的特别青睐,被赐予了象征和平的橄榄树,故此名之。雅典人因此特别尊崇雅典娜,专门奉祀这位女神的帕特农神庙至今仍高耸在雅典卫城上。开始时雅典和其他希腊小城邦一样,主要是种植橄榄、葡萄等作物,用它们榨油酿酒后行销海外,以此来换取陆地上生产的粮食。后来铁农具的推广促进了雅典农业的发展,各地的商贸往来又促进了手工业的发展,雅典的经济很快繁荣起来。

早自公元前八世纪起,雅典城邦的首脑已不再是国王,而是贵族会议选举的执政官了。执政官虽然由选举产生,但只有贵族才有选举权和被选举权,实行的仍然是贵族统治。公元前594年,出身贵族且被时人誉为雅典"七贤人"之一的梭伦当选为首席执政官,他利用崇高的人望和手中的权柄,废除了世袭贵族的垄断权利,推行了"梭伦改革"。

这是一场触及政体的宪政改革,主要举措是成立四百人会议作为城邦的最高权力机关,以此来扩大公民的权力。此后,公元前508年出任执政官的克里斯梯尼又进一步改革了选举制度,巩固了民主政体。雅典从此政通人和,欣欣向荣,事如恩格斯所说:"现在已经大体上形成的国家是多么适合雅典人的新的社会状况,这可以从财富、商业和工业的迅速繁荣中得到证明。"[1] 而由此带来的成果是,雅典很快在二百多个城邦国家中脱颖

---

[1] [德]恩格斯:《家庭、私有制和国家的起源》,人民出版社,1972年版,第116页。

而出，成为希腊世界数一数二的强国。

雅典全盛时代的到来，还源于一个外部敌人的挑战，这就是当时世界的头号强国波斯。波斯帝国兴起于伊朗高原西南部，属于印欧语系，早在公元前 550 年居鲁士大帝时就成了强大的帝国。到公元前 512 年，称雄西亚北非的波斯国王大流士一世占领了爱琴海北部的色雷斯，切断了希腊与黑海的交通，企图征服希腊半岛。公元前 492 年至前 490 年，波斯连续两次向希腊发动了大规模进攻。面对不可一世的敌人，小小雅典竟毫不畏惧，在希腊各城邦中挺身而出，奋起抵抗。公元前 490 年，在波斯发起的又一轮攻击中，雅典在全体公民中动员了一万军士，再加上其他城邦派来的千名援兵，便奋不顾身地投入到迎战十万波斯大军的战争中。结果是，强悍的波斯帝国竟然不敌势单力薄的雅典，以至在雅典东北方马拉松一带展开的激战中丢盔弃甲，溃不成军。当雅典大军取得了奇迹般的胜利后，立即派一名战士向正在惴惴不安地等待命运裁决的雅典市民报捷。这个战士一口气跑了 42.195 公里，在抵达雅典城后高喊了一句"我们胜利了"，便当场气绝身亡。为了纪念这一事件，雅典从此开始定期举行长跑比赛，这就是绵延至今的国际马拉松赛事。

马拉松大战后，希腊 31 个城邦结成了反波斯同盟，雅典当仁不让地成了盟主。公元前 480 年，波斯集结起百万大军，再次对希腊半岛发起了孤注一掷的总攻，并一度占领了雅典城。雅典人对此早有防范，事先将妇女儿童转移到伯罗奔尼撒半岛，然后征召全体成年男子入伍，决定以死相拼。在诱敌深入后，雅典在家门口的萨拉米斯湾和波斯大军摆开了战场。波斯的大型战舰在狭促的海湾中难以施展，而雅典的小型战舰却个个灵活机动，应付自如。经过一整天激战，波斯海军损失惨重，大败而归。

萨拉米斯湾战役后，爱琴海世界共 250 多个城邦组成了更大的联盟，公推雅典为首领。屡遭重创的波斯于心不甘，随后又与希腊联军展开了几场殊死决战，结果屡战屡败。众志成城的希腊联军却愈战愈勇，不仅解放

了希腊全域，战争性质也由被动的自卫反击转入到主动对外扩张中。公元前449年，希腊联军大败波斯海军于塞浦路斯附近的海域，长达半个世纪的希波战争终告结束。

随着希波战争的结束，古雅典的历史进入到黄金时代。恩格斯说：

> 到了雅典全盛时代，自由公民的总数，连妇女和儿童在内，约为九万人，而男女奴隶为三十六万五千人，被保护民——外地人和被释放的奴隶为四万五千人。①

公民、保护民、奴隶，就是全盛时代雅典社会的三大基本构成，而如上所言，这些人加到一起才不过50万人。按照公元前451年雅典通过的法律，只有父母都是雅典公民的男子才可以成为雅典公民。于是，自由民中除了妇女和儿童，真正享有公民权利的雅典人甚至不足5万。可是，这时的雅典不仅是同盟国的主宰，还成了海上霸主，不断开辟出新的殖民地。

然而好景不长，雅典的霸权地位很快引起了治下各城邦的反对，特别是遭到了希腊半岛另一霸主——抵制民主政治的斯巴达的公开挑战。从公元前431年开始，雅典陷入了和以斯巴达为首的伯罗奔尼撒同盟长达27年的战争。这是希腊人内部的战争，整个希腊世界深陷其中，交战的各方都在旷日持久的战争中耗尽了元气。不幸的是，公元前430～前429年雅典城爆发的瘟疫有如雪上加霜，有四分之一雅典居民不治身亡，连最高统帅伯里克利也未能幸免，由此铸定了雅典的失败。公元前404年，雅典被迫向斯巴达投降，接受了屈辱的城下之盟。此后的雅典一落千丈，经济也在旷日持久的战争中一蹶不振。在随后的希腊各城邦战争中，雅典曾一度中兴，成立了第二次海上同盟，但不久后又在同盟国的火并中战败，同盟

---

① [德] 恩格斯：《家庭、私有制和国家的起源》，人民出版社，1972年版，第116页。

亦随之瓦解。

公元前338年，腓力二世和他年仅18岁的儿子亚历山大率希腊最北部的马其顿大军南下，一举征服了元气耗尽的希腊半岛，希腊城邦时代结束。曾经享有充分自由和民主的雅典公民，至此全部沦为马其顿的奴隶。马其顿帝国后来在亚历山大的统治下以海港城市亚历山大里亚为新的中心，雅典的中心地位一去不再。此后到了罗马帝国时代，雅典发动了反罗马统治的起义，罗马独裁者苏拉于公元前86年率军团攻陷雅典，血洗了这座文明之城。从此以后，雅典长期沉寂下去，直到一千七百多年后，独立的希腊于公元1830年建都雅典，这座不朽之城才重现辉煌。

古典时期的希腊半岛除了雅典和斯巴达外，还有另一个强国底比斯。公元前371年，底比斯打败了当时的希腊霸主斯巴达，成为希腊最强大的城邦。公元前362年，底比斯人又打败了斯巴达与雅典的联军，从此称霸希腊大陆。但仍然在劫难逃的是，当公元前338年马其顿大军倾巢而来时，底比斯虽然和雅典一起组成联军拼死抵抗，但终因举措失当而深陷败局。公元前336年，已落入马其顿之手的底比斯人为争取独立奋起抗争，被亚历山大大帝无情镇压，所有底比斯人或者惨死在屠刀下，或者沦为奴隶，城市则被夷为平地。底比斯城从此被粗暴地从历史上抹去，直至沦为榛莽之地。

2 罗马

不单雅典的名字来自神话，罗马的名字也来自神话。相传特洛伊城被希腊联军攻破后，特洛伊王子埃涅阿斯率众人突围，乘船漂流到意大利拉丁姆地区，建立了一个叫作阿尔巴的小城邦。当王位传承到努米托尔时，其弟阿穆留斯篡夺了王位，还下令他的侄女——公主伊丽娅到神庙担任女祭司。按照规定，女祭司必须终生保持童贞，这样原国王就会绝嗣，新国王便可高枕无忧。但是伊丽娅公主违背了新国王的意志，私自与战神马尔

斯结合，生下了孪生子罗慕洛和雷莫。新国王得知后勃然大怒，下令杀死侄女，还让女奴把两个婴儿扔进河里。女奴来到台伯河边，把两个孩子装到一个筐子里放进河中。不料这对孪生子命不该绝，装他们的筐子被河边的树枝挂住，又被一只正在河边饮水的母狼发现。母狼用自己的奶水哺育了这对嗷嗷待哺的孪生子，然后把他们交给一对猎人夫妇抚养。这对喝狼奶长大的战神之子长大成人后，先为母亲报了仇，然后罗慕洛便在母狼哺乳他的地方建立了城市，并以自己的名字命名，这就是罗马。

据公元前一世纪罗马作家瓦罗的推算，罗马城始建于公元前753年，但实际年代或许比这要晚一些。建城时间的早晚虽然有一定出入，但始终不变的是，直到今天，意大利首都罗马的城徽仍是一尊母狼的雕像。

罗马城位于意大利中部西侧，台伯河横贯其间，自新石器时代起就有人类居住。从传说中罗慕洛建城的年代起，罗马进入了史称的"王政时代"，先后有七个王统治罗马。王政时代的前期属于氏族社会末季的军事民主阶段，后期进入了阶级社会。第六王塞尔维乌斯（在位于公元前579～前534年）执政时推行了一系列改革，使罗马形成了"以地区划分和财产差别为基础的真正的国家制度"[①]。伴随奴隶制国家的形成，罗马开始大兴土木，筑城墙、造神庙、辟广场、铺水道，很快建起一座大型城市。

公元前509年，罗马贵族联合平民推翻了王政时代的最后一个君主，王政时代结束。此后新势力击溃了旧势力的数次反扑，创建了每年选举两名执政官共同主政的体制。这个体制的最大特点是，要通过两名执政官的相互制约来保证决策的公正，而且任期只限一年。执政官由罗马元老院和公民大会从贵族中选举，届满重新改选，罗马因此避免了专制独裁的循环，建立起共和体制。

公元前390年，波河流域的高卢人大举进攻罗马，乘胜占领了罗马

---

① [德] 恩格斯：《家庭、私有制和国家的起源》，人民出版社，1972年，第127页。

城。高卢人在索取巨额黄金后退去，洗劫一空的罗马城满目疮痍。经此一役，罗马贵族不得不对支撑国家经济和军事命脉的平民阶层做出更大让步，通过了新的"李锡尼—赛克斯图"法。根据此法，平民在土地分配、债务赦免、权利共享等方面的利益得到维护，并且规定两名执政官中的一名必须由平民担任。此策一出，门阀的界线被打破，其他官职也纷纷向平民开放，罗马的民主制度进一步得到巩固。

从公元前三世纪前半期起，罗马以意大利为基地，展开了大规模的对外扩张。自意大利向西，罗马陆续攻占了西西里岛、撒丁岛和科西嘉岛，兼并了高卢人的波河流域，还侵占了西班牙的部分区域。特别是经过三次"布匿战争"的殊死较量，罗马吞并了西地中海另一个强国迦太基，扫除了称霸地中海的主要障碍。而自意大利向东，罗马运用各个击破的政治手段和强大的军事力量，在不到一个世纪的时间内先后将希腊城邦、城邦联盟、马其顿、塞琉古、托勒密王国等几大势力逐个收入囊中。到了公元前二世纪后半叶，古罗马已扩张成东起小亚细亚、西抵大西洋的地中海霸主，成为地跨欧、亚、非三大洲的强国。

随着版图的急遽扩张，罗马的社会结构发生了巨大变化，新的矛盾层出不穷，由此把罗马推进了长达一个多世纪的"内战时期"。这个时期最早开始于公元前146年布匿战争的结束，此后各种社会矛盾此起彼伏，独裁官之间的明争暗斗亦愈演愈烈，还爆发了影响极大的西西里奴隶起义和斯巴达克起义。虽然大多数反抗都被罗马军团无情地镇压下去，但罗马统治者已如同坐在火药桶上，终日穷于应付各种各样的战争，更被庞大的军费开支压得喘不过气来。面对重重压力，经过民主派和专制派拉锯般的反复较量，罗马在历史的十字路口做出了一个有违共和国初衷的选择——重新建立专制独裁统治。

古罗马从共和国转变为专制帝国，源起于公元前88年出任执政官的苏拉，继之以恺撒、庞培、克拉苏的三巨头同盟，发展于恺撒独裁，强化

于安东尼、屋大维、雷比达同盟，最后成熟于恺撒养子屋大维的即位，其标志就是屋大维于公元前27年创建了"元首政治"。此后直到公元476年，这五百多年的罗马历史就是专制帝国的独裁史，期间又以戴克里先（在位于284～305年）取得政权后自称君主并进一步加强独裁统治为界，分为前期帝国和后期帝国两大阶段。

前期帝国的罗马盛极一时，达到了它的顶峰。其中尤以公元96～192年历经六个皇帝的安敦尼王朝最为辉煌，素称罗马的黄金时代。此时的罗马帝国统治了将近一亿两千万人口，疆域西起不列颠、西班牙，东至波斯湾，南到撒哈拉沙漠，北及莱茵河、多瑙河，最大时控制了约590万平方公里土地，泱泱地中海成了它的"内湖"。幸好当时世界东方还有一个东汉王朝（25～220年），拥有580万平方公里土地和六七千万人口，否则这个地球就是罗马一家的天下了。

自从进入后期帝国阶段，罗马统治集团内部享乐之风盛行，伴随而来的是道德的失控和政治混乱，曾经的铁血性格迅速销蚀在极度的荣华富贵中。罗马出土的一块墓志铭上说：

> 浴室、葡萄酒和性毁了我们的身体，可要是没有了它们，活着又有什么意思呢？

当时的罗马帝国，浴室、葡萄酒和性无所不在，既给上层社会带来了穷奢极欲的纵情享乐，也不断腐蚀了他们的身体，更消磨了他们的斗志。随着奴隶起义的风起云涌，匈奴、日耳曼、斯拉夫和阿瓦尔等外族不断入侵，而为了躲避内外双重压力，罗马皇帝不得不移驻小亚细亚的尼科米底亚，罗马城成了名誉上的首都。公元330年，日耳曼人侵占了罗马西部诸省，君士坦丁一世把帝国首都正式迁移到东部战略要地拜占庭，取名君士坦丁堡（今土耳其伊斯坦布尔），至此罗马城连名誉上的都城名号也随风而逝。

公元395年，罗马皇帝狄奥多西临终前把帝国的东西两部分分给了自己的两个儿子,从此罗马帝国分裂成以君士坦丁堡为首都的东罗马和以罗马为首都的西罗马。罗马的分裂加速了它的衰亡,古罗马从此堕入了政治腐败、宗教纷争、君主昏聩、蛮族坐大、经济破败的泥潭。分裂后的西罗马名义上以罗马为首都,但西罗马皇廷实际上常驻于地势险要的意大利北部城市腊万纳,罗马城依然徒有虚名。但这座城市实在是树大招风了,因此厄运连连。自公元四世纪末起,罗马城屡被"蛮族"洗劫,仅公元455年的一次,汪达尔国王趁罗马内乱率军从北非浮海北上,攻陷了罗马城后一连烧杀抢掠了14个昼夜,使百万人口的罗马几成空墟。公元五世纪,西罗马帝国在外族入侵和人民起义的打击下尽显败象,最后仅剩罗马城至腊万纳的一隅之地。公元476年,把持了罗马军队的日耳曼雇佣军统领奥多亚克废黜了西罗马最后一个皇帝,西罗马帝国终于寿终正寝。

西罗马的灭亡,不仅给古罗马的历史划上了一个句号,也给欧洲的古典文明划上了一个句号。正是从公元476年起,西方世界堕入了史学家所说的中世纪时代,一下子黯淡了一千多年。与此同时,阅尽了罗马帝国无限荣光的罗马城在屈辱中结束了它古典时代的历史,以"永恒之城"的美名坠入了历史的尘埃。公元489年,日耳曼族的东哥特人入侵意大利,数年后战胜了僭号为王的奥多亚克,建立起东哥特王国。东哥特王国建都腊万纳,千年古都罗马城在倍遭战火荼毒后,只剩下一片蔓延着绝望的残垣颓壁。那座曾经给古罗马人带来过无限狂热和欢乐的竞技场,至此竟沦为荒无人迹的采石工地。

又经过将近三个世纪,到了公元756年,法兰克国王将罗马至腊万纳一带赠予教皇斯提芬二世,创建了教皇国。教皇国定都罗马,这座曾经辉煌无限的古城由此得以复苏。此后一直到1870年,罗马城基本上是教皇国的首都,直至意大利王国统一后,教皇退居罗马城西北的梵蒂冈,罗马才于1871年重新成为意大利的首都。

雅典和罗马无疑是两座英雄的城市,堪称西方古典文明期最璀璨的两

颗明珠。然而如上所述，它们虽然不像古巴比伦和亚历山大古城那样永堕尘埃，但也和中国的西安、洛阳、开封、杭州、南京一样，在文明长河中几度陨落，几度凋敝，甚至出现了明显的历史断层。幸好它们也和中国各大古都一样，在备尝萧条冷寂后重新得以复兴，直至成为现代大都市。

无独有偶，雅典和罗马在古典文明期遭遇的厄运同样不是个例，而仍然是世界性的通例。斯塔夫里阿诺斯的《全球通史》中专门著有《古典文明的终结》一章，详细叙述了在公元三至六世纪时，"边远地区的游牧民最终践踏了这些文明，从而根本改变了世界历史的进程"。这场游牧族对古典文明的冲击，丝毫不亚于公元前二千纪游牧族对人类早期文明的冲击，也给世界带来了毁灭性的灾难。而如斯塔夫里阿诺斯所说，其区别仅仅在于：

> 游牧民的入侵所造成的影响因地而异。中国北部和印度北部虽遭蹂躏，但仍保持了各自独特的文明；中国南方和印度南方，因与游牧民族相距遥远而幸免于难；拜占庭和波斯帝国势力强大，足以击退侵略者；而西方却长期屡遭日耳曼人、匈奴人、穆斯林、马扎尔人和维金人的侵略，因此，其旧秩序遭到破坏的程度，比欧亚大陆其他地区远为严重。[①]

上述事实说明，雅典、罗马两座古城相继坠落的背景虽然不尽相同，但全然相同的是，无数古典文明期的城市都和它们一样，难逃沦为瓦砾的灾难。

从公元前1000年左右算起，到公元500年左右结束，西方的古典文明期前后跨越了近1500年。当这个阶段刚开始的时候，在世界的东方，

---

① [美] L.S. 斯塔夫里阿诺斯：《全球通史——1500年以前的世界》，吴象婴、梁赤民译，上海社会科学院出版社，1999年，第299页。

适逢初封的召公燕国正与游牧族展开殊死决战。而当这个阶段即将结束时，又恰好处在鲜卑拓跋氏的北魏王朝称霸于中国北方之际。这一头一尾的两大事件说明，当时世界的东方也不太平，游牧族的侵扰从未中断。然而，正是由于姬周燕国以及后来的西汉、东汉王朝接连击溃了东胡和匈奴等游牧族的侵犯，也正是由于恰在公元500年左右北魏孝文帝（在位于公元471~499年）推行了归宗华夏的历史变革，华夏文明才在武化与文化的双重作用下，连绵不断地发展下来，始终如恒星般辉耀在世界的东方。

五　消失的古城

通过对全球一体化历史进程的整体分析，可知伴随着古代文明、古典文明两大阶段的潮起潮落，相当多数古代城市随之破败或消亡了。由此便不难理解，何以今天的世界大都市虽然不乏历史悠久的文化名城，但就城市的创建而言，却大多肇始于古典文明期以后。例如，威尼斯城始建于公元451年，开罗城始建于642年，河内始建于621年，奈良始建于710年，马德里始建于715年，巴格达始建于762年，法兰克福始建于794年，京都始建于794年，汉堡始建于808年，布拉格始建于928年，卢森堡始建于963年，维也纳始建于1137年，莫斯科始建于1156年，圣彼得堡始建于1703年，如此等等，不一而足。

除了由古代文明、古典文明的衰落带来的古代城市的群体性凋零，更难以尽书的，当然还是古代城市的个体性衰败。人类历史的发展跌宕起伏，各种各样的灾难诡谲莫测，远比几次大的文明浪潮的衰落来得更为复杂，也更为触目惊心。而所有灾难莫不首先降临在人群集聚的城市上，降临在文明荟萃的都市中。此外再加上自然环境的千变万化，一座城市的命运就更是质如蒲柳，脆弱至极了。因此，在人类文明史上，城市的命运各

有劫数，从不待文明的整体陨落而陨落。我们不妨从林林总总的事实中撷取部分典型实例，看看那些曾经盛极一时的城市是怎样黯然而逝的，又是怎样在极为偶然的情况下被世人重新发现的。

1 特洛伊

公元前八世纪，希腊盲诗人荷马写下了《伊利亚特》和《奥德赛》两大史诗。这些史诗是围绕一个美女和一座城市展开的，美女即海伦，城市即特洛伊。故事里说特洛伊王子帕里斯拐走了美艳绝伦的斯巴达王后海伦，由此引发了希腊联军对特洛伊长达十年的征讨。特洛伊人的顽强和城池的坚固一再遏制了希腊人的进攻，双方始终僵持不下。最后希腊联军采取英雄奥德赛献出的妙计，佯装撤退，烧毁自己的营帐后从海上扬帆而去，却在城外留下了一具巨大的木马。特洛伊人被困十年，实在是太渴望胜利了，居然觉察不到这是一个诡计，反而兴高采烈地把木马当作战利品抬进了城内。当晚，就在特洛伊人全都沉浸在欢庆胜利的美酒与歌舞中时，20名全副武装的希腊士兵趁着漆黑的夜色爬出了木马，人不知鬼不觉地打开城门，将早已埋伏在城外的希腊联军放入城内。其结果可想而知，酒兴正酣的特洛伊人被打得一败涂地，特洛伊城也在一场浩劫后被付之一炬，成了满目疮痍的废墟。

长期以来，人们认为这段极富传奇色彩的故事是凭空虚构的，包括那座被描绘得栩栩如生的特洛伊城，似乎仅仅活在盲诗人的吟诵中。可如前所述，德国商人亨利希·谢里曼不信这个邪，他通过不懈的寻找，终于在十九世纪七十年代发现了这座城市，给世界带来了一个大大的惊喜。

这座古城位于土耳其西北部的希沙立克，通过谢里曼和嗣后德国、美国考古学家的持续发掘，可知城址的堆积分上下9层，下层的年代甚至比荷马史诗所说的特洛伊古城还要早，可以早到距今5000年前。从距今4600年的第二层起，开始出现宫廷、宝库等建筑遗迹，此后累有发展，城址的规模不断扩大。到距今 3300～3100 年的第七层堆积，恰与特洛伊战争的年代相符，城邑确实为一场战争所摧毁。这之后，城址长期沦为废墟，直到希腊化时代和罗马统治时代才一度复苏。但从公元四世纪起，这座年久历深的古城终于被废弃，以至湮没无闻[①]。要不是痴迷于《荷马史诗》的谢里曼的近乎疯狂的寻找，这座城址至今仍"锁在深闺无人识"。

2 庞贝

公元 79 年，罗马历 8 月 24 日中午 1 时许，火辣辣的骄阳高悬在罗马帝国庞贝城的上空，四周没有一丝清风。这是一座希腊人在公元前六世纪建造的城市，公元前三世纪归罗马帝国所有，很快成了泱泱帝国的一个中心城市。它不仅是条件优越的天然良港，还是风景宜人的旅游胜地，当地人在这得天独厚的环境中已经优哉游哉地度过了几百个祥和的年岁。在它旁边，维苏威山静静地矗立着，在那不勒斯海湾蔚蓝色的天空下鲜花遍野。这座山峦巍峨峻峭，海拔 1277 米，已经默默地矗立了很久。多少个世纪以来，它就像一个沉默寡言的老人，静谧安详地守望着脚下的城市。

这一天，正当庞贝城沉浸在午后小憩的静谧中时，突然一块异样的云彩从维苏威山顶升起，随即向四周蔓延。天空刹那间昏暗下来，紧接着，一声震耳欲聋的巨响震撼了天宇——维苏威火山爆发了！熔化的岩浆以超音速的速度喷出山口，向毫无防备的庞贝城倾泻下来。随着火红岩浆肆无忌惮地四处流淌，火山灰、浮石、火山砾在庞贝城的头顶整整倾泻了八天八夜，像水泥一样给湮没的城市覆盖了一层又一层硬壳，最厚处竟达 19 米！这是真正意义的"灭顶之灾"，不仅整座城市在劫难逃，就连来不及逃跑的居民也顿时被凝固成一尊尊雕像，保留着他们生前最后一瞬的绝望与挣扎。

[①]《中国大百科全书·考古学》，中国大百科全书出版社，1986 年，第 524 页。

对于灾难与恐怖，人们是很容易忘却的。经过不长一段时间后，居然再没有人记得起这座曾经被誉为"美丽花园"的城市了，就像它从来不存在一样。在过去了1600多年后，公元1707年，人们在这里打井，挖出了三尊衣饰华丽的女性雕像，也只把它当作了那不勒斯古代遗址中寻常可见的文物。1748年，这里又无意中挖出了被火山灰包裹着的人体遗骸，人们这才依稀想起，当初维苏威火山爆发时曾经掩埋了一座美丽的城市！1808年，拿破仑的妹婿、妹妹成为那不勒斯的国王和王后，决定出资对古城进行清理和发掘，这才使庞贝古城在旷日持久的考古发掘中重见天日。就这一点而言，这座古城还算是幸运的，因为在同一场火山喷发中，被毁的城镇还包括与之相邻的赫库兰尼姆、施塔比亚等，它们至今仍寂然无闻。

3 佩特拉

1812年，一个化装成阿拉伯商人的西方探险家穿行在约旦北部荆棘丛生的岩石间。他满脸络腮胡须，头裹穆斯林头巾，身穿穆斯林长袍，操一口流利的阿拉伯语，与当地的阿拉伯人无异。他是瑞士人，名叫约翰·路德维格·贝克哈特，此行的目的是寻找隐匿在约旦安曼西南方的佩特拉古城。当时这里是信奉伊斯兰教的奥斯曼帝国的领土，和信仰基督教的欧洲人水火不容，贝克哈特的一位德国前驱就在不久前的探险路上惨遭杀害。尽管要冒如此大的风险，贝克哈特仍然一意孤行，执意前往，因为这座古城对他的诱惑实在是太大了。

贝克哈特要寻找的这座佩特拉城，在《旧约全书》中称塞拉，大约创建于公元前六世纪，公元前三世纪成了奈伯特王国的首都。到了公元前二世纪，奈伯特王国步入了鼎盛期，疆域从大马士革一直扩展到红海地区，佩特拉城也因此蜚声世界。公元106年罗马人攻占了佩特拉，这里成为罗马帝国的一个行省。公元四世纪佩特拉沦为拜占庭的一部分，开始走向衰落，到公元七世纪时竟然被完全废弃。几个世纪后，罗马天主教会于十一世纪初叶发起了对伊斯兰世界的十字军东征，佩特拉城成为欧洲十字军的重要据点，又回光返照地兴盛了一番，直到十二世纪被再次遗弃。

辗转到十九世纪初，除了当地的贝都因人还知道有座古城一直隐藏在崇山峡谷间外，几乎再无人知晓这座盛极一时的古都了。德国学者尤尔里奇·西特仁也是偶然从贝都因人那里听说后前往探险的，但在基督徒身份暴露后不幸命丧黄泉。这次贝克哈特虽然也做好了牺牲的准备，但殷鉴不远，故而他特地做了一番乔装打扮，熟练掌握了阿拉伯口语，还深入钻研了伊斯兰教义。这些努力颇见成效，帮助他很快赢得了当地人的信任，一路有惊无险地到达了梦幻中的神秘之地。

佩特拉古城的地貌十分独特，唯一的入口是一条深约60米、长约1500米的狭窄山谷。谷内峭壁高耸，阴森恐怖，令人毛骨悚然。穿过这条曲径通幽的狭长谷道后，眼前豁然开朗，神秘的古城就坐落在悬崖绝壁的环抱中。该城四周高地环绕，高地上牧草肥沃，水源丰沛，既利于牧畜，也利于部队和商旅的驻扎。虽然深居山谷，这里却地近亚洲和阿拉伯世界前往欧洲的主干道，交通十分便利。当年长途跋涉的商旅穿越干旱地区来到这一带后，唯有这里可以给他们补充食物、水和畜力，于是满载印度香料、埃及黄金、中国丝绸的远方来客终日络绎不绝，佩特拉人因此大发横财。

滚滚财源终于幻化出一座神奇的城市——整座佩特拉城居然是用无数人工在巨型岩石上一下一下开凿出来的！在希腊语中，"佩特拉"的本义是"岩石"，此城果然名不虚传。在陡峭挺拔的峡谷两壁上，富于想象力的奈伯特人雕凿出了成组宫殿、宝库、寺院、住宅、浴室、墓葬和石碑洞窟。这些附着在赭色岩石上的建筑格外壮观，放眼望去一片红褐色，人称"玫瑰城"。其中最大的宫室阔达数百平方米，全部是在坚硬如铁的岩石中开凿出来的，没有一根柱子，堪称鬼斧神工。峡谷东北部的山岩上还凿有

精美的石窟，一座气势恢弘的三层巨窟酷似罗马宫殿，实际上是历代国王的墓葬。整座城市还在岩石中开凿出一套完整的供水系统，一条主干渠联结着高处的蓄水池和城中心的供水池，血管般细密的陶管道又把供水池的清水输往千家万户。

与冷酷坚硬的岩石截然不同的是，奈伯特人的精神生活却缤纷多彩。这里除了慰藉灵魂的神殿外，还有世俗享乐的剧场，更有形形色色的艺术品和奢侈品。露天剧场也是在岩石中开凿的，看台呈扇面展开，有数十级台阶，宏大而开阔，可以容纳数千名观众。

据考古学家估计，这座城市繁盛时至少有数万常住居民。这比起同阶段汉长安城的"口六十八万二千四百六十八"[①]来虽然不算什么，可是对比欧洲的某些大城市直到公元十一世纪还不过万人左右的事实，佩特拉称得上是一座世纪前的世界级都市。它奇崛异常的巨石建筑是人类城市发展史上的一大奇观，它半埃及半罗马的风格又给它披上了一层魔幻的外衣，所有这些都足以让它永垂青史。然而不幸的是，由于滥伐森林造成的环境破坏及其他种种无法臆测的原因，这座城市最终被历史遗弃，成了浩瀚荒漠上一道孤独的风景。

4 赫尔布伦

1999年6月，伴随世纪之交的即将到来，一条消息在各大媒体竞相传播：一支由法国和埃及组成的考古队宣布，失踪了1200年之久的赫尔布伦古城终于被发现。原来它就躲在人们的眼皮底下，深藏在临近埃及亚历山大城的海洋底部。这座过去只流传在传说、寓言及星象学家口中的神秘城市，是曾经繁华的埃及法老城市群中的一座，也是当时最重要的港口城市之一，距今已有2500余年历史。

[①]《汉书·地理志上》。

这座古城几乎完整无缺地保存在大海的深处，有轮廓方正的庙宇和房屋，有庞大的宫殿废墟和曾经支撑它们的数百根花岗石石柱，还有法老的雕像与石棺。"许多房子里的家具仍摆在 1200 年前的位置上，甚至桌子上的油瓶都没有倒掉"——潜入海底的考古学家如是说①。其城市建筑如此壮丽奢华，其雕塑作品如此精美绝伦，甚至令见多识广的考古学家都为之瞠目。但无人能解释，它何以在顷刻间沉入大海而油瓶都安放如初，这神奇的景象究竟向人们暗示了什么？

5 科潘

很久以来，相传在美洲丛林的深处，有一座被女巫咒语迷住的城市，一直在痴痴地等待人们的拯救。1839 年，同样也是一个不为古板的传统史学所束缚的年轻人，按照这一神话传说的启示，独自踏上了前往美洲探险的路程。他是一位来自美国的青年律师，名叫斯蒂芬斯。在穿越了中美洲崎岖难行的高地后，斯蒂芬斯和他的同伴来到位于洪都拉斯西部边境的科潘谷地。功夫不负有心人，在一条河的对岸，他们蓦然发现一座面积阔达数十平方公里的巨型古城。

由于岁月的剥蚀，这座丛林覆盖的城市早已破败不堪，但中心广场、宫殿、神庙、祭坛、展堂的残垣仍历历可见，其间还夹杂着体育竞技场和天文观象台。在这些建筑物前，至今仍纹丝不动地伫立着神奇肃穆的狮首人身像，还有高大威武的巨人像和腾身飞跃的美洲虎像。它们栩栩如生，神采依旧，争相向这些不速之客诉说着这座古城往日的辉煌与神奇。

更有甚者，转瞬间，斯蒂芬斯居然发现了巨大的金字塔，而且不止一座！一个陡峭的石梯将这一行人引向了金字塔的顶部，他们看到，不同于埃及金字塔的是，塔顶上建有神殿，神殿的雕花石柱和石碑依然耸立，断

---

① 高福进：《地球与人类文化编年：文明通史》，上海人民出版社，2003 年，第 263~265 页。

壁残垣上布满了各式精美的浮雕。站在巍峨的金字塔顶，放眼中美洲一碧如洗的蔚蓝天空，在金色丛林的环抱下，整座古城悄无声息地酣睡着，一如被女巫的咒语所征服。面对这既惊心动魄又凄凉感人的情景，斯蒂芬斯和他的同伴无不瞠目结舌。

斯蒂芬斯看到的，是玛雅文明鼎盛期的一个重要城址——科潘古城。玛雅文明是古代印第安文明的杰出代表，得名于创造这一文明的玛雅人。随着斯蒂芬斯探险经历的披露，西方学者蜂拥而入，在科潘和整个中美洲掀起了一场搜索和挖掘玛雅古迹的热潮。四处搜寻的结果是，在中南美洲的丛林和荒原上，一共发现了不下170多处被遗弃的玛雅古城遗迹，主要分布在墨西哥的东南部以及危地马拉、伯利兹、萨尔瓦多和洪都拉斯等地。考古工作证实，早在公元前2500年时，这里已有玛雅人的定居村落，到公元前400年左右形成了奴隶制国家，公元初叶发明了由800多个符号和图形组成的文字，公元三到九世纪进入了鼎盛期。

接下来的发现更是令人不可思议——玛雅人的历法和天文知识极为神奇！他们计算的太阳年与金星年的差数可以精确到小数点以后四位数；他们测算的地球年为365.2420天，仅比现代科学测定的结果差了0.0002天；公元前四世纪时他们就掌握了"0"这个数字，比中国人和欧洲人各早了800年到1000年；他们建造的巨型建筑包含了深奥的科学原理，其中有的建筑居然指示了金星或月球的运行，还表示出了地球与太阳的平均距离。

气势恢宏的建筑是玛雅人的最爱，这里既有殿面长100米、进深80米的宏大殿堂，又有由1000根石柱支撑的巍峨神庙，一座官府的墙壁上还装饰着由22500块石雕拼成的巨幅图案。在与世隔绝的莽莽丛林中，这些巨型建筑孑然独立，直插云天，尽显其造型之雄伟魁奇。

尤其让人匪夷所思的是，在玛雅文明的遗址中，竟然还历历在目地描绘着宇航员驾驶宇宙飞船的巨幅图像！"玛雅文明是从天而降的"——面对公元三世纪前后的这些神奇现象，无法解释的科学家们不由得如此说！

然而造化弄人，无论是斯蒂芬斯发现的科潘古城，还是世界各国考古人员在中美洲的丛林和荒原上找到的百余处玛雅城址，无一例外地都被遗弃，千百年来任由威力重现的大自然摧残剥蚀。科潘古城是其中较早被抛弃的一座，时间大约在公元九世纪初叶。到了九世纪末，如同事先约好了一样，这些玛雅古城的主人们都义无反顾地抛弃了自己的家园，走向不为人知的远方。没有人知道他们去了哪里，就像没有人知道他们来自何方一样。

6 大津巴布韦

《圣经》中记载了一座盛产黄金和宝石的城市，名叫俄斐。据说此城富可敌国，是所罗门国王取之不竭的财富源泉。十九世纪后半叶，一个钱袋空空却不乏勇气的德国人徒步穿行了整个南部非洲，花费数年时间终于捕捉到一个有关这座古城的重要信息。1871年，这个名叫卡尔·默赫的三十出头的探险家打点好行装，循着这条线索向津巴布韦林波波河的密林深处走去。在经历了同伴的背弃、土著人的敌视、野兽的突袭和热病的浸染后，备尝艰辛的默赫来到维多利亚堡东南方27公里处。正在近似绝望间，蓦然抬头，一座偌大的古城屹立在他的眼前。

这是一座完全由石头建造的城市，安详地沉睡在三面环山的丘陵地带。清晰可辨的主体建筑有两处：一处在平地，有石砌的围墙，呈椭圆形，墙垣高10米、厚5米，周长256米，总面积达4600平方米。其内有圆锥形高塔及石碑，有地窖、水井等，当然更少不了鳞次栉比的石屋基址和颓垣残壁。又一处主体建筑矗立在附近高约90米的悬崖峭壁上，居高临下地俯瞰着整个山谷，形如"卫城"。"卫城"之名起于古希腊，特指为了防卫而建在高地上的宫廷式建筑，这座城堡恰与此相似。此卫城的墙垣全部由花岗岩石垒砌而成，严丝合缝，坚不可摧，只有一处狭窄石门能容

— 691 —

一人侧身出入。城内道路交织，房屋基址密布，纵横交错有如迷宫。两大独立建筑群间靠一条沿峭壁缝隙开凿的石梯上下相联，中间还散布着平民的居址。

欣喜若狂的默赫做了此时他最该做的事——将有关发现一一记录下来，并立即发往德国。可当他考察完毕，打起行囊穿越丛林，风尘仆仆地回到祖国后，才知道人们对他的发现将信将疑，甚至对他没有带回期待中的财宝而恶语相加。在养尊处优的上流社会看来，默赫充其量不过是个流浪汉，只是靠运气发现了一处古遗址而已。一贫如洗的默赫对同胞的冷漠不以为然，只渴望得到一份博物馆的工作，以便继续他的探索。可是他空有学识、胆略却没有学历，终未如愿以偿。1875年，为了糊口而四处打工的默赫在一次抹高墙水泥的工作中不幸坠落，结束了他为梦想而活的一生，时年38岁。

默赫的早逝并不等于"俄斐梦"的幻灭，恰恰相反，暗中打这座古城主意的大有人在。在他之后，寻宝者和西方探险家蜂拥而至，而当寻宝者一个个失望地空手而归后，终于有些理性的考古工作者留下来，做了一些有益的探索。

经过精密测量，该城址占地约16.2平方公里，建筑总面积约40万平方米。整座城市都由雕凿平整的花岗石砌成，然而颇为奇特的是，石块与石块间没有任何灰浆或沾黏物，却结合得相当精密，至今仍插不进一个小刀片。许多建筑物上都饰有鸟状徽记和各种雕刻，尤为显眼的是，高大的城墙顶部或城内建筑的石柱上往往昂立着一只矫健的大鸟。这些大鸟脖子高挺，翅膀紧缩，身如鹰而头如鸽，高约50厘米，多用微红的皂石雕成。这是一种候鸟，随季节的变换往来飞翔于南非和南亚之间，不知因何缘故被津巴布韦人奉为神鸟。这或许暗示出，古城的原住民虽然地处南非，却和南亚有着某种天然的联系。

城址内出土了不少文物，有生产工具、炼铁工具、编织工具及武器、陶器、金制品等，还发现了中国的青瓷片、阿拉伯的玻璃珠、印度的佛教念珠、东非的古币、波斯的彩色瓷器等。这些遗物无不见证着当年这座城市的繁华，也无不见证着这里商贸的发达和生活的多彩。通过对出土的中国瓷器的断代研究和碳 14 年代测定，可知这座古城的年代大约在公元十至十八世纪，废弃于十九世纪初期。奇怪的是，与它同时被遗弃的，还有此后在周围发现的大大小小近二百座规模不等的石头城。

从城市的年代看，这座古城与《圣经》上记载的俄斐城相距遥远，显然不是默赫想象中的财宝之城。但历史学家认为，这个最后被命名为"大津巴布韦"的古城，确实曾向莫桑比克港口输送过财宝，同时还是非洲内陆加工兽皮、羊毛、象牙、金属矿石的地方，的确是个财富宝地。有资料表明，公元 1270 ~ 1450 年间，它是非洲南部马绍那帝国的首都，统治的疆域从赞比亚河一直延伸到南非北方和博茨瓦纳的东部。经过长达近一个世纪的争论，固执地认为这个高度发展的城市绝非非洲自身文明产物的西方学者最后不得不低下头来，承认"它在每一个细节上都属于非洲"[①]。

大津巴布韦及周围近 200 座石城的整体陨落，至今仍是难解之谜，无论任何人都无法对此作出一个合理的解释。但这已经不重要了，重要的是，一个原称罗得西亚的国家在 1980 年独立时，自豪地以这座城址命名，它就是今天的津巴布韦共和国，这座古城因此而得以永生。

7　吴哥

1860 年，一个痴迷于蝴蝶标本的法国博物学家独自游逛在柬埔寨西北部的丛林中。不经意间，他忽然发现自己脚下走的不再是乱草丛，而是一条越来越宽的石砌大道。惊诧莫名的他极目远眺，一个比飞翔的蝴蝶更

---

① [英]大卫·沃克:《消失的城市》，大陆桥翻译社译，上海社会科学院出版社，2005 年，第 257 页。

吸引他的目标突然出现在眼前——在茂密的热带森林深处，居然隐藏着一组极其宏伟的佛寺！博物学家自有他的长处，这位名叫亨利·穆奥的法国人面对数百个对他恬恬微笑的石雕佛像，强抑住内心的激动和迷茫，平静地坐下来，将眼前的景象描摹成一张张图画。不等他的考察日记正式发表，亨利·穆奥就因病辞世，然而值得庆幸的是，他临摹的画像在法国得以出版，使他无意中邂逅的奇迹瞬间震惊了世界。

这个奇迹就是柬埔寨的吴哥寺。柬埔寨古称扶南，公元一世纪左右进入了金石并用时代，四世纪初叶吉蔑人统一了柬埔寨，建立起高棉吴哥王朝。到了吴哥王朝的全盛期，苏耶跋摩二世于1113～1150年间在都城吴哥的南郊修建了一个大伽蓝寺，规模比吴哥城小，但突出了吴哥城的寺庙风格，人称小吴哥。亨利·穆奥在无意中撞见的，就是这个沉寂在荒林中的小吴哥。

小吴哥又称吴哥寺、吴哥窟，整体建筑坐东朝西，规模宏大，占地85万平方米。它是世界上最大的庙宇，也是佛教艺术和印度教完美结合的产物，自发现以来就和埃及的金字塔、中国的长城、印度尼西亚的波罗浮屠一道，并列为"东方四大奇观"。

令人惊诧的是，吴哥寺的建筑和津巴布韦古城一样，也是用岩石垒砌而成，并且所有石块全靠自身的重量和形状紧密相连，没有任何黏合剂，至今仍严丝合缝。考虑到它塔形建筑的高度，其技术难度显然比津巴布韦的石城有过之无不及。再就是它无处不在的浮雕壁画，布局之完美、技巧之娴熟、想象之丰富，无不表现出超凡入圣的美学意境，以至人们很难相信这是凡人的作品，更宁愿说它是天神的杰作。

1431年，大吴哥城被入侵的泰人占领，遭遇了空前浩劫，只剩下了颓圮的断壁残垣。小吴哥同样在劫难逃，但因为它不是主要攻击目标而免遭毁灭性破坏，从而有幸在几个世纪后给了亨利·穆奥一个惊喜，也给了全世界一个惊喜。但至今让人无法理解的是，繁盛之时的小吴哥终日香烟

— 694 —

缭绕、熙来攘往、人声鼎沸，怎么突然就变得寂无一人了呢？又怎么会在数百年中完全与世隔绝呢？

六　群星璀璨

以上我们分别从不同角度和层面，列举了哈穆卡尔、乌尔、乌鲁克、巴比伦、比布鲁斯、孟斐斯、底比斯（埃及）、亚历山大里亚、克诺塞斯、哈拉巴、摩亨佐·达罗、底比斯（希腊）、特洛伊、庞贝、佩特拉、赫尔布伦、科潘、大津巴布韦、吴哥等古城的陨落。在全球不幸陨落的城市中，这串长长的名单显然只是沧海之一粟，而且无论什么人采用什么方法，也难以将这份名单续写完整。任举一例来说，两河流域的苏美尔文明有12个独立城邦，每个城邦都有一个中心城邑，但今天有幸被考古工作揭露出来的只是少数，其他皆无迹可寻。再举一例来说，公元前四世纪后半期，亚历山大大帝率领希腊联军东征西讨，十年间横扫了欧亚非三大洲，建立起一个西起希腊、东到印度河流域、北抵中亚的庞大帝国。身为希腊大哲学家亚里士多德钟爱的弟子，亚历山大发誓要把希腊文明传遍全世界，于是以极大的热情在帝国版图内照希腊样式建造了十几座中心城市。可是辗转至今，除了埃及的亚历山大里亚外，其他十余座城市皆杳如黄鹤，耗费了巨万人力建造的希腊式神庙、宫殿、剧场就这样消失得无影无踪。仅由以上两个事例就不难看出，任何试图开具一份人类失落城市完全名录的努力都是徒劳的。

以上还是就世界范围而言，至于在古代中国，当然也不例外。第一节谈到的中国八大古都，无非是成千累万中国古代大中城市中有幸保存下来的，此外寂灭无闻的不知凡几。除了中原地区外，其他偏远地区的废弃古城就更是屡见不鲜了。例如西域边陲的楼兰古城、高昌故城，以及塞外朔

方的统万古城等，很早以来就成了废都。毋庸赘言，这些陨落的古城都记录着一段迷人的故事，都留下了不朽与光荣。可是它们当中有幸被考古工作揭露出来的只是少数，大多数已永诀人世。而当它们中的某些部分一旦被揭露出来后，带给人们的不仅有扑朔迷离的探险故事，更有对人类文明的正反两方面的宝贵启迪。

然而，人类文明终归走过了漫长而光辉的历程，保留到今天的千年古城也不在少数。倘若将世界各地的古城全部包括在内，有幸留存下来的无疑也是一串长长的名单。那么，其中有没有在公元前已经形成城市并达到一定规模，如今仍是一国之都或通都大邑的呢？也就是说，在今天的大都市中，有没有城市发展史可以一直追溯到纪元前的呢？当然是有的，否则的话，人类文明不知将会怎样的暗淡无光，历史的苍穹也不知将会怎样的支离破碎。且看下面的名录：

大马士革

叙利亚首都。人类居住的历史可以追溯到万年前，出现成熟形态的城市则是在公元前十二世纪，当时是"阿拉米大马士革"的首都。公元前732年，亚述王攻克并摧毁了这座城市。公元661年阿拉伯倭马亚王朝在此建都，公元750年阿拔斯王朝将都城迁到巴格达，此城逐渐荒芜下去。十一世纪晚期，塞尔柱突厥人进入阿拉伯世界，大马士革再次成为首都，但很快又沦为地方割据势力的据点。1401年，来自中亚的帖木儿再次摧毁了大马士革，将城内的手工艺人全部迁移到首都撒马尔罕，这里顿成空墟。1516年土耳其军队占领了叙利亚，大马士革成为奥斯曼帝国的领地。1946年叙利亚宣布独立，以大马士革为首都。

贝鲁特

黎巴嫩首都。最早的城市出现在古希腊和古罗马时代，是一座长约

750 米、宽约 370 米的小城。该城在历史上数度被毁,一次是在公元前 140 年,毁于戴奥多特斯与安条克七世的王位争夺战;一次是在公元 349 年,毁于强烈的地震和海啸;还有一次是在公元 551 年,也是毁于强烈地震和海啸。公元 635 年穆斯林征服者占领贝鲁特时,该城的大部分仍为废墟。直到 1835 年,该城的面积只有 1/4 平方英里,十九世纪末以后渐有扩大,二战后发展成现代城市。1943 年黎巴嫩独立,以贝鲁特为首都。

耶路撒冷

以色列和巴勒斯坦共同宣布的首都。始建于公元前十一世纪,大卫王时定为首都,所罗门王继续在此大建宫殿和神庙。该城在历史上屡遭战火荼毒,毁而复建的记录不下 18 次,其中有两次曾被彻底摧毁。1980 年以色列宣布其为"永久性首都",1988 年巴勒斯坦也宣布其为首都。

萨那

也门首都。公元前十世纪成为萨巴王国的一个要塞,前六世纪成为赫米叶尔王朝的首府,此后多次遭到外国入侵。1990 年阿拉伯也门共和国和也门民主人民共和国合并,以萨那为首都。

亚历山大

全埃及和全非洲仅次于开罗的大城市。公元前 332 年由希腊马其顿国王亚历山大大帝攻陷埃及后建造,在托勒密王朝时成为首都,罗马统治期间成为省会。公元 335 年毁于地震和潮汐,公元 640 年阿拉伯人入侵时再度遭受破坏,十九世纪初开始复苏。

的黎波里

利比亚首都。公元前九世纪出现小市镇,公元前 146 年被罗马人占领,此后屡废屡兴。1951 年利比亚宣布独立,以的黎波里为首都。

阿尔及尔

阿尔及利亚首都。公元前二世纪腓尼基人在此地建立了港口，七世纪中叶逐渐发展成繁华的商业港，十五世纪成为阿尔及尔公国的首都，后来相继沦入西班牙及法国之手。1962年阿尔及利亚宣布独立，以阿尔及尔为首都。

突尼斯（城）

突尼斯国首都。迦太基人于公元前814年在离此地不远处建造了城邑，并发展成强大的迦太基帝国。公元前三世纪至前二世纪，迦太基和罗马争夺地中海西部的统治权，经过三次布匿战争（公元前264～前146年），迦太基帝国灭亡。罗马人占有突尼斯后，下令将此城付之一炬，并用铁犁深翻这片焦土，发誓永远不得在此重建城市。此誓言后来随着罗马时代的终结化为泡影，公元698年，倭马亚王朝总督在今址上建造了麦地那城，哈夫斯王朝时期（1230～1574年）在此正式建都。1956年突尼斯独立，以该城为首都。

德里

印度首都。据印度史诗《摩诃婆罗多》的记载，公元前一千多年前班度族就在这里建造了城邑，公元前一世纪孔雀王朝的王公拉贾·迪里在此建国，构筑了都城。历史上的德里城一再被毁，又一再重建，先后留下了7个城址，至今尚能辨认的仍有6座。1772年英国殖民者把"英属印度"首都迁到加尔各答，1912年又还都德里，印度独立后以其为都。

瓦拉纳西

印度恒河沿岸最大的历史名城，位于印度北方邦东南部，现为一座中等城市。据考证，此城始建于公元前1000年，公元前四至六世纪成为印度的学术中心。瓦拉纳西的衰落源于宗教冲突和战争，公元十一世纪，莫卧儿王朝开国皇帝巴贝尔从中亚进入印度，毫不留情地摧毁了恒河流域的这座印度教圣地。公元十二世纪，这里成为印度古王朝的都城。

安卡拉

土耳其首都。公元前三世纪成为加拉西亚古王国的首都，公元1127年归属土耳其人管辖，嗣后一度落入蒙古人之手。1923年成为土耳其首都。

伊斯坦布尔

土耳其最大的城市，地跨欧亚两大洲，原名君士坦丁堡。该城始建于公元前668年，历史上曾是东罗马帝国和奥斯曼帝国的首都。

尼科西亚

塞浦路斯首都。相传公元前280年在今城的西南方建造了一座小城，名叫"丽德拉"，此即尼科西亚的前身。此城历经拜占庭人、鲁西格南诸王、威尼斯人、土耳其人和英国人的统治，公元十世纪末成为岛国的首都。

米兰

意大利仅次于罗马的第二大城市。最早在公元前600年左右就有凯尔特人居住，公元前222年罗马共和国占领该地，成了意大利的商业贸易大城。公元三世纪成为罗马行政中心和皇帝住地，四世纪曾短时间成为西罗马帝国的首都。从公元五世纪起，米兰不断遭受异族的侵略，城市数度被毁，直到1859年才摆脱奥地利的统治，重回意大利王国。

里昂

仅次于巴黎、马赛的法国第三大城市。建于公元前43年，是罗马的殖民地。公元前16年成为罗马高卢国的行政中心，公元457年成为勃艮

第王国的首府，公元 843 年成为阿勒斯王国的一部分。1477 年被法王路易十一兼并，现为罗纳省省会。

塞维利亚

西班牙内河港口城市。公元前 206 年出现城镇，公元前 45 年成为罗马人的城市。自公元五世纪起相继为汪达尔人、西哥特人、摩尔人、西班牙人占领，十六至十七世纪时是世界第一大港。

里斯本

葡萄牙首都和最大港口。公元前三世纪罗马人占领时已成商埠，此后历经西哥特人和摩尔人的统治。1147 年被葡萄牙第一个国王阿方索一世从摩尔人手中夺回，1245 年成为葡萄牙的首都。1580 年被西班牙占领，直到 1640 年葡萄牙独立，里斯本才又重新繁荣起来。

康斯坦察

罗马尼亚最大的海港城市。公元前六世纪古希腊人在这里建立了一座城堡，以后逐渐发展成商贸城市，现为康斯坦察县县府。

贝尔格莱德

塞尔维亚首都。公元前三世纪凯尔特人在此定居，纪元前西欧克勒特部落在这里建造了一座城市。历史上有记载的战争多达 40 余次，城市一次次被摧毁，又一次次被重建。公元 1284 年成为塞尔维亚的首都，此后曾是南斯拉夫的首都，南斯拉夫解体后仍为塞尔维亚首都。

卢布尔雅那

斯洛文尼亚首都。公元前 34 年由罗马人始建，称"艾摩那"。历史上曾长期遭受异族的入侵和地震破坏，1919 年归属南斯拉夫。1991 年斯洛文尼亚独立，以该城为首都。

索非亚

保加利亚首都。公元前 100 多年初步具备了城市的轮廓,有城堡、教堂、庙宇和庭院。十四世纪开始被土耳其人侵占,城市几乎全部被毁,只留下了两座教堂。1879 年起,正式成为保加利亚的首都。

普罗夫迪夫

保加利亚第二大城市,普罗夫迪夫州首府。公元前四世纪马其顿王国在此建立军事要塞,公元 46 年纳入罗马帝国,成为色雷斯省的首府。公元 250 年城市被哥特人焚毁,此后花了近一个世纪才慢慢修复,但紧接着又被匈人王阿提拉破坏。此后屡遭战乱和地震灾害,1878 年第十次俄土战争后成为东鲁米利亚首府,1885 年归属保加利亚。

万象

老挝首都。始建于公元前四世纪,十四世纪以来几度成为国都。1707 年澜沧王国灭亡,万象成为一个分裂小国。1779 年暹罗(今泰国)入侵老挝,万象成为暹罗的附庸。十九世纪初万象叛乱,被暹罗平定,整个城市夷为平地。二十世纪初万象开始复苏,成为法国殖民时代的首府。二战后老挝宣布独立,以万象为首都。

以上 23 座城市,就是世界上始建于纪元前而目前仍是大中型城市的代表。在这个榜单上,不能缺席的当然还有前述的雅典和罗马,再就是中国的历史文化名城。在中国的历史文化名城中,首先要列上的无疑是前述八大古都,因为它们个个都在纪元前就成了城市,而且大多数在纪元前就成了都城,如今也一个个繁花似锦。此外需要增补的还有难以胜数的纪元前就形成城邑而如今仍是通都大邑的中国古老城市,即便以现有人口在百万以上的为计,恐怕这也有数十座之多。

城市是人类文明的缩影，也是一个国家的代表。以上名录无异于一份人类文明史的光荣榜，既记载了人类文明的光辉历程，也镌刻着每个国家与民族的骄傲。它们每座都始建于纪元前，有着光荣的过去，同时又是在不断坠落的古城中有幸保存下来的，更有骄人的今天和未来。毋庸赘言，这些城市都经历了沧桑变幻，甚至不止一次被废弃。但它们终归百折不回地走过来了，既锤炼了意志，也赢得了光荣。岁月的影子清晰地投射在它们的一砖一石上，人类文明就这样日复一日地凝结下来，又这样年复一年地传承下去。

在城市的王国中，高踞于宝座之上的，无疑是各个国家的首都。如果说城市是国家的精髓的话，那么首都便是国家的象征了。按照常理，一国之都最该稳定，最该恒久，然而事实并非如此。由于各种各样的原因，一国之都实难稳定，尤难长久，正好应了"自古有国有家，鲜不极盛而衰"的古训。单以中国的近邻日本为例，在公元六世纪末至八世纪末的200年间，就曾七迁其都，平均每30年不到搬一次家。再从世界近现代史来看，从十八世纪末到今天的200多年中，全世界有三分之一以上的国家迁了都。凡此之例都足以说明，长期维持一座城市的都城地位何其难哉！

然而，十分难得的是，人类文明史上总有一些都城，长盛不衰且历久弥昌。这当然要以今天仍是都城的城市为准，而且要以延续到今天的连续都城史为计。那么，这样的"千年古都"究竟有哪些呢？

要说人类历史上寿命最长的首都，恐怕要算欧洲袖珍小国圣马力诺共和国的首都圣马力诺城了。它是由一位名叫马力诺的基督徒于公元301年创建的，至今已有1700余年历史，而且是从未间断的历史。但人所共知的是，这座首都的历史虽长，国土面积却小，只有61平方公里，城市人口迄今不足5000人，基本上只相当于一个小镇，因此只能算是个特例。

在绵延千年的世界大都会中，法国巴黎应该是十分突出的一个。巴黎最初只是一个以捕鱼为生的高卢族"巴黎西人"居住的小村落，公元前52

第八章 人类奇观——光耀千古的文明圣殿

年被罗马征服。公元358年,罗马人开始在这里建造房屋,但当时这里只是个局促在塞纳河畔的小定居点,被称为"鲁特西亚",即"沼泽地"的意思。为了纪念最初居住在这里的"巴黎西人",该地于公元400年左右改称巴黎。公元486年日耳曼法兰克人夺取了塞纳河流域,法兰克国王克洛维一世于公元508年将巴黎定为墨洛温王朝的首都,用木板搭起了教堂和宫殿,至此这里才初具城市的规模。但此时的墨洛温王朝只不过是个部落联合体,而且克洛维一世死后其王国很快被儿子们瓜分,巴黎曾有的首都名义也随风而逝。此后的法兰克帝国的首都在亚琛等地,巴黎充其量只是个地方性小城镇。

公元987年,格·卡佩加冕为法兰西国王,开创了卡佩王朝,正式以巴黎为都。卡佩王朝初建时的法国尚处在封建割据状态,王室的权力不大,其领地也只限于以巴黎为中心的一小块地域。自十二世纪起,王室的领地不断扩大,王权不断加强,巴黎这才实至名归地成了全法兰西王国的中心,陆续建起了宫殿、巴黎圣母院、圣塞弗连大教堂等。到十五世纪末的瓦罗亚王朝时,法国基本实现了统一,巴黎也发展成30万人的大都市,被誉为"万城之冠"。

从卡佩王朝起,巴黎一直是历代王朝和历届共和国的首都,迄今已有一千余年历史。尤为难得的是,巴黎的建都史不仅镌刻在史册里,还烙印在城市的大街小巷中。直到今天,身为法国的首都,巴黎在与纽约、伦敦、东京并列为全球四大国际大都市的同时,仍一如既往地固守着中世纪以来的传统,始终不改自己的古典风格。徜徉在巴黎的街头巷尾,许多历史悠久的街道和建筑依然毫发不爽地保留着原来的模样,总会给游人带来一丝别样的惊喜和回味。

还有一座城市,在历史名都中的地位和分量也不可否认,这就是英国的伦敦。公元前54年,罗马人大举入侵大不列颠岛,过了大约一个世纪后,他们于公元50年左右在泰晤士河畔建造了一个军事要塞和港口,取

名"伦底纽姆"，此即伦敦城的源头。公元407年，随着最后一批罗马军队撤离英国，伦敦城被废弃，城内只剩下了少数渔民和农民。公元886年，阿尔弗烈德大帝从丹麦人手中收复了伦敦，重新修整了破败的城墙，周围的居民纷纷迁入城内以求保护，伦敦老城这才重现生机。公元1066年，诺曼底公爵威廉征服了英国，设首都于温彻斯特，同时也在伦敦东部修筑了坚固的伦敦塔以防御敌人的进攻。公元十二世纪，在诺曼人的统治下，伦敦终于成为英格兰的首都。

诺曼人统治期间，英国的王权得以巩固，教会势力不断增强，伦敦城也迅速发展起来。十四世纪以来，席卷欧洲大陆的瘟疫使伦敦人口骤减，至少有三分之一居民在致命的黑死病中丧生。1666年，伦敦又发生了历史上最严重的一场大火——伦敦大火。据说这场因人为事故造成的大火几乎毁掉了伦敦的全部建筑，导致80万伦敦人无家可归。为了防止此类事件再次发生，英国国王下令此后在伦敦建造的房屋一律改用石头和砖瓦，不得再用木材。

在经历了种种劫难后，到了二十世纪初，伦敦人口达到660万，成了世界顶级大都市。今天的伦敦依然是欧洲的最大都市，稳居欧洲金融中心的地位，并且是世界四大都市之一。

以上巴黎和伦敦，即延续到今天已有千年左右接连不断都城史的世界大都市。其中巴黎的都城史截至目前已有上千年，伦敦也不下八百年。它们犹如两颗明星，双双辉耀在欧洲城市文明的上空，也辉耀在世界城市文明的上空。

此外还有一个美丽岛国的首都，延续到今天的都城史也已达千年以上，这就是塞浦路斯的首都尼科西亚。种种史料证明，尼科西亚自十世纪以来一直是岛国的首都，迄今已有一千多年历史。但殊为遗憾的是，这颗地中海的明珠却是座分裂的城市。自1974年土耳其出兵塞岛后，尼科西亚被一条黄线划分为希腊族和土耳其族两部分，就连政府也是两套。这种对峙给千年古都蒙上了一层阴影,至今挥之不去。

毋庸赘言,在辉耀于人类文明上空的"千年古都"中,还有一颗耀眼的明珠,这就是东方的北京。纵观北京城的历史,姑不论距今3000多年前的燕国都城乃至更早的蓟国都城,也不论秦朝末年燕王韩广、燕王臧荼以及十六国时期慕容儁、唐中期史思明、五代时期刘守光等地方割据势力在燕京的称孤道寡,更不论几乎终西汉一世以及此后在燕蓟屡屡兴立的诸侯王国之都,单从辽朝的南京城算起,北京的建都史也有了悠悠一千余载。

在人类文明史上,徒有虚名的都城不知凡几,隋炀帝及唐高宗晚年的长安城便是一例,帝国阶段后期的罗马城也是一例。但如第四章第四节所述,辽朝的南京城却恰恰相反,它不仅是辽朝事实上的文化中心、经济中心、外交中心、交通中心、教育中心,还是和上京临潢府相映生辉的政治中心,在各方面都承担了首都的职能。因此,北京的建都史理应从辽南京算起。而自从公元938年辽南京正式确立,迄今已经度过了一千多个年头。正是这千余年光阴,使北京成了名副其实的千年古都,而且是整个东方世界唯一一个千年古都。

七　结语

凡事都是在比较中得以鉴别的,通过上面对世界各阶段、各类型古城的全方位审视,其结论已是不言而喻——伴随各大文明的断裂或消失,伴随各种难以尽书的天灾和人祸,人类文明史上的相当多数古城都如流星般的陨落了,有幸从纪元前保留下来的古城也时不时便遭废弃,一个个命运多舛。

仅就文明的持续性而言,确如斯塔夫里阿诺斯所说,从上古时代以

来，唯有中华文明"以举世无双的连续性从商朝一直持续到现代"[①]。斯氏在这里所说的商朝，实际上指的是甲骨文字出现以后的殷商，也就是盘庚迁殷以后的晚商，始于公元前1300年左右。虽然中华文明的起源绝对晚不到殷商，但即便以此为限，在不晚于这个时段的世界古文明中，也只有中华文明持续发展下来。毋庸讳言，文明的连续与否，主要是由城市文明的连续与否表现出来的，这就意味着，在世界上不晚于这个时段的古城中，最有可能持续发展下来的，只有中国的城市。而如第三章第八节所述，就算抛开黄帝的"涿鹿之邑"不论，北京城的源起至少可以上溯到黄帝后人的蓟邑，其下限年代刚好就在甲骨文字开始出现的殷商早期。同时又如本章所论，在中国各大古城中，北京是唯一一个持续不断发展下来的，这就再清楚不过地表明，在迄今为止的3200多个年头中，北京是世界上唯一一座持续不断发展的城市。

相对如流星般陨落的人类古城，相对那些建城时间早于北京但动辄被遗弃的古城，北京城市文明的持续性可谓弥足珍贵。正是这种特性，使北京理所当然成了中国古代主流文明的中流砥柱，从始至终维系了中华文明的持续发展。也正是这种特性，使北京成了人类文明的一盏长明灯，在黝暗的时空隧道中亘古不灭，时刻传承着生生不息的文明之光。同样还是这种特性，使北京在地理位置固定不变、城市文明持续不断、都市地位始终不降的三大前提下，当之无愧地成了世界上的"天下第一城"。

北京历史文化的其他属性同样十分难得，例如在全球星罗棋布的人类起源、农耕文化起源、国家文明起源的多元多中心中，北京以三位一体的悠久性彪炳于世，这就是极其罕见的。这当然是就整个北京行政区划而言，但即便如此，这种情况在人类文明史上也不多见，在全国各大城市中更是绝无仅有，这就使北京又当仁不让地成了"中华第一摇篮"。

[①] [美] L.S. 斯塔夫里阿诺斯：《全球通史——1500年以前的世界》，吴象婴、梁赤民译，上海社会科学院出版社，1999年，第137页。

第八章 人类奇观——光耀千古的文明圣殿

北京历史文化数千年来始终保持的上升态势，在全国乃至世界城市文明史上也非同寻常。一座城市逐次递升的结果，无疑是一国之都地位的确立，而当今之世有近200个国家，也就有近200个首都。在它们当中，只有极少数是平地起建的，绝大多数是一座城市累进式发展的结果。但与众不同的是，北京的递进式发展不仅造就了这座千年古都，而且它的历史从未出现过大起大落，是一步一个台阶走过来的，从始至终保持着上升态势，而这在所有都城中确实屈指可数。

特别要补充一笔的是，北京的都城史不仅持续了上千年，而且从元大都新城开始，这座城市再未遭受整体性的重创，几乎完好无损地保留了七个半世纪。在这数百年中，北京城不仅经历了天塌地陷的自然灾害，也经历了改朝换代的兵连祸结，同样命乖运蹇。但堪称奇迹的是，这座城市始终岿然屹立，从未放弃它所承载的文明使命。

北京历史文化所具有的多元性，在世界各大城市中倒是不乏其见。例如在全球四座顶级现代化大都市中，除了日本的东京外，其他如纽约、伦敦、巴黎，个个以民族的多元性、文化的多元性、语言的多元性、生活习俗的多元性著称于世。最难得的当然是宗教的多元性，我们在上一章中就是以此为例展开对北京的多元性的剖析的。然而如所周知，世界上具有多元宗教的城市也不鲜见。

突出之例如耶路撒冷，它就是犹太教、基督教和伊斯兰教共同的圣地。按照犹太教的说法，耶和华开天辟地的第一道光是从耶路撒冷城外的神庙山射向世界的，于是所罗门国王早在公元前十世纪就在这里建造了犹太人的神庙——所罗门圣殿。这座圣殿后来坍塌，犹太人在废墟上竖起了一道象征犹太人信仰和团结的"哭墙"，至今仍为全世界犹太教徒所膜拜。此外，耶路撒冷是耶稣诞生、布道、殉难和复活的地方，同样是基督教的圣地。在伊斯兰教中，耶路撒冷又是仅次于麦加和麦地那的第三大圣地，许多大名鼎鼎的清真寺就屹立在这里。

因此，今天的耶路撒冷不仅在城市建筑上表现出了宗教的多元性，也不仅在居民信仰上表现出了宗教的多元性，还在居住区的划分上表现出了宗教的多元性——整座城市被一条南北大道和一条东西大道分割成四个区，东北是穆斯林区，西北是基督徒区，东南是犹太教区，西南是亚美尼亚区，彼此泾渭分明。

再如贝鲁特，它也是犹太教、基督教、伊斯兰教的集聚地。其城内既有罗马时期的神庙，也有早在公元四世纪建造的基督教建筑，更有奥斯曼帝国修建的伊斯兰教建筑，彼此济济一堂。从城市居民的信仰来看，既有逊尼派穆斯林，也有什叶派穆斯林，还有亚美尼亚正教、东正教、天主教教徒，同样派别林立。城内的穆斯林和基督徒大体各占一半，相互间画地为牢，基督徒集中在市区的东部，穆斯林集中在市区的南部。

又如大马士革，传说伊斯兰教的创始人穆罕默德曾经来到这里，从山上俯瞰这座城市后被它的美丽所打动，赞叹这是"人间天堂"。于是大马士革成了穆斯林心中的天堂，古往今来的清真寺鳞次栉比，最多时达到了400余座，著名的有公元705年建造的倭马亚大清真寺等。另按基督教的说法，这里是使徒圣·保罗回心转意的地方，同样是一个圣地。又于是，城内外的基督教堂也是星罗棋布，总计不下70余座，著名的有凯桑门和圣保罗大教堂等。大马士革的居民个个是虔诚的信徒，城内不时回响起基督徒的祷告声和穆斯林的诵经声，从早到晚此起彼伏，经久不息。

同上之例尚多，不一而足。总之，虽然各自的情状不同，但在性质上并无不同的是，这些城市和古都北京一样，都长期并存过不止一个宗教。然而又与北京的各大宗教长期共存的情况迥然不同的是，在一些城市中，宗教的多元性反而酿成了严重的后果，给人们带来了众所周知的灾难。相比之下，世界上也有另外一些城市，例如西班牙的托莱多，也曾在自己的历史上兼容并蓄了伊斯兰教、基督教和犹太教，由此获得了联合国教科文组织授予的"三文化城"美誉。但若和北京城各大宗教的长期共存比起来，无论是并行宗教数量之多、时间之长、发展之盛，托莱多仍不免稍逊一筹。

综观世界上任何一座古城，莫不经历过频繁的改朝换代，也莫不经历过多次异族入侵。而在王朝、民族、文化、习俗、语言、文字、宗教信仰乃至经济形态走马灯似的更换交替下，最难做到的是什么呢？最难做到的无疑是城市传统与城市灵魂的一以贯之了。在悠悠几千年的城市文明史上，不知道世界上还有哪座城市做到了这一点，但古都北京却实实在在地做到了。

在前面论及古都北京主流意识形态的一脉相承时，在论证中华民族"天、地、君、亲、师"传统信仰在北京城的世代相传时，我们已从软件和硬件两个方面，揭示了古都北京核心文化的一以贯之。相对北京历史文化的其他特性，北京的这个"一统性"特征同样毫不逊色，因为正是这个特性，才使北京有了悠悠数千载连绵不断的文明史，才给北京带来了多元民族与多元文化的一炉共冶。可以说，在北京历史文化的各个属性中，文化与信仰的一统性才是统摄一切的。

第七章从古代北京城市建设的角度出发，化无形为有形，具体阐释了体现中华民族传统信仰、伦理道德、文明基干的礼制建筑的发展，同时又归纳了标志泱泱华夏厚德载物宽阔胸襟的各大宗教建筑的共荣共兴，这就从多层面再现了古都北京所具有的奇异色彩和鲜明内涵，揭示了这座"东方第一都"的博大精深。

以上"中华第一摇篮""天下第一城""东方第一都"，就是历史赋予北京的殊荣。这是北京历史文化悠久、持续、递进、多元、一统发展的结果，是北京城三千多年积淀的历史结晶。那么，正如本章前面开宗明义提到的，这样一座城市在人类文明史上究竟处于何种地位呢？也就是说，像北京这样，在持续、递进发展的同时既包容不同民族、不同文化至上万年而不改，又承载泱泱大国的主体文化达数千年而不衰，并且在化成一个主体民族和主体文化上始终承担着中心枢纽作用的城市，在世界上能有几座

呢？毫无疑问，这是举世无双、绝无仅有的。

自从意大利人马可·波罗不远万里来到元大都后，外部世界对这座千年古都的赞誉就一直不绝于耳。但正如第一章所述，无论是海外学者所说的"北京的整个城市，乃是世界一大奇观"，还是国内学者所讲的"这样一个城市是一个举世无匹的杰作"，无一例外都是从城市的外观上说的。而现在，当我们透过表面的宏伟壮阔，通过深层次的条分缕析，逐次揭示了北京历史文化内在的五大核心特征后，可以毫不夸张地说，从古至今的这座北京城，恰如一座无与伦比的"人类文明圣殿"，高高耸立在世界城市文明的最高峰。在历经了数千年的风霜雨雪后，这座圣殿既经受了红尘俗世的凄风苦雨，也领略了人类文明的无限风光，至今仍活力四射地焕发着勃勃生机。

归纳起来，说北京是"人类文明的圣殿"，是建立在如下前提上的：

这里有长达七十万年的人类生活史，早在万年前就成了新石器时代革命的发源地，并在距今五千年前率先点燃了国家文明的火把。与此同时，它还具有三千二百多年城市发展史、一千余年都城史以及七个半世纪的城市"保全史"，凡此都是人类文明史上超凡绝伦的记录。自从诞生之日起，它的历史、文化、文明就长盛不衰，历久而弥昌，始终保持着持续、递进的发展。此外，在人类充满了血腥残杀的民族碰撞中，它奇迹般地将主流民族、主流文明和多元民族、多元文化融汇起来，化对立为统一，化腐朽为神奇，创建了一个多元民族与多元文化乃至多元宗教共生共荣的完美典型。更加令人瞩目的是，它始终以大气磅礴的城市风貌展示着东方民族的精神信仰，既是东方文明的集大成代表，也是东方文明的巅峰之作。直到今天，它仍是拥有960万平方公里土地和14亿人口的泱泱大国的首善之区——这就是我们的北京！

后　　记

对北京历史文化总体特征的观察与思考，最早开始于北京市社会科学院研究员曹子西先生。他在1987年发表的《北京历史演变的轨迹和特征》[①]一文中，简要列举了北京历史发展的几大特点：

一是"北京作为文化古都和现代城市，它的地位与作用，在不同历史时期和历史阶段上，有一个由低到高、从小到大的演进过程。尽管其中也曾出现一些曲折和反复，但总起来说，这个城市的地位越来越高，作用越来越大"；

二是"北京地处我国中原、华北与东北各族人民生活的交结地带。自古以来，民族关系的错综复杂，民族矛盾的时缓时剧，民族融汇的逐步凝聚，就是北京历史演进进程中的一个显著的特征"；

三是"北京地区……精神文明与物质文明融为一体，古老文化与现代生活相得益彰。真可以说，整个北京城就是一座展示中华民族悠久历史文化宝藏的，生动、真实而有代表性的博览馆"；

四是"北京在旧社会是历代统治者进行统治的堡垒和中心，北京人民为了摆脱受奴役受压迫的地位，曾经进行过长期的、曲折的和顽强的斗争"。

以上四项，第一、二项是从历史的角度观察的，第三项谈到了文化的丰富性，第四项谈到了社会的阶级性。前两项确实体现了北京的特性，可

[①] 曹子西:《北京历史演变的轨迹和特征》，《北京社会科学》1987年第4期。

以视为北京历史文化的基本特征,而后面的两项却是各类城市共有的属性,并非一地一城所专有。于是,经过若干年后,当曹子西先生于1995年再谈北京历史文化的特征时,便略去了后两项,只着重强调了"对北京历史发展中两个基本特点的认识"[1],也就是对北京历史由低到高的发展和不同民族、不同文化交汇融合的认识。

1990年,侯仁之先生在《论北京建城之始》一文中指出:"应该看到,在全世界范围内,有的城市其建城之始早于北京,可是后来却逐渐衰落下去,甚至沦为废墟。就是与蓟同时建立为诸侯国的燕,其故址所在,也早已湮没无闻,以至旧说不一,莫衷一是。而蓟却一直发展下来。现在的北京以蓟为最初的起点,在建城之后,不断发展,历久不衰,一直到今天。"[2] 此文第一次明确将北京城市发展的持续性揭示出来。

1995年,宿白先生在为《北京文博》所作的发刊词上说:"周口店发现北京猿人后,北京地区的人类文明绵联延续,距今约七十至二十万年左右。仅从北京地区开始建城起,即有三千多年不间断的历史,这在世界著名城市中也是罕见的。""历史上的北京是中原通往东北和内蒙草原的重镇,是交通的中枢和战略的屏障,是文化交流、民族融合的中心。"[3] 这里又对北京历史文化的持续性和多元性作了提纲挈领的概括。

1997年,笔者在《北京地区博物馆建设的思考》[4]一文中指出:"无论从古代遗存的数量和质量上看,北京作为历史文化名城的优势都是无可置疑的。然而更重要的是,在这些表面数字的深处,包蕴着十分独特的历史内涵,而恰是这些内涵,构成了北京地区历史文化的基本特征",并由此归纳了北京历史文化的四大本质特征:

---

[1] 曹子西:《〈北京通史〉编撰的思路和感受》,《北京文博》1995年第1期。
[2] 侯仁之:《北京建城之始》,《北京社会科学》1990年第3期。
[3] 宿白:《〈北京文博〉发刊词》,《北京文博》1995年第1期。
[4] 王光镐:《北京地区博物馆建设的思考》,刊《让历史的辉煌走向未来——1996年首都文化发展战略研讨会论文集》,北京出版社,1997年。

1. 悠久性：北京是华夏远祖"北京人"的故乡，早在五十万年前，生活在北京周口店一带的"北京人"就点燃了北京地区人类文化的火把，照亮了北京这块广袤的土地，使它成为最早进入原始农业文化的区域之一。

2. 持续性：自西周初年燕国安邦建都，北京地区进入了成熟的文明形态，至今已达悠悠三千余载。在这三千余年中，历经朝代的更迭交替、历史的兴衰起伏，北京地区的文明之火却生生不息，从不间断，而且越烧越旺，历久而弥昌。这一文明发展的持续性，在世界任何著名城市中都是罕见的，它既产生于华夏文明发展的相对独立性，又来源于北京地区人文地理的特殊开放性，远非其他一般地区可比。而由此遗留下的各历史时期物质文明与精神文明的积淀，就形成了北京地区始终不衰的文明史。

3. 递进性：先秦之时，北京为方国、诸侯国的所在，属于区域政权，影响所及只限于局部范围；自西汉王朝起，燕蓟之地在成为藩国都城的同时也成为州郡治所，开始统领一方，成为具有战略地位的北方重镇，至隋唐更发展成全国的重要城邑；公元938年，辽太宗定幽州为"南京"，成为辽王朝的陪都，公元1153年金王朝正式迁都燕京，号"中都"，北京由此又成了当时神州半壁河山的政治中心；从公元1272年元朝于燕京建大都开始，历经明王朝、清王朝，北京最终发展成全国的政治、文化中心。拂去数千年的历史风尘，豁然可见北京的发展是由以下主线所贯穿：方国、诸侯国之都——州郡治所——北方重镇——辽朝陪都——金中都——元明清都城，即前后不仅持续发展，而且地位日隆，呈逐次递进式。在顺序递进的过程中，燕京文化的辐射圈不断扩大，文明的程度不断提高，政治的机制不断完善，各方面的地位都在不断攀升。

4. 多元性：早在周秦时期，北京就处于贯通中国南北交通的唯一要道，此后历朝历代，它更是南来北往、东进西出的交通枢纽。从地势上说，它南接中原，腹地广阔；西望长安，古道通达；北邻草原，任马驰骋；东达大海，百无遮拦。这种地势的险要、交通的发达，使北京自古以

来就成了各民族的汇聚之地,又成为中原文化与北方少数民族文化及其他文化的融汇之所。加上后期元人的东渐、明朝的北徙、清人的南下,更不断造就了北京地区历史的多元性、民族的多元性、文化的多元性,使之成为封闭的中国封建社会中一个相对开放的系统。

笔者在此文中还进一步强调:"以上四大特性,即北京地区历史文化的最基本内涵。综观全球各大城市,真正具有'北京人'这样久远文化源头的已然不多,能在整个文明进程中始终保持如此这般持续性、递进性和多元性发展的,更是遑论几何!这四大特征,不仅是北京这座历史文化名城的内涵和底蕴,同时也是北京历史文化的特殊优势,还是北京建设文化中心的宝贵资源。这种优势和资源,不是一朝一夕所能形成的,而是在长久的人文地理和自然地理的相互作用和不断磨合中产生的,虽然有其必然性,但十分难得和鲜见,故而弥足珍贵。"

综上所述,由曹子西先生始而发微,到笔者分四个方面概括北京历史文化的基本特征,前后历经整十年。可是,正如人们看到的,这个重要话题历十年之久却始终未能引起社会的关注,就连学术中人也应者寥寥。虽然侯仁之、宿白、曹子西都是各领域的大家,但由他们发声居然也引不起多少反响,岂非咄咄怪事!辗转至今,当北京历史文化的各个细枝末节都被各路方家穷追不舍时,其本质特征和核心属性却仍然乏人问津,着实让人不得其解。反复思考的结果,只能说是出自如下原因:

一、任何一地的历史文化特征,都是通过具体而微的细节来考察的,都要通过从早到晚的认真审视来加以总结。惟其如此,才能言之有据地条理出贯穿该地的特征,才能把对该地历史文化的一种直观感觉上升为缜密的科学结论。否则的话,再怎么强调也不过是随意道来的一种印象罢了,无法引起人们的重视。

二、凡事没有比较就没有鉴别,对北京历史文化的认识尤其如此。试想,如果没有对其他城市条分缕析的横向比较,怎么能知道北京到底有什么不同？又怎么能知道它在人类文明史上究竟处于何种地位？然而遗憾的是，这种比较此前一直阙如，不仅缺乏系统全面的比较，就连简单粗略的比较也没有。在此情况下，对北京历史文化所做的任何评论都无异于无本之木，难免沦为望风扑影之说。

三、清晰的概念需要用清晰的语言来表达，鲜明的特征也需要由鲜明的语言来概括。倘若只有平铺直叙的表述，而没有基于科学考证所提炼出的简要、精准、系统的结论，不仅无法得出清晰的概念，也无法给人留下深刻的印象。

因此，当没有进行缜密的论证和全面的比较研究时，当没有归纳出类似"悠久、持续、递进、多元、一统"这样清晰而准确的概念时，人们看到的，只能是一些泛泛之论。比如"北京在不同历史时期和历史阶段上，有一个由低到高、从小到大的演进过程"云云，这些话不仅让人无法对北京历史文化的特异性作出准确的解读，而且禁不住会想，世界上哪座城市不是由低到高、从小到大发展起来的呢？这样的司空见惯之事怎么能视为北京历史文化独有的特征呢？

于是，从上述种种缺憾出发，便有了对此书的创作构想。

经过一段时间的思考与准备，本书第一版从2006年年中开始动笔，直到2014年正式出版，中间经历了整八年。实话说，开始时笔者远没有估计到此书写作的难度，甚至想当然地认为即使充分展开讨论，至多二十万字就能把全部问题说清楚，时间上也无非投入两年。但当深入进去后，当真正着眼于北京历史文化的全貌及人类城市文明的全局后，就如同不经意间踏进了一个浩淼无际的知识海洋，其天地之广阔、视野之深邃、资料之繁复、观点之歧多无不令人愕然！同时，正如导论所言，为了打通由专业分工带来的局限性，为了充分运用古史研究的"二重证据法"，所要付出的心血更在笔者此前从事的学术研究之上。到头来，时间上一拖拖了八年，篇幅上一写写了七十余万字。此期间一连数载的离群索居、默默

耕耘，个中滋味不足为外人道也。

好在此书出版后，在有关方面未做任何推介的情况下，居然也获得了不少好评，一年后便售罄再版。但这终归是一部学术著作，并且是一部为推出新说而不得不侧重学术考证的著作，引经据典的考证不知难住了多少读者。因此，当有人建议我在保留全书体例的情况下尽可能删去一些过于"烧脑"的内容时，我爽快地答应了，并开始着手这部《修订版》的创作。未承想，愚钝的我竟如此不堪，简简单单的裁并改写也居然花了一年多，直到实实在在地压缩了15万字。可是，无论再怎么压缩，这也是一部学术著作，远不如通俗读物抢手，于是心中仍不禁暗自嘀咕——在经历了"十月怀胎"之后，这部书能否"顺产"呢？在此我要特别感谢华夏出版社，感谢该社的杜晓宇、刘伟先生。他们刚收到我的投稿信后便向我伸出了热情的手，而且初次见面便一拍即合，达成了合作意向。

华夏出版社人文历史编辑中心主任杜晓宇先生学养深厚，他攻读博士的中国社科院历史所学风扎实，一向为我所钦敬。加之他操刀人文出版多年，对图书市场有着非同一般的敏锐，从而提出了"轻学术"的出版理念。不要小看"学术"这两个字，在大众的文化消费日渐虚浮的今天，重提"学术"二字也是要有点气魄的。更不要小看一个"轻"字，这是在启发我们这些老夫子，一定要走出书斋，轻装上阵，竭尽全力地去接近大众。正是这三个字，才使华夏出版社肯于并乐于发掘我们这些老古董，也正是这三个字，令我欣然允诺，答应和华夏出版社合作。

现在，当拙作卒底于成之际，我要向华夏出版社，向杜晓宇主任和为拙作倾注了大量心血的责任编辑刘伟先生，郑重地道一声谢谢！

2023 年春 北京

参 考 文 献

一　典籍

（清）阮元校刻：十三经注疏

北京：中华书局，影印本，1980 年

含《周易正义》《尚书正义》《诗经正义》《周礼注疏》《仪礼注疏》《礼记正义》《春秋左传正义》《春秋公羊传注疏》《春秋穀梁传注疏》《论语注疏》《孝经注疏》《尔雅注疏》《孟子注疏》

二十五史（点校本）

北京：中华书局，繁体竖排版，分别出版于 1959～1977 年

《史记》1959 年

《汉书》1962 年

《后汉书》1965 年

《三国志》1959 年

《晋书》1974 年

《宋书》1974 年

《南齐书》1972 年

《梁书》1973 年

《陈书》1972 年

《魏书》1974 年

《北齐书》1972 年

《周书》1971 年

《隋书》1973 年

《南史》1975 年

《北史》1974 年

《旧唐书》1975 年

《新唐书》1975 年

《旧五代史》1976 年

《新五代史》1974 年

《宋史》1977 年

《辽史》1974 年

《金史》1975 年

《元史》1976 年

《明史》1974 年

《清史稿》1976 年

诸子集成（订正本）

北京：中华书局，1954 年

含《荀子集解》《老子注》《庄子集解》《列子注》《墨子间诂》《晏子春秋校注》《管子校正》《商君书》《韩非子集解》《淮南子》《潜夫论》等

黄怀信：《逸周书校补注译》，西安：西北大学出版社，1996 年

周振甫：《诗经译注》（修订本），北京：中华书局，2010 年第 2 版

杨伯峻：《春秋左传注》，北京：中华书局，1995 年

上海师范大学古籍整理研究所校点:《国语》,上海:上海古籍出版社,1988年

方诗铭、王修龄:《古本竹书纪年辑证》,附录:王国维《今本竹书纪年疏证》,上海:上海古籍出版社,1981年

范祥雍订补:《古本竹书纪年辑校》,上海:上海人民出版社,1957年

(清)秦嘉谟等:《世本八种》,北京:商务印书馆,1957年

(西汉)刘向集录:《战国策》,上海:上海古籍出版社,1985年第二版

马王堆汉墓帛书整理小组:《战国纵横家书》,北京:文物出版社,1976年

袁珂:《山海经校注》,上海:上海古籍出版社,1980年

陈奇猷校释:《吕氏春秋》,上海:学林出版社,1984年

马王堆汉墓帛书整理小组:《老子》,北京:文物出版社,1976年

银雀山汉墓竹简整理小组:《孙子兵法》,北京:文物出版社,1976年

(西汉)戴德编,(清)王聘珍解诂:《大戴礼记》,北京:中华书局,1983年

(西汉)董仲舒著,(清)赵曦明校:《春秋繁露》,上海:上海古籍出版社,1989年

(东汉)班固:《白虎通义》,上海:上海古籍出版社,1990年

(东汉)许慎:《说文解字》,北京:中华书局,1963年

(西晋)皇甫谧:《帝王世纪辑存》,北京:中华书局,1964年

(唐)欧阳询:《艺文类聚》,上海:上海古籍出版社,1982年

(唐)杜佑:《通典》,北京:中华书局,1984年

(宋)司马光:《资治通鉴》,北京:中华书局,1956年

(明)郭造卿著,邱居里辑录点校:《燕史》(上下),北京:北京出版社,2015年

（明）刘侗、于奕正：《帝京景物略》，北京：北京古籍出版社，1983年

（明）蒋一葵：《长安客话》，北京：北京古籍出版社，1980年

（明末清初）谷应泰：《明史纪事本末》，北京：中华书局，1977年

（明末清初）孙承泽：《天府广记》，北京：北京古籍出版社，1982年

（明末清初）顾炎武著，（清）黄汝成集释，秦克诚点校：《日知录集释》，长沙：岳麓书社，1994年

（清）顾栋高辑：《春秋大事表》，北京：中华书局，1993年

（清）朱彝尊：《日下旧闻考》，北京：北京古籍出版社，1981年

（清）励宗万：《京城古迹考》，北京：北京古籍出版社，1981年

（清）潘荣陛：《帝京岁时记胜》，北京：北京古籍出版社，1981年

（清）富察敦崇：《燕京岁时记》，北京：北京古籍出版社，1981年

（清）崔述：《崔东壁遗书》，上海：上海古籍出版社，1983年

（清末民初）王国维：《观堂集林》，北京：中华书局，1959年

（清末民初）黄鸿寿：《清史纪事本末》，上海：上海书店，1986年

《明实录》，台北："中研院"历史语言研究所，影印本，1962年

《清实录》，北京：中华书局，影印本，1986年

二　考古与古文字

陈梦家：《殷墟卜辞综述》，北京：科学出版社，1956年

李孝定：《甲骨文字集释》，台北："中研院"历史语言研究所，1965年

于省吾：《甲骨文字释林》，北京：中华书局，1979年

于省吾主编：《甲骨文字诂林》，北京：中华书局，1996年

周法高主编：《金文诂林》，香港：香港中文大学出版社，1974年

唐兰：《西周青铜器铭文分代史征》，北京：中华书局，1986年

中国社会科学院考古研究所编:《新中国的考古收获》,北京:文物出版社,1961年

文物编辑委员会:《文物考古工作三十年》,北京:文物出版社,1979年

中国社会科学院考古研究所编:《新中国的考古发现和研究》,北京:文物出版社,1984年

中国大百科全书编委会:《中国大百科全书·考古学》,北京:中国大百科全书出版社,1986年

文物编辑委员会编:《文物考古工作十年(1979～1989)》,北京:文物出版社,1991年

文物出版社编:《新中国考古五十年》,北京:文物出版社,1999年

文物出版社编:《二十世纪中国考古学的发现与研究》,北京:文物出版社,2014年

刘庆柱主编:《中国考古发现与研究》(1949～2009),北京:人民出版社,2010年

严文明:《考古学初阶》,北京:文物出版社,2018年

李济:《中国早期文明》,上海:上海人民出版社,2007年

夏鼐:《中国文明的起源》,北京:文物出版社,1985年

苏秉琦:《华人·龙的传人·中国人——考古寻根记》,沈阳:辽宁大学出版社,1994年

苏秉琦:《中国文明起源新探》,北京:三联书店,1999年

邹衡:《夏商周考古学论文集》,北京:文物出版社,1980年

张光直:《中国青铜时代(一)》,北京:三联书店,1983年

张光直:《中国青铜时代(二)》,北京:三联书店,1990年

张光直:《考古学专题六讲》,北京:文物出版社,1986年

李学勤:《走出疑古时代》,沈阳:辽宁大学出版社,1994年

李学勤:《东周与秦代文明》,北京:文物出版社,1984年

俞伟超:《先秦两汉考古学论集》,北京:文物出版社,1985年

陈文华:《农业考古》,北京:文物出版社,2002年

文物编辑委员会:《中国长城遗迹调查报告集》,北京:文物出版社,1981年

竺可桢:《中国近五千年来气候变迁的初步研究》,《考古学报》1972年第1期

裴文中、张森水:《中国猿人石器研究》,北京:科学出版社,1985年

贾兰坡:《中国猿人及其文化》,北京:中华书局,1964年

吴汝康:《古人类学》,北京:文物出版社,1989年

内蒙古文物考古研究所等:《朱开沟》,北京:文物出版社,2000年

中国社会科学院考古研究所编著:《偃师二里头》,北京:中国大百科全书出版社,1999年

河南省文化局文物工作队编:《郑州二里冈》,北京:科学出版社,1959年

陈贤一:《商代盘龙城》,武汉:武汉出版社,2015年

胡厚宣:《殷墟发掘》,上海:学习生活出版社,1955年

中国社会科学院考古研究所编著:《殷墟的发现与研究》,北京:科学出版社,1994年

中国社会科学院考古研究所:《殷墟妇好墓》,北京:文物出版社,1980年

中国科学院考古研究所:《沣西发掘报告》,北京:文物出版社,1962年

中国科学院考古研究所:《洛阳中州路(西工段)》,北京:科学出版社,1959年

中国社会科学院考古研究所:《大甸子——夏家店下层文化遗址与墓地发掘报告》,北京:科学出版社,1996 年

郭大顺:《试论魏营子类型》,载《考古学文化论集(一)》,北京:文物出版社,1987 年

郭大顺:《西辽河流域青铜文化研究的新进展》,《中国考古学会第四次年会论文集》,北京:文物出版社,1985 年

乌恩:《殷至周初的北方青铜器》,《考古学报》1985 年第 2 期

乌恩:《中国北方青铜文化与卡拉苏克文化的关系》,刊《中国考古学研究——夏鼐先生考古五十周年纪念论文集》(二),北京:科学出版社,1986 年

河北省博物馆、文物管理处编:《河北省出土文物选集》,北京:文物出版社,1980 年

河北省文物研究所编:《河北考古重要发现》,北京:科学出版社,2011 年

苏天钧主编:《北京考古集成》,北京:北京出版社,2000 年

天戈:《北京出土文物》,北京:北京出版社,1980 年

北京市文物研究所编:《北京考古四十年》,北京:北京燕山出版社,1990 年

陈光:《北京市考古五十年》,刊《新中国考古五十年》,北京:文物出版社,1999 年

北京市文物研究所:《北京文物与考古》(第一、二、三辑),北京:北京燕山出版社,1983 年、1991 年、1992 年

宋大川主编:《北京考古发现与研究》(上下),北京:科学出版社,2009 年

韩建业:《北京先秦考古》,北京:文物出版社,2011 年

杜金鹏:《幽燕秘史——京都探古记趣》,成都:四川教育出版社,

1996年

陈光汇编:《燕文化研究论文集》,北京:中国社会科学出版社,1995年

齐心主编:《北京建城3040年暨燕文明国际学术研讨会会议专辑》,北京:北京燕山出版社,1997年

贾兰坡、黄慰文:《周口店发掘记》,天津:天津科学技术出版社,1984年

河北省文物研究所编:《燕下都》,北京:文物出版社,1996年

北京市文物研究所:《琉璃河西周燕国墓地(1973~1977)》,北京:文物出版社,1995年

北京市文物研究所:《镇江营与塔照——拒马河流域先秦考古文化的类型与谱系》,北京:中国大百科全书出版社,1999年

三 中国史

郭沫若:《中国古代社会研究》,上海:联合书店,1930年

吴泽:《中国历史大系·古代史》,上海:棠棣出版社,1949年

周谷城:《中国通史》,上海:上海人民出版社,1957年

翦伯赞主编:《中国史纲要》,北京:人民出版社,1965年

吕思勉:《中国通史》,北京:当代世界出版社,2009年

郭沫若主编:《中国史稿》,北京:人民出版社,1976年

白寿彝总主编:《中国通史》,上海:上海人民出版社,1994年

中国大百科全书编委会:《中国大百科全书·中国历史》,北京:中国大百科全书出版社,1997年

侯外庐:《中国古代社会史论》,石家庄:河北教育出版社,2000年

吕思勉:《中国民族史》,北京:中国大百科全书出版社,1987年

林耀华主编:《民族学通论》,北京:中央民族学院出版社,1990年

陈连开主编:《中国民族史纲要》,北京:中国财政经济出版社,1999年

费孝通等著:《中华民族多元一体格局》,北京:中央民族学院出版社,1989年

王和:《多民族统一体与统一多民族国家的发展历程》,《炎黄文化研究》(增刊)第6期

[美]欧文·拉铁摩尔:《中国的边疆》,赵敏求译,南京:正中书局,1936年

王明珂:《华夏边缘——历史记忆与族群认同》,北京:社会科学文献出版社,2006年

梁漱溟:《中国文化要义》,上海:学林出版社,1987年

钱穆:《中国文化史导论》,台北:正中书局,1993年

唐君毅:《中国文化之精神价值》,台北:正中书局,1969年

盖山林:《丝绸之路草原民族文化》,乌鲁木齐:新疆人民出版社,1996年

丁山:《中国古代宗教与神话考》,上海:上海文艺出版社,1988年

牟钟鉴、张践:《中国宗教通史》(修订版),北京:中国社会科学出版社,2007年

任继愈主编:《中国的基督教》,北京:商务印书馆,1997年

刘致平:《中国伊斯兰教建筑》,乌鲁木齐:新疆人民出版社,1985年

梁思成:《梁思成文集》,北京:中国建筑工业出版社,1986年

梁思成:《中国建筑史》,天津:百花文艺出版社,2005年

中国古都学会编:《中国古都研究》,杭州:浙江人民出版社,1985年

史念海:《中国古都和文化》,北京:中华书局,1998年

朱士光主编:《中国八大古都》,北京:人民出版社,2007年

林耀华主编：《原始社会史》，北京：中华书局，1984 年

王玉哲：《中国上古史纲》，上海：上海人民出版社，1959 年

徐旭生：《中国古史的传说时代》（增订本），北京：文物出版社，1985 年

金景芳：《中国奴隶社会史》，上海：上海人民出版社，1983 年

谢维扬：《中国早期国家》，杭州：浙江人民出版社，1995 年

李学勤主编：《中国古代文明与国家形成研究》，昆明：云南人民出版社，1998 年

吕思勉：《先秦史》，上海：上海古籍出版社，1982 年

田继周：《先秦民族史》，成都：四川民族出版社，1988 年

蒙文通：《周秦少数民族研究》，上海：龙门联合书局，1958 年

童书业：《春秋左传研究》，上海：上海人民出版社，1980 年

郑杰祥：《夏史初探》，郑州：中州古籍出版社，1988 年

岑仲勉：《隋唐史》，北京：中华书局，1982 年

黄云眉：《明史考证》，北京：中华书局，1979 年

[法]沙海昂注：《马可波罗行记》，冯承均译，北京：商务印书馆，2012 年

[意]利玛窦、[法]金尼阁：《利玛窦中国札记》，何高济等译，北京：中华书局，1983 年

[罗马尼亚]尼·斯·米列斯库：《中国漫记》，北京：中华书局，1989 年

曹子西主编：《北京通史》（十卷），北京：中国书店，1994 年

北京大学历史系：《北京史》（增订版），北京：北京出版社，1999 年

尹钧科：《北京城市发展史》，北京：北京出版社，2016 年

朱祖希：《营国匠意》，北京：中华书局，2007 年

方彪：《北京简史》，北京：北京燕山出版社，1995 年

陈平：《燕史纪事编年会按》（上、下），北京：北京大学出版社，

1995 年

张京华:《燕赵文化》,沈阳:辽宁教育出版社,1995 年

姜立勋:《北京的宗教》,北京:北京燕山出版社,1990 年

佟洵等编著:《北京宗教文物古迹》,北京:光明日报出版社,2004 年

侯仁之:《关于古代北京的几个问题》,《文物》1959 年第 9 期

王北辰:《黄帝史迹涿鹿、阪泉、釜山考》,《北京大学学报》(哲学社会科学版)1994 年第 1 期

王光镐:《黄帝地望诸说考》,《首都博物馆丛刊》第十七期,北京:北京燕山出版社,2003 年

四　世界史

[英]阿诺德·汤因比著、[英]索麦维尔节录:《历史研究》节录本,曹未风译,上海:上海人民出版社,1966 年

[英]阿诺德·汤因比:《历史研究》(修订插图本),刘北成等译,上海:上海人民出版社,2000 年

[英]赫·乔·韦尔斯:《世界史纲》,吴文藻、谢冰心、费孝通等译,北京:人民出版社,1982 年

[美]L.S.斯塔夫里阿诺斯:《全球通史——1500 年以前的世界》,吴象婴、梁赤民译,上海:上海社会科学院出版社,1999 年

《简明不列颠百科全书》,北京:中国大百科全书出版社,1985～1986 年

吴于廑、齐世荣主编:《世界史·古代史编》,北京:高等教育出版社,1994 年

崔连仲主编:《世界通史·古代卷》,北京:人民出版社,1997 年

[英]杰弗里·巴勒克拉夫:《当代史学主要趋势》,杨豫译,上海:上海译文出版社,1987年

[美]摩尔根:《古代社会》,杨东莼等译,北京:三联书店,1957年

[德]恩格斯:《劳动在从猿到人转变过程中的作用》,北京:人民出版社,1971年

[德]恩格斯:《家庭、私有制和国家的起源》,北京:人民出版社,1972年

[美]哈斯:《史前国家的演进》,北京:求实出版社,1988年

[美]刘易斯·芒福德:《城市发展史——起源、演变和前景》,宋俊岭等译,北京:中国建筑工业出版社,2005年

[法]勒内·格鲁塞:《草原帝国》,蓝琪译,北京:商务印书馆,1999年

[日]江上波夫:《骑马民族国家》,张承志译,北京:光明日报出版社,1988年

吴于廑:《世界历史上的游牧世界与农耕世界》,《世界历史》1983年第1期

吴于廑:《世界历史》,载《中国大百科全书》外国历史卷,北京:中国大百科全书出版社,1990年

[英]大卫·沃克:《消失的城市》,上海:上海社会科学院出版社,2005年

梦华主编:《失落的文明》(大全集),北京:中国华侨出版社,2012年

五 地图与地理学

(北魏)郦道元著,王国维校:《水经注校》,上海:上海人民出版社,

1984 年

（唐）李泰等著、贺次君辑校:《括地志辑校》,北京：中华书局,1980 年

（唐）李吉甫:《元和郡县志》,北京：中华书局,1983 年

（宋）乐史著,王文楚等点校:《太平寰宇记》,北京：中华书局,2007 年

（明）李贤等:《明一统志》,上海：上海古籍出版社,影印本

（清）顾祖禹:《读史方舆纪要》,北京：中华书局,1955 年

童书业:《中国疆域沿革史略》,上海：开明书店,1946 年

童书业:《中国古代地理考证论文集》,北京：中华书局,1962 年

谭其骧主编:《中国历史地图集》（全八册）,北京：中国地图出版社,1982～1988 年

侯仁之主编:《北京历史地图集》,北京：北京出版社,1988 年

侯仁之:《历史地理学的理论与实践》,上海：上海人民出版社,1984 年

侯仁之:《奋蹄集》,北京：北京燕山出版社,1995 年

侯仁之主编,唐晓峰副主编:《北京城市历史地理》,北京：北京燕山出版社,2000 年

侯仁之:《北平历史地理》,北京：外语教学与研究出版社,2013 年

史念海:《黄土高原历史地理研究》,郑州：黄河水利出版社,2001 年

六 年表与年代

陈梦家:《六国纪年》,上海：上海人民出版社,1956 年

方诗铭:《中国历史纪年表》,上海：上海辞书出版社,1980 年

张培瑜:《中国先秦史历表》,济南:齐鲁书社,1987年

朱凤瀚等编:《西周诸王年代研究》,贵阳:贵州人民出版社,1998年

中国社会科学院考古研究所:《中国考古学中碳14年代数据集》,北京:文物出版社,1992年

夏商周断代工程专家组:《夏商周断代工程1996～2000年阶段成果》,北京:世界图书出版公司,2000年

北京城历史沿革简表

注：1. 此表只限北京城的历史沿革。
    2. 带"*"号者为学术研究成果。
    3. 表中所言"治"即首府所在地。
    4. 表中所列年代是北京城纳入该王朝的年代，并非此王朝的起讫年代。

朝代	年代	城名	城邑属性	备注
商	*最晚始于公元前1300～前1200年	蓟	黄帝后人"蓟国"的都邑	*蓟城最晚始建于商王盘庚至武丁时期
两周	公元前1045～前226年	蓟	*西周中期以前是黄帝后人的蓟国都城 *西周中晚期之交（公元前885～前841年）燕国都城迁蓟城，此后延续到公元前226年	春秋早期燕桓侯曾由蓟城短暂迁都临易，此后回迁蓟城
秦	公元前226～前209年	蓟	广阳郡郡治	秦始皇二十一年～秦二世元年

续表

朝代	年代	城名	城邑属性	备注
秦末汉初	公元前209～前202年	蓟	韩广、臧荼燕国国都	秦二世元年～汉高祖五年
西汉	公元前202～公元8年	蓟	燕国、广阳国国都 燕郡、广阳郡郡治	整个西汉时期，蓟城为诸侯国都达198年，属郡治仅十余年
王莽	9～23年	蓟	广有郡郡治	
东汉	25～220年	蓟	幽州州治、广阳郡郡治一度划归上谷郡（37～96年）	东汉一头一尾曾短暂建立封国，以蓟为都
三国魏	220～265年	蓟	幽州州治、燕郡郡治 燕国国都（232～265年）	曹魏灭蜀后，蜀后主刘禅封为安乐县公，地在今顺义
西晋	265～317年	蓟	幽州州治 燕国国都（265～302年）	幽州初治涿（河北涿州），后治蓟
十六国	约304～439年	蓟	后赵幽州州治、燕郡郡治 前燕都城及州郡治所 前秦幽州州治、燕郡郡治 后燕燕郡郡治，设行台于蓟	与十六国并存的是东晋王朝，建都建康（今南京），纪年317～420年
南北朝	399～589年	蓟	各政权的幽州州治及燕郡郡治 北齐增设东北道大行台 北周增设总管府	北魏在北京地区多有封王，但均为虚封，并无实权

续表

朝代	年代	城名	城邑属性	备注
隋	581～618年	蓟	初为幽州州治和燕郡郡治 隋炀帝废幽州为涿郡，仍治蓟	
唐	618～907年	蓟 幽州城 燕京	先后为幽州州治、范阳郡治 同时为幽州节度使、范阳节度使的驻节之地 "安史之乱"时为史思明大燕国国都	唐玄宗开元十八年（730年）改蓟城城名为幽州城 史思明建都时改称燕京（759～763年）
五代	907～938年	幽州城	幽州州治 幽州节度使节镇 幽州卢龙节度使刘守光自称大燕皇帝，建都幽州城	刘守光建都为911～913年
辽	938～1122年	南京	辽五京之一的南京 南京道首府	1012年起也称燕京 辽朝末年曾短暂建都
北宋	1123～1125年	燕京	燕山府府治，广阳郡郡治	北宋收回燕京仅不到三年便得而复失
金	1125～1215年	燕京 中都	燕京路首府（1125～1153年） 金朝首都中都城（1153～1215年）	海陵王正隆六年（1161年）由中都迁都汴梁，但当年金世宗便再次定都中都

朝代	年代	城名	城邑属性	备注
元	1215～1368年	燕京 大都	都行省，称燕京（1215～1264年） 中都（1264～1272年） 国都，称大都（1272～1368年）	元大都也称汗八里
明	1368～1644年	北平 北京 京师	北平府治（1369～1403年） 燕王朱棣藩邸（1380年就藩） 国都，称北京，又称顺天府（1403～1644年）	永乐十九年（1421年）起也称京师，洪熙元年（1425年）改称行在，后复称北京
清	1644～1911年	北京 京师	国都 顺天府治	